孟子文獻集成編纂委員會　編纂

孟子文獻集成

山東人民出版社

圖書在版編目（CIP）數據

孟子文獻集成. 第一二九卷 /《孟子文獻集成》編纂委員會編. --濟南：山東人民出版社, 2020.1
ISBN 978-7-209-12340-2

Ⅰ. ①孟… Ⅱ. ①孟… Ⅲ. ①儒家 ②《孟子》-研究資料-匯編 Ⅳ. ①B222.55

中國版本圖書館CIP數據核字(2019)第227499號

項目統籌: 胡長青
責任編輯: 李　濤
裝幀設計: 武　斌
項目完成: 文化藝術編輯室

孟子文獻集成（第一二九卷）
《孟子文獻集成》編纂委員會 編

主管單位　山東出版傳媒股份有限公司
出版發行　山東人民出版社
社　　址　濟南市英雄山路165號
郵　　編　250002
電　　話　總編室（0531）82098914
　　　　　市場部（0531）82098027
網　　址　http://www.sd-book.com.cn
印　　裝　山東新華印務有限責任公司
經　　銷　新華書店

規　　格　16開（210mm×285mm）
印　　張　63
字　　數　500千字
版　　次　2020年1月第1版
印　　次　2020年1月第1次
印　　數　1-200
ISBN 978-7-209-12340-2
定　　價　900.00圓

《孟子文獻集成》編纂委員會

學術顧問 杜維明 張豈之 李學勤 牟鍾鑒

學術委員會

主　　任 陳　來

副 主 任 郭齊勇 李存山

委　　員 王　傑 王中江 王志民 王其俊 王鈞林 王漢東 孔德立 杜澤遜 李存山 李景林 吴　婧 袁汝旭 徐洪興 高兆波 郭齊勇 陳　來 孫明霞 梁　樞 梁　濤 董洪利 曾振宇 楊海文 楊朝明 趙　勇 鄭傑文 劉瑾輝 顔世安 顔炳罡 龔鵬程

（按姓氏筆畫排序）

編纂委員會

主　　編 王志民

副 主 編 杜澤遜 梁　濤 胡長青 李梅訓

委　　員 王　路 王恒柱 李西寧 李振聚 李國慶 黄顯功 張　勇 張志清 趙永和 趙紅彦 劉　晨

（按姓氏筆畫排序）

編務

劉晨　楊雲雲　孫姣　李濤　劉嬌嬌　張艷艷

趙菲　吕士遠

組織實施

中國孟子研究院

山東人民出版社

序

《孟子文獻集成》是在孟子故里鄒城市委市政府鼎力支持下，由中國孟子研究院、山東人民出版社協同合作，共同致力完成的一項大型儒家文獻的搜集、整理、出版學術工程。

一

孟子是中國歷史上偉大的思想家、政治家、教育家，是僅次於孔子的儒家學派重要代表人物。戰國時期，戰爭頻仍，『角戰英雄，六經泥蟠，百家飆駭』（《文心雕龍·時序》），孔學既黜，儒道中衰。孟子遵夫子之道，批邪説，正人心，發揚光大孔子學説，復興儒學，成爲孔子之後最重要的儒家傳人和先秦原始儒學理論體系的主要奠基人。韓愈論儒家道統由堯、舜、禹、湯、文、武、周公代代相傳，言及『文、武、周公傳之孔子，孔子傳之孟軻。軻之死，不得其傳焉』（《原道》），又説『自孔子没，群弟子莫不有書，獨孟軻氏之傳得其宗』（《送王塤秀才序》）。可見，後世尊孟子爲『亞聖』，稱儒學爲『孔孟之道』，實爲孟子歷史地位使然！

《孟子》一書，是孟子及其弟子編著的全面反映孟子思想的儒家經典著作。漢文帝時，即曾設立《孟子》學博士，全國推闡。六朝時期，玄學、佛學興盛，儒學式微，《孟子》亦受冷落，但唐宋以後，隨着孟子地位的大幅提昇，《孟子》一書越來越受到統治者和學者文人的廣泛重視。唐代大儒韓愈倡論中國文化道統，其《原道》之説，影響甚大，已掀『孟子熱』；北宋時期，《孟子》與《論語》俱列入『十三經』之數；南宋朱熹作《四書章句集注》，將《孟子》列『四書』之中。南宋統治者更將其正式列入官方之學，設爲科舉考試科目，欽定爲必讀經典，學孟子、讀《孟子》，蔚然而成社會風氣。此後，孟子地位進一步提昇：元文宗封孟子爲『亞聖公』，尊其爲『百世之師』；明清兩朝更大推『四書』，地位儼然超越『五經』。《孟子》與《論語》並行，上自帝王，下至百姓，家有之，户誦之，『所研究者惟「四書」，所辨訂者亦惟「四書」』（《四庫全書總目·四書大全提要》語）。孟子思想，深入人心；《孟子》之學，遍佈各地；《孟子》

文獻，汗牛充棟。

根據我們的初步調查，歷代《孟子》文獻有兩千種之多。這些文獻，依孟子學史的發展，大致形成了以下幾点較鮮明的時代特徵：宋元文獻多義理闡發，以朱熹《孟子章句集注》爲代表；明代以王夫之《讀四書大全説》爲代表，多從心性之學挖掘孟子豐富的思想内涵；清代孟子學最盛，不僅産生了以乾嘉學者戴震《孟子字義疏證》、崔述《孟子事實録》爲代表的大量考據、辨僞著作，還出現了集前人研究成果之大成的焦循《孟子正義》。大致可以説，以東漢趙岐《孟子章句》爲發端，歷代學者多所闡釋研究。尤其宋元以來，孟學實爲千年『顯學』。《孟子》文獻内容所涉注釋訓詁、義理闡發、思想挖掘、考證辨僞等所有方面，其對孟子及《孟子》文本的研究廣度、深度可謂前無古人，後難爲繼。尤爲重要的是，歷代學者秉持儒家人生理念，一生所繫，立德立言，以『爲往聖繼絶學』爲生命追求之本，往往傾一生之力終注一經。孟子文獻不僅真實地展示了孟學及儒學發展的歷史，也留下了代代學者治學的心路，實在是應該认真进行挖掘整理的傳統文化瑰寶。

然而，毋庸諱言，孟子文獻的收集整理向未受到應有的重視。這固然與二十世紀以來，儒學命運多舛有關：批孔之時，孟子亦受其累；近數十年來，『孔子熱』不斷升温，孟子受冷落的現象却未有大的改觀，歷代孟子文獻迄未收集整理即是一例。據我們不完全統計，包括臺灣在内的中國圖書館，現存宋元至清代的刻本與鈔本計有一千二百餘種之多。由於各種原因，百分之九十餘未曾整理出版，而百分之七十以上仍處於人所罕见的塵封狀態。歷史的責任，現實的需要，未來的期盼，都在呼喚能有一套《孟子文獻集成》的編纂出版。

二

二〇一三年四月底，孟子研究院在孟子故里山東省鄒城市正式成立。時值一年一度的『孟母文化節』，同時進行的還有由鄒城市、《光明日報》國學版、山東師範大學山東省齊魯文化研究院共同策劃主辦的『孟子公開課』開講儀式。來自國内各著名高校的部分主講學者和與會專家對孟子研究院成立後的學術規劃提出了許多建設性意見，多位專家提出了編纂《孟子文獻集成》的建議。

同年十月二十九日至三十日，孟子研究院學術委員會第二次會議在主任陳來先生主持下於鄒城召開。會議就《集成》的立項和編纂事宜進行了認真深入地討論，參閲審查了初選孟子文獻書目，形成了以下四點共識：一是孟子文獻的搜集、整理向稱薄弱，絶大多數迄未面世，影響了孟學研究的深度和廣度。編纂《集成》，填補空白，意義重大。二是要在廣泛搜集、精心選編的基礎上，力求將《集成》做成收羅全、質量高、權威性强的精品學術工程。三是应制定具体工作規劃，選編文獻时代可由遠及近；文獻收集範圍，宜先國内後國外，分段完成，穩步推進，確保質量。四是在孟子研究院學術委員會基礎上，应增加部分孟子研究專家，充實到《集成》學術委員會；選聘孟學研究、版本目録、館藏出版等方面專家，組建高層次、有效率的編纂部和工作班子，扎實有效開展工作。

在經過編纂部四次召開籌備會議和系列籌備工作基礎上，二〇一四年五月，在濟南召開了特邀專家選目審查論證會。來自北京大學、中國人民大學、山東大學等全國各地的十餘位孟子和孟學史專家就編纂部提供的《集成》選編總目（國内）進行了認真研析、讨论審查。這次會議的召開更堅定了大家对編纂《集成》的信心和認識，許多專家從長期孟學研究的切身感受中充分肯定編纂《集成》的重大意義，一致認爲：這是一項立足當前又澤被後世的重大學術工程；目前国内編成的經典文獻集成中唯獨没有孟子文獻集成，这不僅是文化建設的一种缺憾，也从多个方面影響了孟子研究的深入和拓展，从这个意義上説，該項目的实施确是一項填補空白、意義深遠的學術工程。專家們特别指出，這項重大學術工程，由山東，特别是孟子故里鄒城市支持，由孟子研究院、山東省齊魯文化研究院牽頭承擔，正是歷史責任與當前文化建設的最佳選擇。相信《集成》的出版，對於提昇孟學研究、促進孟子研究院發展、推动山東文化强省建設，贡献巨大，意義深遠。會議還就選目原則形成以下共識：一是《集成》應當是一套研究孟子文獻的集大成之作，所收以獨立成書的研究《孟子》專書爲主，兼顧其他，儘量收全。對孟子文獻的含義可以放得寬一些，對書名没有『孟子』的，例如以『四書』『諸子』爲書名的，也要注意在考察辨析基礎上做好，要高標準、高質量。二是《集成》應兼顧古籍的重要性與稀見性，做到常見書精選善本，重要文獻不遺漏。三是海外孟子文獻應作爲一個工作目標，與海外學者合作，广匯博收，規劃編纂。四是時代大致截止到清末，現代部分可作爲『附編』或單獨列編收集出版，部分難以收入文獻應附列存目。這次專家會議的意見，得到二〇一四年六月五日召開的孟子研究院第二次學術委員會的重視和確認。

在籌備、啓動《集成》的整個過程中，得到鄒城市主要領導及社會各界鼎力支持。山東人民出版社主動、積極地參與了各項工作。二〇一四年八月二十八日，在山東省第五届文博會上，省有關領導和衆多媒體記者見證了孟子研究院與山東人民出版社共同簽訂《〈孟子文獻集成〉編纂出版協議書》的过程。

經過編纂委員會及有關方面的共同努力和各相關圖書館的大力支持，宋元時期傳世文獻已基本全部收録，共四十八種，分裝十四册，已於二〇一六年初首批出版發行。其中，收録宋元刻本十四種，海外善本四種，第一次影印的即有十六種，屬於披沙揀金的珍本，將爲孟子文獻及思想研究提供寶貴資料。

第二輯精選明代孟子文獻八十一種，分裝爲三十二册影印，已經於二〇一七年三月出版。

第三輯爲明代文獻的第二批，共收入著作四十五種，分裝爲二十册影印，其中五種來自日本，三種來自美國；其他部分也多爲稀見的珍本和善本，已經於二〇一八年三月出版。

第四輯，共收録著作六十二種。其中，明代著作四十八種，分裝爲二十四册；清代著作十四種，分裝爲十册。共出版三十四册。底本皆爲精選珍本善本，其中，明代刻本四十種，清代刻本二十二種。又有二十三種來自日本，多爲國内未見，彌足珍貴。

本次出版爲《孟子文獻集成》第五輯，清代文獻之第二部分，也是《集成》編纂以來，收録文獻最多的一輯。共收入著作三百六十八種，分裝爲一百册；至此，自康熙朝至清末絶大部分與《孟子》相關文獻已基本囊括。其中：來自日本的珍稀文獻八種；稿抄本二十六種；孤本二十二種，國内未出版者達三分之二以上。

編纂出版《孟子文獻集成》，既有利於深入挖掘孟子思想精髓，洞見《孟子》世代傳承的歷史場景，又有利於珍貴文獻的保護、傳承和共享、共用，是惠及當代、澤被後世的文化善舉。值此共出版二百册之際，我們對國内外各有關圖書館和學界同仁的鼎力支持與真誠合作表達崇高的敬意和誠摯的感謝！

讓我們黽勉同心，共同努力，以期這一重大學術工程的圓滿完成。

王志民

二〇一五年四月十二日第一稿
二〇一八年三月八日修改第二稿
二〇一八年十二月十二日修改第三稿
二〇一九年十月六日修改第四稿

凡例

一、《孟子文獻集成》匯聚歷代關於《孟子》之著述，要其旨歸，不外經學之考證、義理之推闡、文章之批點，故舉凡注釋、析義、批點等書皆酌加收録，大致以著者時代先後爲次，俾經學之大，義理之善與夫文章之美，庶幾由此而知。

二、《孟子文獻集成》選用底本多未經整理，或孤傳海外，或秘庋深閣，學者既不能偏歷中外而窺其概貌，又不能盡探二酉而知其大略，不能無憾焉。今集爲一編，則學者循覽而知《孟子》一經之本末，歷代著述之昇沉。

三、各書或得自日本、美國，或攝自國家圖書館、天津圖書館、上海圖書館、浙江圖書館、山東大學圖書館等。底本皆經選擇，其存世孤秘，列爲首選，而後出佳槧，流佈稀少，亦資採摭。

四、諸書著録書名、卷數、著者時代、姓名、撰著方式及版本，覽者便焉。

五、著者真僞，學者所重，凡有歧異，均於著者前加『題』字，略示區別。

六、諸家解《孟》之作，或爲獨立成書者，或爲總集内别裁而出者，或以『四書』著述總題者，今所匯集，以能獨立析出者爲斷。其單篇零什，概所不收。

七、裁出之書，凡原有題名者，概依原題，而於版本項注其從來；凡無獨立題名者，則仍用大題，而括注『孟子』二字；其不能析離者，則全書收録。

八、是編博訪廣蒐，固難周徧，續有所得，拟輯《補編》，庶免遺珠之憾。伏望博雅君子，匡其不逮，補其未備，是所幸焉。

目録

陸稼書先生四書講義遺編（孟子）二卷

清　陸隴其撰　清　趙鳳翔編次

清乾隆二年當湖陸宸徵三魚堂刻本

陸稼書先生四書講義遺編卷五

三魚堂鐫

門人趙鳳翔魚裳編次　男陸宸徵直方叅閱

馮　瑜在清　楊剛中巽行

後學

楊鍾岳嵩望　張培源江亭　仝訂

孟子總論

按譚梁生見聖編曰史記列傳云孟子鄒人也受業子思之門人索隱云王邵以人爲衍字則以軻親受業孔伋之門也今言門人者乃受業子思之門人也黙按孔叢子贗書其名不載史傳漢志中多孟子親見子思語皆不雅馴悉贗語也師古註漢書云孟子子思弟子王邵以人爲衍字皆惑於孔叢子者也子思孟子生卒之年諸說互辨總無的據吳氏程謂子思享年六十有二致

伯魚先孔子五歲卒卒之年下距魯繆公元年計七十七年子思卽生于伯魚卒之歲若以六十二卒計之則遠不逮繆公立矣今據孟子言魯繆公無人乎子思之側則不能安子思似將子思已老孟子之言必不虛則譜云子思壽百餘歲者信也至如孟子年八十四歲卒在周赧王二十六年魯文公六年上距生年當在周烈王四年魯共公五年去繆公卒已六年矣卽子思年百餘歲思孟之生年相去已一百十有四年必不及也史記短子思之生年後人遂謂不及魯繆公孔叢子又混孟子之生年遂謂上及子思皆謬而孔叢子尤舛又曰孟氏譜云孟子生於周定王二十七年卒於赧王二十六年年八十四歲按八十四歲自赧王逆推當生於烈王四年定字必烈字也又曰孟子當四十前教授弟子不見諸侯時歷魯共公康公景公三君出游齊梁閒不過二十餘載其閒復有葬母居鄒之日君不就見究不往見至魯平公三年孟子去齊自滕反魯歷文公六年而終又曰史傳稱孟子游事齊宣王不用乃見梁惠王當惠王一見呼叟則知孟子時年已長非自游梁始也見齊宣王必在前作書自梁惠王始者義利之辨以此章爲冠冕非爲編年設也梁惠王襄王齊宣王湣王一時卒立年代諸書互異卽史記世家年表亦自相矛盾索隱引紀年梁惠王乃是齊湣王爲東帝秦昭王爲西帝時竹書紀年出魏地卽晉乘其錄實也則知孟子見梁襄王後再適齊非復齊宣王乃齊湣王也是以史記

燕世家載燕噲子之之亂齊伐燕者爲湣王觀孟子前伐燕者稱宣王燕人畔者止稱王不稱宣王則知前後伐燕兩事相去已遠故隔別記之凡書中孟子在齊而但言王者皆湣王也蓋七篇乃孟子手作孟子沒後湣王未走死故不稱謚要知孟子前游齊不久游梁亦不久末後在齊當湣王爲東帝去帝復爲王時則所謂久于齊非我志也蒙引亦云齊伐燕有二事其一當燕父公喪易王初立齊宣王因燕喪伐之是卽孟子梁惠王篇所載也其一則齊湣王因子之之亂伐燕卽孟子公孫篇所載也燕噲遜國在宣王卒後九年湣王伐燕在宣王卒後十年此段先得我心愚按論孟子非親受業子思齊人伐燕有二事孟子先適齊後適梁最爲的確

熊愚齋閑道錄曰七篇之中論心性則曰善而二氏百家
之紛爭息矣論事功則曰王而五霸七雄之假託斥矣
無非遏人欲于橫流存天理于將滅一片維世苦心宛
然可見韓子謂其功不在禹下我謂其德不在孔子下

梁惠王上

孟子見梁惠王章

東萊呂氏論管仲曰王道之外無坦途舉皆荆棘仁義之
外無功利舉皆禍殃此與江都正誼明道之言相爲表
裏合二公之言方盡得孟子首章之義
當時諸侯勿克行仁義者有二一則以利在民與民爭貨
爭貨則橫征一則以利在隣與隣爭地爭地則搆難
按此仁既是專言之仁而又與義對說者與中庸三達德

之仁同例但彼以仁知對說則是知行之分此以仁義
對說則是存心制事之分大抵仁有三樣看法有專言
之仁有偏言之仁有專言而又與義與知對說之仁
大全東陽許氏謂愛之理含體用是矣謂心之德只說體
未是論語有子孝弟章吳氏程說自明
朱子曰所謂事之宜是指那事物當然之理蒙引謂如此
是義亦一半在外了按蒙引不是朱子固曰理雖在外
而實具於心矣註事之宜即所謂在物爲理也盖此義
字包得理字
上而言利即不取之於下而下猶將化之況其勢必取之
於下也下而言利即不至奪其上亦非上之利也況其
勢必至于奪上也故曰上下交征利而國危

講家謂不遺不後皆自一念懇惻中流出一切利害都不
計較二者也字正應大夫士庶說最明
許瑶全章文結云使惠王能復問何謂仁何謂義則孟子
當更有所發明矣然而發明之於辨異端闢楊墨發明
之於道性善稱堯舜發明之於進湯武退桓文發明之
于諫嗜殺陳保民則七篇之義皆此章之緒也將一部
孟子悉包羅在義利二字中最精

王立於沼上章

賢者而後樂此只虛說爲是故下二節方發明其意存疑
即以能享不能享爲說不是
熊愚齋曰孟子初見梁王王曰亦將有以利吾國乎開口
便說錯了再見梁王王立于沼上顧鴻雁麋鹿舉目便

看錯了孟子一則明義利之關畫出一箇理安欲危的
光景一則論聖狂之辨寫出一箇仁與暴亡的樣樣立
談之間公私善惡之界存亡治忽之幾可謂忠告直諒
之至矣
東陽許氏因魚鳥上看出文王德被萬物此非正意正意
只是民樂其樂意
古之人即指文王與民偕樂二句俱貼文王講蒙引存疑
淺說皆然然則當於言外推開以見凡爲君者皆當與
民同樂而後能有其樂也民欲與之偕亡二句似亦當
貼桀講註引此以明云云似亦當補在言外

寡人之於國也章

移粟易斗皆所謂仁心仁聞也

不違農時節雖云民生已植民心已得然法制未備則民生植而猶未盡植也民心得而猶未盡得也此可以粗安而不可以長治故下節遂詳立制之事王道之始要見王者猶未敢自謂盡心之意

近文講謹庠序云異端曲學顯背先王之教是其術之惑亂於庠序之外者也私心僞學竊附先王之教是其術之隱伏於庠序之中者也兼二項說甚好又先輩文謂教術一誤而使俗失世敗則貽禍在人材士習一廢而使生心害政則貽害在家國說謹字關係極大

按申字與教字有別有提醒之意有激發之意有使之習熟之意有使之畫一之意不是一番訓廸

晉國天下莫强焉章

按此章論仁政與上章一樣只是先除其虐政所謂王道之始王道之成俱未暇及告齊宣耕者九一仕者世祿關市譏而不征澤梁無禁罪人不孥似亦只是省薄之事陳介眉文云昔孟子之言仁政有緩用之而可緩效者分田制祿策于積弱之滕是也有急用之而可急效者息兵休民策于新政之魏是也最明

耕耨以下依註是省薄之效然是說能省薄然後民得盡力于耕耨而有暇日以修孝弟忠信非謂一省薄而自能耕耨上不必教而自能孝弟忠信也

入孝出弟雖正是修然語氣非以入事出事爲修之實也修就自家身上說入事出事對父兄長上說講家謂修不但講明便有身體力行意說得極是至謂入事出事正是修非修以後事則欠明矣

孝弟忠信蒙引分貼父兄長上存疑不分存疑較長

可使制梃蒙引有二說一是以彼奪二節爲所以可使撻之故一是以可使制梃爲在我有必勝之勢以彼奪二節爲在彼有必敗之勢蓋可使制梃猶未能無敵也至下二節則直言其無敵矣後說爲勝

奪民時只是以嚴刑重歛奪之不必開說

孟子見梁襄王章

惡乎定淺說作天下待何人而後定愚意當作天下待何時而後定似勝

定於一時解有以廢封建之意說者大謬周之盛時千八百國何嘗不是一耶

不嗜殺人之所以能一者以當戰國之時也蒙引說得最好然須知是王知夫苗以下意思此處似未當露

齊桓晉文之事章

惜陰錄曰齊王是個私欲昏迷底人孟子是個道理透亮底人一明一暗反覆開導不得不費辭說此乃致人之曲也學者自致其曲當以類推

仲尼之徒無道桓文之事者不可謂仲尼則道仲尼之徒則不道蓋如春秋所記只是絕其事錄其功而已至經營霸伯之事則固未嘗道也觀大全范氏朱子之說可見王氏若虛之說欠明

王以道言若只論其功則下文朝秦楚等宣王固已欲之矣

保民而王見得甚易甚平
是心心字正對桓文之事看是心在王者爲無待而存之
心在世主爲有觸而發之心但要擴而充之耳
問此所謂察識止是察識其愛牛之心乎曰雖是如此然
孟子之意是要他認得此心既認得則後遇善心發時
皆可識矣然後有以爲擴充之地矣東陽許氏說甚明
新安謂王有愛物之心可知其有仁民之心此意雖不可
少然不重在此此章只要說他仁民之心爲欲所蔽而
要其擴充耳擴充卽推恩也
推有二由愛物之仁術反而得其所以親親仁民者此逆
而推之也由親親遞推之以仁民愛物此順而推之也
南軒雖謂孟子非使之以其愛物者及人然其實推內

兼有順逆二項也
論來所謂擴充者心上也要擴充事上也要擴充由心而
達之事亦可謂之擴充然此章只重在心上有其心斯
有其事也亦有有其心而無其事者只是其心未至爾
如宣王愛牛之心眞切自然生出個術來心與事不分
兩項也故集註所謂擴充者只是擴充其心而政自該
在內後面說推恩說發政說制產雖俱就事說然皆本
心上來四端章亦然若離婁首章則重在政上所謂有
仁心不可以無仁政也此另是一樣說話
按卽不忍其觳觫卽字恐是卽如夫子所言之意若作不
及計較意則齊王此時已能察識矣
是誠何心爲愛爲不忍自家都不明白

按宜乎百姓之爲我愛句齊王口裏說宜心中隱隱有自
傷光景故孟子緊接無傷句見得針鋒相對若齊王先
不自以爲傷了孟子着此句便少意味　翔
是乃仁術也節當與釣不綱弋不射宿不殺胎不伐夭同
看愛物之仁只應如是此所以爲無傷也覺有味
講家謂術非委曲周旋轉移計較之謂也孟子曰德慧術
知有此德慧自然有此術知有一種眞念頭便有一種
眞妙用莫爲而爲莫致而致連齊王自已也不覺說得
好
此節術字雖緊要然不重在術上只是言術正所以善其
仁無傷于其仁也可見王之此心本無不善
蒙引云謂之理未形以是時未有心可言故曰理而已蓋

理素具於心隨感而發者也此說太拘集註所以上言
心下言理者只是互文
移愚錄云觀仁者觀之於氤氳觀不仁者觀之於枯槁愚
按君子之遠庖廚正所以防其枯槁也　翔
不爲者節講家謂孟子要他擴充何不就以老老幼幼說
明與他緣齊王認保民甚難故先分疏其難易緩急使
之了然而後告以用力處也
老吾老節是一意反覆大意謂王道甚易不過在推恩但
施之要有序耳何難之有
只老吾老三句意思已盡了有循序意有不難意言循序
而推之甚不難也引詩只作一証故推恩至而已矣則
俱是結上語故推恩二句結老吾老三句古之人二句

結詩古之人雖通指堯舜三王其實只指文王推廣結
之不是另尋一証也故曰只一意反覆
以彼字專指家邦摘訓亦如此解然不如蒙引以彼字通
指三者爲高
雙峰說順推逆推二意明白但須知此節本文只說得順
推若逆推意自在言外王房仲古之人三句文云庸主
不無姁姁之仁而施爲倒置非獨所不及者不德即所
及者無恩明王雖無驩虞之澤而緩急得中非獨所及
者蒙恩即所未及者亦無怨說順推意甚好
上言獨何與則宜緊接與兵搆怨矣却又說權度一節者
葢先言民物之不可倒置而後說出所以倒置之故也
輔氏說極明

兩言獨何與講家謂前是言難其所易而易其所難後是
言先其所後而後其所先前是起下不能不爲後是起
下興兵搆怨最有分別
不忍之心方發則欲其察識不忍之心既蔽則欲其量度
興甲兵節註謂欲其以此度之也蒙引謂此又是一重度
了最是不可以此節爲正解王請度之也葢集註不過
謂此節亦有度的意其實此節度又非上節之度也
興兵搆怨是所以不合權度處朱子小註謂此便是不合
權度處稍差若謂此亦是不合權度處便不差是即蒙
引所謂又是一重度也
方千里者九只是大槩說新安陳氏以九國實之不是然
則宋中山豈與秦楚同爲千里耶

發政制產皆本仁心來但發政施仁句施仁二字頗輕葢
本於仁心而發政以施其仁也不可即以白文仁字爲
主兩個反其本只指發政制產但發政制產則又從仁
心上出來耳言發政制產則不必言仁心而仁心自在
其中矣
講家謂末節正是制民恒產之法五畝百畝蠶桑雞彘是
一定之制其區畫全在樹畜以時不失勿奪上可以衣
帛食肉正與仰足以事父母應可以無饑正與俯足以
畜妻子應庠序一段正與驅而之善民從之也輕相應
所謂有恒產者有恒心也說得最明
按孟子於齊梁之君惓惓於五畝百畝及庠序之政然皆
遏其好利之心擴其不忍之心葢徒法不能以自行也

梁惠王下
莊暴見孟子曰章
按今王鼓樂不論今樂古樂講家謂一不與民同樂便是
好樂未甚民便疾首蹙頞則雖好先生之樂何裨于治
一與民同樂便是好樂甚民便喜色相告則雖好世俗
之樂何妨於治說得極好
文王之囿章
顧天竣文云明王不求自便則在在皆德意雖苑囿足以
悅人況乎其深仁厚澤也世主專求自便則在在皆虐
政雖苑囿足以殺人況乎其繁刑重斂也說此章之義
了然翔
蒙引謂國外百里爲郊郊外有關關葢與隣國交接之界

限也以此推之恐爲太公周公之封齊魯爲方百里者爲可疑按此說不是依禮書古者百里之國二十里之郊註云云者以此時齊地已不止百里耳豈可遽以疑周公太公之初封乎

交隣國有道乎章

知仁勇本不可以事分只如以大事小一件非知仁勇兼備者不能不必說到事大而後見其智說到除暴而後見其勇也餘俱倣此然此章則以事分配者也蓋以大事小非不可以見智勇而藉仁處爲多以小事大非不可以見仁勇而藉智處爲多除暴亦然

以大事小節不過見得交隣之善以見其道之當盡耳非別其優劣

理與勢分言之是二件合言之亦只是一件凡勢之所不可爲者亦是理所不當爲而理所不當爲者勢上亦自行不去故注于首節兼言理勢而次節只以理言若離理之勢君子有所不計矣

孫若士云保天下雖承上湯文事其實對當時大諸侯而言用以爲救也況宜切交隣說即湯文事小亦是諸侯之事作者必要說盛天子模樣失題旨矣滄柱云仁者不忍侵凌小國使天下諸侯各得其安便是保天下非泛言容保百姓也保天下之氣象從仁者寬弘惻怛上看來實有其事不是虛摹氣象皆說得極明

敵一人當活看勇之大小不在所敵之衆寡漢武帝之出師塞北隋煬帝之度海征遼元世祖之興師日本豈是敵一人者然豈不是小勇

大字意雖在下三節然如淺說云勇之大者按義理之當然發有心之震怒敢誅天下之所當誅不避衆人之所畏避出其鋒刃雖千萬人不可得而當也王請大之如此說亦不妨

講家謂文王大而客人小文王嘗事小矣客人終不可化則一怒伐之而亦不害其爲仁是其勇也亦仁者之勇也而奉天討者亦樂天者矣武王小而紂大武王嘗事大矣紂終不可化則一怒伐之而亦不害其爲智是其勇也亦智者之勇也而奉天討者亦畏天者矣說得最精蓋勇正以濟仁智之不及也

齊宣王見孟子於雪宮章

惜陰錄曰此賢者指臣只對以一有字答王問意已盡下勸其與民同憂樂即其好賢雅意推去是亦致其曲也

滄柱云蒙引謂樂以天下樂不以一己也天下二字只對一己看大概以及於民言或疑如此解則單承樂民之樂脫却民樂其樂於註不合不知民樂其樂非樂民之樂不是致之曉邨云以天下即是上四句非民字外又推遠一層說天下也皆說得明

蒙引謂巡狩述職說恩惠及民不得此不是巡狩述職之惠比補助更大但補助之惠顯而易見故民之所歌在彼而不在此也明季講家俱以爲此節重在省耕省斂看來不必蒙引存疑亦皆大槩說

滄柱云先王巡狩等事本非游觀晏子善於引君即援古

制以對大意謂君舉必書非事則不行耳按時文勁絕
游觀說者非矣
舉夏諺者偶取以証上文也其實勤事恤民三代皆然講
家謂觀夏諺所云安有人不得而非其上者妙
蒙引存疑俱云胥讒就是作慝不是讒是謗慝是怨還作
兩意方命虐民句只是上面意帶說下來言彼既方命
以虐民而飲食之若流又爲諸侯憂也飲食若流是指
食前方丈之飲食存疑謂是就糧食一句說不是
按惟君所行晏子口中實兼今時之弊說但不是聽其自
擇之意耳存疑最明
樂所以名徵角者取其切於民事蒙引謂景公作樂不止
二者一段此另是一意蓋疑其或如此也不可兼用

人皆謂我毀明堂章
惜陰錄曰王政無他使人人各得其所而已九一以取于
農農得所世祿以優仕者士得所關市寬其征則商與
賈得所澤梁無其禁同利者得其所罪人不及孥有罪
者亦得其所五者皆與當世之虐政相反爲王政之當
務復念鰥寡孤獨四者無告必先加惠以厚之則窮民
盡得所矣更爲王政之先務文王天理完粹兩間所以
爲王政萬世不可易也孟子幼學壯行惟此
嘉定陸翼王曰明堂之說諸儒紛紛不一惟大戴記以爲
天子之路寢又以爲文王之廟者近是蓋寢廟之制皆
前堂後室前堂向明故曰明堂天子有三朝而燕朝在
路寢之明堂每日退朝聽政之所不於此見諸侯秋冬

諸侯來朝天子在太廟之明堂負依而立若明堂位篇
所記諸侯朝位蓋周公營洛邑時制爲此禮大朝亭則
於洛邑文王廟之明堂受之也記者不察以明諸侯之
尊卑解其義謬矣嚴陵方氏又從而推廣之其說尤謬
乃大全復取之何耶
此王者只是以位言淺說謂夫明堂者王者所居以出政
令之堂也最得
按好貨好色上看出盡性來其意有二一是所好得其正
註所謂循理是也一是能推以及民註所云公於天下
是也引公劉詩見其能推以及民引太王詩見其所好
得其正也各是一意然此章正意重在與民同上故于
太王詩下補說當是時三句見其亦能推以及民公劉

詩下却順接故居者三句不補所好得其正之意也
蒙引謂究太王之好色止於爰及姜女而已愚謂當云究
太王之好色止于爰及姜女而內無怨女外無曠夫而
已蓋孟子說太王好色處不但在爰及姜女尤重在無
怨無曠也講家謂公劉非好寶玉財賄也好百姓之有
蓄藏太王非好柔曼艷冶也好百姓之無怨曠此說得
明
王之臣章
按四境之內不治只大槩冷諷他蒙引謂直說在王身上
不是
又按大全輔氏謂顧左右以釋其慚講家謂王顧左右而
言他則不愧不慚而游移他之矣二說原不相妨蓋王

之所慚者爲孟子所面責所不知慚者已職之不盡也

所謂故國者章

按踰尊踰戚則名器濫於匪人國體傷於倒置朝廷失知人之明老成起自危之慮其病皆由不慎中來

左右皆曰可殺節南軒作不可者則殺之說明季講家又作影借說至陳大士謂如不得已之心用以殺人且可又另是一說然候存疑只是命討乎說而重在命邊耳其餘諸說俱不必從

講家謂末節不是說效驗玩然後字見不如此則有忝具瞻意正見其當愼也重用賢邊不重用刑最明

湯放桀章

惜陰錄曰爲君者當知有古今之通義君臣之分不可恃而凛于獨夫之誅則殘賊不敢肆爲臣者當知有天地之常經君臣之分不可踰而聳於弑君之罪則放伐不敢萌

按此章仁字是專言而與義對說之仁朱子小註謂賊仁者無愛心而殘忍之謂也是說偏言之仁了

爲巨室章

惜陰錄曰王覸孟子之言爲難行每以有病退托便是姑舍汝所學而從我之意孟子窺見他御人欲病根故以爲室開其不善任賢之迷以治玉正其不善治國之誤其實愛國用賢是一事此欲克齊王之已無如齊王之不自克何

按幼字只是學之有素意學字緊對功利之徒說

講家謂舍非眞欲其盡棄所學只不委心從之便是曰姑舍明知其所學之大但我未之能行姑欲其舍而從我庶幾卑而易就耳

齊人伐燕章

按五旬而舉未始不是天然此只勝燕之天若取燕之天則猶未可知也故孟子欲其以民心決之

或謂欲得民心當施仁政然則文王豈不能施仁政者曰文王之勢固不可與燕齊之勢並論也玩當路章可見

諸侯多謀伐寡人者章

依雙峰則齊當勝燕時只當誅子噲子之不當取其國如此則不但不行仁政不是連倍地已不是了依蒙引則使齊王若用上章之言則燕或竟可取是其不是處只在不行仁政不在倍地存疑從雙峰而詆蒙引愚謂蒙引是也或謂湯之十一征不是全滅其國則疑雙峰之說爲長曰伐桀而有天下豈亦不是滅其國乎以此例燕事可也上章固曰取之而燕民悅則取之矣又若依雙峰說則上章取不取當抑揚重勿取邊矣不可從淺說亦從蒙引

按伐燕事斷從通鑑爲宣王十九年事但是年乃宣王末年而燕人畔又在其後二年則疑伐於宣王之時而畔于湣王之時故蒙引取黃氏日抄之說以孟子所稱齊王而不曰宣王者盡屬湣王甚是

鄒與魯鬨章

疾視句蒙引曰若有之而不誅則後日將習此澆風麟士

日言今日無以謝有司看來當兼用本文是主後日言謝有司意在言外

上慢殘下此處君與有司平說自妙不必側重有司至末節則又側重君身耳親上死長斷依淺說指有司言棠引謂兼君有司者謬親上斷依棠引存疑就平時言淺說謂親之死之俱在危難者謬

齊人將築薛章

按井擇而取之二句意以高山原于天作王迹肇于周原鄉狄之侵適爲我周與王之資似太王有所擇而然不知當時只是不得已而圖存也

苟爲善節衛既齊副憲云此章爲善專主既遷之後言極是但云遷國如紀侯大去之類恐太說煞或當時另有

別邑可遷亦未可知或如少康之一成一旅則當學少康之事或如文公之楚丘則當學文公之事

按淺說謂爲善只作修德行政說上章教以死守亦兼愛民一意此章教以遷國亦兼爲善一意爲善卽所以愛民也得民則守可也遷亦可也不得民則守不可也遷亦不可也故曰民者邦之本此章書斷以淺說爲正

註令後世可繼續而行只就事上說

竭力以事大國章

儒者多說滕無可遷處然孟子旣如此說焉知當日無可遷處或城池有厚薄或形勢有便否雖區區蕞爾豈無別邑

事之以皮幣六句雖是太王綏狄之策然須知與三表五餌心事不同

按二三子何患乎無君依南軒則與民訣別之言則后非衆罔與守邦且以累世之赤子而委之狄人非仁也况公劉之遷固帥民而去太王乃欲棄其民而獨徙耶其說誠難安矣依棠存淺說則又似太王有强民之意看來二說兼用爲是願從者從願留者留太王固不欲去之亦不欲强之如此說方無病

魯平公將出章

當時魯侯卽見孟子亦未必就行其道于倉固可無憾也卽使一見關係於行道而爲倉所沮亦有天焉于倉亦無憾也孟子只欲發明天命之意故以行止言之不可卽以一見爲行講家謂遇字比見字較深得之矣

玩末節克告於君數語則平公初意原是决意要見孟子說者於將見孟子句多謂是勉强周旋話不惟平公之出如同兒戲卽樂克之薦亦殊少氣色矣　翔

公孫丑上

夫子當路於齊章

此章以德爲本時勢爲輔不可以德時勢平看

按仲不假仁功猶是一匡九合之功道卽是無思不服之道張武承云桓公能尊王矣何不一心王室是卽古方伯彤弓敵愾之義也能恤鄰矣何不急赴其難毋待其敝以顯己之功是卽文王赫怒整旅之仁也惜乎徒出于假之之途也說得最好

文王節時勢雖在下文然點出亦不妨淺說明云以時言

之以勢言之
夫子加齊之卿相章
辛復元曰以不動心爲主知言養氣乃不動心功夫孟子興于告子者在此孟子得之曾子而願學孔子乃其源頭又曰人心隨世遷流告子知從心上用力故可敬但未究心之本源作用又曰反縮吾徃亦指關係君父綱常名教之大者若小小相犯正當犯而不校又曰不失平旦之氣方可養浩然之氣又曰在氣是剛大在心是弘毅在聖是廣運在造化是無不持載覆幬代明錯行又曰嗟爾而與四句是浩然之氣在行乞人身上發露俱說得妙
侍側紀略問黝舍是生來如此否辛先生曰當時道理不明有志之士懲世之委靡卑鄙者每欲學剛方正直而不得其道于是誤認血氣之剛爲義理之剛或一味徃必勝處學或一味徃無懼處學玩二養字自見二子志向都是學好的至于告子雖消得外面粗暴又添了內裡傲慢必如夫子之告曾子一味自反方是眞正大勇眞正不動心此孟子之集義養氣直接孔氏而非黝舍告子之可及也亦說得好

講家謂北宮黝節一步進一步看此說與東陽許氏合最明麟士謂自不膚撓至不受於萬乘之君是彼不可加於我之意視刺萬乘至反之是我必可加于彼之意不可從蓋不受內已有我加于彼之意也
又講家謂其膚挺然而不撓其目凝然而不逃此說于必勝意不襯貼只依麟士解爲是
惡聲必反大全蒙存俱兼褐寬博萬乘說淺說單指萬乘不可從
講家謂量敵慮勝正與視不勝猶勝相反末二句又自解其視不勝猶勝意不可泥註遂把猶勝作無懼說按此節註是倒釋體須辨
講家謂自反指平日所爲言非臨時也此亦小誤自反只指臨時但本于平日所爲耳
丘月林謂大勇只末二句見之或以吾惴爲能怯吾徃爲能勇總爲大勇未是按鄒泗山宋羽皇俱主善藏其勇善用其勇言似亦不妨
孟施舍節言其所守者氣正見未得其要惟若曾子之反

身循理乃得其要耳蓋以黝視舍則舍爲守已以舍比曾子則舍之所恃以無懼者只是一身之氣非有理直之壯而可以常伸也遇有道者則有時而屈矣守字一住非守氣也所守者氣言可奪也匹夫不可奪志然理不勝則可奪也故惟理不可奪此處突出一氣字最妙上文說許多般養勇都不露出至此乃略斷之此一氣字便含得下面浩然之氣孟子與賁育黝舍同是此氣但所養不同耳以曾子孟子氣象觀之直是賁育遇之而失其勇也告子比施舍又桀驁知彼有時而屈則舍了氣字只守個心然又屈于孟子蓋畢竟告子也只是氣此文闕所載原評也講得最精蓋黝舍任氣者也告子者任心而亦歸于任氣者也任氣者心爲氣使者也

任心而卒歸于任氣者欲以心制氣而不知心反爲氣使也故黜舍告子者自以爲其心不爲天下所動而不知已爲其氣所動既爲其氣所動則亦焉能眞不爲天下所動也

按語類謂不得于言勿求于心是心與言不相干不得于心勿求于氣是心與氣不相貫此告子說也告子只去守個心都不管外面事外面是亦得不是亦得孟子之意是心有所失則見于言如肝病見於目相似愚意告子之病似不如此彼謂不得於言勿求於心非謂心與言不相干也正以心爲言之本吾守吾心而言自明彼謂不得於心勿求於氣非謂心與氣不相貫也正以心爲氣之本吾守吾心而氣自正朱子謂象山之學與告

子相似則告子之說決當如此看

時說謂告子守其空虛無用之心而不管外面之差失因目爲禪定之學非也告子乃是欲守其心以爲應事之本蓋亦陽明之學也然既不能知言養氣則其所守之心亦何能以應事故猶自覺有不得處然彼終欲固守其心也殆其久也則亦不自覺有不得而實然悍然而已以實然悍然之心而應事則亦爲介甫之執拗而已故告子者始乎陽明終乎介甫者也朱子以論性數章爲告子勿求于心之驗此亦就其爲介甫之時言也大抵陽明天資高故但守其心亦能應事告子天資不如陽明則遂爲介甫之執拗矣

陽明之徒亦認告子爲老莊禪定之學蓋謂告子不得於心勿求於氣如種樹者專守其本根不求其枝葉若孟子夫志以下是說志氣合一蓋志之所在氣必從焉則如養其本根而枝葉自茂與告子之勿求者異矣故陽明曰孟子不動心與告子不動心所異只在毫釐間告子只在不動心上着功孟子便從此心原不動處分曉噫孰知陽明之所以言告子者乃正告子之所以爲告子也歟

黃氏洵饒謂告子勿求于心與孟子持其志相反非也勿求于心自與知言相反其所以勿求於心者是欲固守其心也正是其持志處但究其實則告子所持之志乃實然悍然之志非眞能持志也不可專以勿求於心爲不持志

告子之病正在强認志氣合一故孟子分別言之耳蓋志氣合一乃從容中道之候告子陽明起手就要如此所以成其告子陽明

按持志非守其心之謂志可着力而心則自然不持志者乃是空守其心不知明理以定其志耳

文清讀書錄論養氣章云知言在盡心知性物格知至之功又在持志之先知言而後持志集義而又無忘無助長則浩然之氣自生矣余向疑知言持志是一項事歷觀講章無有說得明白者得此豁然又曰主敬可以持志少慾可以養氣此又補本章所未及

張考夫曰平旦之氣即喜怒哀樂未發之中也持其志無暴其氣即戒愼恐懼愼獨之功也持其志則敬以直内

矣無暴其氣則義以方外矣按李厚菴亦以持志作居
敬看謂詭本朱子或問

徐青麓謂持志無暴不動心之功有本末也知言養氣不動心之功分知行也二者不同此則不能無疑持志知言似不可分爲二蓋以理言之知言養氣俱少不得持志持志是知言養氣之本原是徹始徹終工夫以此章之言言之則似只以持志爲知言之本蓋持志以知言然後可以養氣故持志知言總在養氣之前總爲養氣之本

按孟子養氣是制外養中之法先立乎大是內外本末交相培養不同

朱子小註講持志無暴俱以喜怒爲說蓋喜怒哀樂有在志者有在氣者

滄柱謂持志與養氣可分表裏不可分動靜蓋心之所之謂之志已屬動一邊方養氣時持志工夫仍在內而爲之主又云註中內外本末二句通結全節蓋言與心對則有內外之分心與氣對則有本末之辨說約謨從達說單結持志養氣殊欠分曉皆說得明

志壹二句蒙引存疑俱兼善惡看有謂俱指不好一邊者有謂志壹句在好一邊氣壹句在不好一邊者俱不是

氣之動志有顯與抗者有陰爲移者有志隨氣而委靡者有志隨氣而踈率者

按蒙引謂以志對氣則持志與無暴其氣爲二事相交養以知言對養氣則養氣內自有敬以持志者在愚謂知言養氣內皆有持志者在不必專在養氣內黃氏謂持志工夫簡而易明故不復更言極是然亦須知是告子之所粗明故畧之

惜陰錄曰知言養氣皆從大學出格致乃能知言明理之至事無不達不但言能知曰知言者長于告子言不得勿求也誠正修乃能養氣明德之全體無不宜不必待言氣曰養氣者長於告子勿求氣也孟子與曾子接脈願學孔子真傳有自養氣而曰浩然之氣者孟子從自慊悟出盡心有理有氣氣從理出乃爲正氣無理以宰之氣易橫行自慊者事事奉理爲準則也由是氣生爲體之充心廣體胖浩然者與天地之氣合而塞乎兩間曾子專就明德言止及德孟子對告子勿求氣言表爲

浩然之氣氣養成足以助理以膺大任處大事如之何漫云勿求

其爲氣也兩節意實相承配道義正是塞天地之實際處陶石簣過文云頓天地之塞吾氣也而天地之性吾理也氣不徒運每載理以爲運理不自行必待氣而後行數語精妙

講家謂直養無害只一意按合言則一意分言則是二事集註是分言之下文集襲及有事勿正勿忘勿助俱可分合看

謝于道文白記云直養二句無非爲上二句註腳非上截說本體下截說功效也直養句不甚重實說工夫自在下文此處要說得浩然之氣四字透此評甚好

塞天地有何功不立何業不成剗華惟我之意與首節行
道相應
凡言體段者固兼體用在內與體用之體不同然如此處
以剛大之體段對下文配道義之功用則亦與體用之
體不異矣但輔氏舉體該用之說則殊謬宜爲蒙引所
駁也
按雲峰胡氏云合卽延平一滚出來之意功卽延平襯貼
起來之意最明蒙引以爲誤而謂延平所謂襯貼實兼
合而有功意此謬也
配義與道語類有一條以在物爲理處物爲義分看存疑
主之一條以統體一事分看蒙引主之大全二條兼收
按集註則前一條爲正

人疑塞天地者道義耳豈知道義能不依氣而立乎非知
之艱行之惟艱靡不有初鮮克有終皆是無氣之故
道義塞天地能不藉勢位而不能不藉氣
孟子謂氣配道義塞天地告子未必以爲不然但告子則
以爲是可以守吾心而自得之猶陽明之講良知作用
也故孟子又歸本于集義見此配道義塞天地之氣非
空空守其心者可坐致也
湯潛菴云事不論大小只論是非學者須令事事合理一
事不可忽略方是集義
李厚菴云非義襲而取句不重只是明義之根于心故能
生浩然之氣而告子之不知氣其病根由于不知義耳
冉永光云義襲而取註云只行一事偶合於義諸書有謂

卽在行此一事上襲取有謂在行一二事後襲取看來
卽在行此一事上爲捷愚按二說兼用爲是
義襲亦不是假託與小人之掩著不同只是平日不曾有
實工夫欲一旦强之使在道理上走便不能
義襲亦是眞心要行義但不能積累於平日而欲振作於
一旦
義襲而取不但告子卽從事知言養氣者工夫一分未到
便是一分義襲
心能制氣必不能以有慊之心制氣故曰行有不慊于心
則餒
晩邨云行字屬氣有不慊於心卽是不得於心卽所謂氣
一則動志也不說不合於義而以不慊於心代之者又

因以起下文告子之外義耳然此處且未重在心只重
義上又此節自則餒矣以上雖有義內意然却是賓故
行有不慊於心句重在不慊於心要見不可不慊于心
也我故曰以下則又以義內爲主而義以生氣之意却
補在言外故字承上行有不慊於心說來也反重在行
上見行之得失係於心之慊否而要求慊於心者必須
行皆合義也又曰則餒矣下過至我故曰告子未嘗知
義蒙引用夫心之慊否係於義之得失則義之非外昭
昭矣此卽註然則義豈在外哉一句意也弇承行有不
慊於心六字來存疑謂其遺了氣之充餒一截固是然
玩註則必不能集義以生浩然之氣一句則氣之充餒
意自補在以其外之也下原是無漏也總之此節自則

餒矣以上是言氣之生必由於義自我故曰以下則言
告子既不知義則自不能養氣矣說得最明
按告子既不知義內則無論不求氣也即使知求乎氣亦
爲黝舍之守氣耳非所語于浩然也
鄒弘告子未嘗知義二句承云夫既已不知義矣又安知
氣哉故欲辨告子之言氣不若罪告子之言義甚明蓋
此處是推告子不求氣病根非辨義內外也
有事勿正勿忘勿助長俱就行事上說心字不重言其心
勿忘其所有事正欲就行事上着力也時文重心字者
非雙峰謂忘便是不能持志者亦非
其曰勿正者聽氣之自生而不欲以心期之也曰勿忘者
惟知從事於集義養氣而不敢獨任其心也蓋此是言

集義養氣而非言持志也陳介眉必有事三句文云吾
願集義者專其功以治之也吾願集義以養氣者循其
候以幾之也蓋思其養者未有不防其害而害之弊每
患其因養而生且求其集者正所以絕其襲而襲之端
又見其與襲爲類說得甚好
惜陰錄曰集義節度亦本於曾子十目所視十手所指以
致其嚴此必有事之意也誠中形外安可預期德必驗
於潤身非氣不充而忘所事至於心廣體胖自然之效
豈助長以害之但孟子對告子言故分四項弗事而忘
是不知爲不動心之學者正而助長是爲不動心之學
而欲速者
晚邨謂有事與忘相因正與助長相因若正與忘忘與助

未嘗有相因之說愚意說句句相因亦得句句不相因
亦得
按告子始也任心而不任氣是不耘苗者也既也任心而
卒歸於任氣則是助之長者也但此處則重在助長一
邊
言之病皆由於心之失則所重在心矣然此處孟子不是
欲人守其心乃是欲人求其理于心耳若守其心則即
是告子之勿求于心矣
講家謂蔽陷離窮則無帥氣之志不曾濬得源頭活水何
能取之必盡用之不竭害政害事固是必然孟子知言
一空蔽陷離窮之障則自先濬不涸之源自然其出無
窮塞天地配道義按此段即所謂志一動氣也可見知

言尤急
按宰我子貢善爲說辭此是有言者不必有德謂其不能
養氣是矣若冉牛閔子顏淵善言德行則是有德者必
有言矣何以謂其不能兼知言丑之意蓋以善爲說辭
者必能盡通天下之人情眞僞曲直無所不知而後吾
言之寬嚴煩簡各得其宜必能盡明天下之事理始終
本末無所不知而後存言之輕重疾徐皆中其節而冉
閔諸賢不能也止是理之得于心而爲德者言之親切
有味而已理之行於身而爲行者言之真實無妄而已
不可謂其未有格物窮理之功也而欲其盡達于言不
能矣不可謂其不知詖淫邪遁之失也而欲其盡屈以
言不能矣如此體貼方得丑設問之意若但硬坐以不

知言此段書終不明白
按丑之意雖知冉閔兼有說辭然終是德行多故只以當
孟子之善養氣耳
夫子既聖一問有說因孟子過於自任有說此是推尊孟
子後說爲是但丑之推尊非如子貢之真見只因孟子
自任而因以推尊也
晚邨曰不厭智之事不倦仁之事非即以不厭不倦盡仁
智也以其不厭知其智以其不倦知其仁也字當如此
看
按講家謂不可云由仁智而後不厭不倦然依中庸自成
章即作由仁智而後不厭倦亦不妨先輩文云以其無
迷是以無息以其無私是以無靳亦作由仁智而後不

厭倦解
講家謂養氣得孔子之仁知言得孔子之智非也此仁智
既分貼教學與他處作知行看者稍別安得以知言養
氣貼之
論語喟然章註明謂顏子已到大底地位此節註又謂其
未廣大何也蓋論顏冉之詣皆可謂大矣但未至於化
則所謂大者猶未盡也故白文謂之微而註以未廣大
貼之不可竟謂其未大也
若是班乎與然則有同與俱從昔古聖人來後敢問其所
以異是從願學孔子來
講家謂願學孔子是寫不動心進步不是敘不動心來歷
丑不知心性之全見知言養氣如此遂以既聖稱之不

知浩然之氣是充實而有光輝之謂大由是而造至自
然方是大而化之之謂聖賢堯舜過百王之孔子是也
孔子是知之至而行之盡與集大成章正好參看
按講家謂未有孔子含下宰我曰三節意在此最是然此
處尚虛所以又有敢問其所以異一問淺說便說得實
了
德之盛德字即大學明德之德以其爲事業之本故曰根
本心之正心字即大學正心之心以其爲明德之一節
故曰節目
見其禮二句朱子謂是大概說蒙引存疑皆含孔子在內
不是
存疑謂凡人見于身者禮度可見則設施之當人心亦可

知也但此語本意則指王者言最明存疑又謂德須兼
功說極是蓋依上節事功側也看來德兼功說而其重
反重在功或即以此德字指功及物者說尤高
未有盛於孔子只依淺說云是由類拔萃之尤者不必云
出乎群聖之類拔乎群聖之萃然兼說亦可
講家謂所謂事功不重紹述往聖之功全重垂憲萬世之
功三言皆當以此意體會要之此意孟子生民未有中
已該得了但丑不悟而復問故如此申說明白耳
以力假仁者霸章
此章據蒙引下節即足上節之意據存疑淺說則謂上節
言王霸感人有誠僞下節言人之應之亦有誠僞當從
蒙引

講家謂王霸二字是定其品之誠僞非論其事業仁字主
事功說最明

仁則榮章

戰國所謂閒暇只指敵國外患言不可說到持盈保泰明
政刑亦宜切戰國時勢言及是時不特閒暇時方有即
貴德尊士內亦未嘗無

按東征一役既能禦三監之陰雨周官周禮更能定平桓
以下之陰雨斯固武庚所不能驚管蔡所不能動齊晉
秦楚所環視而不敢抗者也講知道以下要如此兩層
說方好○先之以關雎麟趾繼之以周官洛誥周之桑
土積之非一世矣而猶曰未也梓材而丹雘之垣墉而
塈塗之周之綢繆圖之非一朝矣而猶曰未也

朱子有金縢說見文集卷六十五亦主孔氏謂周公居東
二年罪人斯得者作東征以殺管叔之說與詩傳同而
蔡九峰則力闢孔氏以居東爲避居東都以罪人斯得
爲知流言之爲管叔而周公心迹始白蓋心之所不安
不敢輕徇其師說也

看禍福無不自己求之者因思人皆以顏子之貧夭而疑
其福之薄然安知其不揜至于此人皆以盜跖之壽終
而疑其福之厚然安知其非臧至於此

尊賢使能章

五者即是下章不忍人之政王道以得人心爲本曰悅曰
願皆是得其心也

治市之法有抑有勸廛與法抑之之術也不征不廛勸之
之術也首句是於其盛時而勸且抑也次句是於其衰
時而勸且抑也合二句看則是權其盛衰而爲勸且抑
也不可謂盛時專主抑衰時專主勸

按廛無夫里之布依存疑則與上節廛字均爲在市之宅
不兼左右三區言蒙引疑朱註之無分別似不必從滄
柱又直疑周禮爲後人僞託未免太甚

論來廛而不征之廛承上市字來則專指後市之廛廛無
夫里之布之廛則兼指左右各三區及後市之廛于義
爲安然集註于第五節不別解廛字亦概指爲市宅何
也看來集註于第五節廛字亦欲作後市之廛看不兼
左右三區言大抵左右三區之廛不過是農夫在邑之
里與大百工營作之所商賈居停積貯之處耳戰國雖

重斂未必概責以夫里之布惟後市之廛乃商賈交易
之所利之所在故當時因而重斂之耳集註定爲市宅
不爲無見存疑得之

人皆有不忍人之心章

惜陰錄曰人亦指諸侯對先王說人牧未有不嗜殺人者
興兵搆怨是嗜殺人類刑厚斂率獸食人是嗜殺人般
樂怠傲是嗜殺人幾何謂人無不忍人之心矣豈知不
然

此章與牽牛章正相表裏

滄柱云仁兼體用不忍就念頭發動言依新安則不忍是
不欲殘忍意依雙峰則不忍是忍不住慈愛意觀下乍
見入井則雙峰之說爲是以心行政先王亦須是盡力

故曰旣竭心思

陳介眉云本論人心之同特舉先王者欲人取法聖人以克滿此心耳兩節大意與下孟人皆有之賢者能勿喪耳語氣相似按此節似與言必稱堯舜節一樣

按註察識而推之政事之閒此推字與下擴充意不同此是以由心而達之政言下文擴充是以一端而達之全體言註似欠擴充意者蓋存焉者寡卽是不能擴充意

運掌句講家謂不作效言看衣非效而何但其所以說此效者乃是言此皆有之心卽所以運天下于掌上而天下運掌之治不過滿吾皆有之心非鋪張先王之效也

此總不重在先王上

此處四端是以性証情下孟是以情証性

熊愚齋曰人一身之主宰曰心善卽是此心之理理存于中則爲心之體寂然不動者是也理發于外則爲心之用感而遂通者是也其存其發心也其所以存所以發心之理也性也情也總之一善而已矣按此闢張子心統性情句最明 翔

李厚菴云凡孟子言人性情處皆須重看故曰異于禽獸者幾希下部富歲章論足口耳目相似便是此章有四體註疏

末節知字口氣連下是知去擴充淺說將此知字當察識看不是蓋察識者只是察識其端又在此知字前

按語類曰今有一種人雖然知得又道是這個也無妨如知這事做得不是得人憎面前也是皇恐識得可羞又却不能改如今人受人之物旣知是不當受便不受可也心裡又要却說是我且受去莫管這便是不能克此條似知而不能行然却說是不能充者蓋就萬事上論則一事然而他事不必然是不能克就一事上論則初念然而繼念未必然亦是不能克

矢人豈不仁於函人哉章

此章見擇術在於爲仁爲仁決當由己術字承上矢函巫匠而推廣之不止曲藝

次節見仁道之大而不可不爲下節方論到榮辱上是不智也此不智在不仁之前下文不仁不智在不仁之後不同

講家謂註得之最先而兼統四者先字非先後之先猶云

第一件也此說最妥袁了凡謂天命之性一齊稟受豈有先付以仁而萬善在後之理蒙引則取小註有是心斯有是形之說而謂不是得仁在義禮智之先俱不是

註引由己不由人之言乃是釋所以正己反己之故非正訓也

末節乃爲仁由己之意重在己字內含天德王道如射之內志正而外體直

子路人告之以有過則喜章

此章見聖賢樂善愈進愈無窮之意

朱子小註謂拜是容貌閒未見得行不行若舜則眞見於行事處此恐未然舜禹之別只在人己之見上不在行不行上

推舜善與人同之心其已未善也只知有未善之當舍而
善之當從而已不知未善之在已與夫善之當有于已
也使其猶有已之見焉安能舍之如是也其人有善也
只知有善之當取而已不知善之在人也使其猶有人
之見焉則安能樂取如是也不可但云不自滿假若但
云不自滿假則與由禹何異但其見已有未善則亦不
自滿假之心而已
講家謂舍已二句正講善與人同註解兩平而以爲同善
之目目條件也是把二句作二件看然意亦交互上句
是以已從人下句是取人爲已故下文只承取諸人爲
善亦盡兩句之義說得明
樂取句可想見舜之心至精至一至虛至實相遇以天相

逼以性
按莫大驩與大舜有大焉相應然一是說取人之大一是
說與人之大不可於第三節大字內即兼與人爲善意
末節不必又纏由禹有作合併申明由禹舜者不是
世傳舜耕歷山象爲之耕鳥爲之耘墜竈蒙葬之曰象行
必端履必深法其端深故曰象耕如鳥之疾故曰鳥耘
可謂不惑于怪
伯夷非其君不事章
按百世之師章取其偏以救世此章指其偏以明道
上二節間架摘訓分得最好謂不羞不卑與不事不友相
照進不隱賢四句與不立五句相照爾爲爾與鄉人相
照援止與不受相照俱是一節深一節又謂柳下節逼

是說他和之極處不隱二句只是起不怨不憫意耳不
自失亦是帶說俱不重只重和上蒙引却重在介處了
又援止照上諸侯來不泛說俱說得極明但須知所謂
一節深一節者只是說其清和未說到隘不恭講家多
誤
按進不隱賢必以其道則非調停模稜一輩抑非和光同
塵一輩
按隘非刻薄亦是萬物一體之懷惟恐開人爲不善之門
而欲以正直之道轉移之但時或失之過則謂之隘不
恭非輕薄亦是萬物一體之懷惟恐絕人爲善之路而
欲以忠厚之道漸化之但時或失之過則謂之不恭
蒙引由其清不由其隘存疑非之極是蓋謂由其清不由

其隘則清和乃君子所由矣何以又云願學孔子也若
改云由其清之得處不由其清之隘處便不妨然由其
清之得處亦是百世之師章意此章只重願學孔子意
玩註自見
大全朱子明謂孟子直說他隘不恭不曾說末流如此時
文有主末流說者非又有云隘不恭特以迹言之然心
與迹一也又有云所遇之時不同不得已也然不得已
何不如孔子乎此皆欲回護二子不知正不必回護也
薛文清曰是何足與言仁義也莊周有之其不恭莫大焉
愚按莊周之不恭又非柳下之不恭詳見愚講義
按明季講家謂其外雖偕其心則謂世爲混濁不可責以
禮法分明有玩弄一世意如此看惠是東方朔一流人

矣朔是學惠而弊者與惠不同惠之不恭只是欲漸以
化之放得太寬不謹嚴耳雖大全朱子亦謂其心玩世
視人如無然惠之玩世不比東方朔之玩世

公孫丑下

天時不如地利章

首節註孤虛二字大全蔡氏及仁山金氏俱就支干上看
出雙峰饒氏則就五行上看出看來可兼用

按域民節是言人和以天下之所順節是言天時地利之
不如人和

講家謂域民三句只引起人和之不易得不申地利又謂
此條極言人和之當得不是推人和在于得道蓋章旨
說要人和處已含得道意人豈無道而能和者觀故曰

二字是承接之詞非推原之詞俱說得是

孟子將朝王章

講家謂孟子托疾以辭而又將自表其辭召之意其立言
根子只在以賓師自處上來若非賓師縱有齒德敢與
爵抗乎縱不爲管仲何獨不可召乎說得妙

註敬之大敬之小輔氏以心與貌分貼大小看來大小二
字內似俱兼得心貌〇總註恭敬亦似不必分內外只
似互言

又講家謂是或一道作自重之道看不是疑詞天下有達
尊三一段雖是推曾子之意却就是說自家了故下就
按惡得有其一云云俱是
朝廷三句只推明各成其尊無隨在致隆之意若曰各不
相値始成其尊則非達尊矣輔世長民在事功說
必有所不召之臣是已有此臣了見得大有爲之君其馭
臣下雖不是泛然不召若有所不可召者則必不敢召
致之也

其尊德樂道二句講家謂雖是說賢士自重語意仍歸重
在賢君身上言尊德樂道不如此賢士猶以君爲不足
有爲而不肯來輔爲君者安可少自驕慢焉得有謀而
不就乎最明

前日於齊章

此章主全爲齊發者偏未有處全重自家說不重他人

孟子之平陸章

若以齊宣時勢論之則孟子之言未免不達時務當時七

雄並爭軍需孔亟何暇復言芻牧是亦民生之不幸而
非君大夫之罪也宣王距心口雖謝罪必以爲有不得
已者而非儒者所知然孟子責備斷斷不肯少寛者合
人和不嗜殺諸章觀之方見孟子仍切于時務

孟子謂蚳鼃曰章

此章不過是明去就之義可以去則去可以久則久惟義
所在易地皆然

孟子爲卿於齊章

南軒謂齊王不欲以使事煩孟子而使驩治之若卿以大
註有司指驩固不是矣卿依蒙引謂其各自爲說非以
有司指驩然此說亦非也蓋凡出使者有正使有副使
此是常例非齊王爲孟子創設也

輔氏謂事若不治則亦須與驩言此亦孔子與陽貨言之
意也蓋孔子之與貨言也是與塗人言也非與貨言也
孟子之與驩言也是與輔行者言也非與驩言也
熊愚齋曰孔子荅爾子荅陽貨孟子予滕國予公行皆是
君子待小人的樣子
沈同以其私問曰章
時解謂此章當以天字爲主燕不奉天命而授受齊不奉
天討而征伐孟子未嘗輕貸燕亦未嘗輕與齊此處要
識得聖賢大公之心按首節註只以受之天子傳之先
君爲說重天字者雖非正意然自不相妨蓋以下節天
吏對看也
齊非伐燕之人不是坐定他不是伐燕之人假使齊能如

湯武則齊便是天吏便是伐燕之人矣孟子以伐燕爲
可即孔子討陳恒意但不是這樣伐耳若將齊非伐燕
之人一句看呆了則此外秦楚三晉亦無一可者將起
湯武于九京而後問子之之罪哉
燕人畔章
按賈之所解只在不智以王之所慚在不智也何以知王
之所慚在不智以其慚於既畔之後而知之也仁智雖
並提意只重不智一邊
講家謂孰仁且智且字與養氣章仁且智且字不同彼是
仁智並說此是側重在智上下面知而使之是不仁也
亦只要形起不知而使之是不智也句周公知其將叛
而使之與亦只相形引出不知也句又云仁智周公未

之盡句要以不智爲主說况于王乎句亦須重不智一
邊俱說得極明
此章論周公事專以使管叔說不必牽誅管叔說先輩王
豫文云謂武庚之將叛而不可不爲之監也是理之所
有聖人之所可知者也謂管叔之將以殷畔而不可爲
之監也是理之所無雖聖人亦有所不知也只說管叔
宜使則公過之宜不言自見
孟子致爲臣而歸章
按存疑謂他日王謂時子見孟子欲去時齊王不曾留到
他日見其未去而爲此留其不誠亦可見矣按前此不
留他日留之安知其非自悔自艾而謂其不誠乎但觀
其詞絕無悔過不安之意則可知其不誠耳不必在他

日字上穿鑿也
按講家謂王以孟子不願爲卿專以師處之是王究以孟
子爲可師不可相可學不可行可敎不可政可道德而
不可伯王可學孔子而不可成湯武也至是而孟子知
道果不可行不復可留于齊矣此與程子云齊王欲以
利誘孟子故拒而不受之說不同然此說亦好
問不以利者如之何曰只依中國數語而加之誠心即非
利矣苟無誠心雖加諸上位猶然利之也利與非利在
毫末之際耳
有欲爲王留行者章
此章只重無王命上兩無人乎人字一則君使之留賢一
則人勉君留賢皆非無君命而私留者

按繆公自能尊子思齊王不能如繆公如何責留行者之不及子思曰繆公自能尊子思則不待維持調護也齊王不如繆公則必待維持調護之而後可故爲客計者當以留泄柳申詳之法而責王以尊禮子思之事上文所以必帶說泄柳申詳者蓋爲此也其意實重在子思邊耳

尹士語人曰章

孟子不忍出晝與成湯不遽伐葛之意同

講家謂用是用孟子之王道則改是改功利之習若說行甚失禮而欲其改便看得小了

小丈夫不要說壞亦是望君好的只是未仁下文小人即小丈夫也

充虞路問曰章

須知孟子之不豫是悲天憫人不是怨尤充虞誤認不豫爲怨尤故有此問

註憂世之志樂天之誠有二說一說彼一時當樂天則不怨不尤此一時當憂世則有不豫色所以爲並行不悖一說樂天即在憂世之時二說可兼用前說是以彼一時兩句與五百年兩節對看出也後說是以五百年兩節與末節對看出也

時勢只平說自妙註亂極思治如禮樂久衰則必振民生久困則必復詐力久用則必絀戰爭久用則必息就戰國時勢說方合

熊愚齋曰孔子曰期月而已可也三年有成又曰吾其爲東周乎孟子曰以齊王猶反手也又曰當今之世舍我其誰也一聖一賢分明將濟世心腸和盤托出當世無有信而用之者春秋戰國之不得爲唐虞也天也

孟子去齊居休章

講家謂據總註仕而受祿禮也不受齊祿義也則通章只重不受祿看爲是不可以末節爲不去之由與不受祿並重總見得去齊我志久于齊非我志此所以不受祿也最明

惜陰錄曰據學統見王于崇在反齊後細思不受齊祿爲客卿初已然豈前受祿而後不受即前後不受祿于崇豈得在反齊後還是孟子始見齊王爲是孟子知言一見齊王知非大有爲之君故不受祿以觀之不願仕齊

也王由足用爲善反尹士不明之譏非果深取之不明王短亦孟子忠厚去國之道愚按看孟子去齊與孔子去魯一道最是

滕文公上

滕文公爲世子章

惜陰錄曰理氣不雜孔子言性兼氣質蓋渾然性體之本然也子思言性亦從氣質中指出未嘗專言理如言情止言喜怒哀樂未發已發皆氣中認理孟子見當世言性專認得氣則人心肆而道心滅乃單揭理言之正其稱曰善以闢言性者之紛紛蓋時與孔子子思異也引成覸三人言以破其不敢望聖人之疑引書言以破其小國難自振之疑世子復見意中事孟子一一開之瞑

肱盡葬前日所爲如盪滌肺腸掃除沉錮一切更新乃
可學者克己亦當如是否則寛緩不濟事
按當時計功謀利之徒皆由于不知性孟子道性善卽是
以仁義勝詐力王道絀伯功本領
道性善三節逼是要世子知堯舜可爲然堯舜可爲意却
在言外白文只是說性善其稱堯舜者所以實性善也
其言道一者卽稱堯舜之意也其引成覸三言者所以
明道一也玩大註可見大全雖有互相發明之說然須
在言外見得淺說體貼得好
夫道二字大全謂道出于性者誤淺說謂性卽道也存疑
謂道字分明是指性說但不必直說作性存疑淺說是
講家謂孟子言性善而卽歸到可以爲善國便是性命事

功一以貫之不似後儒分作兩截按依此則上面三節
似已兼事業在內淺說亦似如此蒙引存疑謂安于卑
近本自其持身言欲于言外補說治國不是
滕定公薨章
志言先祖是指立法者說父兄百官所認之先祖是指壞
法者說吾有所受之也是父兄百官解志之意卽體先
祖的口氣謂先祖敎人從其禮者其意謂吾上世有所
傳受此其意未甞不是但誤在錯認壞法之祖爲立法
之祖耳
講家謂孔子曰半節是卽親喪自盡意而闡發之非更立
說君薨聽于冢宰云云重一哀字故然友反命而定爲
三年之喪復古禮也五月居廬云云未葬而致其哀也

顏色之戚云云既葬而致其哀也按此最認得眞孔子
曰半節雖是言上行下效是泛說此處只就心上說盡
百官之沮喪禮也只因其良心汨沒世子自盡其心之
哀而彼之心動矣彼之心動則自不來沮我之喪禮矣
玩注亦是主哀上說但哀亦只行於禮之中非哀自哀
禮自禮也
滕文公問爲國章
明季講家謂此章規模宏大條理精密仁以爲主義以行
之皆是從性善處認出個民物一體之仁所以作用至
精至備夫子于老安少懷孟子于老老幼幼不出乎此
最說得好
按恭儉節蒙引有二說一是自治而後及人一是有仁心

而後有仁政前說爲長兾因之謂此節是論賢君不緩
民事不專重禮下句必先說恭儉者不過提出禮下取
民有制源頭以起下文如俗說有實德故有善政不知
何謂此亦主蒙引前說然實德善政字面二說內俱可
用先輩文云禮從其厚則可以勸臣而使竭其勞民勸
相之仁然從其薄則可以安民而使盡其深耕易耨之
力凡此皆爲民事計耳按此與因之說合
大全趙氏謂禮下所以開世祿及學校之事殊謬此處無
學校意在內
惜陰錄曰恭儉乃爲仁也念念重民事乃念念合天理不
過取于民故不富
井田始于黃帝而註云商人始制說者疑之兾日生夏后

氏五節文云井田之略自黃帝與中更洪水耗矣夏后
抑而未行至殷周特詳極明
按夏先王猶是貢而頌聲作者想其省耕省斂別有法以
濟其窮
滄柱云世祿取諸公田此周初之制自井田旣廢所謂詔
祿之需大抵多取之私田故觀其迹似乎世祿行而助
法不行究其實則助法不行而世祿亦非其舊矣
雖周亦助予不能無疑蓋徹法雖都鄙用助然是通力合
作計畝均收與殷助法之同養公田者不同何謂雖周
亦助講家概謂二法名異實同竊所未安愚意周雖定
徹法大抵亦隨地所宜有行徹之處亦有行助之處故
詩有公田之名謝廣昌作以公劉時之徹指合作均收

言取乎俗之便也武周時之徹指兼貢助言因乎法之
便也分別甚好而評者反病其鑿何耶
思古之井田隨其地宜非通天下可行也觀左傳所云疆
以周索疆以戎索及蔿掩牧隰皋井衍沃可見又周禮
載師註疏尤明孟子所云野九一國中什一者亦是就
滕之地形而言
陳介眉講公田節云助止對貢說不兼對徹說以徹即是
助也今人多以病徹爲疑多因說約有徹內無公田一
句所誤余謂說約未嘗誤但講得未明耳
夏曰校三句不必在異同上支離只要見三代莫不有鄉
學亦莫不有國學
大抵開創之耳目易于積玩開創之初必有以振舉而更
新之
滄柱謂天子諸侯各有國學則同處亦具兩義曉郵云本
文無重國學意若云重學而共則下皆字說不去矣皆
說得明
講家謂使畢戰以下六節以經界二字爲重如九一什一
圭田餘夫之田皆有經界當正方里節正是經界處須
逐段點入經界字最妙
按訂義永嘉陳氏曰鄉遂用貢法遂人是也都鄙用助法
匠人是也兩處各是一法朱子總其說謂貢法十夫有
溝助法八家同井其言簡而盡矣但不知其必分二法
者何故竊意鄉遂之地在近郊遠郊之間六軍之所從
出必是平原曠野可畫爲萬夫之田有溝有洫又有塗

路方圓可以如圖若都鄙之地謂之甸稍縣都乃公卿
大夫之采地包山林陵麓在內難用溝洫法整齊分畫
故逐處畫爲井田雖有溝洫不能如圖故但云在其間
又按通考馬氏曰自孟子有野九一而助國中什一使自
賦之說其後鄭康成注周禮以爲周家之制鄉遂用貢
法遂人所謂十夫有溝是也都鄙用助法匠人所謂九
夫爲井是也自是兩法晦菴以爲遂人以十爲數匠人
以九爲數決不可合以鄭氏分注作兩項爲是而近世
諸儒合爲一法爲非然愚嘗考之孟子所謂野九一者
乃授田之制國中什一者乃取民之制蓋助有公田故
其數必拘於九八居四旁爲私而一居其中爲公是爲
九井多與少皆不可行若貢則無公田孟子之什一特

言其取之之數遂人之十夫特姑舉成數以言之耳若九夫自有九夫之貢法十一夫自有十一夫之貢法初不必拘以十數而後可行貢法也今徒見匠人有九夫爲井之文而謂遂人所謂十夫有溝者亦是以十爲數則似太拘蓋自遂而達於溝自溝而達於洫自洫而達於澮自澮而達於川此二法之所以同也行助法之地必須以平地之田分畫作九夫而八夫之私田環之列如井字整如棋局所謂溝洫者直欲限田之多少而爲之疆界行貢法之地則無問高原下隰截長補短每夫授田百畝所謂溝洫者不過隨地之高下而爲之蓄洩此二法之所以異也按馬氏之說與永嘉陳氏大不同然馬氏既爲此說却又自疑之曰鄉遂附郭之地必是

平衍沃饒可以分畫宜行助法而反行貢法都鄙野外之地必是有山谷之險峻溪澗之阻隔難以分畫宜行貢法而反行助法何也却又自解之曰鄉遂迫近王城豐凶易察故可行貢法都鄙僻在遐方情僞難知故止行助法然則但論其豐凶易察情僞難知便可不問其地勢之便不便乎其說恐難通只當以永嘉陳氏說爲正但如六鄉六遂外餘如載師所任之地則自當通融

至蒙引則又曰野郊外都鄙之地平原曠野可畫爲井國中郊門之內鄉遂之地包山林陵麓在內難用井田只截長補短約田百畝則授一夫此又因馬氏而愈失之者也山林陵麓豈得在郊門之內

蒙引謂圭田以井田之未有所屬者充之不若朱子謂只是助法之公田也然愚意不止是助法之公田卽鄉遂之什一亦可充圭田也

講家謂卿以下其祿漸薄不有以優之將祭亨不備此謬也圭田所以發其孝思非謂其祿薄也蓋卿亦在內豈是祿薄者

死徙無出鄉二字不可作鄉遂之鄉看猶言一方耳禮書以鄉田同井句証鄉遂之爲井非也

則百姓句未嘗不是效但其效不止此耳且其所以說此效者亦不重在效其意歸於言井田之有以善民俗耳故蒙引謂亦不必云著其效非謂其不是效也須善看

方里而井二句以里計之則一里以畝計之則九百畝總是一意此二句是經界之大綱同養公田四句見得君

不侵民民不侵官亦屬在井田形體之內此四句是經界之細目

此字通承夫仁政以下說講大略句當云古法之不合乎人情者有矣而其大略則其不合者尤多矣古法之不宜乎土俗者有矣而其大略則其不宜者尤多矣

大略依註對詳細說不對潤澤說講潤澤句當云蓋使古制詳明亦不可不潤澤也況其大略尤不可不潤澤也淺說以大略對潤澤說不是

或疑王半山不曉潤澤遂以周禮致亂不知半山不但不曉潤澤彼于古法說不通處陰佐以我之說乃又是借潤澤以致亂

有爲神農之言者許行章

講家謂全章俱平叙語大要以仁義二字作眼目如勞心大人以代勞力者之食人是通天下之義也如用心得人以代吾之治人是爲天下之仁也然須知前段亦有仁字在内後段亦有義字在内

按熊伯甘謂許行並耕其儉而兼愛是墨子一流徐青麓謂許行之説近于爲我而無君二説不同

按神農之言非謂是神農所言但其所言者乃神農之道耳爲字亦非是不好字如孟子亦可云是爲孔子之言者但旣曰爲則有爲得是者有爲得不是者故蒙引謂著一爲字便見其本非神農之言非卽以爲字當假造字也淺説謂有稱述神農之言者甚明

許行起初爲神農之言未必是要陰壞孟子自是他一種

學術如此及其自楚之滕則遂欲壞孟子矣

彼旣耕以爲食矣何又以捆屨織席以爲食耶想是覊旅之際未曾受田故暫以此爲業然亦可見雖覊旅之時亦必欲自食其力矣

陳良之徒不負詩書而負耒耜便是異端種子所謂物必先腐也而後蟲生之

並耕二句串看以並耕作主並耕非耦耕之説乃君民各自爲耕也食字牽連饔飧作過接而又兼治民事作尾

蒙引存疑俱以種粟節作一頭兩脚看以粟易械器節則總承上節説下另作一段明季講家則種粟節當連下節作一頭兩脚俱有理

又按依蒙存之説則許子必種粟三節當分爲兩段在豈爲厲農夫哉截而下截之意不出乎上一截之意上下截内俱有不能兼不必兼二意

明季講家謂以粟易械器節只承上釜甑鐵一邊説與上節俱是詰問之詞多未斷定説者多于豈爲厲農夫哉下卽補出滕君豈爲厲民似太早愚按若依蒙存以上節自爲一頭兩脚則此節首四句是實語不是詰詞雖補出滕君亦不妨

有大人二句言外自有不相兼之意淺説卽補在此二句下存疑則欲補在率天下而路也下俱通

明季講家謂許行欲壞孟子分別君子野人之法孟子闢並耕仍分别個君子野人此處勞心勞力正所以分别之也時説多以古語作相濟看者非愚按此説誤矣盖

君子小人相濟而不必相兼正所謂分别者也作相濟看何妨

當堯之時節語氣謂卽當垂裳鼓瑟之時人見聖人之逸而不知其所以防微杜漸持盈保泰者無一日而弛其憂也況當天下之未平乎

按禹疏九河當時必有蓄泄之法盖河者不可不分亦不可分者也不分則勢盛而易潰分則流緩而易淤故分亦决不分亦决者也禹旣疏九河當時必立蓄泄之法如今之閘壩然水大則通之以殺其勢水緩則閉之而勿分其力三代而下守其法所以無河患後世廢之則潰决而不可爲矣愚因潘季馴之治河而悟及此

按禹貢淮泗之水本入海不入江孟子云注之江者盖戰

國時江淮已通雖非禹道之而推其所自亦可歸之禹也亦猶懲荆舒者僖公而可歸之周公也

錢爾載云瀹是合衆水以厚其力排是束水使不他適以分其力此二者如濬季馴之以水刷沙是也

熊愚齋曰博學之五句是萬世學則父子有親五句是萬世教條

按聖人有憂之聖人之憂民爾聖人惟大全小註專指堯存疑淺說俱兼堯舜說約謂意兼堯舜語則以聖人字渾說還他愚按即明點堯舜亦不妨聖人憂民句平承教一邊說作總結治水明農者不是

惜陰錄曰勞來匡直俱切人倫說勞則篤力於倫來則有志於倫勞之獎其勞來之鼓其進此二者是將美邪則

大背於倫枉則少乖於倫匡則正其非直則繩其失此二者是救過凡此勞來匡直四者使不能於倫植立者輔助以立之無不趨向專不能於倫踐行者羽翼以行之無不名節成如是乃有以復其固有之天性不至於失墜矣初之教之當盡心若此而不可間斷也常常提撕令心不放逸常常警覺令躬不怠惰振之如是以加德惠於民後之教之當盡心若此聖人憂民無一人不欲教無一刻能忘教乾乾惕惕勞心如此而暇耕乎放勳五言詩書不載孟子搜羅舊聞得之故言聖人勞心揭而闡明於是黎民於變時雍亦豈易言耶

勞來三句施麟瑞以良民莠民中材分看甚好

講家謂爲已憂三字不以天下爲天下而以天下爲已正是天地萬物一體之心此說雖痛快然此處却不重此意只重在得人上又時說多云爲天下三字極重不知分人教人獨非爲天下乎此處只重得人不重爲天下

爲天下得人句虛說不專指堯舜註特衆堯舜以見例耳玩一若字可見淺說即將此句貼堯舜講蓋誤看註耳

爲天下得人難不專指堯舜但此句下須繳到堯舜蒙引惟憂故難一條最明

以天下與人只作禪讓說爲是是舉一件至難者以見得人之尤難有作天位與共說者謬

引孔子之言只是極贊其功業之盛以起下堯舜之治天下三句意見得堯舜之巍巍蕩蕩如此然其治天下亦只用心于得人而未嘗並耕則爲君者洵不在並耕矣

孔子之言內並無用心意

則天則字註雖訓作法字然仍是論語準則之意蓋法字亦可作準則意講也不是效法之法

孔子沒節蒙引做三段看一言衆人不倍師一言子貢不倍師一言曾子不倍師存疑又作四段看言三子亦不倍師俱妙

惜陰錄曰聖人生知安行清純至矣無一毫私欲之蔽不待濯無一毫私欲之累不待暴江漢以濯秋陽以暴形容清明純粹之極耳皜皜莫尚非他人所能彷彿有若奚可當哉註明著貼濯之光輝貼暴之潔白貼皜皜道則中庸德則聖且神濯之潔則明著內無所障暴之乾則光輝外不可掩明著則潔光輝則白潔白合濯暴所成也曾子

形容夫子盡矣
江漢二句講家謂指聖人之心體此偏也註中明謂是言夫子之道德道德則自兼內外矣
又按江漢二句是皜皜二字則是假借形容淺說最明
李見羅云仕止久速外別無秋陽江漢此言甚好然却未盡如喜怒哀樂子臣弟友皆是秋陽江漢又以一貫言之則一個秋陽江漢貫萬個秋陽江漢
出於幽谷節講家謂白文專就鳥說而正意則補在言外此說最妥
熊愚齋曰天高地下萬物散殊各有不齊之則各有不一之分聖人以人治人因物付物齊以不齊乃所以齊也一以不一乃所以一也如吾老之必先于人老也吾幼

之必先于人幼也伯兄之必異于鄉人鄰子之必異于兄子也楚人之長視吾長有間秦人之弟視吾弟有間鄉隣之救較緩于同室其兄之道較切于越人野人君子必不同其位大人小人必不同其事飲湯飲水必不一其時巨屨小屨必不若其價蓋天秩天叙大經大綸即欲不如此而不可得也聖人天下一人四海一家旣非爲我之私親疎異施崇卑異等又無兼愛之弊齊而治治而平由內而外由近而遠推之有漸也親而仁仁而愛由厚而薄由貴而賤施之有等也所謂理一而分殊仁至而義盡也乃莊生取而齊之許子比而同之不亦異乎
墨者夷之章

以之則二句爲釋書詞者此謬本於蒙引斷不可用存疑說約皆說得極明
又按夷之自相矛盾者蒙引謂其施由親始則又略有親疎之別與所謂兼愛者矛盾存疑謂其施由親始如何便宜從厚則又與厚葬者矛盾二說宜兼用
按夷之愛病在愛無差等一句愛無差等則施由親始亦只施得此無等之愛耳所以爲二本若只說施由親始便與吾儒立愛自親始無異
講家謂且天之生物三句是以天理明一本之義蓋上世節是以人情明一本之義道得天理人情沉痛悲切宜其聞言而悟也最明
滕文公下

不見諸侯章
按陳代亦知孟子非急功名但欲其急于救世耳然孟子謂其以利言者蓋急於功名固是以一己之利害言急于救世亦只就天下之利害上說壞天下之名節救天下之生靈亦君子所不爲也況旣壞名節則亦必不能救生靈乎
圏外註言使不恤其去就而可以行道孔孟當先爲之矣此亦是就淺一層說
景公節言義不當如是且夫枉尺以下則言代言利之非不可以景公節爲應首節不見諸侯五句且夫枉尺以下爲應枉尺直尋之言蓋不見諸侯五句內已有枉尺直尋之意註須善看

陳新安謂見諸侯本非小節極是然孟子此處亦姑未辨此意只是言義之不可少屈利之不可或徇至且子過矣以下方兼此意亦可爲與講家謂不義而不可爲非不利而不可爲最是

大全朱子援天下一條當屬白文且子過矣以下不見諸侯非小節此不但在利害上方有此意但上文孟子未暇及此意至且子過矣以下方兼此意耳

公孫衍張儀章

新安陳氏謂二人皆破六國之從以爲衡者然按史記犀首嘗佩五國之相印爲從長又按趙註張儀亦合從者也則固不必專主連衡說矣

蒙引謂丈夫之冠也父命之引禮全在女子之嫁云云夾

帶此一句此說固似是然孟子說丈夫一段正見丈夫且不爲何論大丈夫非全不重也只言父命之而不及命之之詞者以下有女子一段可反照也

以順爲正二句蒙引謂出於禮文太拘作孟子自言爲妥

廣居三句猶云尊德樂義與儀衍之恃權勢相反得志五句猶云則可以囂囂矣與儀衍之俯仰從人相反

志有得不得之時道無行不行之日

惜陰錄曰居以心言立以身言行以事言心爲體身與事爲用三者又各有體用獨不及智者智蓄藏于三者之中富貴三句此即中庸所云君子之強也又引楊訥菴清江人名惟寅曰安宅從心之德言也廣居從愛之理言也此恐未是自范至齊章之廣居豈專以愛之理言

論亦仁禮義俱是本于心而達于事然分言之則三者自有存心持身處事之別

大全朱子以居廣居爲三句之主然是論道理如此口氣只是三平

古之君子仕乎章

援無君講家就先有位而後失位者說出疆就是失位之初不可認做三月後事惟其三月無君則皇皇如也所以出疆必載贄庶不至三月無君矣說得最是弔有作自家憂戚說有作他人之弔說可以兼用

引禮文証失祭之足弔則道不行之足弔又可知非謂君子之急於仕專爲祭也

禮曰節孟子說急仕之意已明出疆必載質一問似可不

必但胥欲盡發孟子急仕之意以爲下文辨難之地故又有此問此處文勢與許子必種粟節一般

講家謂難仕又豈爲一身名節枉己者未有能直人亦總爲拯濟天下正以成就其皇皇之念耳最明

後車數十乘章

惜陰錄曰人不尊奉孔子厄于陳蔡亦以固窮自安不慍也人共尊奉孟子游于齊梁亦以有功自信不辭也此學孔子之變通處

通章總是言士有大功而不可不食之以報其功意于此有人指異端蜂起之時言先王之道不外仁義守與待即在入孝出弟上見守正所以爲待無兩意

宋小國也章

此章與取燕章俱要見不畏人意講家謂主意只在不行
王政云爾一句勿以末節爲望宋行仁按說宋不行王
政雖亦是所以望之然口氣內則無此意
曰爲匹夫匹婦復仇曰不止不變曰誅君弔民曰綏士女
曰救民水火曰取殘要見湯武能行王政所以不畏人
之意

孟子謂戴不勝曰章

此章只重一薛居州二句首節引喻專且久兩意並重一
薛居州且不能專矣又何論久也

不見諸侯何義章

按蒙引謂此章不可泥總註界然分爲三意此非以分三
意爲不是也蓋欲以三意相承說耳蓋總註是撮大意

講

顧寧人日知錄曰觀夫孔子之見陽貨而後知踰垣閉門
爲賢者之過未合于中道也然後世之人必有如胡廣
被中庸之名馮道託仲尼之迹者矣其始屈已以見諸
侯一見諸侯而懽其利祿于是望塵而拜貴人希旨以
投時好此其所必至者曾子子路所言所以爲末流戒
也按此最合總註之意

講家謂大夫有賜于士三句是陽貨見得禮之所言如此
當是時三句是孟子斷其可見最是

末節只重不論于汙賤意不必以曾子子路與段干泄柳
對看蓋段干泄柳亦可謂有所養但所養不同耳
所養兼持躬正大立心光明言君子不必推開看

戴盈之曰章

按闇菴文講來年不可待之故謂或盈之一旦不在位或
宋國一旦不聽盈之是就利害上論不如劉上玉謂無
論來年未必已得成即來年果已其如眼前非義何直
從義理上斷尤爲直捷

外人皆稱夫子好辯章

此章不必說一代難于一代但孔孟窮而在下其勢倍難
于禹周耳

註反覆相尋雲峰胡氏謂是氣化人事之反覆相尋敬菴
程氏謂是氣化之盛衰反覆相尋人事之得失反覆相
尋二說不同當兼用

按存疑謂氣化人事原不相離未妥蓋氣化人事有相離

者有不相離者治亂所因或自氣化之盛衰而不關人
事或自人事之得失而不關氣化亦或二者俱有蒙引
及慶源輔氏之說是也但輔氏謂洪水之灾盡由氣化
亂賊之懼盡由人事則亦未見得又蒙引所謂二者俱
有者又有二項有二者適相值而俱有者亦有相因而
俱有者或氣化先盛而人事之得因之或人事先得而
氣化之盛因之玩雲峰說可見

又按章末東陽許氏說則孟子此章重在人事蓋氣化之
盛衰而不關人事者固不必論矣若夫氣化先盛則須
人事以承當之氣化方盛則須人事以符合之氣化未
盛則須人事以挽回之即使氣化無可承當無可符合
亦未可挽回而亦必賴人事以爲之底柱

又按氣化亦未嘗不重如人事未得則氣化有以開之人
事方得則氣化有以合之人事既得則氣化有以應之
但此章之旨不重在此
禹周孔孟之治亂俱不可指實曰此是氣化此是人事此
是氣化人事相兼葢可見者人事不可見者氣化彼此
難以懸斷也
又按摘訓謂一治一亂是起語與他處一章之大指不同
此乃下數節之張本不可把那此一亂也此一治也來
應這一治一亂葢下文通是明不得已也之意非明這
一治一亂也此一治一亂重在亂上彼之一治一亂却
重在治上而亂只做個根由耳愚按此條甚是又謂此
一治一亂通兼氣化人事彼之一亂與此同彼之一治
乃言聖人變更人事挽回氣化與此一治絕不相同而
以存疑所云孔孟一治俱關氣化前後通做一律看者
爲非又以蒙引所云其治也常由人事挽回乎氣化爲
欠了更張人事之失意此一段當再商之
警余句只要見洪水之爲害大不重聖人之懼災上大抵
因當時人只知堯時有洪水而不知洚水之名故又著
洚水者洪水也一句
按掘地二句是工夫水由地中四句是第一層效驗就除
害上說然後人得句是第二層效驗就興利上說嘉靖
一節程文起手云當帝堯在位之時有洚水儆予之患
時則鯀罔績矣乃舉舜而敷治舜納麓矣復命禹以嗣
興以上則君憂臣勞而弗恤以下則父舍子用而不疑

凡以爲天下而已并舜補出高甚
邪說暴行蒙引推開看極是雙峰存疑俱云即指上文壞
宮室棄田宅不妥邪說暴行蒙引謂通上下而言明季
講家俱云指在下者似尤直捷
徐青麓曰兼驅爲戡亂之大端佑啓即指此不及文治葢
此章重撥亂意按此與蒙引存疑同然淺說分治統教
統亦似有理
滄柱云誅死者于既往懼生者于將來此亂賊知懼成說
也然春秋作後莽操之徒敢于篡竊何以尚不見懼耶
此先儒項氏獨以王者法春秋以治天下使法令嚴明
綱紀森布亂賊有所畏而不敢動者謂之知懼愚按二
說似當兼用
按新說謂天子之事不作託南面之權說只是還大權于
天子意不知夫子之託南面與伊周之放攝同一例也
且又只明其事而已未嘗行其事也雖託何傷大全朱
子謂春秋只是直書其事恐亦是未定之論
按無父無君猶未至于弑父與君至率獸食人人將相食
則弑父與君亦有之矣誰人皆無父無君以陷于禽獸
此二句只貼得一獸字而大亂將起則總貼率獸食人
人將相食二句玩達說自明淺說以人皆無父無君以
陷于禽獸二句貼率獸食人而大亂將起一句貼人將
相食殊謬
自楊墨之道不息四句只承上無父無君說以起下食人
此四句未便是食人

節末兩食字一例作相戕相賊意看在實事上說與上文

誣民不同

又按雙峰以無父無君貼事以率獸食人貼政看來未是

蓋其始有無父無君之事亦有無父無君之政其終也

有食人相食之事亦有食人相食之政不分應爲是

講家謂三作字不同一指天下言一是心溺于爲我兼愛

之說一是事偏于爲我兼愛之行最明

又按欲正人心必先息邪距詖放淫此與君子反經意不

同彼是先治其本此是先去其病各自一義淺說謂正

人心四者當平說下李厚菴欲將正人心二句作治其

源距跛行二句作清其流可以備觀

末節只是公其責于人意見有能爲楊墨之言者卽是此

心之正有謂是足上意者看來亦不必

陳仲子豈不誠廉士哉章

按圈外註及大全責仲子廢人倫諸條俱屬此章賓意

又按仲子惡能廉及註仲子未得爲廉東陽許氏亦謂是

廉之正殊誤

溫公謂仲子是狷者朱子謂仲子亦不可謂狷者溫公看

狷者濶朱子看狷者嚴故也但朱子是正論耳按熊伯

甘謂仲子蓋亦楊子之流

熊愚齋曰劉彥冲云時無孔子顏淵沒于陋巷而少正卯

爲聞人時無孟子匡章陷于不孝而陳仲子爲廉士然

聖賢不世出後世是非賢否惟折衷聖賢之理庶幾不

至差謬爾

上孟卷五終

陸稼書先生四書講義遺編卷六　三魚堂鐫

離婁上

離婁之明章

此章卽孔子祖述憲章之意展轉提醒先王之道總是要

當日之君臣取法先王

首節借制器審音引起堯舜不重堯舜上見堯舜且不能

恃仁心以爲治然則法何可廢耶

按仁心仁聞據蒙引則非有二據慶源輔氏則有淺深蒙

引是合言輔氏是分言初不相妨仁心仁政合言亦是

一件有仁心自然有仁政無仁政畔不得仁心分言則

是二件此章主在分言不行仁政則澤不流法不傳

先王之法上體天道下察民情舉其大綱核其條目不留

可憾之處不遺可議之端所以遵之而無過

竭爲天下後世而竭繼亦爲天下後世而繼晚邨謂不是

竭了後方去繼此恐不是

不因先王講家專指自負聰明者言此是就太過一邊說

看來兼不及一邊說尤妙可謂知乎在勞逸上見

按朝不信道四句上二句分別處蒙引在朝字工字君

子小人字上看故曰漸說得廣存疑則從信字犯字

上看出二說可兼用下無法守五句總因上無道揆生

來但工不信度小人犯刑二句則又自下無法守生耳

蒙引又謂下字兼臣民雖似有理然與所謂漸說得廣

之意又相戾矣只從存疑爲是無法守只依蒙引謂不

得行其法爲妥存疑稍誤上無道揆六句相因依蒙引

存疑皆有層次淺說似無層次者非
按泄泄猶沓沓也講家謂不徒訓字乃引時俗所共惡者以深著其怠緩悞事之罪說得是
又按講家謂義主斷主宜若逢迎若沾名皆非義進而或營求或畏避退而或依違或悻悻都是進退無禮俱妙責難者以第一等望君勸之以行先王之政也然責之豈必遽從必開陳善道逐條逐節次第井然以禁止其邪心總之亦勉以行先王之政而已此恭與敬乃大綱細目之分

規矩方圓之至也章

按上章重在仁政此章言法堯舜似兼重仁心仁政又上章只言以仁心行仁政此章則專欲以仁心行仁政者

之法堯舜不可以法堯舜竪幽厲平看
欲爲君四句猶言爲君而欲盡君道爲臣而欲盡臣道也人倫獨言君臣者此章主君臣言也雙峰說得之新安以宗主綱維爲說不是不以舜之事堯四句見不法堯舜便入慢君賊民一路去此就是出此入彼意了故下引孔子言以証之此以理欲相乘之機警人而見其當法堯舜下文極言不仁之禍則以禍福成敗之機警人而益見當法堯舜
惜陰錄曰此章重一至字至乃無過無不及之準入此爲仁出此爲不仁按至字晚邨亦謂當緊貼下仁字須知此仁字當以無私當理入講
聖人人倫之至語意與中庸道不遠人不同不要將聖人說得高遠亦不要將聖人說得不庸只要說聖人中正不易以勉人法聖大意重在盡聖始能盡倫不重在全倫卽以全聖徐健菴云舍規矩無方圓舍聖人無人倫欲人善法聖人耳若謂聖人不過人倫之至然則規矩不過方圓之至乎差毫厘而謬千里矣行遠集云聖人能盡性故爲人倫之至而所由無不盡其道說得俱是
堯舜而下尚有湯武及太甲成王之爲君伊周與夫仲虺君陳之爲臣如何謂不法堯舜便是慢君賊民愚意諸人於堯舜有淺深而無同異則以賢君賢臣爲法亦卽是法堯舜然按蒙引及陳大士之說則賢君賢臣雖非慢君賊民者然人若徒以賢君賢臣爲法卽是慢君賊民了故人卽未能如堯舜而志不可不法堯舜此說是

也
前章及下二章仁字俱是愛之理此二仁字似是心之德然孟子引來之意亦仍是欲明愛之理耳
上文兼言事君治民此專主賊民言省文耳蒙引謂歸責於當時之爲君者似未是
名之曰幽厲還是泛說而周之幽王厲王亦在其內直解曰不但身受其禍而已至于沒身之後或以其昏昧不明而名之曰幽如周之幽王或以其殘賊無道而名之曰厲如周之厲王最得體末節註中幽厲則專指周之幽厲言
又依存疑名之曰幽厲通管甚與不甚來則幽厲亦只是謚之甚惡者言外還有不甚惡者一邊

愛人不親反其仁章

按上章專爲不仁者發此章則爲畧能爲仁者發所謂相承者如此陳新安謂承上章因言仁而及知與禮也此雖不差然非正意蒙引謂其不得大旨是矣然蒙引謂大註亦承上章而言見當自反而仁也仁則自無死亡之患亦說得未親切不如吳因之謂此章不是泛言正身之功特爲效未臻徒責望于人者發極得總註之意

按講家謂行有不得雖是推開其實含三者外更無自反處不過即三者而無時無處不反求耳天下歸不重極言其效只見不外一身而可管攝天下深明不必外求意說得最明

人有恆言章

按上章說其身正乃是承反求諸已來則所以治天下國家者亦在正身內矣與大學之先修身而後及于天下國家者自異此章之旨則與大學同故註云承上章而推言之非謂即上章意也大全蒙存俱不明白

天下之本在國云云雙峰謂天下取則于國云云是只主教化說看來孟子是渾說還兼教養爲是但意則重在教耳

講家謂上二本字是末中之本特以引起下一本字說得是

爲政不難章

按不得罪於巨室只是修身之驗初不重在巨室也玩注自見圈外林注專主巨室言故在圈外

又按要不得罪于巨室亦不專在修身還須處置得宜然修身其本也故註專以修身言之然則所謂承上章者亦非專承家之本在身一句也

巨室所以難於力服者蓋其力既足以把持國政而其勢又近於君有一毫不是彼便知之所以服之爲難

按講家謂德教便是政則德教二字只是以德教人之意非躬行心得之德也大全蒙引存疑俱未嘗重講此二字

天下有道章

此章可當一篇六國論蓋人莫不以合從爲六國之長策不知合從者亦孟子所爲弟子而恥受命于先師也爲

六國者惟有修德而已不能修德而欲合從以擯秦能免于逆天之亡乎反不若連横者不失爲順天而可以苟安旦夕矣

按天下無道小役大弱役强非不論德也天下無有有德者則惟力是視而已存疑謂無道之世論力而不論德大德大賢未必居上位但以力相雄長耳殊謬

又按斯二者天也朱子之說不分理勢雙峰則以德相役爲理所當然以力相役爲勢所不得不然看來二說可兼

按小役大弱役强本非道也然既屬無道之運不可謂非天道也但人情順有道之天其甘心猶易順無道之天其忍辱甚難孟子所以激發他愧恥之心勉之修德行

仁以挽回天意非僅僅欲其厭天而已也 翔

今也小國師大國節不是要他去受命只言徒恥之無益

惜陰錄曰大國五年者師文王必行井田尊賢使能以正

經界平穀祿通商惠工能邇柔遠三年規模大定再積

二年自然家有一年之蓄水旱饑饉無憂百姓尊君親

上四海翕然向之而可正人之不正以得志于天下小

國力弱必有二年之蓄乃根本强而力量足大國亦爲

我役而無受命之辱此當無道之世故事半功倍

講家謂仁不可爲衆指文王說下二句是因文王而泛論

其理俱是孔子言

桀紂之失天下也章

按聚欲勿施惡即仁也王道也須說得醇細勿似專爲得

民心而設同于伯主固結民心之術

又按蒙引謂民之歸仁條是仁而得民得天下爲淵敺魚

條是不仁而失民失天下此條與其所謂二節只是一

項事者相悖矣恐未是明季講家謂三節相連看俱重

歸仁意水就下獸走壙是狀其歸仁之勢歸則不待敺

而況有不仁爲之敺其歸豈不益速耶此說得好

自暴者不可以有爲也章

孫鍾元云不甘心以第一等事讓人方是自免暴棄

此章重兩自字總註道本固有而人自失之是也哀哉二

字兼暴棄說雙峰專屬自棄者非

上孟仁人之安宅也對危字看此安宅正路對上節言非

禮義吾身不能看見仁義至美而無可非亦自有而必

可能也

道在爾而求諸遠章

此章與中庸道不遠人同意乃論學術非論治術也說道

在爾見不可措意六合之廣而忽門內之行說事在易

見不可馳思聖神之學而略子弟之職

居下位章

按此章存疑雖云與孔子告哀公之言只一般然中庸在

下位節只歸重在身上蓋誠字意上文已有也此章則

重在誠上微不同又中庸誠者天之道二句是承上文

而推原其所以當誠之故此章誠者天之道二句是承

上文而言其不可不誠亦不同玩白文是故二字可見

淺說過文與中庸同殊不是

按首節未嘗無效驗在內然只是逐節遞推之驗游氏註

預透末節意說不宜混入

按思字與中庸愼思之思字不同蒙引說得明覺軒蔡氏

說不是思誠依小註既兼知行則修身工夫盡于是矣

乃又曰思誠爲修身之本何也蓋曰修身則兼內外曰

思誠則主內而言也

晚邨云中庸天人後面分開說去故中庸至誠專就天道

邊多此處不分天人即接至誠二字是即思誠以極其

誠由人以合天如中庸致曲節之至誠也

末節固是效驗但其所以說此驗者則有責成于人之意

講家謂末節不作能誠之驗看不是

誠不誠之驗首節內已有但末節則又推極言之極誠之

效則至於無不動極不誠之效則言其斷斷不能動然
主意歸重在誠一邊
又中庸言動變化此章一動字亦該得變化
求也爲季氏宰章
此章是甚强兵之罪末節第二個次之亦承首句來謂次
於善戰者耳不可謂又次於連諸侯也
富國者雖亦有助戰之意然不可專主此說觀存疑可見
恭者不侮人章
按講家謂此章專對當日富强之習而言與求也章相照
前爲臣鑒此爲君鑒也
又按此章恭儉字只就實德上說不侮人奪人則實德之
所發也觀時君之發於事者如彼則其無實德可知其

名爲恭儉者不過飾於聲音笑貌者耳非實德也
意還重恭儉上眞恭儉自能不侮奪
男女授受不親章
按男女授受不親之說猶任人食色之說其意本欲聖賢
之廢禮而反借禮以詰聖賢千古流俗之論往往如此
此章禮字只作一經字看註權而得中是乃禮也即程子
權只是經之說論語之言經權之二則子程子之說補
其所未盡此章主言經權之一則全用其意集註之精
如此
又按嫂溺援之以手亦是道之所在不可謂嫂溺不須用
道只須援之以手蓋援天下者以不失已爲道援嫂者
以手援爲道如髡所云是欲以援嫂者援天下也故曰

子欲手援天下乎
君子之不教子章
按蒙引此章爲常人之父子言若父子俱賢則不須易而
教是不易者其經而易者其權也據王氏註及輔氏陳
氏之說則子不肖雖不可責善亦須戒之是不責善而
易以教者亦經而戒之者又權也是皆補孟子言外意
也
此章大全存疑皆概言父子唯蒙引則主常人之父子說
看來蒙引似優蓋周公亦嘗撻伯禽則知父子賢聖者
亦不必不親教也
末節存疑謂與上文意一般是引成語爾看來上文專就
父之教子說末條則兼父之教子子之諫父說似又推

開一層
事孰爲大章
按守身固即是養志之大者而養志不徒在守身也此章
既以守身養志對說則講養志處不必復入守身蓋守
身養志二者合言則守身即在養志之內分言則守身
自是守身養志自是養志大全新安陳氏講曾子養曾
晳節亦牽守身來說不可從曾子固是能守身者然孟
子引曾子之意只是要爲養志之証不重在守身蒙引
存疑說得明
韓求仲云曾子節單舉將徹應對見古人於一飲一食尚
然體貼親心所謂視無形聽無聲則其他無苟言無苟
動不必言矣只要拈出養志二字不必補出守身言養

志則守身在其中矣最明

人不足與適也章

惜陰錄曰上章以曾子立事親之則此章以大人立事君之則君親二倫孟子盖一生致力于斯故能闢無父無君之楊墨○凡事從心上理會親必養志君必格非不立本者忠孝不成

按人不足適政不足間不但不勝適不勝間兼有邪説横議從旁煽惑我以爲非彼以爲是責難陳善者不可徒爭於其末而忘其本意

又按格心不但在用人行政之先亦在君心之非之先以李文靖人主當使知四方艱難之言觀之可見

又按大人者雖是正己而物正然其格君心亦須用些力

觀朱子曰伊川解易一條可見且如説王者過化存神然王者之治天下亦豈絶不用力蒙引因註正見物正之言遂謂格字不是著力字太拘

又按一正君專承上君正説而國定矣則承上莫不正而推開説存疑謂一正君包上君正莫不正意似謬

有不虞之譽章

按胡敬齋謂浮議雖不足惜亦可以恐懼修省按不特毀來當修省卽是譽亦當修省盖或已有好名之心而人因而加之也

講家謂此毀譽字不必依論語作過情看只在不虞求全上見得不實觀註未必皆實可見亦有實者按此看毀譽最是雙峰亦已見及

按毀譽有因乎我之顯晦者有因乎世之好惡者又有因乎形迹之近似者皆不可爲據

人之易其言也章

按此章爲易言者發見人當致謹於言何必待責而始悔耶一説謂爲喜其無責者發盖彼方以無責爲得計而孰知其大不幸也一説謂是惡人之責者發後二説只可作餘意

人之患在好爲人師章

熊愚齋曰孔子曰盖有不知而作之者孟子曰人之患在好爲人師一聖一賢直道破千古學人好高之病

按誨人不倦是愛人之心好爲人師是上人之心此章只是戒人自滿意

孟子謂樂正子曰章

講家謂正子有因驩以干進之意非也謂不干進而眞有意藉其資糧輿馬之便亦非所以論正子只是偶然不謹與之同來孟子亦儘諒得他過尋思其故殊屬無謂故曰徒餔啜耳按此説得好大全集註雖只就餔啜言然亦似不相妨

不孝有三章

此章全爲舜而發以上節引起下節不告之所以亦得爲孝者全在爲無後也上看出

仁之實章

滄柱云此章是勉人孝弟而發言仁義之實只在事親從兄正見孝弟之爲重時文多作辨明仁義者似未得旨

又云仁義之實只在孝弟下文智禮樂亦即在孝弟中做出初非有加於仁義之外時文言天下之道不自仁義而竟似看得智禮樂在仁義之外矣豈以仁義二字平對智禮樂而言耶不知仁義是經智禮樂是緯正不必謂仁義未全而必待智禮樂也又云實字當對用之廣說不可偏對用言蓋事親從兄本亦用也但是用中之實耳皆說得極明

惜陰錄曰實即本意也本以樹之根柢言實以根之核仁言本對枝葉說實對花蕋說實必成本本必由實二意亦同仁義之性爲事親從兄之本此以大本言事親從兄爲仁義之實乃以事言仁義必從此推去如樹無根核不生發也天下親親尊尊之理基於事親從兄愛敬

二念上此仁義之發端故言實對華言首節二實字以良心眞切言次節三實字以用力於良心眞切處言功之最切實者也其餘智禮樂之事皆末矣

按此章依大全蒙引存疑淺說則首節屬本心次節屬工夫總註天下之道皆原於此者只貼首節依明季講家則二節一例作本心看而所謂天下之道皆原于此者亦總貼二節宜從大全諸家

看來以仁義禮智分經緯猶之以仁義分體用分孝弟分親祖也蓋道理名目亦猶郡縣沿革隨時不同若執一名以求之則窒礙多矣

又按論語孝弟爲仁之本與此章仁字俱是偏言之仁然論語總以孝弟屬仁此則以事親屬仁從兄屬義者蓋合言則二者皆是仁分言則一屬仁一屬義新安陳氏亦說得明但其所謂理一分殊者亦俱就偏言中說不可認爲萬殊一本之意覺軒蔡氏謂有子所言是專言之仁此誤也

又按孟子每以仁義對言然有泛言之者則是存心制事之分有就孝弟言者則是愛敬之分雖皆是欲以仁義該天下之道然有偏言專言之不同

論來仁義智禮樂皆爲自然之本心皆有當然之工夫乃以仁義爲本心智禮樂爲工夫者蓋雖可互見而所主不同也朱氏公遷謂智禮樂皆在仁義之中者亦當以此意推之

講家謂節文勿分太過不及蒙引以過不及分蓋節其過

文其不及而節文內又各自有過不及二說自不相妨

樂則生矣數句句句有淺深蒙引最說得明講家概從良心上看謂一時俱有無甚漸次者非

又按樂則生矣數句俱有節次故每句須重下截玩註自見如樂則生矣重在生字不重在樂字惟生乃見其眞樂非謂樂則自然生也樂則生矣樂字似直貫至末

丘月林謂樂之實不是聲音之樂此處只以孝弟與他事論華實原不曾此到音樂上言樂別樣事爲樂之華樂斯二者方爲樂之實不可云聲容爲樂之華樂斯二者爲樂之實按此說得最是王守溪講足之蹈之曰進退而愼齊出入而揖遜後長而有徐行之禮相從而有趨進之儀講手之舞之曰疾病而抑搔出入而扶持提攜

而有捧手之敬卽席而有摳衣之恭極爲精確蓋此樂
不專在聲容上

天下大悅而將歸己章

天下悅而歸舜本文亦只就勢位之隆說講家謂天下以
舜爲仁人孝子故悅而歸須知此是言外意
講家又謂舜何嘗見瞽瞍有未合道處此將註天下無不
是底父母錯看了若所謂臣罪當誅天王聖明者則又
是不敢說君父有不是之意亦非竟不知也

離婁下

舜生於諸馮章

按此章言道雖是就用上說然君臣父子之倫亦是道之
用蒙引謂孟子本意是以其措于天下者言而以雲峰

君臣父子一條爲不是太拘但不可專主君臣父子之
倫說耳淺說以出乎身加乎民爲說極是
獨舉舜文者朱氏公遷謂舉其相去之最遠者以爲例是
也存疑謂以其獨盛者言非也
惜陰錄曰其揆一者以先聖度之於後聖以後聖度之於
先聖其道無不同道果何也渾然太極之理統具于心
氣稟則聰明睿智之首出天德則仁義禮智之全具中
庸所謂至誠之道是也行乎中國最大者莫如得人制
民恒產孟子推堯舜之得人爲仁正與文武之九經之
尊賢合平日說貴德尊士尊賢使能爲仁政所先卽此
意也文王治岐耕者九一舜命禹平水土盡力溝洫孟
子言制田里教樹畜爲王天下之本卽此意也孟子得

力于揆故論政皆有條理使其得志亦欲求符節之合
矣

子產聽鄭國之政章

講家謂乘輿濟人便是霸道之驩虞恐子產與霸道不同
今人多云子產平日不是只行小惠者玩朱子及東坡之
言則子產平日亦只是行小惠須知朱子及東坡所言
是深一層話非本章正旨
時文講聽政章云時至戰國苛察徼繞之意深而溫惠慈
和之意少蓋天下尤尚刑名哉然而刑名之始不始於
刑名之人惟爲政者寬以養天下之亂源柔以蓄天下
之不肖至于宏綱不舉萬事墮壞而後察察者得以議
其後也孟子憂之故借子產以立論此說得最好

又錢宦灘講徒杠成云徃者過來者續杖屨徑行平平乎
周道之安夷深不厲淺不揭肩摩踵接蕩蕩乎坦途之
寧穩講輿梁成云大而輗小而軏方軌並進油然無傾
覆之患服爾輔輸爾載車轍相尋晏然無頹圮之虞最
爲確切
按雙峰看未字亦是但專主未至于寒說則偏注雖云時
將寒冱水有橋梁則民不患于徒涉此亦舉其甚者言
耳非謂本文民未病涉只是不病于冬涉也蒙引以雙
峰之說爲太泥是矣
日亦不足是日日悅之亦難周遍之意荆川謂一日之間
其望恩於我者不知凡幾也吾欲一一周之則先施者
獲及時之惠而繼與者已不勝其後時之怨矣是人無

窮而日有限也其將何以給之哉
君之視臣如手足章
按臣之報君慶源輔氏謂當加厚一等未是潛室陳氏謂
當知天下無不是底君又妙
論語言君使臣以禮此章集注兼恩禮言蓋論語言禮則
恩在其內矣
集註所引儀禮據儀禮註乃是指已放而未去者于出疆
三年語頗未合集註蓋引以爲例爾非本文正解也若
檀弓所稱爲舊君反服者乃指去國之臣言而儀禮固
不載也
又按有故而去趙岐注謂如華元奔晉隨會奔秦是已非
與君不合也又先于其所往蒙引疑我既爲人道其賢

而欲用之我何故不以爲賢而自用之乎若他國以此
問則我何以荅此疑固是然亦想是自已任過而使賢
者去就之義暴白於天下爾要之此等亦已非第一等
君道
君仁莫不仁章
按上章仁義以心言莫不仁義以事言此章仁義就君身
言莫不仁義主民感化言
非禮之禮章
惜陰錄曰不及不是過不是無過無不及乃是禮義禮者
節文之則義者裁制之宜禮以義起義以禮行然有合
時亦有分時
按中庸所謂智愚賢不肖之過不及者皆兼不能中不能
時者在內此謂非禮之禮非義之義專指不能隨時者
說即所謂可與立未可與權也若其不能中者與夫子
莫之似乎中鄉原之似乎庸無忌憚之似乎時則直爲
非禮非義而非此章所指矣蒙引認得清
中也養不中章
按此章本爲父兄知教而子弟不賢因而棄之者說若未
嘗知教與夫責以難堪反激成其過者此又是一種非
此章所指注涵育薰陶皆重俟其自化意東陽許氏以
寬以容之善以道之分貼恐未是新安陳氏過猶不及
之說殊謬玩注自見
惜陰錄曰涵育如生長草木薰陶如鎔鑄器用日深月久
使之自化而成也棄則性急不如已意則絕之子弟何

能有成
人有不爲也章
按此章有主出此入彼之意者有主克已復禮之意者有
主智深勇沉之意者皆與存疑分窮達者不同
講家謂程註知所擇非以決擇正解不爲意蓋有不爲擇
守定也是他胸中決擇明乃能如此說得明
仲尼不爲已甚者章
惜陰錄曰君子中庸稍有過焉便非天理當然之極致乃
是已甚矣孔子渾然天理無一毫人欲之私豈至爲此
孟子亦從江漢濯秋陽暴皜皜莫尚想出來亦有欲從
末由意
大人者言不必信章

惜陰錄曰充實而有光輝之謂大降聖人一等未化耳故
一言一行必從乎義而無信果之拘執也此無適莫義
比意
按講家謂論語義之與比是把義對已見說此處惟義所
在是把義對拘執固滯說微不同
大人者不失其赤子之心者也章
惜陰錄曰上章明大人之用此章明大人之體大人之體
一誠字大人之用一義字誠乃未發之中天下大本義
乃時中之中天下達道孟子之說靡不原子子思而各
有發明
此節只氣與仁之實章一樣
按註擴而充之與上孟微不同蓋此兼性反說存疑所謂

其次致曲曲能有誠亦是引以爲例爾非限定此大人
只是反之者也
又按赤子之心只可以一私不存來解講家以一物不容
萬物皆備來解赤子之心如此則專就未發上說矣不
是玩朱子是兼未發已發說
君子深造之以道章
惜陰錄曰以道只是循大學之次序深造之則時習不已
也到自得之不止物格知至而亦意誠心正身修矣此
日之得斯爲眞得若告子之不動心便自安排布置非
自得也○居之安已之理非乍得乍失能爲主不爲賓
矣資之深已之理皆自內達外道有本用不窮矣取之
左右逢其原已之理貫乎事之理物之理事事物物盡
與我心之理無間阻矣至于化之思勉俱泯則非驟可
達也
按依朱子則勿忘勿助俱屬深造故又以程子潛心積慮
優游饜飫之言爲只是深造至雲峰蒙引始以勿忘勿
助分貼深造以道看來分貼爲是
滄柱謂不可作旣深造矣而又以道分作兩層愚謂作兩
層說不妨但不可云始而深造繼而以道分作兩時
又滄柱謂自得已是效居安資深逢原就自得中詳言其
妙不可更云自得之效最是
居之安者不惑于似是之非不搖於外誘之奪也資之深
者卽中庸之溥博淵泉左右逢其原者卽中庸而時出
之也

又按資之深蒙引存疑說得明大全朱子謂資之深如源
頭只是一路來未是看來原字只是萬物各有一原之
原未是萬物統體一原之原其所以能左右逢原者則
由於統體一原也陳伯玉謂逢原二字不必偏重極是
本文數個之字乃是指統體一原者言
又按居安資深逢原無節次存疑自明若生則惡可已不
知舞蹈微有節次二處不同蒙引微混
博學而詳說之章
惜陰錄曰此章專以知言孟子于知上最用力悟得孔子
之聖由于智智乃時中之巧學者不說到約全不識聖
人之巧命射如何能中約卽是孔子之一以貫之古今
無兩個一天下大本聖賢所同博學詳說必反而說到

大本乃分殊理一之總會也博學分殊之理必博之詳
說兼問思辨詳說分殊之理所以如此者正欲歸到理
一若不從分殊得理一則理是空理所謂無星之秤無
寸之尺雖知個一而無用所以不可徑約若知分殊而
不知分殊之理一則殊者愈殊所謂大軍之游騎愈遠
而不知其歸雖博極分殊而無本所以不可徒博按此
及上章講得最精

以善服人者章

顧涇陽曰以善養人是一團生機以善服人是一團殺機
惜陰錄曰服人正與養人相反服則惟恐人善以已之仁
凌壓不仁以已之義凌壓不義究亦非真仁義也以名
勝之故人不服養則惟恐人不善已仁矣亦欲人如已

之仁已義矣亦欲人如已之義誘掖獎勸涵育薰陶以
德化之故天下無不心服
按顧修遠云人字指當時諸侯服人養人正在平等處見
服天下便說得大不止平等人矣最明

言無實不祥章

唐德亮文云言天變不足畏人言不足恤祖宗不足法此
數者皆不祥也而吾謂不祥之實不在此何也天變不
足畏有賢人而天可回也人言不足恤有賢人而人可
憂也祖宗不足法有賢人而法可守也說得最好

仲尼亟稱于水曰章

惜陰錄曰孔子之稱水悟道體之本然知人事之當然鄒
氏所云𠀤微是也言有本者因徐子有聲聞過情之患
也有本無本即孔子告子張聞達之意聖言無不可通
孔子能隨人問荅各因其病而藥之孟子亦學孔子如
是
按末節無本與原泉相反七八月雨集與不舍晝夜相反
溝澮皆盈與盈科相反涸可立待與放四海相反新安
陳氏說未甚分明
不舍晝夜三句以出之不窮進之有漸會之有歸分看
又按聲聞過情雖是說虛名之無實其實是說僞行之無
實蓋上文所謂不已漸進放海此節所謂集與盈與涸
皆兼對行言不專對名言大全朱子所謂聲聞一條最
好蒙引孔子言水不舍一條其意亦自如此
又按聲聞二字不要十分看壞世間有一種寡廉鮮恥之

人連聲聞不要的這個不足論有一種偶然得名或無
心而得或粧飾而得胸中却無真實學問這叫做過情
亦因世衰無人天下見一近似者便翕然稱之耳

人之所以異於禽獸者幾希章

惜陰錄曰舜乃自然而存者君子存之之標準也後來君
子皆行仁義舜則無仁義之可做由心中之仁義而行
中庸以天道立人道之範孟子之言舜即此意
滄柱云註謂天理之所以常存而人心之所以不死則知
存是存其天理即所謂所受之正也時文概言存心者
微混又云聖如大舜猶不忘危微兢業則知戰兢惕厲
諸聖人皆然只是聖人之戰兢較自然耳若說聖人無
待儆畏便非此皆說得是

講家謂幾希雖兼理氣只重理註得形氣之正二句極有
斟酌說得最是有謂指念頭上看者的是異說
按註衆人不知此君子知此據蒙引謂不知其所以異于
禽獸者在此則此知字與知所先後之知同下面戰兢
惕厲又該得知行在內
又按存字內該知行新安陳氏謂知之而後能存存之而
後能行似謬
張考夫曰孟子言君子存之周子言君子脩之吉脩之所
以存之也求其放心亦是此義先後一揆
禹惡旨酒而好善言章
惡旨酒則人心不危好善言則道心不微
按如傷是常若有傷意有作如已傷者不是

滄柱云不泄不忘聖人德盛仁熟後精神自爾周到不是
勉强爲之也與韓昭侯愛一嚬一笑漢世祖明見萬里
煞有分别
四事只指定上四條於言外推廣則可淺說謂兼三王之
四事而施行之最得
其有不合蒙引初說就四事之外說後說則不爾也後說
爲長
王者之迹熄而詩亡章
孫北海曰夫子非惜詩亡而以春秋繼詩也痛心在王者
之迹熄五字詩亡見王者之迹熄春秋之作所以尊王
也其載桓文之事何也桓文于五伯則尊王者也王室
既微天下不復知有共主無問其假與不假見知有王
者而喜矣見知有尊王者而愈喜矣所以載之不厭詳
也其因文于史何也列國有史周制也魯不廢史守王
制也使司寇忽起而侵史氏之職夫子不敢也夫文爲
史之文則義亦史之義而何以云竊也蓋天子以仁而
行教睦以義而行誅賞天子之大法也至於天子不得
行誅賞而義窮不得不託之于書以明天子之事敢諱
言作哉
滄柱云王者之迹原與孔子之義緊相對照蓋政教號令
莫非天理流行而人心所賴以歸正者晩邨云詩亡只
是迹熄之徵王教不復行於天下故春秋之義不得不
取詩與春秋本無關連也皆說得好
按註以詩亡爲雅亡是主胡文定說呂成公以詩亡爲風

亡與註不同只當從註大抵周之衰也天子之賞罰不
足憑而士大夫之清議猶足據于是乎有變雅其又衰
也士大夫之議論不足憑而草野之公論猶可採于是
乎有變風其又衰也横議起而草野之議論亦不足據
矣此論一代盛衰之勢固然然變風詩人之力量小終
不若變雅詩人之力量大所以風雖未亡便謂之詩亡
至夫子春秋之作雖與變風詩人同是庶人之議而力
量又大不同
按摘訓謂義字單事文兩項說先輩江中杭云事以義起
而義即在於事之中决嫌定豫昭若日星焉文以載義
而義即在於文之内襃善貶惡凛若斧鉞焉最明　翔
按其義蔡氏謂是王者之義存疑謂是春秋之義存疑說

是蓋雖春秋之義亦卽是王者之義但本文所指則自
有所主也
竊取只是謙詞雙峯以匹夫而行天子賞罰故曰竊取似
非註意
尹註春秋定天下之邪正一句正是人與禽獸分途處
君子之澤章
惜陰錄曰一淑字盡孟子平生功夫庶民去之不淑也君
子存之能淑也孟子之淑亦法君子存之而已私字乃
謙詞君子存之之統至周程張朱而再續今日四書五
經太極通書大明於天下幾希所以猶存而不至胥爲
禽獸也
按私淑諸人依新安陳氏作私竊其善于人與私淑艾一

例似妙但如此則當以大註得聞孔子之道于人作正
解而私竊以善其身乃是足上意恐朱子本意未必如
此故雙峰次崖皆不如此說
講家謂此須與好辨章叅看孔子作春秋而孟子承之以
距楊墨不過推明仁義以衛聖道按仁義是願學本領
可以取章
惜陰錄曰過不及之傷皆是非禮之禮非義之義始之略
見自許乃世情俗見繼之深察自疑乃良心天理
按此章蓋就事之介在可否之間者而明過猶不及之義
大全蒙存淺說俱重下二段
又按朱子謂此段與再斯可矣相似此須善看蓋再斯可
矣是初思與再思同底此段是初思與再思不同底故
只云相似
逢蒙學射於羿章
按首節薄乎云爾二句只是罪羿無知人之明立己不正
意又是深一層話非本文正意
講家謂庾公于君曰不敢廢于師曰不忍害君臣師友之
義兩全矣按庾公實未能兩全也歸熙甫謂自孺子言
之則爲得友自庾公言之則曰欺君時則爲庾公者當
何如曰受命而出無君于上無敵于下殺其爲寇者非
殺故人也如必故人可全推轂之際以誠告焉使他人
將之可矣不然雖赴鬬可也此斷制得好
西子蒙不潔章
惜陰錄曰西子乃惟聖罔念作狂之譬惡人乃惟狂克念

作聖之譬人何私見不潔必惡之天何私見潔己則享
之好善惡惡人情如是天理如是西子且然况非西子
惡人且然况非惡人
此章要見倏忽轉移之意李繼貞文云雖不潔之西子吾
尙不敢限其終也雖齋戒之惡人吾亦不敢保其卒也
翻進一層更妙
天下之言性也章
此章仇呂兩公之說不同仇云依程註此章專爲智而發
蓋小智之人務爲穿鑿而不順其自然因以性之自然
者明之通章大意皆是說性本自然而智者當順其自
然呂云或疑此章主言性不專爲智而發不知從來言
性者孰不因用智穿鑿錯却孟子言四端便是故言仁

見入井便是利乃所以爲大智也然則程子專爲智發之云正對告子及荀楊韓蘇諸言性者而說耳奈何看成兩件

按利字如孩提乎且作見嚌爾皆是利處若對下鑿字則更說日用常行無奇異隱僻處體認

按智者之鑿有二一以虛無鑿之一以聞見鑿之天下之言性也則故而已矣可見性不必求之虛無故者以利爲本可見性又不可專求之聞見

此章鑿字易爲良知家所借益鑿與不鑿其辨在毫釐之間非居敬窮理未易明白

如智者亦行其所無事況就應事接物上言

講家謂講智大要根着性字來蒙引則謂智者言與行俱

得其理不必泥禹之行水謂全不當提言性但不當專主言性說愚按此雖與時說以論性爲主者不同然此節智者雖可兼言行似不必更及於言性

不能行所無事行之鑿也不能求其故知之鑿也不明不行乃智者之大病

君子所以異于人者章

按摘訓謂以其存心謂心中常有所存主也與末篇存其心不同仁禮亦是行之于外以待入者不可把以仁禮存心說到本原上去吳因之謂仁者愛人五節勿以愛人敬人爲仁禮施於常三自反爲仁禮施於變作兩項平看語意乃是一節深一節以形容君子之存心耳此二條最明蒙引殊混

又按大全南軒是言必自反而忠然後可斷彼爲妄淺說是言我既忠而彼爲妄然自反之功仍不廢又何難焉蒙引謂卽是無一朝之患乃不求諸人意極是又謂雖有卒至之變而不以爲患也只是心無愧也前面我必不仁必無禮必不忠這還是爲他雖此却不是甚難非有愧之謂霍林謂患是煩惱芥蔕意得之

何難李若愚文講得最精云爲之惻然以憫憫其陷于禽獸也爲之惶然以懼懼其終于禽獸也更爲之憮然以愧愧其不能化于未爲禽獸之前也又爲之悶然以思思其所以轉之既爲禽獸之後也始終一自反之心也分出數層俱體貼存心意發揮方見君子不是棄之之意 闕

按存疑謂終身之憂二句是括上五節之意是矣又云自仁者愛人至我必不忠是有終身之憂自自反而忠至又何難焉是無一朝之患此却不是

丘月林謂是故君子二句且虛說下文方詳言之乃若所憂作一頭舜人也以下正是所憂則有之若夫君子所患則亡矣作一頭非仁無爲以下正是所患則亡矣分別最清明季講家謂無一朝之患卽在終身之憂內惟不患一朝乃爲能憂以終身此是深一層話

禹稷當平世章

此章只是以時中言幸與惜意亦不重

依存疑則通章俱就達道說而集註數個心字則就大本說在本章言外依蒙引則通章俱兼大本達道說心卽

道也依淺說則禹稷顔回同道一句就大本說餘俱就
達道說存疑爲長
講家謂時當平世便見禹稷當救民時當亂世便見顔子
當修巳孔子聖之時者也故兩賢之此說是有謂平世
可無汲汲禹稷如彼而賢之亂世不容坐視顔子如此
而亦賢之兩段是設疑端以起下面議論此說不是
湯潛菴曰凡事功不從心性發出於自巳毫無干涉若子
心性毫無虧欠顔子之簞瓢飲水便是禹稷事業
由巳二字全在責任上說所以顔子不得而同兩由字大
全蒙引作猶字解存疑如字存疑似長
吕新吾曰閉戸於鄉鄰之鬬雖有解紛之智息爭之力不
爲也雖愁而不得謂之楊朱忘家于懷襄之時雖有室

家之憂骨肉之難不顧也雖勞而不得謂之墨翟
按熊愚齋曰或謂孔子轍環顔子閉戸此不知顔子之言
也如使孔勞而顔逸顔樂而孔憂是道不同志不合矣
何以爲孔顔哉孔子一生用行舍藏獨許顔子問爲邦
而荅以四代之禮樂則孔子所欲付託乎顔子顔子獨
能印當乎聖心者可知矣孔子既不得行其道則顔子
之不出而仕又何疑焉使孔子得爲堯舜顔子卽其禹
臯不幸而所如不合歸老尼山非顔子志也勢也由此
觀之疏水曲肱簞瓢陋巷非聖賢之樂必存乎此也疏
水曲肱而樂在其中簞瓢陋巷而其樂不改蓋聖賢之
境遇雖窮其樂亦未嘗或替以此見性分之至真而大
行窮居之無容加損也至論聖賢用世之心則固須臾

不忘時不肯貶道狥人故每難進而易退何嘗漠然于
天下而同於沮溺丈人之硜硜哉按此說得甚是明季
講家謂閉戸亦是救世者謬矣
曾子居武城章
按居武城居於衛便見居鄉居官之不同與當平世當亂
世一樣皆是人因地殊之意兩或曰亦可味君子可去
則去可守則守惟理是斷人言何足憑也
講家謂師有父兄之尊臣處微賤之分下二項承上二項
說最明
王使人瞯夫子章
此章依直解作孟子初至齊說極是蒙引謂若容貌則齊
王已見之不是

又按蒙引以果有以異於人乎句接瞯夫子講摘訓謂乃
儲子自以其意問也二說不同
齊人有一妻一妾而處室者章
惜陰錄曰小則利達大則富貴在君子則有義不可妄求
在衆人則有命不必曲求
按觀勉齋黃氏一段當以此章與論語鄙夫章同看
當時雞鳴狗盜之徒皆爲上客如齊人一輩與富貴往來
者不少故齊人終日忘想
由君子觀之之字指富貴利達之人言此句直貫至末
齊人猶諱言乞今則直以乞驕人張侗初云墦間之乞猶
畏人見市朝之乞不畏人見酒食之驕驕于家人勢利
之驕驕于國人說得真是可嘆

萬章上

舜往于田章

按講家云說者多謂慕而不得則怨殊倒置看來不得乎親則怨不得而求得則仍慕愚意慕而不得則怨怨而求得則慕二意當兼用蒙引存疑俱云二字相因可見

按供爲子職緊跟著竭力耕田說言子職無窮耕田不過其中一事耕田之外子職之未供者何可勝計無從而猜度此所以號泣于旻天也竭力二句蒙引作怨字看與父母二句一反一正存疑摘訓俱作不怨看與下二句俱正說孝子之心摘訓尤妥

按趙注以丹朱爲九男之一呂氏春秋云堯有子十人則似丹朱不在其內然路史又云堯之子長監明早死不得立朱又不肖而不獲嗣則堯子雖有十而朱仍在九男之中矣

又按爲不順於父母句正是其怨慕處則亦在心矣大全蒙引謂其以事迹言者蓋下文又推其所以怨慕之心則此又屬事迹矣與他處事迹不同

蒙引因尚書烝烝乂之言疑舜未必有窮人無所歸之事明季講家謂四岳薦舜瞍已烝乂此自四岳之心視之耳舜之心不爾也舜視頑嚚有一分之未格便不可以爲人不可以爲子故有如窮人無所歸此說得好

天性孝友的人亦或念頭夾雜便是熱中所以大孝最難若將熱中看得十分污穢反不見大孝難處

大孝終身慕父母句且泛言講大孝要本聖人盡性上說

湯霍林云純乎天性大孝也親之外且忘其爲身也本乎由衷眞慕也慕親之外亦忘其爲終身也說得好

娶妻如之何章

按講家謂聖賢事親視無形聽無聲瞍即不敢違堯命或心中默有不悅則舜定不得娶矣既不得娶而徒取親一番怨懟不如不告之爲愈也此說得太深究其說則不告而娶瞍心中獨悅乎舜何不視無形聽無聲也蓋此是聖人用權處固如此論不得

舜不告是主帝不告是賓帝不患瞍之逆已之命只恐舜不敢逆親之意故告則不得娶在舜不在瞽瞍也

按程子既云以官治之則即告而使瞽瞍知之亦不懼其不聽矣何弗告也曰不告而妻是以官治之告而强使從亦是以官治之但不告則無形迹而相安于無言告則多一番形迹且其事有不得行者矣故不告耳時說疑程注爲非不知告與不告皆爲以官治之也但有有形迹無形迹之分耳

又按象憂亦憂二句即是下章不藏怒不宿怨及夷齊不念舊惡顏子不遷怒心事使象憂而不憂則是鄭莊之於段也象喜而不喜則是魯桓之於隱也雙峰謂此章重在象憂亦憂二句固是然亦只就後二節言耳

又按象憂二句講家謂泛就平日休戚相關意言極是南軒以謨蓋鬱陶講憂喜者亦非謂本文所指專在此也亦姑即此以言之耳

象日以殺舜爲事章

按此章只照吳注爲是但欲常常一阪又是說仁處兩意
錯綜說
誅不仁也要見得除民害意仁人固如是乎三句一氣讀
意雖重在流毒有庳然語氣是說他不公
顧寧人曰舜都蒲阪而封象於道州鼻亭在三苗以南荒
服之地誠爲可疑如孟子所論親之欲其貴愛之欲其
富又且欲其源源而來何以不在中原近畿之處而置
之三千餘里之外耶蓋上古諸矦之封萬國其時中原
之地必無閒土可以封故也按此與仁山金氏之說同
盛德之士章
按依麟士之說則天下殆哉等語亦非誣舜之詞言非聖
人不能履此危境與蒙引淺說不同

玩我獨賢勞賢字只就不知推避上說不是以其有才德
而任以事也
時文講說詩三句云毋爲成見所拘毋爲章句所惑最好
爲成見所拘即六經爲我註脚之意臆斷之流也章句
所惑凡拘牽文義皆是
講家謂以意逆志非意想逆億之謂朱子所謂將自己意
思前面去等候是也或置身於異代以俯仰其景概或
移事於今日而想像其情懷或於言之中探討其所已
述或于言之外推廣其所未發乃是一段眞精神相迎
處按此說得好然不外朱子不以先入之說爲主之意
按孝子之至節曰氣與論語衆直錯諸枉能使枉者直一
樣自樊遲咸丘蒙言之則知便妨仁爲天子便妨孝自
孔孟言之則知正所以成仁爲天子正所以成其孝
永言孝思蓋云武已極尊親之至而猶然孝思之不忘則
舜雖極尊親之至其心正自難已也無論文不及身榮
聰不與郊壇兩聖人有餘痛焉即使無以復加聖人之
心豈以是爲足荅吾親而又安有臣父之理耶
又此之謂也言下武之詩即舜爲天子以成其尊養之孝
之謂也豈有臣父之理哉大抵中庸論舜之孝而推至
於爲天子孟子論舜爲天子而歸之於孝見南面之尊
不過盡得一個孝思則臣父之誣不待辨而明矣
末節是發古語本意以見臣父之謬有謂借古語而破之
者謬
堯以天下與舜章

按此章天與之是一頭中間以天受民受發明天與之意
後面又以攝政之久與朝覲訟獄之歸發明天與之意
皆是以天人兩意對舉至末引太誓作結則見其所重
在人心矣末節總頭百姓安之及朝覲訟獄之歸方是
又此章天字朱氏公遷謂以主宰言最得其曰百神享之
者非以鬼神爲天也謂即鬼神可以見天也其曰舜相
堯云云者亦非以氣數爲天也謂即氣數可以見天也
其自民心言者亦然蒙引謂非人之所能爲也天也此
天字以氣數言其餘天字以理言似不是
講家謂所謂薦暴而受諸屬渺茫故復究其實使之主祭
主事正是薦暴處二使之重堯薦之堯之能也至於神
享民安是舜之得天非堯之能也最明

又按朝覲訟獄之歸本於二十八載之久其理固然然此節却分爲二意對説二十八載之久是就氣數上説朝覲訟獄之歸是就民心上説不必合爲一段若下章則就民心推原到氣數上又稍不同葢此章是説民心歸故天命順下章是説天命順故民心歸

自孟子以禪讓之事歸之天命而新莽篡漢班符命四十二篇於天下上書頌功德者至四十八萬七千餘人然誠僞之分豈能欺天下後世哉故讀孟子此章者又不如看中庸一個誠字

人有言至于禹而德衰章

按此章天字只就上章自氣數言者説若上章自鬼神民心言者則此章無之此其微別處也

舜禹之避朱子謂其未嘗有取天下之心惟恐天下之不我釋此無庸議矣但亦緣當日天下旣治朱均至此亦必稍變其舊習非必不可以承天下者况在廷如臯陶稷契之徒皆有君天下之德故舜禹欲避之耳假使天下尚如洪水之時朱均有桀紂之惡在廷諸臣又無一可君天下者舜禹一去則天下必亂此又難以夷齊之遜國爲律也焦弱矦謂舜禹之避特以俟朱均之遷此固小人見識又謂益之避乃是盛滿難居亦非當日情事蒙引謂舜禹之避以聽天命之所屬耳亦説得聖人有意于天下了

朱子以益爲求仁得仁然則舜禹豈求仁而不得仁者乎曰舜禹之避也固以避爲仁及廹於天命民心之不獲已則又以不避爲仁矣亦同歸於得仁也

觀益之避則知夏德之不衰葢益之避由禹之薦而啓欲成父之志也使禹有私天下之心則益何必避益之避禹之薦兩聖人止盡人事而已天意非所知也

自昔者舜薦禹于天至下節施澤於民未久皆不當露天字存疑説得最好蒙引淺説即露天字不是

講家謂啓賢少斷能敬承繼就是賢只重敬上此説最是存疑謂啓賢能敬敬字只在賢字內承繼禹之道作一句讀不是

通節又當以子之賢不肖叚作主爲相久遠帶説葢與上章又微不同上章是論與賢故多就賢邊説此章是論與子故重在子邊

講家謂正荅萬章問專在首二節匹夫節略輕只引起下節意必若桀紂句要見不輕廢意口氣只是説自古不有天下者不獨一益言外正見自古傳子者不獨一禹益引商周相類事以推明之益見禹德之非衰也最明荆川兩節文起講云吾子謂禹爲德衰者徒知益之爲舜禹而不知啓之非朱均也且自古聖人之不有天下者亦多矣豈獨益哉束云伊尹周公孔子皆聖人也而不有天下其何疑于益商周皆繼世者也其何疑于禹説得賓主了然又晉文光云以[illegible]益若不幸也今由伊尹而下則無不爲益矣以[illegible]禹禹若德衰也今由成湯而下則無不如禹矣與荆川作同有其妙若項煜文説天之意專在繼世便偏了

又按外丙二句有一太甲在內因太丁卒而太甲尚幼所
以有此變通下文自說顛覆典刑而卒能悔過另是一
意若太甲二字非獨至下文始有也
末節重繼邊義者宜也繼合于禪可見繼之心不殊于禪
之心堯舜禹總是一般心與賢與子總是一般事
伊尹以割烹要湯章
按此章樂堯舜之道固是頭腦自辭受取與直到致君澤
民皆是樂道作用處然不可以首節樂堯舜之道一句
包下數節葢首節是就窮養處說其樂堯舜之道自湯
使人至辱已以正天下是就達施處說其樂堯舜之道
按依雙峰說則天下固有合道而不合義有合義而不合
道者然此亦分言之耳若合言之則合義即合道矣

囂囂然節是觀湯意之誠否若作託言便不是幡然改不
徒是感湯聘之殷葢度湯之必可為堯舜而已之道必
可行於湯也
民之機智日紛嗜慾日滋覺民甚非易事非先之以觀感
繼之以政敎正朝廷以正百官厚其生而正其德如何
能覺得此節俱重天意發揮見不敢負上天付託之意
耕莘樂道之時即懷覺民之志與夫一夫不被之恥非自
湯聘而始有也然天之生此民節須切湯聘講方是與
耕莘樂道之時不同
其自任以天下之重句是贊詞方山思天下之民節程文
云甚矣皇皇不自安之心有若已推而內之溝中然者
大哉尹乎其以天下為已任者乎最合

歸潔其身重在近與不去邊
耕莘樂道所以致湯之聘此意在首二節內已有然首二
節各自開說至吾聞節方發揮此意出來玩淺說自見
講家于首二節即連絡說者非也劉上玉謂此章明說
無割烹要湯處只在吾聞其以堯舜之道要湯二句亦
不是葢無割烹要湯意上文已明吾聞節只是發明其
所以致湯之知之由耳
吾聞節林註謂猶夫子之求異乎人之求意此只解得一
要字朱子謂猶前章父不得而子意此是解通節意自
不同也不可以此節語氣與夫子之求之也二句作一
例看玩淺說自見
戎上德云伐夏一役與師自亳非不可掩襲取勝而必出

于升陑攻牧之正兵尹若曰吾之進兵猶是進身矣此
亦不為割烹之一征也按此可見不是泛然援據
或謂孔子于衛主癰疽章
按進禮退義固是通章之骨然不可以本文進以禮三句
包下二節也本文只是承彌子事說此與上章樂堯舜
之道句一例
又按蒙引存疑以得不得分頂禮義新安則總頂似皆有
理且從蒙引是無義無命也新安陳氏謂義可以該禮
是將禮義合說蒙引謂此處只消言義是將禮義分說
是淺一層解蒙引是正意
摘訓謂進以禮三句是因上文有命二字而申言之禮義
與命當各開說不專指衛卿言了葢進退固決之于已

而得失則付之於命惟知盡其在我者而不取必于在
天也蒙引存疑把下句作推原說未是最明
子路不知聖人有從權處又自有守經處子路以告此處
不必回護子路子路之視彌子猶其視孔悝也孔悝可
仕彌子亦可聽此是賢者辨義未精處
百里奚自鬻于秦養牲者章
蒙引謂百里奚亦只是春秋之智士其所謂賢亦猶孔子
稱管仲如其仁耳所謂姑取一節者未暇討其諫之是
非也按此說不是孟子明說其不可諫而不諫矣大全
南軒張氏說得好又如于忠肅謂使管仲無佐桓一段
功業終有愧于召忽使百里奚無相穆一段功業終有
愧于宫之奇如此說亦不妨

萬章下
伯夷目不視惡色章
按養氣章仕止久速蒙引存疑皆以去就出處分貼此章
存疑所解又似不同似當從此章解
語類三子之所以爲聖者却是天理中流出無駁雜雖是
過當無纖毫渣滓此即陽明精金之意但不合以孔子
爲九千鎰耳
曉邨云聖人所爲使于人心天理有絲毫未當處便不可
謂之聖人又何存于清清字從聖字看出謂其于聖人
中較分明嚴肅則清處爲多非謂其以清爲聖也說得
最明
講家謂聖之清四聖字兼知行與下聖字單以行言者不
同最明
程子謂伊尹終是任底意思在朱子謂終是任處多是兩
意夷惠倣此
吾邑前輩沈晴峯論清任和之義曰昔在孟子時伯夷伊
尹柳下惠三聖之名與孔子鼎立未有標別而獨尊吾
孔子也者惟孟子始見孔子之大爲此區別之論伯夷
担負綱常砥樹名節一讓而父子兄弟之道立一諫而
君臣冠履之防明後來如季札嚴光文天祥之流似之
然世路淆雜利害相攻使人人遜讓以不犯手爲高大
事大變倚靠誰人故伊尹一任而伐夏救民再任而放
桐復辟後世如霍光諸葛亮之流似之然自世之衰也
非復三五之時公道半明晦人群半眞僞故人情事變

亦半起半仆任之不能清之不得則須耐性柔情徐量
其機解紛調劑救之者半隨之者半要以濟事安人故
柳下惠者未嘗不清不必激而表其清未嘗不任不必
任而處之過當曹參丙吉謝安王旦之流似之人生處
世只此三條大路孔子酌於三者之中幾微中節譬之
大醫用藥仍是衆所用者觔兩之不同耳譬僚之於丸
庖丁之於牛丈人之於承蜩輪扁之於斲輪皆妙在手
法輕重疾徐之間此論清任和之義精矣然清任和與
爲我兼愛執中又何以别愚謂清者無我與爲我不同
任者有差等之愛與兼愛不同和者調劑於清和之間
執中者膠執於爲我兼愛之中故夷尹惠與孔子偏全
之分也異而同者也楊墨子莫與孔子邪正之分也直

爲異端而已然則季札諸葛亮謝安王旦之流亦可爲
聖乎曰是皆君子善人中行狂狷之徒也葢君子善人
中行狂狷之内又各自有清任和之不同
依註則孔子集大成句卽就樂上說並非影借
集大成也者至終條理也俱只就樂上說勿夾入正意
始條理者要見非一條一理之始而衆條理之始終條理
者要見非一條一理之終而衆條理之終若遺却條理
弇說始終清任和誰非知始聖終者何獨孔子爲集大
成耶
此節聖智平說下節方說聖由于智意存疑淺說甚明一
節語意總是惟時故備意
巧力二字卽在射上見不是兩層麟士旣云智譬二句直

當云譬則射者之巧力也又云已說譬而又說猶者上
文射字未出也此自矛盾矣萬曆庚辰程文于智譬二
句先補一段云必知之眞乃行之至必造共理斯履其
事然後接云由射於百步之外也最妙
按講家謂智聖始終亦非眞有先後但就一時俱到之中
微有關端詣極之别此說得極好大全程子及南軒張
氏俱泥始終字因謂此是言學者之事誤矣
周室班爵祿也如之何章
顧寧人曰爲民而立之君天子與公侯伯子男一也而非
絶世之貴代耕而賦之祿君卿大夫士與庶人在官一
也而非無事之食是故知天子一位之義則不敢肆於
民上以自尊知祿以代耕之義則不敢厚取于民以自
奉不明乎此而侮奪人之君多出於三代以下矣
艾千子謂此章論班爵祿之制天子權輕自是周末世事
與周初定班爵祿之制意不相涉以班爵祿爲主則雖
上中下士庶人皆當布置若專以天子爲主則止當于
公侯二字感慨波瀾而已以斯知作文當平等還題不
必鑪錘費力也又云封建公侯卿大夫原以四海之廣
兆民之衆與之共理方是聖人之心若講入防微杜漸
制馭鈐束事制曲防上去將先王公天下之心爲秦人
郡縣自私漢高猜忌功臣之心後學如此作文眞不讀
書也按此二條講得最明
按北宫錡一問便有歸罪封建之意孟子之荅總見大小
相維輕重相制在封建原無病况本之以關雎麟趾繼

之以周官周禮朝聘巡狩學校井田其何弊之有弊之
生起於有治人無治法至於籍去而井田亦亡以至戰
國則雖籍復存而亦弁髦已耳此非一朝一夕之故豈
可以罪封建哉
按陳氏以之擅齊六卿以之分晉諸侯惡籍之害己而不
知去籍適所以自害而已
按錫爵詔祿皆自天子出天子二字固重然亦不必專主
尊天子說葢通章之意有不盡然者也惟是公天下之
利嚴天下之防二意可以貫通章
與天子坐而論道者有公而官不必備則祿宜無定制故
斷自天子之卿始
有疑天子畿内方千里六卿八大夫二十一元士等人安

得有許多分地按先儒之說則所謂視侯視伯者直與
列國等非止受田也葢天子之地方千里爲方百里者
百其地自足以給之不必疑其無許多分地也
又按趙注謂公侯之國爲大國卿祿居於君祿十分之一
大夫祿居于卿祿四分之一上士之祿居于大夫祿二
分之一麟士謂趙注是正說本文是倒裝說此因存疑
重在臣祿之說而益謬者也然則君一位句亦豈倒裝
說乎趙註是說大意如此亦未必以本文爲倒裝說也
此謬則始于麟士矣大全蒙引淺說並無重在臣祿之
說若倒裝之說則又謬之謬者矣
又按庶人在官雖云與下士同祿然下士之祿無差而庶
人在官之祿有差此其不同也講家謂上說同祿而未

明同祿之中有不同處故又說此一節最明
李衷一曰周先王之班爵祿也王侯國以內外輕重降矣
卿大夫以崇卑大小遞降矣其猶有庶人在官者何也
其人起自閭閻畎畒編戶細民之微所以抽揭小善而
開其入仕之途其職極於文法史事猥瑣煩碎之雜所
以藏納細流而廣其器使之路說得極明又曰封建井
田原相表裏以封建則有卿大夫士之官衛天子也而
其官未嘗不下及於庶人官路從此開焉以井田則有
上中下農之食別庶人也而其食未嘗不上養乎天子
祿等從此秩焉亦說得甚好
敢問友章
按萬章一問似因孟子友諸侯而發不是泛問交友葢疑
友是敵體之事上下不得交相友有事之云乎豈曰友
之云乎之意如此說則與孟子所荅合與下文交際等
章亦仍一類
又按孟獻費惠晉平無優劣若堯與三人則自有優劣但
只要見雖天子亦不挾耳故云不重在優劣
惠公不敢躋王順長息于師友之列正是尊子思顏班處
王順長息句不重
顧寧人曰春秋時有兩費一見於左傳成公十三年晉侯
使呂相絕秦曰殄滅我費滑注滑國都于費今河南緱
氏縣襄公十八年楚蔿子馮公子格率鋭師侵費滑葢
本一地秦滅之而後屬晉耳其一僖公元年公賜季友
汶陽之田及費齊乘費城在費縣西北二十里魯季氏

邑在子思時滑國之費其亡久矣疑卽季氏之後而僭
稱公者按仁山金氏亦以費爲季氏後
又講家謂然終于此而已以下不甚重引平公還是取其
不挾此說是
敢問交際何心也章
此章辭受是主出處是賓不爲已甚是主事道是主中之
主
講家謂郤之爲不恭泛就別人說他如此以是爲不恭就
卽郤餽者自家見得如此按兩個不恭似俱兼人我說
按子以爲有王者作五句講家謂法與義雖是二項却相
承說言以法而例論之固未同于盗以義而極言之方
似于盗若從常論之畢竟不是盗最是達說謂二段平

看者似非淺說則又似以下段推原上段之意言王者
所以不比而誅之者何也由義有不可一概論者也亦
拘
獵較猶可須見是取物不以禮者方與受賜相關若泛云
同俗便不切
講家謂孔子之仕也一節三問三答下二答問卽足首一
答問意曰事道奚獵較見獵較非事道也曰先簿正祭
器云云見無妨於事道也曰奚不去見行道之難如此
何故不去亦疑其非事道也曰爲之兆也云云亦見其
爲事道也一節大旨總是見爲事道說得最明

淪桂云爲之兆在獵較之外亦在先簿正祭器之外如羔
豚不飾價男女別于塗之類此所謂先試行道之端者
也見行可之仕又在爲之兆之前見行可只指桓子信
任孔子薦揚於君言爲之兆是既仕而于政教之間試
行端兆不可混作一事分別得是
又按通章以交際爲主上文卽獵較以明交際之不必卻
此節合孔子生平之仕以見交際之不必卻際可是主
行可公養是賓陳大士云交際之事孔子引爲仕之中
上之雖不得等于見可下之亦不夷于公養最明
行可際可公養不可說得太好恐與下桓子靈公孝公不
對鍼須說得有分寸
季桓衛靈衛孝卽今之諸侯一流也而孔子所謂行可際
可公養卽在乎此然則豈爲已甚者哉此三段須得此
意不是空空証據

此節是歷舉孔子生平仕進之跡以結上文之意見行可
應上仕僭際可公養應上交際見行可是賓際可公養
是主三句合看又有一層委曲一層之意

仕非爲貧也章

惜陰錄曰位卑言高爲罪孟子客卿無位故可陳堯舜之
道而殫賓師之事若有位則不得出位而言孟子于齊
處之審矣君不知已則宜抱關孔子之爲委吏爲乘田
是也君知已而尊爲卿則不受祿孟子爲齊卿是也此
變而通之之法不失爲貧而仕之意孟子爲道而歷聘
故通交際以爲兆若專爲貧而出仕則居卑貧以自安
孟子爲道不專爲貧故不爲抱關按此說得最妥自會
計當以上都是爲貧之法末節則言卑位不可居高位

又不可居只得通交際而不受祿乃是爲道兼爲貧之
法
艾千子以此章爲指亂世之君子言度天下必不能用我
立人之朝而道不行只得爲貧而仕最爲卓識若重立
朝而道不行發論則前數節不幾贅語乎士餬口一官
或見公卿碌碌卽慷慨高論或出其才智博取富貴皆
有不可
按因之謂要看稱職與行道所以異處蓋職大小隨在皆
可自盡道必大行須事成康濟乃謂行道故委吏乘田
職已盡而道不行此說得稱職與行道分明若如講家
謂稱職便是行道合爲一件了以此作旁意則可以此
正貼本文則非矣

又蒙引謂立乎人之本朝而道不行恥也不當與上文作對仗者謂不當與上數節作對仗也若對位卑句則仍當作對仗矣大全新安陳氏一條似將末句與上數節作對仗此蒙引之所譏也

上之不託諸侯章

按此章總是言士之所以自待與君之所以待士不必分其節爲士之自待其節爲君之待士或就士之自待言而君之待士在其中或就君之待士言而士之所以自待亦在其中講家都未妥

問末節似不見得士自待之意曰士之自待正當以舜爲極若區區餽送有道固非士之所志也

君之于氓也固周之二句內已有賓師之意了言君之于

氓也固周之况在賓師乎明有可受之理也不必照往役義也之例

講家謂託與賜亦相近但託是自我而託乎彼其意倨故曰不敢以名分言而不敢上同于君賜是自彼而賜于我雖不嫌倨亦曰不敢者以職分言而不敢混于有位之臣分疏得明

又不能養也兼亟餽無餽兩意

又按講家謂繆公兩節不重貶繆公只因繆公以示養賢之則王公節不重贊帝堯只因堯以示悅賢之極亦妙

敢問不見諸侯章

按此章只重士之所以自處而君之處士只帶說玩總註可見

依淺說則自重安分二意首二節內俱有不必以庶人不敢見於諸侯爲安分以下文爲自重

存疑以且君之欲見之以下兩曰字皆是孟子自設問荅不是淺說趙注皆以上一曰字作萬章荅語

又按德位不平子思意全重在德二句是開合法

又註以不敢往不可往爲說此亦是分言之耳合言之則不可往卽不敢往觀上章及此章說士處多用不敢字可見

註引詩以証能由是路之義不及禮者舉此以見彼也與畏天之威一例講家謂君子所履兼禮義說與註不合

按蒙引謂周道指周之王道而言摘訓取之縱詩本意不如此然斷章取義自不妨

按摘訓謂方仕有官職則非若市井之臣非若草莽之臣矣以其官召之則非以其多聞而召之以其賢而召之矣如此說方見士未有官職不可以此而相律也

一鄉之善士章

惜陰錄曰友其德章重在敬人之善敬人善者正欲取其善也友善士章重在積已之善積已善者乃能取其善也○無擇中庸之識雖有善不知無守中庸之力雖得善必失是可謂能友乎如顏子之善乃能竭才而友孔子乃友善之則孟子善不止爲一世之士故能願學孔子不然私淑諸人亦焉敢自信耶伯夷伊尹柳下惠孟子亦皆論其世善則師之善之未合中庸者不由則盡如生於同代而斟酌取舍也尚友乃孟子一生得力用

功處

侍側紀略云尚友古人不是卿國天下外另有古人只是卿國天下已往者都是亦不是到友天下之善士後方去尚友古今人物都是一齊用功原不得前後次序聖賢立言不得不如此耳自古說朋友之交也見得交則爲友不交便不是友孟子恐人泥定之交二字將友看得小了所以說個尚友不惟天下善士爲我的友雖古之善士也是我的友若必于覿面相處毋論天下卽一卿豈能盡相覿面末節尚論古人一句已說盡了又說誦詩讀書若曰爾平日只是當個詩書頌讀了故曰不知其人可乎是以論其世也是以二字正照應又尚論一句不可以言行並重此章正孟子傳心要訣前舜徃

于田數章辨堯舜禹湯伊尹孔子百里奚諸人受誣蒙謗之由皆引詩書爲証使聖人不白之寃一旦昭雪如此方是爲友千古之善士處

按此章廣友善之量一步進一步是正意進善無窮故其取善亦無窮又是其中小意思取善無窮則其進善愈無窮又是其言外意須分別

須讀與論世不是死活之分乃是虛實之分須讀內已有活法在矣

又按蒙引謂此章概主成德者言極是卽雙峰所謂進善無窮已故其取善亦無窮已也若雙峰所謂取善無窮已則其進善亦無窮已乃是說言外意非以進善無窮已兩句貼上節取善無窮已兩句貼下節也

告子上

性猶杞柳也章

惜陰錄曰告子認性爲頑樸不靈之氣認義爲穿鑿强合之理故設此譬曰爲則信他非本有也義有稜角彼全惡義仁帶言孟子以戕賊代爲字便燭破惡義之私一禍字足蔽告子之辜

按告子原非以仁義爲不可爲但其意謂非人性中所有不知道理原頭出于天具于心本來如是一毫不待矯揉子能順杞柳之性二句言子豈能如彼以爲之必將如此以爲之也不是兩詰之詞

又按孟子闢告子不說性如何善者蓋孟子性善之論必告子所素聞但他欲以自己議論破孟子之說故孟子

只闢其說之非而性善不待言矣此章只辨得一爲字

性猶湍水也章

惜陰錄曰告子認性爲混沌無端之氣認善爲矯飾妄立之名又設此譬曰無分則執他爲虛體也不知虛中涵理故善無所本孟子以上下換他東西性便有定體水之下人之善乃自然之性不容人爲此不可識性之本善乎然不說破爲不善一層則性善猶難信借水之搏擊明之而知善者其性不善者勢使之也何以性爲無分耶

講家謂人無有不善二句乃是決上二句之意無有不是決詞不重同意末節不是爲不善人分疏正見人無有不善處最明

按性本定于善則不待決矣其不善則必待決也槫激者決之謂也此章只辨得一決字

生之謂性章

惜陰錄曰告子撇開理字只從氣摸索見得人物之所以運用者皆是生遂認生爲性而不審人物之生所以異人之生則生之理全物之生則生之理不全奈何專指活氣爲性乎活理雖即在活氣中竟以活氣當性是認氣不認理矣○天地間只是一個生天地生之宗也人物得之在心爲知覺在體爲運動最靈爲人物之主故告子認爲性不知此但生之氣也形而下者也生之理乃性也形而上者也告子丟理字怎麼見得孟子專尊理字故辨人與禽獸相異之幾希

按孟子以生之理爲性則非徒人物之性不同也且人物之生先不同矣告子只以生爲性則人物之生初無異也而人物之性亦不得謂有異矣既以生爲性則不得復分人物此是一病非二病也此章只辨得一生字

又按蒙引雙峰俱云知覺屬心運動屬身然則凡知處皆屬心凡行處皆屬身矣與大學聖經知行之分又不同盖亦可互相發也

第二節註凡有生者同是一性句即貼本節似不妨蒙引謂此處不當照註貼似拘

食色性也章

熊愚齋曰食色性也仁內也非外也義外也非內也仁豈可專屬之內告子未嘗知仁義豈可專屬之外告子未

嘗知義仁義性之本體也仁非內義非外性之所以無內無外也告子未嘗知仁義以告子未嘗知性

按告子之說雖屢變而生之爲性食色性也之說乃其宗旨未嘗變也無善無不善之說乃其定論終不變者也今乃曰仁內也非外也仁既在內則性爲有善而食色不可謂性矣曰非也告子所謂仁亦即指甘食悅色之類耳故其始以仁義爲皆外此則又以仁爲在內盖前所謂仁乃指吾儒所謂仁故以爲在外此所謂仁乃告子所見爲仁故以爲在內則其前後之旨固一也如告子之說則物則非性而物欲是性矣道心非性而人心是性矣

仁者心之德愛之理蒙引謂告子只說得心之愛德字理字都無了固是矣又其所謂愛者亦只是愛食色之愛與夫愛親之愛耳若夫仁民愛物統體之愛又不在內矣

義者心之制事之宜告子遺却心之制只言事之宜義似人帶來不干己事此認定義之粗迹不究內外精粗一貫之實故以爲在外

何以謂仁內而義獨在外重闢義外邊故謂之外也是透承上長長言

白馬四句是闢其以白喻長之非盖白馬白人無異而長馬長人則必區別于人與馬之際其權度悉由中出便可見義之非外所以以白喻長爲非也須發得此意透盖闢其以白喻長之非即是闢其外義之非也且謂長

者義乎二句言我不必問義之內外而且問子以何者爲義知何者之爲義則其內外不待辨矣與白馬四句畢竟是兩層

告子之意謂卽以長之爲義而長之之心其權亦不在我則仍是外

孟子白馬四句先說長之之心在內故說長之者爲義便見義之在內告子長楚長一段乃說長之之心在外則雖以長之者爲義而義仍在外矣此章只辨得一義外字

何以謂義內也章

惜陰錄曰行吾敬義在內制其宜義亦在內孟子專明一制字公都子初不能荅者但知行吾敬而不知制其所

敬之宜者亦心也至此乃明心之制爲義義字較前更精公都子學過季子遠矣故下章以性善之大旨告之

按講家謂行吾敬吾字極重最是下文因時制宜之意雖重然亦歸到吾字上盖謂因時制宜亦是吾也所謂皆由中出也公都子但知敬由于吾而不知因時制宜之敬亦由于吾異因之所謂畢竟是認吾不透故不能荅也

講家謂此與下節俱以鄉人伯兄並言然辨難激發處都在鄉人一邊據季子則以敬在伯兄矣而鄉人之酌乃有以移奪之敬因人改易以此見在外所敬在此二句及敬叔父則敬二句俱相連貫下看不可平此說得是矣又謂據孟子則以鄉人先酌特爲其在賓位而非果得以奪伯兄之敬也敬非泛然改易以此見義在內此說得不是當云特爲其在賓位故暫移伯兄之敬以敬之方是

告子之意是謂敬因人觸發而非吾得主張季子之意則謂敬因人轉移而非吾得主張畧不同

講家又謂庸敬在兄二句見伯兄之敬未嘗同于鄉人鄉人之敬不得以同于伯兄之敬此亦不是盖此處所謂因時制宜者只是制其當敬不當敬之宜不是制其敬之輕重之宜也

又按劉上玉謂庸敬二句因時制宜皆由中出尚宜渾之此謬也因時二句正當在孟子口中明說出蒙引存疑皆然下文季子之言正駁因時制宜之意盖孟子之意

則謂因時制宜皆由中出季子之意則謂既說因時制宜便非由中出矣總是一句話兩邊所認不同兩邊所認既不同則雖再說千百句亦終不明白故公都子只得因其所明而通之上章孟子之屈告子亦如此

孟子看制宜二字重季子看因時二字重

告子曰性無善無不善也章

張考夫曰告子論性最足惑人爲害最深由其言食色是性而仁義禮智非我固有也其與荀卿性惡相去一間荀卿只爲見得血氣心知之險而不知有仁義禮智故便以爲性惡告子生之爲性亦不出血氣心知特未說到險處耳若可以爲善可以爲不善只說得習相遠說不著性有善有不善只說得上智下愚不移非大同之

論便不難破惟以爲無善無不善人生而静以上不容
言說則易惑其如罔有者何
惜陰錄曰性善單指理言認定理字静時何嘗不虚然無
聲無臭之中乃大本所立動時何嘗不靈然泛應曲當
之中乃達道所由行知覺即靈之著氣質乃性之雜得
此說而三說可以知其非矣孟子下個善字遂開二程
言天性之宗此一字寶傳于子思天命之謂性而洗剔
四性之情則孟子深造而自得之也
蔡氏集疏云就性之發動處指出以示人方見得性之本
善如無極而太極無方所無形象如何說得亦須是就
動而生陽静而生陰處說起孟子論性正是如此按此
段合太極看最妙大全却截去

按講家謂孔子以相近言性是從人生而静時說孟子以
繼善言性則從人生而静以上說也此即陽明之說非
孟子本旨觀雙峰云人未生以前不喚做性可見
按孟子即情驗性實有一段確有証據光景蓋世人不能
見性正緣不能見情若識得這情便自識得這性非勉
強尋一証也
乃若其情其字集註蒙引存疑皆指人言明季講家謂指
性言者不是
才與材之分大全朱子說不甚分明大抵謂以義理而兼
形體說者是才其專就形體說者是材
講家謂天之生人與之心而統是性情則必與之以是才
而能盡是性能達是情也兼性情言最妙

按孟子所謂才畢竟是氣是理曰才畢竟是氣但專指其
自理而發者故集註曰孟子專指其發于性者言之存
疑亦曰孟子言才自理言也愚意此所謂才即是浩然
之氣但才則兼知行在内耳又志亦在其内雙峰以良
能來解才字蒙引謂其最切是矣愚意更欲兼良知說
徐青麓謂才隨情具情能發得出便是才不離三達德
雖下愚亦可與知與能也但昏弱不移乃陷溺之深非
可咎無能知能行之才與愚見正合
講家謂非外鑠我三句與不能盡其才緊相接應蓋謂之
固有見我要仁便能仁我要義便能義我要禮智便能
禮智此處正是個才善的意思或相倍蓰指舍則失之
去求則得之者之遠言最明

外鑠之說即如杞柳之比湍水之喻
按摘訓謂我固有之也尚未是住語處正要起下文弗思
耳矣一句自仁義禮智以下通是解非才之罪存疑謂
仁也至我固有之也是解乃所謂善弗思耳矣至節末
是解非才之罪說分按達說亦與摘訓同
熊愚齋曰有物必有則物只是氣則便是理與生俱來一
齊俱有不待安排無容造作所謂天則也如聰明是耳
目的天則忠孝是臣子的天則若視不明聽不聽便是
缺了耳目的天則事君不忠事親不孝便欠缺了他臣
子的天則視思明聽思聰是復還耳目的天則事親孝
事君忠是復還臣子的天則是之謂循理是之謂復性
是之謂存心是之謂踐形是之謂盡性至命聖賢教人

勿求其所本無乃全其所固有耳

上言性善此處引孔子之說詩復自原頭說來見性之秉於天本是至善故發於情者亦無不善彼紛紛之三說可不辨而知其非矣

總註省察矯揉大全分貼知行殊不是

富歲子弟多賴章

惜陰錄曰此申明上章才字以見爲不善果非才之罪也人同有性卽同有情有才故人之心無不悅理義悅者情也能悅者才也聖人能悅凡人亦能悅才無殊也才尤有功于性性無爲者也情之可爲善者才也能知能行能强性所以不喪其善情所以能遂其善浩然之氣亦因是才而充之耳聖人悅理義才之盡也

按非天之降才爾殊一句是一章綱領講家有重聖人與我同類句者謬矣

多暴卽是非辟之心生不必說到事爲而後爲暴也此處文勢與苟無恒心放辟邪侈畧異存疑殊混

蒙引謂不曰降性降情而曰才者就所爲上爲切依此則才專就發處說矣依前章講家則才兼就性情上說兼說爲是但此章大旨則在發處說耳

摘訓云只重皆熟何不必主三同之說此說甚是然不若兼重其生其熟更完

按地有肥磽三句每句皆有不齊意不必以第三句不齊二字總承

講家謂聖人只先得非獨得要醒出聖凡同然意不重聖人先得上下文故字只頂此句說惟人之心與聖人同故悅乎理義亦同最明

又按以心之同然理義明性善卽與上章以情証性同末二句當重兩我字盖理義悅心在聖人固如此也而在我心亦如此是卽所謂同然也不必在言外見同然意

牛山之木嘗美矣章

惜陰錄曰此申陷溺之由惟捨其心以養之乃救陷溺之法卽所云求則得之也悅理義此心順其自然之性達其自然之才心何大也同禽獸此心逆其自然之性消其自然之才心何小也此無他亦分于操舍而已操則心得其養而善日長舍則心失其養而善日消捨之一字入聖脫凡之要

首節未伐而保之已伐而復之兩層意亦俱重不必專重下一層

雖存乎人者講家謂照下禽獸不遠看則此人字就不好人說矣與蒙引承上山木言者不同

日夜二字只宜平說此句内不必遽重在夜鄒守益文云日夕閒暇無愛惡以相攻時則惡消而善日長嚮晦宴息無情僞而相感時則私滅而公自生說得最妥

又講家謂其日夜句大全諸子俱說夜氣清足以生息尚未及氣字在下句此句不當說本註自明按此句亦有氣在内但不專主于氣

幾希是言其微不是言其少盖惟其放之也久故其復之也微以氣還心不是心生於氣

梏之反覆不可謂夜之所息而旦晝梏之旦晝所息夜又梏之也須如淺說云昨夜所息而今日梏之今夜所息而明日梏之蒙引存疑亦甚明

夜氣不足以存存存字見初間猶有日夜所息是良心旣亡而復存至于梏之反覆則併夜間亦無所生息直是亡而不存矣故曰不足以存

何屺瞻云山木章全無養氣以存心之義平旦之氣只言其時氣方清明未曾爲惡不重在氣上夜氣不足以存只言夜之所息不勝日之所爲又不足存其好惡之相近者非并夜氣亡之也夜氣猶之睡覺惡人雖或魂夢擾壞然謂并其睡覺亡之則使人笑也此等話頭經朱子闡過不知緣何復見之時文晚邨先生亦附會之竊

所未喻按此處朱子原有兩說有謂只當在旦晝理會此不重氣之說也有謂譬如井水終日攪動便渾了此氣亦重之說也兩說亦不相碍夜氣清方能存得良心旦晝操存方能夜氣清旦晝不能操存則夜氣昏而先亡夜氣亡則良心亦無以存朱子之說原自一串雲峰胡氏之通覺軒蔡氏之集疏則似專取前一說然覺軒卻說得極明謂眞西山夜氣箴亦不妨有此理然非孟子夜氣之本意也玩此則朱子前後所說輕重自見

又按朱子答許順之云操而存則義理明而謂之道心舍而亡則物欲肆而謂之人心自人心而收回便是道心自道心而放出便是人心頃刻之間恍惚萬狀所謂出入無時莫知其鄉也按此則孔子所謂心亦卽孟子所云仁義之良心而非空指知覺之心也晚邨謂孔子是指心之爲物與孟子指仁義之良者不同恐未是

大全朱子謂不能操而存之則其出而逐物于外與其偶存于內者皆荒忽無常似將出入無時二句專承舍則亡恐未是所謂偶存于內卽日夜之所息平旦之氣也亦屬操存邊矣

又按鄒東廓論牛山章云斧斤牛羊誰爲之咎在己而已我不爲斧斤誰爲斧斤我不爲牛羊誰爲牛羊此言可爲猛省當與爲仁由己同看

無或乎王之不智也章

惜陰錄曰王心豈有不智君子以善養之則智小人以惡養之則愚智愚分於所養而已然亦必王能專心致志

乃能受君子之養齊旣不能盡養以君子而王又不專心致志其不智奚怪焉

按此章兩節譬喻新安陳氏則以兩意分析而意不相貫淺說亦以兩意分析而中用一過文云然君子進見之時少者由王聽信之不專也蒙引存疑則俱云二節是一意三說不同作一意看爲是

魚我所欲也章

按告子上篇自魚我所欲以上皆是言仁義爲人所固有而人自失之自仁人心也章以下皆是言仁義之切于人而人不可不求

所謂二者不可得兼固不止謂簞食豆羹得失生死之際然簞食豆羹得失生死之際亦在其內新安陳氏以是

爲說託孤寄命之大事拘矣
講家謂舍生取義就遇變難處言是人心自然如此不是
勉人之詞又謂欲惡有甚於生死是他合下生來便有
此秉彝之心正所謂心之同然者理也義也指本然欲
惡說故後日本心俱說得是
如使節是反言以見良心之必有不是反言以見良心之
不可無玩慶源輔氏說可見
是故節結上起下重人皆有之句所謂賢者是能省察矯
揉不爲物欲所昏如孟子當萬鍾而不動心乃是勿喪
的樣子
一簞食節孟子亦就陷溺的人說若賢者則時時是禮義
豈待嘑蹴之時方見得

不受不屑之心不可指定行人乞人說見得雖行乞亦且
激于義而不受況非行乞者乎
萬鍾于我何加是言得失無關于生死不是性分之上無
所加損得我與與字作斷詞看不要作疑詞趙炳文云
宮室高矣而心日卑妻妾親矣而心日疎窮乏厚矣而
心日薄名言可佩又云心無萬鍾受之亦廉心有萬鍾
不受亦貪所謂心無萬鍾要看得好是指合禮義之萬
鍾
惜陰錄曰宮室妻妾固是陷溺于富貴所識窮乏者使之
得我似亦義也不知市德誇恩豪舉之事皆人欲之私
君子所勿取不得以好義行善藉口
按一簞食兩節即是後章生於憂患而死于安樂的意翔

鄉爲身死一讀不必如東陽許氏之說
仁人心也章
此章要見仁義切於人之意末節亦是此意蓋學問之道
所以求仁義也口氣若曰仁義在人不待學問而自有
也自人之失其仁義也而學問于是急矣亦思學問何
爲者乎蓋仁義者人之心而學問所以求此心也急乎
不急乎
按孟子是以仁爲心不是以心爲仁是以義爲路不是以
路爲義須辨
又按註仁則其生之性此以心之德言大全朱子謂生之
性便是愛之理者蓋謂愛之理亦是生之性耳非正解
本文也

舍其路二句只平說爲是與首節一例有謂舍其路而不
由便是放其心而不知求者不可從
又舍其路亦有知字在內須知此數知字猶淺如大學知
所先後之知
此節朱氏公遷說不妥蓋所謂輕與惰者皆兼自暴自棄
皆是不肯居仁由義皆是不能求放心公遷分配得不
是
按此章學問兼尊德性道問學在內求放心猶云修德凝
道學問之道無他求其放心而已矣猶云尊德性而道
問學者非爲他欲以修德凝道而已此朱子之定說而
蒙引存疑之所本也其餘諸說俱不可從
有學問則心存無學問則心放放不放無定時亦無定處

總觀學問之疎略而已

按講家謂求放心求字兼靜存動察言最是王方麓云靜而無主則昏學問之道息有存瞬有養凡以閑其放使不馳于外耳動而無主則妄學問之道言有教動有法凡以收其放使復還於我耳最明大全朱氏公遷謂操存是存養求放心是省察誤矣

晚邨云心字從首節生來即仁字也故第三節註求放心則不違乎仁而義在其中勉齋亦云三心字皆指仁而言聘文容容說求放心便是陸學收攝精神本領更進亦止得上蔡知覺是仁一層耳蓋孟子此一篇中自公都子章至末皆指仁義之良心而言未有泛指血氣活動之心而言者象山提唱先立乎大亦是錯認孟子正

與假借良知二字之術同皆指鹿爲馬也按此條最有功于學者

按存疑云大註蓋能如是以下俱不是摘訓云註錯認求放心而反歸重在學問上蓋因程子而誤也此皆主勉齋之說而以註爲非者也然不如蒙引說得好蒙引謂求放心是下學之事義理昭著則說向上達非謂求放心而後可學問也如此則勉齋之說與註未嘗不同惟大全放心不收何者爲學問思辨一條則屬朱子未定之說

淺說以學問之道對學問之事言此誤看集註意也集註特以事字代道字非以事字與道字對說

又按性理龜山楊氏曰古之學者視聽言動無非禮所以操心也至于無故不撤琴瑟行則聞佩玉登車則聞和鸞蓋欲收其放心不使惰慢邪僻之氣得而入焉此條與孟子求放心章勉齋之意同又勉齋講養心莫善于寡欲章亦以克治爲操存載于集疏者甚詳蓋操存克治分之則爲二合之則爲一也

今有無名之指章

按屈而不伸一人之病不可說指之通病非疼痛害事講家作于身非有疾痛之苦于事未爲舉動之害極明心不若人是不若爲聖爲賢之人

不知類張君一謂此不若人彼亦不若人屈伸之勢不殊用惡之情迥別此不逮于類之同也此不若人在一體彼不若人在神明低昂之勢懸絕緩急之情倒置此不

辨于類之異也分出兩層最好 翔

拱把之桐梓章

依南軒則養之者有欲其進益之意蒙引又一說謂人苟欲生之只是養令生活未及與其長進之意看來生字包得長進之意蓋至于進益而生之量欲全也

按養身即是養心不必到所以二字方見得是養心所以二字乃是養心之工夫耳

又按講家謂內不知以理義養其心外不知以中和養其氣致使良知萌蘖伐于物欲之斧斤夜气幾希梏于旦晝之攻取豈愛身不若云云兼內外說士新安陳氏而蒙引則云身以心爲主似不同蓋分言則儿與氣爲二合言則總謂之心未嘗相悖也

又講家謂養身者必寡慾以養心集義以養氣此即孟子所云持志養氣孔子所謂主忠信徙義也

曹學佺講愛身不若桐梓謂無論仁義之良心從茲放失而有限之精神不能當無涯之銷鑠無論平旦之夜氣從此梏亾而七尺之軀殼不能赴多方之攻取說得可畏可危 翔

人之于身也章

此章似專爲飲食之人而發重所以考其善不善者三句於己取之是明其考之之法不是明其考之之易大意謂己身之中輕重自別只就自己身上反看一看則輕重審而善不善瞭然非謂近取而有餘也

講家謂過至第二節當云何以見人當取之于己以考其善不善耶最明又謂賤場師狼疾人都着則爲二字見養小者爲小人由不能考其善不善耳亦妙

末節是設言以見養小之必有失非放寬飲食之人也

鈞是人也章

惜陰錄曰上章小體指口腹此章小體指耳目總之一身心爲大心盡其思之職乃能立立則做主得定耳目不能引而奪之孟子思誠能思以復其誠不是空捺枯守但求其不動之爲立也告子不知思不管理之得不得謂之能立可乎○心不放其體立乃敬以直內之功心能思其用行乃義以方外之事體用合而心始卓然前曰求則得之不放不奪乃盡求之工夫孟子不愧大人其以是夫

按講家謂自耳目至不得也一段不着人言不思不是人不肯思思不是人去用力思乃是小大之本體原是如此最明

又晚邨云此字兼心思耳目天總以付人從小從大却聽人自擇耳又云心得其官則耳目皆從無非思也說得好

又艾千子云心之官則思思字中兼人心道心此誤也晚邨謂得之謂得事物之理非得心之官也足破艾說矣蓋此章思字專以思之善者言若思之不善者多由奪于小者正所謂不思也不思不是寘然無覺不在正路上思只喚做不思

看來持志養氣皆所以從乎大體不持志不養氣則皆所以從乎小體時文有云任耳目而志心心遂化而爲耳目因心以及耳目而耳目亦可進而見心正得此意

熊愚齋曰曹月川云一誠足以消萬僞一敬足以敵千邪所謂先立乎大者莫切于此

按先立乎大讀書記載朱子二條一似欲以道心爲主而人心聽命一似欲以志帥氣未歸一

有天爵者章

惜陰錄曰此即古之學者爲己今之學者爲人之意仁義忠信四者皆以應接人事言（德在內義處物）也樂乎此而不倦四者方能有之弗失（兼天人言）如是乃爲良貴而稱天爵

按樂善不倦講家謂勿涉工夫極是棠引以美大聖神及樂斯二者來說乃見則之辭非正解也雙峰謂仁義人

人有之忠信樂善人所當勉則誤矣若淺說講修其天爵而曰盡夫仁義忠信之理造于樂善不倦之地便不妨葢論本體則樂善不倦本來如此論工夫則樂善不倦乃造其極之境也

人爵從之下當補云唯其若是是以人爵既得而其修天爵者自若也而人爵亦永享而弗失矣方與下節對孫月峰云天爵之修惟勉之不怠而未嘗假之爲求爵之媒人爵之從雖受之不辭而未嘗倖之爲修爵之效推其心誠有天爵修而人爵不從古人亦付之人焉耳語語對針下節甚妙

欲貴者人之同心也章

此章申言天爵之可貴天爵乃爲貴于己者是曰良貴人

之所貴不過膏粱文繡耳安足貴耶

講家謂既醉節正見其爲良貴非在我重而物自輕之意故尹註在外按此說極明玩存疑亦是如此葢此節是言良貴之可貴不主得良貴者言尹註乃言外意也淺說過至第三節云然則能得夫已之所貴者又豈肯慕夫人之所貴者乎此不可從

又按新安陳氏云兩不願卽中庸不願乎外之意亦是言其大意如此非正解本文也中庸所謂不願乃是主得良貴者說雲峰一條亦與新安一例

按講家謂在我者取不盡用不竭淡泊固足明志而紛華亦非奪心不必膏繡亦不必不膏繡孔之曲肱舜之之袗衣同一不願而已此說得最妙蒙引謂不願是無慕

於彼非不願就也其意亦如此

仁之勝不仁也章

此章大意是言爲仁不力是以不惟無益而且有害非仁之咎也

按此章仁不仁南軒張氏就一人說新安陳氏作兩人說蒙引存疑淺說皆從新安朱子小註則又兼兩人一人說看來朱子爲長新安陳氏謂此章恐爲戰國諸侯說未必然也至以終必亡爲臧亾尤謬

按猶字雖貫至不勝火然須在也字一頓不熄句帶下此又句說葢此節是不勝火以上是言其無益不熄以下是言其反有害不熄句特蒙上猶字而言之耳非一直貫下也

謂之水不勝火是他人謂之如此非自諉之辭自諉意當在亦終必亡句內玩註自見

講家過至第二節云非但有害于人就是自已也信之不專爲之不力將併其幾希之仁寖消寖微而終至于亾矣最明

五穀者種之美者也章

惜陰錄曰始則爲之力終則要于成爲之力則能克已復禮要于成則能一日克復天下歸仁不然仁不能熟之也

按上章言爲仁不力則不能勝不仁而不得咎仁之不能勝此章言爲仁不力則不如他道之有成而不可徒恃其種之美其意葢相因也爲仁者既要能勝又要能熟

註又不可以仁之難熟二句是餘意

羿之教人射章

熊愚齋曰教無序非教學無序非學舍成法而求妙解離實地而談空悟是舍規矩而求巧離彀率而談中也有是理耶

按講家謂此章重教邊看來不必又有謂見教學相成之妙者此章亦無此意

告子下

禮與食孰重章

熊愚齋曰甘食性也紾兄之臂而奪之食亦得謂之性乎悅色性也踰東家墻而摟其處子亦得謂之性乎大抵戰國時人欲横流天理㓕沒皆以縱欲爲率眞循理爲

作僞一時淫詞邪說只要抹殺天理回護人欲如告子芻狗仁義任人弁髦禮法非孟子極力辨論竟不知飄泊何極矣

此章與男女授受不親章同一意總註雖似抑揚重用權邊其實正意是要明禮之重于食色勿悞認

按不揣二節蒙引存疑俱平看淺說作相承說者看來不必從

生亦我所欲所欲有甚于生死亦我所惡所惡有甚于死是紾兄節之註脚

按熊伯甘謂讀至末節惻隱羞惡之心藹然發見而性善可知矣此說固妙然愚意更欲兼辭讓是非說 翔

人皆可以爲堯舜章

此章與滕文公爲世子章俱是堯舜可爲之意而此章自徐行後長以下俱就孝弟說又是指示爲堯舜的下手處故堯舜之道孝弟而已矣是此章最緊要處

註解堯舜之道二句載陳氏楊氏二說陳氏一條卽孝經所言之孝弟也楊氏一條卽有子所言之孝弟也二說雖互相發明然陳氏是實意楊氏是正意

不勝匹雛舉百鈞舉烏獲之任講家俱云在一人身上言見只在用力與不用力固是然力不同科如何人人能爲獲此還只是借喻世間猶有不盡然者爲堯舜則無有不可能者

明季講家俱云堯舜之道道字不另講下孝弟卽是道看來道字較濶卽本立道生之道孝弟則其本也

曹交衣冠言動之間狂妄粗率全無孝弟氣象小學工夫未嘗下手驟告以大學猶無基而厚墉適增其病而已故所以告之如此欲其反而求之小學也

按蒙引謂見于鄒君而曰得假館而曰可以其辭皆近倨而鄙陋不但假館而後受業爲見其求道之不篤也此卽朱子所云挾貴也

講家俱云大道明白現前故下云豈難知哉純以知言與人路路字作共由看者不同此亦似拘白文雖以知言似兼得行意致知力行總要從孝弟做起

大全朱子講夫道句卽以孝弟入講淺說云道字說得廣不專指孝弟所謂萬理咸備也與朱子不同然集註似與淺說同意今從之

小弁小人之詩也章
按朱子于詩傳謂此詩出于太子自作于孟子則依序說
謂此詩作于太子之傅二處不同
有謂小弁之怨同于虞舜之怨者有謂小弁之怨異于虞
舜之怨者此非相背也一是就大綱處說一是就細密
處說
丑非疑凱風不怨也蓋卽其不怨者以形小弁之不當怨
耳
蒙引謂五十而慕不必拘親之過大過小也只是認個怨
字愚意瞽瞍之欲殺子還作大過看爲是
宋牼將之楚章
按宋牼亦是有志用世之人與平常游說者不同其所之

亦甚有關係故孟子問其何之者意在乎此
講家謂師卽士也勿分將帥卒徒最是蒙引謂三軍之師
就在上人說言其將也殊欠明
又按西山新安皆說言利之禍然新安是在義理上說西
山似在利害上說又不同
孟子居鄒章
惜陰錄曰處儲子一事必卻其幣是過亦見以却之是不
及孟子能合中庸之義
按末二句亦道出自家所悅的解悟來
先名實者章
滄柱云當時孟子去齊不欲明言其故用心忠厚正與孔
子以燔肉行者同一家法是乃所謂仁也前輩鍾伯敬

作以君子用心之仁立論說出孟子不辨去齊之意最
是
按君子亦仁而已矣是言君子一人之先後不必同不是
言君子于古人不必同承上口氣當云以數聖人而不
必其同者則君子一人之先後亦不必其盡同也
按穆公之於子思特敬禮之而已終不能用也幾亭謂魯
不相子思而相公儀休大賢小賢位置失宜無怪其用
賢而不振也此意亦不可不知
侍側紀略曰微罪者欲人以不致燔小事便去殊無含容
以罪歸己也此與蒙引存疑合淺說謂不致燔因已有
微罪也大全汪氏謂是君相之微罪明季講家又謂是
微聯其君相之罪此三說俱不是

侍側紀略又謂爲肉爲無禮雖人之揣孔子亦孔子欲人
以此揣已而泯其去之意故曰君子之所爲衆人不識
又按孔子于魯獵較可從而女樂必行者一是由剝而復
之機一是由復而剝之機也聖人之審幾精矣語類曰
天下無道譬如天之將夜雖未甚暗然自此只向暗去
知其後來必不可支持故亦須見幾而作正此之謂然
聖賢見幾雖決而用心則甚厚故孔子以微罪行
五霸者三王之罪人也章
惜陰錄曰此是讀春秋有感而發欲平治天下非正此三
等罪不可
艾千子謂入其疆七句當提出王者方見當時諸侯皆爲
王者而舉其職方見慶賞之權操自三王不然五伯五

命未嘗無尊賢育才敬老慈幼也此出三王彼出五伯耳說得最明

按一不朝三句見王者猶有俟其改過之心不若伯者幸人有過之意

講家謂桓申明天子之禁其實正爲後日執詞摟伐地說得妙

按凡我同盟等句不是王降而伯意乃是伯中有王意玩我同盟三字何等藹然豈容說壞

魯欲使慎子爲將軍章

按講家謂諸侯祭祀會同之制受之天子載之方策藏之宗廟故曰宗廟典籍非以宗廟爲祭祀而帶言會同也最明

又按仁與道分言之則爲二合言之則爲一故此章集註分心與事兩項而下章朱子小註謂鄉道志仁非二事此乃互相發而不相背也

新安陳氏及蒙引存疑俱以不殃民爲仁不踰制爲道此不可從蓋殃民踰制以事言之則皆非道以心言之則皆非仁淺說渾講最得

吾欲二十而取一章

按圭之意只是欲儉以足用註中樂觀時變數語只帶說不重黃陶菴謂圭欲輕賦而以貨殖足國則是桑弘羊不加賦而足用之意矣此太刻

此章第二節言子之道惟貉可行第三節借陶之一事以明中國不可行夫貉節言貉之所以可行申明第二節意今居中國二節言中國之所以不可行申明第三節意

按講家謂諸侯字總管幣帛饔飧既無諸侯因無諸侯交際之幣帛饔飧摘訓又謂諸侯幣帛饔飧作三項看無諸侯及幣帛饔飧也

居中國二節只言其有必不可省之費而輕稅之不可自見于言外

丹之治水也愈于禹章

此章似可以仁智對看子過矣蒙引謂不必云子之言過矣淺說作子之言過說淺說似妥

又蒙引謂只說水之道亦便見得是順水之性固是然下一順字尤明淺說亦依註講

按水逆行至所惡也俱泛說白圭壅水害人與洪水無異補在所惡也下

君子不亮惡乎執章

惜陰錄曰諒比貞字有力此亮字兼貞意正而固守之也非不擇是非而必于信之諒亮雖與諒同亮有見之明而守之之定之義故能執亮以心言執以事言如孟子言之侃侃皆是亮執之不苟由此

按亮雖訓信然信有不欺之意有堅固之意人而無信之信似兼得此二意此章以亮與信並言則只是堅固之意蒙引所謂大同小異也至若彼曰其何以行之哉此曰惡乎執曰惡乎執則其不能行可知矣曰其何以行則所謂惡乎執者亦在其中矣故蒙引以輔氏爲太分

析

魯欲使樂正子爲政章

惜陰錄曰强如由之果有智慮如賜之達多聞識如求之藝爲政亦不可少但非其本耳三者有不可恃無不必憂能好善則天下之材能皆一己之材能矣人臣之病最患沓沓尤患訑訑沓沓賊君訑訑集惡

按智慮有生于聰明者有得于閱歷者眞西山集贊老成之士曰閱歷多則舉措審見聞博則策慮精德望孚則人心服

强與智慮聞識本皆爲政者所不可少但好善善字自寬不嘗專泥此三者

優于天下要切相度上講但是論其理不就正子說

按夫苟好善節天下之人四字要看得好不但正誼明道之儒在其內凡憑軾結靷之士皆在其內葢戰國時天下都是縱横游俠君子爲政豈能盡逐此輩而專與一二大儒孤立于上哉此輩多負瑰異之姿我既好善則彼皆爭爲善以求用于我所謂輕千里而來告者一是仁義之儒以自得之善來告一是豪傑之士群鼓舞于善而來告

又按講家謂予既已知之矣有見于聲音者有見于顏色者訑訑總形容予既已知之之貌不必分訑訑是顏色予既已知之是聲音此說是

距字不是我去距人乃人見其狀貌而遠去諂如逢君之惡諛如長君之惡

古之君子何如則仕章

按講家謂君子行道之心固切而重道之心亦不輕惟欲行道則不忍以道自私苟可以就則就了而不輒去惟欲重道又不肯以道徇人苟可以去又去了擇其可就而就之總是抱一道爲去就而不失仕之正此條最是有主委曲行道說與交際章一例者偏矣

蒙引謂敬在心而禮乃其文存疑謂猶云恭而有禮葢亦有恭而無禮者故兼言之存疑是

按公養之仕即所謂君餽之粟也與抱關擊柝者不同然亦是一類皆是爲貧而仕者也孟子舉此亦可以該彼

死而已矣講家亦以此句作去看殊不是去意是在言外顧寧人曰免死而已矣則亦不久而去矣故曰所去

三說得是

舜發于畎畆之中章

此章不重天心仁愛聖賢要見困窮非不幸之意

須知唐堯生長富貴而兢業自持亦是苦其心志孔孟終身貧賤而垂教萬世亦是天降大任

惜陰錄曰舉舜爲首者舜憂患最多也勞苦五句極憂患之狀所以二句收憂患之益乃生也道心本有因憂患而竦動之使不微人心雖無因憂患而堅忍之使不危所知所行未能盡其才因憂患而增加添益之使知行無不能舜不待此下五人則受憂患之生多矣作以行言困心衡慮行有過也作則能改行之過矣喻以知言徵色發聲知有過也喻則能改知之過矣亦人之憂患

也法家弼士在內之憂患也敵國外患在外之憂患也
然則憂患可不知耆安樂可不知懼哉
按滄柱云胥相也靡率也相率而爲工作所以罰罪之輕
者如漢之城旦舂是也說非胥靡乃代胥靡而築於野
者金仁山已明言之近文多誤又云蔡傳訓築爲居猶
云卜築不依史記胥靡之說然孟子明云版築或亦如
農家之築場圃與舜之耕歷山一類未可知
蒙引疑管仲晏子章膠鬲爲紂之臣矣今註曰膠鬲遭亂
鬻販魚鹽文王舉之則又似一人從側微而起者豈紂
無道棄賢或賢者自去之膠鬲於是復隱處販鬻而文
王舉用之耶按蒙引此疑不是四書人物考曰膠鬲鬻
販魚鹽文王舉之于殷及武王伐殷至鮪水殷使膠鬲

候周師則膠鬲始末自明
首節已有天字在內不必至次節然後推本于天講家謂
次節原聖賢之成就由于困窮之故得之
又講家謂入聽指舜說諸人看來不泥爲是入則無法家
拂士節大全指人君說淺說指國人言不是
末節雖是結上文看然後知三字乃是自上文看出而別
立言耳鄒之麟文云非必其身憂患也藉尊沾寵而懷
孤危之慮即憂患也非必其身安樂也乘危蹈險而存
泄沓之心即安樂也不粘定上文最是
教亦多術矣章
按不屑之教誨似只是謂不屑教之也玩大全朱子淺說
是如此然蒙引存疑俱謂以不屑爲教誨也看來以不
屑爲教意在末句摘訓謂不屑之教誨之字作于字用
若便作不屑之教說就犯末句意了最明
又講家謂註中其人若能感此二句正就教之心言最是
蓋據我欲其感悟便是教誨不必待彼感悟而後爲教
誨也
盡心上
盡其心者章
惜陰錄曰心兼知覺（性是虛與氣　知覺是氣）盡有知之工夫智之事
也存有行之工夫仁之事也不貳知之盡俟死仁之盡
勇之事也三達德皆從心言性兼虛與氣（虛是理　氣是道）知則
散於事物統於心之智養則循於事物統於心之仁不
貳俟死知養之極統於心之勇三達德乃能成性天本

太虛（理在氣中）亦兼氣化（道亦在內）知之屬智事之屬仁命即氣
化之道也立之屬勇三達德乃全得天命之本然孟子
真得心法於中庸故此發明之與大學亦脗合乃孔子
之宗傳也朱子單言智仁勇亦在其中矣
顧涇陽曰或問孟子云盡其心者知其性也似從性上得
手下條先言存心後言養性又似從心上入手何也曰
心有爲也性無爲也論本體有爲者必須得無爲者爲
之張主故知性乃能盡心論功夫無爲者必須得有爲
者爲之效靈故存心乃得養性橫說是一樣豎說是一
樣要看得圓
朱子謂盡心即物格知至之事是矣又謂即曾子所以一
唯而無疑于一貫恐曾子一貫已兼存養在內當引子

貢之一貫方是
盡心知性看來亦無先後存疑謂有先後者非
蒙引謂雲峰知是積累用工之言是推本說最妙朱子知
字零星之說亦嘗如此
晚邨云心性卽是天命故知得心性便是知天從事于心
性便是事天
按存心養性朱子不分作二事謂存得父子之心盡方養
得仁之性存得君臣之心盡方養得義之性潛室陳氏
亦曰存心卽誠意正心之謂養性在其中矣非存心外
別有所謂養性工夫愚謂中庸言尊德性而朱子以存
心解之亦此意也如分存心養性爲二事則尊德性與
存心亦二事矣蓋止此操存之功就心言則謂之存就

性言則謂之養謂之尊豈有二耶但孟子言存養在知
性之後包小大而言與中庸第二十七章之存心專以
道體之大言者不同孟子言存養包省察在其中與中
庸首章之存養以省察對言者不同至於中庸言未發
已發則又就此心分出動靜處書言人心道心則又就
此心分出公私其言各異而存心養性無二事則一也
若異學之存心只存得一個人心便難與養性爲一
按語類一條云先存心而後養性又一條云存心養性非
二事存心所以養性也張考夫云存心養性是一是二
謂存心之外更有養性工夫不可謂存心之外更無養
性工夫亦不可依此則朱子二條原不相背
蒙引謂存養工夫各該動靜最是又謂中庸存養專主靜

時與存疑解中庸不同
按不貳只是看得破之意故註以疑字解貳字蓋知生死
壽殀乃氣數之必然耳小註謂不以死生爲欣戚是又
從貳字生出既無所疑又何欣戚耶
殀壽不貳而不能修身者有二一則雖識得破却不能放
下一則既識破便一切放下蕩然自肆如莊周皆是
按講家謂立命者完却心性無忝所生也全本心性說又
謂命字不指殀壽立字須帶殀壽不能搖奪意皆說得
好
蒙引謂陳新安以立命命字兼理氣言者其意以爲正命
兼理氣非正命氣也蓋新安看立命命字與下章命字
一般卽朱子小註天之正命自我而立之說俱未得旨

自蒙引之說出然後人知立命命字是純以理言洵乎
有功後學矣朱氏公遷說知命俟命極精說立命兼知
行亦是但不曾說得以理言
青麓又謂太極本理宰氣氣涵理二者不相離也以其不
雜者言天卽理也程子自理言之謂之天張子由太虛
有天之名一也性卽理也程子自稟受而言謂之性是
也張子合虛與氣有性之名少異矣心統性情亦理也
程子自存諸人而言謂之心是也張子合性與知覺有
心之名少異矣程子專以不雜者言恐論氣不論性不
明也張子專以不離者言恐論性不論氣不備也知此
者二說皆是二之則不是也
莫非命也章

惜陰錄曰立命不但立義理之命并立氣數之命不能順受其正者亦是不立命故又發此章總是修身以俟便是能順受其正而立命否則皆立巖墻之下與桎梏死者等耳知命者知此正命也立命者立此正命也不知爲不智不立爲不仁智仁兼盡乃能順受其正盡道方是順受道有不盡便非正命可云順受耶

按莫非命也泛指吉凶禍福言則正命與非正命皆在內矣故朱子小註謂此一句是活絡言最是蒙引乃謂朱子未定之論殊不可解

按順受是不怨不尤意正字含下盡道意講家謂正不正不專論氣數而兼論人事氣數原無兩樣但人事能盡則命爲正命人事不盡則命非正命此便以義安命之

學最是

知命立命之分雲峰謂一是已造聖賢之域一是方入聖賢之階極是潛室陳氏以知行分看不是蓋知命不是空空知就有行意故下云知命者不立乎巖墻之下立命亦兼知行觀上云殀壽不貳可見

舜之得福孔孟之不遇皆正命也盜跖之壽終四凶之被戮皆非正命也

求則得之章

按求則得之二句與操則存二句作危言口氣者自別講家謂二句意相連可見惟不求求斯得矣故爲有益之求最說得明

又講家謂求有道言有個義理在不可妄求非言求之有法也得有命緊連上句言縱求得之亦有命在未可必得也故爲無益之求最明大全南軒謂求之縱有道矣而得自有命在不可從

須知在我者雖無益亦當求在外者雖有益亦不當求

萬物皆備于我矣章

惜陰錄曰萬物皆備於我說得一性字盡彼外義者烏知此反身而誠上者安仁次者不違仁故孔顏之樂無窮學者有未誠惟恃强恕一法私去乃見皆備之眞我而仁在是矣誠者備之實然仁者備之本然恕者備之勉然惟誠乃仁恕亦近仁總以仁爲重

按孟子論性惟萬物皆備一句最爲切實比性善二字更進一層善字猶可假借而此句不可假借也

按王守溪謂此物字指有物有則之物言蓋舉物而見則也如言父子是仁之理在我君臣是義之理在我說得最明有泛作萬物一體看者謬

又按存疑云此章與中庸言誠者天之道誠之者人之道相似極是若蒙引謂反身而誠即中庸所謂則亦天之道者也則稍偏矣細玩自見大全程氏復心以反身節爲盡性之事强恕節爲學者之事與蒙引同病

講家謂法行之不待勉强句正是誠字內事對下强之而行言也有貼在樂字內者非按此說正與小註以不愧怍解樂字同存疑以註中不待勉强句貼樂字者誤

又滄柱云四書中有專言之仁有偏言之仁亦有專言之恕有偏言之恕愚謂對忠而言即是偏言之恕

徐汧文云素所期人之事至已而倒其施素所不脉之情欲出而難其決此反强恕二字甚明

行之而不著焉章

惜陰錄曰道不可離人自不知故孟子醒之使求著求察也著察即格物之功知性之事知道豈外是耶在内爲仁在外爲道

按論語民可使由章不深責其不知此章則深憫其不知而深望其知

行之而不著蒙引有二意一是百姓日用而不知之意一是所行者亦不能盡其節目當兼用衆以人衆言

人不可以無耻章

此章依朱氏公遷說則與下章不同處只在一勸一戒然

此章無恥字泛說下章則專主爲機變之巧者說又不可不辨

恥之於人大矣章

講家謂此章爲儀泰一輩言機械有制服人意變詐有詭誘人意機變便是巧大病在爲字上此等人自謂術高天下不知自淪于汙下而已說得明

按龜山謂機變生於勝心然亦生於利心循理者能忘機變安命者亦能忘機變

恥其不能而爲之不必論到終必能即此一念便是聖賢路上人耻其不能而掩藏之不必論到終不能即此一念便是小人路上人輔氏說須善看

古之賢王章

按賢王賢士麟士作兩平看極是或重賢王或重賢士俱偏

講家謂蒸豚之餽以禮而不敬兼金之餽敬而不以禮故致敬盡禮兩言之不但有挾心者不亟見即敬賢加禮而未致盡猶未亟見矣分别得明

孟子謂宋句踐曰章

惜陰錄曰游貴有游之本德義是也有德義乃可以自得無求而囂囂士欲有德義則在已之工夫正多何暇出而浪游耶合尊德樂義乃可以樂道而忘人之勢囂囂即此意

此章雖從游說起而後面道理甚大不必粘定游說麟士謂此章大意須顧一游字不要太說道理遠了亦太拘

矣

按存疑以總註内重而外輕句屬可以囂囂矣上無徃而不善句屬故士窮不失義三節最明若依蒙引則内重外輕句直管到故士窮不失義節自故士得已以下方貼無徃不善句此不可從

講家謂不失不離是平日尊樂已深自有定守而無變塞非貧賤富貴所能易此節註中實字重見于行事上下節註中實字乃詳言其實也分别最明

故士節有三說依新安陳氏則上文尊德樂義就心上說而此節則見于行事之實也依蒙引淺說則尊德樂義是虚說而此節則分窮達說依存疑則尊德樂義是就平日用功言而此節則就行事言也與註皆無礙而存

疑爲長

待文王而後興者章

按待文王而興不必在旣興之後復分優劣只是此種人不遇文王必不能興所以謂之凡民是概其不能興非謂其雖興不是貴也孟子此語蓋傷堯舜之道無人復任仁義之說無人復明井田學校之法無人復行隱然有自任之意所謂凡民亦不是平常人卽戰國一班英雄如孫吳蘇張之屬豈不烜赫一世只是不肯以文王之道自任便是凡民所謂豪傑不是有別樣才智只在入孝出弟守先待後居廣居立正位行大道不淫不移便是豪傑

此節先要想所興者何事方有實際如孝弟忠信仁義禮

樂皆孟子日夜望人之興者而卒無其人所以發此歎彼不能興者亦不是平常之人皆有絕世聰明特以不能興起于正道故謂之凡民待字是旁人看出謂此等人必待文王在上庶幾能反正非謂其人自有待之之念也若其人自有待之之念則雖未能興起亦不至背馳于正道矣豪傑之士孟子隱然自負闢邪崇正守先待後卽所謂無文王猶興

孟子不但以豪傑自待以能自立言則一豪傑也以能垂教言則一文王也聞孟子之言而不能興猶遇文王而不能興也是又凡民之不若矣

看來凡民不是截然不知邪正之辨者其病痛只在一待字不能當下以維持風俗挽回氣運爲已任遂不免與世浮沉若楊墨申韓之徒便不知有邪正之辨不放個文王在胸中了與此又不同

附之以韓魏之家章

欿然本是不自滿之意但平日如此欿然旣附之後仍如是欿然則如講家作猶夫平日之意看亦不差須知此富貴乃是道所當得者

按過人遠註雖以識言然兼養言方妙蓋此人不但有卓識亦必有定力註特引尹氏成語耳

以佚道使民章

以生道殺民蒙引共有三說似可兼用

除害去惡似已盡殺之之事註又用之類二字者蓋指其中條目耳與上播穀乘屋之類稍異

註有其不然者一句或非佚之而徒勞之非生之而徒殺之或佚之而適以勞之生之而適以殺之皆所謂不然也

霸者之民章

惜陰録曰霸者豈不悅衆然僅驩虞而已不能徧亦不能久也王者則不然萬物各得其所而已不期其悅也誠新民止于至善之極則末節卽王者而贊之所過以身言所存以心言外之化且神本于德之化且神也德與業皆盛如此誠可贊化育參天地非區區小補而已

按此章自王者之民至不知爲之者只是言王民之氣象而含有王道之大意末節則直指王道之大然須知其是言王道之大不是言王道王道在至誠無心上至誠

無心竟在言外故朱子謂自王者之民至末皆是說王
者功用甚明
按新安陳氏所謂王者廣大深遠而無迹此是言王道之
大在首二節雖已含得然須至末節方露若至誠無心
意則不妨於首二節卽露也
按講家謂次節正皥皥處註中非有心及使自得之見上
之忘也本文不怨不庸不知爲之見下之忘也合之上
下兩忘也此說得明有謂王民皥皥下忘上也過化存
神上忘下也如此却將兩節分作兩層了不是
殺之而不怨雖卽上章以生道殺民之意然依存疑此章
專主刑言亦與上章稍別
民日遷善而不知爲之者葢移風易俗不知費王者多少

經營然只是以人治人修道之教故民止見其出于性
情而忘其爲聖人之啓廸所謂禮之用和爲貴也
末節蒙引存疑淺說俱不作深一層看惟大全新安陳氏
謂王者功用之大其本在于過化存神而已似作深一
層看然此非也葢過化存神卽是功用之大無兩層
滄柱云過化存神非不怨不庸不知以前事亦非不怨不
庸不知以後事只在不怨不庸不知上看出或以上節
貼民風此節貼主德豈知上文殺之利之與使民遷善
明是君子之德所及而此節化神處亦明有民在其中
如何判然分開又云注謂德業之盛云云蒙引以存神
屬德過化屬業存疑不主此說葢過化存神既非兩事
則神化皆是王者之業而業由于德故朱子兼舉而言

之又云天地同流不是超乎形象之說只要說得神化
運行無處不到又云聖人之化凡天覆地載之內皆所
周遍集註只指身之所經過處而化豈聖人一身能足
跡遍天下乎或問兼身之所臨政之所及風聲氣化之
所被更爲周徧又云過化存神是聖人至誠所感被固
宜說得自然但不可謂之無心如云君子無心何以謂
之所存皆說得極明
按註不測字亦卽是化之速意講家以有是心便有是政
解神字最妙有謂不必形出而後其化神殊有病
要知過化存神須從優游漸漬艱難拮据中來神化亦只
是有恥且格氣象滄柱云朱子或問及蒙引俱提誠字
爲主葢至誠積中自然見於神化者克滿宇宙與中庸

之至誠無息而博厚高明悠久者同一理所謂過化卽
覆物載物成物意所謂存神卽不見不動無爲意所謂
同流卽配天地無疆意在本章只須照上文發論其爲
刑爲政爲教處是所過而民風之丕變者便是化其欲
刑欲政欲教處是所存而治功之速效者卽是神須知
過與存不是兩次化與神亦不是兩時故新安陳氏曰
所過者化以其所存者神也
講家謂與天地同流非配合之謂又謂與天地參還當不
得上下與天地同流葢曰配曰參猶有對待之迹曰同
流則王者與天地直渾作一片矣此在字義上分別固
然不可因此小看了中庸配字參字之意葢中庸配字
參字亦含得同流之意也

仁言不如仁聲之入人深也章

惜陰錄曰仁爲王道之本卽善也言所施聲所感有虛實之别政制外教格心有内外之殊四者皆王道所有比而論之欲人之務其實而服之使誠也善政有仁言仁聲善教亦有仁言仁聲不及此特寬寬立論歸重善教善教乃是内聖外王之治善政亦是不忍人之政但必有關雎麟趾之意後可以行周官之法度故善教爲根本首節淺二節深故申二節不申首節況王民皞皞仁聲亦泯

按善政善教原是仁言仁聲的實事此論理固然但此章口氣只宜闊說若謂其無兩層則於理不通矣

又按南軒謂善政立而後善教可行此說最謬善政豈專是養民善教亦兼教養

講家謂畏愛在政教之初得財得心在政教既成之後說得分明

人之所不學而能者章

晚邨云只爲當時不明仁義之實反以爲外鑠無復于孝弟用功者故孟子爲指其固有之良使之保守擴充以全其本然其重在點醒故不及用功非惡學慮之害良而欲廢之也

按此章是言仁義非由外鑠言外要人盡仁義之意明季講家但云欲人自識其良心便涉良知家一派話頭

按孟子良知良能之言專爲告子外義而設陽明却反借以陰助告子義外之說

學問之道無他求其放心而已如告子勿求助長此不過是不知學問若其外義則又是不知學問之卽所以求放心益彼旣以仁義爲外則以爲學問是求心外之仁義雖使其悉依孔孟爲之亦且不勝其勉强況其所爲學問只是固守其心也哉此章以孝弟爲良知良能卽前章以仁爲人心同意俱是性善一派話頭際對無善不善義外說

潛室陳氏以親親敬長爲仁義之發新安陳氏則以爲仁義之實二說似可兼用蒙引淺說俱云親親卽是仁敬長卽是義似混

淺說以上二節言愛親敬長人之本然末節言愛親敬長人之同然或疑第二節已有同然意然第二節雖有無不知三字只是帶言淺說是也

愛敬達之天下所以謂之仁義者蒙引淺說俱云仁義者乃天下之公理也而愛親敬長達之天下無不同者此其所以爲仁義也若明李憲卿云仁義天下之公理孝弟一人之私情以私情而槩之公理若是其不同矣然天下無無父之子則亦無不愛之子天下無無兄之人則亦無不敬之弟自一人言之似私而不公也自天下人言之雖私而實公也更爲透徹

舜之居深山之中章

按註所謂渾然之中萬理畢具者雖在上半節已含得而必至下半節露出方妙與不違如愚章一例以此章與不違如愚章参看則不違如愚時已是若决江河矣不

可謂不違如愚與無以異于深山之野人同也
居深山四句原就迹上說但其所以如此說者要見其心
之虛耳故通是說心滄柱云聖心無時不虛静非待山
居入定然後有明通境界若說因深山得來便謬最明
沛然莫禦非流行布濩莫禦于外乃浹洽融暢莫禦于中

無爲其所不爲章

惜陰錄曰孟子集義之功卽中庸致曲之事也義切于行
故以義言顯之見于事所爲也微之萌于心所欲也所
不爲所不欲之心羞惡之本心義也曲也事事無爲之
念念無欲之集義也致曲也義無不集而氣克曲無不
致而德實義之體用全而學至故曰如此而已矣克已
復禮亦只是無爲無欲

滄柱云此兩句卽程子所謂志士勵行守之于爲哲人知
幾誠之于思也卽此便是擴充仁義至于不可勝用處
故曰如此而已矣集註只說義者以本文從不爲說到
不欲耳其實有專言之義偏言之義對仁而言偏言之
義專言之義兼仁在其中集註雖只說義便已該得仁
按熊氏謂此大學誠身章事甚是葢此對旣知者言與誠
意章同也但亦不可專泥意上葢正心修身亦是無爲
無欲內事也
講家謂不作克義說爲高不知依註以義言不妨但須依
蒙引作專言之義看依註以克義言亦不妨但須知與
後達之所不忍不爲不同

人之有德慧術知者章

惜陰錄曰卽生於憂患而推之重在知一邊德之慧以心
言內之達術之知以事言外之達非由疢疾無以動忍
而達其內增益而達其外也孤臣不得于君孽子不得
于親操心危內之動忍也慮患深外之增益也心明事
練何不達乎疢疾人之所苦也覆以忝德術之慧知人
亦歷憂患而奮拔也夫按青麓講書妙處全在因此見
彼如上章之致曲集義此章之動忍增益眞直捷了當
按此章似只是增益其所不能而集註南軒兼引動心忍
性者是又推本言之其實動忍意在言外
講家謂孤臣孽子情義隔于君親勢分制於近嫡欲效其
悃欵而類于要將安于義命而近于懟說得好
操心是恐懼意慮患是修省意存疑却分先事臨事殊不

是葢德慧術知可分先事臨事而操心慮患不可分先
事臨事也

有事君人者章

惜陰錄曰社稷臣繫心于一國不及天下天民度量于時
勢進退不輕然重道自高終爲偏德未免有可不可矣
上而孔子之轍環降而孟子之歷聘雖化未化有殊而
爲大人之正己物正則同惟大人乃是中庸之道
按講家謂事君人如公孫弘曲學阿世卽其矯餙儒行皆
容悅事君處勿看太低了最是
滄柱謂社稷臣兼常變言識能料事才能任事而忠懇之
誠堅定之守復能始終善全而不易
按天民所以未得爲大人者存疑謂孔子委吏乘田亦爲

而天民必可行天下而後出輔氏謂終是有任的意思
在二說不同可兼用
按孟子以伊尹爲聖此章集註以伊尹爲天民則只是大
而未化之地位耳蓋淺言之則大而未化者已可爲聖
若深言之則非大而化者不足以言聖矣
君子有三樂章
按三樂及定四海之民之樂如何分別曰三樂中不愧不
怍卽君子所性節內事固非定四海之樂可並餘二樂
雖一係於天一係于人然亦非定四海之樂可得並也
曰然則惟定四海之樂爲性分外之事而三樂皆屬性
分內乎曰非也此二章惟王天下是性分外事若三樂
及定四海之民皆非性分外事但以定四海之民較之

三樂則三樂爲性分內事而定四海之民爲性分外事
矣又就三樂較之則以不愧不怍爲本是性分內事餘
二樂一係於天一係於人亦是性分外事矣
父母俱存二句蒙引以孝弟入說最是存疑以蒙引爲未
是亦拘矣
俯不愧節程子克己之說是推原
廣土衆民章
惜陰錄曰三樂章使人輕富貴此章使人淡功名人得于
天各有定分氣稟雖異所賦之理人人一分此不可與
彼彼不待取此生來一定與窮達無關人人一分者何
仁義禮知之四性智仁勇之一心二者相合乃爲根焉
天命之初理氣一團本無不根心者但氣稟拘之于前

物欲蔽之于後四者若有若無乍萌乍滅豈能根本而
不拔于心哉君子變化氣稟克治物欲然後理氣相合
而復其根于心之本然而一分所賦者無少欠缺由是
生色而日榮日暢矣分兼根心生色言所性正仰不愧
俯不怍之本全此天所命之分根心生色俯仰有何不
樂根心有天道人道兩項
按慶源輔氏謂所欲極於所樂固亦非性外事雲峰胡氏
謂所性在所樂之外二說似不同然實不相背輔氏是
正意雲峰乃分言之耳
按講家謂定四海之民有二說一說定字只是歸其統御
一說定字便主政教言前說與上廣土衆民配後說與
註相合按蒙引主前說蓋註意自在言外

不加不損是論性體本無加損非是君子之性不加損大
全蒙存俱如此看許子遜講分定云泛以分言則非惟
秉懿賦畀有分得喪豐嗇亦有分分靡常而不測專以
性言則不惟外性而營求者非吾分卽從性而展布者
亦非吾分分前定而不移講得最淸楚
按末節雖就君子定性上說與上節言性體之本然者不
同然不重在定性上只是發性之蘊積耳與上節不作
二意看玩註可見
根心是所性之和順積中生色是所性之英華發外睟面
盎背四體不言而喻大全蒙引淺說俱不作兩項看存
疑謂根心生色充實而有光輝之大也四體不言而喻
大而化之之聖也不是

又按睟面盎背四體不言而喻要在德之生意寓於形者
講不要在面字背字上論
伯夷辟紂章
錢吉士曰孟子言五畒之宅者三言養老者二惓惓王道
不越乎此所謂養老非若後世尊養三老五更之禮也
不外養民之政而養老寓其閒矣
按講家謂文王善養老必從分田制里說來者二老以天
下爲心者也使生民失養而但養老者必不以一已口
食之故而就其養明矣此說最是葢文王能致二老之
歸者惟在能行王政以養萬民也
易其田疇章
晩邨云聖賢論治有舉其全有舉其重如對梁惠齊宣滕

文所言舉全也此章所言舉重也下仁字只當有恒心
三字耳三節只一意若說教民須另有綱目不止易薄
四句矣
按首二節講家皆以開源節流說固是然與大學開源節
流却異大學開源節流皆就上人說只是此章首節事
生衆爲疾所謂易其田疇也食寡用舒所以薄其稅歛
也此章次節意乃大學所無
仁字不由教化來教化又後一層
孔子登東山而小魯章
惜陰錄曰孟子工夫在盡心章此章乃言其指趣孔子戒
躐等孟子惡助長皆成章後達之事
此章前二節嘆聖道大而有本猶顏子嘆彌高彌堅也末
一節則猶言循循然也此是自言其願學孔子本領知
言養氣四十不動心便是成章後達樣子
按小註以登山觀水起聖人句固非蒙引淺說謂登東山
四句俱是形容說亦非須依存疑謂登山二句是形容
說正意在言外觀海句起下聖門句
難爲言亦見道之言但不免有偏薛方山云其爲道也堯
舜禹湯文武周公之道也其爲言也易詩禮樂春秋也
中至此而後謂之大中矣正至此而後謂之至正矣說
所以難爲言之故最精
大字兼體用言本專以體言是就大字中抽出言之本只
是心所謂一理渾然而萬理畢具者也
按蒙引以成章爲有本達爲大存疑摘訓以成章爲下學

達爲造到大而有本處二解不同存疑摘訓爲長
講家謂成章與論語成章不同狂簡成章尚有病故須裁
此成章是成就個片段乃中行路上走故能達此分別
得是
講成章當云尊其所聞日進於高明此知之成章也由是
而之焉博觀于萬變而可見道之大矣静驗于一貫而
可見道之本矣行其所知日進於高明此行之成章也
由是而之焉積小以高大可以成道之大也執簡以馭
煩可以握道之本也狂之期許甚高自成其章而非君
子所謂章也君子必循循俯就範圍而後乃深造自得
狷之持守甚嚴自成其章而非君子所謂章也君子必
亹亹從事於高深而後乃積厚流光

註學之者必以其漸漸字與大學之由誠正修而後齊治平中庸之行遠自邇登高自卑不同大學中庸是行道之當以漸此是進道之當以漸故輔氏謂如自有諸己之謂信至於大而化之之謂聖自志學至于從心不踰矩其間次第皆是足于此而通于彼講成章及註漸字最明

雞鳴而起章

雞鳴而起據摘訓兼一日而言滄柱傘指夜氣平旦言不同

按舜之徒跖之徒存疑以積漸說陳大士以當下說可兼用

又按講家謂分者兩路分開也間者兩條路界限處也不

必是善與利兩念並發于心而兩持不決纔謂之間但據善端初起微別于利利端初起微別于善而聖狂即從此分即是分于善與利之間按此說間字甚明㕘間原是中間之間但不可泥爲善利未決之時講家有謂間非中間者不是

楊子取爲我章

顧涇陽曰墨子徇末而忘本非明德之新民也楊子徇本而遺末非新民之明德也子莫執中又將本末作平等看非至善之明德新民也楊墨知分殊不知理一子莫知理一不知分殊其失均也

按不拔一毛與摩頂放踵不是形容其爲我兼愛之至乃言楊墨一主爲我便不復及人一主兼愛便不復顧己

正說他執一處要與猶執一也相關小註以楊子爲失之不及墨子爲失之太過此是分言之耳若合言之則二者各兼過不及

又按此章權字與論語未可與權權字稍異論語權字對經字說此章權字對衡字說雖皆是隨事任理之心然對經字說則只在處變上看對衡字說則通常變在內矣

惜陰錄曰程子說中字精甚乃聖賢所執之中也聖賢之中是活中權後之中也子莫之中是死中無權之中也楊執一假義墨執一假仁子莫執一假中故皆賊道舉一而廢百究之一亦不能舉也聖人之一一以貫之三子之一無往不廢辨學術此章至精不愧一閑字

所惡執一者兼楊墨子莫言不可說子莫之害道甚于楊墨

饑者甘食章

講家謂饑渴就貧賤中一節言說到害心究其極也不知饑渴雖亦是貧賤中一節然此處只是喻言耳何得如此呆講此謬本新安陳氏

按講家謂此與附之以韓魏之家節同意一是不爲富貴所加一是不爲貧賤所損不及人不爲憂即過人遠意但及人語氣與過人稍差及人兼識見涵養講最明

又講家謂不憂不及人只就此安貧賤一事說不必說到將來德業此說與註極合又云不及人不爲憂如聖人之忘欲賢人之遏欲皆可以企而及也則又似說到將

來矣看來兼說亦可

有爲者譬若掘井章

按蒙引存疑淺說俱云此章兼爲治爲學說大全朱氏公遷則云此章勉人進學之詞蓋公遷所謂學乃大學之學兼明新在內勿泥看

譬若掘井句且虛麟士謂必要及泉意已在其裏不是

堯舜性之也章

按此章與堯舜性者也有別蓋性之與反之相對是安勉之分此處把性之身之與假之相對則是誠僞之辨三之字仁義是也

詩曰不素餐兮章

按公孫丑之問只是彭更之意耳註兼許行言者是極其弊而言南軒以許行爲說者亦是極其弊而言

用是用其言從是從其教安富尊榮孝弟忠信便與權謀功利放言高論相反出此則入彼要見得君子之教與民風國運相關

士何事章

惜陰錄曰尚志正有事在克其有我之私擴其不忍之心至于殺一無罪不爲而必居天下之廣居志仁之事也去其外誘之邪求其必慊之心至于非其有不取而必行天下之大道志義之事也畢生戰兢以勞心何暇用心于小孔子之隱居求志即此志也

按殺一無罪四句是反說居惡在四句是正說註非仁非義之事雖小不爲殺一無罪非小事但對大者言而謂之小耳備字講家有兼豫備全備二意者誤

末句見得尚志備大人之事便是士有所事與士何事事字相應

大抵世不知士之志緣先不知大人之事先要將大人之事認得明白便見得士之志十分要緊

仲子不義而與之齊國而勿受章

按仲子實無讓齊國之事特因其平日不食不居之推其心而設言之

按講家謂信其大者大節也此大節無定指在孟子以人倫爲大節在齊人以讓國爲大節只虛虛看最是

舜爲天子章

此章以大全朱子及存疑之說爲精若蒙引疑在皋陶不

當以人臣而執其君之父在大全南軒早已闢之矣

按淺說講則如之何兼舜與皋陶麟士乃謂此如之何似只問皋陶後故曰然則舜如之何也大謬執之而已矣南軒及淺說俱明說是執瞽瞍講家有云只是執法者看來即作執瞍不妨竊負而逃依南軒說似在旣執之後而講家則云須在未執之前看來本無實事自可兼說

有謂後世以議貴之典處之可晏然無事然不如是設心則議貴亦是必弊之法史啓元云有重執法無私天子之心則執也可不執也可不然是後世以法爲徇而託焉者也有重天親無富天下之心則棄也可不棄也可不然是後世以利戕恩而藉焉者也講得最好

講家謂周官八議自有議尊議親二項皐陶終不成執天子之父舜終不成竊負而逃此只言聖人之心耳衛輒惟無此心故行得全錯按衛輒雖不拒父亦難免君子之誅何則其心猶知有國也

須知湯武之于君周公之於兄仍是竊逃之心周官之議尊議親仍是執之之心

孟子自范之齊章

惜陰錄曰居所居之位也重居養帶言居于仁移氣以仁養移體

按此章不止是歎美廣居便有要人變化氣質之意

居養只就祿位上說不兼廣居意蓋此句只管到其居使之然也句講家謂居移氣二句特爲廣居而發不爲三

子而發殊不是

食而弗愛章

此章據蒙引則首節泛說而下二節指諸侯說據淺說則似首二節泛說末節指諸侯說據明季講章則通章俱是泛說而暗指諸侯然愚意通章皆明指諸侯亦無不可

形色天性也章

惜陰錄曰理不雜乎氣故云性善理不離乎氣故言踐形孟子言踐以所行言踐履如其形之初具也程子言克以所盡言克滿其形之理也惟克其形者乃能踐形程子推明踐之所以然也○孔子耳順踐耳之形動容周旋中禮踐一身之形從心所欲不踰矩踐心之形九容九思求踐其形工夫

按滄柱謂聖人心體虛靈無物欲之蔽故隨感而應各當其則是從性上發見出來爲下學立法則就踐形上用功亦制外養中之道愚按聖人除却盡性別無踐形工夫內而存養外而修身皆是盡性皆是踐形豈可分屬況此章是恐人但知形色不知天性故欲人盡性以踐形亦無制外養中之意若說制外養中則反重在形色了

錢啓新曰記曰視聽言動色色是禮便色色是仁孟子以根心生色睟面盎背論所性亦此旨若舍視聽言動而懸空說仁舍面背四體而懸空說性是形色天性爲兩物便是異端邪說按此條最看得分明

按凡言聖人有因人不求至于聖而言者如此章及規矩方員之至章是也有因人高視乎聖而言者如曹交章是也雖意亦相通然須知其各有所主

朱子解天性以所以然所當然貼說蒙引謂天性須用自然字貼解看來自然之理即當然之理不必拘

齊宣王欲短喪章

按講家謂通章大旨只是說爲期非所以教短喪全重責公孫丑不重責齊王猶論紾兄全重教紾者不重紾之之人論王子全重傳之爲王子請者不重王子終喪說得最分明

按是欲終之還是終三年之喪不是終既葬而除之喪玩淺說亦如此蒙引似未是

君子之所以教者五章

時雨化重教者無化上不重學者能化

成德達材小註以天資純粹明敏言不兼學力看來可兼用

按存疑云答問亦是門人與朱子答問未及師承之說不同愚初欲兼說看來朱子之說爲長

丘月林謂淑有進修意所以長善也艾有懲創意所以救失也按淑深艾淺

道則高矣美矣章

此章先要想所謂高美者何所指孟子之道以正誼明道爲本稍有枉焉則以爲恥以仁義中正爲歸稍有偏焉則以爲異論帝王則必以堯舜爲法論師儒則必以孔

子爲宗言學則必知言養氣言治則必學校井田此皆其所以引人者猶未可謂高美也由美大而至聖神由深造而至自得此其所謂高美也不知孟子之道中道也

按朱子以道理活潑潑地解躍如以妙處不容說解不發似不差然存疑謂其不是者蓋此節俱主教言朱子之言乃似主道言是君子之教所以然之故非正解也故存疑以爲非是

不發小註以雖啓其端不竟其說爲解蒙引謂與大註意不同蓋既授以學之之法則非只啓其端而已如博文約禮三綱領八條目諄諄不倦特未嘗告以得之之妙卽所謂不發也

荆川文講引字云示之趣向以審其端示之循習以致其實講不發云聖智合一之機未之及也心跡渾化之妙未之及也講中道則云形而上矣未嘗不形而下講能者從之則云中道所在巧者皆可得而中也中道所在力者皆可得而至也一一還他實際

註云中者無過不及之謂中道而立言其非難非易玩此是因中道而謂之非難非易不是因非難非易而謂之中道蒙引云得之之妙如曾子所得之一貫顔子所得之卓爾此誠所謂中道而立無過不及之所在固非可以易言然亦天理之當然而已故曰非難非易荆川以形而上形而下貼中道亦是指其無過不及者蓋無過不及之中道形而下者在是形而上者亦在是此所以

非難非易嘉隆以前先輩之說都如此至吳因之謂中者在難易之間王觀濤謂中道中于道也非大註意矣因之諸家所以將非難非易作中道正解者緣公孫丑是欲孟子貶教不是欲孟子貶道貶道者以高美之不可及而欲易換一道貶教者以高美之不可及而欲盡情發出與他欲貶道則宜以大中之道不可貶者告之欲貶教則只宜以非難非易不必貶者告之所以如此解不知教之所以非難非易正以其道之大中也言大中之道則非難非易自可見豈可卽以非難非易爲中非難非易意自當補在中道而立之外中道而立猶論語所謂吾無行而不與二三子上文躍如也猶論語所謂吾無隱乎爾徐敞弦云言躍如而不言中道而立則學者

便談空說妙無形無影無所歸着矣最爲得解若直以
非難非易爲中則仍無形無影
末節能者正與次節拙工拙射反對
於不可已而已者章
此章以處事待人修爲三者開說進銳退速存疑謂不可
專主爲學只用修爲渾融唯淺說專主爲學言此本大
全勿軒熊氏甚拘雲峰引過猶不及來解進銳退速似
非正解
君子之於物也章
按通章只是說施恩有等不必重在親親上滄柱謂先輩
謂此章只重在各當其施不重在推恩有序
此章存疑作一反一正看摘訓謂下二句只是申明上意

摘訓說是
知者無不知也章
此章言從事於知仁者當有其要首四句只論仁智之理
下提出堯舜正是無不知無不愛的樣子
是之謂不知務淺說謂就仁知說最是講家謂當虛活說
言外找出知不急先務仁不急親賢不可從
喪服飲食註雖以輕重大小分貼然似可互用故新安陳
氏止用大小二字總貼
盡心下
不仁哉梁惠王也章
按此章只是言不仁之禍其始及於疏而其終遂及於親
不重務本意

圈外註仁人之恩四句一以內外言一以親疏言互文耳
春秋無義戰章
此章孟子因當時用兵不休而有感于春秋之戰見春秋
之戰尚未至戰國之甚然已爲聖經所深斥如此
義字只宜空說蓋春秋用意最深而立法最嚴非獨書名
書人者顯示斧鉞於言中即書爵書字者亦寓刺譏于
言外微獨僭王問鼎者罪迹昭然不與以義之實即尊
周伐楚者功施爛然亦不貸以義之名
盡信書則不如無書章
按晚邨謂此章專爲不善讀書人害道說法愚意以讀書
爲主則武成只是一證以武成爲主則讀書只是引起
血流漂杵乃商人自相屠戮孟子非不知之但孟子之意

以爲仁人用兵不但我之兵不待血刃亦必不使敵人
自相屠戮至于如此故以爲武王當日必無此事其儆
人者深矣
梓匠輪輿章
惜陰錄曰此學者必當專心致志得其巧也巧不得學不
成巧即智也
舜之飯糗茹草也章
惜陰錄曰學者如何惟知性養性以復所賦之分自可窮
達皆自得
吾今而後知殺人親之重也章
講家多謂此章不是報復之私重在感應之理說然愚意
報復感應兼說亦可

身不行道章

看來上段當重身字下段當重道字時講上下俱重道字者非

南軒謂行道本也又謂使人以道亦行道之一事此皆是餘意正意是兩開說

又南軒謂行道本也使之以道而躬行未至彼亦未必信從朱子謂身不行道妻子無所取法然猶可使也此看不能行於妻子句有淺深不同耳非相背也

周于利者章

按周于德卽飽乎仁義之意包有定見定力在內講家謂邪世與亂世不同治亂以政言邪世以道言按大全蒙引未嘗如此分別不能亂內有轉移世道砥柱中

流手段不但不爲所惑而已

好名之人章

惜陰錄曰察其所安之意孔子之于微生高孟子之于好名人皆察其所忽以知其眞甚矣人不可不勉于實也當以君子所性自勵

按以讓爲主其弊猶好名以名爲主弊將何所不至乎偶動于名其學已不可問専務好名其學尚可問乎謂好名之人猶賢乎不顧名義者特一瞬息之間耳其歸一也

不信仁賢章

信仁賢講家有二說一說信其眞有益于國也一說作推心置腹意愚按前一說包得後一說

禮必有義義卽禮中裁制之宜照下文上下亂看専主名分上說

政事所該者廣不止理財而理財在其中

不仁而得國者有之矣章

按講家俱云得國以土地言得天下以人心言看來得國得天下俱以土地言但得國猶易而得天下則難耳蒙引說明

變置壇壝之說最是黃氏日抄謂變置配享之神如勾龍后稷之類亦不是

聖人百世之師也章

此章就夷惠流風之遠而明其爲聖並無願學孔子意與公孫丑章論夷惠不同

聖人要見各造其極切夷惠一偏之聖講奮字勿作奮發有爲看與聞文王作之作字相似

想觀矣二字見成周風俗之厚伯夷有功焉春秋之末至于戰國柳下惠有功焉

仁也者人也章

惜陰錄曰道必兼理與氣言天地之道張子曰由氣化（理在氣中）有道之名是也人之道孟子曰合而言之（理在氣中）道也是○仁乃生理人乃生形初無生理不成形後無生理形不虛哉道卽合理與形而言之

按此章有重仁字者有重道字者有重人字者重仁重道則是踐形之意重人則是道不遠人之意明季講家大抵皆重在人字蒙引一說重仁一說重道存疑兼重仁

道重仁道爲是而重仁者尤長

仁字道字大全朱子謂仁則性而已道則父子之親君臣之分見于人之身而尤著者蒙引謂仁與道是一時事此處不分性道二說似不同只依朱子爲是

朱子謂仁也者人也與中庸仁者人也有切已言統言之分此蓋以中庸是偏言之仁孟子是專言之仁故爾其實以仁責人是一様

又謂言仁而不言人則不見理之所寓言人而不言仁則人不過是一塊血肉耳須知孟子口氣原不如此互說

朱子言仁而不言人此一意是賓意

稽大不理於口章

講家謂上引詩重愠于羣小句下引詩重不殄厥愠句二

愠字即是詘意也觀孔子文王不免多口正見士增兹多口也最明

山徑之蹊間章

講家謂不是專責高子茅塞正要他有介然處蹊間易塞亦易開不用則塞戒之也新安慶源皆歸結末句失孟子立喻之意此説是

禹之聲章

按此章有謂重禹一邊借文王形起者大謬

講家謂吏千餘年後文之鐘當亦必有蠡者矣禹之蠡者必有不復存者矣執蠡者可以譏文之衰將執存者亦可以病禹之亡駁得甚妙　翔

齊饑章

借陰録曰救民雖仁者之心當其不可言之時則亦當自止

按滄柱謂國人望救而孟子不復請者此必道不相合將去齊而云然引馮婦爲証正以見不可狥人失已之意

按不以爲沽名即以爲市德此陳臻之所爲不可也救一時之人而屈萬世之道此孟子之所爲不可也假使孟子復之而王發之天下必將謂儒者之道不妨委曲以從時一切權宜苟且之術將日出而不可遏救一時之人有限而貽萬世之害無窮此等處可想見聖賢所見之遠大

又按滄柱云棠之不可復非關于王之聽與否也齊之粟聚于棠仁政不行屢饑而屢請棠棠必竭是不發亦饑

發亦饑也棠竭王必復歛民而實之是賑饑者棠饑民者亦棠也愚按不但如此不行仁政而徒棠之發必有上下相蒙有虚名而無實惠者又一法立而一弊生或反有不便于民者

口之於味也章

借陰録曰同一心也有人心道心之分人以人心爲性以道心爲命故反之人心裁之以命則可以不危道心歸之于性則不至於微所以伸此理義之心抑彼私欲之心也

按講家以此章爲性命合一之學此是深一層解總註各就其重處言之乃是正解不謂性而安於命見嗜慾之不可狥不謂命而盡其性見學問之當自勉

滄柱云上性字是人心下性字是道心上命字是指富貴貧賤而兼有理下命字指淸濁厚薄而兼所值

按上命字合理與氣言以氣言貧賤之安於分也以理言富貴之不過其則也下命字專言氣氣質之淸濁厚薄氣稟之修短順逆也

晏嬰知矣而不知仲尼嘗引謂命字意在晏嬰而不在仲尼看來當兼仲尼說如舜文之于君父例

麟士以此章天道與中庸言天道也之天道一般亦稍差蓋此與中庸言天道也之天道雖俱是在人之天道然中庸是兼氣稟言此專以理言

君子不謂性內有安分循理二意不謂命內有變化挽回二意通章此二句最重

樂正子何人也章

此章以善信爲主尤以善字爲主蓋美大聖神不過自善信而充之又不過自善而充之圈外程注及新安陳氏以善信爲主南軒雲峰以善字爲主其實一也

又按此章不重合一意重擴充意曰善人信人便見不是戰國人品善人信人且勿講明恐礙下問何謂善何謂信是問善信名義可欲二句正荅其問下四節又因論善信而推其極六節俱是泛言不就樂正子說

滄柱云嘗引謂有諸已之謂信全要學力必知至必意誠乃實有諸已朱子亦曰必其用力之久眞實有此善于已觀此則知下節註云力行其善者此處已有矣下文只重在充滿積實耳輔氏以力行專屬充實句者非郎朱子謂有諸已是就心上說充實是就行上說者亦非定論

惜陰錄曰善卽曲也能致曲者便爲善人生而善者亦謂之善人孔子所謂善人地位高非此善之謂善已兼資學信卽誠也曲能有誠卽信也反身而誠亦信也中庸言誠通貫上下此言信以實有諸已而言信亦兼資學學較重美則內邊圓滿是居安資深境界曲能有誠之盡頭可與立矣充無缺處實無虛處信之徹裏也信至美全由學生來如此者卽孔子所言善人也大則內兼形著明之盛外兼動變之妙大莫可加矣左右逢原猶說不盡德則光輝溢于身業則光輝發于事學至此工夫盡矣性成者便是聖人聖有性反二項能化一也化

以已言熟極而化大無一毫之迹矣神雖與聖無異尤更進一層堯舜文孔其神乎雖有六等只是一個理有虛實廣狹生熟之不同而已按此合中庸致曲章來看妙

按滄柱謂孟子聖神註不分作兩人然夷惠聖而偏于淸和不若孔子之時中卽云聖之上更有神未嘗不可愚謂不然夷惠在善信時便偏却一針到得聖時便成就得他偏處不可以此章論也

過至聖而不可知何須如淺說家訓云未至於聖猶可知也旣至於聖則已且忘之而人又何知也

逃墨必歸于楊章

戰國時闢楊墨者唯一孟子耳孟子方患天下之不能距

楊墨故大聲疾呼曰能言距楊墨者聖人之徒也奈何
即嫌其太甚大抵有一番正論必有一班附會正論之
人
講家謂此章當與好辨章參看見仁義並行之道最是陳
蔦言云未逃之楊墨名尊而氣揚不距之使必控則其
途不窮既逃之楊墨力倦而悔新不引之使即安則其
路復變可見辨當在未歸之先若既歸而辨使彼窮而
無所歸必將反與吾道爲敵矣 翔
人皆有所不忍章
惜陰錄曰達之有察識擴充二者工夫氣拘物蔽初患不
能察識繼患不能擴充此即致曲之功善推之法變化
氣質克治物欲之事皆在其中充以成功言乃曲而有

誠時也此已充實之謂美時矣○惟敬以直內義以方
外是能達能充孔子言渾融孟子言刻畫
熊愚齋曰不忍觳觫仁之端也擴而充之而仁不可勝用
也不屑嘑蹴義之端也擴而充之而義不可勝用也孟
子千言萬語只是發明性善仁義二字是直指本體擴
充二字是直指工夫七篇大意皆是如此
按講家謂次節與首節無兩層不可作申首節蓋申者推
深一步之意此乃實上文非申上文也然第三第四節
與次節亦無兩層而註與蒙引却用申字者蓋所謂申
者原不同有推深一步而謂之申者有塡實上文而亦
謂之申者故此節即用申字亦無妨
按上節充字是充自此起此節充字是充至於此蓋不義

之類至受人爾汝是最糊塗者故必須充至於此
又不忍之心易充故仁不待申言不爲之心難充故復舉
類以示言爾汝則凡與爾汝相同者皆然不可以其微
而忽不可以其暫而弛此之謂能充
又按充無受爾汝朱子蒙引以行已盡善不致取輕於人
說存疑就辭受上推說摘訓又就內外合一說王觀濤
又作不屑節於他說不同
又按餂之之人胸中最不光明然是日用之間人最易犯
之病不要說做老奸巨猾
言近而指遠者章
此章孟子主意只重近約邊大全朱子作四反說蓋是說
理如此須辨其賓主

紹聞編專以莊周之言爲不能近墨翟之守爲不能約然
如楊墨之言皆不能近如申韓之守皆不能約
蘊翔鳳云自遠近博約之義不明于天下于是異學有爭
鳴之勢而議論日煩矣縱橫有相勝之端而功利日生
矣以教統治統分屬言道最好
兩點君子只是申明上文以起下意不重君子上淺說謂
非有道之君子其孰能知之似重在君子二字了不是
講家謂道存道字要見高妙意方切指遠如言鳶魚而上
下察論飲食而知味皆言近而指遠也最明
又謂平天下雖有禮樂刑政等事亦不過完修身之分量
不是修了身方去平天下此說不是依南軒作推廣說
爲是

又講家謂不修己而求治平就講在舍己之田二句內蒙
引麟士則謂舍其田二句是譬喻
堯舜性者也章
張武承曰此章見聖人安勉雖殊而皆絶乎有意之私也
按此章講家謂以性字爲主見一性一反始異而歸同意
然須知以性爲主非性者之性乃天命謂性之性
法兼經常不可易時勢所宜通言而已矣是全不計較意
袁了凡功過格便不知俟命
說大人章
按此章不對戰國游士說對吾儒之秉道而氣未足者說
苟無此氣概必至卑論儕俗曲學阿世如鄉原
講家謂制不是制度只理之當然處若有成法耳以其爲

古聖賢相傳而守之者故曰古制最明先輩兼持身應
世言
養心莫善於寡欲章
集疏黃氏曰孟子嘗言求放心矣又言存其心矣操之則
存舍之則亡心之存亡決於操舍而又曰莫善於寡欲
何也人惟一心攻之者衆聲色臭味交於外榮辱利害
動乎內隨感而應無有窮已則清明純一之體又安能
保其常存而不放哉出門如賓承事如祭夫子之告仲
弓㨪存之謂也非禮勿視非禮勿聽非禮勿言非禮勿
動夫子之告顔子寡欲之謂也二子之問仁則同而夫
子告之之異者豈其所到固有淺深歟高城深池重門
擊柝固足以自守矣內奸外宄投隙伺便一有少懈而

乘之者至矣艮將勁卒堅甲利兵掃除妖氛而乾清坤
夷此孟子發明㨪存之說而又以爲莫善於寡欲也雖
然寡欲固善矣然非眞知天理人欲之分則何以施其
克治之功哉故格物致知又所以爲寡欲之要此又學
者之所當察也愚按勉齋此條引顔冉問仁二章之言
以與孟子此章相發明最妙葢㨪存克治二者不可偏
廢顔子之克己固必先有㨪存之功在其前矣仲弓之
㨪存豈竟置己不問哉寡欲二字正爲未能克己而又
不可聽己之竊發者言其義甚精大全删去顔冉一得
失勉齋之旨矣然則㨪存克治果二事歟曰克治正所
以㨪存也分之則二合之則一矣程子謂㨪之之道敬
以直內而已若専以居敬爲㨪存者是特舉其要言之

耳朱子求放心章亦是特以其要言
集疏朱子曰周子言寡欲以至於無葢恐人以寡欲爲便
得了故言不止於寡欲而已必至於無無然後可然無底
工夫則由於能寡欲到無欲非聖人不能 横謂此章孟
子教學者存心之要法周子推之曰養心不止於寡而
存耳葢寡焉以至於無則誠立明通此是周子發聖賢
此心體用之妙然學者若眞能寡欲存其本心久而不
失則亦誠立而實體安固明通而實用流行不可以不
勉也愚按今講家有二說一謂耳目口鼻四肢之欲說
不得無只說得寡此處工夫只是一寡便了一謂耳目
口鼻四肢之欲其當理者不爲欲其不當理者方爲欲
須由寡以至於無方是工夫盡頭二說不同蒙引主前

說人多從之今按集疏朱子與蔡氏之言則後說爲正
大全不載朱子此條所以人易混仇滄柱嘗辨之曰孟
子言寡欲從初學言之也周子言無欲從成德言之也
虛齋不察遂疑二說判然不同以孟子指欲之不可無
者故只云寡周子指欲之不可有者故必言無豈知聲
色貨利人心不可有之欲皆緣耳目口鼻人心不能無
之欲起見乎其爲欲原無二也吾能寡之又寡以至於
無則聲色貨利不足動心而耳目口鼻百體從令亦并
不可以欲言矣故知孟子所言寡欲正欲漸次克除歸
于無欲而後已此辨得極分明冉永光以滄柱之說爲
不然而欲專主蒙引恐未是

曾晳嗜羊棗章

此章只重不忍二字下羊棗所獨獨字正是曾子不忍之
故

諱名不諱姓存疑主親之姓名言講家謂此是借言以喻
同獨之義泛說爲是

孔子在陳曰章

惜陰錄曰狂簡者狂士事必簡簡足狂字也進取者所取
在高遠也不忘其初循乎天理不受外染也本來爲初
生卒不改斐然之章自成一片段此六字說狂已盡下
孟子言特申之耳○志則嘐嘐言則稱古所謂進取也
行則不掩其言狂止爲狂以此狂成爲狂亦以此若遮
遮覆覆不爲狂矣

按註志大言大乃是志大形爲言大不是兩平語狂者又
不可得是言不可多得之意不然上文琴張曾晳牧皮
說不去了不屑不絜是不屑爲不絜之事的人又其次
也其字講家指中行言蒙引淺說皆謂是狂者

萬章以孔子之取狂狷取其可進于中道疑鄉原亦中道
之可取者故有此問

南軒謂鄉原卽小人之中庸管登之以小人之中庸分爲
二等其說似勝

講家謂非之無舉二節原是一意孟子卽發孔子之意而
引孔子之言爲証也說者將賊德謂賊己之德亂德謂
亂人之德將孔孟之言分作兩意者非說得是

蒙引存疑皆云自以爲是句極重不可泥盡謂此句不可
忽則可謂此節專重此句則不可

按摘訓謂惡莠以下說者皆云此正是言惡似而非者看
來不是盡是進一步說言吾之所惡似而非者爲何正
爲恐其亂眞也極明

惜陰錄曰經不外五性三德五倫九經之常道反之則全
五性成三德以立其本惇五倫行九經以達其用聖人
經綸大經不待言君子反經彝倫攸叙是也自身
推之天下守先待後惟此而已○中道卽能反經這等
君子也狂者志高不安于流俗知經之爲重狷者志正
不苟于汚世守經而不移二等人雖少偏造就之皆可
成反經君子以傳道而濟民

按君子兼在上在下言存疑專指在上言似偏與字兼感
化振作言邪慝所指非一不止鄉原

由堯舜至於湯章

按摘訓謂說個五百餘歲正是要起那見知意謂堯舜至湯五百有餘歲其時之遠如此蓋難乎其道之傳矣而湯乃得統于堯舜是豈無所自哉玩此則滄柱謂見知聞知當平看者非矣

按講家謂千聖道脈相傳只是心知見知不屬面承聞知不關耳受此是深一層解固無妨但不可專主此蓋千聖相傳不泥聞見亦不離聞見

又按然而無有二句與好辨章吾爲此懼一句相合此不是誇張語乃是憂深慮遠之語當時守先待後一段臨深履薄光景直從堯舜之兢業發來

孟子注疏考證三十卷

清　陸宗楷等撰

清乾隆四年武英殿刻《十三經注疏·孟子注疏》附本

孟子注疏

目錄

孟子注疏目錄

孟子音義序考證

雖小有異同而共宗趙氏○此句下監本脫今旣奉勅校定仍據趙注爲本共十二字今補入

若非刊正詎可通行○此句下監本脫謹與尚書至集成音義二卷共一百零八字今補入

孟子題辭解考證

此書孟子之所作也○臣宗楷按疏引唐林愼思韓愈兩說俱證孟子之書非孟子所作然考史記孟子列傳孟軻述唐虞三代之德退而與萬章之徒序詩書述仲尼之意作孟子七篇據此自以趙氏之言爲正

長師孔子之孫子思○臣浩按疏引列女傳云孟子師子思又引史記云受業子思之門人今朱子序說獨取史記而附趙氏及索隱等說於注尋其意義蓋子思子親受曾氏之傳述中庸以明道統非僅七十子之徒可比孟子若果師之則七篇中所稱引者當必有會異之辭如記魯論之於曾子有子以見師承之義不應第云予私淑諸人而已以是知史記所云受業於子思之門人者其說近是而索隱以人字爲衍文恐未足深據也

通五經○臣人龍按漢時始標五經六經之名此云孟子通五經者先攙入耳

孟子亦自知遭蒼姫之訖錄疏云蒼姫者周以木德王故號爲蒼姫○臣宗楷按史記謂周以火德王五行相勝鄒衍說也此云周以木德王乃本劉向五行相生說

又有外書四篇○臣邦綬按楊子法言修身篇引孟子曰夫有意而不至者有矣未有無意而至者也周禮大行人注引孟子曰諸侯有王宋鮑照河清頌引孟子曰千載一聖猶旦暮也顔氏家訓引孟子曰圖影失形梁書處士傳序引孟子曰今人之於爵祿得之若其生廣韻圭字下注曰孟子六十四黍爲一圭十圭爲一合以及集注中程子所引荀子孟子三見齊王而不言事門人疑之孟子曰我先攻其邪心今孟子書皆無其文豈趙氏所謂外篇者耶

孟子既没之後節疏先王之道遂絀而不明於世○絀監本訛紬今改正

又疏今陛下創大業建萬世之功○建監本訛是今改正

孟子題辭解考證

孟子注疏卷一上考證

梁惠王章句上注魏惠王居於大梁故號曰梁王○臣齊燾按漢書地理志魏初都安邑在漢河東郡安邑縣至惠王徙大梁在漢陳留郡浚儀縣魏地有少梁故以大梁别之

疏魏武子生悼悼生嬴○臣邦綬按史記魏世家武子生悼子悼子生絳謚昭子昭子生嬴此云悼生嬴誤

又疏惠王三十一年齊趙共伐我邑○三監本訛二今改正

孟子見梁惠王章萬取千焉節注臣食千鍾亦多矣○矣監本訛故今改正

未有仁而遺其親節注人無行仁而遺棄其親○此句下監本衍也字今刪

又注無行義而忽後其君者○者監本訛長今改正

王立於沼上章鴻鴈○注疏無明文臣宗楷按格物總論云鴻其鴈之大者博物志曰鴈色蒼鴻色白一異也鴈多羣鴻寡侶二異也鴈飛不過高山鴻上薄雲表三異也蓋爲兩類

注大雅靈臺之篇也疏文王受命於周作邑於豐立

靈臺○臣宗楷按服虔曰天子曰靈臺諸侯曰觀臺劉瑾曰文王之臺其名如此豈至周有天下遂以爲天子之臺而諸侯別名觀臺也歟范處義曰文王未嘗稱王凡詩謂文王爲王者皆非作于文王之時是詩亦作于後世故以王在言之

又疏毛注云濯濯娛遊也鶴鶴肥澤也○臣人龍按詩集傳濯濯肥澤貌翯翯潔白貌與此小異又詩集傳伏言安其所處不驚擾也此注云伏卧以懷其妊亦異

寡人之於國也章百畝之田節注農夫上中下所食多少各有差故總言數口之家也○口監本訛曰今改正

注殷曰序周曰庠疏里有序而鄉有庠○臣宗萬按儀禮鄉射鄭注云周立四代之學於國而又以有虞之庠爲鄉學故庠序皆爲周學名

孟子注疏卷一上考證

孟子注疏卷一下考證

孟子見梁襄王章七八月之間旱節注周七八月夏之五六月也○元儒吳澂曰周改月數而詩之小雅所稱四月維夏六月徂暑十月之交朔日辛卯雖周時之詩而用夏正之月蓋夏時得天時之正行于民間者久作詩者從舊俗稱之耳若書之所載六月庚午朏周禮所載正月正歲春秋所書正月無氷十月隕霜殺草及孟子所稱七八月之間旱十一月徒杠成十二月輿梁成則皆用所改之月也

齊桓晉文之事章臣固知王之不忍也○日知錄曰孟子爲卿于齊其于梁則客也故見梁王不稱臣見齊王則稱臣

刑于寡妻注文王正已適妻則八妾從以及兄弟○臣宗楷按毛詩注云寡妻適妻也蓋雖貴爲天子富有四海之內亦惟正后一人爲妻妻惟一故以單寡稱孔穎達正義云適妻惟一故言寡較勝于鄭箋寡有之妻朱註寡德之妻

爲長者折枝注案摩折手節解罷枝也疏案摩手節是聦見役使但不爲非不能○臣宗萬按四書辨疑云枝與肢通謂歛折肢體爲長者作禮亦與徐行後長

者意類蓋從袁疏惟陸善經云折草樹枝不兼言木
正與罷枝意同亦于易爲義醒

孟子注疏卷一下考證

孟子注疏卷二上考證

莊暴見孟子章籥注詩云左手執籥以節衆也○陸㘽
經世驪珠曰周禮笙師掌教吹籥鄭衆云籥如笛有
三孔以竹爲之爾雅云大籥謂之產其中謂之仲小
者謂之箹三禮圖云籥春分之音動萬物也據趙注
是碩人執舞之籥與左傳舞南籥同非本章本義
疏末云天時不如地利地利不如人和蓋公孫丑篇
文也○本注無此二句乃傳寫之誤
文王之囿章若是其大乎節注王怪其大○大監本訛
惟今改正
交鄰國有道章文王事昆夷節注昆夷兌矣○詩經昆
作混兌作駾注謂畏之而奔突竄伏也韻會音兌玉
篇云馬疾行貌趙注作兌字按說文兌說也與詩文
義不合疑有誤
天降下民節注言天生下民爲作君爲作師以助天光
寵之也○臣齊翥按趙注將其助上帝寵之作一句
讀與孔安國解寵安天下異
疏史記公劉變於西戎邑於豳其後三百有餘歲戎
狄攻太王○監本變於西戎下多邑於西戎四字三
百下脫有字餘字下脫歲字今並依史記改正

齊宣王見孟子於雪宮章放於瑯邪注齊東境上邑○陸堦經世驪珠曰按地里志云齊地東有瑯邪水經注云瑯邪山名勾踐并吳欲伯中國徙都瑯邪秦始皇二十六年滅齊以爲郡城遂登瑯邪蓋山之在東境者邑以是名所謂賜履東至於海也相如子虛賦云齊東渚鉅海南有瑯邪非

孟子注疏卷二上考證

孟子注疏卷二下考證

所謂故國章注言當愼行大辟之罪疏周禮觀其氣息不直則喘也○喘監本訛惴今改正

爲巨室章注二十兩爲鎰疏禮記及國語俱云二十四兩爲鎰○臣邦綏按許氏說文鎰溢同數登於十則滿又溢倍之謂鎰則趙氏之云二十兩似爲有義

齊人伐燕勝之宣王問曰或謂寡人勿取或謂寡人取之○臣邦綏按史記梁惠王之三十五年乙酉孟子始至梁其後二十三年當齊湣王之十年丁未齊人伐燕而孟子在齊是伐燕乃湣王時事按蘇氏古史及荀子所載皆從史記年月孟子作宣王時事與三書異考司馬溫公通鑑齊人伐燕又作宣王十九年事與孟子大同小異

滕小國也章去邠踰梁山○臣宗萬按唐書邠州故作豳開元十三年以字類幽故改爲邠今惟孟子書用邠字

孟子注疏卷二下考證

孟子注疏卷三上考證

夫子當路於齊章微仲注疏從畧○臣宗楷按微子之弟衍爲微仲禮云舍其孫腯而立衍是也日知錄曰衍之繼其兄繼宋非繼微也而稱微仲者何猶微子之心也至於衍之子稽則遠矣于是始稱宋公吾于微子之命仍以舊爵名篇而知武王周公之仁未能奪其所守蓋殷先王之德澤遠也

疏孟子言管仲曾西之所不願爲也○言監本訛可今改正

又疏魯莊公九年桓公殺公子糾○九年監本訛八年今從左傳改正

夫子加齊之卿相章必有事焉而勿正心勿忘勿助長也○日知錄曰倪文節謂當作必有事焉而勿忘勿忘勿助長也傳寫之誤以忘字作正心二字言養浩然之氣必當有事而勿忘既以勿忘又當勿助長也疊勿忘作文法也按書無逸篇曰自時厥後立王生則逸生則逸不知稼穡之艱難亦是疊一句而文愈有致禮記祭義見閒以俠甒鄭氏曰見閒當爲覸史記蔡澤傳吾將梁刺齒肥索隱曰刺齒肥當爲齧肥論語五十以學易朱子以爲五十當作卒此皆古書誤爲兩字之證也

天下之不助苗長者節注其邀福欲急得之者○邀監本訛遲今改正

詖辭知其所蔽節注若監牛勸仲壬賜環之事○勸監本訛覲今從左傳改正

生於其心節注妨害仁政○妨監本訛防今改正

疏如子夏悅在于紛華○悅監本訛況今改正

又疏伯夷伊尹二子○二監本訛孔今改正

又疏帝王世說云秦武王好多力之人齊孟賁之徒並歸焉○臣齊燾按許愼注淮南子孟賁衛人與帝

王世說不同

孟子注疏卷三上考證

孟子注疏卷三下考證

以力假仁者章文王以百里○日知錄曰湯以七十里文王以百里孟子爲此言以證王之不待大耳其實文王之國不止百里周自王季伐諸戎疆土日大文王自岐遷豐其國已跨三四百里之地伐崇伐密自河以西舉屬之周至于武王而西及梁益東臨上黨無非周地紂之所有不過河內殷墟其從之者亦但東方諸國而已一舉而克商宜其如振槁也書之言文王曰大邦畏其力文王何嘗不藉力哉

仁則榮章太甲曰節注殷王太甲疏祖已嘉武丁之以祥雉爲德○已監本訛乙今改正

尊賢使能章關譏而不征節注七日關市之賦○賦監本訛征今改正

廛無夫里之布節注周禮載師曰宅不毛者有里布○臣邦綏按南軒孟子說云居廛者旣有稅矣則夫布里布不復重征之是夫與里各有布明矣注引載師云云但言里布而不及夫布今考周禮閭師職云凡無職者出夫布此卽南軒所謂夫布者是也

疏次布儳布○臣邦綏按周禮廛人掌斂市絘布總布質布罰布廛布而入於泉府陸德明經典釋文曰絘音次總劉依杜音讒鄭音揔然則疏云儳布應作總布

人皆有不忍人之心章凡有四端節注擴廓也○也監本訛此今改正

伯夷非其君不事章疏由由然與人偕儷而行○然字下監本多浩浩二字今從宋本刪

孟子注疏卷三下考證

孟子注疏卷四上考證

天時章疏末注得乎邱民而爲天子正義曰此蓋經之文○注中無此文

孟子將朝王章昔者有王命節注孟仲子孟子之從昆弟從學於孟子者也○臣齊燾按陸璣詩經草木疏云子夏傳魯人申公申公傳魏人李克李克傳魯人孟仲子孟仲子傳趙人孫卿孫卿傳魯人大毛公大毛公傳小毛公毛氏詩傳維天之命章引孟仲子曰大哉天命之無極而美周之禮也閟宮章引孟仲子曰是禖宮也詩經正義引趙氏注云孟仲子孟子從昆弟而學於孟子者也詩譜云孟仲子者子思弟子蓋與孟軻共事子思後學於孟軻著書論詩毛氏取以爲說然則孟仲子別有書而今不傳也

孟子謂蚳鼃章所以爲蚳鼃節注孟子爲蚳鼃謀○謀監本訛諫今改正

疏末糾憲未有聞焉下閣本有云彼君子不素餐兮者詩國風伐檀之篇文也箋云彼君者指伐檀之人仕有功者乃肯受祿毛氏云孰曰餐箋云如魚餐之餐共四十八字皆衍文也今從監本

孟子注疏卷四上考證

孟子注疏卷四下考證

孟子自齊葬於魯○日知錄曰自齊葬於魯言葬而不言喪此改葬也禮改葬緦麻服事畢而除故反於齊止於嬴而充虞乃得乘間而問若曰奔喪而還營葬方畢即出赴齊卿之位而門人未得發言可謂三月無君則皇皇如也而身且不行三年之喪何以教滕世子哉

注疏畫者畫雲氣其餘各如其象○畫者畫三字監本訛著紫餘三字餘字監本訛畫字俱考禮器改正

沈同以其私問章有仕於此○辨疑云仕當作士傳寫之訛也

疏此皆孟子設此譬喻燕之罪○燕監本訛王今改正

孟子去齊宿於晝章注晝齊西南近邑也○臣邦綏按朱註晝如字或曰晝當作畫音獲通鑑周赧王三十一年燕伐齊聞畫邑人王蠋賢令軍中環畫三十里無入史炤曰畫齊西南邑據此則或云當作畫者良是

疏危坐而說留孟子之行○此句下監本衍一言字今從閣本刪

孟子注疏卷四下考證

孟子注疏卷五上考證

滕文公章句上疏忠信接禮曰文○史記世家云愍民惠禮曰文無忠信接禮句疑誤

滕文公問爲國章子之君將行仁政節注勿侵鄰國○侵監本訛慢今從閣本改正

必有圭田注圭潔也上田故謂之圭田所以奉祭祀也所謂惟士無田則亦不祭言絀士無潔田也○臣宗楷按鄭樵曰圭田商制也周則士田矣考周官制度云圭田自卿至士皆五十畝第王制言有田則祭無田則薦既皆有田何以又云無田則薦以此知賜圭

田亦有功德則賜圭田耳趙惠云德行潔白始與之田

孟子注疏卷五上考證

孟子注疏卷五下考證

有爲神農之言章許子奚爲不自織節注許子何爲不自織素乎○監本脫何爲不三字今從閣本增入

決汝漢排淮泗而注之江○ 臣邦綬按禹貢惟漢水發源嶓冢入江汝水則源出天息山泗水源出陪尾山皆入於淮淮自入海孟子云注之江者朱子謂記者誤也

注排壅也○ 臣宗楷按元儒吳氏曰林少穎云禹時江淮未通故揚州貢道必由江入海然後達於淮泗至吳夫差掘溝通水與晉會黃池江淮始通孟子第

指所通之水以爲禹跡雖江北淮南地高于水實祇掘一橫溝兩端築堤壅水于中以行舟耳黃震曰記云兩端築堤今瓜儀淮安壩是

從許子之道節注長短謂丈尺○長短監本訛大小今改正

疏有小人之事小人之事卽農工商也○監本脫小人之事四字今從上文增入

又疏排壅淮泗二水○排壅監本訛斟酌今改正

又疏四曰覆釜○爾雅水經注或作釜或作鬴

又疏六曰簡七曰潔○ 臣宗楷按爾雅六曰簡潔蔡沈從輿地記亦合爲一云其一卽河之經流吳澄謂以水道考之南皮縣明有簡河未嘗合潔爲一且徒駭乃河之本道九者之外安得更有經流考方輿紀要云簡亦在渤海潔與簡相近

又疏二曰蚌江○蚌監本誤碎今從潯陽地記改正

墨者夷之章徐子以告夷子節注之以爲當同其恩愛無有差次等級相殊也○相殊二字一本作親疏

疏故自中心之所痛遂達而之於面目○監本痛字下衍恨字又脫遂達二字今從閣本增刪

孟子注疏卷五下考證

孟子注疏卷六上考證

不見諸侯章且夫枉尺而直尋者節注尺小尋大不可枉大就小○監本大字訛者字不字訛尚字今從閣本改正

注趙簡子晉卿也疏趙景叔卒生趙鞅○叔監本訛公今從史記改正

疏末伯夷亦不屑就也正義曰此乃公孫丑篇末之文也○注無此句疑有錯簡

公孫衍張儀章疏歸往女之家○歸監本訛雖今改正

宋小國章要其有酒食黍稻者奪之○四書辨疑云中

原古注本要其有酒肉黍稻者奪之食字係肉字

有攸不惟臣東征○尚書惟字係爲字

篚厥元黃○陛坒經世驪珠曰注謂諸侯執元三纁二之帛是照下君子立說疏謂民皆以元黃之帛盛于篚而隨武王之師後而繼送之也則兼下小人立說禮書云膳篚之辨則上篚在堂下篚在庭又篚之爲物可以盛絲帛可以盛苴茅可以實腊俎黍稷蓋不必其皆精考禹貢球琳琊玕不盡入篚可見疏義爲備卽援下文分承爲說則上本統迎周王下乃各迎其類義本不同

疏一說云載十一征當作再字○監本無載字今從閣本增入

孟子謂戴不勝章一齊人傅之節注莊嶽齊街里名也○日知錄曰莊是街名嶽是里名左傳襄王二十八年得慶氏之木於莊注云六軌之道反陳於嶽注云嶽里名昭王十年又敗諸莊哀公六年戰於莊敗注亦同

子謂薛居州節注如使在王所者○如監本訛卽今改正

孟子注疏卷六上考證

孟子注疏卷六下考證

不見諸侯章疏亦復視其亡而往謝之也○監本脫視字今從閣本增正

外人皆稱夫子好辯章天下之生久矣節注卑下者於樹上爲巢○卑一本作埤

書曰洚水警余節注尚書無逸篇○今見大禹謨篇

吾爲此懼閑先聖之道節注閑習也○朱子作閑邪之閑不作習解

匡章曰陳仲子章已頻顣注已仲子也○ 臣宗楷按四書辨疑云已當作已與以同音謂初見所饋生鵝固已頻顣而惡之矣接下他日意有倫次巳字文亦自然

孟子注疏卷六下考證

孟子注疏卷七上考證

離婁章句上疏此篇凡六十一章趙氏分之以爲上下卷○閣本誤作六十章今改正

疏其餘三十三章○閣本訛三十二章今改正

離婁之明○ 臣齊燾按孟子纂箋引趙岐注離婁黃帝時人莊子黃帝亡其玄珠使離朱索之即離婁也今本並無此文

又是爲敬君○監本訛是勉之君今改正

疏君子之人以之觸義之所禁○禁監本訛具今改正

規矩方員之至也章注堯舜之爲君臣道備疏其後坐常見堯於牆○坐監本訛生今改正

注桀紂幽厲疏武王於是爲天子以爲周之始王○監本以爲周之下脫始字以爲周之始王下衍以爲天子四字今從閣本删

又子幽王官涅立○官涅監本訛宮涅今改正

三代之得天下章疏亦謂惡濕而居下之意也○此句上監本有論語孔子四字係衍文今從閣本删

愛人不親章注反其仁己仁猶未至邪反其敬己敬猶未恭邪○兩猶字監本俱訛獨今改正

天下有道章注既不能令告隣國使之進退○隣監本
訛大今改正
不仁者章滄浪之水清兮○臣宗楷按倪氏曰漢水東
爲滄浪之水見禹貢酈道元云武當縣北四十里有
滄浪洲漢水古爲滄浪卽漁父所云滄浪之水今滄
浪水合流出北界山蓋後人名之非古滄浪
疏末注云如臨深淵至放之而已○共五句係他章
之注錯襍於此

孟子注疏卷七上考證

孟子注疏卷七下考證

居下位章疏以其上之所以得民者乃治也○語意不
足疑有脫誤
疏正義曰論語云云○共十句本注所無疑古注今
有逸者
人不足與適也章注政教不足復非說○臣邦綏按非
說二字未洽太玄經云禍不禍非厥訛也說文訛過
也此說字疑訛字之訛
不孝有三章注於禮有不孝者三事○輔廣曰此必見
於古傳記趙氏時其書尚存故引之今則不復存矣
仁之實章疏○樂之實二句似未疏疑有缺文
疏言禮之本實使事親從兄者是也○此句未明疑
有脫誤
又凡移之於事君者則爲仁之華也○朱子此所謂
實以對華而言耳意亦宗此

孟子注疏卷七下考證

孟子注疏卷八上考證

離婁章句下疏凡三十有三章○監本訛三十有二章今改正

又疏教而不改乃歸自然○此句監本脫八章言貴賤廉恥乃有不爲不爲非義義乃可由共十九字今補入

又疏是離婁一篇有六十一章矣○監本訛六十章今改正

舜生於諸馮○臣宗楷按史記舜冀州之人也則諸馮當在冀州之分風土記所云舜生於姚邱潙水之汭在今姚邱山餘姚西六十里者非

注生始卒終疏陶河濵○陶字下監本衍於字今刪

注太子發上祭於畢疏愍民惠禮曰文○監本訛忠蒙接禮曰文今改正

又疏南越志云郢故楚都在南郡則知畢在郢之地故曰畢郢○臣宗萬按趙順孫云畢豐鎬俱在長安史記云文武葬於畢皇覽云文王周公皆在鎬聚東社中則畢在鎬東明矣疏引南越志誤也

非禮之禮章注陳質娶婦而長拜之也若義而非義藉文報讐是也疏此蓋史傳之文而云然○史傳中並無此文

中也養不中章如中也棄不中節注如此賢不肖相較何能分寸○較監本訛覺今改正

大人者不失其赤子之心者也章疏所謂視民如子則民懷之者也孟子言世之所謂爲之大人者是其能不失去其嬰兒之時心也○臣邦綏按注中不失赤子之心分作二說解朱子集注專採後說南軒張氏藍田呂氏及程子並主後說立論今疏於提綱處用前說而於正釋處用後說

人之所以異於禽獸章舜明於庶物注舜明庶物之情

疏舜能明於庶物之無知而存乎異於禽獸之心○臣宗萬按千古幾希之辨正在於人物分關處不訓作事字較切

王者之迹熄章楚之檮杌○陸堂經世驪珠曰注疏皆訓爲嚚凶之類左傳稱爲顓頊氏不才子漢書注崇伯之名即檮杌又周禮外史以檮杌爲惡獸取垂惡以示戒也惟是史善惡並載無單記惡之義且史傳高陽才子檮戭今音檮杌亦陸德明九經釋音之誤考留青日札云檮剛木也杌樹無枝也從木從壽垂可久也從兀莫可動也史本歷久不易之書其義最

精

孟子注疏卷八上考證

孟子注疏卷八下考證

逢蒙學射於羿章注羿將歸自田家衆殺之案襄公四年左傳云將歸自田家衆殺之而烹之以食其子子不忍食諸死於窮門○監本脫門字今增入

西子蒙不潔章注西子西施疏每入市人願見者先輸金錢一文是西施也○今史記無此文未知何據

天下之言性也章注言天下萬物之情性當順其故則利之也改戾其性則失其利矣○監本訛今天下之言性則以故而已矣以言其故者以利爲本耳今從閣本改正

禹稷當平世章疏思念天下有因洪水而沉溺也○此句下監本脫去亦如已被其沉溺也八字今補入

又孟子故以同室之人救鬬爲喻○故監本訛固今改正

公都子曰章疏爲不若是離父之故○父之監本訛之父今改正

曾子居武城章疏沈猶行曰至未有與焉者○監本脫沈字今補入

注伋子思名也疏年六十二嘗困於宋○監本脫年字今補入

孟子注疏卷八下考證

孟子注疏卷九上考證

萬章章句上疏七章言賢達之理世○賢監本訛聖今改正

舜往於田章注不見於堯典疏如晉獻公九人○此句下監本脫五人二字今從閣本增入

又疏犬戎生重耳○左傳云犬戎狐姬生重耳疑脫狐姬二字

娶妻如之何章校人出節注象以其愛兄之道來問舜○問一本作向

咸丘蒙章疏是爲得詩人之辭旨人如說詩者○人字疑衍文

又疏但以歌詠之辭爲然○詠監本訛脉今改正

孟子注疏卷九上考證

孟子注疏卷九下考證

或謂孔子於衛主癰疽章注癰疽之醫者也○劉向說苑癰疽作雍雎衛之名醫也

於衛主顏讎由節注顏讎由衛賢大夫○臣浩按朱子集註云顏讎由史記作顏濁鄒今考孔子世家云孔子適衛主子路妻兄顏濁鄒家又云如顏濁鄒之徒頗受業者甚衆然則顏讎由蓋嘗學於孔子者疏注俱未引及

主司城貞子爲陳侯周臣疏主司城貞子家爲陳侯周之臣正義云孔子主於司城是爲湣公之臣矣○臣宗楷按臣字似竟屬孔子但嘗上過宋爲文臣字端主貞子然以宋卿而越國爲大夫其義不知何據也

百里奚自鬻於秦章疏知虞公之不可諫而去之遂往秦○臣宗楷按之本訓往古義通用也則當以知虞公之不可諫而去爲一句之秦爲一句略一小頓遞下七十句更有神味辨義云考史記所載乃是晉虜百里奚以爲媵于秦非百里奚自之秦且無去虞即往秦之理孫疏遂往之遂字亦非

汁垂棘美玉所出地名疏荀息荀叔也○叔監本訛淑今改正

孟子注疏卷九下考證

孟子注疏卷十上考證

伯夷目不視惡色章注蓋其留意者也○留監本訛酉今改正

又不視惡色謂行不正而有美色者○而監本訛雨今改正

又懦弱之人更思有立義之志也○懦監本訛儒今改正

疏伯夷承伊尹之弊而救之清柳下惠承伯夷之弊而救之和孔子又承而集之○臣邦綏按清任和三聖乃是資性學問自然如此非爲救弊而然也

周室班爵祿章天子之制節注凡此四等土地之等差也疏天子方千里此謂縣內以祿公卿大夫元士○此監本訛所今改正

敢問友章費惠公注小國之君若費惠公者也○臣邦綏按左傳殄滅我費滑注滑國都於費今河南緱氏縣襄公十八年楚蔿子馮公子格率銳師侵費滑蓋一地秦滅之而後屬晉者也又僖公元年公賜季友汶陽之田及費齊乘費城在費縣西北二十里魯季氏邑在子思時考滑國之費其亡久矣疑卽季氏之後而僭稱公者耶金仁山曰費本魯季氏之私邑而孟子稱小國之君曾子書亦有費君費子之稱蓋季氏專魯而自春秋以後計必自據其邑如附庸之國矣大夫之爲諸侯不待三晉而始然其來亦漸矣

孟子注疏卷十上考證

孟子注疏卷十下考證

敢問交際章殷受夏周受殷所不辭也于今爲烈○臣宗楷按注若此之惡不待教命而誅三代相傳以此法不須辭問也于今爲烈烈可考原自明白直捷起下如之何其受之甚繁惟疏解作夏殷周之受天下可不辭也于今乃竊比聖王之迹而遂以殺人而受物于人爲之暴烈生出無數支離曲折而後儒遂或爲斷簡或爲衍字紛紛矣

爲之兆也節注占其事始而道足以行之矣○始監本訛治今改正

疏如魯卿季桓子再三將受○將監本訛時今改正

上之不託諸侯章繆公之於子思節注子思以君命煩故不悅也○煩監本訛道今改正

敢問不見諸侯章注招禮若是疏皮弁以白鹿爲之象上古也○監本脫上古也三字今補入

又疏繫之於旌旗之上○旌旂二字閩本作旞旂

疏末有伊尹三聘而就湯一節○本章無可附麗依宋本刪

一鄉之善士章以友天下之善士節注詩歌相近故曰頌○相監本訛國今改正

齊宣王問卿章疏有異姓有德之卿也○德監本訛責今改正

孟子注疏卷十下考證

孟子注疏卷十一上考證

告子章句上疏今要人爵以誘時也○時監本訛待今改正

性猶杞柳也章疏桮素樸也○臣宗楷按說文云桮𨡬也器蓋一曰覆頭也又六書正譌飲器俗作盃杯並非然則本爲一器疏釋素樸之義未知何據

何以謂義内章疏敬叔父則敬之敬已之弟則亦敬之是隨敬所在○在監本訛有今改正

又疏季子即下卷所謂季任爲任處守者也○臣齊賢按孟季子朱註以爲疑孟仲子之弟是也季任自是任君弟疏因經中亦謂季任爲季子遂以孟季氏當之

故凡同類者節注聖人亦人也其相覺者以心知耳○心監本訛似今改正

疏故曰人口之於味以其有所同好者焉○監本脫以字今增入

孟子注疏卷十一上考證

孟子注疏卷十一下考證

牛山之木嘗美矣章注牛山齊之東南山疏齊景公遊於牛山之上○事見晏子春秋

無或乎王之不智章奕秋通國之善奕節注有人名秋善奕疏有吹笙過者止而聽之則奕敗○監本脫吹笙二字今從史記補入

魚我所欲也章由是則生而有不用也節注不爲苟惡而辟患也○惡監本訛患今改正

人之於身也章疏所謂從其大體則爲大人○從監本訛頤今改正

鈞是人也章疏居中虛而治五官者也○居監本訛房今改正

又疏是以心思之大者而小者不能奪則耳目不爲利慾之所蔽○則耳目不爲利慾之所蔽監本則字訛其字不字訛小字俱從閣本改正

欲貴者章疏其良則不及宣子○臣邦綏按宣子即趙盾之謚疏既以趙孟爲趙盾矣又云其良不及宣是趙盾與趙宣子分爲二人也况趙孟不必專指趙盾左傳趙文子亦稱趙孟戰國策趙襄子亦稱趙孟臣宗楷按新安倪氏曰晉趙氏世呼趙孟如智氏世呼

智伯蓋世卿之通稱疏以晉襄公之臣趙盾寔之恐
多附會
五穀者種之美者也章疏是以爲仁必共成也○必監
本訛以今改正
又疏茍五穀不成則不勝荑稗之所奪○奪監本訛
奮今改正
又疏荑稗卽禾中之莖草也○臣宗楷按郭璞云稊
似稗布地生穢草也又廣雅解云稗有二種一黃白
一紫墨則荑稗二物疏合爲一非
羿之教人射章注彀張弩向的者○向監本訛付今改
正
又猶射者之張也○猶監本訛得今改正

孟子注疏卷十一下考證

孟子注疏卷十二上考證

人皆可以爲堯舜章匹雛○臣宗楷按曲禮云庶人之
贄匹注讀爲鶩又雜識云檀弓以匹爲鶩蓋家鳥之
類注解作小雛是匹訓爲疋字也音義云考訓詁及
諸書疋訓耦訓小無文然則直宜作鶩庶一與匹語
意亦不復耳
疏姓曹名交○臣邦綏按曹國名非姓也交爲曹君
之弟故以國係之曹自姬姓之國此云曹姓誤也又
此句下監本衍然字今刪
又疏口誦桀詭僻之言○僻監本訛懦今改正
小弁章凱風親之過小者也節注是以舜年五十而慕
其親不怠稱曰孝之至矣○監本脫矣字今從閣本
增入
疏其兄如彼人彎弓而射之○臣齊燾按經文兩言
彎弓而射之之字應是指有人於此之人疏中俱解
作被人射之語意似不合
又疏蓋親之過大者○蓋監本訛是今改正
注伯奇仁人而父虐之疏以此推之則伯奇宜曰也
○臣邦綏按琴操有尹吉甫子伯奇無罪爲後母所
譖而見逐自傷作履霜操與幽王廢宜臼事相類今

趙注以小弁爲伯奇之詩疏卽以宜臼爲伯奇似誤

孟子注疏卷十二上考證

孟子注疏卷十二下考證

五霸者章葵邱〇臣宗楷按索隱云杜預於至父戍葵邱注云臨淄西有地名葵邱於桓公三十五年會諸侯於葵邱則云陳留外黃縣東有葵邱是葵邱有兩處而疏獨引爲魯地所以別會在桓公不合在本國臨淄境耳考左傳周襄王元年夏會諸侯於葵邱天子使宰孔賜胙命無拜所謂賜者乃就其地以賜之示寵異也卽云齊境亦得

注得專誅不孝〇此句上監本衍不字今删

注疏會諸侯於鄄〇監本會字下衍旅字鄄字訛甄

字今删改

又疏自周襄王十六年卽位五年率諸侯以伐曹〇位字下監本衍是爲霸三字今删之臣邦綏按年表云四年救宋報曹衛恥五年侵曹伐衛取五鹿執曹伯諸侯敗楚而朝河陽周命賜公土地無率諸侯以伐曹之文

又疏如魯有臧孫氏仲孫氏叔孫氏〇叔孫氏監本訛叔仲氏今改正

又疏是專殺大夫也〇專監本訛尊今改正

又疏案公羊穀梁述葵邱會有云〇監本脫羊字今

補入

魯欲使愼子爲將軍章曰吾明告子節注天子諸侯地制如是○地監本訛也今改正

疏暴其用兵義勝爲上○義監本訛廟今改正

白圭章注節以貨殖欲省賦利民○監本脫欲字今補入

注疏吾治生與伊尹呂尚之謀○與字漢書作猶字

又注疏古者曷爲什一而籍○曷監本訛易今改正

又注疏甸稍縣都皆無過十二○皆監本訛取今改正

魯欲使樂正子爲政章注禹聞讜言疏尚書疏言說於前矣○此句下闕本有詩曰雨雪瀌瀌見晛曰消者此蓋角弓之詩文也注云晛日也瀌瀌雨雪之盛貌共三十一字

舜發於畎畝之中章人恒過節注桓公異之是也是字下監本無也字○而已矣三字今删改

孟子注疏卷十二下考證

孟子注疏卷十三上考證

盡心章句上疏一章言盡心知性○監本此句下脫二章言人必趨命貴受其正共十一字今補入

又疏十六章言聖人潛隱○監本此句下脫十七章言已所不欲勿施於人仲尼之道也共十七字今補入

又疏四十五章言賞僭及淫刑濫傷害○害監本訛及今改正

又疏四十六章言君子布德各有所施○施監本訛思今改正

又疏其餘三十八章○八監本訛九今改正

求則得之章求之有道節注是以云求無益於得也○求監本訛乘今改正

人不可以無恥章疏此章言恥身無分獨無所恥斯必遠辱不爲憂矣○盡心章句上疏六章言遠辱不爲憂與此不合

恥之於人大矣章注隰朋顏淵疏共四行○本注無隰朋顏淵而疏中有之疑古注尚多有删節也

古之賢王章注疏尚書說命篇云高宗夢得說使百工營求諸野得諸傅巖○臣邦敍按此三句乃書序非

說命篇文也又云爰立作相王置諸其左右曰臣下罔有稟命尚書云王言惟作命不言臣下罔攸稟令乃高宗不言羣臣諫王之詞此時未得傅說也今疏欲順注中得傅說而稟命之文遂以諫王之詞爲命說之詞而次於爰立作相之下牽引經義似誤

仁言不如仁聲章疏飭庀八材○庀監本訛化今改正

孟子注疏卷十三上考證

孟子注疏卷十三下考證

楊子取爲我章疏言子莫執中和之性而專一者也○而字下監本衍不字今刪

有爲者章注喻有爲者能於中道而盡棄前行者也○閩本無能於二字

孟子自范之齊章疏言王子所居勢位能如此○監本脫子字今補入

君子之所以教者五章疏子不語怪力亂神○臣邦綏按此引好古敏求以解私淑艾之義而連及子不語章於本文無涉想當時誤以兩章爲一章耳

道則高矣章彀率音義陸氏云率法也丁氏云率循也謂彀張其弩又當循其射道令必中於表○臣宗楷按此正與趙注弩張嚮表率之正體望之極思意同與下躍如槩對丁說爲優

於不可已而已者章注亦皆不自安矣○監本脫不字今補入

孟子注疏卷十三下考證

孟子注疏卷十四上考證

盡心章句下疏得民爲君得君爲臣○監本脫得君二字今從閣本補入

又疏十六章言仁恩須人○須監本訛及今改正

吾今而後知章注父仇不同天兄仇不同國疏兄弟之仇不反兵○兄監本訛九今改正

貉稽曰章稽大不理於口疏稽大不能治人之口使不訕其已者如之何○臣宗楷按此則理者整理也辨義云蓋謂衆口紛亂之言不能整治此說爲是不必從趙氏訓賴之義

禹之聲章兩馬之力與○臣宗楷按音義云古人駕車以兩馬蓋特言其力之少耳趙注引春秋外傳國馬足以行關公馬足以稱賦是爲兩馬失之遠矣

口之於味章注凡人則觸情從欲而求可樂○觸監本訛有今改正

又注故君子不謂性也○監本謂字下衍之字今刪

仁之於父子節注凡人則歸之命祿在天而已○在監本誤任今改正

孟子注疏卷十四上考證

孟子注疏卷十四下考證

逃墨必歸於楊章疏來者不拒○拒監本訛追今改正

曾晳嗜羊棗章注羊棗棗名也疏是樲小而棗大○爾雅羊棗郭注云實小而圓紫黑色俗呼爲羊矢棗卽孟子之所言也據此則疏以羊棗爲大棗者非

孔子在陳章過我門而不入我室節注憾恨也○憾監本訛賊今改正

孟子注疏卷十四下考證

司經局洗馬臣陸宗楷謹言臣按孟子一書導王化之原紹六經之奧自炎漢趙岐作孟子注綱舉目張井然有條後陸善經鄭亢綦毋邃諸家皆宗之子朱子集注採錄正復不少宋孫奭作疏與趙氏注相發明援引經傳原委畢該共羽翼之功不下趙氏矣顧監本所刊注疏二十八卷目次多非當時之舊而字句脫訛較諸經尤甚臣等奉

勅校刊究其異同辨其殘失譌者正之闕者補之惟是孫奭音義一卷有裨後學而各本與監本俱闕焉未載今按章逐節各以類從用資省覽至於注疏原文監本脫畧者必旁蒐各本確有可據始爲增改若諸本從同雖心知其譌姑闕疑焉謹集成考證若干條附諸簡末臣謹識

四書徵古（孟子）二卷

清　王予黼撰

清乾隆六年積秀堂刻本

乾隆六年新鐫

駢邑王書章手輯

四書典覈

徵古

積秀堂梓行

四書徵古叙

滙訓典之源流撥經笥之根柢將以楊芳學圃頓轡蓺林其不可以不徵諸古矣然以數千百年之後而欲徵夫數千百年以前既虞淺陋之胷未能徧識更病浩繁之卷難以悉窺學者恪守一經童而習之至老死而莫窮其藴也多已又何論夫子史

百家旁搜而逵紹哉居嘗論之四書羣書之總也四書之徵引又千古人物得失之林也天下未有受書而不先讀四子之書者天下即未有讀四子之四書而悉解四書徵引之事者某不揣業四子書有年矣雍正乙巳丙午館安邱讀四書人物備考私竊病其繁冗蕪穢不足爲墨守爰於課

序

一

徒之暇編輯四書徵古一則撮要紀事用
以自淑兼示及門未敢出以示人也既又
採輯諸本減繁增損分爲十卷彙成一書
大約經文備載章句詳明備考所有集中
就簡備考所無集中從詳庶幾乎少之爲
貴多之爲美已語曰出入四部頡頏九經
是集卽未逮乎而於四書之所徵引古人

序

二

者其亦可以畧具矣余向有十三經字數見者嗤之曰好勞是役也其不免乎然而玉山片石珠海一波或亦不無稍資學殖也敘以行之

乾隆六年辛酉歲三月朔日白菊亭主人

附塗抹朱註辨

今世之所讀何書乎曰六經也四子也六經四子何書乎曰聖賢之書也然聖賢之書恐後世未必知讀卽知聖賢之書可讀又未必讀之而能曉夫讀之而不曉其不至於離經畔道倡異說之紛紜者鮮矣今之人皆知讀之皆讀而曉之縱有不曉聖賢之書者亦終不敢離經畔道倡異說之紛紜卽間有離經畔道倡異說之紛紜者我又皆有所據以斥之而卒不受其害嗚呼是非朱子之註有以使之而然乎然則今之所讀者非古聖賢之書而朱子之書也所讀者旣朱子之書則因朱子之書而信六經四子者必因

信六經四子而益信朱子因朱子之書而從六經四子者必因從六經四子而益從朱子今試問人曰子敢於六經中而塗抹其某字某句乎必將曰我不敢又試問人曰子敢於四子中而塗抹其某字某句乎必將曰我不敢其所以不敢者亦極信從之至矣然其信從之心不自六經四子始而自有朱子之註始也自朱子之註始何以至朱子之註竟敢横塗豎抹任意去留以致文理不接續血脉不貫通彼即詡然自謂善讀書人豈不此言爲喪心病狂者乎　愚少從家君學自入塾之日即以玷染書籍爲戒至於句讀圈点之加平上去入之角不經檢驗明白皆不敢輕意下筆於朱

註則能讀者必使一字不遺不能讀者亦使無一字不講猶慣讀書至舜有臣五人而天下治章言昔嘗見有人於次節註中劌待讀以爲子無臣毋之義一筆抹去而以益邑姜也句接上文謂文母句讀彼時愚聞其人之無知不覺大笑退思其粗心浮氣至於如此又不覺大駭旣又細思其此一處之失已使道理盡喪罪不勝誅終不禁爲之大怒及徧歷黨塾見俗師所以爲教與村愚子弟所以爲學大抵皆然乃知可笑可駭可怒者不但如向所云之一人而已也夫朱子註中有已說不盡其意而必兼引衆說以互相發者今竟目爲圈外而勾去不惜則是甘守其偏而不顧得其

全並欲使朱子亦徧而不全也其罪一也朱子註中有圈內止用破字而圈外始發明旨章者今竟删去不顧則是已於聖賢之旨治不知辨並欲使朱子於聖賢之旨亦茫不知辨也其罪二也朱子註中有謂字同某字事見某書說見某篇義同某說一切引證出處之條皆可資見聞之博洽參義理之融貫今竟塗抹不令入目是自處於孤陋寡聞並欲使朱子亦孤陋寡聞也其罪三也卽或有一二讀圈外註者皆將某氏曰塗去是已以穿踰盜竊之心並欲使朱子爲攘取人善之人也其罪四也又或於一段註中剪頭去尾另攢句讀如所云謂文母蓋邑姜之類是已以大惑難解

之心並欲使朱子爲不通理道之人也此事更爲可惡其罪五也
是數者皆吾道之大賊不可以不辨若得一二同志力爭其失則
由一家及一里由一里及一黨由一黨及一鄉由一鄉及一邑浸
灖而至於無窮豈非一大快事哉且又非謂循守章句於註中不
容去取而一一記誦之已也其中有推論之餘意有備考之異說
資性魯鈍者何妨置之不讀斷不可勾刪而塗抹之使行墨間加
荆棘之刺眼餖飣之磨人也夫朱子於聖賢書中有章句重出者
且不敢節去而但註曰重出有字羨句衍者且不敢節去而但註
曰衍文是蓋敬謹之至也又況朱子之註本無重出與羨衍者顧

敢妄雕而塗抹之乎人誠能以朱子之讀六經四子者讀朱子之

詩見庶不至爲朱子之罪人而我亦何敢笑之駭之而恕之也哉

時

乾隆辛酉歲白菊亭主人存稿

四書徵古上孟卷之五

駢邑王予黼藎章手輯　侄慧生子釗　桂生丹友　校字

同里俟公棟秉衡　參閱

渠邱李天棟槓谷

〇序

孟軻騶人也〇李隱曰軻本邾人徙騶爲騶人周定王三十七年四月二日生赧王二十六年正月十五日卒年八十四墓在鄒縣四基山〇列女傳曰孟子之父激公宜母仉音掌氏三歲喪父母有賢德挾其子以居始近墓孟子嬉戲爲墓間事踴躍築埋

母曰此非所以居子也乃去舍市乃嬉戲爲賈衒事母曰又非所以居子也遂徙舍學宮旁乃嬉戲設俎豆揖讓進退母曰此眞可以居子矣稍長就學而歸母方績問曰學何所至矣輒曰自若也母以刀斷織曰子之廢學若吾斷斯織矣輒懼旦夕勤學不息

合從連衡〇天下之勢南北爲從東西爲衡合從者爲六國也連衡者爲秦也

孟子七篇〇存古類函云孟子註十趙岐註中趙氏曰郎岐而陸善經宗之岐分爲四十四篇陸合爲七篇其音釋則張氏丁公著兩家而已若刪孟者馮休宋馮休作刪孟二卷前乎休而非孟者荀卿刺孟者

王充後乎休而疑孟者溫公與孟合者東坡尊孟者虞允文也允文以溫公作疑孟及李泰伯鄭厚叔皆有非孟之言故作尊孟辨五卷

梁惠王上下

孟子見梁惠王註魏侯罃○魏世家云罃文侯孫武侯子初武侯卒罃與公仲緩爭為太子公孫頎自趙入韓謂懿侯曰魏罃與公仲緩爭立今罃得王錯魏大夫挾上黨固半國也因而除之破魏必矣懿侯悅乃與趙成侯合兵伐魏大敗之趙謂韓曰殺罃立公仲緩割地而退我二國之利也懿侯曰不可殺魏侯人必曰暴割地人必曰貪不如兩分之魏分為兩不強于宋衛則我

○終無魏患矣趙不聽懿侯不悅引兵夜去成侯亦去罃殺公仲
緩而立

註都大梁○趙氏曰魏初都安邑在河東安邑縣惠王徙大梁在
陳晉浚儀縣

註史記云云○魏世家云惠王三十五年數敗軍旅卑禮厚幣以
招賢故鄒衍淳于髡孟軻皆至梁

詩云經始靈臺至庶民子來○詩大雅靈臺篇首章○王在靈囿
至於牣魚躍○靈臺篇次章詩傳曰國之有臺所以望氛祲察
災祥時觀遊節勞逸也

時日曷喪予及汝偕亡○書湯誓篇第三節湯將伐桀述民之怨

桀以誓衆

註桀嘗自言三語○新序云伊尹舉觴告桀曰君王不聽臣之言亡無日矣桀拍然而作啞然而笑曰子何妖言吾有天下如天之有日也日有亡乎日亡吾乃亡耳

河內河東○通義云魏都大梁在大河東故名河東而以故安邑之地爲河內今河中府是備考云河內河東本殷之舊都周滅殷分畿內地爲三國詩國風邶鄘衛是也

洿池山林○周禮地官川衡掌巡川澤之禁令而平其守有犯禁

者執而誅罰之澤虞掌國澤之政令為之厲禁使其地之人守其材物以時入之于王府頒其餘于萬民山虞掌山林之政令、物為之厲每物有藩界。而為之守禁仲冬斬陽木仲夏斬陰木

五畝之宅。趙氏曰古者一夫一婦受私田百畝公田十畝八家是為八百八十畝餘公田二十畝八家分之得二畝半以為廬舍城邑之居亦各得二畝半春令民畢出在野冬則入于邑在野曰廬在邑曰里。一里八十戸八家共一巷民春夏出田秋冬入保田作之時父老及里正旦開門坐塾上晏出後時者不得出暮不持田器者不得入。

註孟春犧牲毋用牝○月令云孟春之月乃修祭典命祀山林川澤犧牲毋用牝

註秦言黔首○賈誼過秦論云廢先王之道燔百家之言以愚黔首

註七國爭雄○七國齊秦楚魏趙燕韓也

俑○埤蒼云木人送葬設關而能跳踴故謂之俑○檀弓云孔子謂爲明器者知喪道矣備物而不可用也哀哉死者而用生者之器也不殆于用殉乎哉其曰明器神明之也塗車芻靈自古有之明器之道也孔子謂爲芻靈者善謂爲俑者不仁不殆于

用人乎哉

東敗于齊長子死焉○史記云惠王三十年魏伐趙趙告急于齊宣王用孫子計救趙擊魏魏遂大興師使龐涓將而令太子申爲上將軍與齊人戰孫子謂田忌曰三晉之兵素勇而輕齊善戰者因其勢而利導之乃使兵入魏地爲十萬竈明日爲五萬又明日爲三萬消大喜曰我固知齊兵怯入吾地三日士卒亡者過半矣乃與輕鋭倍行逐之孫子度其行暮當至馬陵馬陵道多阻隘可伏兵乃斫大樹白而書之曰涓死此樹下令善射者萬弩夾道而伏期日暮見火俱發涓夜至以火燭書萬弩俱

發消自勁曰遂成豎子之名遂破魏虜太子申
西喪地于秦七百里○史記魏世家云惠王十七年與秦戰于元
里秦取我少梁○商君傳曰秦孝公使衛鞅將兵伐魏魏使公
子卬將而擊之軍既相距衛鞅遺公子卬書曰吾始與公子驩
今俱為兩國將不忍相攻可與公子面見盟樂飲而罷兵以安
秦魏公子卬以為然會盟已飲而衛鞅伏甲士襲虜公子卬因
攻其軍盡破之惠王恐使使割河西之地于秦以和而魏遂去
安邑徙都太梁
南辱于楚○楚世家云懷王六年楚使柱國昭陽將兵攻魏破之

陵得邑七

三晉○通鑑綱目云周威烈王二十三年初命晉大夫魏斯趙籍韓虔爲諸侯周安王二十六年三晉共廢其君俱酒爲家人而分其地俱酒晉靖公名三晉先與之並爲諸侯至是始廢之

齊宣王○田和曾孫威王之子

他人有心予忖度之○詩小雅巧言篇第四章大夫傷于讒而作

此章言讒人之心我皆得之而不能隱其情也

刑于寡妻至于兄弟以御于家邦○詩大雅思齊篇第二章歌文王之德

千里者九。齊楚燕秦趙韓魏宋中山也中山卽鮮虞

簹篇。管長尺有二寸六孔兩並吹之或曰笙也篇如笛三孔而

短小一云六孔一云七孔或曰篪簫也

註咸英韶濩。咸卽咸池亦云大咸黄帝樂也堯修而用之英卽

六英帝嚳樂也韶舜樂也濩湯樂也

囿。説文云苑有垣曰囿左傳疏云天子曰苑諸侯曰囿

問禁。曲禮云入國而問禁入境而問俗入門而問諱問禁慮得

罪于君也問俗慮得罪于衆也問諱慮得罪于主人也

文王事昆夷。詩大雅緜之篇曰肆不殄厥愠亦不隕厥問柞棫

拔矣行道兌矣昆夷駾矣維其喙矣○言太王雖不能殄絕昆夷之慍怒亦不墜巳之聲聞太王始至岐下人民少林木多至于文王而人民歸附日衆木拔道通昆夷畏之而奔突逃伏維其喙息而巳按文王事不可考大抵昆夷世肆其惡于周文王嗣立但以德化之不加征討即所以事也

獯鬻○一作葷育路史云桀放于南巢三年死于亭山其子淳維妻其衆妾避于北野隨畜轉徙號葷育逮周爲玁狁○漢書匈奴傳曰其先伯禹苗裔蓋本諸此

句踐事吳○國語吳語史記越世家同云越王允常與吳王闔廬戰而相怨句踐元年闔閭聞允常卒興師伐越句踐敗之于檇

李射傷闔廬病且死謂其子夫差曰必無忘越及三年越王聞夫
差將報越先吳與師吳王悉發精兵擊越敗之夫椒越王乃以
餘兵五千人保棲于會稽吳王追而圍之越王乃令大夫種行
成于吳膝行頓首曰亡臣句踐使臣種告于執事句踐請爲臣
妻爲妾吳王將許之子胥言于王曰天以越賜吳弗許也種還
以報句踐欲殺妻子燔寶器觸戰而死種止之曰吳太宰嚭貪
可誘以利請閒行言之于是句踐乃以美女寶器令種閒以獻
嚭嚭受乃見種于吳王頓首言曰願大王赦句踐之罪盡入其
寶器不幸不赦句踐將殺妻子燔寶器五千人觸戰必有當也

諮因說吳王曰越已服爲臣若赦之此國之利也卒赦之罷兵歸後二十年乃滅吳詳見春秋傳。

畏天之威于時保之。詩周頌我將篇第三節宗祀文王以配上帝之樂歌言天與文王既右享我則我敢不夙夜畏天威以保文與天降鑒之意乎。

王赫斯怒五句。詩大雅皇矣篇第五章言文王伐密之事。

天降下民七句。周書泰誓上篇七節按天降下民書原作天佑下民惟曰其助上帝書作惟其克相上帝寵之四方書作寵綏四方有罪無罪惟我在書無惟我在三字天下曷敢有越厥志書作于曷敢有越厥志

書註云言天助下民爲之君以長之師以教之惟其能左右上

帝。以寵安天下。則有罪當討。無罪當赦。我曷敢有過用其心乎

雪宮。大明一統志云。青州府城内城隍廟西有雪宮遺址

琅邪。子虛賦云。齊東渚鉅海。南有琅邪。水經注云。琅邪山名在諸城縣。廣輿記云。琅邪山。東枕大海。始皇嘗留此三日。築層臺于上。今呼爲琅邪臺。徙黔首三萬戸于臺下。立石頌德

註。君行師從。左傳云。君行師從。卿行旅從

註。角爲民徵爲事。樂記云。宮爲君。商爲臣。角爲民。徵爲事。羽爲物。

明堂。周禮考工匠人。夏后氏世室。殷人重屋。周人明堂。度九尺

之筵。東西九筵。南北七筵。堂崇一筵。五室。凡室二筵。大戴禮云。
明堂凡九室。一室有四戶八牖。三十六戶。七十二牖。以茅蓋屋。
上圓下方。尸子曰。黃帝曰合宮。有虞氏曰總章。商曰陽館。周曰
明堂。禮記明堂位云。昔者周公朝諸侯于明堂之位。天子負斧
依南向而立。三公中階之前。北面東上。諸侯之位。阼階之東。西
面北上。諸伯之國。西階之西。東面北上。諸子之國。門東。北面東
上。諸男之國。門西。北面東上。九夷之國。東門之外。西面北上。八
蠻之國。南門之外。北面東上。六戎之國。西門之外。東面南上。五
狄之國。北門之外。南面東上。九采之國。應門之外。北面東上。四

塞世告至此周公明堂之位也○朱子明堂說曰論明堂制者非一竊意當有九室如井田之制東之中爲青陽太廟東之南爲青陽右个北爲青陽左个南之中爲明堂太廟東爲明堂左个即青陽右个西爲明堂右个即總章左个西之中爲總章太廟南爲總章左个即明堂右个北爲總章右个即玄堂左个北之中爲玄堂太廟西爲玄堂左个即總章右个東爲玄堂右个即青陽左个中爲太廟太室天子十八日每季居焉四方太廟則四季中月居焉左个右个孟季之月居焉但隨其時之方位開門耳

詩漢時遺址尚在○漢郊祀志云武帝元年元年封泰山泰山東北址古有明堂處○金仁山曰周明堂蓋天子朝諸侯布政之宮天子四時巡狩方嶽朝諸侯於方嶽之下故泰山有明堂

哿矣富人哀此煢獨○詩小雅正月篇末章蓋大夫憂亂而作

乃積乃倉七句○詩大雅公劉篇首章召康公以成王將涖政當戒以民事故詠公劉之事以告之

古公亶父六句○詩大雅緜之篇第二章周公戒成王追述太王始遷岐周以開王業而文王因之以受天命也

士師○周禮大司寇卿一人小司寇中大夫二人士師下大夫四

人。主察訟獄之事鄉士上士八人中士十有六人。主六鄉之訟獄遂士中士十有二人。主六遂之訟獄縣士中士三十有二人。主縣之獄方士中士十有六人。主四方都家之獄者訝士中士八人。掌四方訟獄兼迎賓客朝士中士六人。主外朝之法詢衆庶。讞疑獄自鄉士以下皆屬士師統治

湯放桀章註。成湯放桀于南巢此仲虺之誥文也。

註獨夫紂。書泰誓下篇作獨夫受。

齊人伐燕。史記燕世家云燕王噲用其相子之子之與蘇秦之弟代欲得燕權蘇代使齊而歸噲問曰齊其伯乎對曰不能王曰何故對曰不信其臣于是燕王專任子之鹿毛壽謂燕王曰

人謂堯賢者以其能讓天下也今王以國讓子之子之必不敢受是王與堯同名也燕王因屬國于子之子之南面行王事而噲老不聽政顧爲臣三年國內大亂將軍市被與太子平謀攻子之諸將謂齊湣王曰因而赴之破燕必矣齊王使人誘之且許爲助太子與市被攻子之不克市被反攻平國中連戰數月死者數萬人孟軻謂齊王曰今伐燕此文武之時不可失也王令章子將五都之兵因北地之衆以伐燕燕士卒不戰城門不閉齊人取子之醢之殺燕王噲二年而燕人共立太子平是爲昭王。

按史記以伐燕爲湣王事。便與孟子不合。且孟軻謂王一段明是勸齊矣。不可從。

湯一征六句徯我后二句。書仲虺之誥第六節。湯放桀惟有慙德。恐來世以爲口實。故仲虺作此誥。按湯一征自葛始。書作乃葛伯仇餉。初征自葛。東征二句書文無面字。而字書作爲後我。書作奚獨後予。徯我后。書作徯予后。書文無天下。信之句。上節有彰信兆民句。

鄒與魯鬨。鄒本邾國。曹姓。出自顓頊玄孫陸終第五子安之後。武王封安之苗裔曹挾于邾。爲附庸。及穆公改邾曰鄒。

滕。文王第十四子叔繡之後。

註國滅君死之正也。春秋襄公六年冬十有二月。齊侯滅萊。公羊傳曰。曷爲不言萊君出奔。國滅君死之正也。

薛。任姓。黃帝苗裔奚仲。仲虺之後。

太王遷岐。趙氏曰周自后稷封于有邰。不窋奔戎狄。公劉遷邠。同豳。太王邑岐文王邑鄷卽畢郢。邑程又邑豐武王居鎬故羣書百
考有自稷至武七遷之圖。

註國君死社稷。曲禮下篇云國君死社稷大夫死衆討罪禦敵敗則死之。士死制。受命于君雖毋苟免。
三牲五牲。饒氏曰三牲豕魚腊也五牲羊豕魚腊膚也。腊乾肉也膚革肉也

公孫丑上下

賢聖之君六七作。湯崩嫡孫太甲立處仁遷義是爲太宗太戊
湯六世孫修德而祥桑死商道復興是爲中宗祖乙湯八世孫

以河決之害去亳遷耿商道復興盤庚湯十一世孫以河決之害遷于殷行湯之政商道復興武丁湯十四世孫恭默思道任用傳說殷道中興是爲高宗

微仲。微子之弟名衍微子封于宋嫡子早亡立微仲禮檀弓云、微子舍其孫腯而立衍是也

膠鬲。殷賢人也通鑑云膠鬲遭殷末之亂鬻販魚鹽文王舉之于殷及武王伐紂至鮪水殷使膠鬲候周師曰師將何之武王曰不子欺將之殷也曰以何日至武王曰將以甲子日至膠鬲行天雨日夜不休武王疾行不輟軍士皆諫武王曰失期不至

其主必殺之吾以救膠鬲之死也武王入殷問膠鬲殷之所以亡對曰王欲知之請以中日爲期武王與周公明日早要期則弗得也武王怪之周公曰吾已知之矣此君子也以其主惡告王不忍爲也若夫期而不當言而不信此殷之所以亡也以此告王矣

鎡基〇正韻註云鋤之別名

置郵〇許氏曰字書馬遞曰置步遞曰郵漢西域傳因騎置以聞顔師古曰即今驛馬也〇黄覇傳郵亭師古曰書舍謂傳送文書所止處如今驛館丹鉛總録云驛主于騎言馬也驛主于傳言

車也

夫子加齊之卿相章注四十強仕。曲禮曰人生十年曰幼學二十曰弱冠三十曰壯有室四十曰強而仕五十曰艾服官政六十曰耆指使七十曰老而傳八十九十曰耄百年曰期頤

孟賁。齊人能生拔牛角尸子云人謂孟賁曰生乎勇乎曰勇貴乎勇乎曰勇二者人之所大難而皆不足以易勇此其所以能狎三軍服猛獸也

註古者冠縮縫。檀弓上云古者冠縮縫今也衡縫故喪冠之反吉非古也。言古者吉凶冠皆直縫又云棺束縮二衡三衽每束一注云古者棺不

用釘惟以皮條直束之二道衡束之三道衽兩端大而中小以木爲之呼爲小腰連合棺與蓋之際先鑿木置衽然後束以皮每束必用一衽也。

註如齊侯襲莒之襲。春秋襄公二十三年齊侯襲莒胡傳云此春秋特筆也。蓋終春秋書襲者一而已春秋提要曰輕行而掩之曰襲齊侯莊公也襲者恐人知也。左傳臧武仲見齊侯武仲出奔在齊與之言伐晉齊侯與之言欲以自多。蓋伐晉囬。遂襲莒對曰多則多矣抑君似鼠夫鼠晝伏夜動不穴于寢廟畏人故也春秋書襲亦似鼠之論也。

註戰不正勝。春秋僖公二十有六年公子遂如楚乞師將以伐齊公羊傳曰乞師者何卑辭也曷爲以外內同若辭重師也外者以成十六

年。晉侯使欒黶來乞師。十七年。晉侯使荀罃來乞師是也。內魯也。曷爲重師。師出不正反戰不
勝也。注云兵凶器戰危事不正其出當復反戰當必勝也。

麒麟。○大戴禮云、毛蟲三百六十而麒麟爲之長。○爾雅云、麟麕身
牛尾一角。○春秋保乾圖曰、歲星散爲麟。○鶡冠子曰、麟者玄枵之
獸。○陰之精也。○毛詩義疏云、麟馬足黃色圓蹄角端有肉音中黃
鍾。○王者至仁乃出。○廣雅云、麟者含仁懷義行中規旋中矩游必
擇土。○審而後處。○不履生蟲不折生草。○不群居不旅行。○不犯陷穽
不罹網羅。○文章彬彬。○徵祥記云、牡曰麒牝曰麟。○牡鳴曰遊聖。牝
鳴曰歸和。○夏鳴曰扶幼。○秋鳴曰養餒。○

鳳凰。見論語

自西自東三句。詩大雅有聲篇第六章。言武王徙居鎬京。講學行禮而天下自服。

迨天之未陰雨五句。詩豳風鴟鴞篇第二章。三叔以殷畔流言于國曰周公將不利于孺子。周公征東二年。始誅管蔡而成王猶不知周公之意也。公乃托鳥言以明其深愛王室而預防患難之意。作詩以貽王。

永言配命二句。詩大雅文王篇第六節。戒成王。

天作孽四句。商書太甲中篇第三節。太甲悔過之言。

市廛。纂要云古者二十畝為井因井為市故曰市井市巷曰闤市門曰闠市中空地曰廛又曰市宅說文云市物邸舍曰廛王制疏云市內空地曰廛城內空地曰肆趙氏曰廛市者貨財諸物邸舍之稅所謂列肆之稅朱子云如今人鋪面錢相似。市四面有門每日四門開則商賈百物皆入。都邑之制如井田九區前朝後市左祖右社中為公宮左右各三區是為民廛後市之廛是廛而不征之廛左右民廛是廛無夫里之布之廛也。

註市官之法。周禮地官司市掌市之治教政刑量度禁令以次敘分地而經市以陳肆辨物而平市以政令禁物靡而均市以商賈阜財而行布布泉以量度成賈而徵價以質劑結信而止訟以賈民禁僞而除詐以刑罰禁虣同暴而去盜以泉府同貨而斂賒大市日昃而市百族爲主朝市朝時而市商賈爲主夕市夕時而市販夫販婦爲主

夫里之布。周禮地官載師以廛里任國中之地凡宅不毛者有里布凡田不耕者出屋粟凡民無職事者出夫家之征饒氏曰家征是力役之征如今庸役夫征是粟米之征即百畝之稅如今輸租里布是布縷之征即五畝之稅如今納絹

禹聞善言則拜註禹拜昌言。此虞書皐陶謨篇首節之言也昌

明也。蓋拜皐陶之言耕稼陶漁。史記云舜耕歷山歷山之人皆讓畔漁雷澤雷澤之人皆讓居陶河濵器皆不苦窳。括地志云蒲州河東縣雷首山一名歷山山南有舜井按歷山舜井凡有數處未詳孰是陶城在蒲州河東縣北三十里即舜所都一云在濟陰定陶縣雷澤即雷夏澤在濮州雷澤縣郭外西北

天時不如地利章註時日支干孤虛王相。輔氏曰時十二時也日十日也支十二支也干十干也蔡氏曰時四時也日日辰也史記注云六甲孤虛法甲子旬戌亥爲孤辰巳爲虛後五甲倣

此如今以甲子旬無戌亥爲空亡。是以空亡爲孤也。辰巳與戌亥對。辰巳爲虛。旺相如東方木旺相于卯之類。饒氏曰此大槩以五行衰旺言之。五行有孤虛時有旺相時。春屬木甲一木生丙丁火。便是木旺而火相。旺字即是王字。相者王之次也。金到這裏衰。所以孤。孤者無輔助之意。如今說四廢。然水爲母亦爲子。子實則母虛。水到此所以虛。

父召無諾。禮玉藻云父命呼唯而不諾。手執業則投之。食在口則吐之。走而不趨。

君命召不俟駕。見論語。

孟子之平陸章註邑有先君之廟曰都。左傳邑有先君之廟曰都語類云又恐是周禮都鄙之都周禮四縣爲都

沇同以其私問章註史記亦謂孟子勸齊伐燕。見齊人伐燕章。燕人畔。戰國策燕昭王謂樂毅曰我有深怨于齊不量輕弱而欲以齊爲事毅曰夫齊伯國之餘業而最勝之遺事王若欲伐之必與天下圖之與天下圖之莫若結於趙且淮北宋地楚魏之所欲也趙若許而約四國攻之齊可大破也昭王乃南使毅于趙顧反命起兵擊齊大敗齊人輕卒銳兵長驅至國齊王遁而走莒僅以身免。燕攻齊下七十餘城後田單以即墨破燕

而復。

按朱子綱目以燕王噲讓國于子之爲周慎靚王五年事。六年王崩子延立是爲赧王。赧王元年。齊伐燕取之遂。按書孟軻去齊赧王二年。始書齊湣王地元年。至赧王三十一年。方書燕上將軍樂毅伐齊入臨淄齊君地出走據此則伐燕取燕乃宣王事燕伐齊則湣王時事也前章諸侯將謀救燕蓋以齊人貪暴奮忿不平乃情事所固然非即後日伐齊之謀也不然者何以不云燕約諸侯而云諸侯謀救哉諸侯謀救正諸侯之義舉不關燕事斯時燕尚未有君也其後諸侯之謀不遂至赧王三十年燕乃約諸侯伐之自是二事此處燕人畔朱註明以齊破燕後二年燕人共立太子平爲王矣未嘗以伐齊事爲畔也蓋齊取燕必將以燕爲郡縣燕人不服竟自立君非畔齊而何燕必借諸侯聲勢以成此謀齊必畏諸侯聲勢始聽其自立而不敢動不然者以新破之燕烏能抗全勝之齊哉此宣王所以慙不用孟子之言也想史記因樂毅破齊爲湣王時事遂誣以伐燕取燕皆爲湣王事不知伐燕乃宣王末年事燕人畔之年卽宣王卒之年燕之伐齊

去此後近三十年爲孟子去齊後事無疑矣觀孟子致爲臣而歸節在燕人畔章之下豈不昭然可信耶說書者以孟子正史記以朱子正諸講家可也

滕文公上下

將之楚○閻氏曰是時楚地久廣至泗上泗上十二諸侯者宋魯滕薛鄒莒在淮泗之上滕南與楚隣故修睦于楚

過宋○金仁山曰孟子去齊歸鄒而即如宋自滕而西南過宋三百五十餘里

若藥不瞑眩厥疾不瘳○商書說命上篇第八節高宗命說進言而謂人臣不進苦口之言以匡君若藥不能去疾也

齊疏之服飦粥之食。見下論宰我問三年之喪章

宗國。金氏曰武王爲天子諸侯不得以屬通則諸侯不敢以武王爲宗故凡文王之子有國者蔡郕霍邢衛毛聃郜雍曹滕畢原酆郇皆以魯爲宗國也

五月居廬。左傳隱公元年天子七月而葬同軌畢至諸侯五月同盟至大夫三月同位至士踰月外姻至禮喪大記云父母之喪居倚廬不塗寢苫枕塊非喪禮不言

晝爾于茅四句。詩豳風七月篇第七章周公以成王未知稼穡之艱難故作此詩使人日誦于其側

爲富不仁○左傳定公九年陽虎奔齊請師伐魯齊侯將許之鮑
文子諫曰夫陽虎有寵于季氏而將殺季孫以不利魯國而求
容焉親富不親仁君焉用之
註鄉遂用貢法十夫有溝○周禮地官遂人凡治野夫間有遂遂廣深各二尺遂上有徑可容車馬十夫有溝十畝之田也溝之深廣倍于遂溝上有畛可容大車百夫有洫萬畝之田也洫之深廣倍于溝洫上有涂可容乘車一軌千夫有澮十萬畝之田也澮廣二尋深二仞澮上有道可容二軌萬夫有川百萬畝之田也川所以受遂溝洫澮川上有路可容三軌以達于畿
註都鄙用助法八家同井○周禮冬官考工記匠人爲溝洫夫

爲井井間廣四尺深四尺謂之溝方十里爲成成間廣八尺深八尺謂之洫方百里爲同同間廣二尋深二仞謂之澮

雨我公田遂及我私○小雅大田篇第三章農夫頌美其上以答南田之意

庠序校○禮王制云凡養老有虞氏以燕禮夏后氏以饗禮殷人以食禮周人修而兼用之五十養于鄉六十養于國七十養于學有虞氏養國老于上庠養庶老于下庠夏后氏養國老于東序養庶老于西序殷人養國老于右學養庶老于左學周人養國老于東膠養庶老于虞庠凡養老五帝憲三王乞言○司徒

修六禮以節民性明七教以興民德齊八政以防淫一道德以同俗命鄉簡不帥教者以告耆老皆朝于庠元日習射上功習鄉上齒大司徒帥國之俊士與執事焉不變命國之左鄉簡不帥教者移之右右鄉簡不帥教者移之左如初禮不變移之郊如初禮不變移之遂如初禮不變屏之遠方終身不齒命鄉論秀士升之司徒曰選士司徒論選士之秀者而升之于學曰俊士升于司徒者不征于鄉升于學者不征于司徒曰造士樂正崇四術立四教順先王詩書禮樂以造士春秋教以禮樂冬夏教以詩書大樂正論造士之秀者以告于王而升諸司馬曰進

士司馬辨論官材。論進士之賢者以告于王。而定其論。論定然後官之。

學。周禮春官大司樂掌成均之法。以治建國之學政。而合國之子弟焉。凡有道有德者使教焉。死則以爲樂祖。祀于瞽宗。天子命諸侯教。然後爲學。小學在公宮南之左。大學在郊。天子曰辟雍。諸侯曰頖宮。易傳云。天子旦入東學。晝入南學。暮入西學。太學在中央。天子之所自學也。禮記保傅篇云。帝入東學。尚親而貴仁。入西學。尚賢而貴德。入南學。尚齒而貴信。入北學。尚貴而尊爵。入太學。承師而問道。

周雖舊邦其命維新○見大學

註溝塗封植○溝水界也塗陸界也封土埓也植種木也五里一埓○

請野九一而助○趙氏曰都鄙之地在野外匠人所職是也周禮小司徒乃經土田而井牧其田野九夫爲井四井爲邑四邑爲邱四邱爲甸四甸爲縣四縣爲都朱子所謂以四起數者此乃造都鄙采地制井田異于鄉遂小司徒經之匠人爲之溝洫也每邱之地縱橫各三溝四邱之田爲一甸十字中爲四洫冬官匠人爲溝洫此畿內采地制井田異于鄉遂故匠人以一井至

一同言之則以開方之法而言遂人以一夫至萬夫言之則以
車連屬而言也
國中什一使自賦趙氏曰鄉遂之地在國中遂人所職是也周
禮大司徒令五家爲比使之相保五比爲閭使之相愛四閭爲
族使之相葬五族爲黨使之相救五黨爲州使之相賙五州爲
鄉使之相賓是一萬二千五百家爲鄉也遂人以土地之圖經
田野造縣鄙形體之法五家爲鄰五鄰爲里四里爲酇五酇爲
鄙五鄙爲縣五縣爲遂朱子所謂以五起數者亦是一萬二千
五百家爲遂也每一夫之田爲一經界十夫之田同一遂百夫

之遂凡十而皆有溝溝有九而皆橫百夫之田萬畝外其洫直
千夫之田十萬畝外其澮橫此鄉遂之大畧也
井田類説○朱子曰班志云食貨志也古者建步立畝六尺爲步步百
爲畝畝百爲夫夫三爲屋屋三爲井井方一里是爲九夫八家
共之一夫一婦各受私田百畝公田十畝是爲八百八十畝餘
二十畝爲廬舍民受田上田夫百畝中田夫二百畝下田夫三
百畝歲更耕之換易其處何休註云司徒謹別田之高下善惡
分爲三品上田一歲一墾中田二歲一墾下田三歲一墾肥饒
不得獨樂磽埆不得獨苦三年一換土易居其家衆男爲餘夫

亦以口授田如此士工商家受田五口乃當農夫一人有賦有税賦謂計口發賦税謂公田什一及工商虞衡之入也賦供車馬兵甲士徒之役充實府庫賜予之用税給宗廟百神之祀天子奉養百官祿食庶事之費民年二十受田六十歸田七十以上上所養也十歲以下上所長也十一以上上所強也種穀必雜五穀以備災害田中不得有樹恐妨五穀環廬種桑菜茹有畦瓜瓠果蓏植于疆畔雞豚狗彘無失其時女修蚕織則五十可衣帛七十可食肉

神農○以火德王號曰炎帝

註農家者流○漢劉秀子向之序諸子分爲九流曰儒曰道曰陰陽曰法曰名曰墨曰縱横曰雜曰農九流者序六藝爲九種漢書藝文志云儒家者流五十三家八百三十五篇蓋出于司徒之官助人君順陰陽明教化者也游文于六經之中留意于仁義之際祖述堯舜憲章文武宗師仲尼以重其言于道最爲高道家者流三十七家九百九十三篇蓋出于史官歷記成敗存亡禍福古今之道然後知秉要執本清虛以自守卑弱以自持此人君南面之術也陰陽家者流二十一家二百六十九篇蓋出于義和之官敬順昊天曆象日月星辰敬授人時此其所長也

法家者流十二家二百一十七篇蓋出于理官信賞必罰以輔禮制此其所長也名家者流十家三十六篇蓋出于禮官古者名位不同禮亦異數孔子曰必也正名乎此其所長也墨家者流六家八十六篇蓋出于清廟之官茅屋采椽是以貴儉養三老五更是以兼愛選士大射是以上賢宗祀嚴父是以右鬼順四時而行是以非命以孝視天下是以上同此其所長也從橫家者流十二家百七篇蓋出于行人之官權事制宜受命而不受辭此其所長也襍家者流二十家四百三篇蓋出于議官兼儒墨合名法知國體之有此見王治之無不貫此其所長也農

家者流九家百一十四篇蓋出于農稷之官播百穀勸耕桑以
足衣食此其所長也此九流之大旨也

註陰陽醫方稱黃帝。通鑑外紀云黃帝上窮下際察五氣立五
運洞性命紀陰陽咨于岐伯而作內經復命俞跗岐伯雷公察
明堂究息脉巫彭桐君處方餌而人得盡年

耒耜。說文云耜耒端木也耒手耕田木也耒耜經云耒耜民俗
通謂之犂冶金而爲之曰犂鑱曰犂壁斲木而爲之曰犂底曰
壓鑱曰策額（惡格反　一作額）曰犂箭曰犂轅曰犂梢曰犂建曰犂槃曰
犂評木與金凡十有一事

九河。蔡氏書傳云。按爾雅九河。一曰徒駭。二曰太史。三曰馬頰。四曰覆釜。五曰胡蘇。六曰簡潔。七曰鉤盤。八曰鬲津。其一則河之經流也。先儒不知河之經流。遂分簡潔曰二。此與集註小異。備考云、吳氏程曰。曰簡曰潔。集註、與、爾雅同。而蔡氏謂爾雅合簡潔爲一。其一則河之經流。殊不可曉。然以水道考之。九河率在河間路滄州境內。今存有五六處、南皮縣有潔河。未聞與簡河合一、、、。集註良是

按爾雅原未嘗合簡潔爲一。蔡氏不知何本爾雅誌。謂徒駭爲河之經流。最北鬲津。最南。似當以吳氏之論爲定。又爾雅注。謂九河自齊桓公塞之。仍歸于徒駭爲一。以廣其地。亦似可據。今存者有五六處。固足破盡沒入海之說。

濟漯。山海經云。濟出河東羣垣出縣王屋山初名沇水。東至溫
縣西北。始名濟水。水經注云。濟水至乘氏縣西。分流爲二。其一
東北入海。其一東南流。東過昌邑縣北。金鄉縣南。至方輿爲沛
水。過沛縣東北至下邳入淮。漯水支分于河者。與濟相近。出東
郡東武陽縣。至千乘入海。

汝漢淮泗。○金仁山曰。汝出今河南梁縣天息山。至蔡州入淮。漢。
出今漢中嶓冢山。東南流二千四百二十里。至漢陽軍大別山
入江。淮出唐州桐柏山。千七百里至海州入海。泗出襲慶府泰
山陪尾。有泗源。南至下邳入淮。當是疏九河淪濟漯排淮江而

注之海決汝泗而注之淮決漢而注之江

江○水經注云江出岷山其源若甕口可以濫觴至楚都名爲南江至潯陽分爲九道東會于彭澤經蕪湖名曰中江東北至南徐州名爲北江入海

放勳○書堯典云若稽古帝堯曰放勳放至也大也勳功也言堯之功大而無不至也史記以爲堯名放勳

註天叙有典勑我五典五惇哉○書臯陶謨篇第六節之辭注云叙五倫之叙也勑正也惇厚也言典禮雖天所叙然正之使其倫叙益厚則惟在我而已矣

註古者爲師心喪三年○檀弓云事師無犯無隱左右就養無方

服勤至死心喪三年

註有若之言似夫子○檀弓云有子問于曾子曰聞喪于夫子乎曰聞之矣喪欲速貧死欲速朽有子曰是非君子之言也曾子曰參也聞諸夫子也有子又曰是非君子之言也曾子曰參也與子游聞之有子曰然則夫子有爲言之也曾子以斯言告于子游子游曰甚哉有子之言似夫子也昔者夫子居于宋見桓司馬自爲石椁三年而不成夫子曰若是其靡也死不如速朽之愈也死之欲速朽爲桓司馬言之也南宮敬叔反必載寶而朝夫子曰若是其貨也喪不如速貧之愈也喪之欲速貧爲敬

叔言之也曾子以子游之言告于有子有子曰然吾固曰非夫子之言也曾子曰子何以知之有子曰夫子制于中都四寸之棺五寸之椁以斯知不欲速朽也昔者夫子失魯司寇將之荆蓋先之以子夏又申之以冉有以斯知不欲速貧也

出自幽谷遷于喬木○詩小雅伐木篇首章燕朋友故舊之樂歌

戎狄是膺荆舒是懲○詩魯頌閟宮篇第五章僖公嘗從齊桓公伐楚故以此美之

註荆楚本號○穀梁傳云荆者楚也何爲謂之荆狄之也何爲狄之也聖人立必後至天子弱必先叛故曰荆狄之也○舒楚與

國左傳楚大飢羣舒叛之

註神農始爲市井○易繫辭傳曰包犧氏没神農氏作斲木爲耜揉木爲耒耒耨之利以教天下蓋取諸益日中爲市致天下之民聚天下之貨交易而退各得其所蓋取諸噬嗑

麻縷絲絮○說文云麻枲也皮績爲布子可食又麻有實者名苴無實者名枲字書云縷綫麻之縷可經緯者又茸綫說文云絲蚕所吐也絮敝緜也一云繰餘爲絮不繰爲緜繭内衣護蛹者與其外膜絮雜爲之曰絮

墨者○韓非子云自孔子之死也有子張之儒有子思之儒有顔

氏之儒有孟氏之儒有漆雕氏之儒有仲良氏之儒有孫氏之儒有樂正氏之儒自墨子之死也有相里氏之墨有相夫氏之墨有鄧林氏之墨故孔墨之後儒分為八墨分為三取舍相反不同

註墨子生不歌云云○莊子天下篇云古之喪禮貴賤有儀上下有等天子棺槨七重諸侯五重大夫三重士再重今墨子獨生不歌死不服桐棺三寸而無槨以為法式以此教人恐不愛人以此自行固不愛己歌而非歌哭而非哭樂而非樂言俱反其宜是

果類乎人情不近其生也勤其死也薄其道大觳音忽使人憂使人悲其行難爲恐其不可以爲聖人之道反天下之心天下不堪墨子雖獨能任奈天下何離于天下其去王也遠矣

若保赤子○見大學

狐狸蝇蚋○格物論云狐形似黄狗鼻尖尾大性多疑審聽說文云狐妖獸也鬼所乘也有三德其色中和小前大後死則首邱名山記曰狐者古之淫婦其名曰紫紫化而爲狐故自稱阿紫玄中記云狐千歲爲淫婦百歲爲美女爲神巫爲丈夫○陶隱居曰貍似虎斑亦有似猫斑者又有一種香貍有麝氣一種似

兎而短多棲高木候風吹而過他木謂之風貍一種面白而尾似牛尾名玉面貍又名牛尾貍專食百菓又有晝伏夜出金眼長尾黑質白章尾文九節名九節貍性狡而捷好捕鼠○酉陽雜俎云蠅其類有蒼者聲雄壯負金者聲清恬青者能敗物巨者頭如火赤頭者號爲景跡埤雅云蠅好交其前足有絞繩之象故蠅之爲字從繩又云青蠅善亂色蒼蠅善亂聲○埤雅云蚋喜亂飛似蚊而小望之如霧因雨而生與蚊實異古今注云蚊蚋爲黍民方言秦晉謂之蚋楚謂之蚊埤雅云蚊有昏市蓋蠅成市于朝蚊成市于暮

註螻蛄。字書一名石鼠一名惠蛄一名螻蟈月令孟夏之月螻蟈鳴爾雅翼小蟲穴土中好夜出今人謂之土狗

昔齊景公田云云。左傳昭公二十年齊侯田于沛招虞人以弓不進公使執之辭曰昔我先君之田也旃以招大夫弓以招士皮冠以招虞人臣不見皮冠故不敢進乃舍之仲尼曰守道不如守官君子韙之

王良。左傳作郵無卹亦作郵良

不失其馳舍矢如破。詩小雅車攻篇第六節周宣王中興復會諸侯于東都射獵以選車徒詩以美之

公孫衍張儀。史記云衍魏之陰晋人也與張儀不善張儀爲秦之魏魏王相張儀犀首弗利犀首、官名。衍時爲犀首令人謂韓公叔曰張儀已合秦魏矣曰魏攻南陽秦攻三川此述儀合秦魏之言魏王所以貴張子者欲得韓地也且韓南陽已舉矣子何不少委焉以爲衍功然則魏必圖秦而棄儀收韓而相衍公叔以爲便因委之犀首以爲功果相魏張儀去後又佩五國相印爲約長。張儀者魏人也始嘗與蘇秦俱事鬼谷先生學術蘇秦說趙王而得相約從親恐秦之攻諸侯敗從約念莫可使用秦者乃使人誘致張儀而激怒之陰使舍人資以車馬金幣儀得入秦秦惠王以爲

客卿儀德舍人舍人告以故儀曰此吾在術中而不覺吾不及蘇秦明矣爲謝蘇君蘇君之時儀何敢言且蘇君在儀寧渠能乎後卒敗縱約

冠禮○冠義曰冠者禮之始也是故古者聖王重冠古者冠禮筮日筮賓所以敬冠事敬冠事所以重禮重禮所以爲國本也故冠於阼以著代也醮于客位三加彌尊始加緇布冠次加皮冠次加爵弁加有成也已冠而字之成人之道也內則云男子二十而冠儀禮士冠禮始加祝曰令月吉日始加元服棄爾幼志順爾成德壽考惟祺介爾景福再加曰吉月令辰乃申爾服敬爾威儀淑愼爾

德。眉壽萬年。永受胡福。三加曰。以歲之正。以月之令。咸加爾服。兄弟具在。以成厥德。黃耇無疆。受天之慶。醴辭曰。甘醴惟厚。嘉薦令芳。拜受祭之。以定爾祥。承天之休。壽考不忘。字辭曰。禮儀既備。令月吉日。昭告爾字。爰字孔嘉。髦士攸宜。宜之于假。永受保之。曰伯某甫。仲叔季惟所當。醮辭曰。旨酒既清。嘉薦亶時。始加元服。兄弟具來。孝友時格。永乃保之。再醮曰。旨酒既湑。嘉薦伊脯。乃申爾服。禮儀有序。祭此嘉爵。承天之祜。三醮曰。旨酒令芳。籩豆有楚。咸加爾服。肴升折俎。承天之慶。受福無疆。

女子之嫁。儀禮士冠禮云。女子十有五年許嫁。笄而字。雖未許

嫁年二十而笄禮之婦人執其禮燕則髽首士昏禮納采問名

納吉納徵請期親迎為六昏禮父送女命之曰戒之敬之夙夜毋違

命母施衿結帨曰勉之敬之夙夜毋違宮事庶母及門內施鞶

申之以父母之命命之曰敬恭聽宗爾父母之言夙夜無衍視

諸衿鞶昏義曰昏禮者禮之本也夫禮始于冠本于昏內則女

子二十而嫁有故二十三而嫁

妾婦。疏云妾之為言接也言得接見於君子不得伉儷也郊特

牲云妻不在妾御不敢當夕內則云聘則為妻奔則為妾疏云

妻之為言齊也與夫敵體也婦之為言服也服事于夫也

諸侯耕助以供粢盛。禮祭義曰昔者天子爲藉千畝冕而朱紘躬秉耒諸侯爲藉百畝冕而青紘躬秉耒以事天地山川社稷先古以爲醴酪齊盛月令云孟春之月天子乃以元日祈穀於上帝乃擇元辰天子親載耒耜帥三公九卿諸侯大夫躬耕帝籍天子三推三公五推卿諸侯九推季秋之月乃命冢宰農事備收舉五穀之要藏帝籍之收于神倉祗敬必飭註語本此

夫人蠶繅以爲衣服。禮祭義云古者天子諸侯必有公桑蠶室近川而爲之築宮仞有三尺棘墻而外閉之及大昕之朝季春朔日君皮弁素積卜三宮之夫人世婦之吉者使入蠶于蠶室奉種

浴于川。桑于公桑。風戾以食之。歲既單矣。自夫蔵蚕時及此爲朞盡一年。世婦卒蠶。奉繭以示于君。遂獻繭于夫人。夫人曰。此所以爲君服與。遂副褘而受之。因少牢以禮之。及良日。夫人繅三盆手。遂布于三宮夫人世婦之吉者使繅。遂朱緑之。玄黄之。以爲黼黻文章。服既成。君服以祀先王先公。敬之至也。月令云。季春之月。后妃齊戒。親東向躬桑。禁婦女毋觀。省婦使以勸蠶事。蠶事既登。分繭稱絲效功。以共郊廟之服。毋有敢惰。孟夏之月。蠶事畢。后妃獻繭。乃收繭稅。以桑爲均。桑多稅多。桑少稅少。貴賤長幼如一。皆稅十一。以給郊廟之服。

牲士無田則亦不祭。王制云大夫士宗廟之祭有田則祭無田則薦庶人春薦韭夏薦麥秋薦黍冬薦稻韭以卵麥以魚黍以豚稻以鴈

載質。卿以羔羊群而不黨大夫以鴈飛成行列長少有序士以雉不爲食誘不爲威懾庶人以鶩無他心也

媒妁。周禮地官媒氏掌萬民之判凡男女自成名以上皆書年月日名焉令男三十而娶女二十而嫁白虎通義云男不自專娶女不自專嫁必由父母須媒妁何遠耻防淫泆也

梓匠輪輿。周禮冬官梓人有三一爲筍簴一爲飲器一爲侯射梁

匠人有二。一建國。一營國。一爲溝洫。輪人有二。一爲輪。一爲蓋。
輿人爲車。趙氏曰。梓人成器械以利用。匠人營宮室以安居。輪
人作車輪以運行。輿人作車輿以利載。
宋小國章註宋王偃云云。史記云。宋王偃攻襲兄剔成。剔成敗
奔齊。偃自立爲宋君。十一年自立爲王。東敗齊取五城。南敗楚
取地三百里。西敗魏軍。乃與齊魏爲敵國。盛血以韋囊懸而射
之。命曰射天。淫于酒婦人。羣臣諫者輒射之。于是諸侯皆曰桀
宋。宋其復爲桀所爲。不可不誅。告齊伐宋。王偃四十七年。齊湣
王與楚魏伐之。殺王偃。滅之而三分其地。通鑑云。宋有雀生鸇

史占之。曰。吉。小而生巨。必霸天下。康王喜。起兵滅。滕。敗齊楚魏。

取地數百里。乃愈自信其霸。欲速成。射天笞地。斬社稷而焚之。

為長夜之飲于室中。室中人呼萬歲。則堂上之人應之。堂下之

人應之。門外之人又應之。至于國中無敢不呼者。天下謂之桀

宋。齊伐之。民散城不守。王走死。又伐薛取淮北之地。在滅滕時。

葛伯仇餉。見齊人伐燕取之章、

湯始征書辭。同上。按書文無十一征而無敵於天下句。后來其無罰。書作后來其蘇

有攸不為臣六句。周書武成篇第八節。按書無有攸不為臣句。書文作恭天成命肆予

東征綏厥士女惟其士女篚厥玄黃。

昭我周王天休震動用附我大邑周。

我武惟揚五句。太誓中篇第八節之辭按則取于殘書辭作取彼凶殘

莊嶽。廣輿記云古蹟在臨淄。

段干木。戰國策云段干木居于魏守道不仕文侯造其門段干木踰牆而避文侯以禮待之出過其廬必軾後東段干木學子卜子夏子夏居西河之上文侯師事之因是知段干木之賢請相不受乃致祿百萬而時往館見之呂氏春秋云文侯曰段干木未嘗以己易寡人也吾安敢驕之段干木光乎德寡人光乎地段干木富乎義寡人富乎財及秦欲攻魏以禮段干木而不敢攻。

泄柳。說苑云繆公聞子柳賢往見之子柳閉門不納或曰子以匹夫而枉國君之駕何若是哉子柳曰吾聞君子道行則樂其治不行則樂其身天下誠有欲治之君能行其道則雖徒步以朝固猶爲之不然是徒徼國君之榮也

好辨。中論云俗士之所謂辨者非辨也利口者也美其聲氣繁其辭令如激風之至如暴雨之集不論是非之性不識曲直之理期于不窮務于必勝故識淺而好奇者見其如此也因以爲辨不知夫辨者求服人心也非屈人口也故辨之爲言別也爲其善分別事類而明處之也非謂言辨切給而以淩蓋人也

蛇龍。草木子曰蛇有草木水土四種龍見中庸

註夏太康孔甲履癸商武乙之類。書五子之歌篇云太康尸位以逸豫滅厥德黎民咸貳乃盤遊無度畋于有洛之表十旬弗反太康禹孫孔甲禹十二世孫古今錄云孔甲采牛首山之鐵以鑄劍外史云命劉累豢龍太紀曰王好鬼神事肆行淫亂作破斧之歌是爲東音諸侯化之夏政始衰衛彪傒曰孔甲亂夏四世而隕履癸卽桀也孔甲曾孫太紀曰夏自孔甲之後王室日衰諸侯或不朝桀能申鉤鐵負恃其力不務德而武傷百姓有趙梁者教爲無道勸以貪狠伐蒙山有施氏得妹喜嬖之所言皆聽爲之爲瓊室象廊瑶臺玉牀行淫縱樂政事怠廢爲內山脯林酒池可以運舟一鼓而牛飲者三千人武乙武丁曾孫史記曰武乙無道爲偶人謂之天神與之博令人爲行天人不勝乃僇辱之爲革囊盛血仰而射之命曰射天出畋于河渭之間爲暴雷震死

按武乙之前有雍己河亶甲陽甲小辛皆無道之君然不若武乙之甚也

浲水警余。書大禹謨篇第十四節之辭余舜自謂也

奄。史記云周公歸政之明年淮夷奄國又叛成王伐淮夷遂滅奄而徙其君

飛廉。史記云飛廉顓頊之苗裔大廉之玄孫仲衍之後也其子

惡來有力飛廉善走父子俱以材力事紂。

虎豹犀象。○虎豹見下論埤雅云犀性絶躁似豕一管三毛形似水牛大腹卑脚脚有三蹄黑色三角一在頂上一在額上一在鼻上鼻上者食角也小而不橢亦有一角者交州記云犀有二角鼻上角長額上角短三角者水犀也二角者山犀也抱朴子云通天犀有白理如綫者以盛米置羣雞中雞欲啄米至輒驚郄故南人名爲駭雞也得其角一尺以上刻爲魚而銜以入水水常爲開三尺可得氣息格物論云犀每歲一退角必自埋于山中海人潛作木角易之若直取之則後藏于别處不可尋矣象齒亦然說文

云象長鼻牙南越之大獸三歲一乳格物論云象長丈餘高稱之牙亦長丈許鼻端有爪猪目睛黑肉兼十牛

丕顯哉文王謨四句(二)周書君牙篇第六節之辭無缺書作罔缺

春秋　玉海云春秋孔子約魯史而修之也

楊朱墨翟　莊子註云楊朱老子弟子墨子宋人爲宋大夫皆著書行于世

註申韓佛氏　史記云申不害故鄭之賤臣學本于黄老而主刑名著書二篇號曰申子韓非者韓之諸公子也喜刑名法術之學而其歸本于黄老善著書與李斯俱事荀卿佛地論云佛姓

釋迦號牟尼佛普曜經曰佛兜率天降神于西域迦維衛國淨王之宮摩耶夫人剖右脇而生時多靈瑞生而能言著佛經

匡章○戰國策云秦攻齊威王使章子將而應之與秦交和而舍使者數相往來變其徽幟以雜秦軍候者三言其叛王不應頃間言齊兵大勝秦兵大敗左右曰何以知之曰章子之母啓得罪其父其父殺之而埋馬棧之下吾使章子將也勉之曰夫子之全兵而還必更葬將軍之母對曰臣非不能更葬先妾也臣之母得罪臣之父臣之父未命而死夫不得父命而更葬母是欺死父也不敢夫爲人子而不欺死父豈爲人臣欺生君哉

陳仲子。高士傳云仲子字子終楚王遣使持金百鎰聘以爲相仲子曰僕有箕箒之妻請入計乃謂妻曰今日爲相明日結駟連騎食方丈于前妻曰左琴右書樂在其中矣結駟連騎所安不過容膝食方丈于前所甘不過一肉今以容膝之安一肉之飽而懷楚國之憂恐先生不終命也仲子乃相與逃去爲人灌園戰國策云趙威后問齊使曰於陵仲子尚存乎是其爲人也上不臣于王下不治其家中不索交諸侯是率民而出于無用者何爲至今不殺乎

於陵。廣輿記云今長山縣地。

螬○別録云蠐螬生河内平澤及人家積糞草中陶弘景云大者如足大趾以背滚行

蚓○本草云蚓之行也引而後伸其塿于邱故名蚯蚓月令云孟夏之月蚯蚓出仲冬之月蚯蚓結一名螼蚓一名蜿蟺一名土龍一名地龍一名螳塡一名朐䏰一名寒蟪應時而鳴江東呼爲歌女又曰鳴砌有一種白頸者蚓之老且大者也埤雅云蚓一作螾

歐陽公雜記云蚓食土而飲泉簡而易足然仰其穴而鳴若號若嘯若歌其亦有所求耶抑其求易足而自鳴其樂耶其生之陋而自悲其不幸耶將自喜其聲而鳴其類耶豈其時至氣作不自知其所以然而不能自止耶

盜跖○柳下惠之弟也從卒九千人橫行天下侵暴諸侯所過之邑萬民苦之其徒問曰盜亦有道乎跖曰何適而無有道耶夫妄意室中之藏聖也入先勇也出後義也知可否智也分均仁也五者不備而能成大盜者未之有也　出莊子

鶂○埤雅云鶂江東呼爲鳴長脛善鳴不食生蟲

四書徵古上孟卷之五終

四書徵古下孟卷之六

○離婁上下

離婁○備考云離婁名朱黃帝時人明察秋毫幽室中能辨五色横邪曲直一見不爽緑髮莊子曰黃帝遊乎赤水之北登崑崙之邱而南望還歸遺其玄珠使離朱索之

公輸子○備考云名班亦作般或以爲魯穆公之子墨子云公輸子削木爲鵲成而飛三日不下又嘗爲母作木人爲御機關一發其車遂行又爲木鳶令之自飛又爲楚作百丈雲梯以攻宋墨子止之酉陽雜俎云魯般燉煌人未詳年代巧侔造化嘗作

木鳶其父乘之至吳會吳人以爲妖殺之般怨吳人殺其父于肅州城南作一木仙人舉手指東南吳地大旱三年卜云般所爲也于是賚物謝之般爲斷其一手其月吳中大雨

師曠○字子野爲晉樂師平公時人

六律五音○周禮太師掌六律六同六同即六呂以合陰陽之聲陽聲六律黃鐘子月之律管長九寸太簇寅月之律管長八寸姑洗辰月之律管長七寸一分蕤賓午月之律管長六寸二分八釐夷則申月之律管長五寸五分五釐一毫無射戌月之律管長四寸八分八釐四毫八絲陰聲六同大呂丑月之律管長八寸三分七釐六毫夾鐘卯月之律管長七寸四分三釐七毫三絲仲呂巳月之律管長六寸五分八釐三毫四絲六忽林鐘一作函鐘未月之律管長五寸八分二釐四毫一絲一忽三初

南呂酉月之律管長五寸二分三厘一毫六絲一忽六秒應鐘亥月之律管長四寸六分七毫四絲三忽一初四秒

五聲宮土君商金臣角木民徵火事羽水物

規矩準繩〇前漢書律歷志云權與物均而生衡衡生規規圓生矩矩方生繩繩直生準準正則平衡而均權矣禮記經解云繩墨誠陳不可欺以曲直規矩誠設不可欺以方員

註梁武帝云云〇通鑑云武帝天監十六年四月詔以宗廟用犧牢有累冥道宜皆以麪爲之于是朝野喧嘩以爲宗廟去牲乃是不復血食帝竟不從八座乃議以大脯代一元大武十年詔以宗廟猶用脯羞更議代之于是以大餅代大脯其餘盡蔬菓

自天監中用釋氏法長齋斷魚肉日止一食惟菜羹糲飯而已布衣木綿帛帳後宮貴妃以下衣不曳地毎斷重罪終日不懌或謀反事覺亦泣而宥之由是侯景益横上深知其弊而溺于慈愛不能禁也

不愆不忘率由舊章○此大雅假樂篇第二章公尸所以答鳧鷖

天之方蹶無然泄泄○大雅板之篇第二章凡伯刺厲王而作

幽厲○謚法云動靜亂常曰幽殺戮無辜曰厲

殷鑒不遠在夏后之世○大雅蕩之篇第八章詩人知厲王之將亡託于文王所以嗟嘆殷紂者而言

永言配命自求多福○見前

爲政不難章註○麥邱邑人祝齊桓公○劉向新序雜事篇云桓公田至於麥邱見麥邱邑人問年幾何對曰八十有三矣公曰美哉壽乎子其以子壽祝寡人麥邱邑人曰祝主君使主君甚壽金玉是賤人爲寶公曰善哉至德不孤善言必再吾子復之曰祝主君無羞學無惡下問賢者在傍諫者得入公曰善哉至德不孤善言必三吾子復之曰祝主君使主君無得罪於群臣百姓公怫然作色曰吾聞之子得罪於父臣得罪於君未聞君得罪於臣也麥邱邑人拜而起曰子得罪於父可以因姑姊妹

叔父而辭之父能赦之臣得罪於君可以因便嬖左右而謝之君能赦之昔桀得罪於湯紂得罪於武王此則君之得罪於臣者也莫爲謝至今得罪公曰善扶而載之自御以歸禮之於朝封之以麥丘而斷政焉

註裴度所謂韓弘輿疾討賊承宗斂手削地云云○通鑑唐德宗貞元十五年以韓弘爲宣武節度使憲宗元和十年淮西吳元濟反發兵討之以韓弘爲淮西諸軍都統弘亦欲倚賊以自重不願淮西速平諸軍討淮西四年不克宰相裴度曰若臣自詣行營諸將恐臣奪其功必爭進破賊矣乃以裴度兼彰義節度

使充淮西宣慰招討使淮西始平弘以功加侍中封許國公入朝拜司徒中書令以足疾命中人掖拜固願留京師帝許之○元和四年成德節度使王士真卒其子承宗擅自立爲留後九月承宗表獻德棣二州詔以承宗爲成德節度使使薛昌朝爲保信軍節度使領德棣二州承宗襲昌朝執之以歸十月削奪承宗官爵發兵討之五年秋七月承宗遣使自陳爲盧從史所離間乞輸貢賦請官吏許其自新制雪承宗復其官爵十年以盗殺宰相武元衡傷裴度首承宗與李師道所遣刺客詔絶王承宗朝貢十一年削其官爵發兵討之軍不利十三年裴度平淮西布衣栢

者以節千行軍司馬韓愈曰元濟就擒承宗破胆矣願得奉丞
相書往說之可不煩兵而服愈白度爲書遣之承宗懼求哀請
以二子爲質及獻德棣二州○淮西既平上浸驕侈以判度支
皇甫鎛鹽鐵使程异爲宰相制下朝野駭愕至于市道負販者
亦嗤之裴度崔羣極諫其不可上不聽度耻與小人同列求退
不許乃上疏曰鎛异皆錢穀吏佞巧小人陛下一旦寘之相
位中外駭笑臣若不退天下謂臣無耻臣若不言天下謂臣負
恩今退既不許言又不聽臣如烈火燒心衆鏑叢體所可惜者
淮西盪定河北底寧承宗歛手削地韓弘輿疾討賊豈朝廷之

力能制其命哉直以處置得宜能服其心耳陛下建昇平之業十已八九何忍還自墮壞使四方解體乎

涕出女吳○越絶書云闔閭伐齊大克取齊女爲質子爲造齊門齊女思其國死葬於西山○所嫁乃闔閭長子名終纍亦早亡

商之孫子八句○大雅文王篇第四章五章之辭詩意見前註

難爲兄難爲弟○漢陳方之子長文（陳群字長文）與季方之子孝先（陳忠字孝先）爭論父功德諮于太邱（陳寔字太邱長文孝先之祖）太邱曰元方難其兄季方難其弟（弟賢則爲兄難兄賢則爲弟難）又晉王珣（字元琳憂得如掾筆才思甚美）弟王珉（字元珪）名出珣右時人語曰法護非不佳僧彌難爲兄耳（法護）

珣小字僧彌珉小字

按白眉原注謂太邱陳寔字誣矣太邱邱地名寔嘗爲太邱令因以爲號非眞字太邱也

誰能執熱逝不以濯○大雅桑柔篇第五章芮伯刺厲王而作

滄浪○倪新安曰漢水東流爲滄浪之水見禹貢酈道元云武當縣北四十里有洲曰滄浪洲有水曰滄浪水是也

天作孽書辭○見前

桀紂之失天下也章註○鼂錯所謂云云此錯所上對策中語漢文帝十五年新策賢良能直言極諫者以鼂錯爲中大夫

獺○説文云獺如小狗廣雅云獺一名水狗又一種形類狗頭如

馬身如蝙蝠鼻尖尾大名獱獺本草會編云四足俱短頭與身尾俱褊色若蒼紫帛大者身與尾長三尺餘食魚居水中亦能休于大木上謂之水獺又有脚下皮如人胼拇毛着水不濡謂之海獺汲冢周書曰雨水之日獺祭魚王制云獺祭魚然後漁人入澤梁埤雅云獺取鯉于八裔四面陳之進而弗食世謂之祭魚

爵○格物論云爵小鳥也常依人舊說雀目夕昏人有至夕昏不見物者謂之雀瞽

鸇○爾雅云晨風鸇也郭璞註曰鷂屬

原缺第六葉下至第十四葉上

接曰戰環其地邑曰圍造其國都曰入徙其朝市曰遷毀其宗廟社稷曰滅詭道而勝之曰敗悉虜而俘之曰取輕行而掩之曰襲已去而躡之曰追聚兵而守之曰戍以弱假强而能左右之曰以

西子○姓施居苧羅山若耶溪之西故曰西子亦曰西施○越王以吳王好色乃相于國中得苧蘿山鬻薪之女曰西施飾以羅縠教以容步三年使范蠡進之吳吳為築姑蘇臺後吳亡復歸范蠡因泛五湖去莊子天運篇云西施病心而矉顰同其里其里之醜人見而美之歸亦捧心而矉其里其里之富人見之堅閉門

而不出貧人見之挈妻子而去之走
千歲之日至○草木子曰漢大衍曆凡十九年七閏爲一章章者
至朔分齊閏無餘分也二十七章五百一十三歲爲一會會者
日月交會爲一終也凡三會八十一章一千五百三十九歲爲
一統閏朔並無餘分但非甲子歲首也凡三統二百四十三章
四千六百一十七歲爲一元至是閏朔並無餘分又值甲子歲
首也此楊子雲擬之以作太玄也唐大衍曆亦以初年甲子日
子時日冬至在歲次甲子之首謂之至朔同日第二十年爲第
二章首復得至朔同日然非甲子之先期夜半乃是癸卯日卯

時第二十九年至朔同于癸未日卯時第五十八年爲第四章首至朔復同於癸亥日卯時第七十七年至朔又復同于癸卯日子時因其至朔同在夜半與初年第一章同遂以七十六年名一蔀蔀者蒙蔽晻昧之時也凡四章爲一蔀總二十蔀名曰一紀計一千五百二十年必然至朔同于甲子日之先期夜半但非甲子歲首耳總三紀積四千五百六十年至朔同于甲子之先期夜半又甲子歲首總會如初名曰一元此僧一行推之衍大易也曆說雖多不出此二家之術矣○陳新安曰夜半即甲子時歲月日時皆甲子爲曆元蓋以建寅月爲歲首筭之則

是癸亥歲十一月以建子月爲一歲之首算之則甲子歲之氣
侯已始於此故云歲亦甲子

公行子章註凡有爵者之喪禮云云○周禮春官職喪掌諸侯之喪及卿大夫士凡有爵者之喪以國之喪禮涖其禁令序其事

○萬章上

舜往于田號泣于旻天○書大禹謨篇第二十一節之辭○帝初于歷山往于田日號泣于旻天于父母負罪引慝祗載見瞽瞍夔夔齋慄瞽瞍亦允若至諴感神矧茲有苗○蓋有苗弗率禹統師臨之而不見服益乃欲禹修德以化之如舜之化瞽瞍也

即所謂昌言是矣

九男二女○呂氏春秋云堯有子十人則丹朱不在其中路史云堯之子監明早死其嗣封于劉朱又不肖而弗獲嗣又云妃以盲即娥皇娙以罃即女英以觀其內九男事之以觀其外二女嬪嬀純篤盡道九子會膺虔服勤靡懈史記五帝紀云堯以二女妻舜以觀其內使九男與處以觀其外舜居嬀汭內行彌謹二女不敢以貴驕事舜親戚甚有婦道堯九男皆益篤註詳本此

註所居所聚三語○史記云舜年二十以孝聞耕歷山歷山之人皆讓畔漁雷澤雷澤之人皆讓居陶河濱河濱之器不苦窳作什

器于壽邱就時于負夏一年所居成聚二年成邑三年成都
註楚辭戰國策所謂幼艾○楚詞九歌大司命篇曰慫長劍兮擁
幼艾○戰國策趙孝成王篇公子魏牟過趙趙王迎之顧反至
坐前有尺帛且令工人以爲冠工見客來因避趙王曰願聞所
以爲天下魏牟曰王能重王之國若此尺帛則大治矣趙王不
悅曰寡人豈敢輕國至此魏牟曰王有此尺帛何不令前郎中
以爲冠趙王曰郎中不能爲冠魏牟曰爲冠而敗之奚虧于王
之國而王必待工而後乃使之今爲天下之工或非也社稷爲
虛戾先王不血食而王不以予工乃予幼艾

娶妻如之何必告父母○詩齊風南山之篇第三章詩人刺齊襄公通于文姜言魯桓公既告父母而娶矣何又使之窮其所欲以至此哉

註父頑母嚚○左傳云心不則德義之經爲頑口不道忠信之言爲嚚

完廩浚井○見史記舜本紀註語是也

琴○通鑑云舜恭已南面無爲而治彈五絃之琴作歌曰南風之薰兮可以解吾民之慍兮南風之時兮可以阜吾民之財兮

○按通鑑綱目前編金仁山曰瞽瞍之欲殺舜在其初年之間

而堯之舉舜則在其克諧之後史記反復重出而莫之辨固也然孟子當時亦不辨萬章之失何也蓋孟子不在于辨世俗傳訛之迹而在于發明聖人處變之心務使學者得聖人之心以推天理人倫之至則其事迹之前後有無皆不必辨矣

四罪○左傳文公十八年昔帝鴻氏（黃帝之號）有不才子掩義隱賊好行凶德醜類惡物頑嚚不友是與比周天下之民謂之渾敦（不開通貌即驩兜也）少皞氏有不才子毀信廢忠崇飾惡言靖譖庸回服讒蒐慝以誣盛德天下之民謂之窮奇（失常貌即共工）顓頊氏有不才子

不可教訓不知話言善言告之則頑舍之則嚚傲狠明德以亂天常天下之民謂之檮杌凶頑無儔匹貌郎縣縉雲氏黃帝時官名有不才子貪于飲食冒于貨賄侵欲崇侈不可盈厭聚斂積實不知紀極不分孤寡不恤窮匱天下之民以比三凶謂之饕餮貪財曰饕貪食曰餮即三苗也渾敦一作渾沌渾沌窮奇檮杌皆西域之惡獸饕餮乃西南之惡人也見神異經

幽州○爾雅釋地篇云燕曰幽州括地志云故龔城在檀州燕樂縣界故志云舜流共工居此城

崇山○路史云今澧州之慈利県也有驩兜墓嶺外驩州圖經以為其寃氣所

三危○括地志云三危山有三峯故曰三危俗亦名卑羽山在沙州燉煌縣東南三十里路史云今戎廓瓜沙等州是其處地道志云鳥鼠同穴西有三危山三苗所處

羽山○括地志云在沂州臨沂縣界寰宇記云俗呼懲父山南百步外有淵曰羽淵半清半濁牛人不敢飲上多細柳鳥獸不敢踐鯀投于水因爲羽淵淵之神

有庳○一統志云有庳墟名今永州零陵縣是

註中方命圮族○見堯典註云方命逆命不行也猶言廢閣詔令也圮族敗類也言與衆不和傷人害物也。

二十有八載五句○書舜典第十三節之全辭。按方勲書作帝。徂書作殂。三年書作三載

禮記云生曰父母死曰考妣

普天之下四句○詩小雅北山之篇第二節大夫行役而作此詩

周餘黎民靡有孑遺○詩大雅雲漢篇第三章宣王遇旱災而懼仍叔作詩以美之

永言孝思孝思維則○詩大雅下武篇第三章美武王之詩

祗載見瞽瞍三句○見舜往于田下

南河之南○括地志云故堯城在濮州鄄城縣東北十五里按濮州北臨漯大川也河在堯都之内故曰南河

踐天子位○路史云舜避堯子歷甲申乙酉二歲然後之中國踐天子位都于蒲坂丙戌元載格于文祖

天視自我民視天聽自我民聽○書泰誓中篇第七節之辭

陽城箕山○括地志云陽城縣在箕山北十三里在嵩山東三十三里則嵩山之陽也劉熙曰陽城是今之潁川也箕山嵩高之北是也

丹朱○虞書堯典曰帝曰疇咨若時登庸放齊曰胤子朱啓明帝曰吁嚚訟可乎○益稷謨曰無若丹朱傲惟慢遊是好傲虐是作罔晝夜額額鄂格反不休息之貌罔水行舟朋淫于家用殄厥世丹朱之國

也漢志云堯處子朱于丹淵為諸侯

舜之子○路史云舜二妃娥肓無子女瑩生義鈞及季釐季釐封繒為桀所克義鈞封于商是為商鈞喜歌舞

啟○益稷謨曰禹曰娶于塗山辛壬癸甲啟呱呱而泣予弗子惟荒度土功注云禹娶塗山氏甫及四日即往治水後生啟不暇顧念惟以大治土功為急路史云禹荒度土功三過門而不入塗山氏能明教訓而致其化以故啟知王事達君臣之義持禹之功

伊尹割烹○伊氏尹字名摯力牧之後力牧黃帝相也伊尹生于空桑地名後居伊水故氏曰伊○史記云湯思賢夢有人負鼎抱

俎對已而笑寵而占曰鼎為和味俎者割截天下豈有人為我宰者哉將伊摯耕于有莘湯以幣聘有莘之君留而不進湯求婚有莘嫁女于湯以摯為媵臣乃負鼎抱俎見湯莘國地也

註先正保衡七句○書說命下篇高宗以伊尹望傅說之辭

伊訓曰三句○書伊訓篇第一節之辭按天誅二字書作皇天降災假手于我有命牧宮作鳴條載作哉哉亦始也註云鳴條桀所宅也

癰疽○說苑作雍雎衛靈公嬖臣也與此不合

顏讎由○史記云主于子路妻兄顏濁鄒家見論語序

彌子○名瑕衛之嬖大夫也韓非子說難篇云昔者彌子瑕見愛

于衛君衛國之法竊駕君車者罪至刖既而瑕之母病人間往夜告之彌子矯駕君車而出君聞而賢之曰孝哉爲母之故而犯刖罪與君遊果園彌子食桃而甘不盡而奉君君曰愛我哉忘其口而啗我及彌子色衰而愛弛得罪于君君曰是嘗矯駕吾車又嘗食我以餘桃故彌子行未變于初也前見賢而後獲罪者愛憎之至變也

司城貞子○司城宋官名貞子既仕陳而曰司城者本其舊爵也

陳侯周陳懷公子也爲楚所滅故無謚

百里奚○戰國策云五羖大夫荊之鄙人也聞穆公之賢而願望

見行而無資自鬻于秦客被褐食牛期年穆公知之舉之牛口之下加之百姓之上秦國莫敢望焉史記云百里奚虞人也少時家甚貧流落不偶出遊以干諸國之齊不用又之周又轉而之他久之不反其妻無以自給乃西入秦爲澣婦遂與相失後奚歸虞虞爲大夫晉獻公伐虢道出虞境遂以璧馬賂虞公假道意在併虞宮之奇諾奚曰是不可以不諫也奚曰貪賂玩寇盖不可與言者也子盡子心吾行吾志耳奇諫虞公果不聽晉伐虢歸遂滅虞虜虞公及奚以歸晉太子申生姊穆姬適秦將以奚爲媵奚耻之亡走宛楚鄙人執之穆公聞其賢欲重贖之恐

楚人不與乃使謂楚人曰百里奚吾媵臣也請以五羊皮贖之楚人與之時奚年已七十餘穆公與語大悦之遂相之○爲秦相妻在秦知之而未敢言一日奚坐堂上作樂所賃澣婦自言知音因援琴而歌者三其一曰百里奚五羊皮憶別時烹伏雌舂黄虀炊扊扅今日富貴忘我爲其二曰百里奚五羊皮父粱肉子啼饑夫文繡妻澣衣嗟乎富貴忘我爲又曰百里奚五羊皮昔之日君行而我啼今之日君坐而我離嗟乎富貴忘我爲

風俗通所載與此畧別

假道○左傳僖公二年晋荀息請以屈産之乘與垂棘之璧假道于

虞以伐虢公曰吾寶也對曰君得道于虞猶外府也公曰宮之奇在焉對曰宮之奇之爲人也懦而不能强諫且少長于君君暱之雖諫將不聽乃使荀息假道于虞虞公許之且請先伐虢宮之奇諫不聽夏滅下陽虞虢塞邑五年晉侯復假道于虞以伐虢宮之奇諫曰虢虞之表也虢亡虞必從之晉不可啓寇不可玩一之爲甚豈可再乎諺所謂輔車相依脣亡齒寒者其虞虢謂也弗聽宮之奇以其族行晉滅虢師還舘于虞遂襲虞滅之執虞公見公羊穀梁者與此畧同

顯其君于天下○戰國策秦文相秦六七年而東伐鄭三置晉國

之君一救荊國之禍楚教封內而已八致貢施德諸侯而八戎來服由余聞之欵關請見

註百里奚爵祿不入于心故飯牛而牛肥使穆公忘其賤而與之政○出莊子田子方篇

○萬章下

金聲玉振○孟子測云書曰合止柷梧是始終以木音也其次則紀綱以鼓是革音也而此云金石始終之者也何也柷梧者一奏始終之綱紀也鼓者一句始終之綱紀也金石聲振者八音始終之綱紀也梧當作敔

詁簫韶九成○書益稷謨文法功以九敘故樂以九成

天子○白虎通云王者父天母地爲天之子也

公○白虎通云公曰通公正無私之意也正義曰爵位盛大以無私爲德者公也

侯○白虎通云侯者候也候逆順也正義曰斥候于外以君人爲德者侯也

伯○白虎通云伯者伯也正義曰其德足以長人者伯也

子○白虎通云子者孳也孳孳無已也正義曰子字也字愛也其德足以養人也

男○白虎通云男者任也任治政事也正義曰男任也安也其德
足以安人也

君○汲冢周書云能成羣謂之君白虎通云君者羣也羣下歸心
也荀子云君道能羣

卿○白虎通云卿之爲言章善明理也正義曰知進退而其道上
達者卿也

大夫○白虎通云大夫之爲言大扶進人者也故傳曰進賢達能
謂之大夫正義曰智足以帥人者大夫也

士○白虎通云士者事也任事之稱也故傳曰通古今辨然否謂

之五直說曰才足以事大者士也

[illegible]春秋邾儀父之類○春秋隱公元年公及邾儀父盟于蔑左傳

注邾子克也未王命故不書爵曰儀父貴之也詹氏曰附庸凡

四等字者方三十里名者方二十里人氏者方十五里氏不若

人人不若名名不若字趙氏曰中國附庸例書字夷狄附庸例

書名

孟子之卿大夫士○禮王制云天子三公九卿二十七大夫八十

一元士大國三卿皆命于天子次國三卿二卿命于天子一卿

命于其君小國二卿皆命于其君皆下大夫五人上士二十七

人

註府史胥徒○周禮六官之屬皆有之府治藏史掌書胥徒民服徭役者胥有才智之稱爲徒之什長

草人糞○周禮地官草人掌土化之法以物地相其宜而爲之種凡糞種騂剛用牛土騂色而性剛者用牛骨汁漬其種赤緹用羊土有縓色墳壤用麋土墳起者潟澤用鹿潟音舃鹹潟用貆音萱勃壤用狐粉解之土埴壚用豕土粘疏者彊㯺音檻用蕡堅土以麻子汁糞之輕爂音標用犬

費惠公○曾懿公之孫庈父之後左傳隱公元年夏四月費伯帥師城郎註云費伯魯大夫二年司空無駭入極附庸之國費庈父勝之庈父即費

伯

亥唐○韓詩外傳云平公遊于河而樂曰安得賢士與之樂此也船人盍胥對曰主君亦不好士耳夫珠出于海玉出于山無足而至者由主君之好也士有足而不至者蓋主君無好士之意耳無患乎無士也公曰吾食客門左千人門右千人朝食不足夕收市賦暮食不足朝收市賦吾可謂不好士乎盍胥對曰夫鴻鵠一舉千里所恃在六翮耳背上之毛腹下之毳益一把飛不爲加高損一把飛不爲加下今君之客門左門右各千人亦有六翮在其中耶將皆背上之毛腹下之毳耶平公于是造亥

唐八云則入食云則食云云也

註妻父曰外舅三句○見爾雅釋親篇朱子取以補儀禮親屬

殺越人于貨三句○書康誥篇第十五節之辭武王誥康叔以用

刑之道言自犯罪而獨民怨者在所必誅而不赦也

委吏○即周禮地官委人

乘田○史記作司樴吏見論語序

士之不託諸侯章註中寄公○禮郊特牲云諸侯不臣寓公故古

者寓公不繼世諸侯失國而寄寓他國他國不敢以爲臣死則臣其子故曰不繼世喪大記云君

之喪未小斂爲寄公國賓出

臺○左傳申無宇曰天有十日自甲至癸人有十等自王至臺故王臣公公臣大夫大夫臣士士臣皁皁臣輿輿臣隸隸臣僚僚臣僕僕臣臺

而井○見前

質○見前

虞人事○見前

註○通帛曰旃云云○周禮春官司常掌九旗之名物各有屬以待國事日月爲常交龍爲旂通帛爲旜雜帛爲物通帛通幅絳色也所謂大赤也從周正色無飾物則內幅以降外幅以白也熊虎爲旗鳥隼爲旟龜蛇爲旐全羽爲

旞析羽為旌爾雅云注旄首曰旌有鈴曰旂因章曰旃因其文章不復畫之

周道如底四句○詩小雅大東篇首章東國困于役而傷于財譚大夫作此以告病

反覆之而不聽則去○曲禮云為人臣之禮不顯諫三諫而不聽則逃之

註霍光異姓乃能行之于昌邑○前漢書云元平元年昭帝崩亡嗣迎昌邑王賀賀者武帝孫昌邑哀王子也既至即位行淫亂光憂懣獨以問所親故吏司農田延年延年曰將軍為國柱石

審此人不可何不建白太后更選賢而立之光曰于古嘗有此否延年曰伊尹相殷廢太甲以安宗廟後世稱其忠將軍若能行此亦漢之伊尹也光乃引延年給事中陰與車騎將軍張安世圖計遂召丞相御史將軍列侯中二千石博士會議未央宮光曰昌邑王行昏亂恐危社稷如何群臣皆驚鄂失色莫敢發言田延年前離席按劍曰先帝屬將軍以幼孤寄將軍以天下以將軍忠賢能安劉氏也今羣下鼎沸社稷將傾且漢之傳謚常爲孝者以長有天下令宗廟血食也如令漢家絶祀將君雖死何面目見先帝于地下乎今日之議不得旋踵羣臣後應者

臣請劍斬之光謝曰九卿責光是也于是議者皆叩頭曰惟大
將軍令光即與羣臣俱見白太后具陳昌邑王不可承宗廟狀
皇太后乃車駕幸未央承明殿詔諸禁門勿內昌邑羣臣王入
朝太后還欲歸溫室黃門宦者各持門扇王入門閉昌邑羣臣
不得入光使盡驅出諸置金馬門外車騎將軍安世將羽林騎
收縛二百餘人皆送廷尉詔獄太后盛服坐武帳中召王伏前
聽詔光與羣臣連名奏王受璽以來二十七日凡千一百二十
七事荒淫迷惑不可以承天序奉祖宗廟子萬姓當廢皇太后
詔曰可光令王起拜受詔就乘輿副車送至昌邑邸

○告子上下

杞柳○說文云小楊也字書云杞柳屬生水旁朱子云恐即[illegible]柳也

性猶湍水章註楊子善惡混之說○楊子修身篇云人之性也善惡混修其善則爲善人修其惡則爲惡人氣也者所適善惡之馬歟

生之謂性章註佛氏所謂作用是性○朱子曰禪家說如何是佛曰見性是佛如何是性曰作用是性蓋謂目之視耳之聽手之執捉足之運奔皆性也

註形而上形而下○易繫辭傳曰形而上者謂之道形而下者謂之器

弟爲尸○禮記曲禮曰君子抱孫不抱子此言孫可以爲王父尸子不可以爲父尸爲君尸者大夫士見之則下之君之所以爲尸者則自下之

性無善無不善章註蘇氏胡氏之說○陳新安曰蘇東坡論性謂自堯舜以來至孔子不得已而曰中曰一未嘗分善惡言也自孟子道性善而一與中支矣胡文定公論性謂不可以善言纔說善時便與惡對非本然之性矣孟子道性善只是讚嘆之辭

說好箇性如佛言善哉善哉五峰論性云凡人之生粹然天地之心道義全具無適無莫不可以善惡辨不可以是非辨

註韓子性有三品之說○韓子原性篇云性也者與生俱生者也情也者接于物而生也性之品有三而其所以爲性者五情之品有三而其所以爲情者七何也曰性之品有上中下三上焉者善焉而已矣中焉者可導而上下也下焉者惡焉而已

性情○楊升菴性情說曰尚書而下孟荀楊韓至宋世諸子言性而不及情言性情俱者易而已易曰利貞者性情也莊子曰性情不離安用禮樂甚矣莊子之言性情有合于易也○王弼曰

不性其情何以久行其正是易之所謂利貞也莊子所謂不離
也故曰君子性其情小人情其性性猶水也情波也波興則水
墊情熾則性亂波生于水而害水者波也情生于性而害性者
情也觀于濁水迷于清淵小人也肫肫其仁淵淵其淵浩浩其
天者君子也合之則雙美離之則兩傷舉性而遺情何如曰死
灰觸情而忘性何如曰禽獸

天生蒸民四句○詩大雅蒸民篇首章之辭宣王命仲山甫築城
于齊而尹吉甫作詩以送之

麰麥○說文云麥金也金旺而生火旺而死本草云麥有四種大

麥小麥穬麥蕎麥大戴禮云祈麥實麥實者五穀之先見者故急祈而記之也月令云季春之月天子乃祈麥實孟夏之月農乃登麥天子乃以彘嘗麥先薦寢廟

易牙○雍人名巫牙其字也善調味能辨淄澠之水左傳僖公十七年雍巫有寵于衛共姬桓公妾因寺人貂以薦羞于公有寵桓公卒易牙入與寺人貂因內寵以殺羣吏而立公子無虧管仲疾將死勸桓公逐易牙公曰易牙烹其子以慊寡人尚何疑耶管仲曰是非人情也其子之忍何有于君公曰諾管仲卒公遂易牙三年復召用之

子都○或云郎鄭大夫公孫閼也鄭風不見子都是也

牛山○一統志云在青州府臨淄縣東南廣輿記云齊景公登牛山流涕曰美哉國乎若何去此而死也艾孔梁邱據皆從而泣晏子獨笑于傍公問故對曰使賢者不死則太公桓公常守之矣勇者不死則莊公靈公常守之矣吾君安得此位乎至於君獨欲常守是不仁也二子從而泣是諂諛也見此二者所以竊笑公舉觴自罰罰二臣者

平旦○即昧爽也白樂天詩云前後際斷處一念未生時

爽之爲數○唐李泌年七歲知爲文帝召之帝方與張說觀奕因

使說試其能說請賦方圓動靜泌曰願聞其略說曰方若棋局圓若棋子動若棋生靜若棋死泌曰方若行義圓若用智動若逞材靜若得意說因賀帝得奇童見白眉書

鵠○合璧事類云鵠禽之大者色白又有黃者有丹者善高翔湖海江漢閒有之莊子云鵠不浴而白

熊掌○格物論云熊大似豕而性輕捷山居能攀緣上于高樹見人則顛倒自投地而下說文云熊冬蟄春出埤雅云熊當心有白脂如玉味甚美俗呼爲熊白其膽春在首夏在腹秋在左足冬在右足好舉日而引氣謂之熊經莊子所謂熊經鳥伸是也冬蟄不食饑

則自甛其掌故其美在掌

場師○周禮地官場人掌國之場圃而樹之果蓏珍異之物以時斂而藏之凡祭祀賓客共其果蓏享亦如之

狼疾○備考云狼之喻最多言其恣食曰狼飧言其恣取曰狼貪言其專愎曰狼狠言其不恤曰狼戾言其不檢曰狼籍言其乖謬曰狼狽

趙孟○倪氏曰晉趙氏世呼趙孟如智氏世呼智伯

既醉以酒二句○此大雅既醉篇首章辭也父兄所以答行葦之詩

莠稗○說原云稊稗二物也皆有米而細小水旱無不熟之時擣
而炊之亦可備荒

親迎○郊特牲云男子親迎男先于女剛柔之義也天先乎地君先乎臣其義一也執贄以相見敬章別也壻親御授綏親之也出乎大門而先男帥女女從男夫婦之義由此始也昏義云父親醮子而命之迎男先于女也子承命以迎主人筵几于廟而拜迎于門外壻執鴈入揖讓升堂再拜奠鴈蓋親受之于父母也降出御婦車而壻授綏御輪三周先俟于門外婦至壻揖婦以入共牢而食合巹而酳所以合體同尊卑以親之也

註廉柱而調瑟○史記云趙成王七年秦與趙相拒長平趙使廉頗將兵固壁不戰王信秦之間言使趙括爲將代廉頗藺相如曰王以名使括若膠柱而鼓瑟耳括徒能讀其父書傳不知合變也

烏獲○世說云秦武王好多力之士烏獲孟賁任鄙之徒皆歸焉秦王于洛陽舉周鼎烏獲兩目出血

宋牼○莊子天下篇云不累不俗不飾于物不苟于人不忮于衆願天下之安寧以活民命人我之養畢足而止以此白心古之道術有在于是者宋鈃尹文聞其風而悅之見侮不辱救民之

關禁攻寢兵救世之戰以此周行天下上說下教雖天下不取
強聒不舍者也雖然其爲人太多其自爲太少
任○路史云任伯爵本巳姓帝魁母家逮黃帝以封幼子周之繼
絶也以居風姓今濟陽之任城是也
享多儀三句○書洛誥篇第十二節之辭周公告成王御諸侯之
道言諸侯享有誠僞可以知其政事也
公儀子爲政○史記云公儀休爲魯相奉法循理無所變更百官
自正使食祿者不得與下民爭利受大者不得取小○董仲舒
曰公儀子相魯之其家見織帛怒而出其妻食于舍而茹葵慍

而扳其葵曰吾已食祿又奪園夫紅女利乎

華周杞梁之妻○左傳襄公二十三年齊侯襲莒杞殖華還載甲先入明日遇莒子于蒲侯氏莒子重賂之使無死華周對曰貪貨棄命亦君所惡也昏而受命日未中而棄之何以事君莒子親鼓而伐之獲杞梁莒人行成齊侯歸遇杞梁之妻于郊使弔之辭曰殖之有罪何辱命焉若免于罪猶有先人之敝廬在下妾不得與郊弔齊侯弔諸其室說苑云齊莊公攻莒杞梁與莒鬪殺二十七人而死妻聞而哭城爲之陁而隅爲之崩列女傳曰杞梁之妻無子內外皆無五屬之親既無所歸乃枕其夫之

屍于城下而哭內誠動人道路過者莫不爲之揮涕十日而城
爲之陷既葬赴淄水而死
燔肉○公羊傳曰腥曰脤熟曰燔左傳云祀有執燔戎有受脤禮
之大節也
葵邱○在陳留外黃縣東臨淄西亦有地名葵邱○春秋盟一百
有九同盟十有六殊盟二僖五年首止九年葵邱會九十七
歃血○禮疏云盟者先鑿地爲方坎殺牲于坎上割牲左耳盛以
珠盤又取血盛以玉敦用血爲盟書成乃取血塗口傍謂之歃
血既讀書置牲坎中加書于上而埋之謂之載書

凡我同盟之人○春秋僖公九年夏公會宰周公（即宰孔也）齊侯（即桓公）宋子（即襄公也在喪稱子）衛侯（文公）鄭伯（文公）許男（僖公）曹伯（共公）于葵邱九月戊辰諸侯盟于葵邱（宰孔先歸不與盟）左傳云夏會于葵邱尋盟且修好禮也秋齊侯盟諸侯于葵邱曰凡我同盟之人既盟之後言歸于好穀梁傳云桓盟不日此何以日美之也為見天子之禁故備之也葵邱之盟陳牲而不殺讀書加于牲上壹明天子之禁

讀宜作犢

白圭○史記貨殖列傳云當魏文侯時李克務盡地力而白圭樂觀時變故人棄我取人取我予能薄飲食忍嗜欲節衣服與用

事童僕同苦樂趨時若猛獸鷙鳥之發曰吾治生猶伊尹呂尚之謀孫吳用兵商鞅行法是故其智不足與權變其勇不足以斷決仁不足以取予強不能以有守雖欲學吾術終不告之矣

傅說舉于版築之間○書說命曰夢帝賚予良弼其代予言乃審厥象俾以形旁求于天下說築傅巖之野惟肖爰立作相備考云傅說者殷之傅巖人也在北海之州虞虢之界通道所經有澗水壞道常使胥靡刑人築護之說賢而隱居貧不能自給乃代胥靡築之以供食

孫叔敖舉于海○叔敖一名蔿獵艾蔿賈之子也說苑云叔敖隱

于民間不仕令尹虞邱子見于王曰臣之尸祿久矣聞有下里之士孫叔敖者秀而多能其性無欲君舉而授之以政則國可使理民可使附也莊王以車迎之既至使爲令尹

盡心上下

桎梏○足械曰桎手械曰梏

覇者之民章註中耕田鑿井二句○通志云陶唐之世俗熙民泰有老人擊壤而歌曰吾日出而作日入而息鑿井而飲耕田而食帝力何有於我哉

註舜耕歷山云云○見前

孩提○顏師古曰嬰兒始孩人所提挈故曰孩提孩者小兒笑也

一說頷下曰孩小兒將學語時能鼓頷故曰孩

孽子○何休註八年云孽賤子猶樹之有孽生也通論云妾隸之

子曰孽孽之言蘖也有罪之女沒爲役之而已得幸于君有所

生若木既伐而生栟

有事君人者章註見龍在田天下文明○此乾卦九二爻辭孔子

作文言傳以釋之如此本義云雖不在上位天下已被其化

匹婦蠶之○外紀曰西陵氏之女嫘祖爲黃帝元妃始教民育蠶

而天下無皸瘃之患皸七人反凍皮細起也瘃音竹手足凍瘡也一作皴瘃後世祀爲先

蠶先蠶原屬屬女事。

楊子取爲我章註列子稱其言云云　列子楊朱篇云楊子曰伯成子高不以一毫利物舍國而隱大禹不以一身自利一體偏枯古之人損一毫利天下不與也悉天下奉一人不取也人人不損一毫人人不利天下天下治矣禽子問楊朱曰去子體之一毛以濟一世汝爲之乎楊朱曰世固非一毛之所濟禽子曰假濟爲之乎楊子弗應

予不狎于不順書辭〇太甲上篇曰伊尹曰茲乃不義習與性成予弗狎于弗順營于桐宮密邇先王其訓無俾世迷王徂桐宮

居憂克終允德太甲中篇曰惟三祀十有二月朔伊尹以冕服

奉嗣王歸于亳

不素餐兮○詩魏風伐檀篇首章賢者欲自食其力而不得則甘

心窮餓而不悔故詩人美之

食而弗爰章註承筐是將○出詩小雅鹿鳴篇註云承奉也將行也奉筐而行幣帛飲則以酬賓送酒食則以侑賓勸飽也

齊宣王欲短喪章註公子爲其母云云○儀禮喪服篇云公子爲

其母練冠麻麻者緦麻之絰帶也以麻衣白布深衣練布爲冠麻爲絰帶也麻衣縓緣也縓淺絳色也

爲其妻縓冠葛絰帶麻衣縓緣皆既葬除之

三年緦小功○喪服有五一曰三年斬衰三年齊衰三年二曰期齊衰杖期齊衰不杖期三曰大功正服九月四曰小功正服五月五曰緦麻三月

放飯流歠齒決○曲禮云侍食于長者毋放飯毋流歠又曰濡肉齒決乾肉不齒決

春秋無義戰章註召陵之師○春秋僖公四年齊侯伐楚楚屈完來盟于師盟于召陵

陳○見論語衛靈公問陳

南面而征三句○見前

革車虎賁○革車輜重之車也以皮備其輪轂故曰革車周禮夏官虎賁氏掌先後王

而趨以卒伍軍旅會同亦如之否則守王宮國有大故則守王門若道路不通有徵事則奉書以使于四方蓋勇士之近王者如今之親軍禁軍也

王曰無畏四句○泰誓中篇曰勖哉夫子罔或無畏寧執非敵百姓懍懍若崩厥角蔡氏註云勉我將士無或以紂爲不足畏寧執心以爲非我所敵也商民畏紂之虐懍懍若崩摧其頭角然言周之將士當戒懼以成功也與引書意不同

梓匠輪輿章註莊周所論斲輪之意○莊子天道篇云桓公讀書于堂上輪扁斲輪于堂下釋椎鑿而上問桓公曰敢問公之所

讀者何言耶公曰聖人之言也曰聖人在乎公曰已死矣曰然
則君之所讀者古人之糟魄已夫桓公曰寡人讀書輪人安得
議乎有說則可無說則死輪扁曰臣也以臣之事觀之斲輪徐
則甘而不固疾則苦而不入不徐不疾得之于手而應之于心
口不能言有數存焉于其閒臣不能以喻臣之子臣之子亦不
能受之于臣是以行年七十而老斲輪古之人與其不可傳者
死矣然則君之所讀者古人之糟魄已夫

社稷○周禮地官大司徒設其社稷之壝而樹之田主各以其野
之所宜木遂以名其社與其野○封人掌設王之社壝爲畿封

而樹之聚土曰封壝謂壇及堳埓也白虎通云天子社壇方五丈取五方五色土封之諸侯半之各以其守之方一色土封之皆冒以黃土周禮圖云社稷壇相並社壇在東稷壇在西各三級壝在四隅如矩曲方

註年不順成八蜡不通〇郊特牲云天子大蜡八註云先嗇一司嗇二先農三郵表畷四貓虎五坊六水庸七昆蟲八一說有百種之神無昆蟲是伊耆氏堯也始爲蜡蜡也者索也歲十二月合聚萬物而索饗之也蜡之祭也主先嗇神農而祭司嗇后稷之官也祭百種百穀之種之神以報嗇也饗農古之田畯有功于民者及郵表畷郵亭田畯所居表畷標表田畔相連畷處也禽獸貓虎之類仁之至義之盡也古之

君子使之必報之迎貓爲其食田鼠也迎虎爲其食田豕也迎而祭之也祭坊與水庸事也坊，隄也。以蓄水，亦以障水。庸，溝也。以受水，亦以泄水。皆農事之備，故曰事也。曰土反其宅安也水歸其壑昆蟲毋作草木歸其澤此祝辭也八蜡以記四方四方年不順成八蜡不通以謹民財也

仁也者人也章註外國本○存古類函云歐陽公日本歌曰徐福行時書未焚逸書百篇今尚存令嚴不許逼中國舉世無人識古文按今世經書往往有外國本則書之獨全于日本者未可知也

務稽章註漢書無俚方言訓賴○前漢季布傳贊云賢者誠重其

死夫婢妾賤人感慨而自殺非能勇也其畫無俚之至耳註晋

灼曰無所聊賴說文云俚聊也無所聊賴也

憂心悄悄愠于群小○詩邶風栢舟之篇第四章婦人不得于其

夫故以栢舟自比

肆不殄厥愠亦不隕厥問○詩大雅緜之篇第八章周公戒成王

而追述太王始遷岐周以開王業文王因之以受天命也

追蠡○洞天清録云趙岐以追爲鐘紐于義未妥畫家滴粉令隆

起謂之追粉所謂追蠡蓋古銅器欵文追起者漫滅也趙氏釋

蠡爲絶亦非蠡蓋剥蝕也今人亦以器物用久而剥落者爲蠡

按此說亦通。朱子既取豐氏，則他說概難從矣。

註旋蟲○周禮考工記云：鍾縣謂之旋，旋蟲謂之幹。蓋鍾縣之紐也。其形如環。環有盤旋之義，于旋之上為蟲形以飾之。自漢以來，鍾縣之上，以銅象作蹲熊及盤龍獸，名辟邪，皆旋蟲之類。

註城中之涂容九軌○周禮冬官考工記：匠人營國，方九里，旁三門。國中九經九緯，經涂九軌，國中曰經涂。環涂七軌，繞城曰環涂。野涂五軌。

浩生不害章註美在其中三句○易坤卦文言傳辭，釋六五爻義。

有布縷之征章註兩稅三限○唐德宗建中元年，始作兩稅法。唐初賦斂之法曰租庸調，有田則有租，有身則有庸，有戶則有調。

玄宗之末版籍浸壞至德肅宗年號兵起所在賦歛迫趣取辦無復常準丁戶旬輸月送不勝困弊率皆逃徙其土著者百無四五至是楊炎建議作兩稅法先計州縣每歲所用及上所供之數而賦于人量出以制入戶無主客以見居爲簿人無丁中以貧富爲差爲行商者在所州縣稅三十之一居人之稅秋夏兩徵之其租庸調雜徭悉省〇三限即夏秋冬

堯舜性者也章註正其誼四句〇漢董仲舒爲江都相事易王王好勇嘗問之曰粤王勾踐與大夫泄庸種蠡伐吳滅之寡人以爲粤有三仁何如仲舒對曰昔魯君問伐齊于柳下惠惠有憂

色曰吾聞伐國不問仁人此言何爲至於我哉徒見問耳猶且羞之况設詐以行之乎夫仁人者正其誼不謀其利明其道不計其功是以仲尼之門五尺之童羞稱五伯爲其先詐力而後仁義也由此言之則粤未嘗有一仁也王曰善

諱名不諱姓〇曲禮云卒哭乃諱葬而虞虞祭虞而卒哭禮不諱嫌名二名不偏諱逮事父母則諱王父母不逮事父母則不諱王父母君無所私諱大夫之所有公諱詩書不諱臨文不諱廟中不諱

孔子在陳章註子桑戶死琴張臨其喪而歌〇見上論子桑伯子下

註季武子死曾點倚其門而歌○檀弓云季武子寢疾蟜固不脫齊衰而入見曰斯道也將亡矣士惟公門脫齊衰武子曰不亦善乎君子表微及其喪也曾點倚其門而歌

註閽如奄人之奄○周禮天官內小臣奄上士四人奄即被宮刑爲宦官者。稱士者。異其才也。掌王后之命正其服位后出入則前驅后有好事于四方則使往掌王之陰事陰令閽人王宮每門四人寺人王之正內五人疏云。即奄人也。掌王之內人及女宮之戒令

百有餘歲○趙氏曰孟子之生雖不可知然哀公十六年而孔子卒又十年而悼公立凡四十年元公二十一年穆公三十二年

共公二十二年。康公九年。景公二十九年。共一百六十四年。而
魯平公嗣立。則孟子必生于穆公之末。共公之初。以魯平公之
將見孟子。而臧倉者沮之。梁惠王見之。而稱曰叟。其年先後于
穆公之間概可知矣。

四書徵古孟子卷之六終

四書晰疑三卷

清　陳鋐撰

清乾隆六年尚志堂刻本

序

古聖賢書得諸儒講解而始明亦有因之轉晦者非不可講解也委瑣破碎如鳥啾如蟬噪如蛙蟈聒耳則於古聖賢書愈講解而愈晦無怪也四子書言非

一端各有攸當朱子作集註章妥句適數字一解一字數解彼此相印前後互岐錯綜變化要與當日立言本旨無不脗合故爲可宗後之治四書者得朱子之意而不泥朱子亦無惡於講

解爾矣乃自元明以迄我
朝名儒林立著述弘多幾於充棟然有墨守朱註而未必無誤變通朱註而未必無補或合或離自非藻鑑炯然鮮不目迷五色講解日冗蔀障日滋勢使然也

我
聖祖仁皇帝集羣聖之成萃諸儒之粹五經性理皆有纂錄麟麟炳炳淵哉爍乎至於四書集註一時名臣如當湖陸公安溪李公皆有講議呫嗶諸生仰日月之重

離適康莊之大道遵循弗失久
自有得獨是山陬海澨流傳未
遍沿繆襲訛每見村學究手高
眉講章一編喃喃然口授指畫
珍爲秘本遺悞可笑即上而掌
存淺達諸書其中大題採擇然

序三

間有出意求同有心立異附會
此章使他章之義渾淆拘泥一
句致數句之脈盡斷將治絲而
反紊之將圖蔓而反滋之一片
疑團千秋鶻突顛倒惶惑靡所
適從誰職其咎夫治亂絲者斧

以斯之圖延蔓者鋤而去之余
方有志於此顧以魚魚宦海而
未之逮今陳子遭逢
盛世得以升平歲月端居硯北涵
泳聖涯咀嚼道奧取宋元來諸
儒之疑竇而剖析之爬羅剔抉

序四

不遺餘力可謂勤矣顏曰晰疑
蓋紀實也抑余更有進焉明吳
興姚氏作四書疑問兼及五經
索隱探微沾丐後進當時爲立
羽翼六經坊以榮之倘陳子窺
宋儒之精深更探漢儒之博與

貫穿六經勒成一書垂之來葉
昜曰明辨晳也又曰羣疑亡也
余又烏足以量陳子所詣矣
昔
乾隆五年春二月知鎮洋縣事
年家弟雪溪金鴻拜撰

自序

天地鬼神之奧聖聖相傳之道萃於四子四子之書明則天地聖人之道明迨程朱兩夫子出開示蘊奧闡發微旨大義既昭天人若揭自是以來諸家講說雖多所發明然互有從違而總不能會其說於一致何則山海之珍錯非伙之不能窮其奇峯巒之絕頂非躋之不能窮其勝故學者真能爲己則杏壇之告語如同面命洛閩之遺旨奚啻親承前人所已言者可得而知後人所未見者可得而見奚慮徃徹之難尋前修之或遠不然懵懵焉隨聲附和祇見其徒勞而微言奧旨終屬塵蒙霧蔽也鈸初受讀時承伯父孝青公指教即欣然

愛慕特家貧親老有志未逮惟竭力耕田以供子職以爲此卽眞實學問又何有學爲也哉既而思孔子之言孝之始終有不盡於是者姑隨所遇以盡歡心至吾弟稍壯力可代耕而余年已二十有五矣然夫子所稱無聞之年尚距二十餘載冀得步趨先儒之後塵以少免於鄉人之憂於是

餬口童蒙思竭其寸陰晷刻之恐又不幸歲值不登屢遭閔凶嘗困於窮餓中不得少肆力於聖經之旨而夙昔志願終不克遂良可悲也顧遇益窮志益堅雖落魄無聊時審乎理之是非意之誠僞絕不以世務紛其心如是者有年始於經註之意稍有相契焉者隨其所獲不敢輕棄久而成

帙藏諸笥篋自顧識見淺陋恐背於有道數載以來尷尬未安因摘諸說中不合於經註而向所朦混未明者反覆辨正僭名晰疑爰付之梓惟祈仰質高明衷諸至當然後乃敢博採羣說會爲一意倘蒙不棄惠而教之是所深望也

乾隆辛酉孟春婁東陳鋐書於尚志堂

例言

四子之書本自明白而諸儒之說不無異同是以有疑然疑義雖多其間或有一說之確當於經義者概不敢贅此特輯朱註以來諸說之所未備而或未定者故論孟皆少而學庸獨多

聖賢經典皆由心發讀者但以言語求之故於疑似難明處說愈多而疑愈甚予於是編皆身心體貼之言不得於心不敢出諸口也

書理既宗朱註而毎段中又必引程朱之恰合於經

註者以為証若未得程朱之全書而無所考據者則雖偶得於心亦必不敢自是以質高明

講說之中有因一字一句之悞遂致講混一章一節之旨者於起首結末處必另自提出一字一句之義以說明之又或有錯認朱註之說而併失經傳之義者起首必先說明朱註之意而後詳言經傳之旨

學莫切於明誠莫大於性命若格致誠正修之有差則大學之義幾息千古聖賢之垂訓皆虛天地鬼神之理一訛則道統之原不得堯舜湯文之墜緒亦絕故辨之欲明而不厭其繁

有說一章一節之旨而統論全篇之義者因疑義甚多付梓無力故略述大意以就正云

鋐再識

四書晰疑　大學

婁東陳　鋐宏猷著

大學之道節

此節明明德就學者言與後章傳所引者不同傳引三書皆明明德之止至善者此因有未能止於至善一層故下文更以止至善一語足之　蒙引以人之所得乎天解德字虛靈不昧解明字者非大全黄氏又以虛靈不昧爲明具衆理應萬事爲

德者亦非人之德性本是光明洞達的物事故曰明德若以二字各自爲說非惟明字無處安頓而離明豈復有德乎盖人之所得乎天遡其來處且虛說虛靈不昧二句方正解明德不可分釋　虛氏謂明德只是本心虛者心之寂靈者心之感惟虛故具衆理惟靈故應萬事者亦似是而非盖虛靈二字分說不得其體如是其用亦如是故朱子曰真體虛靈而不昧其用鑒照而不遺　淺說云德而謂之明者以其虛而且靈具仁義禮智之性於中而足以應天萬事也此說非是盖明德即指仁義禮智之性而言朱註兼言心者心性不相離也若以爲具仁義禮智之性於中是性中又具一性矣豈不誤哉　又云虛靈不昧與具衆理應萬事雖是兩層却不可截然分開看虛靈不昧朱子所謂靈的是心是以氣言具衆理應萬事朱子所謂實的是性是以理言然虛靈不昧四字離不得具衆理應萬事若非具衆理應萬事雖有知覺呼不得虛靈云云亦誤盖衆理具於虛靈不昧而萬

事又即虛靈之應何嘗是兩層而謂之不可截然分開看乎朱子謂靈的是心實的是性是言人心之靈的是心其實的即是性只就一處分別亦非專以虛靈不昧爲氣具衆理應萬事爲理也且人得此理以生故虛靈若非具衆理又何有乎知覺而云呼不得虛靈哉大抵彼既惧以心性分言而自覺不安又欲安排并合故其爲說皆支離牽强而無理氣合一之妙　章句虛靈不昧有專以心與氣言者固非即兼理氣者亦有未盡盖人生之

初眞精妙合兼言理氣者本無遺議然理之與氣性之與心一而二二而一專言心則性卽在其中專言性則心卽在其中理氣亦然朱子謂說着一個則一個隨到元不相離者也但隨經文之旨何如耳如孟子惻隱之心心字是專言心而性在其中者故集註引張子心統性情之說釋之此節明德是專言性而心在其中者故小註謂這個道理在心裡光明照徹無一毫不明章句虛靈不昧正解明德是專言理而氣在其中者若反以心與氣言之則是以心爲性必至有如淺說性具於明德之病遍觀諸說都由悞認具衆理是理故以虛靈不昧爲氣不知朱子或問明以虛靈洞徹爲性具衆理爲備萬物之理是正言大而君臣父子小而事物細微皆具於性分之內又何得以虛靈不昧爲氣具衆理爲理乎　有謂章句當因其所發而遂明之不及未發則是大學之格致誠正脩皆屬中庸致和一邊功夫可商盖聖學功夫未有不兼動靜者朱子此言猶孟子所謂擴充中庸所謂致

曲最善開後學法門而惜乎未有能知之者盖善端發見之時如電光石火若無敬以持之則隨發隨滅欲少明一刻而不可得何能明之以復其初乎此接小學說來原對己主敬而動靜交養著說非專屬中庸致和一邊功夫也盖中庸之致中致和亦是說個大意如此未有可以一邊做功夫者故用功之人於大段上先已着力然後於善端發見之時遂可揩定脚步而接續光明之苟涵養不深於平日則臨時潑無主張無可下手處是以古來成聖賢者少今乃不知其義而曰大學是初學入德之門止從發動處說起而立天下之大本者則固未之及也吁大本不立則心無主宰眩瞀迷惑將何以爲致知力行之地不知知行之理天理之公也必我之心體光明先立於事物之表然後可以隨物觀理而究其本末是非之極物來順應得其性情之正而不偏人或觀書不明處事不决言語糊塗者只爲大本不立而悠悠度日故也若大本一立如人之立屋有基地散錢得一索矣則所

謂格致誠正修者皆將自我而得之何患乎書之不明哉故有志聖賢之學者必拔出於氣稟物欲之中戰勝於利害得失之際一以道心常爲之主而勿忘勿助爲如事親也知一事之當孝則必推之而知事事之當孝又推之而知何以爲孝何以爲未孝必至色難養志諭之於道而後已一知聖人之言則必推之而知其言之全又推之而知其所以言一言也而必求其當一行也而必求其正遇物便格無有一事之或遺發意便要實心便要

正身便要修無一事之敢忽日日如此用功至於積習既久則格物之功至而知盡力行之功熟而道全所謂治平之事亦備具於其中得志與民共遊於蕩平不得志亦可以不失其身如此則能上體天心而爲天之孝子而不愧於天下全所受之正不負父師教養之苦心而不怍於人窮也好達也好生也得死也得何復有憾哉　此條所言立大本者與惟天下至誠章及致中之意不同蓋彼兩章是聖人之事以極功言此是學者之事以用

功言即中庸尊德性之意朱子所謂萬事之根本是也　或謂子言必先心體光明云云似同陽明先發明本心之意曰本心之不明多爲氣稟之所拘氣稟所拘之深如寶珠落在泥水中不先撥開外面泥沙寶珠如何得出氣稟之昏者不先於尋常事理上窮究本心何由得明所謂物格而后知至也發前所云即朱註竪起精神掃盡雜慮不以一毫私意自蔽耳非如陽明所謂先發明本心之說也蓋氣稟本於所賦非吾所能制而私意由

於後起吾力所可矜持然苟能實用其力而不爲私意所勝則人力亦可勝天故學者之不能入道不患氣稟之或昏特患居敬之未至若心常存而得尺守尺得寸守寸今日知此明日知彼則天理日得氣稟日開氣稟愈開天理愈得雖愚魯之資不數年開智識必倍可進而與聖賢伍矣此心不存任其進退隨其得失一日度日志氣日衰天理日滅雖有過人之資卒不免爲鄉人而已故曰惟聖罔念作狂惟狂克念作聖聖經之旨良不誣矣

曰如子之言則是先收放心而後學問與孟子學問之道皆所以求放心何如曰此說雖與孟子不同然亦可互相發明蓋孟子是說學問之大義此說非存心無以致知故必先收放心而後可做孟子學問之道做孟子學問之道則放心益收今有終身學問而不能求放心者只少此收放心一層也　按大學從小學說來已有主敬功夫人皆知之及其爲說却又不似此意者只因不能悉以一意推之而前後不符也不知不居敬而讀書則無

益於身心日用之實不居敬而論事則不當乎聖賢理道之旨千古聖學捨敬別無做功夫處故章句不補敬字者順經文以解經旨也或問又反覆言之者恐學者不知入道之方也學者皆當會體之也

知止節

此節安字當主心言朱子語類謂心既靜便貼貼地便是安又曰先是自家心安了有些事來方始思量區處得當二說恰合本文正意其謂安就身上說者因隨所處而言切不可悞看蓋靜既言心不妄動矣安當說得更深方與能慮上接得去今止以身不躁妄言者似不可從　輯釋謂章句所處雖說身而安亦以心言與定靜同但稍深耳此說最精

物有本末節

本文物字直指明德新民而言事指知止能得而說故章句云此結上文兩節之意或問謂明德新民兩物而內外相對故曰本末云云是也有泥物

有事有是大概話而泛言他物之本末他事之終始者又有不解或問明德新民兩物之說而曰明新總屬一物若兩物則有兩本末者不知或問明新兩物而內外相對者是言明德即新民之本新民即明德之末也非實各自爲物而如辨訛所駁明德之物有本而無末新民之物有末而無本也且此篇大旨止得明新兩意不應此節結語而反說他端章句或問之說是其正意切不可因俗說而惑之也　此節是結上文當云由明德新民兩

物觀之則有本末由知止能得一事觀之則有終始學者誠知先其本而後其末先其始而後其終則其進爲有序而至於道也不遠矣若說物不有本末事不有終始乎便非本文直指上節而結之口氣

致知在格物句

此句之意與下節物格而后知至句不同故朱子語類以兩意說之倪氏謂物格即知至物格而后知至一個而后比下不同者是以此句之意而說

彼句也辨說謂下節物格知至既可言后則此節致知格物何獨不可言先者又以彼句之義來解此句也不知聖經是一句一義不可移易的蓋以用功而言是推極我之知識以窮至事物之理致得一分知便格得一分物格了一分物便致了一分知至於十分無不如此者故朱子謂致知格物只是一事非是今日格物明日又致知要其成功而言物理必窮到盡頭而后知到盡頭若一分未到便欠了一分知也故朱子謂第一個而后文勢只合與下文一般說語類兩條都是是的而說者不察故各自是其說　此條成功二字只可說物格而后知至句蓋此句文勢雖與下文一般然物格知至終屬一事非如下文之可分兩項也是以章句可得二字亦於知既盡之後說出

其本亂節

此節上句是身對家國天下說下句又以家對國與天下說經文明明是兩層意思故語類或問以本末厚薄平分對講今有謂所厚者薄總跟身不脩而末不可治者似過蓋如此則淆混家國天下

對言一層意思與經旨不合矣

皆自明節

此節重自字不重皆字蓋傳引三書皆是釋明明德之意自明二字與新民對照正是此章立言本意皆字不過總結上三書而言切不可悞看

湯之盤銘節

汪蘭友謂有單言洗心不及洗身者悞也成湯自警雖在洗心而銘於盤者却是言洗身耳蓋以洗

身之詞寓洗心之意也此說汪子却過盖古人銘器借象以儆心耳湯之盤銘是以洗身之器銘洗心之詞也故曰新又新都說洗心如彼所云則洗身矣即謂作文者不可單說洗心脫却銘盤之意然亦止可前後帶說不當對舉互言以失商王治心之實義

釋止於至善章

此章之意只重上止字不重下至善有講說倒看此意故謂邦畿節是引起至善文王節實言至善甚有以首節謂重邦畿不重民止不知此章首節明是引起所止黄鳥節言人當知所止文王節實言所止淇澳節以明明德者止至善的功夫效驗前王節言新民止至善之極功章句或問之說已極明備不得混看

詩云邦畿千里節

蒙引以君臣父子作章句物字者甚善又謂語其綱則曰明德新民者未妥盖此節引起所止文王節君止於仁臣止於敬正言所止之實即此節章

句所謂物各有所當止之處也故物指君臣父子當止之處指明新之至善明矣不知講說何故反從蒙引明新爲物之說而傳誤之　按此節章句物字本與下節章句人字同意但下節章句照本文可以人而不如鳥乎說故以人言此照本節惟民所止說故以物言物字雖似概言其意原主學者當止於明新之至善說

詩云穆穆文王節

此節之旨已有知重止字不重敬字矣然緝熙二字亦不可分說盖緝字虚字與熙連說故曰緝熙今以二字各自爲說則不相承續而不成文理矣若滄柱先生之提敬字作主而串合緝熙者尤非經文本意盖文王之純亦不已無一息間斷一毫私意則連續光明而自無不敬非如學者必待主敬而後心體光明也是以本文先言緝熙而後敬止者自有深意章句亦解明緝熙二字之後而以敬止另講今以敬字說在緝熙之前失其旨矣大抵解經者當遜志以逆經意不可反屈經意以從

已志且所謂敬存於心云云敬字亦說得不分曉葢人心最靈動之物不敬則有放失之病故敬正所以存此心也心存即謂之敬非另有一物存於心也況此敬字與他處不同要說得自然而然方合得文王之敬故或問於無不敬上增一自字最明不然緝熙已是心之常明矣而敬字又如何解朱子語類謂緝熙是功夫敬止是功效收煞處說得極好有錯認敬止是功夫故反以朱註爲非不知凡有已意與註不符者總未深得經註之義也

不可强說　此節敬止之止與下五個止字都是與經文止字一例但經文首節止字就學者之用功言故章句謂必至於是而不遷此就聖人之安行言故或問謂不待知所止而得所止也今有倶認敬止之止與下五個止字不同與經文知止之止一意故亦以理言不知敬止之止以統體言下五個止字就一事說非有異也且經文知止之止以理言者其惧始於蒙引錯解章句之意耳葢章句是言至善之所在而非即是善也是以經傳止字皆爲所止之義其實未有可以理言者　按至善是至當恰好的道理即仁敬孝慈信止是止於至當恰好的理上故曰止於仁止於敬云云今講義以敬止即作至善說者亦由誤以止字當理字解也

君子賢其賢二句

此二句但當以賢賢屬後賢親親屬後王葢前王之嘉言懿行後賢止可謂之師道前王之功德後王謂之父道而師道在其中不必如辨訛泥後王只親親而不賢賢也

子曰聽訟吾猶人也章

此章語類或問都以聽訟使無訟分本末者自蒙引始置聽訟句只就使無訟句內討出本末之意而時說因之葢細玩經文傳註之意恐不如此葢傳文字義一字不苟所謂置聽訟句先無着落且只就使無訟句內討出本末之意又與經義背馳而難通葢經之明新本末都主學大人之學者一人說未有以新民爲末就民上說者今以民德之

自新爲末。則非物有本末之末。民德自新之新。亦非經文新民之新。此不惟與明德爲本之意。岐而爲二。而學大學者。亦只須明自己之明德而可。不必復用在新民功夫矣。是既無當於經文之本意。又不合傳者所引之旨。故還當依註爲是。蓋此聽訟雖不足以當聖經新民之義。而亦無不可引此以寓新民爲末之意也　仇氏謂述夫子語。特以聽訟引出使無訟句。故傳者只釋無訟而不及聽訟。不知此聽訟是夫子明與使無訟句對說。並如

詩詞之與體後章富潤屋之類。而可謂之引出使無訟哉。無情者三句傳者只釋無訟而不待聽之意自見。故註云訟不待聽而自無也。朱子此言正應說夫子之所謂聽訟句。又何得以傳者不及聽訟疑之。　顧麟士曰。按小註諸家。多云無訟爲本聽訟爲末。則先後字似難說不成。云到得無訟自能聽訟也。此說約又誤認此章之本末。與經文之本末爲一意耳。不知此本末二字。與經文不同。經之明新本末。是以體用分言。學者當有先後之序。

而皆不可缺者也。故曰知所先後云云。此章本末聖學與俗學分言。傳者引此。不過作個引子。學者當專務其本而不可復事其末者也。故本文正意原不可說先後字。章句特結經文而言耳。是以朱子小註。亦只言本末而不言先後。自蒙引悏以己德既明民德自新爲說。故補先後字而不知若以民德之自新爲後。則是先難後獲之後。而非知所先後之後矣。要知傳文之意。不可强添一字　此聽訟有作好一邊說者。非是。蓋民之多訟。皆由上

之失道。故飾辭鍛鍊者。固不足道。即情真理確者亦難令聖人見也。蓋明明德之人。道德齊禮立綱陳紀。刑期無刑。民恊於中。何有於訟。故此聽訟是夫子明斥以爲不必用者。故云必也使無訟乎。若果經文新民之事而在所當聽者。則不應又云使無訟矣。訟既使無則又聽個甚。猶人云者。聖人之詞不廹切耳。非真猶夫人之聽訟也。故此猶人與文莫吾猶人不同。文即聖人所不能無。特與行有緩急難易之別耳。故曰莫吾猶人。此聽訟聖人所

必不有者故直曰猶人而使無訟以必字決之盖在上者不能節制防閑以教養於平日一旦至於有訟而聽之即孟子所謂罔民也豈聖人之所爲哉大抵聖人不忍見天下之民多無知而犯法故爲此言學者亦必自有胞與胸襟方可看得出聖賢經典

此謂知本句

本文此謂二字與後章此謂修身等字不同盖後章都是傳者自釋經文故可以此謂二字直結之

而朱子不必註解此引夫子之言以明經義故註說觀於此言云云正體傳者引證口氣翼註即欲以此謂二字與後章此謂等字同看者固非即有撇開聽訟一句以觀於此言是獨觀使無訟一語恐朱子不曾如此分析且謂便可知明德即新民之本者又不合章句可以知本末先後語氣故　鉉謂註觀於此言是觀夫子聽訟使無訟之言貼此謂二字可以知本末云云即可以知經文本末先後之意貼知本二字是繳轉以結經文非推開語

如此則似於本文章句之意直捷了當而無曲折支離之病　按時說多以末句推開者是因惧解經文物有節之意而傳惧也盖彼節本末直結明新兩意固不可以概言此節無訟亦不可推開只說新民中一節盖堯之協和萬邦黎民於變時雍亦不過此今說書者必欲以末句推開故說得無訟如此易易不知章句明體傳者引證之旨繳轉以結經文何得反說推開而爲此曲說歟　虛氏黃氏即以此聽訟使無訟爲經文之明新本末

者固混而不清棠引不以此聽訟使無訟分本末者又鑿而不順惟或問仍說本末而不即作經文之本末先後者爲得其旨盖說書者不以新奇爲難而以逆取經義爲難如此章使無訟使字內道德齊禮都在裡許聖經新民原可包說若說聖人體用全備之學正合經文明新之意豈不愈於棠引本末分岐之說乎然於傳者之意則不合矣傳者引來只說聽訟不若使民無訟使民無訟明德之事本也聽訟是不能明德者專以區區辨訟爲

新民之事末也觀夫子貴於使民無訟而不貴於聽訟之言便可知經文明德爲本在所當先新民爲末在所當後之意矣此卽朱子所謂政傳者釋經之意也

所謂誠其意節

此節時講錯認者有三一認慎獨止就初動之一念說一認獨卽是意一認毋自欺卽是誠意實用功夫不知此慎獨二字與中庸不同中庸是就初動之一念說故註以迹雖未形而幾則已動釋之

此釋誠意只對實與不實言而始終意念皆在裡許故註云不可徒苟且以徇外而爲人也則苟且徇外而爲人者豈獨初動之一念乎解者不得其旨故下節之小人爲不善亦講不明蓋人有事雖公而意則私者如齊桓晉文名爲尊周而實爲富强此卽實與不實他人所不及知而已獨知之者故傳言自修之君子必謹之於此而表裡如一焉是以獨指人所不知而已獨知之地言而非卽是意也蓋意是實字獨是虛字不可混講毋自欺四句只釋誠意之義是虛說必慎其獨句實言誠意功夫故章句解毋自欺上用一當字言自修者當如是也不曾說煞解慎獨上又以然字另轉斟酌盡善若以毋自欺卽作誠意實用功夫說則不自欺而意誠矣下文又何消說慎獨今之經典卽右之人事學者苟能實用其力必有默契之理

小人閑居爲不善節

上節之慎獨已辨其非止初動之一念矣此節小人爲不善亦不可只在念上說也蓋傳文明以爲

不善言之章句又言是非不知善之當爲云云講家又何所據而獨就念上說乎只因看一意字不明耳蓋人心之靜爲性動爲情要主張做那事是意朱子性理大全曰情如舟意要如使那舟未有意只以動言者蓋動與發自有分別動有欲動未動之分發竟發出於外矣此章就行上說心之所發卽事之所行也非在欲動未動之時也故曰誠於中形於外自蒙引慎以動之端言故云君子慎獨只在於念頭初動時致謹此節小人爲不善亦

只裡面念頭不好不知若只裡面念頭不好無踪跡可窺君子何由而見小人亦何消得厭只因所行之事如此而意之所向如彼朱子謂外然而中實不然故粉飾虛假之善以自蓋是以小人之爲不善特對未與君子相接時言非實在暗室屋漏無事之時也故曰見君子而后厭然玩而后二字其意益明白矣蓋見君子而后厭其未見君子時爲不善可知故或問曰小人幽隱之中實爲不善但亦仍稍稍做過功夫外而粧點得好看自道可

以欺得人過不知被物格知至之君子觀之則視表而知裡視微而知著眞有如見其肺肝然者矣

講義謂形外不是人能窺見我之意說得太虛與本文如見其肺肝之意不合又曰人之視己如見其肺肝然不必君子然後能見所謂司馬昭之心路人皆見之者又說得太淺與朱註所謂半知半不知者亦異蓋此陰惡陽善之人非君子莫能窺見其隱衷故本文君子不可泛看形外實有惡之形見於外亦不可說得糊塗蓋此節之小人爲

不善是實說故下引曾子十目十手之說以證之若以此節看虛下節說實則兩節之意不幾背謬乎

曾子曰節

此節只證上文小人惡之不可揜有謂明獨之當愼兼善惡者是由誤解章句善獨二字之意也蓋章句幽獨之獨即小人獨處爲不善之獨以身所獨居言首節愼獨之獨以心所獨知言兩個獨字各自一意今混說一個獨故三節間架說不明白

善惡不可揜之善字是承上文小人之惡不可揜善不可詐而言耶亦非說首節君子愼獨之善蓋小人之惡不可揜而善不可詐故曰可畏之甚若君子之善之不可揜如此即末節之心廣體胖豈不可樂之甚乎故引此以明上文之意只指第二節非連首節也首節必愼其獨雖說誠意功夫然猶言誠意之義如此未說到事爲上而其善未形故只說己所獨知第二節形容小人自欺之情狀而其惡已著實說人所共知故朱子曰十目所視

十手所指言小人閒居爲不善其不善形於外者不可揜如此又曰此承上文人之視己如見其肺肝底意不可道是人不知人曉然共見如此此朱子二條已說得深切著明矣而解者猶泥章句善惡不可揜之善字謂兼善說者豈非以文害志之病歟今試思之上文小人之惡既不可揜而善亦不可詐故此言善惡之不可揜是乎否乎首節君子愼獨之誠章句既言人所不知而已獨知若此又說人所共知朱子豈得如此矛盾乎

富潤屋節

此節德字揔眞實爲善行道而有得於心說故只主意誠言不可如體註謂即明德亦不可如饒氏牽說下章正修蓋傳文一字一義牽說不得　德潤身句與富潤屋語意一例是虛說心廣體胖實說德潤身故章句以富潤屋二句虛虛說過解完心廣體胖後又繳云德之潤身者然也自蒙引不察誤以意誠爲德心廣體胖爲潤身不知意即心之所發無愧怍即心之無歉所發皆實即無所少

歉矣無所少歉而心有不廣大寬平乎故意誠即心廣心廣即是德無兩層是以章句云故心無愧怍則廣大寬平　按心廣是德體胖是潤身故曰德潤身若以心廣體胖總說潤身失却德字不特傳義之難通併不成句語矣　體註以浸灌於內釋潤字未妥蓋此節之誠中形外與孟子根心生色相似故曰潤身如體註所云則潤心矣　此節必誠其意須說得與上兩節必愼其獨不同蓋上兩節是未誠其意者故曰必愼其獨此說已誠其

意者故曰必誠其意然首節必愼其獨與第二節又自有別第二節必愼其獨者防其自欺也首節必愼其獨者欲其自慊也每節結語各照本文上句之意而言也　此章誠字有謂兼善惡者是因誤解曾子節兼善惡之說也蓋此誠字作實字說着善便是善之誠中形外說着惡便是惡之誠中形外故小人節言惡之誠中形外曾子節證小人惡之誠中形外此節言善之誠中形外傳文之意字字着實明白顯易未有兼言善惡糊塗之說

者　此章之關鍵只在首節必慎其獨句要明白此句之意先要曉得與中庸慎獨所以不同之故又要實曉得此章意獨二字之義蓋中庸道也者節以敬之全體言莫見節特就念之初發時抽出言之所謂慎獨只致謹於念頭初動時者是也此章誠意只說好善惡惡之眞不曾有念之初動與全體分者何得與中庸例看意就心之發用言凡人要主張做事處都叫是意故章句言心之所發不曾說初發獨以人所不知己所獨知而得名自初念以至念念相承凡人所不及知者皆謂之獨故章句言人所不知而己獨知之地從未說意之初發謂獨今都增一初字故以此慎獨亦謂只致謹於念頭初發時不知念頭初發時固要謹念頭既發之後亦不可一刻不謹所謂擇善而固執之也若時解之說則誠意之功有所不全傳文必無此說如謂戒欺求慊功夫是指始終完全意念言慎獨止就初動之一念說此又不達傳者立言之意蓋毋自欺與自慊數語言誠意模樣必慎其獨

句正說戒欺求慊功夫故章句實與不實云云已總收上文欺慊兩意而言豈慎獨之外又自有戒欺求慊之功乎今以自欺自慊分作一功一效又有俱作功夫者皆不得章句當字之意也蓋章句則當實用其力之當字一氣直貫至徇外而爲人句其中皆務決去云云切不可誤作功夫此惟能慎其獨者自知其味　松陽講義云首節如惡惡與三句與毋自欺見一反一正語如彼則爲自欺如此則爲自慊者可爾蓋毋自欺者當禁止其自欺其實未嘗有欺如惡惡臭二句言不自欺而自慊之義故云謂自慊亦未嘗有慊四句相連說下皆是正語非如此節德潤身與上節之小人爲不善實有欺慊之可相對而說也故此章之釋誠意正義首節已竟下三節是一戒一勸意諸儒講義中朱子講此章第一節曰其外雖公而中則私其形當是而心則否是皆自欺之類第二節曰小人之自欺則不惟形於念慮之間而必見於事爲之際第三節曰其引曾子之言以下則所以明夫隱

微之間。實有不奢則人皆知之。如十目之所同視十手之所同指。無不見之。甚可畏也。第四節曰。多財之人。其屋必美。有德之人。其身必修。其心廣大。則其體必安舒。此條正合傳義。故引證之。

所謂修身節

體註以章句欲動情勝。謂即解忿懥等疊字之過當者。非是。盖朱子謂忿懥四者。只作喜怒憂懼說。此處須看文意大勢。但此心先有忿懥時。這下面便不得其正。如鏡有人形在裡面。第二人來便照

不得。是以此節非說忿懥四者之不好。特有之之爲累。今說壞忿懥等字者。皆不合朱註之意者也。盖此章之病。只在有字。下章在僻字。如以偏看過當言。幾同僻字矣。　章句之意當分三層看。盖是四者三句止釋忿懥等字。就本然之當用者言。在正意前一層。一有之不能察。方釋本文有所忿懥正意主事未來看。即所謂如鏡有人形在裡面也。欲動情勝三句。就臨事時看。是正解則不得其正即所謂第二人來便照不得也。　大成謂必欲刼

是四者。則是禪寂。故非禁其有。當審其有所者。非是。盖此有字以未事時言。非臨事時。若以臨事時言。如人有當怒而我怒之。則是理也。義也。在物不在已也。便未可以爲不得其正。惟無事時先有在心下。是以過着別件事來。應之不能無失。故傳只言不可先有此心耳。正是禁其有。　蒙引謂心當靜時。雖常人亦無得失之可議。故心不正全在用上。而不知此節是正言靜時先有忿懥之類。故用時不得其正也。若靜時果能湛然虛明。有鑑空衡

平之體。則動時亦能隨物。隨感而有鑑空衡平之用。動時有鑑空衡平之用。則過後自然融然冰釋。無復有一毫之未化矣。是以或問說正心之義。必從未感之體上說起。蒙引此言。大抵未嘗以正心之義反躬而自體之耳。盖體之與用。猶根之與苗。未有無其根而徒有其苗者。亦未有常人偏執固滯之體。而能行聖賢義理中正之行者。　滄柱先生言。註不正貼心之用。然用失而體亦失。仍屬體上看者。未的。盖體自有體之失。用自有用之失。然

亦必先有體之失而後有用之失如章句一有之
而不能察言無事時不能先察其有忿懥之類而
消釋之是體之失也用之所行或不能不失其正
是動時不能審其輕重而失之過不及是用之失
也　大成翼註皆謂恐懼是就臨事時言憂患是
未事時鉉按忿懥四者皆未事時不得其正是臨
事時　有言或問從未發說來傳文却只就發處
說起非是蓋或問推廣傳文之意就本然之正者
說起傳文言心不正之故就人心所有之私意說

起亦當作未發看蓋惟聖人之心如光天霽月無
一毫物欲之累未至於聖者不免有私意之未化
是以聖門高弟夫子獨許顏子以不遷故靜中之
得失不但如所謂衆人之冥頑異端之寂滅也蓋
此發與未發與中庸不同中庸言性情之德就本
然之正者言而以性情相對說故纔思卽屬已發
此節言心不正之故就人心之後起者言而以未
事與臨事對故私意之動於中者亦得以未發言
之故眞西山以預期屬靜時說者獨有眞見蓋此

靜時非寂然不動之謂特事之未來對應事之動
時而言耳要知動靜體用原不可以一意看如成
已與成物對則凡已之動靜云爲皆爲之體以因
物成就者爲之用以坐作對言則又以坐爲靜作
爲動鉉竊見言之不備不足以釋學者之疑故深
晰夫動靜體用異同之意以見經旨之不可以一
意說也　大成一條言有所是事後未化之渣滓
事前先存之形迹此其精切至當諸家皆所不及
獨惜其未有眞見不能悉以此意推之故前後矛

盾者不少　本文則字之意慢當重頓有所忿懥
與則不得其正二句所以分别兩層的意思全在
於此　此章就好一層說故以喜怒憂懼爲言喜
怒憂懼是人所當有但一有之而不化亦自修之
累所謂公道上錯了路是也故章句欲字須看得
與誠意章私欲不同

心不在焉節

大成言上節一有之而不能察是因事而見就心
之用而言此節必察乎此是無事時察其心之存

否。就心之體而言也。此說不是。蓋上節正言無其
時不能先察其心之存否。是以用時不得其正。故
此節註言必察乎此云云。然後心正而身修矣。兩
個察字正相照應只得一意皆就心之體而言也
今以上節爲用。此節爲體者。是不得此兩節上下
相承之旨也。蓋上節之有。是有物欲之心。此節心
不在。是無主宰之心。有物欲之心是卽無主宰之
心。無兩層

此謂修身節

有謂此節承上川節當正動察動時今靜存在內。
又有謂正者。察之於方動之時。而敬以直之。此二
說皆誤。蓋正者必先察其有忿懥之類而消釋之
使心體虛明眞個空如鑑平如衡然後可以事至
物來一一審之而各當若靜時無此一段功夫。直
到動時如何可以正得。是以心之正與不正皆兼
動靜言。傳文未嘗有一偏之說也。不然。試自思心
之不正者。獨失之用。而無事時果無私意之累於
心者乎。且用時獨失之重。而再無不失於輕者乎。

欲正心者。事未來時。聽其喜怒憂懼之推盪於中。
直到事來獨能審之各得其當。而無毫髮之輕重
乎。聖經賢傳。皆非懸空撰出。朱子亦非獨在紙上
安排。後之學者。不自考身心。欲知聖賢奧旨。難矣
哉。 按心之不正。其說有二。一說是事未來而預
期必要如此。及事到來。又卽以此心應之。所謂期
待而偏重也。一說是事已應過。又留在心下。別遇
事來。仍以此意待之。而或失之過不及。所謂留滯
而輕重也。此二說正合本文有所忿懥與則不得

其正等句分言體用兩層的意思。說者兼之。其義
始備。今只在用上偏重一層言者。是於朱子期待
一條之意尚且止說得一面。何足以該本文心不
正之病哉。細玩章句一有之而不能察云云。亦明
照本文體用兩層說。特學者自不之察耳。蓋一有
忿懥之時。未便是用。故於欲動情勝之後。方增出
用字。若有忿懥時卽是用。則下文又何必以而字
另轉出用之所行一層乎。 此章當與經文之正
心參看。其義始盡。蓋向來以經之正心。只爲靜存

功夫。此章專在動上用功者。皆由詖看或問之意。而不察乎情理之實也。盖或問解經謂一有不得其本然之正云云。是由體以說到用。解傳謂此心之用。始有不得其正句。亦由不能不與俱往之體上說來。朱子之說。體用兼備。本非如俗說之所云者。若從俗解之謂經只主於靜。傳專在於動。則經傳異旨。體用支離。豈聖賢同條共貫之旨。或問前後相符之說歟。

所謂治國章

孝者。所以事君三句。多說得未安。盖書有本然之義理。自然之文義。分毫移易不得。如經之欲治其國。先齊其家者。本然之義理也。自古帝王。未有不先自家裡做成者。故此章之當側重齊家而帶言所以與治國相通之理。自然之文義也。是以章內俱是家與國人相對說。未嘗有實言我去治國之事。今有以事君事長使衆。即屬君子處國之事。及補國人之孝弟慈者。固爲閒說。有把君子國人都置者。亦未爲得旨。盖此三句言家國相通之理而

實照君子國人。豈可因怕說向感應去。而以孝弟慈事君事長使衆等字都無着落乎。不知凡說向感應去者。只爲語言有病耳。若說君子孝弟慈的道理。即國人所以事君事長使衆的道理。又何至侵及下文效驗地位乎。故首節只論理如此。康誥節是明立教之本不假强爲推廣其孝弟慈一家仁節。言家齊可以化國。正說感應之事。堯舜節言治人必先於自治。下三引詩。又皆詠歎上文治國在齊其家句。通章無一節復論語氣。亦無一句說

谷推以愛國人者。是以朱子章斷言此章只說動化爲功。未說到推上。後章方全是說推。今凡有復說化字。及說推以愛國人者。皆未得此章之意者也。

堯舜帥天下以仁節

張彥陵曰。以三字分曰孝弟慈。以二字概曰仁讓。以一字括曰仁。其行仁之術則曰恕。困勉録言所藏乎身之恕。乃是恕之體。即指忠言。饒氏謂恕有首有尾。藏乎身者其首。及人者其尾也。翼註曰。藏

猶存也不可深看恕字與下章絜矩不同彼重及人此重推己此數說皆訛蓋恕字本以如心而得未有可以忠言者推是推出去與及人連說亦不可以輕重分看所藏乎身不恕猶言所存乎身不能推己及人正與上之能恕相反而又對下之民不從上說非在於內而謂之藏乎身也故此恕字亦就推己及人說但以責人言之而非所謂行仁之術也今說書者皆以愛人言之則既失本文立言之旨又誤解藏乎身爲在內之事故說體說亦

其妄謬豈但毫釐之間而已哉　翼註言上節只說家齊可以化國此節便說推修齊去治國立言之序自是秩然先後淺深一毫不亂此說亦似是而非蓋上節言躬行方可以化人此節言必先自治而後可以治人皆只歸重齊家上故下文即結之以故治國云云若翼註所言則此節反說向治國去了與下節之結語不相應矣此因未得經傳而后二字之意耳蓋此章五個而后字與經文一個而后字正相照應所謂聖賢之言同條而共貫

者也後之學者亦必以身體之以心驗之虛者還他虛實者還他實淺者隨他淺深者隨他深然後於聖賢立言之意各有當也竊見時說非虛者塡之以實即淺者鑿之以深是以經旨之常混而不淸　按章句承一人定國即或問所云此爲治其國者言耳就條教法令說若知或問此意則節旨之義正而於文義亦無不正矣蓋民有智愚賢不肖之不同故治國者亦必有教化政令之兼舉也是以上節言教化此節說政令前半節引堯舜桀

紂不過作個樣子後半節正就治國之君子說堯舜是仁的樣子言堯舜而仁在其中桀紂是暴的樣子言桀紂而暴在其中故下說個好字帥天下以仁暴是就帥天下之民從說故下又說個令字蓋堯舜桀紂二句必先說明所令如其所好兩層意思下文方可轉之曰使所令反其所好云云若上二句止就躬行化下好一層說則不惟下文其所令之令字突出而無情理併與下半節文義各自一意而不相連故帥字應下令字令好兩意自

首句直貫到底堯舜桀紂是一勸一戒意蓋望民之仁而惡民之暴者治國之同心所好如彼而所令如此者又治國之通弊故傳者謂如堯舜之以仁帥仁而民從桀紂之以暴帥暴而民從若所令在仁而所好在暴是所令反其所好而民不從其所令三句正指治國者說故下即接治國之君子言之若說桀紂有甚意思况桀紂敢行暴虐竟是所令如其所好者非猶存顧忌之心禁民爲非律民以善而令好相反者但此三句是承上以反起

下文虛說所藏不恕云云方實說故章句以所藏不恕之意應說其所令三句深得傳者本旨獨惜未有能會其意者

所謂平天下節

有謂家國近近止言教就躬行化下言也天下遠遠言道就政事制度言也困勉録謂絜矩亦是治國之道但前章含而不露耳武曹云治國章言教化此章言絜矩是互相發明此三說皆非傳者本旨蓋家國天下本同一理而齊治平之道固當政

教兼舉也豈可說家國近不用制度天下遠不須教化乎故困勉録謂絜矩亦是治國之道者似是有理武曹之云互相發明者亦似可通但不知前章是說治國之在齊其家而非正言治國之道也直至此章方言治國平天下之道修身以下諸章皆當移一部位說故學者只向經義尋繹則義理深長自有超然見到處若不顧經註之意而私想臆度則雖費盡苦心皆爲古人所不必說者

是故君子有大道節

此章止首節是釋經文平天下正意樂只節以下皆是推明能絜矩與不能者之得失以爲有天下者鑒故上所引兩言得失已致反覆丁寧之意此又言所以得失之故以結之故章句言此因上所引文王康誥云云今解者不遵朱註之意故有總頂單承等語又不知此節君子大道與首節君子絜矩不同故云大道即絜矩之道居其位而修己治人之術正就平天下者說不知首節平天下君子做過格致誠正修而有已可推者故可以行絜

矩之道此君子槪言有天下而無已可推者故註釋大道又兼修己若此君子果是平天下之君子則不得獨以位言大道卽絜矩之道傳文論之詳矣章句亦不必以修己治人另釋且必忠信以得之云云正爲有天下者再三誥誡以致丁寧之意如首節平天下君子是已能絜矩者忠信一層不必說得何必又說驕泰一邊乎故此大道當照註實兼修己治人說方與位言之君子身上相應不可卽以首節絜矩之道混講蓋在上者修己治人

理雖相通而功夫原無止境但首節已修己而能行絜矩者與此節位言之君子固自有別而傳文立言之意各有在也故此章只得首節是說平天下之君子其下但當照第五節註云有天下者盍文王康誥二節都爲有天下者諄諄致警非對平天下者空空泛說道理也讀者能得上二節之意而推之則自知此節君子大道與首節平天下絜矩者不同矣此節章句不結上文諸節而謂因上所引文王康誥云云者盍此節正與上所引兩節

相因而上文好惡理財是已結過不必再結秦誓四節章句明說申言好惡公私之極以明上文所引南山有臺節南山之意又何必結得且所謂好惡理財等語都是俗說之訛樂只節公好惡卽是能絜矩節南山節好惡徇於一己之偏卽是不能絜矩不可謂此二節是絜矩之道在公好惡先愼五節只是因財貨以明能絜矩與不能者之得失本文未嘗有經理之意而亦不可硬說理財　呂氏曰絜矩意至上節已說完此節又另起總結直

照聖經首節收歸大學之道故註云修己治人之術卽明明德新民也又曰大道註中明云居其位而修己治人之術作者偏多貼理財用人不知何據時論欲專主用人尤難解也總是不曾讀註耳

鉉按此節有謂總頂單承者固無所據而不可從矣但謂此節直照聖經首節收歸大學之道卽明明德新民者又恐不然盍聖經明德新民槪指學大學者言明明德邊重此修己治人之術專爲有天下者言治人亦不可說輕是故二字當竟承文

王康誥說來方與註此因上所引之意相符。雲峰胡氏曰：前兩言得失，人心天命存亡之幾也；此言得失，吾心天理存亡之幾也。存疑謂首言天下之得失係於人心，次言人心之得失係於絜矩，末言絜矩之得失係於吾心，所謂三言得失而語益加切者蓋如此。此二說皆非傳註之意。蓋天下之得失固係於人心天命，然所以得人心天命、失人心天命者誰乎？故傳之得衆失衆、道善不善，皆指君說。但前兩得失尚屬渾淪，此言必忠信以得之云云，是又說所以得失之故，故曰益加切，非上文止說人心天命，至此方說君心而謂益加切也。不然，玩殷之節註云有天下者能存此心而不失云云，其意自見。

四書斷疑大學終

四書斷疑 中庸

婁東陳　鋐宏猷著

中庸章句序

雲峰胡氏專以異端爲道學之失其傳者，偏也。蓋子思憂道學之失其傳句，直接下文堯舜相傳之道統說。凡不得與於斯文之統者皆是。朱子謂去聖遠而異端起者，特舉其尤甚者言，非異端之外不更望人以傳之也。故天命之謂性節，翼註言中庸一書全爲異端而作。不然，解明性字做甚者？是亦不知聖賢之苦心而自任之輕也。惟孟子眞能善體子思之意。

天命之謂性節

性命之理，初學雖未能理會，然子思所以冠諸篇首者，亦欲學者反求而自得之，不特知其文義而已也。如章句之天以陰陽五行云云，是從氣化說起，其實形化亦然。學者若體驗得親切，則自知性之本善，而乾父坤母之不爲徒言。天下之物，皆在我胞與中矣古之聖賢視天下猶一家萬物猶一體者是眞有見於此也不然則國家之盛衰民生之休戚與吾何與而不能一日忘乎今學者多不肯做窮理功夫故益覺性命之難知而不知一日不知則一日如在空中立與天地萬物皆無關切而不肯眞實爲善者也此聖賢教人必要窮理盡性以至於命者非得已也　有謂子思之意所重在人故章句旣兼物言之復歸重在人此說亦似是而非蓋此篇大旨因當時不知性道教而作此

節先指此三者名義以示人朱子又恐止知人之有性道教而不知有物則於義有所未備且下章盡人物之性亦難理會故於篇首連屬通貫言之以爲通篇眼目其實文公所補非子思之說也人知已之有性一條方釋本文正意

道也者節

不可須臾離句有以爲只說無時不然者有以爲天命之性無物不有所以率性之道無時不然者又有謂無時不然只在無物不有内者此數說皆

未妥蓋此道字該本末兼動靜而言也或舍物以言時或即物以盡時者固皆墮於一偏而以時物分屬性道者亦失章句本旨蓋此物字事物之物非人物之物也理之在人物之心者謂之性理之在於事物者只可謂之道也故或問性無不有句是推上一層說章句重解道字不可悞看　可離非道句章句舊本以外物貼之或問以人力私智貼之困勉錄言當兼用存疑汪大全皆從舊本而譏或問鑑按此二書止得一意今本並率性之謂

句已是包說特語意簡嚴而後學不能測識耳蓋舊本外物二字即指人力私智而言人力私智之所爲正如管商之權謀功利而非出於本性之自然者故曰外存疑悞以椅卓車馬言之故多說錯耳蓋椅卓車馬亦是常道之内者豈可以爲外物而可離哉　上節當行之路此節當行之理諸家之說無一確者蓋聖人之言化工也朱子各隨其義而解之無有一毫已意與於其間如上節道字雖不着行道人說然就人物之各循其性而言故

以路字言之此節言道之無時不在而以事事物
物之理言故以理字釋之其義各有當也若大全
張氏之說則似朱子可無分解而書旨殊無異意
又謂道義皆屬在內而不可以用說不知道本率
性若以事物之理言之則亦可以用言義固在內
若對孟子人心之仁言則又難以裡說是張氏之
辨本不足以服史氏之心而史氏之說又實難解
後人之惑蓋上節路固言用而此理亦兼外說今
曰道之本體方其渾然在中之時但有此理而已

未可以路言是失經文本意而非朱子分別言路
言理之意矣又曰理根於性而散於事無間乎已
發未發則尤爲謬戾而不可從蓋理卽是性不可
以根言而此節之旨與上節異者正以其道包性
也故章句先言用以逈其體若史氏之說則仍是
上節率性之意矣是悞以理皆在內故其顛倒如
此。　章句皆性之德而具於心句諸家雖極口贊
嘆而猶失其意蓋皆性之德卽指事物當行之理
如事親之仁從兄之義至具於心方推言其本今

概以根本歸宿言之則悞矣　有謂此章從天命
大原一直說下故慎獨在戒懼後末章是學者下
手次第故先從慎獨說起者悞蓋此節正言君子
體道之功亦是學者下手次第末章之先言慎獨
者以其上文先有爲己篤實之心也蓋君子之學
必先趣向已正規模先定而後可以有下手處如
論語必先言志道而後據德孔子自序亦必先以
志學爲言故此節之先言道不可須臾離者欲學
者於統體做功夫也必統體先有功夫而後可以

謹獨兩章之意如同一轍但此節以敬之統體言
故兼動爲全相在節言君子爲己之功盡頭處故
專以靜爲密章句之無時不然側在不待言動而
後敬信上非如此註無物不有之二句平說也今
謂不言不動而敬信則言動之敬信可知不知言
動之敬信上文先已言之矣若又以此混說則不
惟語氣重複而於爲己之功反不密矣苟亦以統
體爲言則又當在謹獨之先矣大抵此亦未知存
省之實功耳蓋存省之功分言之則兩事合言之

則一也未有能存養而不檢防人欲者亦未有能
省察而不本於存養者故專言存養則省察在其
中如孟子之存心養性是也專言省察則存養在
其中如曾子之三省是也凡聖賢皆一齊下手做
功夫子思於下節又抽出言之者以其善惡關頭
尤當加謹爲學者詳告之也故此戒懼承道不可
須臾離說動靜兼備不動而敬二句頂相在爾室
說與下節謹獨對照經旨明備義理昭然無難曉
者乃說書者或因此節之義以爲彼節之必不可

專以靜言又或因彼節之意而不知此節之當兼
動說紛紛聚訟使經旨皆失而兩無所當學者實
能從事於此則自知統體之必當兼動而爲己之
必宜做到靜時可以獨立不懼而無惑於紛紛之
說矣　此節道字章句已止就人事說矣說約又
引或問人物之所共由者言非是蓋言之太畧則
無以盡經文之蘊言之稍緩又泛而不切故朱子
於章句旣照經文正意釋之又爲或問曲暢旁通
以盡其餘學者能識其意庶不至賓主雜陳而經

義混淆

喜怒哀樂節

有謂上文三節言義理功夫已極完備至此將言
其效驗而復從道不可離說起可商蓋道之體用
人所固有故又從天命之性說起以明道不可離
之意非復從道不可離說起也且下節致中和正
言聖人極功之事若謂上文已極完備則此性情
之德與下節致中和獨不得謂義理功夫乎大抵
此由悞於吳因之謂道不可須臾離可含着性情

中和而上文戒懼愼獨便是致中和的功夫耳殊
不知毎節立言之旨各有其義雖聖賢之千言萬
語猶不能盡其意豈可說某字含那字那字便是
某字乎若然則道不可須臾離可含着性情中和
而天命之性獨不可含道不可須臾離乎中庸一
書可以天命之性一語包之大學十章亦盡在明
明德一句中矣又何必瑣瑣分疏乎此只未知經
文之大義而特爲此糊塗之說以悞人耳蓋戒懼
愼獨不可以一意看有志聖賢之學者孰無存天

理而遏人欲之功哉但致字難言微特做得八九分者不可謂之致即九分九釐亦不可謂之致也故如顔子之賢其於存省之功亦可謂盡善全矣矣猶不能無違於三月之後豈可謂上文戒懼慎獨便是致中和的功夫乎是以經之兩言功夫者必非無因章句至於至靜之中與雖不見聞亦定爲有間自蒙引以後諸書多失聖經本旨惟翼註謂此節不頂上兩節是起下節者得之蓋首節天命之性至莫見節而其說已竟此又推本天命之

性以論其本然之理下節方說功夫仇滄柱汪蘭友先生俱以存養省察解註中道不可離之意非是盆註意字與上文言外聯絡之意即或問所謂文斷而意屬也乃解者多從蒙引推言所以不可離之故故有謂頂上又以爲存省者

致中和節

按史氏自不睹不聞於外而戒懼云云固失朱子命詞之意但武曹先生闢之猶有未盡蓋此章句之意與道也者節不同彼節言動靜之全功戒懼

二句極言之以至于靜耳故章句以雖字言之此註即靜以推其至故言自戒懼而約之云云今謂不睹不聞即靜之至蒙引云功夫有淺深而動靜無優劣抑不知功夫有淺深而動靜亦有優劣大抵蒙引慨以人皆有是性情之德故其言如此不知上節言道自然之體用指不離於氣稟者此節與上文戒懼慎獨兼氣稟而言者若原其性命之正則固未嘗不同兼氣稟之異則動靜各殊信如兩家之說則聖人之動靜與常人無異常人之動

靜亦與天合德矣　有云天地本位不干其和便是位萬物本育不閉其化便是育可商盆天地本位萬物本育然亦有聖人在上天下和同歡欣交通以致天地之和應而四靈至草木蕃故謂功化之極若只不干其和不閉其化則是平平常常無得無失而無功化之可言矣何以謂之極乎　天地位二句時說皆屬未妥蓋天地聖人各自有位育故或問以天高地下尊卑上下釋之今講家以天地位屬之天地萬物育又說之聖人一此一彼

而不自知其非也且聖人之位育或問推廣言之
只當從章句說天地之位育爲正辨訛必欲牽下
章聖人盡人物之性爲言失其旨矣蓋至誠章言
聖人之贊化育當屬此節致和之內此說天地之
化育又在聖人參贊以後事據錄看來不獨先儒
之說老安少懷者爲悞說鳥獸咸若者亦悞也蓋
經言聖人能致中和則有以感天地之心正而生
物遂非聖人順物之性也

君子之中庸也節

章句君子之德有事以資其言者悞蓋君子而時
中句正辨上文君子中庸四字若更推闊泛說則
非即上句之意矣故此君子即上節能體此中庸
之君子而字助語辭非轉進一層意朱子謂是個
好人與處而不得其中云云與經旨不合非其定
論惟述橫渠精義入神及見處分明方行處分明
者爲當耳蓋時有萬變事有萬殊非義精仁熟者
不足以與此若只言其氣質清淑天然是個好人
即夫子所謂不入於室者也何能隨時以處中哉

故章句上截於義猶爲未備下截又言知其在我
足之即是申明上意不可以上截爲天資下截爲
學問蓋徒有其天資之美而不輔之以學力則無
以知天下之理不能隨時以處中但恃其學問之
功而無氣稟之清又何以知其在我而守之不失
故君子之天資學力皆百倍於常人無有一事不
理會亦無有一刻不持敬者若稍有所偏即不能
事事合宜頭頭中節矣今謂君子之德與戒謹恐
懼功夫無涉君子知其在我以下方是推原所以

能時中之故不知君子之德是正原其平日所以
能時中之故故說在隨時以處中之前但此是順
經文一直說下其意猶渾融下更評究玩章句
之意只得君子之德與隨時以處中有平時臨時
之意戒謹恐懼是就統體一直說下而無時不中
已含在內了如小人之肆欲妄行即無所忌憚矣
不可如蒙引謂梏之反覆夜氣不足以存也蓋夜
氣不足以存者只可責以靜中無存養之體非有
發於行事而可謂之肆欲妄行也蒙引於上下兩

條皆欲以動靜二時分看故其言如此不知體用一源動靜合一本末可以分言特舉賢立言之意爲少異耳如經文時中之中是就君子現成說故雖就用言而兼體在其中章句之戒謹恐懼是就君子用功言故就統體一直說下惟君子之德下用一又字另轉故可以動靜分之今之講說諸公多以戒謹恐懼爲專屬靜邊功夫似乎君子時中之時反無戒懼矣故此戒懼當與道也者節戒慎二句同看亦以敬之統體言致中和節章句戒懼

朱子斷章取義以解致中之意與末章相在節一例切不可亦謂自所睹所聞以至不睹不聞也蓋君子之敬徹始徹終無分動靜但每節經文章句之意各有所主分者不可合說合者不可分講如此註君子知其在我云云言君子無時無處而不戒懼矣豈可專以爲靜乎致中和節致中致和確主動靜分說豈可謂致中之內先兼得動乎若致中之內先兼動說則下文之致和又如何說且亦不必說矣

中庸其至矣乎章

體註謂上章中庸是兼體用此則專就用言非是蓋上章第一個中庸釋其字義故章句兼體言之此則直解本文故只以用言其實與上章無異故游氏謂中庸之中實兼中和之義然惟極高明而道中庸之中庸則又當爲一樣看蓋極高明者即中庸之體也　此章至字張彥陵作推開贊詞者非是疏解作至當恰好之理果好但語意未明耳蓋中庸二字是說中庸道理其至矣乎始言其至

當恰好故中庸二字虛說則下作至當恰好不礙若上即說實而下又言恰好之理則似兩個中庸矣是以張彥陵有疑其爲推開贊詞之說也　困勉錄謂世教之教與修道謂教之教皆通上下而言民即人也可商蓋世教之教與修道謂教之教皆指在上者言故此章民字當依章句說在下之人爲是

道之不行章

集成謂夫子口中止說個道並未嘗牽及上章中

庸及君子字面俗解必欲插入君子中庸等字不
是此說最妥蓋子思引夫子之言雖有次第然或
問謂此書之例皆文斷而意屬讀者先看其文之
所斷以求本章之說徐次其意之所屬以考相承
之序則有以各盡其一章之意而不失乎全篇之
旨矣今時講因上章之有民鮮能而遂謂此章言
所以民鮮能此章註中說生禀而遂謂上章不可
言物欲則似乎一時之言一章之說不特其意屬
而文亦不斷矣且或問亦是說個大意如此此書

之次第行列不可以一意看如下章知行費隱之
類其文義實相承故朱子都說承上起下之義此
章已上諸章各言一般意思非必如下章之相粘
故錄謂此章以下相承之序不妨照註以前後帶
說此章已上之脉絡只當從總註意屬之說而言
外領取如此方不失朱子詳略相因之旨耳蓋或
問謂此章已上諸章亦承上章者是辨其非無意
而錯陳也非必謂與下章一意也若果一意則承
上起下之義章句亦當先自言之矣何待後儒之

斡旋耶故定當以章句爲正　體註解道之不明
我知之下謂人惟行得方可知得者悞蓋道未有
先行而後知者體註此言大抵悞以此明字作知
字解耳不知此明字與知字不同知是人知之也
明是道之明著也知在行前明在行後故以賢愚
解道之不行賢不肖解道之不明也　章句不言
氣稟而言生稟者蓋言其生來稟性如此指不肯
用功說非對物欲講說者誤認此章言氣稟故
併說上章無物欲抑知氣稟物欲常相因理欲不

並立者執自己意見而不能因時順理者即是欲
豈特人欲橫流者謂之欲乎故並至聖人所欲皆
天理方不得謂之欲學者讀這章書須想自己是
過的不及的還是能大公無我而因時以循理的
抑有自己意見橫於胸中而不肯俯就企及的則
其有欲無欲便可見了若只在口裡說來說去終
無確見　道之不行不明二句止處虛就道說知
愚賢不肖之過不及是言所以不行不明之故是
以章句解完知愚賢不肖之後又繳常不行常不

明二句若說書者於起句說道本常行常明便錯
蓋道體無爲何能常行常明若說道乃天命人心
之正本所當行當明轉到知賢過之上謂道之行
惟在人知得道之明惟在人行得則庶幾耳

舜其大知章

此章首句虛說下文正言大知之實與孟子善與
人同相似不可謂此章只說擇善之精與孟子取
善之公不同也蓋善乃天下公共之理不與人同
便狹隘而不能取人之善惟舜廓然大公只見義

理不見形骸故好問好察而能執能用如此蓋人
外無道道外無人舜之不自用而取諸人者是取
道非猶有人之見存也　翼註謂問察隱揚俱是
自然而然非有心啓之樂告也此說眞可羽翼經
註之意蓋舜之舍己廣大本是自然若說有心感
應便非由仁義行而失聖帝分量矣　有謂問察
隱揚是不自用而取諸人執兩用中是在我之權
度精切不差者可商蓋問察隱揚與執兩用中俱
說不自用而取諸人在我之權度精切不差者是

舜生知之質在正意前一層朱子推原之詞故小
註舜本自知又能合天下之知爲一人之知此其
知之所以愈大數語是推說非正解稼書先生認
作正意故謂舜之是由大知而能問察抑由問察
而知益大武曹先生亦言在我之權度精切不差
最要緊不然似舜只取人以爲知矣蓋用中由知
非用中以成其知也雖前云不自用而取諸人不
要倒看了欽按此二說正屬倒看了蓋夫子口中
止說舜之不自恃其聰明而樂取諸人其問察隱

揚等語俱是說明大知若舜本自知一層本文求
之有也蓋泛論道理固必自己先有主宰而後能
取人之善然朱子謂說書者當必以聖賢之經義
爲主而自己如奴婢是以自著章句見有義理不
備而必欲以己意補明者起首必先提明正意而
後以己意與經旨並講是不使義理有不明亦不
得以餘意雜正意如此章之先言不自用而取諸
人而後說在我之權度云云是也今解者多不之
察以失朱註苦心故特辨之以爲例　黃氏以邇

言爲詢於芻蕘清問下民者固偏彙解謂禹皋陳謨亦有淺近非淺近人之言者其說似備然鈸謂此特甚言其無遺善而已若人之淺深是無可考不必深辨但當以渾說爲是　講家謂執其其字承善言說者是矣用其其字承兩端說者非是蓋執其兩端者是於善之中又執其兩端而量度以取中矣故用其其字應承中字說

天下國家可均章

蒙引言今本是朱子未定之本舊本是後來所定之本者固不可知但以兩本文義考之則舊本不若今本之精蓋此三者原主未盡善說故與中庸對言若堯舜之治天下孟子之辭得祿是固已中庸矣又何言不可能哉故舊本之不必其合於中庸句與經旨不合今本之皆倚一偏正得夫子立言之意且古來如此之知仁勇者儘多豈皆能均辭而蹈白刃乎如管仲之治齊焉知非當草之所激荆軻聶政之死直爲他人之所售故今本資之近而力能勉句正應本文可字朱子宜從此三者

心上穿過來的眞所謂稱金稱上稱來者也而何言舊本之尤精哉大抵朱子舊本亦認此三者兼好一邊說後來方覺其非而改之後之諸儒猶是朱子初頭意見故深與舊本相合陳氏定宇獨去舊本而從今本誠有大過人者矣　此章不惟說上文三者逗下句中庸爲誤即說下句中庸牽上文三者亦悞也蓋註云三者皆倚一偏明以此三者劃在中庸之外至於中庸雖若易能云云又並說中庸不在此三者之內而猶說大舜孔子比干之均辭蹈白刃者得無誤那故鈸謂上文三者止就倚於一偏說以存下句中庸下句中庸又空空止就義精仁熟說以應上文三者則庶乎經義明而註得矣　有言中庸非於三者之外別有一理云云殊混蓋經意舉此三者之難以見中庸之尤難故三者與中庸當截然分開說若謂三者做得無過不及即是中庸則便混說而失經文之正意矣朱子今本亦知仁勇句亦字明指非至者而言下因以一偏言之時說悞認此三者即眞知仁勇

之事故說不清

故君子和而不流節

此君子指現成說和而不流與中立而不倚二句字義要看得極細蓋君子義精仁熟氣稟不得而拘物欲不得而奪雖極溫厚和平而一毫不可移易獨立不懼而不偃仆故此和字止可作溫和和緩說是仁之事不流是其介如石義之正中立者秉天命人心之正壁立萬仞如鳳凰翔於千仞之上不倚者確乎不拔直立到底舉世非之而不顧

此方合得朱註自勝其人欲之私後擇守也竊見諸家都說得粗淺與此節君子無關故附其說以辨之於後　蒙引曰和與中立字輕與下文國有道無道一例強處全在四不字上又曰此中字淺與中庸之中不同中立猶求是強必至於不倚乃為強也此說似過蓋此節正言中庸之強有何所見而必以此中字為淺與上文中庸不同乎且國有道無道是就世道說豈可說得和與中立字全無緊要而為一例乎若猶求是強是直說做功夫

君子身上去尤與此節無干故此節當分兩意看和而不流與中立而不倚二句就君子一人說不可強分輕重國有道無道就世道說重在下句

辨訛曰和最易流一與和同了便難於違人中立最易倚違衆孑立者多執己見和而却不流中立而却不倚所以為強如謂常常中立便是不倚然則常常能和便是不流耶此又不然蓋和而不流和字如子溫而厲溫字止說得一面意思故必合下不流方見其強中立者中道而立也與下豈君

子依乎中庸相似故又必以久而不倚為強是以中立二字純就道理說不偏執己見已在裡許不消說得不倚二字只當從語類久而終不倚說為是若徒以不偏執己見為言猶未見得至當恰好處且猶未見得久久而不倚恐不足以稱強哉矯

又曰朱子盧齋俱以伯夷叔齊之不從周至於餓死為中立不倚此猶未的有解者曰中立如伯夷之清柳下惠之和伊尹之任是也然三聖猶皆倚於一偏必如孔子之時方是不倚斯則見得精

確矣。鋕按此猶未可以爲精確也。蓋既云三聖猶皆倚於一偏，則孔子之時止可貼中立說矣，何忽說向不倚去，必至周流天下靡邦可依卒老于行，乃是不倚也。 有云大全朱子以四者爲能擇能守後事，似與章句不同。然必能擇能守而後進於强，亦必有如是之强而後可謂真能擇真能守也。朱子之說固未嘗矛盾。此雖說得好看，然猶未得朱子兩書之意。蓋擇守功夫無甚了期，自初學以至成德總離此二者不得，但不可作一意看。如舜

之告禹以精一，者在禪位之時，地位儘高。中庸之擇善固執，言學者入德之事，功夫尚淺。中庸序曰擇善固執則精一之謂者，是言知行大意如此，非謂兩書之可以一意說也。故小註擇守指初頭做工夫言，章句擇守指已成之德言，故云非有以自勝其人欲之私，不能擇而守也。蓋必先做過擇守功夫而後能勝人欲之私，亦惟能勝人欲之私，故又能擇能守如此。故武曹以自勝其人欲之私作前一層說者，正合註意。困勉録謂必有如是之强

而後可謂真能擇真能守者，則似此四者釋小註之擇守，而非章句擇守此四者之强之意矣。此由認煞只得一個擇守，而不知朱子之能擇能守後擇守也。 集成謂有將中立中字竟作中庸之中言，能自立於中庸而不倚於過不及，未免與上句看作兩樣，却似中立便能不倚，又抹煞而字一轉，斷不可從。又曰若將和與中立十分看好，轉入不流不倚便少氣力，故須輕看。此說亦悮。蓋有將此中字竟作中庸之中，抹煞而字一轉者，是悮以不

倚即作中字解也。和與中立十分看好，轉入不流不倚便少氣力者，亦與上文之條絲而不知經言之爲兩層意思也。若以仁之溫和轉出義之嚴正，當前之中立轉出久久而不倚，何等有力，而得謂之抹煞而字一轉乎？是以朱子謂說得他人不肯信從者，非義理不明，必語言有病也。

君子依乎中庸節

有謂到了依的地位自然不悔，所謂既無虛假自無間斷也。又有謂依中庸非難，遯世不悔爲難，此

二說皆未安蓋前說論成德君子之地位果好但
如此說則是上句可以包得下句是非夫子分言
而曆的意思後說之側重次句看得上句太輕又
非說成德君子一人之事史氏伯璐以首句爲知
行始事次句爲知行終事者似論入德成德君子
之功夫次第非說本文已成之君子上玉以每節
三句例看者則似三節平分說不是此節結上兩
節之意說約謂次節强似首節此節次句亦强似
首句故註以此分應者亦失本文章句之意蓋天

下只有一條正路今此別無佗是之處夫子見天
下有過不及兩種人故上文旣舉以斥其非此又
言以結之者蓋以上節之過是在索隱行怪次節
之不及是在半途而廢也故註亦以此分應　困
勉錄謂章句知之盡數句總承上來不專頂不悔
者是得朱子釋經之意蓋上節朱子謂知得不曾
親切故守得不曾安穩此節知盡仁至故始終如
一

夫婦之愚節

有以天命之性與中與大德謂道之大以率性之
道與和與小德謂道之小又謂大是萬物統體一
太極小是一物各具一太極其引類不倫非經文
本旨蓋理雖無所不通而聖賢立言之意各有攸
當如天命之性遡道之源而不可即以道言中者
是性之中而併不可以性言率性之道者兼體用
包小大而不得專以爲道之小和者著情之正而
亦不可以爲道大德小德云者所謂萬物統體一
太極一物各具一太極也此章之道大處兼體用

小處亦兼體用有偏全之別而無內外之殊如時
說所云皆淆混不清大抵是由悞解章句全體二
字之義耳不知全體二字原有兩意有專以體言
者有兼用言者此則是兼用言之若專以體言其
說必至於此

詩云鳶飛節

存疑以化育流行爲氣所以流行爲理者非是小
註飛躍是氣所以飛躍是理云云亦不可泥惟章
句以化育流行爲道之費所以流行爲道之隱者

正得本文之意蓋此章有兩層意思引詩之鳶飛魚躍如人之動靜云爲而理在氣中所謂費也所以飛躍所以動靜者是其本體而理在氣先所謂隱也如存疑之說則是以氣爲費以理爲隱矣

君子之道造端乎夫婦節

此節就君子之道說今解者因上文第二節有天地之大句故此察天地句亦以天地之道說不知第二節極言道量而推言之故下文即以人字別之玩人猶二字之意其正言君子之道益可見矣

此結言君子之道所以如此故云結上文若亦如上文之泛說則又結個甚故造端夫婦就君子之至切至近者言是言君子之道始乎夫婦非複說上文之愚不肖也察天地亦說君子之道昭著徧滿於天地之間如下章大舜文武周公之事非複說上文覆載生成之天道也蓋此節之經旨文義原與上文不同今解者不察有以一般說者又有作君子之戒謹恐懼功夫者不知他章果有上節說義理下節說功夫者此獨一章說義理下章說

實事或問夫婦之際隱微之間云云與小註夫婦人倫之至親至密一條正論此節道之當先始乎夫婦意非實說功夫也若此即實說功夫以結之則下文又何必引孔子之言以明之且此節與上文第二節果無異意則又何必爲此複說以贅之若謂上面察亂指示到此原始要終而中間無不包舉則上文夫婦之愚以至聖人天地之不能盡豈非原始要終而中間無不包舉耶鳶飛節又正言道之隨處充滿無乎不在何有所謂言語不到

處而至此斡旋之也此只不解此節所以結上之意而爲此曲說耳蓋上文極言道量之充滿如此故此言君子之道自夫婦始而及至昭著于天地之間細玩本文兩乎字之意其義自明今時講家作複說上意者不曾細體朱子或問之說也蓋或問說上節夫婦必增愚字是明指夫婦中之至愚不肖者此節夫婦言至微至近處是明指君子之至切近者何得混說且所謂戒謹恐懼云云只是論理如此朱子之說何不可從而必爲此複疊贅

語耶

道不遠人節

許氏謂上句爲字重猶言行道下句爲字輕猶云謂道者慨蓋道不遠人指道言人之爲道二句指行道者言不可以爲道猶云不可以行道正與上之爲道相應似無異意　王觀濤以索隱行怪爲爲道遠人者非是蓋此章就切近者言道不遠人人字猶下節章句各在當人之身身字一人之身自有一人之道如下節君子以人治人及子臣弟

友之類皆是故章句脉其卑近云云要看得細如下節能改而不止不肯推己以及人是即脉其卑近而務爲高遠難行之事不必説到索隱行怪一流也若以索隱行怪爲爲道遠人則不索隱行怪者便不爲道遠人耶故此節是虛冒下三節是實説只得一意不可説得此節與下節無關　有謂這章因上章説道如此其費恐人以闊遠求道故言道不遠人可商蓋自此以下八章皆申十二章之費而言則此章宜貼近小就淺近一層説是其

正意非恐人濶遠求道故言道不遠人也如所云云正是辨訛所駁反十二章之費而言非申言其費矣

詩云伐柯伐柯節

此節正言上文道之不遠於人故君子以人治人句就切近易知易能者説非言其究竟極至也如人有一言之未善一行之未孝吾從而責之彼若改而言善改而爲孝則吾當即此而止矣蓋此一言一行之善雖未得爲道之全然就此一言一行

之中已即是道矣若必責以十分孝十分善則受責者將有所不堪而吾亦失其當然之序則非所以爲道矣如夫子之於群弟子非不欲皆責以顔淵之事而無如人人之資稟各殊前後之淺深亦與一毫不可躐等故只得隨時而止耳是以張子以衆人望人句要看得好非謂我自己要做聖賢而望人只做庸衆不過是責人貴寬之意　有謂不敢以聖人責人者是不敢以聖人之大而化者責人耳若至善恰好處固衆人之所能知能行

者也豈有不至於此而遽止之理未安蓋至當恰好處即所謂中庸之不可能者而何言衆人之所能知能行哉又有提撕警覺終無止時云云亦與朱子人改即止不厚望焉不同蓋此就淺近一層說若一說深便失改而止之神理矣

君子之道四節

此節有承忠恕說者非是蓋經文之或淺或深或言修己或言治人各有一個意思故章句引張子三說明之最爲確當凡有離經畔註之說者皆不

足辨

言顧行二句

此二句是複說上意以起下贊辭與上論言寡尤二句相似玩章句謹之至則言顧行矣四句則字矣字其義自見切不可泥顧字之意而謂又自有功夫也

辟如行遠節

存疑謂道無遠邇高卑自人之所見有不同者悮也蓋十二章夫婦之愚節正言道之遠邇高卑體段是以此章或問謂章首二句承上章而言道雖無所不在而其進之則有序也故道正有遠邇高卑是以人之所見有不同也　有謂此章因上章說個位字而位之內有高卑遠邇之不同故又以其序言之則高遠是位內之高遠蒙引云自知之始而漸至於知之盡行之始而漸至於行之極云云亦屬可疑蓋道不遠人以下八章皆照十二章費之大小而言故總註章章以此意分斷不應於八章之中又各自說相因之序而反郄十二章之

旨也故此章正明造端而由近以及遠之意豈可說下學上達入德成德之事以雜之有曰道不外乎知行然無如此章之非說此意乎故蒙引謂始於洒掃應對終於窮理盡性及存疑盡性至命必本於人倫日用之說皆不可說入本文之內也蓋下節明以和妻子宜兄弟爲卑邇順父母謂高遠矣如兩家之說則是順父母不在人倫日用之常乎抑是窮理盡性至命之事乎故此章是說君子行道之次第非論入德之淺深

鬼神之爲德章

有云首節鬼神之德末以誠言末節乃推源其所以盛者固非又有以德字與誠字謂誠爲鬼神之德者亦非也蓋惟天理得誠之名言德而誠卽在其中固不待以彼節之誠爲此節之德亦非首節無誠而有待於後節之推其諸說之紛紛聚訟者大抵未明天道之本然又不達聖人立言之微意蓋天地未有無理之氣亦未有不實之理首節專言鬼神之德而不言誠者以其天道之本實而無

待於言也後節又結言之者因結鬼神之德之盛而中贊之也故末節誠字正指首節之德之實言故曰誠之不可揜如此夫若從俗解推源之說則後節結語之文義皆倒矣蓋經文之義自有一定不易之理非有兩可之說也如此章是言鬼神之體物而不可遺不是說太極生兩儀也是以章句云陰陽合散無非實者若說鬼神體物誠體鬼神則豈獨鬼神之前有誠而體物無誠乎故首節鬼神之德卽朱註所云天命之實理第二節又語類

所謂有是實理而後有是物鬼神之德所以爲物之體而不可遺也第三第四節又就其全體之中抽出極昭著緊密者言之蓋篇章之法必一節緊節說得後來方有收拾若體註之謂後節反輕則一節寬節與下文之意反緩而不可結矣是以夫微之顯句直接上文諸節鬼神之德之盛而言誠之不可揜如此夫者又就鬼神之德之所以盛而體物不可遺者申贊之是兩層的意思有解者見此二句無可分說故以上下串說謂不可揜卽顯

者又有不解或問鬼神之德之所以盛者以其誠句卽指鬼神之實言故有推源之說

鬼神之爲德節

有謂朱子或問旣極貶侯氏之非而大全小註又有鬼神只是氣之屈伸其德則天命實理之說想亦是未定之論可商蓋或問極貶侯氏形而上下之說是以鬼神與德別之爲二也非說德之不可以理言也故細考或問小註之說本無矛盾其語類引中庸之爲德以毁之者是必記録編書之悞

非朱子之言也蓋中庸亦以理言與德之不可以形而上下分者固宜鬼神是以氣言也何得以同類觀之饒氏不能察其眞僞遂言語意一般更以德指鬼神而言益之於是有鬼神爲鬼神之說而傳訛至今良可慨矣　蒙引云爲德二字最難解蓋德者取得之意有以稟受所得言者有以行道而得於心言者惟此得字難以得義解故曰爲德猶言性情功效經傳中自爲一例者非是蓋天地亦有德性故人得天之德且稟太極渾然之全體

亦可以稟受而言章句性情功效正指理說非眞無理之可訓而遂以氣言也　按小註鬼神只是氣之屈伸句止可說經文之鬼神二字蓋經之鬼神與德並說故可止以氣言章句之鬼神皆當兼理說切不可混看　或謂此節先言誠字似矣但與末節有礙如何曰此特見書旨之不明不得已而預言之經文正意只當專言鬼神之德而後節結言之其預言之者止可作旁意以發明之如此則庶乎經文之意明而夫子之口氣亦順矣鉉嘗竊有此意今細玩章句語類及或問小註諸書固已如此初特自不知其意耳故知朱夫子之書誠未易解也

夫微之顯節

胡雲峰謂誠即造化陰陽之理者固非困勉録謂造化陰陽之理未是誠實有是理方是誠者亦悞蓋誠者實而已矣理者自然之妙其自然之理至實而無一息之妄者謂之誠是以誠乃理之實處不可說誠即是理亦不可說實有是理之謂誠然

此亦特就此節之意而別之如此若他處又當活看蓋自然之理本無不實者也專言理則誠即在其中猶之專言誠則理亦在其中也是以朱子釋誠者物之終始即以理字言之首節鬼神之德又以實字言之但此節誠字與誠者物之終始誠字不同與誠者天之道也誠字一例決不可即以爲陰陽之理者蓋陰陽之理首節鬼神之德先已言之此特指其實而申贊之故章句只以眞實無妄釋之析義最精乃講家不得其旨猶以爲誠即造

化陰陽之理鬼神是造化陰陽之氣實有是理則實有是氣故有理氣支離之說抑知曰誠曰德曰鬼神者聖人之隨所指而異其名其實一物也故朱子曰鬼神之德猶言人之德豈可說前節爲氣後節爲理乎若然則人亦可說其處爲人其處爲性矣嗚呼弗思甚矣此只候於徒知誠之體而不知誠之用知誠之即爲理而不知理中指出之義故其說之顛倒如此是以性命之理不可徒粘紙上語當於天地萬物之實理上體認如實體得二氣之所以往來屈伸歷萬古如斯者則易之所謂乾此章章何之所謂性情者可識而時說之只在氣上講者非德矣實體得萬物之所以始終而物物不可遺者則易之所謂物與無妄此註之所謂功效者可知而時解之只言誠體鬼神而不以體物者又可破矣且既知首節德字即天命之實理則此節結語之誠字止可作實字解而不得更言陰陽之理與朱子所言之意黙契矣　有謂章句雖止就陰陽言而所指則道者未確蓋聖人口中

只贊鬼神之德之盛插不下一道字若子思引來又正言鬼神之道之費隱不但所指而已也蓋道外無氣氣外無道專言道則氣便在其中專言氣則道便在其中是以朱子釋天命之性即以陰陽五行之氣言之後之學者徒學人之言語而不自察其天理流行之實見其言理便以爲理言氣便以爲氣故拘滯而難通　此節誠字是一章之關鍵若得此誠字之意而推之則一章之旨不辨自明矣蓋此誠字已有知其爲結語而非推源矣既知其結語則當知此誠字是在前節已有而非後節之突出矣既知此誠字前節已有則當知朱子所謂其德則天命實理之說爲可信而無疑矣且既知首節德字即天命之實理則下文之體物而不可遺者皆一誠之不可揜而知夫子之決當如是結矣　鉉所謂要知聖人之所以言者蓋如此

舜其大孝章

此章以明費之大也特言孝之終事與尚書載舜之始終事實不同有即以尚書之意辨此章者曰

自古諸聖人皆以孝爲其聖中之一德只有舜單
就一件孝做成聖人做到有天下故夫子獨以大
孝稱之又有見上節之旨與下節不符欲以上節
與下節倒看故云尊富饗保是大孝所致又有見
下節之義與上節不倫故言上節尊富饗保是証
舜之大孝下節推開泛說其紛紛謬說難以枚舉
大抵皆不達乎聖帝心性而幷不知夫子立言之
旨也蓋舜濬哲文明重華協帝其相堯二十八載
之事非單就一件孝做可知若單就一件孝可做

成聖人則古來仁人孝子亦有逆來順受終身忠
孫而不得如舜之聖者何哉蓋人有獨得其一理
之厚而不如舜之全體渾然也故舜之明物察倫
由仁義行無一不盛其遭瞽瞍之父以盡其孝者
如文遇商王之暴以盡其忠亦只可謂聖中之一
德又須知其件件都如此者若少有所虧便非聖
人之盛德匹夫難盡揖讓之義矣故此尊富饗保
之大孝皆由舜之一生大德而得是以下文節節
申明此意諸家以孝德二字一味含糊說而不

知所解故再講不明蓋夫子立言之旨各有一般
意思若以爲孝德原無兩樣大德即大孝替身則
夫子當日何不即接大孝說下而又必言大德與
且上節之德爲聖人既與尊富饗保同稱大孝之
實而下節又以此爲得位祿名壽者則於文義又
豈不顛倒而不順與不知孝固是德然德有偏全
孝特性中之一端德指全體說德爲聖人之德與
大德之德亦同謂之德然一以極至言一以盛大
言舜平日所行之孝與此章之孝亦同謂之孝然

彼就舜之自盡其情說大德二字之內已可包得
此就德福兼隆之後而人所稱也故此章本意只
說舜之以德動天不可說以孝格天也知此則諸
家所見爲不相接者是其正相接處不必由上節
之意以從下節亦不必推開下節以全上意一章
之旨一意到底而首尾相應矣　此章之關鍵只
在第二節故大德句上若明白得此句之意則一
章之旨亦無不明矣蓋此句德字與上節德字在
舜原無兩樣然一以稱孝之大故以極至言一以

申明得此尊富饗保之由故以盛大言夫子立言之旨固有不同矣何得混說以失經義

無憂章

此章朱註之意多屬惧看蓋三節章句分言文武周公之事者是因本節說文武周公之事而言耳非如伐柯以下三節之謂必不可相粘也有因註中文王之事武王之事周公之事三句遂謂三節各自分說以見文武周公能盡中庸之道不必以文王爲主而下二節言子述之事也抑知文之無憂武周之善述者正其能盡中庸之道也若必以三節各自劃開則文之無憂者非以其父作子述乎武王之所纘者非太王王季文王之緒乎周公之所成者抑亦非文武之德乎此經義鑿鑿而反有謂杜撰一錯認章句而便以爲得旨鉉竊未敢以爲然也然此章旨之義猶顯而易見不必深辨但文以終身事殷之心而武述以壹著戎衣之事故解者紛紛終無確論蓋古聖賢之行事非等於後世尋常之事也只當以道論蓋道者天下公共

之理人人之所同然者也聖人心同天地與道爲體實能盡乎人心之所同然故不期而民自至不約而民自從惟周世德隆盛賢聖並生太王王季文王積德累仁漸摩已極迨至武王又克纘之則恩德入人之深不啻若父母矣故壹戎衣者正謂天下順之而無事再舉也身不失天下之顯名者以其道之所在而不失也尊富饗保亦以其道之所當尊富饗保也有何不可以爲纘緒之實乎有何不可與纘緒句一氣貫下而必爲斡旋截講之說乎且纘緒之下夫子又說其事而只爲其一節乎此皆心有所不足而避嫌之說非可以論聖人也盖若以太王之肇基王迹與文王三分有二之形迹言之則武王恰似始皇奮六世之餘烈則纘緒先不是了雖欲說以不期於有天下不得已之心不可得矣以聖聖相傳之道義一直說下則渾然一理而諸家之說都不消說得矣蓋夫子稱文之無憂者原純就道理說故書之王季其勤王家章句以積功累仁之事言之蓋王道以得民心爲

本太王王季雖只各盡其所當爲之事然民心之
歸實基於此矣故書以王字言之非實自以爲王
業之事而於太王王季文王之臣節有碍也故太
王肇基王迹者積功累仁之始事武王壹着戎衣
者積功累仁之極致自太王王季以至文武周公
皆同心一德此周世德之所以爲盛而莫之及也
故夫子稱之有誤認王業是暗圖天命之事故諄
諄以不可說有天下爲纘緒者與經註辨不知位
者天之位也祿者天之祿也道之所在卽位祿之

所在也天豈有私意於其人哉故曰天降下民作
之君作之師惟曰其助上帝寵之四方有罪無罪
惟我在天下曷敢有越厥志不然猶一人之私我
天下之民仁人固如是乎有萬物一體之志者其
能安乎故孟子謂文王取之而民不悅則勿取者
是必有以知聖之心矣後之輕謗武王者是不得
乎胞與之量又不曾設以身處其地而察其心也
蓋文王之時紂之殘虐雖甚猶未至于敷四海故
天下之民尚有三分之一爲至於武王八百會同

之後前徒倒戈之時如何可以勿取得故其終身
事殷者心也理也其不可者權也亦理也所謂理
一而分殊也此文之所以無憂也

故爲政在人節

有謂此節仁字便是三達德之一者非也又有謂
與下節仁字同以愛之理言者亦非也蓋仁字之
意固難言之今姑以此章之義而推言之如三達
德之一者對知勇言只可作行邊說下節仁字對
義禮言又止可作慈愛說此節仁字包義禮知信

而言者也蓋人之有生五常之性渾然全其分言
之則有許多名目專言之則一而已矣故朱子以
易之元字釋此仁字其義極精乃史氏見章句道
說天下之達道故言仁便是三達德之一不知三
達德之一者先有知以開其端而後有勇以遂其
功故可以行達道若謂此亦只是三達德之一則
非惟不知道之所在而無以行之卽行之亦不能
全始而全終矣又何以能修道故一節自有一節
之意不可牽合如下節仁者仁字雖承此節之仁

言然此節仁字如渾淪一太極下節仁字猶太極分陰陽故小註言仁者仁字則可以偏言蒙存諸書必謂五倫間皆有相親相愛之意故以此仁字亦作愛之理言不知愛只修道之一端是必先有智以知之義以別之禮以行之信以成之非特一相親相愛之而遂可以修道也　蒙引以章句能仁其身則道字在其中故言經之修身以道修道以仁亦無先後者誤也蓋章句能仁其身直接上句修身倒轉是指已修道者言故仁可以包道經

文從爲政在人說下是逆推功夫故道猶泛言人倫事物之理仁在指心之親切者言切不可誤看

誠者自成章

此章是欲學者誠心以行道側重誠字先分後合與孟子求放心章同例首節誠字只以本言非兼用言道字專以用言非兼體言分言之則誠是誠道是道合言之則一也然對言之則可分獨言之則不可分蓋道非誠不行而誠非道無寄是以言道而誠卽在其中言誠而道卽行乎其間故於下節只言誠而不言道朱子語類謂誠與道皆泊在誠之爲貴上正得古聖遺旨章句之言有以自成則道之在我者無不行既有以自成則自然及物而道亦行於彼亦言誠道合一之妙其補子思立言之意詳且盡矣而後儒尚未能曉猶謂首節誠字是天命之性兼人物言道是率性之道專指人言誠者物之終始申自成句不誠無物申自道句而不知此乃朱子舊說也後覺其非而改之矣故於或問以取程子之意而不自主其說益每章立

言之意各有所主如天命之性章主意欲人行道但開卷第一義從本源說起故先言天命之理而後入君子體道之功則是以道包性此章言誠之者之事主意欲人誠心故先就學者身上說起而後言物之終始則是以誠包道篇章之法非從上而說到下必由下而及於上未有複疊無理如時說者故首節二句皆指人言是指點語非用功語猶孟子所謂仁人心也義人路也之意章句物字是換字法非與人字對言也第二節只申自成句

而自道之意在其中誠者物之終始推上一層是以理言不誠無物反言以起下句之意君子誠之爲貴句最重上文說來止欲醒出此句之意耳乃自成的正解後節一順說下功夫全重於此然此非獨予之私言也章句言人之心能無不實乃爲有以自成則是以君子實心解自成矣既以君子實心解自成則首句猶可謂兼物言之乎又謂有以自成則道之在我者無不行則解自成之外又豈復有中自道之說乎其理甚明况此又不獨章

句之說爲然也經文上節分說下節合講則是以誠包道可知既以誠包道則專中自成而自道在其中可知且既專中自成則首節之單指人言又可知矣　從來以上句誠爲天命之性者固非呂氏謂天地之理至實聖人之心亦至實與性無涉卽以性言亦是實有其性之謂誠非誠卽性者亦誤盖誠性二字固有分別不可牽合但誠字一名而有數義亦不可混說有天地之誠有聖人之誠有學者之誠天地聖人之誠自然者也皆無功夫

節次若所謂鬼神之德天之道自誠明之類是也學者之誠勉焉者也皆有擇善固執功夫在内若所謂自明誠曲能有誠及此章之誠之屬是也故此上節誠字與誠之爲貴誠字是學者用功之誠後節誠者誠字是學者成功之誠皆非性實理自然之誠　上節章句所以自成所當自行皆提醒人語猶未成未行也故下節章句補有以自成則道之在我者無不行兩節章句之意正相照應今謂上節自道上有功夫者是不體上下文義也盖

自道上果有功夫則道已行矣誠已誠矣下文何故而又說君子誠之爲貴章句言道之在我者無不行此只未知誠道之合一耳盖誠者人之一點眞心爲事之本而道者事物之理乃心之用須有得一分誠方行得一分道有得十分誠行得十分道人只怕不誠耳誠則無事矣何可說上節自成功夫反在自道乎如此則不惟有無本之用而誠道支離將子思立言之意亦說倒矣盖自自誠明以下說來只是言誠而此章道字乃帶說一句下

仍包在誠字內本文從未有說行道功夫若一涉
行道上則反以道包誠而失其旨矣故此章只得
第二節誠之爲貴何是實說功夫　按首節誠字
朱子舊說作天地萬物之理者後來既自謂其有
病不必再說程子實心之說或問已有明據且正
與此章說誠之者之事相符無容擬議但程子所
謂實心者以用功言故專指人說今說實心而仍
有兼物言者又有作有生之理言者不知有生之
理仍說得實理而非實心矣兼物言者則是物亦

知誠心以行道矣故辨之　第一個誠字只以實
心言有兼實理者因朱子傳說而誤也第二個誠
字專以實理言有說實心者係併或問之意也其
餘誠字皆以實心言然第四五個誠字與首節同
以心言者有別蓋首節誠字對道說只以本言第
四五個誠字包道說兼用言此則一章之關鍵而
諸說之所遺也當辨

誠者物之終始節

集成謂依程子實心爲忠方成個臣實心爲孝方
成個子說則上節自成當主人心自盡言而誠者
物之終始亦正言實心統乎事物之終始不誠無
物乃反覆明其所當誠不必另截屬下誠之爲貴
說矣此說以誠者物之終始作實心講非是而以
不誠句謂不當屬下誠之爲貴說最妥蓋誠者句
申言人所當誠之故是推上一層說如夫子謂生
理本直之意不誠無物方說到人心上故上節自
成斷從程子實心之說而以人心自盡言此誠者
句當從章句實理之意不誠無物言人若不誠則

不能有此實理是無此物如首章可離非道之意
君子誠之爲貴言君子爲是之故而必以誠爲貴
也經文本意是明以上二句一氣連說下句又以
是故二字轉出若截不誠句反屬下說則上二句
文義不無斷續與下句之意亦不相符蓋下句誠
之是成其人上句不誠如無此事故鋐嘗謂不誠
無物物字與上句底物字同看則句句相應若止
貼事說則此節三句各自一意上下皆不相屬今
考輯略朱子採程子之說原以上二句同說而不

及下句是知不誠句本屬上説而兩個物字亦無異意其語類以不誠無物作事言是言事而人即在其中也其意原主人如説不誠於孝則無孝無孝是失其子之理矣即如無子一般如此説正合程子所言與首節自成反看之意且與章句人之心能無不實乃爲有以自成相符

大哉聖人之道五節

此章聖人之道多牽十二章君子之道説者誤也蓋十二章首節是言君子之道之體段第二節又

推開極言道大故云空空只就道説此章首節直贊聖道之大下節亦未有推開講紙何得泥看講説多云上文三節若就聖人身上説則下文待其人二節都説不去鈙竊思上文三節不在聖人身上説則下文都説不去蓋下文待其人而後行者言待如是之人而後行也指上節聖人以起下君子苟不至德二句是巳暗向學者身上説故下文以君子直接之蓋此章是言人道側重下截上截聖人不過説個樣子欲學者有所取法耳故待其人二節是一節緊節以説到君子身上若時解以上三節空空只就道説至待人節方説聖人行道則上文禮儀威儀都無着落與下節故君子之意亦不相接故上三節實言繼天立極的聖道待其人二節是照修爲復性者説原與上節聖人無礙上節聖道不必曲作懸空解説　洋洋節有作陰陽五行之理説者其誤尤甚蓋首節贊嘆聖道之大章句謂包下文兩節而言則第二節當正言聖道之大無疑矣發育二句即所謂以仁育萬物

與天地同運並行者也何得突説天道若説天道則上下兩節文義皆不連屬而難通併失聖賢天道之次第而子思立言之大義亦乖矣蓋前章至誠無息與天道並言聖希乎天也此章君子以聖人爲言賢希乎聖也　或謂上文三節都説聖人之道正合經註之意但前有堯舜後有周孔謂待人節獨指修爲復性者恐太拘曰不説修爲復性者則仍是上節聖人與本文立言人道之界限不清矣

故君子尊德性而道問學節

此節將說惧認者有二一認存心不專是虛靜功
夫故於尊德性包行一認章句致知之屬何只說
得知缺却力行不知存心不專是虛靜功夫者謂
其有問學之功也問學之功下截方始言之何必
上截先贅乎若上截即兼內外言則下截可以不
說矣故此尊德性如易敬以直內之敬字只可說
守此本心之正非如孟子之專言存心謂可兼內
外也章句解道問學謂致知之屬者朱子語類謂

凡人之行得謹者皆由於知得透也故以知統行
今解者不察有認尊德性即是說力行之事道問
學專屬致知之事故言尊德性者大學之誠意正
心道問學者大學之致知格物此說不特混大學
知行先後之序而且失此節上句為下四句之綱
之意蓋道問學半句應下半截道中庸與崇禮等
語若說只屬致知之事則包不得道中庸與崇禮
矣大抵此不違乎敬學相須之實義知行分合之
實功耳蓋敬之與學知之與行一事分兩事兩事

實一事未有能敬而不能學亦未有能學而不能
敬者也未有真知之而不達於行亦未有能行而
不本於知者也故學而不知敬者非聖賢之學也
知之而不達於行者亦非聖賢之知也是以專言
敬則學便在其中專言學則敬便在其中知行亦
然故獨言之則皆可相兼分言之又必不可相混
如此節之致廣大而盡精微猶大學之致知格物
極高明而道中庸猶大學之誠意正心講義之謂
行處亦有精微與新知處亦有中庸與禮者是欤

不知分言之不可以相混也蓋首句道問學是就
大綱統體說故知行皆可包得下四句又就其中
抽出條目細分之故知行各是一意大學之誠意
正心是專言學而敬在其中者故朱子於正心章
以敬字補之此節之尊德性與道問學對說故章
句以存心致知分為兩截釋之汪大全即以尊德
性為大學之誠意正心者是不知尊德性之尚在
力行前一層也大學之誠意正心又各自有敬字
也蓋聖學之敬徹始徹終無乎不在知上固必先

有此尊德性行上亦必先有此尊德性未有不本於此而可知可行者也此聖學始終之妙義經文通例之微旨他處或多說得一面未有如此節之詳盡者鉉少時每最愛這幾句時時在心以爲聖賢入德之途惟在於此及後得此意以遍觀羣書無不皆然特書不盡言言不盡意故於此述鄙意所見以質高明　或謂子尊信朱子者也武曹先生述朱子語類小註謂上截皆是語行處下截皆是說知處又有問尊德性而道問學行意在先云

云朱子答以知行互相爲用之說汝不之從何耶曰鉉所信者其意非其迹也語類小註未知何人所記朱子答以知行互相爲用之說不知又在何年鉉嘗思此二條是必記錄編書之誤非朱子之言也盖每事必先知得一分方可行得一分若一分不知則一分便錯如何可以說行意在先得朱子語類有一條云能尊德性則自能道問學所謂本得而末自順也是已得子思子以尊德性爲重爲本而道問學爲輕爲末之意不應又有反說上

截尊德性爲行下截道問學爲知之說矣盖古來許多聰明才辨之士往往知行過人而卒不能窺聖學門墻者只少此尊德性一層也一尊德性則知得其理行得其道無所處而不當忽不自知其入於聖賢之域矣故子思子謂欲凝上文聖人之道者尊德性而道問學其旨微矣　大全謂尊德性而不道問學如近時禪學道問學而不尊德性如世俗學此亦未確盖禪學之尊德性只守血氣之心故不知下截之道問學若尊天命五常之性

則所謂有物有則而自能道問學矣世俗所學者非必格致誠正之事故無上截之尊德性若義理之知中正之行則必由上截之尊德性來故俗學之與聖學根脚上先差無一似處

致廣大而盡精微二句

章句不以一毫私意自蔽胡氏作行之始言者殊訛盖此意字與他處不同他處是就行上說有作好一邊者此獨就知上說專指不好者盖吾心之知本通貫乎天下之理其所以不見正理者只被

他私意所蔽耳如子之有惡本自知之或先有溺愛之意則便被這溺愛之意遮蔽而不見惡了聖賢之言如康莊大道無難曉者或先有自巳意見橫於胸中謂某說如此如此卽所謂此疆彼界之殊而不能以盡精微之蘊矣故子思謂君子必極心體廣大掃盡雜慮無有一毫意見而後能有以一一盡事物之理極高明而道中庸就行上說者亦然　語類謂解此處下這般字義極費心思蓋只以意欲二字分別知行是析義理於毫芒之間

也學者亦當以身體之而知其意味之實乃存疑沒說諸書不以一毫私意自蔽一句無不說向行上去者故特言之

相在爾室節

有以此節作主敬之全體者訛蓋或問謂此章與首章相首尾者只是說戒懼謹獨之爲兩事而大義如此非謂兩章之文義眞可以一意說也蓋戒懼只是一個戒懼特其上下之文義各別而每章立言之意有不同耳如此章亦謂主敬之全體則是不照本文相在爾室之意而反應首章之道不可須臾離首章亦謂專主靜時則又失却上句道不可須臾離之意而反應此節不愧於屋漏之時致中之內亦謂兼得動時則又不頂上節喜怒哀樂未發之中而反頂別節道不可須臾離之意有是理乎其餘諸說之不顧節脈而妄爲牽合者大抵類此　翼註謂敬信全不着意心體本敬不以肆衆之便是敬心體本信不以僞淆之便是信者非是蓋敬是因人之用功而得名非心體本有也信亦止可說君子存此所言之信不可說卽心體

五常之信蓋心體之信衆人所共此信乃君子之所獨若謂不以肆衆僞淆便是敬信者豈衆人之頑異端之寂滅而塊然不動者亦得謂之敬信乎故此敬信不可說全不着意亦不可說用力執持但當如程子之說靜中有物爲是蓋君子言動之所以不失者皆由於靜時之能存也

詩云予懷明德節

此節無聲無臭之意要看得極平常極切實凡天

人性命之理道德仁義之說無不知此者若不知此便不可以讀學而時習之蓋聖學之所知者知其理所行者行其道又豈有聲臭之可聽聞乎古之十有五時即教之以致知格物之事故得與聞斯道今有白首而不知此意見此節說着這句更茫然不知所觧故備言之廣其義

四書晰疑中庸終

四書晰疑　論語

婁東陳　鋐宏獻著

學而時習之章

此章但當照註以末節說成德為是其第一第二節作成己成物者從來講說之訛也蓋成己者就全體皆誠而造其極者說與成德之意無異首節時習功夫雖深猶未是成德地位故註云其進自不能已第二節朋自遠來亦與中庸成物之意無

與故此三節總屬中庸之成己內事不可謂與大學三綱領一例也

吾日三省章

忠信二字其義甚微不特此章說得有所未妥他章亦皆有混淆故因此以明其義蓋忠為盡己信為以實者二字分言之大略忠信之同為實心實事者二字合言之通例經文之或主心或兼事者又聖賢立言之所指不同學者當隨其文而觀之不可執一而論也若此為人謀之時則當竭盡心

力如同己事而一一皆在天則之中豈可謂之獨
存諸心而不及於事交朋友之時又必心口相符
始終如一豈得謂之獨在於事而無中心之誠乎
故單言忠則可以兼內外單言信亦然單言忠信
則可以兼事與事並言者則又當獨以內說此則
經文所言忠信之微義他章皆可類推惟大學君
子有大道節忠信二字則又當一樣看盖有天下
者因民之好惡而好惡之故採程伯子發己自盡
循物理而無違之說是已他處引之有何當乎今

近時諸公皆牽連混說而無所分別某惜不得親
炙於朱夫子而證其是否也

君子不重則不威章

勉齋黃氏謂外厚重而內忠信者非是盖此四節
各言一般意思不可牽說且不重與主忠信二節
皆自有內外故首節註云輕乎外者必不能堅乎
內第二節註言人不忠信則事皆無實

無友不如己者節

此節謂只友勝己者似非夫子之言盖友勝己固

所以輔吾仁然不如己者皆無過而禁之不亦害
吾仁乎故君子必先有公天下之心而後可學公
天下之學若隘而不公者則便與道違不可以入
道亦不足言學今說者曰與不如己者友便無敬
畏而生狎侮故只友勝己不知與不如己者便有
狎侮不恭之心是輕薄浮華之輩而非所論於入
德之君子也君子以愛敬存心未嘗不欲盡人友
之而入於善無如便辟善柔薰蕕各別故決不可
與之友耳此不如己者專指匪類不肖之人若天

資純粹而學問未充者固必在所矜惜即庸衆常
人亦皆愛之而不之絶也大抵聖人之言皆前後
合符無自相背馳學者必合四子五經之旨而融
會之庶不至有以文害辭以辭害志之病此節時
說過於廹狹與聖人他處言語都不相謀有謂子
貢悅不若已者夫子固嘗言之豈此節之言獨非
與曰不若已者而悅與之友固不可也然必禁之
而不與之友亦不可也必如所言則聖門顏子宜
無一可友矣吾恐君子從無此學問聖人亦必無

此教法。 此節當與子夏之門人問交章叅看。盖彼章子夏子張之說。大抵皆聞夫子之言。故曰異乎我所聞。新安陳氏謂子夏是擇交之道者。果好。子張是泛交之道者。不是。小註初學當如子夏之言。成德當如子張之說。亦不可泥。盖成德莫如孔孟。然孔子不主彌子。孟子不與驩言。初學莫如弟子。猶必愛衆而親仁。故子夏之說可與不可者亦如此。節之以賢否言。子張錯認優劣上說。故言我之不賢人將拒我云云。夫居必擇鄰。出必擇友者。

四書晰疑　論孟　四

君子立身之大節。豈可不論賢否而有泛交之說乎。故尊賢容衆者。亦如上論之愛衆親仁。非和光同塵之謂。子張所聞尊賢而容衆二句本無病。其過高處只在子張自言我之大賢二句。盖君子之交友宜擇。而衆人亦所不拒。衆人固貴能容。而小人亦所不與。二說並行不悖。子張所聞夫子止就好一邊說。子夏所聞夫子兼不好一邊說。非有異也。但子張才高意廣。故從彼說。子夏篤信謹守。故信此言。二子聖門高弟。親炙於夫子者也。猶有所

偏。況千百世以下乎。 按問交章子夏之言。朱夫子猶謂其廹狹矣。況此節夫子口中。反自說禁絶不如己者乎。故註無益有損。當指損友爲長。識之以質高明。

參乎吾道一以貫之章

此章聖賢相傳入道之次第。夫子告曾子以一貫。曾子告門人以忠恕。皆有實義指點。故於首節當先說明一以貫之之體用。以順夫子告曾子之意。而後於末句復渾說以應曾子忠恕而已矣之旨。

四書晰疑　論孟　五

方爲得解。不可混以忠一恕貫糊塗之語說之。盖一以貫之之體用。一理對萬理言。忠恕之體用。是以盡己之實心對及物之實理言。一貫與忠恕原來各自有個意思。所謂忠恕而已矣者。盖以理之數目言。謂之一以貫之。其實只是一片實心所爲而已矣。故集註未知其體之一言。不知衆理之只一體耳。非不知忠體恕用之一源也。困勉錄以集註未知其體之一。卽解作忠體恕用之體。故云未聞一貫之前。則體用猶二也。 此章之意勿說得

太高妙。夫子見曾子平日。逐事用力。不免頭緒之多。用功之繁。至此體驗已深。經歷已久。知將有得。是以呼而告之曰。吾道是一理通乎萬理。非零零星星一事各自爲一理也。是指日用常行之理說曾子告門人之忠恕。亦正說學者之忠恕。故夫子之告曾子。與曾子之告門人。皆移下一級。以俯就其所可及。若內註之謂譬則天地之至誠無息。與外註之云動以天者。是程朱論理如此。有解者不察。乃以推上一層者。與移下一級混而說之。遂言

一以貫之是上達天道。不知此章一貫。是對曾子隨事精察力行說。桴亭先生作達權通變者。已失正意。况天道乎。故於此章已略言之。賜也章又明辨之。

居敬而行簡節

朱子語類謂居敬了。如何便自得他理明。更有幾多功夫在。此說最好。盖自處以敬之時。必民吾同胞。周官法度。政治得失。生民利害。一一素明於內。然後一旦出而治民。則可以先其所急。後其所緩。用其所利。去其所害。有合於大舜臨下以簡之道。故如伯子之不衣冠而處。固不足道。即厚重謹身之士。學問稍疏。亦必不能簡得恰好而有當於聖賢之精意。故鉉於中庸尊德性節。已辨其敬學相須之意。此又引朱子之言。以明聖學之不可以一偏說也。

顏淵問仁章

此註天理之節文。與上論禮之用節集註同意。但彼節論語第一個禮字。釋其全義。故兼人事之儀

則說。此專就爲仁上言。故止訓天理之節文。是就動容周旋自然之理說。有謂即下截盖心之全德者。訛。　有云己與禮。就是虞書所謂人心道心者。非是。盖虞書之所謂人心者。帶好一邊說。故曰危。此己字。止就不好一邊說。故曰身之私欲。道心者。是彼理而非此禮。彼理者。克己而未有不復者也。盖理欲不並立也。此禮則有內無私心而外不能循禮者。故又要復禮。是以朱子小註只得克己便要復禮。但克己而不復禮。則墮於空寂等語爲可

信耳。其餘若非是克己之外。別有復禮功夫一條。與前說不符。是或記者之訛。未可知也。或謂禮卽理也。子烏知此禮者之必不可言彼理者乎。曰禮固卽理也。但禮有規矩準繩之可守。理無形影之可據。故語類謂克己復禮。不可將理字來訓禮字。聖人却不只說克己爲仁。須說克己復禮爲仁。見得禮便事事有個自然規矩準則處。故此禮是節文自然之禮。不可說在內無私之理。又有云要行節文自然之禮。亦必先有在內無私之理。何得如

此分別。且理是人所固有。故曰復。若子之所言。豈不破碎支離之甚。於理反不貫徹乎。曰若他處之動容周旋中禮。固必先由於內皆天理而無私心也。此則已在克己之內矣。公亦思克盡己私。是何等境界乎。若謂理是人所固有。故曰復。獨不思人生亦必有天理當然之禮乎。特拘於氣稟蔽於物欲。而不能皆循禮耳。是以集註蓋心之全德。莫非天理者。是就仁之渾然在中者言。尚未言及禮。至勝私欲而復於禮。則事皆天理。方說到禮。勉齋黃

氏不達文公集註之說。故云上二句。是言仁而禮在其中。下二句。是言禮而仁在其中。遂交互混說而以爲禮亦在內。後儒又因其說。以爲己與禮各自有內外。而不知聖人之言。必內外都盡。使己與禮而獨言之。如下節非禮勿視之禮字。則此言信矣。此節是己與禮並言之。又豈各自有內外乎。故聖人之微言。非徒論說之可盡也。如此章仁字。夫子以內外並言。故註謂必有以勝私欲而復於禮云云。人而不仁章仁字。獨指內言。故註云人而不

仁。則人心亡矣。大抵仁是無形影的物事。須要自己識得。

賜也女以予爲多學而識之章

此章一以貫之。有謂上達天命者。是因誤解參乎章集註之意而傳誤也。盖聖人明言予非多學而識是一以貫之。一以貫之卽對多學而識言也。何得謂之上達天命乎。故多學而識者。博聞强記也。一以貫之者。存心以致知也。存心致知。乃能智周萬物而不遺。博聞强識心雖勞而知有限。是以多

學而識之者不若一以貫之爲得其要耳夫子呼而告之欲子貢知所用力以求造乎至極之地也故語類曰今人有博學多識而不能至於聖者是無一以貫之鉉又推其說謂無一以貫之者只因不曾識得敬字若識得敬字則一以貫之之旨亦自然可以理會得或謂敬是聖學之所以成始而成終古人八歲入小學即教之以此豈有賢如子貢至於如此之年而尚不知哉曰小學之時敬之小者也父師之可教而知格物窮理之事敬之大

者也非心體虛明自得於言意之表者不能及也

或謂存心致知學者入德之事故中庸註云非存心無以致知一以貫之聖人之事故子貢積學功至夫子方告之以此子比而同之不亦過乎曰存心致知通乎上下有許多層次一以貫之聖賢之功夫亦異中庸註云非存心無以致知者對下句存心者又不可以不致知說言二者之交相爲助不可偏廢學者固必要如此聖人亦自然能如此盖聖人天性渾全孩提之心長而不失知事親之孝以此理知事君之忠亦以此理千變萬化無不以此理如夫子答曾子許多變禮雖有不曾經過的事亦自然曉得所謂成性存存道義之門此即聖人之一以貫之也學者不無氣禀物欲之拘蔽或明於此而暗於彼通於前而塞於後不於事親之間深心體察無可去之義則不知禮之有隱而無犯不於事君之間體會夫社稷生民之重不可諛悅以爲容則不知禮之有犯而無隱尋常事物之間必事事存心物物檢點方知其理之所以

一朱子謂多學而識如積散錢積得許多散錢方可與條索子他串此即學者之一以貫之也故存心致知以人之用功言一以貫之以理之數目言非有異也但存心致知可以包得一以貫之一以貫之說不盡存心致知盖未能一以貫之之前要存心致知一以貫之之後亦離不得存心致知也

或謂玩註積學功至云云似當以成功之說爲長不然則夫子當下即告之矣何待子貢之錯用功夫然後告之哉曰不可告也盖聖人氣質清明

義理昭著故合下便能一以貫之若子貢氣禀不能如夫子之清於理便不能見得分明使即告之以此又何知一以貫之之義哉故必待其先用探討窮究之功於事事物物之理漸漸得其旨趣然後可以呼而告之故此政得力之際而非所謂成功之候也　姚江之徒以一貫爲初學入德之事必先一貫而後可學識者固不足道即有以參之唯子貢之非是知天命地位者亦無是理盖一以貫之是理一分殊之意曾子身體力行真積力久

於行上可以理會得子貢明敏過人積學功至於知上可以理會得故呼而告之其餘未幾乎此固不可與言顔子即始見終又不待於言故無論一以貫之是事物當然之理非上達天命之事即以二子年分考之亦非知天命地位盖孔子沒時曾子纔二十七歲子貢四十二歲其告一貫之時不知又在何年孔子尚謂五十而知天命不應二子反賢於孔子如此之遠況上達只可心悟而不可以言傳豈孔子獨能以口授二子乎　此章只要

體賜也女以予爲多學而識之句即可知夫子就下學人事說矣知此章就下學人事說則參乎章之意不辨自明矣　此章學識是知邊一貫的階梯參乎章忠恕是行邊一貫的階梯學者功夫必先從忠恕學識做起迨功夫既熟則一貫之旨自然可以體認得出朱子所謂夫子雖不告之後來亦自然曉得故未聞一貫之前忠恕是忠恕學識是學識及聞一貫之後方知前此忠恕學識的道理即一貫的道理故未到一貫地位只做忠恕學

識功夫不可強探力索反致病痛此夫子待曾子子貢功夫既到而告以一貫曾子見門人功夫未到而只告以忠恕之意也今學者苟能實做曾子子貢忠恕學識功夫則後來亦自得曾子子貢之一貫矣

君子義以爲質章

此章禮遜信之字有指義者有指事者　鎰觀諸說事義二字都認不清楚故說得總不明白如蒙引以三之字指事說是已而以義爲事之宜者則又

混而無別蓋義字有兩意有止以理言者有作事之宜言者事字亦有兩說有當於理者有不當於理者不當於理者只可謂之事而不可以爲義當於理者卽是義蓋事之宜處卽爲義也故義者事之宜義字卽指事說而義在事中止以理言者義是義事是事義在事先而以爲制事之本也今解者但知事之宜之義而不知所以制事之義故解此章之義不得不知若不先有制事之義而事何能合宜乎故此義字正是以義制事之義卽朱註

所云斷制裁制的道理故可以爲事之質幹若作事之宜解則卽是事矣又何以制事且此三之字謂指事者正與義字有別也今以義字卽作事之宜說又何有指事指義之別乎此不惟事義二字之辨別不淸併不知聖經立言之旨也蓋經意單言義卽可以兼事與事分言者則又各自一意如此章義以爲質句雖不如以義制事之明言事字然夫子言君子處事以義爲本是已暗含一事字說矣故此義字與禮遜信一般皆以理言義是制

此事禮是行此事遜是出此事信是成此事故程子謂此四句只是一事以義爲本若以禮遜信之字爲指義說則不知義是個甚麽要禮行遜出信以成乎只因不識義耳

仁人心也節　孟子

此章是孟夫子因當時不知仁義之切於人故直指爲人心人路言之與他處仁義二字不同有時文欲避告子義外之說故以此仁義分作先後而不敢言内外者不知告子以仁愛爲仁而偏言之

則義亦當兼心之制說爲是蓋分言之則仁義各自有體用也此則仁爲人心而專言之義特指行事之宜言蓋以存心制事言之則又以仁爲體而義爲用也故朱子曰蓋以仁存於心義形於外言之則曰仁人心也義人路也而以仁義相爲體用今時解不達此章仁義二字之意故義字多補心之制一層不知義若兼言其體則仁亦不得專爲心之德仁既爲酬酢萬變之主則心之制一層可不必說矣

由孔子而來節

此節無甚疑義。但前聖之見知。皆在同時。孟子去孔子百有餘歲之後。而亦自列於見知。故學者不知所解。鎰嘗於就正無門之日。偶然而得此意。蓋孟子雖不得與顏曾閔冉之徒。授受杏壇之上。然道統之原至此尚未絕也。故猶得以私淑諸人。非若聞知者。杳無所見。獨心領而神會之耳。

四書晰疑孟子終

四書襯（孟子）七卷

清 駱培撰

清乾隆七年坦吉堂刻本

乾隆七年仲秋新鐫

聊城鄧東長
長洲彭芝庭 兩先生鑒定

駱坦軒四書襯

本衙藏板翻刻必究
寶翰樓書坊發兑

學問之道期於自得於司訓之職尤必體驗精至為多士倡丙辰冬奉

命視學两浙訓飭多士先為秉鐸者勉之慈庠湏訓廸駱君氣象從容有莊敬日強之意知其必有以自得後

熟察之愈爲之器重訪其
所著述甚富而四書覌一
作體味聖言彌見功候慈
庠請公同好余亦心折而
勸付之梓君曰聖賢之道
如登青冥望天山之接陟
之而知非顧假數年多陟

峰嶺或當別有見遂寢閱二年復按臨四明雅欲晤駱君觀其所謂陟峰嶺者而君則已故矣惜哉今春試竣欲乘暇為駱君評定著述而君之次嗣庠生雲儀賫書襯謁公館請敘余

念駱君陟峰巓之言而重有感也既點定之以付駱生書極坦易然陟歷頗多巒嶂亦層疊矣駱生足能勉其亟步趨之且以告多士之願登高而遠見者

旹

乾隆七年三月朔日聊城
鄧鍾岳書

序三

四子之書，嗣朱子而解釋者，歷元明迄今，遞有成書，互相闡發，豈非以大義微言包含邃密，而探之無盡欤。然學者童而習之，白首而不得其旨趣所存，蓋朝夕所講究，不過學為舉子業期足應當世之知於是因陋就簡祇取俗下高頭講章壹部其於朱子或問諸書或終身未嘗寓目況欲博採儒先之著述以與朱子之言相發明歟間有頴異之子又以墨守訓詁

為可鄙崇尚新奇支離穿鑿是猶舍康莊入鼠穴所謂惟庸故妄者也壬戌秋余奉

命視學按試湖郡駱生雲儀賚其先子所著四書襯請序閱其自序蓋以書之有匠

義也在字句之間而所謂神氣則在無字句之處於是條暢其辭舒展其氣傲程子說詩之法點掇於一二字之間非但足為啓蒙之助也計余評次兩浙文見其才情奔逸多有超於

經生帖括之外者而求其神理密徵涵咏深長蓋未易數數覯余方懼夫多士挾穎異之姿而崇尚新奇亦與固陋就簡者俱無以涉聖賢之藩籬因喜是編之切近而可遵也爰為之

序

乾隆七年歲次壬戌冬十二月長洲彭啓豐書於三衢試院

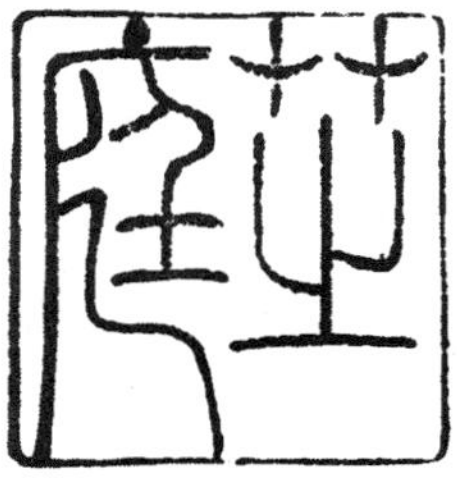

序
少時覩館試之文每學傚
者至必購試牘而誦切之見
有駱君文者愛其精至知
高等爲不誣既而科歲試
相繼屢擢之則皆置高等
而其文日益雋如是者愈

心慕之為之賦饑渴歲年弁棘闈書藝疊脫稿潁自謂匠心方朗誦以自娛而此彌有高唾也口余方不知有後而彼亦不復知有余也貌豐而長髯形和而神檢意態絕殊得未曾有詢

之則向者所見試牘之駱君
垣軒先生者也當是時收韋
無比樗裝案韋襆雋遂公
車北上既登第後南北數千
里不復與駱君相謀面者
科名則猶然每試輒高等
呼爲等一也前之所業不熟

爲後之所感頋駱君愈自
亹亹不容自已之妙其筆益
進生平著作極富而體驗
有得扶聖賢之精而妙脫
諸口者則四書說之此尤爲
但易而實難士才搦管增
華繪若山社蔭生之觀宜

若深有所得而就其文以謝其所言然有罷手不自辨者其於書理未寔有見也若駱君之於四子書屏去一切之說而自乃得乎聖賢之心言近指遠語約義精出口如類上宅迺真有味乎其

言之矣數十年來叨

恩愈重日夕恐惶而夙夜善堪

自問之本猶藉聖賢之書

童而誦習垂老弗怠隱然

動靜事物之交有相之以

運行者則書理之恒案以

者如可憶也茲者　告假

援里復與駱君把臂叱咤締姻親矣翔子坦軒之嗣君為余甥倩而復與余子為譚私書襯之作至是迺僕見叢余雖四子之書夙有積嗜見駱君之書而不覺怳然動也其中綢密之

故性分之通使來酬答最
夕唆理之懽不啻集於君
之毫端而為之抃舞蓋書
觀之披分視駱君之進把晤
而緯姻親則更過之矣翻
子婿年英俊雖不愧家學
者察嫺親之篤固在微而

尤在此也於其奉書來并
書以勉之
旨
乾隆丙辰十月既望筆家
嫻弟姚三辰書於瀨花書
屋

序

國家以制義取士非以為文也聖賢既往讀其書而能見其心則文必有適合乎聖賢之所以為心者不得其心而規撫乎口舌之閒則文日工而術愈下且

文亦必無藉以致其工也前溪駱坦軒先生與余接壤而居少嘗誦習其文後又下帷于余家爰得深悉其所以求合乎聖賢之心者居閒論文必求書理之至當而蒙存淺達諸說以

為是未足以見聖賢之心也直溯源于程朱而一切朱子之説又必本傳註以為宗一字一句沉潛反覆既實體夫義理之所存與夫意言之所指而其心喻而口不能傳者則尤交暢

于虛字吞吐語言不盡之間先儒論朱子註語字字從天平上秤過如坦軒先生之于朱註乃真執戥而與之較毫末也歲己酉余子從課相與叙賓主者數年每于先生開講四子之

書側聞其確見定解了然
豁然于凡性命天人鬼神
幽渺難為舉似之故經其
指授聞者罔不氷釋而日
用行習人人失察之端會
而通之又穆然于見聞屏
絕不可思議之地而又丰

彩與談論互相發明冲然
之度粹然之詞即其語氣
高下有無斷續停頓之頃
真有泳嘆滛泆不可言似
之妙動靜之際語默之會
皆學者真蘊流溢不可强
爲掩著之寔際而僅遇之

于所說之書是猶未盡乎先生之半也顧先生之善說書者則既不可復作矣兒輩集其所爲書之襯者以彙而成編庶其人之所謂半者猶可遇諸卷帙而書襯之妙以淺得深言近

指遠寔從事乎求聖賢之心以得諸心而載諸書試一體驗着語不多理足神肖問者答者坐者立者色色活露無不親見其啓口而亹亹動聽于千數百年之後盖得乎聖賢之所以

為心即聖賢之全者以見而又何嫌于得先生之半也雖然知者見知仁者見仁毋相強也學者日讀朱子傳註而不見所以為朱子之蘊執先生書襯之作而顧視若高深不可幾及

以爲有駱子之全者在焉則先生隱矣

乾隆六年孟冬朔日年家眷弟徐以升頓首拜書於京邸

自序

書言襯何曰如衣之有襯然後可表而出之也書有正義有神氣正義在有字句處神氣在無字句處神氣得而正義自見故說書者忌直襯則曲忌板襯則

活忌支離節解襯則筋聯脈屬
累字而成句字有襯累句而成
節句有襯累節而成章節有襯
或順襯或倒襯或旁襯或反襯
或引起於前作襯或收宕於後
作襯總於無字句處着神而於

有字句處一轉便醒說書之道如是行文之道亦即在是昔程子說詩點掇一二字念過教人領會即此意也又嘗讀杜氏春秋傳序云優而柔之使自求之饜而飫之使自趨之若江海之

浸膏澤之潤渙然冰釋怡然理
順竊深有味乎其言之因思四
子之書果能澄心靜氣涵泳白
文沉潛反覆於朱子本註再參
之或問語類即不能如程子說
詩之法僅點掇於一二字之間

而條暢其辭舒展其氣俾説書者無板直脫離之苦而行文者開頓折波蕩之機則於家塾啟蒙未必無一得之助云

前溪後學駱　培心田氏自叙於留畊書屋

附言

先君子一生修行嗜學課聚生徒惟以孝弟忠信理義廉隅爲主本所著詩古文詞外有左氏彙纂與四書襯及時藝數千餘篇久爲識者所珍重因家貧欲付梓而未之逮也歲丁巳　先君子年屆八旬司訓四明慈邑三載寒氊勵志課士己未春夏累月臥病參苓罔效至初秋而　先君子見背儀不肖一經莫繼慙愧彌深兼之時運不齊數年中坎坷疊出拮据支吾辛酉壬戌敎讀武林與姑蘇陛君亮臣兩載聯牀夜話訂爲忘年友爰有先鐫四書襯之志旋蒙
學憲聊城　鄧公長洲　彭公先後鑒賞頒賜瑤序表揚遺編而戚友　聖湖姚公贈序於前　恕齋徐公惠序於後緣兩公

於　先君子知之最深道誼文章相投甚厚稔知是書之大有裨於海内也儀與仁和同學王子德方共襄此舉自壬戌七月始至癸亥十月告竣但例言數則未經　先君子手定儀資識庸陋豈敢妄作謹紀始末附擬數言以爲就正之意並俟有道之論定云爾

是編以一己之思議遡聖賢之心腕有時迅筆直書片刻遂成數頁有時反覆推求終日不了一紙總求吾心與義理口氣兩無遺憾而止亦初未嘗於義理口氣外别有夾雜互相矛盾以誤初學此　先君子常常言之儀至今記憶之

大旨本於朱子集註及或問語類佐之於先儒之粹言叅互考訂闡發無遺實竭數十年沉潛反覆之功始能會萃衆説以成

一編字櫛句比節妥章適用心之密無以復加

先君子自序時藝云看書屬知作文屬行平日通章通節條分縷析融會貫通統體之知也拈題或一字一句移步換影相機度勢臨事之知也統體之知譬諸知止臨事之知譬諸能慮既知止又能慮則行文無不得矣又云作文之道如鳶之飛魚之躍怡然自得全不用力而不自知其所以然學者得是解以閱是編則看書無難行文自易

或有識之者曰可惜是編少集註幷不指明章旨節旨　儀聞之不覺噴飯因憐嘗者之未得與於日月之明也夫集註自有監本即歷來講說家頗多不刋者且試問是編那章不本於朱註乎至於章旨節旨明明備於襯語之中每章或提明於前或補

附言二

結於後融化無迹靜玩顯然如必曰若何云云章旨也若何云云節旨也是爲畫蛇添足大非是編眞面目雖然此直一二門外漢少閱幾部線裝書耳明眼人多矣覩之仍活潑潑地如必欲以口舌爭殆與譏之者等儀則何敢

國朝英賢輩發未可枚舉卽兩浙理學尚家亦指不勝屈是編每卷首參閱姓氏大半係先君子生平所最投契者閒有一二未經謀面之友亦屬與儀爲至交讀先君子著述不啻謀面而欣喜復以不獲謀一面毋爲之感慕而追嘆者則亦載其姓氏以爲知己之感

字韻之有四聲至理寓焉今士大夫家訛以傳訛者十居六七卽如善去聲善上聲二聲俱讀作善去道上道去二聲俱讀作道去

復入復去二聲俱作復入弟上弟去二聲俱作弟去覆去覆入
二聲俱作覆去治平治去二聲俱作治去上去上上二聲俱作
上去下上下去二聲俱作下去之類不可勝數殊不知聲韻一
錯則義理迥别失毫釐謬千里矣至於句讀不講則語氣之斷
續貫串停頓咸歸舛謬餓於四聲句讀二者是編詳加校正

四書正文一字一畫平日均不可忽以其有關於應試也坊間
錯誤之處不但講説諸書即監本亦正不少是編悉遵姑蘇歲
寒堂原據本係　文正范公書院藏板也一點一畫盡合禮部
一定字樣展卷輒獲朗然凡入鄉會兩闈暨歲科二試者豫爲
披覽庶題目點畫不致畧有疑惑至於塾師倡教尤當依此課
讀誠藝林之拱璧無與坊刻同觀

正文字少猶易考訂襯語字多細密雖經校對數次而精力有限恐魯魚亥豕之弊未能盡免海內　諸公展閱之下有摘出者希即郵示杭郡寶翰樓書坊以便剔補不啻百朋之錫癸亥十月既望古前溪風渚湖駱雲儀翔千氏謹識

同學諸子參閱

沈南指 錫輅 仁和　姚聖湖 三辰 仁和　方文輈 黎如 淳安

陸麟度 師 歸安　蘇昞餘 滋忺 姚江　姚聖在 觀 慈谿

鄭義門 性 慈谿　蔡凭夫 軾 德清　徐商農 志莘 德清

蔣季眉 拭之 鄞縣　陳葆林 璟 仁和　高鶴洲 怡 武康

鄭瀛洲 羽逵 慈谿　董次歐 正國 鄞縣　徐抑齋 志巖 德清

蔣省齋 祝 仁和　徐恕齋 以升 德清　章柱天 楹 新城

許東澗 鎮 德清　朱玉階 佩蓮 海鹽　車就臣 德輔 德清

吳諤廷 名夏 烏程　葉敬六 亮 仁和　潘禹巖 顯圻 歸安

沈可山 時 嘉善　林震孟 夢麒 慈谿　潘中建 曙 歸安

孫廣庭 觀壇 嘉興　陳輝山 光德 海鹽　董任焉 堪 禹航

周聆度 鉉 慈谿　卲典三 伯 象山　俞殿卿 聲金 慈谿

徐天益 祿宜 武康　徐築巖 紹楨 德清　蔡秀夫 書紳 德清

陶玉川 又侃 秀水　董際可 逢年 鄞縣　鄔紹堯 貽孫 奉化

卓枚銓 越 仁和　馮天閑 李驊 錢塘　潘聖毓 丹元 歸安

胡序皇 承昊 德清　蔡桐川 貽豊 嘉善　張小范 錫理 慈谿

楊公桓 仲達 禹航　車會嘉 際亨 德清　徐　岳 東山 德清

社友商訂 同邑者不書地

聞人大閑 鍵 餘姚　蔡渭川 鈞 德清　桂學中 庸 慈谿

皇甫翾蒼 鯤 仁和　金玉羣 鱗 湖州　徐日升 常昇 西安

姚吉士 日宣 杭州　徐易門 學乾 常山　周星緯 樞

高邁人 瀛　沈殷乘 輅 錫　沈輝山 濱

吳玉行璪　徐丙元慶曾　徐贊元行
李周明堂　李接三匯　丁清婉世揚
馮大立學海　沈禹墉肇基　徐序天紹寧
徐午亭光陽　胡堯章煥　駱邁千異
梁燦若文星　韓彥偉德輔　姚坤含式宏

慈谿庠友暨受業諸生較正

周　深淵如　周鳴崗沛如　向振鋐友金
林夢葛稚川　王玉蟾輝遠　林克家蒼被
顧　法商霖　馮全斌抑兼　姚希程二川
魏　鼎夏初　馮鵬飛秉六　葉　昺丙章
葉　機大千　以上慈庠　張益謙方濟　徐　鏞回春

沈世奕 綸美　張鳴謙 方聞　莫之京 省三

吳知紡 恭存　茅學詩 持正 湖州　陳希哲 藩宣 禹航

舒　裕 晉初　魏子甲 鼎三 錢塘　茅學禮 敬輿 歸安

徐以觀 賓四 德清　徐文升 晉揚 德清　陳　謨 殿三

沈嵚 子堅　范師留 子良　曹　崑 軼羣　朱　潮 湘波

周廷棟 衡中　徐開厚 恭受 德清　吳　鎬 豊遷

沈　濤 進思　姚江筆 丹書　唐汝欽 敬若　周廷楣 衡三

章聖世 純功　芮秉均 方維　沈　釗 士美

徐以震 省若 德清　徐允升 吉初 德清　周發奇 壽維

周應龍 翼飛　張　鷁 峙望　張錫車 孝思

章世謨 景周 餘杭　王　坤 德方 仁和　徐以豐 來章 德清

蔡錫冑 旦始 德清　徐以泰 陛交 德清　徐以坤 含章 德清
稽 墱 爽亭 德清　徐日升 東輝 德清　徐以謙 吉六 德清
徐景豐 守中 德清
婿許芝巖 玉立　高植 礪村　王士龍 際雲 仝編次
叔 仲緯 璣　兄 鳴遠 鵬翰　弟 舉 高平
壆 昌平　姪 奎中 旦明 錢塘學　鳳來 儀成
義男 元成　士彬 方洲　士端 宛平
承熹 則斯　錦佩 雙衙　姪孫 汝明 秉麟
于蕃 幹庭　世銓 衡三　姪曾孫大宗 與屏
載揚 尚賓　智錫 若培　智明 鑑高
外孫許三聘 沛蒼 德清學　高文熙 百惟　男 雲倬 洪爲
姓氏三　且朴堂

雲儀翔千　雲侶儕仙　雲佩襄文

孫　良嗣振宗　良弼振廷　良佐振邦　仝監鐫

四書襯孟子卷之一

聊城鄧東長　長洲彭芝庭　兩先生鑒定　吳興駱　培坦軒著

仁和蔣　祝省齋　新城章　楹柱天　參閱

受業徐以觀賓四　唐汝欽敬若

姪　奎中旦明

男　雲倬漢爲　雲儀翔千仝校字

梁惠王章句上　凡七章

孟子抱仁義之學。應卑禮厚幣之招。以見梁惠王。王曰、凡四方賢士。辱臨吾國者。未嘗不以利相許。而迄無成。茲今叟、老成練達之人。乃不遠千里而來。意必有奇謀勝算。可以立致富強。則亦將有以利吾國乎。孟子對曰、臣之來非以利來也。王撫有大梁。何必矢口而卽曰利。亦有心之德愛之理之謂仁。心之制事之宜之謂義。而已矣。王亦知言利者。利未得而害已隨之乎。夫王一國之主。朝野觀聽所繫。王而曰何以利吾國。則大夫必將曰何以利吾家。士庶人亦將曰、何以利吾身。利有成數。不在上。卽在下。今爭計之。曰何以何以勢必在上者征利于下。在下者征利于上。上下交征利。而國危矣。是故萬乘之國而至于弒其君者。必在千乘之家。千乘之國而至于弒其君者必在百乘之家。夫上下各有常分。所謂義也於萬而取其千焉。于千而取其百焉。不為不多矣。苟為後其義而先其利。則不盡奪不饜。此弒逆所由來也。王以為利乎。不利乎。若夫仁義本非以求利也。而實未嘗不利焉。人孰無君親。而往往遺親後君者。以不知有仁義也。王誠以仁義倡于上。則大夫士庶人必亦以仁義率下。將見仁主于愛。而愛莫先于愛親。未有仁而遺其親者也。義主于敬而敬莫先于敬君。未有義而後其君者也。尊元后而親父母。利孰有大于是者乎。言利之害如彼。言仁義之得如此。王亦曰仁義而已矣何必曰利。

〇孟子見梁惠王。王斯時方立於沼上。而顧鴻鴈麋鹿。不覺對孟子而自慙也。王。曰、今日者。寡人之見哂于夫子也。甚矣。第不知當世有賢者之君。亦樂此乎。孟子對曰、王以爲。賢。者未。必。樂此。乎。自臣言之。正惟賢者而後樂此。若不賢者雖有此。亦不得以享其樂也。如古之人。有文王者。所謂賢者是也。靈臺之詩云。經始靈臺。經之營之。庶民攻治之。用力齊而成功速。不日成之。王且緩之曰。經始勿亟。庶民益踴躍。如子之來。趨父事焉。于是臺成。而臺下有囿以畜養禽獸。王在靈囿。則見囿中之麀鹿攸伏。安其所也。且麀鹿濯濯而肥澤也。白鳥則鶴鶴而潔白也。囿中有沼。沼以畜魚。王在靈沼。於、克牣哉。魚之躍而自得也。詩言如此。夫人情好逸而惡勞。勞則生怨。文王寔以民力爲臺爲沼。不惟不怨。而民反歡樂之。是以臺則其臺也。沼則其沼也。麋鹿魚鼈則其有也。而謂其臺曰靈臺。謂其沼曰靈沼。若忘其勞。而歸之神靈之助也。曰攸伏曰濯濯曰鶴鶴曰牣而躍。樂其有麋

鹿魚鼈也是民樂鳥獸魚鼈之樂無非樂文王之樂樂文王之樂不啻自樂其樂若是者何也**古之人**平日所以愛養斯民者無一不得其所久矣**與民偕樂故**民亦樂其樂而文王**能**享其**樂也**所謂賢者而後樂此此其微矣若夫不賢者則大異是不觀諸夏桀乎商書**湯誓曰時日害喪予及女偕亡**葢緣桀嘗自言吾有天下如天之有日日亡吾乃亡民怨其虐故欲其亡之甚而爲是言耳夫爲君者而至**民欲與之偕亡雖有臺池鳥獸豈能獨**享其**樂哉**王勿徒以樂此爲嫌也亦求勉爲賢者而可矣

〇梁惠王曰、人謂人盡可以勝天寡人幾疑之矣即如**寡人之於國也**未嘗不念民依未嘗不憂天譴殫精畢慮亦可謂**盡心焉耳矣**向者**河內**告**凶**民無生理寡人于天意之窮力爭民命是時河東歲稔遂以萬難之中畫一善全之策**則移其民於河東**而少壯者就食**移其粟於河內**而老弱者得養既而**河東**又**凶**其移民移粟者**亦然**是非有成例可援亦非有羣策可助自非寡人盡心幾令東手坐斃矣夫天災流行何國蔑有乃**察鄰國之政無如寡人之用心者**何使天果可畀民民果可保則不用心者之民宜加少而盡心者之民宜加多矣乃**鄰國之民不加少寡人之民**

不加多何也。寡人盡自笑盡心之徒勞也。孟子對曰、王好戰請以戰喻。兩軍交壘填然鼓之兵刃既接。遂分勝負。于是負者棄甲曳兵而走。及追兵不至或百步而後止。或五十步而後止。乃以五十步笑百步則王以爲何如。曰、不可。彼五十步者直不百步耳。是亦走也。豈百步者怯而五十步者獨勇乎。曰、臣以爲王之不知此也。王如知此則不恤其民者走百步者也能行小惠者走五十步者也而皆不能行王道以養民者也。無遽望民之多於鄰國也。夫王道以得民心爲本非民之不可多也在行王道焉耳王道蓋有其始事焉。天地有自然之利在王先樽節愛養之耳。農所以生穀妨之則不生。不違農時。穀不可勝食也。洿池以產魚鱉盡取之則不繼。數罟不入洿池。魚鱉不可勝食也。山林以長材木旦旦伐之則易盡。斧斤以時入山林。材木不可勝用也。夫飲食宮室所以養生祭祀棺槨所以送死。有一不遂能無憾乎。今穀與魚鱉不可勝食。材木不可勝用。是使民養生喪死。俱無憾也。養生喪死無憾。王道之始也。然而法制猶未備也由是盡法制品

節之詳極裁成輔相之道以左右民給以五畝之宅二畝半在鄉二畝半在邑牆下俱樹之以桑以飼
蠶則非帛不煖之五十者可以衣帛矣魚鼈水族也而家有常畜教之以雞豚狗彘之
畜無失其孕字之時則非肉不飽之七十者可以食肉矣田無定額農不均也授以百
畝之田勿奪其時數口之家可以無飢矣自是而教化可興謹之以庠序
鄉學之教就中申明之以孝悌之義則子弟皆知敬愛父兄而頒白之老者不親負
戴於道路矣合而言之七十者既衣帛食肉黎民亦不飢不寒相率而親
親長長則民生遂而民性復家室寧而風俗淳然而不王者未之有也此王道之成也今王自謂盡心
也乃厚歛以畜狗彘是狗彘食人食而不知檢倉廩未嘗不實乃塗有餓莩而不
知發人飢而死則曰非我也歲也是何異於刺人而殺之曰非我
也兵也兵不能自殺人而罪在操兵者之行殘歲不必盡殺人而罪在不行王道者之無備王無罪歲而以
移民移粟之小惠轉而盡心于王道之始王道之成斯天下之民至焉豈但多于鄰國而已哉

○梁惠王曰、小惠不若王道罪己不宜罪歲夫子教寡人至矣繼自今。寡人願安心承教焉

孟子對曰、梃刃皆可以殺人不知殺人而以梃與刃有以異乎。曰、無以異

也。曰。然則刃政皆可以殺人。有如殺人而以刃與政有以異乎。曰、無以異也。曰、若。是。

則。王。之。以。政。殺。人。也。亦。多。矣。庖則有肥肉也。廐則有肥馬也。致使民則有飢色

也。野則有餓莩也。厚斂丁民以養禽獸。此無異于率獸而食人也。夫獸相食。

且人惡之。君者民之父母也。爲民父母行政。乃不免於率獸而食人。惡

在其爲民父母也。仲尼有言曰、始作俑者。其無後乎。何爲也爲其象

人而用之也。夫用木偶人以從葬。不過以其有面目機發而似人。尚且惡之。如之何其寔使斯

民飢而死也。王。欲。行。仁。政。先。去。虐。政。而。後。可。耳。

○梁惠王曰、寡人之國本晉國也其在先世。地廣兵衆。天下莫強焉。叟之所知

也。及寡人之身。宜其有盛無替。乃東敗於齊。長子被虜而死焉。西喪地於

秦七百里南辱於楚寡人恥之無以見死者于泉下願比死者一洒之如之何則可孟子對曰雪恥事小興王事大王毋謂喪敗之餘不足有爲也果發憤自强地方百里而可以王況魏不止百里乎則施仁政于民尚矣王如施仁政於民而先于其大端之最急者省刑罰而不戕民命薄稅斂而不竭民財使之得以深耕易耨以遂其生由是董其壯者以暇日謹庠序之教脩其孝悌忠信使之入以事其父兄出以事其長上則衣食既足禮義復興親上死長之心固結而不解豈嘗取必于報仇雪耻哉然王道既行不戰自屈可使制梃以撻秦楚之堅甲利兵矣所以然者非獨我能勝彼也彼亦先自敗焉彼煩刑厚斂奪其民時使不得耕耨以養其父母遂至父母凍餓下及兄弟妻子離散尚何孝悌忠信之可言哉然則彼血如陷溺其民也其結怨已深王一旦幸尊君親上之民往而征之將望風趨迎之恐後夫誰與王敵哉故古語曰仁者無敵臣所云百里可王者以此而已王請勿疑斷然行之可矣

〇孟子見梁襄王出語人曰夫人容貌辭氣乃德之符卽外可以知內者也况人君乎乃新君初立望之不似人君就之而不見所畏焉卒然問曰天下紛爭當惡乎定吾對曰定于一曰各君其國孰能一之對曰不嗜殺人者能一之曰各君其君孰能與之對曰天下莫不與也王知夫苗乎當七八月之閒需雨之候也而旱焉則苗槁矣一旦天油然作雲沛然下雨旱極得雨其功加倍則苗浡然興之矣其與如是孰能禦之觀苗可以知民情矣今夫天下之人牧未有不嗜殺人者也重刑厚斂爭地爭城民且稿矣如有不嗜殺人者出于其間則如時雨方降天下之民皆引領而望之矣誠如是也民歸之由水之就下沛然誰能禦之

〇齊宣王問曰先君桓公晉君文公皆能取威定霸聲施到今夫子必講求有素不知齊桓晉文之事可使我得聞乎孟子對曰臣學本之仲尼仲尼之徒無道桓文之事

者是以後世無傳焉臣故未之聞也王必欲臣言無以則王天下之道乎曰君德何如則可以王矣曰是不難保民而王莫之能禦也曰若寡人者可以保民乎哉曰可曰何由知吾可也曰臣嘗聞之胡齕曰王坐於堂上有牽牛而過堂下者王見之曰牛何之對曰將殺以釁鐘王曰舍之吾不忍其觳觫若無罪而就死地對曰然則廢釁鐘與曰何可廢也以羊易之胡齕之言如是不識有諸曰有之曰即王之是心足以保民而王矣在百姓淺見傳聞是事皆以王爲愛費也臣固知王之寔出子不忍也王曰然以羊易牛其迹似吝誠有如百姓之以我爲愛者但齊國雖褊小吾何至愛一牛即不忍其觳觫若無罪而就死地故以羊易之也曰王無異於百姓之以王爲愛也彼百姓所知者小大之數耳今王以小易大即有不忍之心彼惡知之哉且王若以爲隱其無

罪而就死地。則牛如是羊亦如是于牛羊又何擇焉。王乃笑曰、不忍牛者是心也恐于羊者亦是心也。是誠何心哉。我本非愛其財。而乃易之以羊也。宜乎百姓之謂我愛也。曰、雖有百姓之言固無傷也。是乃所以善全乎仁之術也。蓋殺牛既所不忍釁鐘又不可廢於此無以處之則此心雖發而終不得施矣王乃以羊易牛則既有以全牛而實非獨忍于羊以見牛未見羊故也。見牛則此心已發而不可遏未見羊則其理亦形而無所妨塞為兩全而無害大凡君子之於禽獸也。見其生不忍見其死。聞其聲不忍食其肉。是以君子遠庖厨也。庖厨既遠則不忍之心施于見聞之所及而用之以禮未嘗盡撤于見聞之所不及其所不見不聞者仍以預養此心而廣為仁之術也夫以小易大牛羊何擇孟子故設此難欲王反求而得其本心于不能然至是乃欣然有得王說曰。詩云。他人有心。予忖度之。正夫子之謂也。夫此事我乃自行之。宜其反求而即得矣孰知反而求之。不得吾心。至夫子言之。悦然于見牛未見羊之故遂若觳觫之狀復呈于前於我心有戚戚焉。但此心甚微夫子以為是王則又未知此心之所以合於王者何也。出王之言觀之，雖知此心不從外得，猶未識所以反其本而推之也。孟子于是又望其擴充焉。曰：有復於王者曰：吾力足以舉百鈞，而不足以舉一羽；明足以察秋毫之末，而不見輿薪。則王許之乎？曰：否。能舉重而不能舉輕，能見小而不能見大，無此事也。曰王如知此，則知是心之合于王無難事矣。蓋物與人異類，而人與人尤同類而相親，是以惻隱之心發于民切而于物緩。推廣仁術，仁民易而愛物難。今王之恩足以及禽獸，而功不至於百姓者，獨何與？是何異于舉百鈞、察秋毫，而一羽不舉、輿薪不見者也。然則推其故，一羽之不舉，為不用力焉；輿薪之不見，為不用明焉；至于百姓之不見保，為不用恩焉。用恩則王，不用恩則不王，非恩之無可用也，特不用恩耳。故王之不王，不為也，非不能也。曰：敢問不為者與不能者之形何以異？曰：挾太山以超北海，語人曰我不能，是誠不能也。若夫為長者折枝，而亦語人曰我不能，是不為也，非不能也。不為者與不能者之形如是。故王之不王，非挾太山以超北海之類也。王之不王。是折枝之類也。王誠不護之于難而一用其恩則亦在乎推之耶。老吾老。因以及人之老。幼吾幼。因以及人之幼。即天下之大可運之於掌。詩不云乎。刑于寡妻。至于兄弟。以御于家邦。言擧斯心加諸彼而已。心一也。所加無窮。而所擧不竭。止爭恩之推與不推耳。故推恩。足以保四海。不推恩。無以保妻子。古之人所以德業大過人者。無他焉。由親親而仁民。由仁民而愛物。善推其所爲而已矣。自近以及遠。自易以及難。當然之序也。今恩巳足以及禽獸。而功反不至於百姓者。獨何與。推其故。良由王之未嘗度之也。試思物之輕重何由知。必權然後知輕重。物之長短何由知。必度然後知長短。凡物皆然。而心之有輕重長短。不容已于權度者爲尤甚。蓋物無權度。所失者不過一物之輕重長短。心爲擧斯加彼之準。進大下四海之圭。若不以在物之理處物之義爲本然之權度以衡量于其間。則重其所輕。輕其所重。長其所短。短其所長者。不可勝計矣。今王愛物之心重且長。而仁民之心輕且短。失其常然之序。而不自知也。王請度

之抑王（愛民之心所以輕且短者得毋以）興甲兵危士臣構怨於諸侯然後快
於心與（三者寔非人心之所快有甚于殺觳觫之牛者而王何以獨好之也）王曰否吾何快於是
（特）將以求吾所大欲也（據王之言則是爲欲所誘故其心尚明于他而獨暗于此此所以愛民之心輕
且短而功不至于百姓也孟子遂從而詰之）曰王之所大欲可得聞與王乃笑而不
言（孟子故設問之）曰（肥甘所以悅口輕煖所以適體采色所以悅目聲音所以娛耳便嬖所以任使令王毋乃）爲肥
甘不足於口與輕煖不足於體與抑爲采色不足視於目與聲
音不足聽於耳與便嬖不足使令於前與（然此數者庶）王之諸臣皆
足以供之而王豈爲是哉曰否吾不爲是也曰然則王之所大
欲可知已（土地未盡辟秦楚不來朝中外非一統則所欲不遂王始）欲辟土地朝秦楚莅中
國而撫四夷也（王之所欲良是但）以若（興兵構怨之）所爲求若（統御中外之）所欲
（恐望奢而計左）猶緣木而求魚也王曰（求而無益）若是其甚與曰（不惟是也）殆有

甚焉。緣木求魚。雖不得魚。無後災。以若所爲。求若所欲。（勢必）盡心力而爲之。（不惟不得）後必有災。曰。可得聞與。曰。（設使）鄒人（而）與楚人戰。則王以爲孰勝。曰。（鄒非楚匹明矣。）楚人勝。曰。（王蓋以鄒小而楚大。鄒寡而楚衆。鄒弱而楚強也。）然則小固不可以敵大。寡固不可以敵衆。弱固不可以敵彊。（何獨鄒楚然哉。）海內之地。方千里者九。（而）齊集（其地不過）有其一。（今欲）以一服八。何以異於鄒敵楚哉。（所謂後必有災者。以此。王而必求若所欲也。）蓋（今若所爲而）亦反其（所以求之之）本矣。（反本奈何。夫天下之仕者。耕者。商賈者。行旅者。疾其君者。皆有欲。特不得一發政施仁之主以歸之耶。）今王發政（以）施（其）仁。使天下仕者皆欲立於王之朝。耕者皆欲耕於王之野。商賈皆欲藏於王之市。行旅皆欲出於王之塗。天下之欲疾其君者。皆欲赴愬於王。（是合天下之欲以爲欲。而王之欲將不求而自至。大。小。衆。寡。強。弱。非所計矣。）其若是。孰能禦之。王曰。吾（賦質）惛（昧恐）不能進於是（發政）

施仁之道矣。願夫子輔吾志。明以教我。我雖不敏。請嘗試之。曰、仁政先于
養民養民先任制產蓋禮義生于富足有恒產而後有恒心若夫無恒產而有恒心者。惟嘗學問知
義理之士為能。若蚩蚩之民。則無恒產。因無恒心。苟無恒心。放焉辟
焉邪焉侈焉無不為已。如是而犯罪者衆矣平日未嘗制產養民及陷民於罪。然後
從而刑之。是罔民也。夫罔所以掩取禽獸者也焉有仁人在位。罔民而可為
也。恒產所係之重如此是故明君制民之產。必使仰足以事父母。俯足以
畜妻子。樂歲固終身飽。即凶年亦得免於死亡。民生既遂然後安驅而
之于善。則自然向化故民之從之也。輕易而無難此所謂有恒產而有恒心也今也制
民之產。仰不足以事父母。俯不足以畜妻子。樂歲已終身苦。矣一
遇凶年。即不免於死亡。此惟救死而恐不贍。奚暇治禮義哉。此所
謂無恒產而無恒心也王欲取所謂發政施仁者而行之。則盍反其本以制民常產矣。請言

（制民常產之法）五畝之宅樹之以桑五十者可以衣帛矣雞豚狗彘之畜無失其時七十者可以食肉矣百畝之田勿奪其時八口之家可以無飢矣（授宅授田而兼教之樹畜恒產之制大畧如是由是）謹庠序之教申之以孝悌之義（所謂驅而之善而禮義自興）頒白者不負戴於道路矣（夫）老者衣帛食肉黎民不飢不寒（以致教化行而風俗厚）然而不王者未之有也（要不過推其不忍之心以行不忍之政所謂保民而王莫之能禦者如此區區霸術豈可同日語哉）

梁惠王章句下 凡十六章

莊暴見孟子曰暴見於王王語暴以好樂暴（不敢以好樂爲是又不敢遂以好樂無爲非故）未有以對也（今私質諸夫子）曰好樂（之于治得失果）何如孟子曰（好樂無傷特患王好之不甚耳）王之好樂甚則齊國其庶幾乎他日（孟子）見於王曰王嘗語莊子以好樂有諸王（慚而）變乎色曰寡人非能好先王之樂也

直好世俗之樂耳。曰、（王毋以所好之為非正也）王之好樂（而果能廣其量而）甚（焉）則齊其庶幾乎。（不得其道、雖先王之樂、無益也。得其道、即世俗之樂、何損也。）今之樂由古之樂也。曰、（好樂甚而齊庶幾其故）可得聞與。曰、獨樂（以取）樂與人樂（以取）樂（二者）孰樂。曰、不若與人。曰、與少樂（而取）樂與衆樂（而取）樂（二者）孰樂。曰、不若與衆。（孟子乃進機而導之曰、獨樂不若與人、與少不若與衆、此至公之常情也。王而知此、則善言樂者莫如王、善好樂之甚者即莫如王矣。）

臣請為王言樂。今王鼓樂於此、百姓聞王鐘鼓之聲、管籥之音、舉疾首蹙頞而相告曰、吾王之好鼓樂、夫何使我至於此極也、父子不相見、兄弟妻子離散。（鼓樂之後或繼以田獵）今王田獵於此、百姓聞王車馬之音、見羽旄之美、舉疾首蹙頞而相告曰、吾王之好田獵、夫何使我至於此極也、父子不相見、兄弟妻子離散。（若此者以王獨樂其身何也）此無他（而不卹其民）不與民同樂也。今王鼓樂於此百姓聞王鐘鼓之聲。管籥之音。舉欣欣然有喜色而相告曰。吾王庶幾無疾病與。何以能鼓樂也。不寧惟是。今王田獵於此。百姓聞王車馬之音。見羽旄之美。舉欣欣然有喜色而相告曰。吾王庶幾無疾病與。何以能田獵也。若此者又何也。此無他。推好樂之心以行仁政。使民各得其所。而與民同樂也。觀民情之欣戚。一係于君好之公私。如此。然則王特患不與民同樂耳。今王推好樂之心。而廣其大公之量。所欲與聚。所惡勿施。焉與百姓同其樂焉。則天下歸而王矣。所謂好樂甚。則齊其庶幾者。蓋如此。

○齊宣王問曰。嘗聞文王之囿。方七十里。有諸。孟子對曰。有無不可必。但於傳所載則有之。曰。若是其大乎。曰。當日之民猶以為小也。曰。文囿七十里而民以為小。甚矣民情之厚也。若寡人之囿方四十里耳。民猶以為大。何也。曰。雖曰文王之囿方七十里。然名屬之文王。寔非文王有也。囿中有芻蕘。而芻蕘者往焉。囿中有雉兔而雉兔者往焉。以七十里之文囿而與通國之民同之。取之者無窮，給之者有盡。民以爲小，不亦宜乎。若王之囿則不然。臣始至於境，問國之大禁，然後敢入。臣因于大禁中。聞郊關之內有囿方四十里。敢有殺其囿中之麋鹿者，如殺人之罪。則是方四十里，非囿也，直以麋鹿爲餌而陷民于阱蓋。爲阱於國中。也方且望之者股栗，見之者隕涕。民以爲大，不亦宜乎。

○齊宣王問曰：交鄰國有道乎？孟子對曰：有。大凡爲大國者，多恃其強以侵小國。惟仁者，寬洪惻怛，而無較計大小強弱之私，故小國雖或不恭，而我所以字之之心自不能已。爲能以大事小。焉。是故湯事葛，文王事昆夷。爲小國者多不量力抗衡大國。惟智者，明義理，識時勢，故大國雖見侵陵，而吾所以事之之禮尤不敢廢。爲能以小事大。焉。故太王事獯鬻，句踐事吳。夫大之恤小，小之事太，皆天理所當然也。彼夫以大事小者，發于中心之誠，然有不如是而不忍者。樂天者也。以小事大者，由于一心之敬謹，有不如是而不敢者。畏天者也。樂

天者包含徧覆無不周徧與天爲一其氣象不足以保天下乎畏天者制節謹度不敢縱逸惟天是遵
其規模不足以保其國乎詩云畏天之威于時保之正畏天者保其國之謂也而樂天者
保天下從可知矣王曰大哉夫子之言矣但寡人有疾寡人好勇恐不能事大而
卹小也對曰好勇無傷王請無好小勇耳夫撫劍疾視曰彼惡敢當我
哉此匹夫之勇敵一人者也王請大之無逞血氣之所爲而本義理之所發可也不觀
文王之勇乎詩云王爲方伯專征密人違拒王命興師侵阮而往至于共王赫斯怒爰整其旅
以遏密人徂共之莒以篤厚周家之祜以對荅于天下仰望之心詩言如此此文
王之勇也文王一怒而安天下之民勇何大也不又觀武王之勇乎書曰天降
下民于是作之君作之師惟曰其助上帝教育之故寵之以四方焉今我既
受天命爲民君師則凡有罪當誅無罪當安者惟我在天下曷敢有越厥志而作
亂者乎書言如此當時苟有一人衡行於天下武王恥之此武王之勇也而

武王亦一怒而安天下之民。勇何大也今王特患不能如文武之勇耳果能法文武之所爲亦一怒而安天下之民、民將引領望救之不遑惟恐王之不好勇也然則仁而有勇不流于姑息之仁智而有勇不局于苟安之智而其用益大矣王何病焉

○齊宣王以雪宮館孟子一日見孟子於雪宮。王乃自誇其禮遇之隆曰。離宮遊幸寡人常以之自適今賢者不遠棄予亦有此樂乎。孟子對曰、有。人君果尊禮賢士固其分所應得然不獨賢者宜得此樂也人皆各有應得之樂倘在上者不能推之而人有不得則必有非其君上之心矣夫下當安分以不得而遂非其上者固非也。然上當卹民爲民上而不與民同樂者亦非也。夫不與民同樂則有非之之心能與民同樂豈無感之之效彼夫有樂必有憂而君之所樂所憂與民之所樂所憂往往各不相謀苟能不自樂其樂而樂民之樂者民必感懷于樂之所由得而亦樂其樂。不自憂其憂而憂民之憂者民必感懷于憂之所由釋而亦憂其憂夫憂樂分則各狥其私憂樂共則交致其公。今樂民樂而民亦樂其樂是樂以天下矣。憂民憂而民亦憂其憂是憂以天下

矣。憂樂相通。上下無間焉。然而不王者。未之有也。臣。請。得。以。先。臣。晏子之所以諷。先。君。景。公。者。爲。王。誦

昔者齊景公問於晏子曰。吾欲觀於轉附朝儛之山。遵海濱而南。以放於琅邪之邑。凡以爲遊觀也。然世主之觀不足取而先王之觀。當時以爲盛典。後世以爲美談。心竊慕焉。不知吾何脩而後可以比於先王觀也。晏子對曰。善哉問也。請。言。先。王。觀。天子十二年一適諸侯曰巡狩。巡狩者。巡行諸侯所守之國也。諸侯五年一朝於天子曰述職。述職者。述其所守之職也。從無有非其所事而空行以爲觀者。而又于每歲之中。天子于其畿內諸侯于其國中。春省耕而補不足。秋省斂而助不給。觀之有裨于民又如此。故夏諺曰。吾民之休以王遊也。吾王不遊。吾何以休。吾民之助以王豫也。吾王不豫。吾何以助。是吾王之一遊一豫。皆有恩惠以及民。爲諸侯之法度。焉。先。王。之觀。若。是。今諸侯之觀也不然。若行則師從。師行而糧食取之于民。致使民之飢者弗得食。勞者弗得息。于是睊睊側目而胥讒。民乃不勝其怨而

作慝。是上方王命而下虐民。即其飲食若水之流而無止而且。流焉連焉荒焉
亡焉。爲所屬小國之諸侯憂焉。所謂流連荒亡者何義也。以其從流下而忘反謂之
流。順流而無所底也。從流上而忘反謂之連。逆流而挽有所繫也。從獸無厭謂之
荒。迷于長林豐草之間也。樂酒無厭謂之亡。廢失時事而無一存也較諸先王觀之無流
連之樂。荒亡之行。者不大相背謬哉。先王之法如此。今時之弊如彼。孰得孰失。必有辨之者。惟在君
所擇而行之也。景公說。乃大戒於國以曉其意。出舍於郊以便于省時方春耕。於
是始興發倉廩補不足。爲創舉焉爰召太師而謂之曰。君臣相得自古爲難。今臣能獻善臣
悅君也。君能受善。君悅臣也。不可不樂以播之于爲我作君臣相說之樂焉其所今作之樂蓋
傳徵招角招是也。夫角爲民。徵爲事。君臣相說而不言宮商者。以爲民事起見也。且因舜樂在齊而取則于
招焉。其樂章之詩有曰。畜君何尤。蓋言晏子能畜止其君之欲。宜爲君之所尤。然其心則何過哉。臣困
釋之。夫人臣能畜止其君之欲者。乃好其君者也。當不獨晏子然矣。

○齊之封內有明堂者周天子東巡狩朝諸侯之處也當時之人以天子不復巡狩諸侯又不當居之遂有議毀之說故宣王問曰人皆謂我宜毀明堂抑毀諸且已乎孟子對曰王亦知明堂所由來哉夫明堂者乃王者之堂有省方之舉居此以出政令者也今巡狩之禮雖廢而王者之政可行王欲行王政則亦可以王而居此堂當勿毀之矣王曰王政可得聞與對曰王政亦法文王而已昔者文王之治岐也耕者九分而斂從取一共薄仕者之子孫有世祿而報從其厚關市但譏察非常而不征其貨澤梁任民取捕而無禁罪人但罰其身而不孥而丁其中要有老而無妻者曰鰥有老而無夫者曰寡有老而無子者曰獨有幼而無父者曰孤夫民雖窮苟有夫妻父子尚可相勞苦慰藉未為無告若此四者或老而無依或幼而無倚眞天下之窮民而無告者是以文王發政施仁雖無所不周而必先斯四者尤加意焉詩云哿矣富人哀此煢獨正文王必先之意也王政具在王試舉而行之乎王曰善哉夫子所陳王政之言乎曰王

如善之則何為不行王曰寡人有疾寡人好貨度不能公利以行王政也對
曰好貨何傷昔者公劉能行王政之君也嘗好貨矣詩云公劉處西戎之間力行富民之政其民
乃外則有露積乃內則有倉廩乃裹餱糧于無底之橐于有底之囊而為遷都之計
思以安戢其人民用光大其國家於焉弓矢斯張兼有干戈戚揚之備爰方啓行
而遷都于豳焉由詩言觀之可見貨者國計民生所在故必使居者有積倉行者有裹糧也
然後可以爰方啓行王如好貨亦能推而與百姓同之於王何有王
曰寡人更有疾寡人好色度不能祛欲以行王政也對曰好色何傷昔者大王亦能
行王政之君也嘗好色愛厥妃矣詩云古公亶父遭狄人之侵不得已于來朝走
馬而遷率循西河之水滸至於岐山之下爰及其妃姜女聿來胥宇而居焉夫
以倉皇避狄之秋而不忘琴瑟之諧可不謂好色乎然而當是時也民之婚姻以時室家相慶內無愆期之
怨女外無失配之曠夫其與百姓同如此王如好色亦能推而與百姓同之於

王何有。夫周之王也公劉培其本太王肇其基文王昌其運其坐明堂朝諸侯者惟行王政也今明堂在齊於王良便其行王政勿疑

○孟子謂齊宣王曰、人各有所託受託者必當忠其事也乃王之臣有託其妻子衣食之事於其友而之楚遊者方以為友之不負所託而妻子必無凍餒之虞矣比其友也則見凍餒其妻子焉則王之臣當如之何而處之王曰、受人之託而負之非可交之友也義當棄絕而之曰、官各有所守有官守者必當盡其職也乃士師為獄官之長其屬有鄉士遂士之官皆士師所當治也苟不能治其所屬之士而使刑獄不當職業不修焉則王將如之何以處之王曰、職居首領而不舉是曠官也此當已而罷之夫交不可以負友之託也君其可以負民之託乎臣不可以曠臣之職也君其可以曠齊之職乎王既明乎處人奚辭了乃面指其失而謂之曰、若為一國之主居萬民之上四境之內皆其所當治也乃或事廢弛人民困瘁四境之內意不治焉此與負託之友曠職之臣何異則將如之何以處耶王此時宜其反己自責虛心下問以講求治國之道矣乃顧左右以釋其愧而言他事以亂其

詞其怛自責而恥下問如此尚安足以有爲哉

○孟子見齊宣王曰世所謂歷年久遂爲故舊之國者。類以喬木世臣並稱而不知所以然者。非謂有喬木之謂也。喬木可以壯一國之觀其有無不足爲國之輕重以其有世臣之謂也。世臣世篤忠貞義同休戚國運賴以匡扶人心賴以繫屬此故國之所重而人主不可一日無者也然世臣之始則爲親臣今王無親臣矣昔者所進用將倚爲腹心之人者今日竟不知其亡去而絕不之問也。親臣且無況世臣乎然則齊安在其爲故國也王曰彼亡去者皆才不足以當我之親我初不知而悞用之故今亦輕舍之不以其去爲意耳不知吾何以先識其不才而舍之。使所用者皆才而今日之親臣即他年之世臣也。曰人君用人與其悔之于後莫若謹之于始是以國君進賢。當將用未用之際其難其愼審之又審有如勢之所迫欲已而不得已者其謹如此所以然者蓋以尊尊親親乃國家體統之常使今日所尊者未必賢後必求卑而賢者用之是將使卑者得以踰尊失尊卑之序矣今日所親者未必賢後必求疏而賢者用之是疏者得以踰戚而失親疏之等矣是一舉措間而所關國體者甚大是安可不愼與所謂慎之如不得已者何如盖人才之用舍不可狥一己之私情亦不可據一時之偏聽如有人于此左右皆曰賢。安知其不求容于近習也未可也。即諸大夫皆曰賢。安知其不蔽于黨同也未可也。至國人皆曰賢。似有公論矣然後從而察之。或諮其行或考其言眞見其為賢焉然後用之。而置之尊親之列焉夫輕進不可即輕退亦不可也有人于此左右皆曰不可。安知非巧于排擠也勿聽。即諸大夫皆曰不可。安知非犯于衆忌也勿聽。至國人皆曰不可。始有公論矣然後從而察之。或探其心術或考其行事眞見其不可焉。然後去之。而置之疏賤之倫焉一進一退既徧訪于人又精察于己所謂如不得已者如此則不才者不得倖進而所進皆賢安有不識而誤用之哉不特進退人才當如是也即用刑之道亦然有人于此左右皆曰可殺。勿聽。恐有私忿也諸大夫皆曰可殺勿聽。恐有附和也至國人皆曰可殺。則干衆怒矣然後察之。見可殺焉。然後殺之。是決斷雖出于君而公論實由于衆故曰國人殺之也。夫君者民之司牧刑賞黜陟凡以為民今好民好惡民惡一于至公而無私交挾愛于之心不過如此惟如此。然後可以爲民父母。而宗社之閒不待言矣王欲故國其于此加之意哉。

○齊宣王問曰：湯放桀，武王伐紂，有諸？孟子對曰：於傳有之。曰：臣弒其君可乎？曰：賊仁者謂之賊，賊義者謂之殘，殘賊之人謂之一夫。聞誅一夫紂矣，未聞弒君也。孟子之言所以深警齊王垂戒後世者切矣。

○孟子見齊宣王曰：爲國之資于賢與作室之資于木其理一也王欲爲巨室，則必使工師求大木。室巨故木必大。工師得大木，則王喜，以爲能勝其巨室之任也。倘匠人誤斲而小之，則王怒，以爲不勝其任矣。王之明于任木也如是乃殆亦如大木之生長于山林爾。夫人于仁義之道幼而學之，及其壯也遭時遇主而欲行之。待工師之採擇不得大材而小之也而王則曰：姑舍女所學而從我。功利之謀是與大木而斲小之者何異則王以爲何如。夫任賢所以治國也不任賢是不愛國矣。今有璞玉於此，雖所値萬鎰之多非不寶貴也豈肯輕擲之人手哉然璞玉須雕琢而始成而卒不敢自試其雕琢必使玉人彫琢之。以玉人之講習于雕琢者精非若已之自用以致毀也至於治國家則曰姑舍女所學而從我則何以異於名雖使玉人雕琢玉而實欲其含所雕琢而教玉人彫琢玉哉。此所謂好臣其所教而不好臣其所受教國之不治宜矣抑何愛國家不如愛玉也

○齊人乘燕亂而伐燕。遂勝之宣王問曰寡人之勝燕也或謂寡人利不可貪宜勿取。或謂寡人機不可失宜取之。寡人竊自思之以萬乘之國伐萬乘之國。勢均力敵勝敗未可知也乃五旬而舉之。度人力不至於此。意者天欲亡燕以益齊乎若天與不取是逆天也必有天殃。決意取之。夫子以為何如。孟子對曰。天意不可知亦卜諸民心而已如取之而燕民悅則取之。人歸即天與古之人有行之者武王是也。備取之而燕民不悅則勿取。民戀故主天命未絕古之人有行之者。文王是也。此齊之所以勝燕非天也亦燕民望救于齊之故耳夫以萬乘之國伐萬乘之國。非不足以相抗而乃簞食壺漿以迎王師者豈有他哉。特以燕政暴虐如在水火之中

故望救于王以避水火也。王宜拯諸水火之中。置諸衽席之上。然後順其心。而燕民始歸附也。假如以水濟水益深。假如以火而濟火益熱。將避燕之民。復爲避齊之民。亦運轉其望救于齊之心。而更望諸他人而已矣。臣恐不取。必無天殃。而取之。將有人禍也。

○齊人伐燕之後。不用孟子順民心之言。而竟取之。于是諸侯皆不平。將合謀伐齊以救燕。夫連之以諸侯之衆。而假之以救燕之民。齊之勢危矣。宣王懼而問計曰。諸侯以燕之故。多謀伐寡人者。不知何以待之。孟子對曰。臣聞以七十里之小國。而能伐暴救民。爲政於天下者。湯是也。未聞以千里之大國。而惴惴焉若是其畏人者也。湯之事。嘗徵諸書矣。書仲虺之誥曰。葛伯無道。湯第一征。自葛始。其志在救民。而不爲暴。天下卽信之。是以或東面而征。則西夷之人怨望。或南面而征。則北狄之人怨望。怨之曰。均在水火中也。奚爲後我。而不先來征也。由書言觀之。可見湯師未至。民望之。冀其來。又恐其不來。若大旱之望雲霓。願雲合而雨興。懼霓見而雨止也。及湯師既至。師行不擾。而民亦素諒其心。故歸市者不止。耕者不變。但見誅其有罪之君。而弔恤其無罪之民。若時雨降于大旱之後。而頻慰其雲霓之望。民于是乎大悅。書曰。行弔伐者。我后也。徯我后。后來。我其蘇矣。湯之順民心如此。此所以七十里而為政于天下也。今燕虐其民。與葛伯無異矣。王往而征之。亦與征葛無異矣。燕民以為將拯己於水火之中也。簞食壺漿以迎王師。又何異于雲霓之望乎。王能如湯之征葛。則燕人悅之。而齊可為政于天下矣。乃若殺其父兄。係累其子弟。毀其宗廟。遷其重器。則王之覆燕。以自利。覩夫誅君弔民者何如。燕民之水火益深熱。覩夫不止不變者。又何如。望之者方殷。而虐之者反甚。如之何其可也。且天下諸侯。向固畏齊之彊。而欲併力以圖之也。但未有釁之可乘耳。今又取燕以增一倍之地而不行仁政。以慰燕民之望。而服諸侯之心。將令忌之者益深。而伐之為有名。非惟天下之謀齊也。是王自動天下之兵也。又安得不以千里畏人哉。為今之計。而猶曰何以待之。則緩無及矣。王其速出令以曉諭國人。反其係累之旄倪。止其欲遷之重器。謀於燕羣臣百姓之眾。擇其宗族之賢者置（為）君而後（引兵）去之（是齊為義兵而非貪兵燕為德國而非仇國不假諸侯以救燕之名自無從而興讎齊之舉）則猶可及（其未發而）止（之）也（不然吾不如為齊計矣王亟圖諸）

○鄒與魯鬨（而鄒敗）穆公問曰（國家有難有司先之百姓從之義固然也今）吾（之）有司死（于敵）者三十三人而民（竟）莫之（赴救而）死也（其薄于長上如此）誅之則（通國之民）不可勝誅不誅則疾視其長上之死而不救（又不可為訓）如之何則可也孟子對曰（君但責民之不忠于有司也亦知有司之所以待民者乎）凶年饑歲君之民老弱轉乎溝壑壯者散而之四方者幾千人矣（豈止三十三人哉于斯時也非不可救也）而君之倉廩實府庫充（假令有司以疾苦上聞于君未必不散財發粟以賑也而）有司（坐視其民之死亡而）莫以告是（在）上（者）慢（于事）而殘（虐）下（民）也（昔）曾子（有言）曰戒之戒之（大凡）出乎爾者（即所以）反乎爾者也（由此言恩之）夫民（之蓄怨于有司者非一日矣方以為）今而後（始）得（假手于嘗而）反之也（報施相稱情理之常）君（于民）無尤

焉。要之民所以不救有司者由于有司之不恤民而有司之所以不恤民者又由于君之不行仁政誠使君以愛民爲心而行仁政。則有司必體君之心以愛民而民亦因以愛有司斯民親其上而愛戴不忘死其長而捐軀不顧矣。何至疾視其死而不救哉君亦反求諸己而已矣

○滕文公問曰。滕。小國也。間於齊楚。兩大之間不有以事之不可兼有以事之不能意就中擇一尤強者而托庇焉則事齊乎。抑事楚乎。孟子對曰。恃己者可自盡恃人者難取必若君之是謀。欲倚大國之援以爲安而僥倖以苟免非吾之智慮所能及也。無已。則有一說焉。滕雖小猶有池鑿斯池也。使深猶有城築斯城也。使高也。未嘗非可守之地利也由是與民共守之。君不忍舍其民民不忍背其君恩交義結上下一心即有變故相與效死而民弗去。則是以吾之人和保吾之地利勢雖不敵理有可爲也。而欲擇強而事豈計之得哉

○滕文公問曰。滕與薛脣齒之邦也今齊人將築薛。而有之則滕之勢益孤而齊之侵益偪吾甚恐。如之何則可。孟子對曰。昔者大王始居于邠。猶君之居滕也狄

人侵之。不啻築薛之齊也。太王力不能禦，遂去此地而之岐山之下居焉。非擇岐山之善而取之，不得已也。孰知太王遷國，本出一時避敵之權，而周家興王之業實由此起。正以其平日積功累仁，而從遷之後，又能撫安乎民而爲善也。然則目前之策，不足以定人。苟能揆時勢之宜，循義理之正，修德行仁以爲善焉，則一時縱失其地，而民心所歸，天必眷之。後世子孫必有如周家之王者矣。但君子創基業于前而垂統緒于後，亦曰爲所當爲而不失其正，使後世子孫爲可繼續而行也。若夫成功，則天也。豈爲善而先望報乎？今齊強滕弱，勢固不敵。君如彼何哉。惟勉彊爲善，盡其在我，以聽其在天而已矣。

○滕文公問曰：滕，小國也。竭力以事齊楚之大國，冀其無侵，則不得免焉。如之何則可。公殆欲于遷守二者之外，別求所以自全之策也。孟子對曰：吾爲君圖所以自全者悉矣，卒亦何以越此兩端哉。昔者大王居邠，狄人侵之。始事之以皮幣，不得免焉。繼事之以犬馬，不得免焉。終事之以珠玉，不得免焉。太王乃屬其邠民之耆老而告之曰吾之奉事狄人至矣而不得免于侵是狄人之所欲者。不在皮幣犬馬珠玉而在吾土地也。夫土地本所以養人今以爭土地故吾而致之鋒鏑是反以養人者害人矣吾聞之也君子不以其所以養人者害人二三子何患乎因失我而遂無君也我將去之用先爲二三子告焉于是去邠踰梁山。作邑于岐山之下居焉。邠人相謂曰吾君平日之所以撫我今日之所以慰我恩意篤摯纏綿而不可解真仁人也。今仁人行矣我將安歸不可失也于是從之遷者如歸市之爭先焉夫太王土地雖失而人民如故此遷國圖存固一道也或又曰此土地者受之天子傳之先君宜世守也非吾身之所能自爲也設有患難但當效力死守而勿去此守正以殉國又一道也夫此二者在太王所行乃一時之權宜在武人所言乃萬世之正義君能如太王則遷以避之倘未必有岐山之居未必有歸市之民則常法所當守君請審己量力擇於斯二者而處之可也外此而欲爲僥倖苟免之策吾仍謝不能矣

○魯君平公以樂克稱道孟子之賢故將出而就見孟子然君子之道得行小人之所甚忌也有嬖人

臧倉者。佯為不知而請曰。人君出入不可輕也。他日君出則必先命有司以所之。之地。誠重之也。今乘輿已駕矣。而有司尚未知所之。何其頓異日乎。敢請。所之。公直告之曰。將見孟子。倉乃肆行其譖曰。君之身千乘之身也。孟子匹夫也。何哉。君所為輕其身以先加禮於匹夫者。倘以孟子為賢乎。夫賢者無他長。據其所稱不過曰禮耳義耳。然則禮義當由賢者出。而孟子之後喪其母踰于前喪其父。于父母而分厚薄。禮乎義乎。其為不賢明甚。君無見焉。公直應之曰。諾。遂止而不見焉。樂正子入見曰。君向者謂見孟軻。今奚為不見孟軻也。曰。始吾之欲見者。為其賢也。今有或告寡人曰。孟子之後喪踰前喪。夫父母之恩。同一罔極。而乃厚母薄父如此。不得為賢。是以不往見也。曰。何哉。君所謂踰者。豈謂前以士禮葬父。後以大夫禮葬母。前之祭父以三鼎。而後之祭母以五鼎與。曰。否。此乃禮制名分所拘。所謂踰者不在是。謂夫後喪母者棺槨衣衾之獨美于其前喪父也。曰。是非所謂踰也。喪具厚薄。稱家有無。

前之貧不可以爲恍後之富不以儉其親乃貧富不同故也顧臧倉一言即阻見賓之轍克雖屢言而不能釋先入之疑此正天意所在也樂正子乃不平而見孟子曰克以夫子之賢告於君君爲此而已命駕來見也嬖人有臧倉者沮君君是以不果來也小人之爲害如此哉孟子曉之曰凡人之遇主而行者雖或有人在君前稱其賢而使之見用其不遇而止者雖或有人在君前榜其短而尼之俾不通究竟其所以行所以止自有主張者在而非人之所能爲也吾之不遇魯侯者天也當氣數之厄而天未欲平治天下雖微臧倉亦何益不然雖百臧倉亦何損臧氏之子焉能使予不遇哉

四書襯 孟子卷之二

聊城鄧東長
長洲彭芝庭 两先生鑒定
吳興駱 培坦軒著

歸安陸 師巢雲
德清徐志莘商農 叅閱
受業莫之京省三
舒 裕晉初
沈天桂擎旃
男 雲儀翔千
孫 艮嗣振宗仝校字

公孫丑章句上 凡九章

公孫丑問曰。齊之先臣有管仲晏子者。功施爛焉後世莫及設使夫子而當要路於齊。不知若管仲晏子之功可期復許否乎。孟子曰。齊人之所知者管仲晏子也子生子

齊而智識亦固于齊誠齊人也知管仲晏子而已矣夫管晏之功仲尼之徒所不道者舉管仲
而晏子可知已昔者或問乎曾西曰吾子與子路孰賢曾西蹵然不安曰是
吾先子曾子之所敬畏也吾何敢與之比也曰、然則吾子與管仲孰賢曾
西艴然不悅曰爾何曾比予於管仲夫管仲何如人哉自古聖賢功業或不至大就者則
以不得君之專任或任之而不久耳若管仲之得君也尊爲仲父羣臣莫敢望焉如彼其專也
其行乎國政也獨任四十餘年威權罔替如彼其久也宜乎興道致治以成王業矣而惟九合諸
侯假仁義以行霸術功烈如彼其卑也管仲之品如此爾何曾比予於是孟子既述曾西
之言乃曰由此觀之則管仲者固曾西之所不屑爲也而子乃爲我願之
乎曰、夫子以管晏爲不足爲亦嘗念管晏之功乎夫管仲相桓公尊周攘夷以爲盟主而諸侯皆奉其命君之霸也實
管仲以其君霸也晏子相景公布德緩刑以修內治而一時盛稱其賢君之顯也實晏子以其君
顯也由夫子言之豈以君霸顯之管仲晏子而猶不足爲與曰、以君霸顯何足道哉我特不得

當路于齊耳使我而得君行政則以齊王由反手也。曰、夫子以管晏爲不足爲弟子旣已惑矣今言王齊之易若是則弟子之惑滋甚。他無具論且以文王之德、不爲不盛矣百年而後崩。其德施不爲不久矣然且三分有二其政敎猶未洽於天下。及武王周公繼之然後大行。蓋致王若斯之難也。若今言王若是之易然則非惟管晏不足爲雖文王亦不足法與、曰文王何可當也。但其所以致王之難則自有故商家之有天下由湯之創業以至於武丁之中興其間賢聖之君。如太甲太戊祖乙盤庚凡六七作深累世德澤深入人心天下歸殷久矣久則思慕情深愛戴念切難變而之他也。是以武丁之賢能用人修政雖當國運中衰之時遂朝諸侯有天下猶運之掌也。至紂而無道極矣然而紂之去武丁未久也。其在下則老成世舊之故家與先民仁厚之遺俗在上則先王敎化之流風與朝廷法制之善政猶有存者。又有貴戚之卿如微子微仲王子比干箕子。異姓之卿如膠鬲皆賢人也。相與輔相之。則世德在人餘澤未泯多士維持若此故紂雖無道必久而後失之也。其失之之難既然矣而且尺地莫非其有也。一民莫非其臣也。
然而文王僅猶方百里起。以一隅之小而當全盛之局則得之之難又然是以致王之難
也。由前言之則所值之時難由後言之則所處之勢難文王之德非不盛而阻于時勢之難故遲之而後王耳齊人
有言曰人之作事也雖有智慧之巧不如乘可為之勢然後建功立業使勢有未便則智慧
將安施乎人之治田也雖有鎡基之備不如待耕種之時。乃以成就稼穡使時有未至則鎡基將安
用乎而我謂以齊王猶反手者亦以今時之時與勢則易然也。何以見勢之易也彼豈若文王所遭之難哉
夏后殷周之盛王畿之地未有過千里者也。而齊有其地矣。雞鳴
狗吠之聲相聞。而達乎四境。而齊有其民矣。地不廣則待闢今地不改辟
矣。民不衆則待聚今民不改聚矣。地闢民聚澤可遠施乘此勢以行仁政而民必歸心其王
也蓋莫之能禦也。視文王之尺地一民皆商所有而由方百里起者何如也而且遭時之易又有不必更待
者周自文王至今七百餘年王者之不作未有疏於此時者也。視商家賢聖之君六七作

者、異矣。諸侯紛爭。戕賊斂。無有休息。干民之憔悴於虐政。未有甚於此時者也。視。紂。之時。善政猶存者與。矣。當此之時。而一行仁政。不待深仁厚澤。而民之感德者深。歸心者衆。如飢者之易為食。渴者之易為飲也。其于致王何難哉。夫得時乘勢。固易行仁。而況仁政之行。本自速者。孔子嘗曰。天下之言速者。擬諸置郵傳命而已矣。若夫德之流行。出乎身而加乎民。其漸被暨訖。更有速於置郵而傳命者。然則以德行仁。有不待時勢而裕如者。而況當今亂極思治之時。兼以地廣民稠。萬乘之國。而行速于置郵傳命之仁政。民之悅之。猶解倒懸之苦。又不但如飢食渴飲而已也。故所施之事半於古之人。不必百年之久。而功必倍之。不止三分有二而已。惟此時之時勢易。而德行速為然。我謂以齊王猶反手。豈虛語哉。

○公孫丑問曰。以夫子之抱負。誠使當路。而加齊之卿相。得行道焉。則如夫子所自許。雖由此而霸而王。不足異矣。但不知任大責重。如此則亦有所恐懼疑惑而動心否乎。孟子曰。否。既無所疑。亦無所懼。不待今日也。我四十時已能不動心矣。

曰若是則夫子過勇士孟賁遠矣孟賁之力僅能舉一物之重而夫子之心則能荷一世之重豈
不難哉曰是亦不難顧所以不動心何如耳若但以心之不動言則告子且先我不動心
不待四十也曰若是其易也則不動心有道乎曰有不動心雖殊而有主則一苟隨其意見之所到
而各有以主之則臨事皆能無恐懼疑惑矣試各以不動心之道言之古有勇士北宮黝之養勇也挺身
而鬪不畏刺而膚屈撓怒目而視不畏刺而目逃避其心思以一毫受挫於人
若撻之於市朝之恥故不惟不肯受於褐寬博之賤亦不肯受於萬乘
之君及其自視刺萬乘之君則又若刺褐夫者然是以舉天下無有可嚴憚之諸
侯者無論稍挫必報卽僅僅以惡聲至亦必反之是其道蓋以必勝爲主而不動心者也又有勇士
孟施舍之所養勇也其自言曰勝負雖無定形我心則有定主視戰而不勝猶勝也
若使量敵之可制而後進慮我之必勝而後會設我非敵匹卽不敢進而會矣是畏三
軍者也舍豈能爲必勝哉能無懼而已矣是其道又以無懼爲主而不動心者也嘗

觕二子之氣象觀之。昔孔門中有曾子者。反求諸巳者也。舍非曾子倫也。而其無懼取必于巳則孟施舍似曾子焉。有子夏者篤信聖人者也。黝非子夏倫也。而其好勝取必于人則北宮黝似子夏焉。夫二子之勇。同出于血氣。誠未知其孰賢。然而論其所守。則敵人者。以人爲主。而難必其常勝。恐心有時而動。守巳者。以巳爲主。雖有勝有不勝。而心之不動自如。則孟施舍所守爲較約也。要之勇以義理爲主。而血氣不足恃。則二子均爲小勇。而非大勇也。大勇則必得諸孔氏之傳焉。昔者曾子謂門人子襄曰。子好勇乎。吾嘗聞大勇於夫子矣。人所恃以常伸者理也。苟自反而不縮。則理屈而氣不能伸。雖褐寬博之賤。吾敢不惴焉。若自反而縮。則理直而氣自壯。雖千萬人之衆。吾無所懼而往矣。此正所謂大勇。而子所當好者也。吾以曾子所聞大勇觀之。則曾子之所守者理也。孟施舍。雖似曾子。其所守者乃一身之氣也。理爲氣主。守氣者有時而屈。守理則無往不利。而氣亦常伸。故孟施舍之守氣。又不如曾子之守理[illegible]爲約也。此曾子之以理爲主。而不動心者爲獨得其道之正也。曰。上黝舍與曾子之所以不動心。則既聞之矣。敢問夫子之不動心與告子之不動心。

其道可得聞與。曰欲知告子之所以不動心觀其言而自見矣。告子曰人于言語有所不達而用心思索以求通則心即因言而動故有不得於言。但當舍置其言。而勿求其理於心焉。人于事爲有所不安于心而用力檢點。以求助于氣。則心又因氣而動故有不得於心。但當力制其心。而勿更求其助於氣焉。此告子之道。所爲固守其心。而不動之速也。自我言之。心本也。氣末也。彼謂不得於心而勿求於氣者。或因心重于氣。故急于本而緩其末。猶之可也。若夫理寓于言而言發于心。不得於言正宜反求于心也。而乃謂勿求於心。則不惟所言之理終有不通。而吾之本心。一無所用。自喪其虛明之體。失于外而遂遺其內。斷不可矣。究之。論其極則不可者。固不可。即可者。亦不可也。夫心之所之謂之志。所以主宰乎一身而役使乎氣。固爲氣之將帥也。至于氣。所以爲一體之充。周而聽命乎志。亦爲志之卒徒也。夫志爲氣之帥。則志固居于至焉。而氣爲體之充。則亦即次于志者焉。志爲至而不敬以持之。則失吾精明之體。而不足以帥氣。氣爲次。而不有以善養之。則滋其暴戾之弊。而不足以助志矣。故曰持其志。又必無暴其氣。丑不達至次之說。誤以爲相懸而非相須也。曰既曰志至焉氣次焉。則志重而氣在所輕。專持其志可矣。又曰持其志併無暴其氣者何也曰吾謂志氣之當交養者亦以其有交動之機耳如志之所向專壹則四肢百骸隨其運用固足以動氣而帥忽然氣之所在專壹則橫決衝突而不受管束適足以動志而亂之也今夫人之顛蹶者趨走者是氣失其平所致也而心爲之震撼而不寧反以動其心焉此氣壹動志之驗也而謂氣可暴乎抑當無暴乎曰敢問夫子之不動心所以異于告子者惡乎長曰告子不得于言勿求于心是不能知言也我則能知天下之言莫不有以究極其理而識其是非得失之所以然告子不得于心勿求于氣是不能養氣也我則善養吾身浩然之氣而于盛大流行之體用能復全其本然之初夫惟知言則遇事有定見而心無所疑惟養氣則臨事有擔當而心無所懼吾之所以異于告子而自然不動心者此也曰丑聞所謂氣矣而未聞所謂浩然之氣敢問何謂浩然之氣曰凡物之有形聲者可指其形聲而言之若浩然之氣充滿于身而聽命于志無形可見無聲可聞有難以言語形容也顧浩然之氣雖難言而其體段功用亦自有可言者其爲氣也于其含弘而言則初無限量而至大焉于其强毅而言則不可屈撓而至剛焉凡人有生之初所得于天地之正氣其體段本如是也果其自反常縮

以直養之**而**又**無**所作為以為之**害則**剛大之本體不虧上際乎天下蟠乎地天地非有餘我非不足而得之于天地者仍克**塞于天地之間**矣其浩然為何如哉如是而其功用乃可得而言矣**其為氣也**蓋**配**乎**義與道**而行焉義者人心之裁制道者天理之自然雖具于人心而不能自行惟養成此氣則氣與道義兩相配合氣因道義而振發道義得氣而敷施當為即為無所疑懼而利害禍福皆不得而奪之矣若不善養而**無是**浩然之氣則體有不充縱欲行夫道義而逡巡退縮且疑且懼**餒**焉而不自振**也**是安可不思所以養之哉夫養成之氣道義因賴氣以行而氣之方養則氣實由義以生義者根于心而見于事事皆合義則自反常直而無所愧怍故必自一事之合義積而至于事事之合義集之又集所集之義日益多則所生之氣日益盛**是**乃**集義所生者非**一事偶合于**義**遂可**襲**于外**而取之也**如所**行有**一不合于義而自反**不慊於心則**吾之氣亦索然**餒矣**夫集義則心慊而氣生不集義則心不慊而氣餒義之在內而不在外也明矣**我故曰告子未嘗知義以其**取我心本有之義而**外之也**如謂不得乎言勿求于心者是也既外義則必不能集義以生浩然之氣矣其先我不動心者不過悍然不顧而已豈真能不動心者哉夫氣固以集義而生而集義之功則自有

節度焉方其始也欲氣之充必有事于集義焉久之功深力致自然充足而勿正以預期其效其或未
克亦緣集義之功未至但當此心勿忘其所有事而勿可作爲以助其長也夫有事勿忘集義也所謂
直養者此也勿正勿助非義襲也所謂無害者此也集義養氣之節度如此然人徒知忘之爲害而不知正助之害爲尤甚養
氣者甚無若宋人然宋人有閔其苗之不長而揠之者此以正之之心而爲
助之之術也芒芒然抱無知之貌以歸謂其家人曰今日病矣予助苗長矣
其子聞言而疑焉趨而往視之苗則槁矣是宋人以助苗長而適爲苗害也今天下之
養氣者其不爲宋人之助苗長者寡矣彼以集義爲無益于氣而舍之不事者猶之
不耘苗者也雖無益而猶未爲害也至于氣之不克而乃妄有所作爲以助之長者猶之揠苗
者也非徒無益于氣而又害之知助長之害則知氣非義襲而取而當以集義爲事矣吾所謂善養
浩然之氣者如此曰敢問何謂知言曰人之有言皆本于心其言之平正通達而無病必其心之明于理而無蔽
也若夫偏陂之言謂之詖辭吾知其由于心之有所遮蔽見其偏而不見其全也詖而不已至于放

蕩謂之淫辭。吾知其心之錮蔽已甚。至于沉溺而爲所陷。併不見其偏者也。溺而不已。至于邪僻謂之邪辭。吾知其心之陷溺轉深遂至叛去。所離于正理者遠也。邪而不已必至逃避謂之遁辭。吾知其心之所窮。背叛不通。故支吾遷就屢變其說也。且不特因言以知心也。又知心也者害乎政事者也。蔽陷離窮一生於其心。則必且害於其政。而大綱以壞矣。既發於其政。則必且害於其事。而節目亦與之俱壞矣。此非吾之私見也。雖聖人復起。足以定天下之是非得失者。亦必從吾言矣。去既知其言之病根。而又因以知其心之流弊。吾之所謂知言者如此。彼告子不得于言而不肯求之于心。至爲義外之說。則自先不免于四者之病。其又何以知天下之言而無所疑哉。不過實然罔覺而已耳。丑問孟子知言養氣之說。遂以聖人擬之曰。昔孔門弟子若宰我子貢。善爲說辭。卽夫子所謂知言也。若冉牛閔子顏淵。善言德行。卽夫子所謂養氣也。數子各有所長而不能兼。惟孔子兼而有之。然且自謂曰。我於辭命則不能也。今夫子自謂能知言。則有是言語矣。又善養氣則有是德行矣。度惟聖者能之。然則夫子既聖矣乎。曰、惡。是何言也。昔者子貢問於孔子曰。夫子聖矣乎。

孔子曰聖則吾不能我所能者學不厭而教不倦也子貢曰凡人見道不明斯厭心乘之夫子學而不厭是聰明天縱深知義理之無窮故能深造而不已乃明已之智也凡人待物不公斯倦心繼之夫子教人不倦是仁心自然不見物我之有閒故能曲成而不遺乃及物之仁也仁且智夫子既聖矣由孔子子貢問答之詞觀之則知夫聖者雖以孔子之實有聖德而猶不敢居而子亦以之加我是何言也丑以孟子不敢居聖又問曰昔者竊聞之孔子之道大而能化全體渾然者也當時及門之徒若子夏子游得聖人之文學子張得聖人之威儀皆有聖人之一體是偏而未全者也冉牛閔子顏淵則氣質中和義理完備已具聖人之全體而尚微蓋全而未化者也夫子既不敢比孔子則于此數子之中敢問所安曰立志欲大取法欲高數子雖賢姑舍是非我所欲處也曰然則如伯夷伊尹者夫子自齊以爲何如曰不同道試以其出處之大節言之非其意中可事之君不事非其意中可使之民不使治則進亂則退以清爲其道者伯夷也何所事之非君何所使之非民治亦

進亂亦進以任爲其道者伊尹也若夫可以仕則仕非有心于出也可以止則止
非有心于處也可以久則久非有心于淹留也可以速則速非有心于決絕也以時爲其道者
孔子也三子者行各造其極事各無所勉皆古聖人也反之吾身不特孔子也即夷與尹皆未
能有行焉然而未能行則從事于學學必由于願乃所願則不願學夷不願學尹而願學孔子
也曰夫子雖願學孔子而衡其品則曰皆古聖人然則伯夷伊尹於孔子若是班乎曰否
自有生民以來聖雖不未有孔子也曰孔子固非夷尹所得而班矣而既均謂之聖人然
則亦有所同與曰有既謂之聖人則其根本節目之大未有不同者假令得百里之地而
君之皆能以朝諸侯有天下其德之盛足以致之若夫行一不義殺一不辜
而遂至于得天下皆不爲也其心之正不容稍易也是則同于此不同則亦不足爲聖人矣
曰敢問其所以異曰觀親炙于孔子者之言則知孔子矣若宰我子貢有若皆親炙中
尤其智足以知聖人者假令其智識汙下不能深知聖人必不至阿私其所好而空譽之

宰我之言曰。自古聖人。首推堯舜。以予觀於夫子。覺堯舜以道治天下。其功業在一時。夫子又推其道以刪定贊修。垂教萬世。則以一時之功。較萬世之功。其賢於堯舜遠矣。以賢于堯舜之夫子。而夷尹可得班乎。其所以異者。宰我之言。一證已。子貢之言曰。先王之政。今不可得而見矣。然禮所以飾政者。至今存也。見其今日所遺之禮。或煩或簡。而可知其當日所行之政。或文或質也。先王之德。今不可得而知矣。然樂所以昭德者。至今存也。聞其今日所遺之樂。或美善與否。而可知其當日所具之德。或性或反也。我持此法以論前代。由百世之後。差等百世以上之王。其升降優劣。莫之能違。而通之者也。乃以之衡量我夫子。雖不得位以議其禮而制度文為。備于一身。身為度矣。實兼總乎百王之政也。雖不居位以奏其樂。而始終條理。集乎大成。聲為律矣。實超軼乎千聖之德也。自生民以來。未有夫子也。以百王莫及之夫子。而夷尹可得與乎。其所以與者。子貢之言又一證已。有若之言曰。豈惟民有民之類哉。夫物則亦有然者也。即如麒麟之靈之於走獸之蠢。鳳凰之瑞之於飛鳥之凡。泰山之高之於丘垤之卑。河海之深之於行潦之淺。總之飛走流峙之同一類也。然則聖人之於民。

同街天地之理以爲性。同得天地之氣以爲形。亦均一人之類也。但聖人能踐形盡性。雖在同類之中而寔高出於其類。類爲萃聚聖人拔起乎其類聚之萃。自古聖人之異于人者如此。獨至我孔子。不惟出凡民之類。而且出于羣聖人之類。不惟拔乎凡民類聚之萃。而且拔乎羣聖人之萃。是麟鳳之中又有麟鳳。山海之中又有山海嶽。自生民以來未有出類拔萃之盛於孔子也。以羣聖莫盛之孔子而夷尹可得班乎。其所以異者。有若之言。又一證已。此吾之所以願學而知言養氣。淵源固有自也。四十不動心。豈徒然哉。

○孟子曰。王霸之稱其來已久。而王霸之所以辨。亦辨之心術而已。若夫以土地甲兵之力。而假托于救世安民之仁。以濟其功利之私者。是之謂霸。霸必據有大國。然後威勢足以制人。名號足以鼓衆。所以能合諸侯而成霸業。否則力小不足以假仁矣。若夫以躬行心得之德。而推之以行救世安民之仁。實政從實心流者。是之謂王。王者至誠足以動物。善政足以招徠。不待土地廣甲兵強之大國。而人心自然歸向。足以有爲也。如湯以德行仁而王者也。而起以亳都之七十里。文王亦以德行仁。而王者也。而起以岐封之百里。何嘗待大乎。王術有誠僞之分。人之應之者。亦有誠僞之異。彼以力假仁者。乃欲以力服人者也。人未嘗不服。然而非心服也。特屈于力之不贍也。若王者之以德行仁。本非有意于人服也。而人自服之。是所謂以德服人者。眞中心悅而誠服也。如七十子之服孔子也。孔子何力之可假。而七十子之相從。患難死生。壹無攜貳。心服至此。無以加矣。大雅文王有聲之詩云。王者之化。自京而西。自京而東。自京而南。自京而北。無有所思之不服者。此正以德服人。中心誠服之謂也。彼霸者何足以語此。

○孟子曰。人情莫不好榮惡辱。然榮辱無常。惟人所召。誠使人而能仁。循天理而爲所當爲。則天下尊親。不期榮而榮至矣。人而不仁。狥人欲而爲所不當爲。則身危國亂。不期辱而辱至矣。今之爲君者。未嘗不惡辱也。而居不仁焉。則辱必不免。是猶惡濕而反居下。求免于濕。不可得也。夫人君不惡辱則巳。如惡之。莫如貴德而尊有德之士。士之中有賢者。是德成于內而足以正君善俗者也。使之在輔弼之位。士之中有能者。是德邁于才而足以修政立事者也。使之在百司之職。當此賢能並用。而外患少息。正國家閒暇時也。則及是時。與賢者能者明其政刑。使法度振舉。科條有章宮府一體朝野整肅而强仁之道得矣誠如是也內治既修德威遠播雖大國必畏之矣何榮如之嘗徵之豳風鴟鴞之詩云鳥之為巢也迨天之未陰雨徹取彼桑根之土以綢繆補葺巢之牖戶則今此居下之民尚或敢有侮予者乎此周公借鳥言以明及時圖治之意也孔子讀此詩而贊之曰為此詩者其知治國之道乎誠能及平居無事之時勵精以治其國家則在我無可乘之隙矣誰敢侮之合詩與孔子之言觀之我所謂仁則榮者不益信哉今之有國家者既不能選賢舉能以為國家根本之計苟稍值閒暇務亦如為善者惟恐失之則及是時般樂以縱欲怠敖以偷安政荒而不之問刑濫而不之卹其不仁如此則國事日非國勢日蹙內變外患紛然並起而侮之者至矣是自求禍也此所謂不仁則辱也夫辱之來也所謂禍也而由于般樂怠敖榮之至也所謂福也而由于能治國家然則禍福非人所如無不自己求之者大雅文王之詩云永言配命自求多福商書太甲之篇曰天作孽猶可違自作孽不可活由詩之謂知福自己求矣非書之謂知禍自己求矣此正禍福無不自己求之之謂也有國家者可不以強仁為事哉

○孟子曰有國者孰不欲得民而王然而得民者得其心也心不得則不悅不悅則不願其誰與我今王者之政有五本非以要結天下也而天下且旋至而立應焉其一在于尊其賢焉使其能焉凡于俊傑咸在位焉在朝者既如此則天下之士彈冠相慶皆悅而願立於其朝矣。其一在商于市之逐末者多則于法之外但賦其廛以抑之而必不征其貨若逐末者少則止治以平物價理爭訟之法而併不賦其廛在市者既如此則天下之商望風貿遷皆悅而願藏於其市矣。至于旅又有政于關之設但令譏察非常之人而不征往來之稅經其路者既如此則天下之旅聞禁遠赴皆悅而願出於其路矣。至于農又有政其于耕者但令出力以助耕公田而不復稅其私田在其野者既如此則天下之農負耒而趨皆悅而願耕於其野矣。至如民無常業者罰之使出一夫百畝之稅宅不種桑麻者罰之使出一里二十五家之布所以儆游惰戒曠土也若市宅之民已賦其廛本非游惰曠土者比而復令出此非先王之法也故于已賦其廛者無復出夫征與里之布則天下之民樂郊是適皆悅而願為之氓矣。凡此五者皆王者之以實心行寬政，而天下自歸者也。今之君信能行此五者，則鄰國之民皆歡欣向慕，仰之若父母矣。既為父母，則鄰民皆其子弟。假令鄰國之君率其民以攻我，自直率其子弟攻其父母也。自生民以來，未有率子弟攻父母而能濟其事者也。如此，則無敵於天下。無敵於天下者，乃奉天命以行天討之天吏也。然而不王者，未之有也。今之君亦何懼而不行王政哉。

○孟子曰：天地以生物為心，而人又得天地之心以為心，故人之生也皆有是不忍害人之心。不以聖人而後有，不以眾人而或無也。但眾人雖有是心，心存焉者寡，故不能察識而推之政事之間。惟先王全體此心，隨感而應，有是不忍人之心，斯有是不忍人之政矣。夫以不忍人之心，行不忍人之政，則心以運政，而非徒善政；出于心，而非徒法。澤流恩溥，治天下可運之掌上。要之，惟先王有是政，非獨先王有是心也。心在，政即在。其所以謂人皆有不忍人之心者。于何驗之？大凡人情從容閒暇之時，可以安排矯飾；若夫卒然感觸，思慮不遂，此乃真心流露，有不容自已者○今有人于此乍見孺子將入於井○無論智愚賢否○皆有怵惕惻隱之心○是心也○將謂欲藉此以內交于孺子之父母乎○而作見之時不暇求合○非所以內交於孺子之父母也○將謂欲藉此以要譽于鄉黨朋友乎○而作見之時不暇沽名○非所以要譽於鄉黨朋友也○將謂其惡不仁之聲而然乎○而作見之時不暇求免于毀○非惡其聲而然也○此天機之自動○而不涉人為○皆有之心○從可識矣○由是觀之○凡人心固有之良○可以連類而推○人必有惻隱之心○若無惻隱之心者○非人也○人必有羞惡之心○若無羞惡之心者○非人也○人必有辭讓之心○若無辭讓之心者○非人也○人必有是非之心○若無是非之心者○非人也○夫是四者之心○為人所必有者何也○蓋四者情也○而情發于性○心統性情○靜則性涵于中○動則情見于外○故性有仁○惻隱之心○仁所發見之端緒也○性有義○羞惡之心○義所發見之端緒也○性有禮○辭讓之心○禮所發見之端緒也○性有智○是非之心○智所發見之端緒也○而人之有是四端也○猶其有四體也○天下無四體不備之人○則亦無四端不具之人也○夫既有其端緒○則必有

其全量亦將何所不足哉乃有是四端而物欲蔽之自謂不能滿其量者是不以先王自待而甘置身于不善自賊者也若夫爲臣而謂其君不能不導之以實心行寔政者賊其君者也自賊賊君人知不可則擴充之功烏容已哉且人特患不知擴而充之耳果其凡有四端於我者隨其所發之端知皆擴而充之矣則不容遏抑之勢有若火之始然將燎原而不可熄泉之始達將赴海而莫可禦苟能乘此機而遂充之以滿其本然之量則足以保四海之遠苟旋發旋消不能充之則不足以事父母之近然則先王之運天下于掌上者豈有異心哉能充與不能充之別而已

○孟子曰、惻隱之心人皆有之彼矢人之心豈不仁於函人之心哉乃爲矢人矣則其心惟恐矢之不利而不傷人爲函人矣則其心惟恐函之不堅而傷人遂若矢人之心眞不仁于函人者不獨矢人函人爲然也卽巫者爲人祈祝利人之生匠者作爲棺椁利人之死其心之仁不仁亦然是非其所秉于性者異也術使之然耳術近于矢與匠則流于不仁矣術近于函與巫則流于仁矣故術不可不愼也。孔子嘗言曰。擇里者。以尚仁厚之俗爲美。若人之擇術而不處于仁。則是非之本心已失。焉得爲智乎。孔子之言。蓋謂夫仁者。原于天而具于人者也。自其錫之于天而言。仁義禮智。皆爲良貴。而仁者天地生物之心。得之最先。而兼統四者。所謂元者善之長也。乃天之尊爵也。自其屬之于人而言。則爲本心全體之德。有天理自然之安。無人欲陷溺之危。人當常在其中。而不可須臾離者。乃人之安宅也。仁道之大如此。今乃莫之禦而自不處于仁。則棄尊而即卑。舍安而就危。是不智也。夫由昧所擇而不仁。則物欲日蔽。本心日昏。而益以不智。不智則不知義禮之所在。而併無禮無義。四者既無。則良貴已失。直淪而爲人役也。既曰人役。而顧恥于爲役。役必不免。由弓人而恥爲弓。矢人而恥爲矢。雖欲不爲。不可得也。如知人役之可恥而恥之。則莫如去不仁而爲仁。修尊爵。居安宅。此擇術之智。而凡智禮義之兼攝者。皆在我矣。尚何人役之不可免乎。然爲仁之機。固在己。而不在人也。吾以爲仁者如射。然射者必正己之體志而後發。發而不中。不怨人之勝己者。仍反求諸己而已矣。爲仁之功。何以異此。擇術者。不可不加勵也。

○**孟子曰**古聖賢好善之心一出于誠而其量則安有窮哉有**子路**者勇于遷善者也其心惟恐己之不善失于不知而不能攺故**人告之以有過則**必欣然**喜**焉喜己之得受益于人也有夏王**禹**者虛以受善者也其心惟恐人之有善壅于上聞而不為我得故一**聞善言則**必**拜**而受焉拜人之有益及己也一賢一聖其好誠矣其量宏矣然猶有人己之見存而自為者多也至于**大舜**又**有大**于禹與子路者**焉**蓋以**善**者本天下之公理橫天地塞四海初無此疆彼界之殊必沾沾焉若者得之人若者得之己則其視善反小矣舜直以大公之理還之大公之量而**與人同**焉有如執兩用中之時而見己之未善則**舍己從人**而毫無繫吝忘乎己也好問好察之下而見人之有善則**樂取於人以為善**而不待勉強忘乎人也人己兩忘形迹盡化浩浩蕩蕩往來于同善之中取無禁而用不竭也其善與人同如此此豈獨一時為然哉**自**其側陋之日**耕稼**也**陶**也**漁**也**以至為帝**或聞一善言見一善行不問芻蕘牧岳**無非取於人**而兼用之**者**其忘己忘人之心蓋有窮達不移始終無間者矣且是豈獨在人者有以裕諸己哉夫人為善之心有所鼓而動無所獎而衰今**取諸人以為善**則天下之有善者以見取為榮益勸于為善未善者以不見取為恥亦勉而為善**是**在取之者

雖非有意而爲之而鼓舞踴躍之機實有以與人爲善者也夫使天下之人皆樂于爲善則通天下爲一身而無爾我形骸之隔如天之無不覆地之無不載者矣善量之所及孰有大于此者乎故君子莫大乎與人爲善

〇孟子曰古之人有伯夷者擇君而事非其所可之君則不事擇友而友非其所可之友則不友既非其君則以爲惡人矣不但不事也併不肯一立於惡人之朝旹既非其友則亦以爲惡人矣不但不友也併不肯偶與惡人言焉若使立於惡人之朝與惡人言直如以朝衣朝冠之服而坐於塗炭之中斷斷不爲也推其惡惡之心以至於極併不待惡人也思與鄉人立而其冠偶不正既非甚可絕之人亦非甚可絕之行亦且望望然去之若將浼焉者蓋以凜世無一可近之人是故當時諸侯雖有善其辭命而至者彼以辭命雖善而人未必善不受也不受也者豈有他意哉是亦總不屑就之以汚我而已有柳下惠者凡君皆可事不羞汙君而不事焉凡官皆可爲不卑

四書襯　孟子　卷二　十三

小官而不爲焉。其進而事汙君爲小官也我盡我事而巳。初不隱其賢。而必以其道焉。有時而遺佚。直以爲人本不足以知我而不怨焉。甚至于阨窮。亦以爲時本不足以容我而不憫焉。彼其意。總見人與我雖同遊斯世之中。而自有不必相較之道。故曰爾爲爾。我爲我。雖袒裼裸裎於我側。爾焉能浼我哉。惟自以爲不能浼。故由由然與之偕而不自失其正焉。即當欲去之際。苟有援而止之者。而即止。援而止之而止者。豈有他意哉。是亦不屑以決去。爲表我之潔而已。孟子既各敘其爲人。因從而斷之。曰。伯夷誠聖之清矣。然其視天下人無一足與之處者。未免孤介絕物。其一失也。隘。柳下惠誠聖之和矣。然其視天下人無一足與之較者。未免玩物輕世。其失也。不恭。蓋一則偏于清。一則偏于和。遂不自知而各有其弊。學聖人者。貴善學之而得其中。若夫隘與不恭。君子不由也。

公孫丑章句下

凡十四章自第二章以下記孟子出處行實爲詳

孟子曰。當今用兵之家。不曰天時。則曰地利。而人和之說。置之不講。自我言之。得天時之善者。雖可以取勝。然特

或然之數耳。不如地利之固。其形勢之據爲可恃也。得地利之固者雖可以取勝然恃有形之險耳。不
如人心之和。其無形之險尤可恃也。何以見天時之不如地利也。以攻人言之。彼三里之城城之小者也。
七里之郭郭之小者也。或以兵環其城郭而攻之而不能得勝。夫環而攻之則曠
日持久。其間必有干支旺相得天時之善者矣。然而卒不能勝者以城郭之據得險阻
之勢也。夫以久攻所值之天時。不勝三里七里之城郭。是天時不如地利也。何以見地利之不如人和
也。以自守言之。吾之城非不高也。宜其難犯矣。吾之池非不深也。宜其難越矣。我之兵革
所用以衛此城池者非不堅利也。宜可以敵人矣。我之米粟所養以保此城池者非不多也。宜可
以持久矣。假如民心不和。卒委棄而去之。而不爲之守。夫以設險之既固守險之有餘而不足以結離散之人
心。是地利不如人和也。由此觀之。可見人和獨重。而有國者貴得其道矣。故曰人君之域
民也不以封疆之界。以封疆可以限民之形。而不可以收民之心也。其固國也不以山
谿之險。以山谿可以壯國之勢。而不可以立國之本也。其威天下也。不以兵革之利。以兵

革可以耀武于天下而不可以無敵于天下也特此三者而何以得民心之助乎惟以仁心行仁政而得人君之道
者則得人心而多助苟不能以仁心行仁政而失人君之道者則失人心而寡助語寡助
之至豈特國人畔之巳哉卽親戚之近亦離心離德而畔之語多助之至豈特國人順之巳哉
卽天下之廣亦同心同德而順之由是以吾得人心之和爲天下之所順者攻彼失人心
之和而爲親戚之所畔者在我則爲以至仁伐至不仁而無與爲敵在彼則爲率子弟以攻父母而未有能濟
故得道之君子有不戰戰必勝矣亦何假于乘天時憑地利哉人和之足恃洵不誣也
（一）孟子之于齊處賓師之位與受祿而守官者不同在齊王可以就見不可以名見孟子可以往見不可以往召也一
日本將朝王矣王乃不知而使人來曰寡人如就見者也適有寒疾不
可以風來朝將視朝不識可惠然一來使寡人得見乎王蓋托疾以名孟子也孟
子固亦托疾以對曰不幸而有疾不能造朝然又恐齊王以爲眞疾也由是明日出弔
於東郭氏夫既不能造朝而又能出弔正欲使王聞之知其非眞疾以自悟其名見之非也乃公孫丑曰

昔者辭以病今日遂出弔。或者不可乎。是丑未知孟子之意也孟子亦不以本意告之而但曰昔者疾今日愈如之何不弔王果不知孟子之非疾因使人問疾。且醫來。治之此正可以感悟齊王之一機也乃孟仲子亦不知出弔之意遂權辭以對曰、昔者有王命。適吾夫子有采薪之憂不能造朝今病小愈已趨造於朝矣但我不識能至朝否乎。既以此對齊使又恐孟子不知而不實其言使數人要於路曰、請必無歸而造於朝。斯時也欲造朝則不可以應王之召欲歸家則又無以藏君之悟故不得已而之景丑氏宿焉。蓋將亦意于景丑而轉達于齊王猶然出弔之心耶夫何景子亦不諒而識之曰、內則父子、外則君臣人之大倫也。父慈子孝所主在恩君禮臣恭所主在敬。凡以盡其倫焉耳丑見王乎曰之敬子也。未見子之所以敬王也。曰、惡是何言也。夫敬君者。亦望其君爲賢畢之君而引之以當道也。道莫大于仁義聖莫盛于堯舜而齊人無以仁義與王言者豈以仁義爲不美也。其心曰、是何足與言仁義也云爾。是不以堯舜望其君。而以凡庸待其君。則不敬莫大乎是我。則以仁義之道正堯舜之道。一切權謀功利。非堯舜之道者。不敢以陳於王前。是直以堯舜責難于王。而不敢輕褻。觀齊人之所以待之者何如。故齊人莫如我敬王也。景子曰、否。我謂子不敬王者。非此之謂也。禮曰父召無諾。君命召不俟駕。然則臣趨君召。禮當然矣。今子固將朝也。乃聞王命而遂不果。宜與夫禮若不相似然。我所謂不敬者以此。是景子徒以臣禮律孟子。而不知賓師不同于齊臣也。曰、是適成子之所謂也。若我之意。豈謂是與。正以我不可召而王不當召我耳。昔曾子曰。晉楚之富。不可及也。然彼以其富。而我以吾仁。仁居天下之廣居。而包羅萬有之善。乃天下之至富也。彼以其爵。而我以吾義。義行天下之大道。而常伸于萬物之上。乃天下之至貴也。吾何慊乎哉。曾子之言如此。夫豈不合于義而曾子肯言之。是或一道也。蓋天下有達尊者三。位高天下。天下莫不知貴貴而尊之故爵一。年高天下。天下莫不知老老而尊之故齒一。仁義高天下。天下莫不知賢賢而尊之故德一。在朝廷。則以名分爲重。而貴賤不容以相踰。故莫如爵。在鄉黨。則以長幼爲序。而先後不容以或紊。故莫如齒。至于輔佐一世而成治安之功。長率萬民而致雍熙之化。惟有仁義之德者能之。故莫如德。曾子所謂仁義無慊于富貴者。正如此。今王雖富有齊國。南面稱孤。亦不過達尊之一耳。若論齒德。則我有其二。惡得有其一以慢其二哉。故惟天下之庸君無志于有爲則已耳。若將大有作爲之君。必有所致敬盡禮而不致召之臣。欲有謀焉。則就見之。如是者何也。尊德樂道故也。良以天下之治。非君一人所能致。而道德之上。非簡賢之君所得臣。倘其所以尊德樂道者不如是。則賢者必不爲之用。而所與居者無非奔走承順之庸臣。不足與有爲也。故古之人有湯者。大有爲之君也。湯之於伊尹。先從學焉而後臣。任之以阿衡之寄。故伊尹佐之以伐夏救民。湯遂不勞而王。齊之先有桓公者。亦所稱大有爲之君也。桓公之於管仲。先從學焉而後臣。任之以仲父之尊。故管仲佐之以一匡九合。桓遂不勞而霸。今天下之君。地則醜類。德則齊等。而莫能相尚者。無他故也。大都好臣其所教之人。而不好臣其所受教之人是安足與有為哉夫由湯之於伊尹桓公之於管仲皆學焉後臣觀之則當日之有謀必就不敢名也不待言矣夫伊尹為天民之先覺有德可尊有道可樂其為不可名固宜若管仲者不過功利之謀區區一霸佐耳乃管仲且猶不可名而況抱仁義之德崇堯舜之道不屑為管仲者乎而王名之是王不以不可名之臣待我也我之聞命而不果我正以大有為之君待王耳而子謂我不敬子毋乃習于其所教而不識所謂受教者耶

○陳臻問曰、辭受者君子之大節也夫子前日於齊王餽兼金一百鎰而不受。臻竊以此爲例矣及於宋則餽七十鎰而受於薛餽五十鎰而又受夫餽同也受則俱受不受則俱不受乃于齊若彼于宋薛若此將謂前日之不受是則今日之受未免傷廉非也將謂今日之受是則前日之不受不免過激非也受不受之間當無兩是之理夫子必居一於此矣。孟子曰、辭受何常惟義之歸不可以迹論也當辭而辭當受而受皆是也、何以言之當在宋也。予將有遠行、行者必以贐宋之饋其辭曰餽贐。

彼禮當餽我義當受予何爲不受當在薛也予適有戒備之心其辭曰聞戒
故爲兵需餽之彼饋亦合禮我受亦當義予何爲不受然則受宋受薛均是也以其均有所處也
若於齊既非遠行亦無戒心則未有處也在我既無所處而在彼忽來餽之是非交
際之禮而直以利誘之術貨之也在眾人見利則易動不辨而受之適中其謀而爲所取矣焉有喻義之君
子而可以貨取乎我之不受亦由然也予以爲是乎非乎

○孟子之齊之平陸謂其大夫孔距心曰子之持戟之士設若子行師之際
一日而三失其行伍之列則以軍法去之否乎曰失伍離次法在必誅一已不容不待
子三曰士之行列士之伍也臣之職守臣之伍也然則職守不修子之失伍也亦多矣凶
年饑歲子境內之民老羸轉於溝壑壯者散而之四方者幾千人
矣民之失所是子失伍也民失所之多是子失伍之多也子將何以處之曰坐離死喪距心非不知之救災卹患距心
非不欲之然而倉廩府庫主之惟王典發賑貸命之惟王此非距心之所得爲也曰子固爲王牧民

者也。民一日不反，則予之責一日難辭。今有受人之牛羊而為之牧之者，則必為之求牧與芻于其主人矣。倘求牧與芻而不得，則將以未死之牛羊反諸其人乎？抑亦終守此無芻牧之牛羊立而視其死與？夫逆料其不得而不為之求，固不可也；求之不得而寞然不之反，是牛羊之死，雖死于無芻牧之人，而實死于為之牧之人也，咎將安辭哉！于是始悟曰：此則距心之罪也。孟子既以失職責其臣，又欲因之以警齊王，故他日見於王曰：王之臣奉命而為都者，臣知五人焉。而能自知其失職之罪者，則惟孔距心而已。于是備舉其兩相責難之言為王誦之。王乃引而自責曰：君者，出令者也；臣者，行君之令而致之民者也。民之失所，臣之失職，實由寡人始。此則寡人之罪也。夫孟子一言，而齊之君臣舉知其罪，似可與有為矣，而卒不能改修其職以保民，亦安用此悅而不繹、從而不改者為耶？

〇孟子謂蚳鼃曰：東西南北，惟君所使，臣之道也。今子之辭靈丘之邑宰而請為士師之官，自我論之，亦近似有理也。推子之心，蓋為其以刑官而近王，王有刑罰之不中者，吾可以言也。誠如是。宜乎朝拜官而夕奏疏矣。今既數月矣。閱王刑罰之得失。不爲不熟矣。而不置一言。豈尚未可以言與。蚳鼃有感于孟子之言。因以刑罰之不中者。諫於王而王不用。遂致爲臣而去。夫當諫則諫。當去則去。雖蚳鼃明于進退之義。而寔孟子激成之也。齊人因此而譏孟子曰。人之自爲。必較善于爲人。今蚳鼃之一諫一去。誠善。然非出自蚳鼃也。有爲之者也。據其所以爲蚳鼃則善矣。獨是其所以自爲則吾不知也。彼蓋以孟子道不行。而去之不決。而不知賓師之位。固不得以人臣去就之常律之也。公都子以齊人之言告孟子孟子曰。君子之出處去就。各着其道。齊人惡足以知吾哉。吾聞之也。有官守者貴盡職。君制之而不得其職則去。有言責者貴盡言。君違之而不得其言則去。若我名則爲卿。未嘗受祿。我無官守。我無言責也。道合則留。不合則去。則吾進退惟己自適。不得以常法拘之。豈不綽綽然有餘裕哉。

○孟子爲客卿於齊。奉王命而出弔於滕。蓋假孟子以爲重也。王乃使蓋大夫王驩爲輔行。特遣親倖之臣。所以重孟子也。王驩因假其緣恩以親洽孟子。故朝暮見焉。乃見者

自見而孟子往反齊滕之路未嘗與之言行使之事也其泰山巖巖之象可近而不可狎如
此公孫丑不知而問曰凡位小而勢闊則不足與言若齊卿之位不為小矣地近而時迫則
不及與言若齊滕之路不為近矣乃往且反之而未嘗與言行事何也
孟子托詞以答曰使事不治則當議之今夫有司既或治之矣予尚何言哉然則孟子之于
王驩不顯以絕之不輕以狎之所謂不惡而嚴者固如是耳

○孟子遭母之喪自齊葬於魯反於齊止於齊南之嬴邑充虞請曰前
日夫子不知虞之不肖使虞敦治匠事當時夫子正在哀痛中嚴急之故虞雖有疑而
不敢請今稍寬矣願竊有請也向所治之棺木弟予若為以美然其意欲觀為觀
美而設也曰喪葬之事亦人子自盡之心有不容已耳古者禮制未備故棺槨無尺寸之度至于中
古始有定制棺七寸槨稱之上自天子下達於庶人皆得用焉此非直為
觀美也必如是然後盡於人子之心夫是心也苟限于法制所不當得則有所不盡而不

可以爲悅。苟制所得爲而無其財以爲之則有所不盡而亦不可以爲悅若夫得之矣而又爲有財。此正人子得自盡其心之時凡古之人皆用之吾亦人子也何爲獨不然。且棺槨之堅厚本非他物靡費者比蓋比化者無使土親近其肌膚。則先人之體魄得以久遠而無害。於人子之心獨無恔然而稱快乎。所謂然後盡於人心者如此向使得盡而不自盡是爲天下愛惜財物而薄于吾親矣。吾聞之也。君子不以天下物力之故而儉其親。然則吾本非爲觀美而設也而子何疑其爲已美哉。

○沈同、齊用事之臣也。時爲齊謀伐燕乃不由王命而以其私問于孟子。曰、燕可伐與。孟子據理答之曰、可。蓋燕之土地人民受之天子傳之先君在子噲之爲君也宜世守之而不得私與人以燕。在子之之爲相也宜輔君守之而不得私受燕於子噲。設有仕者於此。而子悅之不告於王而私與之吾子之祿爵。夫士也亦無王命而私受之於子則可乎。何以異於是。以爵祿私相授受在有國所必誅以土地私相授受在王法所必誅此燕之所以可伐也齊人得孟子之言遂與師以伐燕。或問曰、夫子勸齊伐燕有諸。曰、未也。說雖有因傳之者謬耳一日者沈同問燕可伐與吾應之曰可。此特就燕論燕耳彼遂然吾言而伐之也。彼如再問曰孰可以伐之則將應之曰、惟有道之君奉行天討而為天吏者則可以伐之。假如今有殺人者或問之曰、殺人之人可殺與。則將應之曰可。殺人者死罪難逃也彼如再問曰孰可以殺之、則將應之曰、奉君命而為士師者則可以殺之。今燕之無道固可伐矣而齊亦未為有道則非天吏也是亦一燕也以齊伐燕猶以燕伐燕耳吾何為勸之哉。

○昔齊王欲取燕孟子既勸之以順民心及諸侯謀救燕又勸之以速出令而王不用致燕人不悅而畔共立太子平為王王曰、吾不用孟子言故致此吾甚慚於孟子焉此正羞惡之萌而可引之于道之一機也有佞臣陳賈者曰、王無以此為患焉。王自以為與周公比之孰仁且智。王曰、惡、是何言也。吾豈敢比周公哉曰、王正惟不敢當周公也乃當日者武王克殷立紂之子武庚周公防其畔也使兄管叔監殷管叔反播爲流言而以殷畔是畔周者管叔而使管叔者周公也將謂知其必畔而故使之是陷至親于大辟不仁也如謂不知而誤使之是無早見之明不智也然則仁智二者雖聖如周公尚未之盡也而况於王乎周公不能料之于至親而王安能料之于敵國賈請見而解之乃見孟子問曰周公何如人也曰古聖人也曰使管叔監殷管叔以殷畔也有諸曰然曰周公知其將畔而使之與曰不知也賈乃得計而言曰公而非聖人也則可公而爲聖人也宜其有知人之哲矣而乃失于用人如此然則無論常人也雖聖人且有過與曰是固無傷于周公之爲聖也夫周公弟也管叔兄也以同體之親自不忍逆料其惡揆之天理人情所必至者周公之過不亦宜乎且不惟古人得過之由不同觀其處過之道亦有大不侔于今人者大凡古之君子過則知而改之若今之君子過則而遂順之古之君子其過也無所掩覆如日月之食民皆見之及其更而復明也民皆仰之若今之

君子豈徒順之又從而曲爲之辭。然則自愛其身者固當以古人自處而愛人以德者亦不當以今人發人矣若陳賈者不以古之君子事其君而以今之君子逢其君其鄙夫哉

○孟子在齊雖不受祿而亦居卿位至久而道不行也故致爲臣而歸。王就見孟子曰前日願見夫子而不可得幸而來齊得侍奉顏色不惟寡人喜之卽同朝之臣亦甚喜不意今又棄寡人而歸夫子之去志決矣但不識可以繼此而再得見乎對曰繼見之期不敢預請以干冒進之嫌耳然見王固所願也。孟子雖已辭王不忍卽去他日王見其尚未去也乃謂時子曰孟子之去也欲其復爲卿而祿之不可得矣然孟子欲去而未去我卽不能留而不可不留我欲改雪宮之館當中國而授孟子室。不强孟子以祿屈而爲臣而特養其弟子以萬鍾之尊而爲師居四達之衢廣樂育之化使諸大夫國人皆有所矜敬而法式。庶幾所謂居是國而子弟從之則孝弟忠信者或有當于孟子之心未可知子固知我心而普爲說辭者其盍爲我言之。時子不親致王命也因陳子而以告孟子。陳子以王之意未爲不勤也遂以

時子之言告孟子。孟子曰：子所傳述之言誠然。詢是王所以囑時子，而時子所以致子者。夫時子意以為如是言，予可以留矣，而惡知其不可也。彼特視予為欲富之人耳。如使予欲富，則必計較于多寡之間。向者嘗辭十萬之祿矣。而今乃受萬，是為欲富乎？且辭之于前而復受之于今，是適為季孫所竊笑也。季孫嘗曰：異哉子叔疑之為人也。使己居卿位而為政，既而不用，則亦已矣，乃又使其子弟為卿。以為失之于己而取償于子弟也。夫富貴公物也。人亦孰不欲富貴，而子叔疑獨於富貴之中有私龍斷焉。夫龍斷之說何如？古之為市者，不過以其所有之物易其所無者，使彼此得以相濟而有司者為之平其物價，息其爭訟，以治之耳，未始征其稅也。有貪利之賤丈夫焉，必求龍斷之高而登之，以左右望而罔羅一市之利。人皆以為賤，而思所以抑之。故從而征之。後世遂緣此以為例，而征及商人。征商自此賤丈夫始矣。龍斷之說如此。我而踣子叔疑之所為，天下不將龍斷我乎？彼時子惡足與知此。

○孟子（以道不行而）去齊（然猶有惓惓屬望之心，故遲其行而）宿於晝（邑。是時）有（不由王命貿貿然私）欲為王留行者，坐而言。（孟子）不應，隱几而臥。（示不欲聞其言，接其人以絕之也。）客（乃）不悅，曰、弟子（以夫子之行，不敢輕率而留。）齊（戒越）宿而後敢言。（今）夫子臥而不聽。（明示拒絕弟子。）請勿復敢見矣。曰、坐。我明語子。（以不應之故。大凡人君留賢，與賢者之為君留，皆有道也。）昔者（子思在魯，繆公深知其賢，以師道尊之，常使人伺候其起居，通己之誠意，所以能安子思也。向使）魯繆公無人乎子思之側（以達其誠），則（抱道自重，何往不得，必）不能安子思。泄柳、申詳（亦賢者也。繆公雖尊之不如子思，然有人常在君側，稱道二子之賢，以啟君重道之意，所以能安其身。向使）無人乎繆公之側（維持調護之，而待賢之禮容有未至），則（二子必以義自決而）不能安其身。（此可見古人之留賢，非君使之，則導君使留之，未嘗以己意留也。今）子（以我為長者而因）為長者慮，（宜以繆公之所以待子思者待我矣。乃齊王不使子來，）而（子自欲為王留我，）不及（繆公留）子思（之事，則所以留我者，實所以拒我，是子先絕長者矣。我之臥而不聽，亦報施之道當然，而子遂不悅，子試思之。）子絕長者乎。

長者絶子乎。
○孟子去齊已出畫矣尹士語人曰君子之至人國也必明于知人而無所干其去人國也必勇于
行而無所滯明是道者宜莫如孟子矣乃其來齊也以爲湯武我王也而卒于無就將謂不識王之不可以
爲湯武則是不明也。如識其不可宜乎裹足不入矣然且至則是干澤
也。是其來齊之始已無當于擇君而事之道矣而且千里而見王至不遇而故去意其去之
果矣乃三宿而後出畫是何依違于進退之間而若是其濡滯也夫以孟子去乎日所爲吾所
悅服獨此事所慮未善士則茲不悅焉高子以其言告。孟子曰君子之出處去就不徒爲一巳
之高潔而愛君憂國有出于常情之外者夫尹士惡知予之心哉。我之千里而見王。非敢逆料
王之不可以爲湯武而徒爲干澤計也意亦望得行其道以佐王成湯武之業是予所欲也。今以道之不行而
不遇故去豈予千里見王之初願所欲哉心不欲去而義不容以不去予不得已也。
去既出于不得已則亦不能以遽舍矣此予所以三宿而後出畫也且予三宿而後出畫。在尹士則以爲

濡滯耳若於予心則猶以爲速也蓋我之去齊固以王之不能用我然或一時迷惑猶望其從容悔悟
王庶幾其改之也王如改諸則必以王道爲終可行以吾言爲終可信反予在途之轍
而遇合未可知此三宿出晝之心即千里至齊之心也及至夫出晝而王不予追也方覺王之心終
于不悟予然後浩然有必歸之志予雖然豈竟恝然舍王哉王之天資樸
實由足引而用之以爲善特予能用王王不用予耳王如用予使我之道得以大行則湯武之業
必可與豈徒齊一國之民安即天下之民舉被治平之澤而安矣王庶幾改
之予于絕望之中猶日望之此予出晝決歸之後而猶然千里見王之心也而尹士顧以濡滯誚我是特以小丈
夫期我耳予豈若是小丈夫然哉諫於其君而不受則怒悻悻然見
於其面而即去去則必窮日之力而後宿哉然則予之心固可爲知者道不可爲不知
者言也尹士聞之而自歉曰君子之所爲惟君子識之士誠小人也知小丈夫之所爲而已矣
又惡知孟子之心若此哉

〇孟子去齊充虞于路中問曰弟子追隨夫子何察顏色數日來夫子若有不
豫色然前日虞聞諸夫子曰窮通得喪天也用舍予奪人也君子不得于天而不怨
天。不合于人而不尤人。即前日之言觀之夫子宜無入而不自適矣今何為而有不豫之色哉曰時不一時
言各有故不容執也我前日安常處順時無所感彼自是一時今當去國之日乃吾道行廢所係世道升降所關
此亦是一時也彼之一時惟知樂天順人而已今之一時不能不悲天而憫人焉安得以彼時之言律今時之所處
乎則試言今時所以不能無不豫之故夫自古以來間氣所鍾大約五百年必有王者膺運而興其
間必有德業聞望可名一子世者以為王佐然則五百年之數有常斯而名世之生非徒然也今由周
文武而來七百有餘歲矣以其五百年之數則過矣以其時考之則亂極
思治可以有為之時矣未數已過而王者不興時已可而治未有期則負名世之具者終無以自見矣此予所以不能
無慨乎中而不豫遂形于色也雖然世之治亂皆天為之當此數過時可之時而使我不遇夫天之未欲平
治天下也如世道不容以終否天心有時而厭亂而欲平治天下。則王者之業兼我莫之能輔名

世之功非我莫之能建當今之世舍我其誰也吾惟聽命于天而安意以待之耳吾何爲

不豫哉此可見外若有不豫之色而其中之不怨不尤者固自在也憂世之志樂天之誠其並行而不悖者哉

○孟子雖爲齊卿未嘗受祿及去齊而居休公孫丑問曰居其位者食其祿今夫子仕

而不受祿豈古之道當然乎曰非以爲古道當然也但我之所以不受祿自有由耳當始至于

齊於崇吾得見王斯時已卜其終之不遇退而有去志不欲變志不欲變而復受祿

是苟祿矣故不受也及繼而有師旅之命當國事倥傯之際不可以決然而請去其

寔久於齊非我志也然則王之足用爲善者較諸世主爲差勝故庚幾于一遇耳至終不用而請去則孟

子始終如人之明也而未嘗受祿則所謂進退有餘裕者于斯見矣豈得以常情例哉

四書襯 孟子卷之三

聊城鄧東長　長洲彭芝庭　兩先生鑒定

吳興駱　培坦軒著

仁和姚三辰聖湖　武康高　怡鶴洲　參閱

受業茅學詩持正　徐開厚恭受

姪　鳳來儀成

男　雲儀翔千

孫　艮弼振廷仝校字

滕文公章句上 凡五章

昔滕文公為世子之時將之楚。聞孟子在宋先過宋而見孟子。夫有事于交鄰之行而先為見賢之舉。此可見世于天性之善而入聖有基矣孟子知世子之可與言也因與之道人性之善不曰仁則曰義使之知天所賦人所受一粹然而無惡也而又恐其無微不信故**言必稱堯舜**以實之蓋以堯舜雖聖亦不過率所性之渾然至善者克之以造其極耳夫以善言性則知仁義不假外求以堯舜明性善則知聖人可學而至此孟子勉世子意也然當戰國之時論性者紛紛不一而孟子獨謂性善天下皆駭于堯舜之不可及而孟子獨謂堯舜可爲故**世子**不能無疑**自楚反復見孟子**蓋恐別有卑近易行之說也**孟子曰世子疑吾**性善堯舜之**言乎夫**吾所言之性即**道**也道之在人同出于天同具于心不以古今而或殊不以聖凡而有異**一而已矣**道既一則吾又安容有二說乎則非予一人之私言也昔者**成覸謂齊景公曰**天下之所稱聖賢者人莫不望而震焉以爲可畏矣不知**彼**聖賢同**丈夫也我**亦**丈夫也吾**未嘗不可爲聖賢**何**所歎而**畏彼哉**是成覸有見于吾之道與聖賢之道一也**顏淵曰**舜大聖人也人皆以爲不可及矣不知人一而已**舜何人也予何人也**人能奮發**有爲者亦若是**矣是顏淵之言有見于吾之道與舜之道一也**公明儀曰文王我師也**周公嘗有是言矣自我思之吾性中自有文王信乎人皆可以師法**周公**之言**豈欺我哉**是公明儀有見于吾之道與文王之道一也可見古今聖賢本

無二道故其言之全如此世子亦惟篤信力行以師聖賢而已又何疑而復求他說哉夫人特患志之不立而勢之強弱大小非所論也今以滕之地絕長補短而計之將五十里也苟能發憤自強修身立政以古帝王爲法猶可以興道致治而爲善國但恐以國小勢弱安于卑近而不能自克則不足以去惡爲善而身心政事舉失其道而國遂終于不振耳不觀商書說命篇乎書曰若藥不瞑眩而憒亂則厥疾不能瘳知非瞑眩之藥不可以去疾則知非力行之勇不足以善國矣世子其毋自棄而可哉

○滕定公薨世子謂其傳然友曰昔者孟子嘗與我言性善道一之說於宋常記憶於心而終不能忘今也不幸至於當先人之大故吾欲使子問於孟子然後行居喪之事然友之鄒問於孟子孟子曰當喪禮既壞之後而世子獨能以此爲問不亦善乎吾知世子非作意而爲之也蓋親喪固人子之心所自盡而無待于勉強者宜世子有所不能已而必欲問焉以自盡其心也夫盡其心者在盡其禮曾子有言曰人子于親之生也事之以禮于死也葬之以禮祭之以禮可謂孝矣此子所聞

于曾子者因泛論人子之禮如此今世子諸侯也諸侯之禮。吾未之學也。雖然。其大經之一定
而不可易者。吾嘗聞之矣。三年之喪。齊疏之服。飦粥之食。自天子達
於庶人。三代共之。無貴賤古今之異世子欲自盡其心亦遵此行之而已然友反命。世子遂
定爲三年之喪。乃禮制久湮習俗難改滕之父兄百官皆不欲。曰、吾宗國魯
先君莫之行。吾先君亦莫之行也。至於子之身而反之。不可。且
志曰。喪祭從先祖。斯何謂乎恭曰、吾有所受之而非可以意爲也。其沮之之言如此而
不知所謂先君者當論之于周公滕叔之始而非所論于數傳之後所謂從先祖者當遡之于創禮之祖而非所論于壞禮之
祖也世子格于其議而謂然友曰、人必素行足以服人而後可以有爲吾他日未嘗學問。不過
好馳馬試劍。其見輕于人也明矣今也一旦欲行三年之喪而父兄百官。皆不我滿
足也。恐其不能盡於大事。不行則無以盡我之心行之又沮于衆人之議子爲我再問
孟子。必如何而後可然友復之鄒。問孟子。孟子曰、世子謂素行未孚一旦欲行大事而不足

于父兄百官者。誠然也。然此但當責之于己而斷然行之。不可以他求者也。孔子嘗曰。君薨。為嗣君者。以百官之事悉聽命於冢宰。在己。則歠粥而不食旨。面色深墨而有戚容。即喪次之位而哭。惟自盡其哀而己。而百官有司莫敢不哀。若是者何也。由嗣君之哀先之而發動其良心也。蓋上有好者。下之觀感而效法。必有甚焉者矣。夫君子之德主感。譬則。風也。小人之德主應。譬則。草也。草而尚之以風必偃。由孔子之言觀之。世子固在上之君子也。誠能先盡其哀。則父兄百官起而應之矣。豈待他求哉。是在世子。然友反命。世子曰。然。是誠在我。于是方其未葬也。五月居倚廬于中門之外。以行諒陰之禮。未有命戒。以行不言之禮。但見向之百官族人不我足者。皆翕然稱世子以可謂曰知禮焉。蓋近者有以應之矣。及至葬。四方來觀之。但見世子顏色之戚。一深墨之容也。哭泣之哀。一即位之哭也。一時弔者。咸以其能盡禮而大悅。服焉。是遠者有以應之矣。夫世子必行古禮而始之沮于人者卒感乎人。可見世子信道之篤。而亦見人心之同。孟子性善堯舜之說。豈欺我哉。

○滕文公初立爲君以禮聘孟子孟子至滕而**問爲國**之道蓋有感于滕可爲善國之言而志于圖治也

孟子曰國以民爲本民以食爲天爲國者當以**民事**急爲之經畫區處而**不可緩也**豳風七月之**詩云**及此農隙之時**晝爾于茅宵爾索綯亟其乘屋**而葺治之蓋以來春**其始播百穀**而不暇爲此故也夫以民之自急其事如此而人君可以爲緩而忽之耶夫民事之所以不可緩者何也蓋以**民之爲道也有恒產者**則有所賴藉而**有恒心無恒產者**則爲所陷溺而**無恒心苟無恒心放辟邪侈無不爲已**而陷于罪者必衆矣不制民產而使之陷于罪**及陷乎罪然後從而刑之是**欺其不見而**罔民也**不仁甚矣**焉有仁人在位罔民而可爲也是故賢君**者仁人也**必恭**以持己不敢以貴而驕也**儉**以自奉不敢以富而侈也惟恭也則重民事之佐理而**禮**接其臣**下**矣惟儉也故閔稼穡之艱難而**取於民有制**矣夫罔民則不得爲仁人賢君則不至于罔民二者之間出此入彼不觀陽虎之言乎

陽虎曰爲富爲仁無兼務之理人而**爲富**則**不**復能**仁矣**人而**爲仁**則**不**復能**富矣**陽虎之志固在舍仁而求富而求治之主豈可貪富

而害仁哉天理人欲不容並立在審其幾而決之耳則請言制產定賦之法稽諸三代可酌而行之也夏后氏之制民恒產也一夫受田五十畝而其取之于民也則計其五畝之入而貢焉殷人之制民恒產也一夫受田七十畝而其取之于民也則計其七畝之入而助焉周人之制民恒產也一夫受田百畝而其取之于民也鄉遂用貢都鄙用助而徹焉名雖有貢助徹之不同其實貢者貢五畝之入于五十畝之中助者助七畝之耕于七十畝之外徹者鄉遂之用貢猶夫夏都鄙之用助猶夫殷要皆什分而取其一也是其于民事也皆知所急而其取民也皆非無制夫若夫命名之義則又有可得而言者彼夫貢者以下貢上其義易知若所謂徹者何哉蓋其耕也通力合作其收也計畝均分有通融均一之義蓋言徹也所謂助者何哉蓋借八家之力以助耕公田有借助倚藉之義蓋言藉也夫三代田賦之法如此而裁其宜于今者則惟助為良焉昔龍子曰治地之法莫善於商之助莫不善於夏之貢蓋貢者校數歲豐歉之適中以為取民一定之常制當樂歲粒米狼戾之時雖多取之于額外而不為虐則固限于常數而寡取之一遇凶年彼所入者僅以償夫糞其田而不足則必拘于常數而取盈

焉。凡樂歲之寡取民不以爲恩，而凶年之多取民不堪命矣。夫君者，民之父母也。**爲民父母**、而**使民**以取盈之法。**盻盻然**恨視其上。**將終歲勤動**之所獲盡輸之于官，而**不得以養其父母。**猶且不能足取盈之數，**又稱貸**于人，不顧重息**而益之**。致**使**公私交迫，仰事俯畜一無所資，**老**者**稚**者**轉**死**乎溝壑**之中。**惡在其爲民父母也。**貢法之不善，一至于此。若助法則隨公田所得之多寡而取之，安有如是之弊哉。然則助法之善，固滕所當行者矣。且夫滕有已行者，有未行而不可不行者，尤所當急講求。從來世祿以養君子，井田以養小人，乃王政之本，而世祿取之公田，實與助法相爲表裏。今**夫世祿**之法，**滕固**已**行之矣。**然行世祿而不行助法，則無公田之入，而所以供世祿者，亦隨俗加賦耳。是以雖知禮下，而取民未免無制也。奈何不因其所已行，而併舉其所未行耶。且助法不獨行于殷，即周人亦用之也。小雅大田之**詩云**願天**雨我**之**公田遂及我**之**私**曰此周人之詩也。貢法無所謂公田，然**惟助**法**爲有公田。**今以公田之名，而見于周人之詩，**由此觀之，雖周亦助也。**夫以我周法制之詳，而卒無改于殷人之法，亦以助之盡善耳。滕何爲而不行之乎。信能行此助法，則不惟可以供世祿，將見民有恒產，自有恒心，而教化可興矣。由是設為庠序學校以教之所謂庠者取養老之義示民孝也所謂校者取教民之義使民知向方也所謂序者取習射之義欲民觀德也在夏則曰校在殷則曰序在周則曰庠時異而名亦異也至于國學則夏殷周三代共之世異而名不異也鄉學國學之設其名義不無異同如此要其立教之意則皆所以講明乎父子君臣夫婦長幼朋友之人倫而俾民知所取則也誠使在上者建學立教闡揚人倫之理而昭然大明於上則在下之小民莫不率由于倫理之中以恩相與以分相維而親睦之俗成於下矣夫助法監于商周而民生以厚明倫法乎三代而民性以復此萬世王天下之仁政也以滕之國小勢弱雖行仁政未必能遽興王業然有王者受命而起欲舉三代教養之政必來取法乎滕是為王者之師而澤亦足以及天下也然為王者師特就滕之勢言之耳苟以理推之則亦可以基王業焉大推文王之詩云周雖舊為諸侯之邦而其天命則維今方新焉蓋以文王受天命而興王業之謂也所以然者以文王能行仁政耳子能不沮于國勢之微弱取教養之仁政而力行之則人心咸悅天命自歸滕之國勢日以改觀文王固以新周之邦子亦可以新子之國

雖不能致王于當時獨不可基王于後世乎文公聞孟子之言遂以井田爲必可行乃使畢戰主其事而來。問
井地之詳孟子曰先王仁天下之政莫大于井田今子之君將力行井田之仁政選
擇于羣臣之中而使子委任可謂重矣子必勉之夫仁政必自經畫其溝塗封植之
界始經界不正則田之在民無一定之分而豪強之人得以兼併侵奪而井地不均矣賦出于田無
一定之法而貪暴之官得以多取自利而穀祿不平矣是故暴虐之君貪汙之吏欲攘下之
利則惡經界之不便于己必慢其經界而故廢之若使經界既正則田因界而有定分而兼併者無所
容賦因田而有定法而多取者不得肆凡分田以給小人制祿以養君子將不勞而均且平矣直可坐而
定也夫分田制祿之法必當兼舉吾以君子野人皆不可無耳夫滕壤地雖褊小將必有爲君
子而仕者焉將必有爲野人而耕者焉無君子莫出政令以治野人無野人
莫出賦税以養君子君子野人不以國小而可相無而分田制祿豈以國小而可偏廢哉今請斟酌因地制宜
之法郊以外謂之野田可井授也則九一而行助法一以養君子九以養野人也郊以內謂之國中

田不可井授也則**什**而取**一使**之**自賦**兼行貢法一以養君子餘以養野人也如是則正經界以行分田制祿之法者得矣而分田制祿之中又有曲盡其恩者君子世祿各有定分此常制也而常制之外則自**卿以下**至于大夫士**必**又**有圭田**以奉祭祀而**圭田**則**五十畝**焉追遠之費不待分其養廉之需所以濟世祿之所不及也其厚君子者如此一夫受田各以百畝者此常制也而常制之外其有幼弟而為**餘夫**者則又受田**二十五畝**焉是恤幼之費不待分其八口之需所以濟分田之所不及也其厚野人者又如此而且助法之善不但君子野人得所養也即風俗亦自此淳焉彼八家同聚于一鄉**死**而葬者**徙**而居者各有世業而安土重遷**無出**于**鄉**焉一**鄉**之**田**八家**同井**而耕耘收穫合而為偶焉一**出**一**入**常**相友**而不孤為**守**為**望**交**相助**而無患若或遇有**疾病**彼此共**相扶持**而無乖視如此**則**鄉井之閭藹然皆仁愛之意舉**百姓**無不**親睦**矣至于井田之形制又有盡善而盡美者地**方**一**里而**畫為一**井**井以里定而治地均矣**井**界**九**區區各**百畝**畝以井分而經畫明矣就九百畝而分之**其中為公田**以為君子之祿其外**八家皆私百畝**以為八家之受與八家之民當耕耘收穫之時則出力以**同養公**

田必公田之事既畢然後敢治私田之事夫中公外私既相聯而不渙先公後私又有序而不
紊如此所以別野人之異于君子使上得以統下而民不後其君于相親睦之中而又寓正名分之義也
獨是井田之法諸侯皆失其籍其詳不可得聞矣吾以前所云云者此特其大略也若夫因而潤澤
之變而適化而裁使合于人情宜于土俗不背乎古而亦不泥乎古不徇于今而亦不拂乎今則在主之者君
與輔之者子矣豈吾言之所能盡而亦豈吾力之所能與哉尚其交相勉焉可也
○昔孟子述三代井田之法以告文公而為之分田制祿蓋將見諸施行矣時有詭託為神農氏之言
以倡邪說者許行自楚之滕踵門而告文公曰、吾乃遠方之人聞君行
井田之仁政願受一廛之居而為氓文公以其慕化而來遂與之以所處之廛但見
其徒有數十人之衆皆衣毛布之褐示不安于服之美不以織勞人也捆屨織席賣
以為食示食出于己之力不以耕勞人也此非特託稱神農實欲以並耕之說售之滕君即一衣一食可以見其微意
之所在矣時又有楚儒陳良之徒陳相與其弟辛亦負耒耜而自宋之滕

曰（井地之法。古聖人之政也。）聞君行聖人之政。是亦聖人也。願爲聖人氓。（夫陳相之所宗本。正與爲荒誕之辭者異。兄弟偕來。與衆咻者異矣。出疆而載耒耜。與異業異服者又異矣。夫何邪說易以惑也。而人情每厭常而喜新。故）陳相（一）見許行而大悅。盡棄其學（于陳良者）而學焉。陳相（乃）見孟子。（稱）道許行之言曰。滕君（憫然有志于聖人之政）則誠賢君也。雖然。（惜其）未聞（聖人之大）道也。（所謂）賢（君）者。與民竝耕而（供己之）食。（自爲）饔飧而治。（民之事。不俟勞民以自養。此道之所在。不慮其爲賢君也。）今也滕有倉廩（以貯粟）府庫（以貯財。取民之所耕而食。享民之饔飧而治。）則是厲民而以自養也。惡得賢。（此許行之言所刺在滕君。而所以刺則在孟子。蓋欲陰壞其分別君子野人之法也。）孟子（聞陳相所道之言。欲斷其竝耕之非。亦先即許子之身所難兼者詰之。）曰。許子必種粟而後食乎。（蓋欲攻其所不能爲。而先定其所能爲也。相）曰。然。（是徒知其所能爲。而不意及其所不能爲也。然許子之所必資者。不止一食而巳。則許子之所當爲者。不止一種粟而巳。）（復詰之曰）許子必織布而後衣乎。（相）曰。否。許子衣褐。（不必織而衣也。而耕之不能兼）

乎。織。其。情。問。已。微。露。矣。又。問。曰、許子冠乎。曰、冠。曰、奚冠。曰、冠素。曰、自織之與。曰、否。以粟易之。曰、許子奚爲不自織。曰、害於耕。夫。以。一。冠。之。微。而。猶。以。爲。害。于。耕。則。耕。之。不。能。兼。乎。織。其。情。已。畢。露。矣。曰、許子以釜甑爨以鐵耕乎。曰、然。是。器。之。不。可。廢。者。猶。衣。與。冠。也。曰、自爲之與。曰、否。以粟易之。是。其。不。能。爲。者。猶。其。不。能。自。織。也。然。則。許。子。之。所。能。爲。者。獨。一。種。粟。耳。種。粟。之。外。雖。一。衣。冠。一。械。器。皆。不。能。兼。而。爲。之。蓋。至。此。而。析。之。說。已。窮。而。孟。子。可。以。伸。其。辨。矣。于。是。聽。之。曰。許。子。以滕有倉廩府庫謂厲民以自養今就子之言觀之農不爲陶冶而資其械器似爲厲陶冶矣然爲農者必將曰我固以粟易械器者。不爲厲陶冶。然則陶冶不爲農而享其粟彼亦以其械器易粟者。豈爲厲農夫哉。厲。之。爲。言。已。非。通。論。矣。且許子何不于種粟之暇兼爲陶冶。凡其所需之械器。舍皆取諸其宮中而用之。當必甚簡且便。何爲紛紛然與百工交易。煩亦甚矣。而何許子之不憚煩哉。曰、百工之事。固不可耕且爲也。此。其。言。蓋。不。覺。自。屈。其。並。耕。之。說。矣。孟。子。于。是。折。之。曰。爾。謂。百。工。之。事。不。可。耕。且。爲。是。矣。然則人君之治天下。（蔽之。百工。其事之輕重。煩簡相去何如。）獨可耕且爲與。（夫天下之大分。本有不可兼竝者。人有大小。事亦有大小。）有大人之事。有小人之事。（各事其事而不容相兼。）且（無論大人之不能兼小人也。即凡）一人之身。而（其服食器皿之所必需者。畢）百工之所爲備。如（不以有無相通。彼此相濟。）必（出于）自爲而後用之。（則既欲爲此。又將爲彼。）是率天下（之人）而（奔走道）路。（無時休息）也。（惟其不能相兼。而適以相濟。）故曰。或（爲大人而）勞心。或（爲小人而）勞力。勞心者（出政令以）治人。勞力者（聽命令以）治於人。治於人者（輸貢賦而）食人。治人者（享貢賦以）食於人。（相易而交相濟焉。此）天下（古今貴賤）之通義也。（然則治之與耕。非惟勢之所難兼竝。亦義之所不必兼者矣。試觀古大人之治天下。曾有耕而且爲者乎。神農以前荒誕不可信。許言堯舜。）當堯之時。（去洪荒未遠。生民之害未盡除。故）天下猶未平。洪水橫流。氾濫於天下。草木（得洪水而）暢茂。禽獸（得草木而）繁殖。五穀（爲草木所妨而）不登。禽獸（逞猛鷙而）偪人。（于是）獸蹄鳥跡之道交（錯）於中國。（皆洪水之爲害也。是時）堯（爲大人）獨（勞其心而）憂之。（乃更）舉舜（任大人之事。政。而敷治焉。舜將使禹治洪水也。而草木障蔽。禽獸縱橫。治水之功。未可施也。乃先使益掌火益烈山澤所生之草木而焚之。于是禽獸失所憑依。而皆逃匿。然後禹得施治水之功。禹于西北。則疏通九河以分其勢。又瀹濟水漯水以會其流。而凡水之便于入海者。皆導而注諸海焉。于東南。則決汝水漢水。排淮水泗水。以去其壅塞。而凡水之便于入江者。皆導而注之江焉。水有所歸。則不至氾濫。而稼穡有地。然後中國之民。可得而粒食也。當是時也。禹受命治水。凡八年於外。三過其家門而不入。盖凡為大人者。勞心于救民。而不暇顧其家。如此。雖欲從事于並耕。其可得乎。乃水土既平。而民稼未興。大人之勞心。又在養也。于是分命棄為后稷之官。后稷承命而教民以稼穡。樹藝五穀。由是五穀熟而民人育焉。而未巳也。人之有秉彝之道也。倘飽食煖衣。逸居而無教。則不由其道而近於禽獸。是亦大人未盡之責也。聖人有憂之。而勞心于教焉。使契為司徒之官。教以人倫。父子有親。君臣有義。夫婦有別。長幼有序。朋友有信。此教以人倫之目也而其教之之法則**放勳**命教之詞**曰**民有用力于人倫之道者則**勞之**有趨向于人倫之道者則**來之**有心背乎人倫之道而邪者則**匡之**有行反乎人倫之道而枉者則**直之**有志弱而不能自立于人倫之道者則**輔之**有氣怠而不能自行于人倫之道者則**翼之**凡若此者優游浸漬于其固有之性而**使自得之又**恐其勤始而怠終也時**從而振**作加惠以**德之**夫水土之不未已也而又憂民之無養稼穡之教未已也而又憂民之無教**聖人之**勞心以**憂民如此**勤且亟也**而暇**并事于**耕乎**且夫同一憂也而所憂之大小相懸有萬萬者**堯**何以爲也憂**以不得舜爲己憂**也蓋不得舜誰與命官而敷治自一得舜而堯之憂舜且代之憂矣**舜**何以爲也憂**以不得禹皋陶爲己憂**也蓋不得禹皋陶孰與治水土而敷五教自一得禹皋陶而舜體堯之憂以爲憂禹皋陶又體舜之憂以爲憂矣大人之勞心固若是若**夫以百畝之不易爲己憂者**不過**農夫**勞力者之事**也**而顧以之責堯舜乎哉夫堯舜之憂在于得人誠以得人之所係爲甚大也彼夫**分人以財**非不解推也然**謂之惠**而已**教人以善**非不諄切也然**謂之忠**而已天下至大兆民至廣安得人人而分之而教之所及有限而難久謂之仁則未也惟

夫憂天下之不治而爲天下得人以代理者如堯之得舜舜之得禹皋陶則不必分人以財而恩之所及者廣大不必教人以善而化之所及者無窮斯則謂之仁焉夫仁天下之功大矣而所係在于得人則得人豈易言哉是故以天下與人人以爲難矣而自不貪以自私者出之猶易也惟是爲天下得人則必擇之至當選之至公一或不愼生民之禍烈矣是誠難也觀堯舜之所憂在此亦可曉然于堯舜之所以用其心矣昔孔子之贊堯舜也曰大哉堯之爲君惟天爲大惟堯則之蕩蕩乎民無能名焉君哉舜也巍巍乎有天下而不與焉此孔子之所稱觀之可見堯舜之治天下一則法天爲治而德業之蕩蕩一則忘乎天下而事功之巍巍豈無所用其心而可坐致哉但當其時民害未除思得人以除之民生未遂思得人以遂之民行未興思得人以興之此皆其用心之所在也亦不以百畝之不易爲憂而用心於耕耳夫堯舜治天下之準也而不用心于耕則賢君之道豈必與民並耕哉許子之說多見其妄也然創爲邪說者許行也而舍正道以入于邪者非子乎夫中夏乃聖人禮義之敎而夷狄則棄禮義而異于中國者也吾聞用中夏之敎以變夷狄之俗者有之未聞中夏之學反受變於

蠻夷之人者也。子之師陳良。本楚產也。乃悅周公仲尼之道。謂得統于堯舜遂北學於中國。于凡二聖之制作刪述皆心領而受之。即北方之學者。素服周孔之教。不過與之等倫。未能或之先也。彼生于楚而自拔于楚眞所謂豪傑之士也。其用夏變夷如此。固可。師之以終身矣。今子之兄弟事之數十年。聞周孔之正道。不爲不久矣。顧師死。未幾而遂倍之。盡棄其學以從異端之許行。非所謂變于夷者耶。爾不聞孔門之所以尊其師者乎。昔者孔子沒。門人相與心喪三年。三年之外。門人各治其任。將歸。入揖於子貢。以別相嚮而哭。皆失聲。然後歸。門人之追慕其師如此。子貢猶不忍卽去反歸孔墓。築室於場。獨居三年。然後歸。子貢追慕其師之深又如此。他日子夏子張子游。思慕聖人想見其音容以有若言行氣象有似聖人欲以所事孔子之禮事之。以寄其思慕之情彊曾子。與之同事曾子曰。疑師必以其倫尊師非求其似以事夫子者事有若不可也。夫凡木皆可濯物而言濯之至潔者必歸之江漢吾夫子道德純粹一疵不存明著之極其始如江漢以濯之者乎。凡日皆可暴物

四書襯　孟子　卷三　十　旦旨堂

而言暴之至乾者必歸之秋陽吾夫子道德明瑩萬象俱新光輝之極其殆如秋陽以暴之者乎然則皜皜乎至潔至白不復可有尚而加之已而乃求之于彷彿形似之間嗚呼可是曾子篤信其師不以似代眞者又如此夫似此不可以代眞則相背者更無論矣今也許行者南蠻鴃舌之人爲惑世誣民之說而非先王之道與于師陳良正相反子乃倍子之師而學之亦異於曾子之所以尊其師者矣夫君子之擇術猶鳥之擇巢吾聞出於幽谷遷於喬木者未聞下喬木而反入於幽谷者夫陳良學周孔高明之道也喬木也許行爲異端邪曲之術也幽谷也子倍師而學之下喬入谷誠鳥之不如矣魯頌有言曰周公輔相王室戎狄是膺荊舒是懲其正夷夏之防如此若許行者周公方且膺之以用夏變夷也子是之學反變于夷亦爲不善變矣孟子闢許行並耕之說陳相既已無辭乃擇其一以自解曰許子之道或未可概從然從許子之道而以之治市則市賈不貳國中無所售其僞雖使五尺之童適市莫之或欺如布帛用度計其長短同則賈相若麻縷絲絮用權計其輕重同則賈

相若。五穀用量計其多寡同。則賈相若。屨以形計其大小同。則賈相若。如此則詐僞之情不得施而淳樸之風由此返不亦可乎。曰許子欲一市價殆未知物之情也。夫物之精粗美惡不齊。由氣化有參差人工有巧拙必然之數。物之情也。或相去倍蓰焉。或相去什伯焉。或相去千萬焉。其不齊如此。子乃不論精粗美惡而惟比其長短輕重多寡大小而同之。則物失其平而爭端以起。是亂天下也。試卽子之所謂屨者言之。物之有精粗猶屨之有大小也。設使巨屨而與小屨同賈。則人豈肯擇其大者爲之哉。然則精者尚與粗者同賈。則必不肯爲其精者亦甚明矣。子謂從其道則國中無僞。我謂從許子之道。相率而爲僞者也。以之治市且不可。惡能推其說以治國家哉。無一而可。子從而和之。眞不可解矣。

〇時有治墨翟之道者夷之。固異端之徒也。乃心切向慕。因徐辟而求見孟子。是亦反正之[illegible]機。孟子以其陷溺之久固所當憫。而悔悟之心或未必眞。故托辭曰。夷子之來。吾固願見。今吾尚病。未能見也。病愈。我且往見。夷子不必再來。蓋欲觀其意之誠否耳。他日又

求見孟子。則其意誠矣。孟子謂徐子曰。吾今則可以見矣。然見之。將以明吾道也。使
吾不直言以盡彼道之非。則無以明吾道之是。而道不見。雖見無益。我且直言之。吾聞
夷子學于墨氏者。墨之治親喪也。以薄為其道也。夷子思以易其道
天下之風俗。豈以其薄葬為非是而不貴也。以薄為貴。則必以厚為賤。必無兩是之理。然
而夷子葬其親厚。則是不以墨氏之所貴者事親。而以其所賤者事親也。學其
術而不遵其教。是誠何心哉。孟子之言。非惡其厚葬也。蓋夷子學于墨氏而不從其教。其心必有所不安者。故詰之以此。欲其
反求而得夫厚葬之本心也。徐子以告夷子。夷子不能直以己之厚葬為是。墨之薄葬為非。乃為兩救
之辭曰。勿詰儒道與墨道異也。儒者之道。未嘗不兼愛焉。古之人曰若保赤子。此言
何謂也。明明以愛民如愛己之赤子。無差等矣。之則以為愛固無差等。而曰若保赤子。則先
有保赤子。然後有君保赤子。是其施之之序。當先始于親。故吾之厚葬。非以賤事親也。乃施由親始耳。墨之道即儒
之道也。觀其所言。始援儒以入墨。繼推墨以附儒。不自知其辭之遁矣。徐子以其言告孟子。孟子曰。

夫夷子引若保赤子之言而以爲愛無差等信以爲人之親愛其兄之子爲若親其鄰之赤子而無分厚薄乎彼書所云蓋別有取爾也以小民無知而犯法非民之罪乃君上不教之過猶赤子無知而匍匐將入井非赤子之罪也乃父母不謹之過也故人君保民當如慈母保赤子如此非愛無差等之謂也且天之生人物也受氣于父成形于母使之原于一本而無二故愛親之心爲獨厚而推以及人自有差等而夷子以爲愛無差等但施由親始則親其至親無異路人是親同一本路人亦親又一本竟爲二本故也蓋上古之世喪禮未制嘗有不葬其親者其親死則舉而委之於壑若有甚忍焉者至于他日過之則見夫狐狸食之蠅蚋姑嘬之于是其顙有泚睨而不忍正視甚有不能爲心者矣夫是泚也非爲他人見之有所掩飾而爲是人泚也乃其哀痛廹切之情本諸中心而達於面目蓋歸反虆梩取土而掩之後世葬埋之禮從此始夫揆之天理即之人心以其掩之誠是也則孝子仁人之盡心盡力從厚以掩其親亦必有道矣彼夷子之葬其親厚正有油然于一

本之故而不能自已者奈何蔽于墨氏之學而責之省耶徐子以告夷子。夷子深自悔悟憮然自失爲閒曰之。雖未得親見孟子。然而孟子旣已命之矣。此其本心蔽已盡明前疑因以頓釋逃墨歸儒非孟子之善誘何以得此

滕文公章句下 凡十章

○陳代以孟子守不見諸侯之義乃諷之曰夫子抱道而處不肯一見當世之君意以此爲大節所在乎以代言之士君子之在天下事業爲重出處爲輕不見諸侯宜若小節然今若屈己而一見之必信而任之將以事權大則以其君王。小則以其君霸。所屈者小而所伸者大矣且志有言曰枉尺而直尋。夫枉者尺少也即屈已一見是也直者尋多也即以王以霸是也推志之言而權之宜若可爲也。孟子曰君子之不可貶節以求合者其所重固有在也獨不觀諸虞人之事乎昔齊景公田招虞人以旌。虞人以招之不以其物不至景公怒而將殺之孔子聞而贊之曰志士固窮每不忘在溝壑。勇士輕生常不忘喪其元。虞人殆志士也勇士也孔子奚取焉

取非其所招之皮冠而以招大夫之旌招之寧守死而不往也。況君子守道尤非虞人之守官比。如併不待其招而往何哉？且夫所謂枉尺而直尋者，較量于多寡而苟且以圖事功。不以義為斷而以利言也。夫義有一定之是非，而利有難定之遷就。無論有枉即無直，縱使始而利枉者尺矣，可以枉尺即可以枉尋；始而直者尋矣，可以貪直之尺即可以貪直之尋。言利之端不開則已。如以利，則枉尋直尺而利存焉，亦將曰宜若可為與？夫利之不可計，即藝士知之矣。昔者趙簡子使王良與嬖奚乘，為之御車以從禽，終日而不獲一禽。嬖奚自昧其故，反命于簡子曰：王良天下之賤工也。或以其言告王良。良詣奚曰：請復之。奚不欲，乃彊之而後可，一朝而獲十禽。嬖奚又昧其故，反命于簡子曰：王良天下之良工也。簡子曰：既為良下，我使掌與女乘。遂以掌乘之命謂王良。良則不可，曰：所謂善御者，為其範以馳驅，而不尚詭遇也。吾前者為之範我馳驅，乃終日不獲一；後者枉法而為之詭遇，遂一朝而獲十。是則前之不獲，非我之不善御，是彼之不善射也；後之獲，非彼之善射，徒

使○我之○範○法○也○小雅車攻之詩云○御者不失其馳驅之法而射者舍矢○自能命中而如破○此射

御○各循其道而○為君子之技也○今必待詭遇而後中○誠小人矣我不貫與小人乘請辭○夫王良不過一

御者耳為之詭遇而獲禽不過御者與射者比耳然而御者且羞與射者比○充其心設使比而

得禽獸○雖積若丘陵之多弗為也○況○君○子○以道○自○守○如其計較于利而枉道而從

○彼何也○且子援引枉尺直尋之言○亦過矣○惟○直○已○而○後○能○直○人○枉○道○從○彼○已○先○枉○矣○枉己者未

有能直人者也尚何功業之可就乎哉○

○當時遊說之士以縱橫之術○竊取權勢○震耀一時○而公孫衍張儀其最著者故景春艷慕之而問曰我觀當世

之士○若公孫衍張儀豈不誠大丈夫哉○其一怒也○則游說諸侯○使相攻伐而諸

侯懼○其安居也○則遊說不行○甲兵不用○而天下熄○以○一○人○之○喜○怒○係○天○下○之○安○危○洵○非○尋○常○之○士○可○比○

矣○孟子曰以我所觀儀衍且不成為丈夫是焉得為大丈夫乎子殆未學禮乎○

禮云○丈夫之冠也父命之蓋○欲○丈○夫○其○子○責○之○以○成○人○之○道○也○若○夫女子之嫁也○則母

命之。蓋以婦道伊始示之以從人之義也毋斯時出諸中閫往送女之于門戒之曰往之
女家必敬必戒無違汝之夫子毋命若此可知以順爲正者。乃妾婦之道
也。今儀衍者諸侯怒敵則順而說之以伐諸侯厭兵則順而說之以息爭是阿諛苟容竊取權勢一妾婦順從之道耳以
妾婦而稱大丈夫夫亦謬甚矣夫所謂大丈夫者何如哉仁統萬善天下之廣居也彼則存心以仁兼容併包居天下
之廣居焉。禮有定體天下之正位也彼則持身以禮大中至正立天下之正位焉。義爲大公天下之
大道也。彼則制事以義蕩平正直行天下之大道焉。由是而達此得志時也。則公其仁禮義于天下而
與民由之。由是而窮此不得志將也。則守其仁禮義于一身而獨行其道富貴易淫也彼
雖極豐裕榮寵不能淫而蕩其心貧賤易移也彼雖至窮約困阨不能移而變其節威武易屈也彼
雖當存亡死生不能屈而挫其志。蓋其具于我者隨所在而自得故其至自外者任所加而無損其大涵養大操持誠
有超然于勢利之外者惟此之謂大丈夫耳儀衍何人安足以語此
○周霄以孟子不見諸侯爲難仕乃先設問以諷之曰。古之君子仕乎。孟子曰。仕。

嘗稽之傳曰。孔子三月無君則皇皇如也。去國而出疆。必載見君之質
以行公明儀亦有言曰。古之人三月無君。則人皆憫恤而弔之。合此觀之。古之君子固
嘗仕矣。周霄曰。三月無君則弔。不以急乎。曰、是非獨急于君。蓋亦急于親耳。夫士之有位。猶諸侯
之有國家。則夫士之失位也。猶諸侯之失國家也。古人所重者祭祀。然必有田祿之入而後
可舉。禮曰。諸侯躬耕籍田。庶人助以終畝。收而藏之御廩。以供祭祀之粢盛。夫人親
蠶受繭。繅絲頒之世婦。使為黼黻文章。以為祭祀之衣服。是諸侯必有國家。始得籍田公桑之入以奉祭
也。若夫國家一失。則籍田之耕。公桑之蠶。無所入。而犧牲不成矣。粢盛不潔矣。衣服不備
矣。慢神瀆祀。貽先人之恫。不敢以祭矣。觀諸侯。而士可知已。禮又曰。惟士無田。則亦不祭。蓋士
必有位。始得公田之入以祭也。士而失位則無田。無田則常祿無所入。而牲殺器皿衣服。皆不能備。
是以不敢以祭。不祭則無以伸其孝享之心。而不敢以宴。夫無君猶不足弔也。以無君故而不得孝
其親。亦不足弔乎。霄曰。出疆必載質何也。曰、士之仕也。猶農夫之耕

也。士之見君不可無贄，猶農夫之耕不可無耒耜也。農夫豈爲出疆遂廢耕而舍其耒耜哉。士之去國而仍望仕，亦猶是也。周霄既得孟子願仕之心，遂諷切之。曰、晉國亦士君子筮仕之國也，然霄未嘗聞仕如此其急。今自夫子言仕，既如此其急也，則宜其易于仕矣，而君子之拘拘于不見之節而難仕何也。曰、是非其故爲難，而與願相違也。彼夫丈夫生而願爲之有室，女子生而願爲之有家。此父母之心，人皆有之。然爲丈夫女子者，必待命于父母，道言于媒妁，然後成其室家之禮。如不待父母之命、媒妁之言，私自鑽穴隙以相窺，踰牆以相從，則內而父母，外而國人，皆賤而惡之矣。古之人未嘗不欲仕也，是亦爲父母者求其有室家之願也。顧仕有道焉，不可以苟合。又惡不由其道。不由其道而往見以求合者，是與鑽穴隙之類也。此所以雖急于仕，而又有難于仕也。

○彭更見孟子道不行而歷聘，傳食以爲無功之享，故問曰、今有一介之士周流列國，後車則數十乘，從者則數百人，以傳食於諸侯，不以過分而泰乎。孟子曰、非之所受

于人亦觀其道之宜否耳苟非其道則一簞食之微不可受於人如其道則舜
受堯之天下而不以為泰今子以士之傳食為泰則亦將以舜之受天下為泰乎
曰否○舜代堯理天下功德隆盛其受天下固宜吾不以為泰也但謂今之士未嘗任職無濟于民祇之事而
貿然食之為不可也曰子以士為無事而食而不知其正大有功在也夫人各有事事各有功在易而通之耳假
如子不通人之功而交易其事以此之羨餘補彼之不足則農之耕而空有餘
粟○女之織而空有餘布○勢必至于兩窮子如通之則不獨農得布女得粟也凡梓人匠人
輪人輿人皆得挾其技以食於子○乃於此異端競起正學衰微之日而有人焉○謂道
莫或于仁義仁義莫先于孝悌先王以之垂其教後學以之廣其傳是以入則孝焉出則弟焉守先
王之道以待後之學者此所謂為仁義之人宜其功大而享厚矣乃反以為無事而不得食
於子○子何尊梓匠輪輿而輕為仁義者哉○曰梓匠輪輿其志本
將以求食也曾君子之為仁義之道也其志亦將以求食與○曰子

何以其志爲哉志雖不求食而功自當食其有功於子亦因其可食而食之矣且子平日之食人也果惟食其志之求食者乎亦食其功之當食者乎曰食志夫更始以無事而食爲不可本主于食功也今見孟子謂士子之食人有功遂變其說于食志所謂遁辭也孟子乃詰之曰既因其志矣設使有人於此毀瓦畫墁不惟無功而且有害然其志將以求食也則子食之乎曰否曰然則子終非食志也乃食功也而以士之傳食爲泰何明于其細而不明于其鉅哉

○萬章問曰宋小國也今將行王政而爲弔伐之舉齊楚二大國惡其不利于己也故惡而伐之爲宋計者則如之何而後可孟子曰吾聞行王政而王天下者湯武是也未聞行王政而見惡于人者也以湯之事言之昔湯居亳邑與葛國爲鄰葛伯放縱無道而不祀先祖湯使人問之曰祀禮之大者何爲不祀曰無以供犧牲也湯信其犧牲不備不敢以祭情或有之因使遺之牛羊葛伯食之又不以祀湯又使

人問之曰犧牲備矣何爲不祀曰無以供粢盛也湯謂其粢盛不潔不敢以祭情亦有之乃使亳衆往爲之耕老弱者饋食欲其粢盛之有所供也夫何葛伯無道自絶于湯不惟不祀其先也亦不惟不念其代耕之勞也反率其民要其有酒食黍稻者奪之不授者殺之時有童子以黍肉餉殺而奪之此不以爲德而反以爲仇矣故商書仲虺之誥曰葛伯仇餉正此殺童子而奪之之謂也夫湯勞已之民以事乎葛而葛乃忘湯之德以虐其民葛伯之罪甚矣由是湯爲其殺是童子而征之四海之內聞之皆曰湯之心非富天下而利之也爲匹夫匹婦復其殺子之讎也是湯之心昭見諒于天下奚顧四海之內虐民者衆而湯之始征則自葛載從此凡十一征而皆無敵於天下書衍之曰東面而征西夷怨南面而征北狄怨曰奚爲後我由書觀之可知湯師未至之先民之望之若大旱之望雨也及湯師既至但見歸市者弗止芸者不變民各安其業而湯惟誅其虐民之君而弔其受虐之民當是時與如時雨

既降民望慰而大悅焉故書曰徯我后后來其無罰望之切而悅之深不信然乎然
則湯之行王政也時所爭之國非無大國也卒未聞有惡而伐之者更以武王之事言之武成之書曰商紂之時周之王業已
成諸侯皆來歸服其中有攸不為周臣而助紂為虐者武王以其害及東方之士女故東征以綏
厥士女焉而商之士女咸匪厥玄黃之幣迎武王而事之且曰我昔事商苦其虐政今紹事我
周王庶得蒙其恩澤而見休美也于是皆心悅誠服而惟臣附于大邑周焉觀之書言則周師
一興而民心愛戴其在上之君子實玄黃于匪以迎其君子其在下之小人
簞食壺漿以迎其小人若是者何哉蓋以商紂暴虐民陷水火久矣而武王救民於水火
之中惟取其殘民者誅之而已矣所謂取殘者于何證之周書太誓曰我之威武惟
揚侵于紂都之疆則取于凶暴之殘而殺伐于是用張較之于湯而更有光
觀于此言而當日之取殘救民真不誣矣然則武王之行王政也商紂方為天下君不啻大國也然且不聞有惡而伐之者而
惟是徯后之民望湯以為之君見休之民望武王以為之君如此今宋惟不行王政誠見惡于大國如子所云

爾苟能以純王之心行純王之政若成湯弔民于大旱之後武王救民于水火之中則四海之內皆舉首而望之欲以為君而有後我之怨玄黃之迎矣齊楚雖大必不能率戴我之民以攻我也又何畏焉

○孟子謂宋大夫戴不勝曰、吾觀子之事王而知子之心無乃欲子之王之善與。我明告子以善王之道夫臣之欲善其君猶父之欲善其子也有楚大夫於此欲其子之變楚語之侏倘而為齊語之正乎也則將使齊人傳諸乎抑仍使楚人傳諸乎曰、是必使齊人傳之曰、使齊人傳誠是矣然學貴專而不貴雜宜久而不宜間假使一齊人傳之而朝夕諠譁反令衆楚人得而咻之則語雜而聽亂雖日撻而求其齊語也不可得矣若使引其子而置之齊莊嶽之間。且至數年之久則所與者皆齊人所聞者皆齊語歲月久而漸染深雖日撻而復求其楚語亦不可得矣觀于此而知欲成正君之功者誠非一人之力矣今子謂薛居州宋之善士也必能以善引其君因薦而使之居於王所

國得以人事君之義矣然使在於王所者無論年之長幼爵之卑尊而皆如薛居州

之善也則日聞善言日見善行王即欲為不善而衆君子相與匡救之其誰與為不善若使在王

所者無論長幼卑尊而其人皆非薛居州之善也則讒諂並進聞見日非王即欲為善

其誰與之為善今在王所者止一薛居州也所謂一齊人傳之也而其餘皆非薛居州也不啻衆楚

人之咻也孰邪必不于告正孤悲不能以悟主其獨如宋王何哉子欲善君其廣延善類而後可

○公孫丑問曰君子之不見諸侯何義孟子曰既委質為臣則以其官見若未為臣

不得往以君臣之分而無往見之理故古者不為臣不見也然不見者但我不往見耳若其君有求見之

誠則又不可以執不見之義若魏之士段干木者未為臣者也文侯求見彼且踰垣而辟之魯之士

泄柳者亦未為臣者也繆公求見彼且閉門而不內是二子之所為皆已甚矣君之求見乎

我既如此其迫切則見之不為枉道斯可以見矣若孔子者兩不為已甚焉昔陽貨欲名見

孔子而惡人以已為無禮乃援禮所稱大夫有賜於士士在家拜受則已若出外而不

得受於其家則往拜謝于其大夫之門。于是陽貨遂以大夫自居。矙孔子之亡也而饋孔子蒸豚孔子亦矙其亡也而往拜之。大貨雖矙亡而饋。然其饋亦禮之先加者也。孔子雖矙亡而拜。然其拜亦禮宜往見者也。蓋當是時陽貨先來加禮猶文侯繆公之先來求見也。孔子豈得不見哉。若夫君未嘗先加以禮而士往見以求合是適為曾子子路之所鄙賤矣。曾子有言曰人之為脅肩諂笑以求媚悅于人者其勞苦之病過于夏月治畦之人。子路有言曰與人未嘗有同心之契而強與之言觀其色赧赧然而慚赤如此之人非由之所知也。一則惡其側媚。一則惡其強合。由是二子之言觀之則其光明正大之操自見于意言之表而君子之所養可知已矣。既惡側媚則必以禮自閑而顰笑不苟既惡強合則必以義自制而語默不輕豈肯不俟其求之迎禮之先而趨往見哉。

○宋大夫戴盈之曰、自什一之法廢而天下之農困自關市之征行而天下之商困我欲去厚斂之政可復先王什一之法去關市之征而復先王譏察之法但積習既久更張以漸今茲未能遽革請

弟輕之。未能什一而亦不至過取未能不征而亦不至重稅以待來年。然後悉舉弊政而已之夫
子以爲何如孟子設喻以曉之曰。大夫之言何其有似于攘雞者之說也今有人日攘其
鄰之雞者。或告之曰。取非其有是非君子之道。攘雞者對曰。子言誠是請損之。
攺日爲月月攘一雞。以待來年然後已。夫日攘非義月攘豈義乎來年可巳今年不可巳乎子欲
輕法于今日而革弊于來年何以異是夫不知厚既斂征稅之不可猶日出于不知其不速巳無怪也知知其非
義斯宜速巳之矣何因循苟且以待來年哉孟子恐其日復一日而終不能革故因其明而激
之也
○當時異說橫行孟子辯而闢之有疑其好辯者公都子未知孟子之心因人言而問曰。外人皆稱
夫子好辯。以求勝于人敢問好辯何故也。孟子曰。謂我爲辯則有之謂我好辯則非也予
豈好辯哉。予不得巳也。所以言不得巳也蓋自上古以來天下之生民久矣。而天
時與人事常相乘焉當其氣化盛人事得則天下爲之一治。及其氣化衰人事失則天下爲之一亂。盛衰得失

反覆相尋故治亂亦循環而不已君子當亂世能不扶持匡救于其間哉且以生民以來之一治一亂言之當堯之時水逆行氾濫於中國蛇龍得水而居之故民無所安定其地之下者則架木為巢以居其地之上者則穴土為營窟以處虞書大禹謨曰洚水警余此言洚洞無涯之水乃天降災異以示警戒于余也夫所謂洚水者即堯時之洪水也此固氣化之尚衰亦人事之未施而為天下之一亂也堯于是使禹治之禹以水之為民害者由于未有所歸也則掘地而注之海焉蛇龍之依于水者因其未有所處也則驅蛇龍而放之菹焉由是水循其性而由地中行即今岷山之江桐柏之淮積石之河嶓冢之漢是也豈復向之氾濫中國者乎而水治矣水由地中行而險阻既遠則鳥獸之依險阻而害人者亦消豈復向之蛇龍居之者乎而物治矣然後人不必為巢為窟得平土而居之矣此禹之不得已以人事挽回氣化而天下一治也自是而後堯舜既沒聖人之道衰歷夏而商暴君代作宮室民所賴以安息也乃壞宮室以為汙池民無所安息田民所賴以衣食也乃棄田以為園囿使民

不得衣食。而且暴君代作于上。則民風日壞于下故邪說暴行又作。人之為民害者然也田棄為園囿。宮室壞為汙池。則沛澤多而禽獸至。物之為民害者然也自禹至商之末年治亂已不一矣。及紂之身、愈為不道。而天下又大亂。人之為害者益熾而夷狄且亂。華矣物之為害者益熾而猛。獸。且。偪。人。矣。此。由。人。事。之。失。因。乘。氣。化。之。衰。而。為。天。下。之。一。亂。也。由是周公相武王。受命而興。誅獨夫紂。伐助紂為虐于外之、奄國。三年討其君驅助紂為虐于內之飛廉於海隅而戮之。滅黨紂虐民之國者凡五十。是。人。之。為。害。者。除。而。夷。狄。無。復。亂。華。矣驅紂所畜之虎豹犀象而遠之。使不得以食人之食是物之為害者除而猛獸無復逼人矣天下始遂其樂生之心而大悅。凡所以佑助啟廸我後人者咸以正大而無缺失。焉。此。周。公。之。不。得。已。以。人。事。挽。回。氣。化。而。天下。又。一。治。也。自周公以來至周室東遷之後世逝衰而不振大道微而不明邪說暴行有作。甚至臣弒其君者有之。子弒其父者有之。天。下。之。禍。更。慘。于。前。此。氣。化。衰。人。事。失。又。一。亂

焉。此周公輔相之功也周書君牙篇曰。丕顯哉文王之謨。丕承哉武王之烈。

也。孔子生當其時不得君師之位以施撥亂反正之術甚爲世道人心憂懼。乃假魯史之文加筆削而作春秋。夫春秋者正綱常秩名分有善必褒有罪必貶其大要皆天子之事也。是故孔子曰。世有以心而知我者。謂其以片言之間而正一王之法使君臣父子之倫大明于世其惟此春秋乎。世有以迹而罪我者。謂其以匹夫之賤而假天子之權使黜陟賞罰之柄託于微言其惟此春秋乎。凡以誅死者于既往而懼生者于將來所謂致治之法垂于後世者此孔子之不得已以人事挽回氣化而天下又一治也由孔子而來至于今聖王不作久矣是以上無以肅王章而諸侯得以放恣僭踰紀法下無以維世教而處士敢以橫議。肆言無忌若楊墨爲尤甚故楊朱墨翟之言盈天下。天下之言不歸楊則歸墨。夫楊氏之言主于爲我。自一身之外治亂安危漠然不恤則天下國家誰與共理是無君也。墨氏之言主于兼愛親天下之人遠近親疏略無差等則天性至親無異路人是無父也。夫人之所以爲人者以其有君臣父子之倫也今而無父無君是亦禽獸也。以此率人其害可勝言哉昔公明儀曰庖有肥肉廄有肥馬。以致民有飢色野有餓莩

此無異于**率獸而食人也**今觀楊墨之爲害則有甚于此者矣蓋仁以事親而不爲兼愛義以事君而不爲爲我此大中至正之道自堯舜以來傳之孔子者也今楊墨以爲我兼愛之說亂之假令**楊墨之道**熾而**不息**則**孔子之道**蔽而**不著是邪說誣**惑**民**心**充塞仁義也仁義**既爲**充塞則**天下皆陷于無父無君之禽獸而吞噬不已豈惟**率獸食人**哉亦且**人將相食**矣此氣化衰人事失而天下又一亂也**吾**觀世道之變一至于此**爲此懼**其流禍之愈慘也于是嚴其防以**閑**衛**先聖**仁義**之道**使之著明于世不爲異端所塞痛**距楊墨**之學以**放**斥其**淫辭**使天下曉然知其爲非而**邪說者不得作**以誣民此予衛道之心也蓋之作雖發于言論實本于心術既**作於其心**則見于一身凡舉止應接必不得其常而**害**及**於其事**矣既**作於其事**則措之天下凡紀綱法度皆不得其理而**害**及**於其政**矣其端甚微其害甚大理勢之必然雖**聖人復起不易吾言矣**然則值此氣化之衰而無人事以挽回之將何以冀其一治乎嘗總往古而觀之治亂相尋固有定數而維持救正則存乎其人

昔者禹抑洪水而天下平周公兼夷狄驅猛獸而百姓

○**寧孔子成春秋而亂臣賊子懼**自生民以來天下所以亂而復治者皆三聖人之功也皆不得巳而然也今楊墨之害較之洪水夷狄猛獸亂賊而更甚惜無有禹周公孔子其人撥亂而反之治耳魯頌閟宮之**詩云**周公于**戎狄是膺**于**荆舒是懲則**皆畏威從化而**莫我敢承**聖人嚴夷夏之防如此今楊墨之教**無父無君是周公所膺也**有世道之責者可坐視而不爲之辯耶故**我**生三聖之後**亦欲**講明仁義之道以**正人心**使不入于無父無君之教**息**楊墨之**邪說**使不得逞其爲我兼愛之言于邪說之發爲詖行者則**距**絕其**詖行**使人心不惑于所見于邪說之肆爲淫辭者則**放**斥其**淫辭**使人心不惑于所聞**以承三聖**人救正之功**者**故不禁丁寧反覆而與之辨**豈好辯哉予不得巳也**且三聖之道人人得而承之距楊墨之言人人得而言之當世有**能言距楊墨者**則其趨向之正要亦聞禹周公孔子之風而興起焉者是亦**聖人之徒也**乃不我助之辨而反以我爲好辨是直與于楊墨之徒而倍聖人之教也悲夫

○**匡章曰**當今之世求所謂廉士者不概見若**陳仲子**者**豈不誠廉士哉**人之切于身者

莫若居與食也。仲子不茍于居。乃居于於陵之地。不茍于食。遂至于三日不食。耳無聞。目無見也。適井上有李螬食其實者已過半矣。匍匐往將而食之。三咽。然後耳有聞。目有見。夫仲子本非貧賤也。而甘居食之約若此。非廉士而何。孟子曰、仲子。齊士也。於齊國之士。溺富貴而貪功利者。比比皆是。吾必以仲子之能窮約自守。矯異于流俗。為巨擘焉。雖然。就仲子論仲子。仲子惡能成其廉哉。夫廉士有廉士之操。而仲子之廉則自有仲子之操。充仲子之操以至于盡。則必如蚓而後可者也。夫蚓上之所食者槁壤。已耶。非有求于人而後食也。下之所飲者黃泉。已耳。非有求于人而後飲也。今仲子自謂不茍于居。而所居者終不免于室。自謂不茍于食。而所食者終不免于粟。罔不能如蚓之取足于槁壤黃泉而無待于人也。然則仲子所居之室。果清高如伯夷者之所築與。抑亦如貪暴盜跖者之所築與。所食之粟。果如伯夷者其人之所樹與。抑亦如盜跖者其人之所樹與。是未可知也。曰、築室樹粟。雖未必盡出伯夷。是亦何傷于廉哉。彼其所需者皆身

織屨妻辟纑以易之也。曰、辭謂仲子自食其力而無傷于廉乎不知處仲子之地正有不必然者夫

仲子。乃齊之世卿之家也。閥閱之室皆功德之遺所居莫義于此矣而其兄戴食采于蓋邑之

祿萬鍾。世祿之人皆君上之賜所食莫義于此矣乃彼以兄之祿爲不義之祿而不食

也。以兄之室爲不義之室而不居也。不惟辟其兄而且離其母挈其妻以

處於於陵。其于天性之親亦既薄矣及他日歸則適有饋其兄生鵝者。此亦交際

之常耳已乃頻顑而言曰惡用是鶃鶃者爲哉。蓋以爲不義之物而若污其耳目也他

日其母殺是鵝也與之食而仲子食之其兄適自外至譏之曰是向者鶃

鶃之肉也。仲子悖悖而出而遂哇之。夫以母之食爲不義而不食天下無復有義于母之食者矣乃

以母則不食以妻所易之粟則食之。以兄之室爲不義而弗居天下無復有義于兄之室者矣乃

以兄之室則弗居以於陵之室則居之。一食一不食一居一不居是尚爲能充

其不食不居之類也乎。不能克其類則必不能充其操矣我故曰若仲子者蚓而後充其

操者也。

四書襯孟子卷之四

聊城鄧東長
長洲彭芝庭　兩先生鑒定　吳興駱培坦軒著

嘉善沈時可山
武康徐祿宜天益　參閱

受業朱潮湘波
徐以震省若

姪孫于蕃幹庭

男雲倬漢爲
雲儀翔千全校正

離婁章句上凡二十八章

孟子曰。治天下之道。本之于心而運之以法。法之所在。雖聖人不能廢也。試以曲藝言之。離婁之明。至稱明矣。公輸子之巧。稱至巧矣。似可出其明巧以成方圓矣。然必取諸規以爲圓。取諸矩以爲方。而後可以成器。使不以規矩(則明巧無所施而)不能成方員(矣)師曠之聰(稱至聰矣似可出其聰以正五音矣然必以六律之長短定五音之清濁而後可以成樂使)不以六律(則聽無所寄而)不能正五音(矣曲藝且然況治天下乎)堯舜之道(稱至仁矣似可徒運其心以治天下矣然仁政者治天下之法度故堯舜亦必賴仁政而後精神有所寄以成治也使)不以仁政(則養之無其具教之無其方)不能(使之遂生復性以)平治天下(矣夫堯舜且不能廢仁政而不及堯舜者又可知已是可見堯舜之澤被當時法垂後世者惟其以仁心行仁政耳)今(之爲君者)有(愛人之)仁心(與愛人之)仁(聲)聞(于人矣)而民不(寔)被其澤不可(垂)法於後世者(何哉則以徒有此仁心仁聞而)不行先王(仁政)之道(故)也(由是觀之則心者出治之本政者致治之法心達于政則本有所寄而不爲徒善政根于心則法有所主而不爲徒法)故曰徒善不足以爲政(猶之)徒法不能以自行(二者可相有而不可相無奈何今之言治者不行先王之政耳大雅假樂之)詩云(人君所行)不(過)愆不(遺)忘(者以其)率由(先王之)舊章(故也如詩所云不遵先王之法而過者有之矣)遵先王之法而過者未之有也(吾謂先王之法

之當遵者何也亦以古之聖人將以制器也于凡方員平直之理既竭盡其目力之明以察之焉又以器物可以目力而察不可以目力而成故繼之以規矩準繩以爲方員平直則天下後世之欲制器者咸取足于聖人之法而不可勝用也將以作樂也于凡五音之理既竭盡其耳力之聰以審之焉又以聲音可以耳力而辨不可以耳力而正故繼之以六律正五音則天下後世之欲審音者咸取足于聖人之律而不可勝用也至于將仁天下之民也于凡所以爲厚生正德之圖者既竭盡其心思以運量之焉又以不施諸仁政徒有是心無所用也故繼之以不忍人之政而教養之法亦由是行之一世澤及一世之天下行之萬世澤及萬世之天下而仁覆天下矣此先王立法之善而爲政者所當遵也在智者必知所因矣故曰丘陵本高也爲高者必因丘陵之勢而積之則用力少而高之功所成者多矣川澤本下也爲下者必因川澤之勢而疏之則用力少而下之功所成者多矣此爲高下者之智也然則先王之道以仁心而行仁政即爲政者之丘陵川澤也乃爲政而不因先王之道則心思徒敝而治功難成反爲高下者之不若矣可謂智乎然則有治天下之責而不以仁政自勉是非也

以惟仁者之君有仁心仁聞以行先王之政則澤及生民法垂後世而宜在高位若不仁之人
而在高位則縱一己之私欲壞先王之仁政是播其惡於衆而天下皆受其禍也且以不仁
而在高位之禍言之蓋人君一身百官萬民之統率也苟上而為君者自作聰明無道理揆度事物而制其宜
也則法度紊亂下而為臣者亦皆無所持循而不知法度為當守也夫朝廷之上能出令以布信者全憑
此道也今上無道揆則紛紜遷就政令不能畫一而朝不信道矣百官之衆能順命以成信者全依此度也今下無
法守則偷惰欺罔職業不以實修而工不信度矣朝不信道則凡有位之君子皆以道義為可忽而肆志妄行
自棄于名教之外矣有不犯義者乎工不信度則凡無位之小人皆以法度為可玩而放僻邪侈甘蹈于刑憲之
中矣有不犯刑者乎夫上無道揆一不仁而在高位也而臣民皆化于邪如此惡之所播者何衆耶如是而國之
所存而不亡者幸也甚哉不仁之禍可畏也故曰城郭不完兵甲不多特不强其
國而巳于根本無傷非國之災也田野不辟貨財不聚特不富其國而巳于元氣無損非
國之害也惟道揆不立于上而無禮則教化不行于下而無學由是賊惡之民興而國

之喪亡無日矣。此真國之災。國之害也。然則不仁者。信不可在高位。而為人君者。當以仁政自勉也。雖然不行仁政。非獨君之咎也。臣亦與有罪焉。大雅板之詩曰。天之心方欲蹶覆周室。正上下交儆之時。為人臣者。無然怠緩悅從泄泄。而不急救正之。夫詩所云泄泄者。猶時語所謂沓沓也。蓋事君有義也。而泄泄之臣。但以阿狥逢迎為事。而無匡救之義。進退有禮也。而泄泄之臣。但以趨走承順為恭。而無持身之禮。先王之道當遵也。而泄泄者之言。則非毀先王之道。若是者。真猶今所謂沓沓也。曾為臣者而可若是哉。故曰。臣之于君當恭也。而恭何謂。必責望其事之難者於君。而不敢以庸下待其君。斯謂之恭。臣之于君當敬也。而敬何謂。必開陳善道以禁閉其邪心。惟恐其君陷于有過。斯謂之敬。若夫不以堯舜待其君。任其遠于善。節于邪。而從而寬假之曰吾君不能。是則不恭不敬。而謂之賊矣。然則君之不行仁政。而澤不流于天下。法不垂于後世者。皆庸臣悞之也。欲平治天下者。奈何不交相咨儆哉。

○孟子曰。天下有至物。亦有至人。如制器尚象。不外乎方員。然規誠設。而天下無餘員。矩誠設。而天下無餘方。是

規矩者**方員之至也。**立人之道。不外乎人倫。然衆人有之而不能由。賢人由之而不能盡。惟聖人生知安行。察之極其精。行之極其盡。是**聖人**者**人倫之至也。**夫規矩爲方員之至。則凡欲爲方員者必取法于規矩。聖人爲人倫之至。則凡欲盡人倫者必取法于聖人矣。而人倫莫大乎君臣。聖人莫過于堯舜。**欲爲君**而**盡君道。欲爲臣**而**盡臣道。二者皆法堯舜而已矣。**蓋自古非無明君。而堯之爲君亘古獨隆。自古非無賢臣。而舜之爲臣後世莫及。苟爲臣者**不以舜之所以事堯**者**事君。**卽爲**不敬其君者也。**爲君者**不以堯之所以治民**者**治民。**卽爲**賊其民者也。**然。則。法堯舜與。不法堯舜之間。而倫之盡不盡係焉。是仁不仁辨于斯矣。**孔子**嘗有言**曰**天下之**道二。仁與不仁而已矣。**蓋事由于天理之公者爲仁。由于人欲之私者爲不仁。二端之外。更無他道。出乎仁。卽入乎。不仁矣。卽孔子之言推之。法堯舜而盡君臣之道。則仁矣。不法堯舜而慢君賊民。則不仁矣。出此入彼。可不謹哉。且爲君者不知所謹。而一入于不仁。則其禍有不可勝言者。蓋不仁者必暴民若**暴其民甚。則**不仁之甚。必至于**身弒**而**國亡。**卽或**不甚**而與不仁同事。**則**亦不免**身危**而**國削。**且不但身受其禍已也。至沒身之後。猶將據其生前之實行而加以惡諡名之曰幽以表其暗。厲以表其虐。雖有孝子慈孫。愛其祖父之甚者。而百世之遠終不能廢公義而改之也。夫一不仁。而生前慘禍身後惡名。一至于此。欲盡君道者。可以鑒矣。大雅蕩之詩云。殷紂之所當鑒戒者不遠。近在夏后桀之世。此即今人之所鑒在幽厲之世之謂也。然則為君者。不可甘居幽厲而不法堯舜。為臣者。又安忍陷君于幽厲而不堯舜其君哉。

○孟子曰。我所言仁與不仁。其幾甚微。而得失甚遠。嘗稽古而不爽矣。即如三代禹湯文武之得天下也以仁焉。其後世如桀紂幽厲之失天下也以不仁焉。不特天下之得失為然也。凡國之所以廢興存亡者亦然。是故天子不仁。不保四海。諸侯不仁。不保社稷。卿大夫不仁。不保宗廟。士庶人不仁。不保四體。無貴無賤而一。或不仁。則死亡立至。然則不仁者。死亡之招也。今之君。皆惡死亡而反樂于不仁。是猶惡醉而強酒。雖欲無醉。不可得已。奈何而不強仁哉。

○孟子曰。君子處世。但當責己而不必責人。如仁者切于愛人。人宜親而附之也。其或愛人而人不我

親必吾仁有未至耳則當自反其仁焉智者明于治人人宜順而從之也其或治人而人不我治必吾
智有未及耳則當自反其智焉有禮者敬人人宜報而答之也其或禮人而人不我答必吾敬有未盡
耳則當自反其敬焉而不但此也凡吾身之所行與世相接而有不得者皆不咎人之不我應而
一一反求諸己則我之自治益詳而應接各得其道其身正矣身正而天下之心同理同者有不
心悅誠服以歸之者乎詩有云人能永言配合乎天命則天心佑助多福自臻是自求多
福也觀詩之言則所謂其身正而天下歸之者不信然哉

○孟子曰我言身正而天下歸當于恒言推之而得其故矣人有恒言皆曰天下國家
言之者若有序而我于此得本道焉其言天下而繼之以國者何也蓋天下之本在國也言國而繼之以家
者何也蓋國之本在家也至于家獨無所本乎家之本又在身也身正而天下國家可從而理
矣此恒言之所未及而圖治者不可不審之也

○孟子曰身爲天下國家之本而爲政之道不外是焉人君欲爲政于天下而使德敎之洋溢人以爲至難也

而我謂得其道則**不難**。蓋國有巨室勢望隆重衆所觀瞻所係也爲政者亦惟修身合理以正其本而毫無隙失以**不得罪於巨室**可耳。夫巨室之心國人素所取信而視以爲向背者吾既不得罪于巨室巨室必慕之既爲**巨室之所慕**。則**一國**之人亦從而**慕之**矣。一國之心又天下所視爲從違者吾既不得罪于巨室爲巨室所慕而因爲**一國之所慕**則**天下**之人亦從而**慕之**矣。夫既慕之而極于天下則風聲所播適逆其向慕之機**故沛然**無阻而**德教**直洋**溢乎四海**矣。夫身一修而巨室慕遂臻上理如此信乎爲政不難也。

○**孟子曰**。天下之大分有二。非出令以役人則聽命以役于人。此相臨之定體也。然亦有尙德尙力之不同者如**天下有道**。人皆修德位之貴賤必稱其德之大小故**小德**常見**役**于**大德小賢**常見**役**于**大賢**。尙在德也。當**天下無道**。人不脩德但以勢力相爲雄長故**小**者見**役**于**大弱**者見**役**于**强**。尙在力也。合而言之。然**斯二者**乃理之所當然亦勢之所不得不然皆**天也**。若度德量力一聽于理勢之當然而**順天者**國常**存**。苟不能然而**逆天者**國必**亡**。天可順而不可逆如此今之天下小役大

四書襯　孟子卷四　五　且旨堂

弱役強之天下也不觀齊景公之已事乎彼齊本強大之國也至于景公不能自強于政治使蠻夷之吳得以乘之
乃自言曰吾既不能出令以使人又不肯屈已以受人之命是自絕于物也
于是涕出而女於吳焉其涕出也羞與戎狄爲婚也而卒不免女于吳者不敢逆天以取亡也夫以齊之強大
一不能自振遂至見役于吳而不得不受命如此況小國乎今也小國不能修德自強其般樂怠敖皆若師
大國之所爲而獨恥受命于大國欲不爲其所役焉是猶爲弟子而恥受命
於先師求不受命不可得也夫小國不知人役之可恥則亦已耳如知人役之可恥而恥之則莫
若反其所以師大國者而師文王以自強焉誠能師文王而于其政之布在方策者一一舉而行之則修
德已至天命可回雖國有大小勢有難易約而計之大國不過五年小國不過七年必能混一四海統
理萬民而爲政於天下矣是則道自我行命自我立不難轉無道之天下爲有道之天下將大國反爲我役矣
而何弱小之足患哉試以文王之事言之詩云商之孫子衆多其麗數不止于億因上帝
既命周以天下故凡商之孫子皆侯于周而臣服矣其所以侯服于周者以天命之靡

常歸于有德故也故不但商之孫子也凡殷士之膚大而敏疾者亦皆執祼將之禮而助祭于周之京師焉是詩也蓋言仁之入人心而膺天命也孔子因讀而贊之曰人皆云寡不敵衆矣今文王之仁爲人心所戴而天命歸之則商雖有十萬之衆而不可以爲衆也故夫國君好仁如文王則天下無與敵矣由詩及孔子之言觀之欲無敵于天下者尚其行仁而可哉今也恥受命于大國是欲無敵於天下也乃師大國而不師文王以行仁則其恥必不能免是猶執持熱物而不以水自濯也熱可解乎詩云誰能執熱逝不以濯欲轉無道爲有道者啻行仁以自強莫與爲矣

○孟子曰愛君者咸思陳善閉邪有國者務在集思廣益然惟仁者之人志氣清明義理昭著乃可與有言若不仁者私欲錮蔽失其本心雖有忠讜必不納矣尚可與言哉即如危險本可畏也菑害本可虞也滅亡本可懼也彼皆不知反若安其危而利其菑樂其所以亡者顛倒錯亂一至于此如之何其可與言也假使不仁而可與言則必因人言而惕悟其于安危菑利興亡之機必兢業自保矣又何亡國

敗家之有夫不仁之人迷而不悟然則敗亡之禍文安所謝其咎哉昔有孺子歌曰滄浪之水清兮可以濯我纓滄浪之水濁兮可以濯我足孺子之歌出諸無心孔子聞之謂門弟子曰小子聽之均此水也均此濯也惟其清斯濯纓惟其濁斯濯足矣濯纓者非有意于貴之濯足者非有意于賤之蓄水之一清一濁自取之也由孔子論孺子之歌推之獨水然乎哉人之吉凶禍福亦猶是也夫不仁之人人固侮之亦必先自侮然後人侮之也不仁人之家人將毀之亦必先自毀而後人毀之也不仁人之國人且伐之亦必先自伐而後人伐之也信乎亡國敗家莫非不仁者自取之矣商書太甲曰天作孽猶可違自作孽不可活正此自侮自毀自伐而後人侮人毀人伐之謂也有國家者如繹思自取之義而深戒自作之孽則必能聽信忠言而轉禍爲福矣

○孟子曰自古國家之興亡皆係于民心之向背彼桀紂之失天下也由于失其民也其所以失其民者由于失其心也然則得天下有道非可以勢力控制之也得其

民斯得天下矣。得其民有道。非可以智術籠絡之也。得其心斯得民矣。至于得其心又有道。非可以私恩小惠邀結之也。大凡民之所欲。民之心也。以吾之同欲推之。凡有利于民者。皆與之聚之。民之所惡。民之心也。以吾之同惡推之。凡不便于民者。勿施爾也。夫所欲與聚。所惡勿施。仁也。仁之所在。民必歸之。民之歸仁也。猶水之就下。獸之走壙也。天下無不就下之水。無不走壙之獸。又寧有不歸仁之民乎哉。知民之所歸在仁。則民之所畏在不仁。而其避不仁以趨仁也益急矣。故淵本無心于魚也。魚以畏獺之故而歸淵。是爲淵敺魚者獺也。叢本無心于爵也。爵以畏鸇之故而歸叢。是爲叢敺爵者鸇也。若夫湯武本無心于民也。乃湯武之仁。既爲民心之所欲。而桀紂之暴。又爲民心之所畏。民以畏桀紂之故。而歸湯武。是爲湯武敺民者桀與紂也。今天下之君。特無好仁者耳。當此憔悴虐政之時。有能所欲與聚。所惡勿施。而好仁者。出于其間。則彼不仁之諸侯皆爲之敺矣。得民斯得天下。雖欲無王不可得已。但今之欲王者。平日大失民心。今欲挽回之。宜急不宜緩。猶七年之病。已深當急求三年之艾以治之也。三年之艾。難以卒辦。自今

畜之猶或可及。苟既不能畜于平日而今又爲不畜。將終身不得。艾也。疾其能已乎。深仁之行亦難卒
致自今志之王業猶可圖。苟既不能積于平日而今又不志於仁。則民心日離禍亂日滋將終身憂辱
以陷於死亡而已尚欲致王乎故大雅桑柔之詩云。今之所爲其何能淑。惟載胥及
溺而已此正不志于仁而終身憂辱陷于死亡之謂也。我願今之君及時而圖之也
○孟子曰。人之于道必待相與言而後明苟非甚昏愚無不可開而悟者若夫自暴者。必不可與
有言也。亦必待相與爲而後成苟非甚懦弱無不可輔而翼者若夫自棄者。必不可與有爲
也。何謂自暴人之身惟禮義爲最美彼則不知禮義之爲美而所言者反非毀禮義。若詆吾性本無此者謂
之自暴也。以斯人而與之言禮義將拒之以不信矣尚可與言乎何謂自棄仁義者吾性中所固有而吾力可勉爲
者也彼則雖知仁義之爲美而溺于怠惰自謂吾身不能居仁由義是謂之自棄也。以斯
人而與之爲仁義將委之于不爲矣尚可與有爲乎。夫自暴自棄之自絕于仁義者庸豈知仁義之甚切于人乎哉蓋凡人處
心有一毫私欲便爲危機而不安惟仁則有天理自然之安無人欲陷溺之危乃人之安宅也凡人行事有一

毫私邪便爲曲徑而非正惟**義**則爲天理之當行無人欲之邪曲乃**人之正路也**。然則安宅當居正路當由矣。柰何自暴者既以仁義爲不足爲自棄者又以仁義爲不能爲是**曠安宅而弗居**而所居者乃傾危之地**舍正路而不由**而所由者皆邪曲之徑矣。絕其所固有以自入于危邪不亦甚可**哀哉**。即柰何而不惕然省翻然悟也

○**孟子曰**道之不明不行于天下也則求道者之過也。彼率性之謂**道**。本吾所固有而**在爾**也。人以邇者爲不足求**而求諸遠**。行道之謂**事**。本吾所能爲而**在易**也。人以易者爲不足求**而求諸難**。殊不知遠莫遠于天下難莫難于天下平而其道不離于甚邇之親長其事不外于甚易之親其親長其長。人特患不有親而不之親有長而不之長耳。果**人人親其親長其長而天下**且自此**平**矣。遠乎爾乎難乎易乎求之者知所返矣

○**孟子曰**君子務修其身而誠爲之本。試以在下位者言之。居位自當治民。然非徒求諸民也。必先獲上之信任而後可。若**居下位而不獲於上**則無以安其位而行其志**民不可得而治也獲於**

上。非可以諛悅取容也有道焉必先信友若不信於友。則名譽不彰弗獲於上矣。信於友。非可以便佞詭隨也有道焉必先悅親若事親弗悅。則素行不孚弗信於友矣。悅親非可以阿意曲從也有道焉在于誠身若反身不誠。則服勞奉養皆爲虛文不悅於親矣。誠身又非可以襲取強爲也有道焉在于明善若不明乎善。不能眞知天命人心之本然則爲善去惡必不能實用其力而不誠其身矣。然則誠身者獲上治民悅親信友之本而明善者誠身之功人可不明善以誠其身哉是故誠者。眞實無妄之理其原出于天乃天之道也。但在天本無不實之理而人容有不實之心是思明善以復其誠者。其功在于人乃人之道也。人苟能由思誠以造于至誠則天道之本然者不虧而人心之同然者自應親可悅友可信君可獲而民可治矣若謂至誠而不能動物者。未之有也。如其不誠則方寸之中已爲虛假何以使精神融貫志意交孚哉未有能動者也。明善誠身之功君子所當亟亟已

○孟子曰。今之諸侯莫不欲爲政于天下而卒不能得民心之歸者則以仁政之不行也以文王觀之當紂之時毒

（痛四海播棄黎老）伯夷辟紂（而）居北海之濱。聞文王作興曰。盍歸乎來。吾聞西伯善養老者。太公辟紂（而）居東海之濱。聞文王作興曰。盍歸乎來。吾聞西伯善養老者。（是）二老者。（非猶夫人之老。乃齒德兼優）天下之大老也。（既爲天下之大老。是直爲天下之父。而天下之人。皆其子矣。）而歸之。是天下之父歸之也。（父之所向。子必從之。）天下之父歸之。其子（舍之而）焉往。（哉。宜乎六州歸命而爲政于天下也。）今諸侯有行文王之政者。（將必有如伯夷太公之人。率先來歸。而人心趨附。）七年之內。必（能統一四海而）爲政於天下矣。（亦何憚而不師文王也。）

○孟子曰。（今之事君者。類以强兵爲功矣。自我言之。非功也。大罪也。昔）求也爲季氏宰。無能改於其（惡）德。而賦粟（反）倍（于）他日。孔子曰。求非我徒也。小子鳴鼓而攻之可也。由此觀之。君不行仁政而富之。皆棄於孔子者也。（夫富其君者。奪民之財耳。未至于殺人也。而孔子猶惡之如此。）況於爲之强戰。（以斃民于鋒鏑者乎。其）

爭地以戰則殺人盈野爭城以戰則殺人盈城以土地之故而使之肝腦塗地此所謂率土地而食人肉罪不容於死故即其罪而定其刑善戰者宜服上刑若夫連諸侯以致相攻伐者猶未親殺人故次之辟草萊任土地以朘民膏血者猶未至于殺人故又次之即奈何為臣者以善戰為良策為君者以善戰為良臣哉

○孟子曰存乎人者衆體皆具而莫良於眸子焉蓋人未有不欲自掩其惡者而眸子獨不能掩其惡以是為良也大凡人之善惡生于心而心之精神見于目其人而胷中正歟則眸子瞭然而清明焉其人而胷中不正歟則眸子眊然而昏暗焉所謂不能掩其惡者亦此是故聽言亦觀人之一法然言猶可以僞為而掩其惡惟既聽其言也又兼觀其眸子其言善而眸子又瞭也則其人之正可知也倘言雖善而眸子眊也則其人之不正可知也人縱能遁于吾之聽必不能遁于吾之觀又焉得而廋哉

○孟子曰恭儉者人君之美德也然恭儉必有其實彼恭者心存敬謹必不侮人○儉者志在

節約必不奪人。若夫侮奪人之君。其心方惟恐。人不順已之侮奪焉。惡得爲
恭儉。而乃中懷侮奪之實。外托恭儉之名。是不過聲音笑貌之爲耳恭儉豈可以聲音笑貌爲
哉。

○淳于髡曰。男女授受不親。禮與。孟子曰。禮也。曰。嫂溺則援之
以手乎。曰。嫂溺不援。是豺狼也。彼夫男女授受不親。平日之常禮也。至于
嫂溺援之以手者。一時之從權也。曰。然則今天下溺矣。較諸嫂溺危亡尤甚宜其從權
以救之而夫子之拘守不見諸侯之義而不援。何也。曰。天下溺。援之以道。嫂溺
援之以手。道必自重。以待君相之求。然後可以興霸功而行王道。濟功利以施仁義。若夫枉道求合。是先失所以援
之之具。而徒手以往。以之援嫂溺則可。而子欲以手援天下乎。

○公孫丑曰。子必待教而成。而親教則心始盡。乃君子之不親教子。何也。孟子曰。
非心不欲。乃勢不行也。教子者必以正。倘以正不行。則必繼之以怒。本以

愛子之心而繼之以怒。則反夷傷其子矣。父既傷其子。子又必腹誹其父曰。夫子教我以正。夫子未出於正也。則是父子相夷也。以父子天性之恩而至于相夷。則惡矣。勢之不行如此。此所以不親教也。決親教既不行。不教又不可。是以古者易子而教之。所以然者。以父子之間不責善。責善則相夷而離。離則陷于惡而不祥莫大焉。善處父子之間者。惟古人爲得其道也。

○孟子曰。人之所敬順而不違者謂之事。事孰爲大。惟事親爲大。人有所操持而不失者謂之守。守孰爲大。惟守身爲大。然事親守身固皆爲大。而事親又本于守身。蓋親者身之本。而身者親之遺。誠能以道自守。不失其身而能事其親者。吾聞之矣。一如失其身。則虧體辱親。而能事其親者。吾未之聞也。欲事親者。可不自守身始乎。夫事親何以爲事之大也。蓋事君事長。孰不爲事。而事親事之本也。移以事君則忠。移以事長則順。皆事親之推也。守身何以爲守之大也。蓋守家守國守天下。孰不爲守。而守身守之本也。由此而守家國則齊治之效成。由此而守天下則均平之化應皆守身之推也求其能守身以事親者吾得之曾子焉昔者曾子之養曾皙也必有酒肉此固供養之常耳至下將徹必請所與焉蓋慮吾親惠下之仁而爲是以探之也及父問有餘則必曰有蓋恐親意更欲與人而爲是以承之也及曾皙死曾元養曾子必有酒肉猶之曾子也至下將徹則不請所與視必請所與者異矣問有餘曰亡矣其意將以復進于親不欲其與人也視必曰有者又異矣此其外雖盡物而內不盡志所謂養口體者也若曾子者承親志于未形之先順親志于既形之後則可謂養志也故凡事親者必若曾子者可也觀曾子之事親如此則其能守身可知矣所稱不失身而能事親者舍曾子其何所取法哉

○孟子曰人臣之欲正君者每致力下用人行政之間而卒無補于治以不知格心之爲要故也夫人君用人之非豈不可以過謫然其心不能鑒別人才而欲人人爲之辨論亦不勝其煩矣吾以爲人不足與適也人君行政之失豈不可以非間然其心不能權衡事物而欲事事爲之補救亦不勝其擾矣吾以爲政不足間也蓋本原之

地在于君心。**惟**盛德之**大人**。其精神足以感孚。其謀猷足以匡救。**為能格**正其**君心之非**。格其**君**心之非仁者。以歸于**仁**。則用人行政。皆無私而**莫不仁**矣。格其**君**心之非義者。以歸于**義**。則用人行政。皆合宜而**莫不義**矣。既仁且義。**君**心一純于**正**。則用人行政。舉無不當而**莫不正**矣。是大人**一正**其**君**。則賢才輔而天下治。政事修而天下和。**而國**自**定矣**。何必屑屑然適間于用人行政之間哉。

○**孟子曰**。是非之公。固出于衆論。然毀譽之言。亦有不足憑者。如行修而致譽。理之常也。亦或**有**行詛多玷缺。本不足致譽也。而偶得過情之譽于其人之本心。實不自料其有此也。是謂**不虞之譽**。行虧而致毀。理之常也。亦或**有**砥礪以自完。本求免于毀也。而反致不根之謗。于其人之素履。實不足以為病也。是謂**求全之毀**。然則修己者。當盡其在我。不可以毀譽遽為憂喜。觀人者。當覈其名實。不可以毀譽輕為進退矣。

○**孟子曰**。惟口啟羞。言之不可易也明矣。今**人之**往往**易其言也**。以其失言雖多。而**無**有從而**責**之者。使之懲創焉**耳矣**。夫待人責而始悟。亦已晚矣。而無所責而終身不悔者。豈其幸歟哉。

○**孟子曰**。學無止境。人不可遽自足也。彼為人師者。見聞果足以待問。道德果足以為法。人皆尊而事之。不得已而應之可也。若少有所得，便修然自足，而好為人師，則不復求進矣。故人之患在好為人師焉。

○樂正子，孟子之高弟也，乃從於孟子所不屑與言之子敖以之齊焉。及其樂正子之見孟子，又不早。孟子曰：吾意子之來于斯，以我為不必見矣，乃亦來見我乎？曰：先生何為出此言也？曰：子來幾日矣？曰：方在昔者也。曰：既已在昔者，則我出此言也，不亦宜乎？曰：以舍館未定耳，故曰。子聞之也，舍館定，然後求見長者乎？曰：克有罪。然雖知有慢師之罪，而尚未悟其失身之罪也。

○孟子謂樂正子曰：大凡人之有所從，必有所取也。子之從於子敖來，何所取諸我為子許？徒餔啜也。夫餔啜者，不學古之道者之所圖也。子游于吾門，而學古之道，意其謀道而不謀食矣。我不意子學古之道，而以之餔啜也。其所負不亦多乎。

○孟子曰：子不可以不孝，而不孝之罪有三：阿意曲從，陷親不義，一也；家貧親老，不為祿仕，二也；不娶無子，絕先祖祀，三也。然以三者較之，遂親之過與缺親之養，止于親之一身，其罪猶小；惟不娶而至于無後，則先祖之祀至我而斬其罪**爲**莫**大**焉彼**舜**者千古之大孝也而**不告而娶**以常禮論之似嫌于無親矣然其所以不告之故以遭天倫之變告則必不得娶以路于無後之大罪則寧舍其小節而全其大倫**爲無後也**是以達權之**君子以爲**變而不失其常雖不告**猶告也**尚論古人者可以明其義矣

○**孟子曰**世之言道者狗其華而忘其實是以愈難而愈遠耳豈知道莫大于仁義而其實不外于孝弟乎夫仁主于愛凡仁民愛物皆愛也而非其實也若夫**仁之實**則**事親是也**能事親則吾心之眞愛立而所以盡天下之愛者俱自此推矣義主于敬凡事長尊賢皆敬也而非其實也若夫**義之實**則**從兄是也**能從兄則吾心之眞敬立而所以盡天下之敬者俱自此推矣夫仁義之實固在斯二者矣而智禮樂皆道也文豈有外于是乎智以明通爲別而**智之實**非他惟眞**知斯二者**之當然與其所以然而守之而**弗去是也**蓋于此而知之明守之周則所以周知天下之務者從此出矣禮以秩敘爲體而**禮之實**非他惟**節文斯二者**而止以各足之分飾以可觀之儀**是也**于此有節有文而所以節文天下之事者從此出矣樂以和樂爲主而**樂之實**非他惟能發于中心之誠然和順從容無所勉强**樂斯二者**○**樂則**親長所觸孝弟之心油然自

生矣生則真機莫遏日新月盛惡可已也惡可已則隨處發見莫非天性之流行而動容周旋
有不自知足之蹈之手之舞之者矣而所以和樂天下者不自此而洋溢矣乎志道者其務孝
弟而可哉

○孟子曰、天下大矣天下之人心衆矣舉天下之人心大悅而將歸己此豈尋常之遭遇而
其視天下之悅而歸己猶草芥也則惟舜爲然夫舜何以輕視天下也彼其心
自有最重而不容釋者蓋以人之爲人莫不得乎親之權若不得乎親即不可以爲人子之爲子
必將順乎親于理若不順乎親即不可以爲子此舜之心惟欲得親而順之以全人道于道而已父
惡知有天下歸己之可欲哉逮至舜極盡事親之道凡求所以得親而順親者無所不至而精誠所格
瞽瞍亦厎于豫是心與舜一不惟得而且順矣夫天下之父縱有不慈未有若瞽瞍之甚者而其子側委爲吾
父之難格是以終不能以孝感其親也一自瞽瞍厎豫而爲子者知天下無不可事之父莫不勉而爲孝至于
其親亦因其子之孝莫不轉而爲慈是天下化矣夫子不孝父不慈皆不止于其所而不定一自瞽瞍厎

豫而天下之爲父子者舉化而爲慈孝則定矣太孝道盡于一人而錫類及于天下豈僅爲一身一家之孝哉此之謂大孝若舜者眞可爲萬世孝道之準矣

離婁章句下凡三十三章

孟子曰觀古今之聖者亦觀其道之同耳而地與時不與焉試以舜文言之行帝道而帝者舜也究其終身經歷之處其生也於諸馮其遷也於負夏其卒也於鳴條凡此皆東方荒服之地是舜爲東夷之人也行王道而王者文王也究其終身經歷之處其生也於岐周其卒也於畢郢凡此皆西方荒服之地是文王爲西夷之人也然則舜與文王地之相去也千有餘里不爲不遠矣而且世之相後也千有餘歲不爲不久矣宜其所行之道有不同也乃舜爲天子文爲西伯其得志行乎中國者雖古今異時彼此異勢而損益合宜隨事各當其理卽起舜文而相質一堂當無不心許者殆若合符節然然則由舜文推之凡前乎舜文者皆先聖也凡後乎舜文者皆後聖也地之相去世之相後吾不知其幾矣然以道而揆度之則千聖一心萬古一道無不如舜文之若合符節者其揆

一也。如其不一。則非道矣。其又何以為聖人乎。

○昔子產為相聽鄭國之政。則。凡。可。以。興。利。除。害。者。皆其所得為矣。乃相傳以其乘輿濟人於溱洧之間。其失政體甚矣。孟子曰。為政者自有公平正大之體。綱紀法度之施。而澤之所被者廣。今以乘輿濟人。小惠而已。而不知為政之大道焉。即以濟涉一事言之。亦自有王政之可行者。歲十一月。農工甫畢。民力可用也。則可通人行之徒杠成焉。十二月。農工已畢。民力可盡用也。則可通車輿之輿梁成焉。若是則徒行車行各有所濟。而民未嘗病于徒涉也。又何事于乘輿之濟哉。再此詳之。君子特患政之不平耳。苟能平其政。而凡所以愛養斯民者。小大畢舉。而皆得其均。則恩所施者博。而利所及者衆。雖于出行之際。辟除行人。使之避己。亦若尊之分當然可也。況溱洧國中之水也。當涉者衆。乘輿幾何。焉得人人而濟之。故為政者苟不知大體。欲每人致私恩而悅之。我恐人多日少。亦不足以給之矣。言為政者勿以子產藉口也。

○孟子告齊宣王曰。君臣相與之間。各有當盡之禮。然臣之報君。亦視君之所以待臣者何如耳。誠使君之視臣也信任保愛惟恐其有傷如手足然則臣之視君也竭股肱之力而推誠保衛惟恐或後如腹心矣蓋君以一體待其臣臣亦以一體待其君此明良相遇之盛也不然而君之視臣如犬馬奔走之而已豢養之而已而無愛敬之加則臣視君如國人無所怨而亦無所德也又甚而君之視臣如土芥踐蹈之而已斬艾之而已而有刑威之慘則臣視君如寇讎惟幸其亡而樂其敗也夫君以是施臣以是報則君之厚臣以自厚也君之薄臣以自薄也而王可以慎所施矣王疑寇讎之言太甚故問曰禮云去國之臣其為舊君之薨有齊衰三月之服不知舊君于臣何如待之斯可為服矣曰禮為舊君有服者正以舊君待之厚也當其在國時也于有害于民者諫之必行于有利于民者言之必聽由是利以興害以去而膏澤下於民此在未去之時已歡然有一體之親矣及偶有他故義當去而去則君使人導之出疆防其剽掠之患也又先稱道於其所往之國欲其收用之也至于去三年不反然後收其田祿里居前此猶望其反也夫以去國之臣而防衛焉稱揚焉屬望焉此之謂三有禮焉夫在國既行其道去國又隆以禮如此所謂手足視其臣者則

臣于舊君豈忘腹心之報乎爲之服也宜矣今也爲臣當其在國也有諫則不行有言則不聽上下不交而經綸莫試因之膏澤不下於民及其有故而去則君搏執之使不得去又極之於其所往使不見收方去之日遂收其田里以絕其來是不惟犬馬其臣且土芥其臣此之謂寇讎寇讎何服之有

○孟子曰人君暴虐之慘勢必以漸而君子所當早見者也有如君之于士待之以禮卽有罪猶有當宥者乃無罪而殺士則士之上有大夫可以殺無罪之士亦可以殺無罪之大夫大夫可以去矣君之于民撫之以恩卽有罪猶所當恤者乃無罪而戮民則民之上有士可以戮無罪之民卽可以戮無罪之士士可以徙矣倘見之不早後且欲去欲徙而不可得也君子所以貴知幾之哲也

○孟子曰人君一身萬化所從出也誠使爲君者體天地好生之德以仁存心而非仁無爲焉則百官萬民奉行德意莫不與于仁蓋有不令而行者矣爲君者體天地至公之理以義存心而非義無行焉則百官萬民遵守成式莫不與于義蓋有不言而喻者矣夫一國皆化于仁義此王道之成也而其端始于君身爲君者

四書襯　孟子　卷四　十五　[illegible]

可不以正身為先哉

○孟子曰禮者理也義者宜也隨事順理因時處宜固變動而不居亦各中正而不偏者也若夫非禮非義易辨而非禮之禮非義之義難辨茍察理不精膠于一定則不免二者之蔽惟大人理明識精通達萬變隨時隨事而各還其天則之當然其于似是而非者必弗為之矣學者當以窮理為要也

○孟子曰父兄之于子弟莫不願其賢而不能無不肖亦在教之而已如無過不及父兄之中也以已之中養子弟之不中抑其過引其不及從容以俟其自化足以有為父兄之才也以已之才養子弟之不才開其昏筱其惰優游以俟其自悟將化子弟之不中才以歸于中才而父兄之賢即子弟之賢矣故人樂有賢父兄也如或始則督責太嚴以求其速成繼見其難成而遽舍之而不教是中也棄不中才也棄不才然則父兄雖賢不能化子弟之不肖是賢者亦不得為賢矣賢不肖之相去其閒不能以寸為父兄者求所以養之之道而勿輕路于棄則幾矣

○孟子曰凡人之不能有為者以其不知所擇而無所不為也茍人之于事能審擇于未為之先而于所不當

為者有不為也則所見定所守固而後于所當為者必能奮發直前而決其可以有為然則知所擇其先務哉

○孟子曰、隱惡固忠厚之心亦遠患之道也世有好言人之不善者非不逞快于口舌而其人之蓄怨必深其圖報必切當如後患何哉人可以知所戒矣

○孟子曰、聖如仲尼聖之至矣疑其有過高絕俗之行也然天下事事物物莫不各有天理當然之則如于本分之外稍加毫末即已甚矣迹其生平祗還其分所應得初不為已甚者觀于仲尼如此已甚者可以返矣

○孟子曰、夫人之于言行豈不貴信果哉苟不惟義之所在而先期于信果則信非所信果非所果者有之矣惟大人者理極其精而心無偏主言不先必于信行不先必于果惟隨時隨事而觀其義之所在義當言則言不期信而自無不信也義當行而行不期果而自無不果也此大人之言行所以為天下法則也

○孟子曰、大人之心通達萬變赤子之心則純一無偽而已以大人而擬之以赤子人必駭然而不知大人之所以

爲大人者正以不失其赤子之心有以全其純一無僞之本然是以擴而充之以至于無不知無不能而極其大者也苟一爲物誘喪其本眞其何以富有日新而臻于盛德大業也哉

○孟子曰、子之于親養生送死皆當盡力也然以二者較之養生者猶爲人道之常縱盡志盡物尚出于從容暇裕不足以當大事惟至于送死則人道之大變人子之事親舍此再無用力者一有不愼遂貽終身之恨矣斯可以當大事也爲子者其可以不誠不信而少留後日之悔哉

○孟子曰、學問之道淺嘗者無功欲速者不達君子之爲學也既深造之而不已又必以其進爲之道循序而不驟若是者何也欲其有所持循以俟夫眞積力久默識心通自然而得之也夫強探力索而得者必生溢危殆而不安今自然而得之則心理相涵合而爲一居之自安固而不搖矣居之不安將作合作離取資無幾既居之安則永朝永夕中藏不匱資之深而不易量矣資之不深將何有何古挹注甚難資之既深則取之不禁用之不竭于左右至近之地隨所在而逢其時出之原矣自得之妙如此故君子欲其自得之也而深造以道之功可自已耶

〇**孟子曰**天下之道散于萬殊而會于一本所以君子爲學于凡天地民物之頤詩書六藝之文無不旁搜遠覽徧觀盡識從事于**博學**矣又于其所博者一一講明問辨究其蘊奧窮其指歸**而詳說之**若是者豈以誇多而闘靡哉盖以理在吾心本至約也但不能一蹴而會通之必由夫博學詳說之功以俟夫功深力到融會貫通由支派而窮本源自節目而得要領**將以反**而**說**到至**約**之地**也**至是則向之博且詳者不徒爲口耳之末而爲吾心之眞得矣然則學固不可以徒博而亦不可以徑約也

〇**孟子曰**善者天下之公理宜公而不宜私者也如爲人君者已有是善而欲挾之以取勝于人惟恐人之進于善而與我相形是謂**以善服人者**此其爲善先不誠適以濟其陰私忌刻之意而人不生感氣不相下**未有能服人者也**服人不能況服天下乎惟夫**以善養人**推吾所有以及人如飲食之必使人共飽衣服之必使人共履化誨成就以至同歸于善而後已此則以曲成萬物爲心兼善天下爲量**然後**不獨服人而且**能服天下**是服也心服也王道以得人心爲本**天下不心服而王者未之有也**王霸之分從此辨矣

○孟子曰、天下之人孰能無口過哉。然無關于天下國家之利害。即其言之或過猶無有實不祥
者。若夫不祥之實則惟蔽賢者之言當之。蓋娼嫉之人顛倒是非阻塞賢路害及民社禍莫大焉聽
言者不可不謹也。

○徐子曰、昔仲尼亟稱於水曰、水哉水哉。夫水一物耳不知何所取於
水而深契之也。孟子曰、子不觀諸原泉乎。蓋有原之泉其混混湧出也。不舍晝夜出之
不已也。盈此科而後進。進之有漸也。由是而放乎四海。會之有歸也。如是者何也。以泉泉為水之
有本者故如是。仲尼重本者也。以有本之水而適觸其重本之思。是之取爾也。苟為無
本之水則非原泉也。當七八月之閒雨集。其來也非混混而不舍一時之溝澮皆盈。其流也非
盈科而後進至于其涸也可立而待也。又非若四海之放也。水之無本者如是。亦何足取哉。故即水
而推之。人之聲聞發于外。即水之流也。人之情實蓄于中。即水之本也。苟學不加修而聲華盛。道非實得而聞望隆。是為聲
聞過情。直與易盈易涸者等耳。君子深恥之也。世之躐等干譽者可不惕然省哉。

〇**孟子曰**、人與禽獸其類異矣然究之**人之所以異於禽獸者**豈甚遠哉不過于均稟同賦之中人得形氣之正此心虛靈而能全其性禽獸得形氣之偏此心蔽塞而不能全其性止爭此**幾希**耳夫所爭在此幾希人固當存而不可去也乃**庶民**不知此而怠惰放逸以**去之**則名雖爲人而違禽獸不遠惟**君子**知此而戰兢惕厲以**存之**故能靈于萬物而異于凡民也我嘗上下古今而君子之中有生知安行而開存心之統者其**舜**乎蓋所性之理散于萬殊則爲庶物舜則不待思索而無不**明於庶物**之理之所當然列于五常則爲人倫舜則不待研窮而無不**察於人倫**之理之所以然其生而知之者如此即此人倫庶物之理而統于心則爲仁義舜則仁根于心而藹然行之無不愛義根于心而秩然行之無不宜是心與仁義爲一故自然**由仁義**而**行**非以仁義爲美而勉强以**行仁義也**其安而行之者又如此此所以紹帝堯精一之統而開萬世道法之傳也與

〇**孟子曰**、古之聖人自舜而後若禹湯文武周公皆全此幾希之理而得道統之正者也而莫不以憂勤惕厲爲心**禹**之繼舜也**惡旨酒而好善言**遏欲則絕其流存理務廣其益禹之心一憂勤惕厲之心矣**湯**之繼禹也處事則**執**乎**中立賢**則**無方**類行政以乂民用人以自輔湯之心一憂勤惕厲之心矣繼湯者

文王也民已安矣而**視民**則**如傷**焉道已至矣而**望道而**若**未之見**焉愛民深而求道切文王憂勤惕厲之心何如也繼文王者**武王**也敬存于人與事之邇**不泄邇**也慮周于人與事之遠**不忘遠**也嚴于人所易狎密于人所易疎武王憂勤惕厲之心何如也繼三王者**周公**也**思兼三王**于一己**以施四事**于當時其合者固已行之矣**其有**宜于古不宜于今便于此不便于彼而**不合者**則**仰而**反覆**思之**求所以神明變通之故**夜以繼日**至于思極而通**幸而得之**則汲汲然見之行事有不遑寧處者往往**坐以待旦**焉思之精而行之急周公憂勤惕厲之心何如也夫由三王以至周公事雖不一而不自逸之心則同此幾希之理所以克全而道統所以不墜歟

〇**孟子曰**羣聖之道傳于孔子而孔子之事莫大于春秋夫春秋何爲而作也自平王東遷政教號令不及于天下而**王者之**治**迹**漸然滅**熄**由是朝廷無燕享諸侯無獻納黍離以後之詩降爲國風**而**雅**詩亡**矣惟王迹熄而雅詩亡則上下凌夷名分倒置天下之亂將不知所止孔子憂之**然後春秋作**焉以嚴惇庸之大典以託命討之大權使王者之政教雖不得行于當時猶可昭示于來世是春秋之作正所以續雅詩之亡而維王迹

于既熄也然是春秋也當未經筆削之前一列國之史而已蓋國必有史史必有名晉之史曰乘爲其載當時之行事也楚之史曰檮杌爲其記惡以垂戒也魯之史曰春秋爲其表年以記事也名雖各異其爲記事之史則一也故以向時之春秋言之其所載之事則齊桓晉文之事蓋桓文首霸其事爲詳也其所敷之文則史官記言記事之文蓋掌記國事其文無異也至于因其事而褒貶之因其文而筆削之凡大義所在所以正名分而扶綱常者則皆斷自聖心而非他人所能與故孔子嘗曰其義則丘竊取而裁定之矣夫春秋之義出于孔子此所以爲史外傳心之要典百王不易之大法也然則春秋聖人之行事也而所以全變希之理接道統之傳者于是在矣

○孟子曰聖賢之生其建立在一時而遺澤及後世故有位者爲君子君子之遺澤大約至五世而後斬無位者爲小人小人之遺澤亦大約至五世而後斬然則凡在五世之內者其澤皆未亡也況孔子之道將以教萬世于無窮不得限以五世之列而予猶近在五世之內雖未得親受業于其門而爲孔子徒也予猶得私淑諸人聞其道以善我身也夫孟子之言雖以致推尊孔子之意

而實以自任道統之傳所以繼其憂勤惕厲之心而幾希之理亦賴以存矣。

○孟子曰人之取與死生有中道存焉不可不及亦不可過也有如初見爲可以取審思之而實可以無取則弗取是矣而取焉豈不傷廉乎此失之不及者也若夫初見爲可以與審思之而實可以無與則弗與是矣而與焉是亦傷惠也初見爲可以死審思之而實可以無死則弗死是矣而死焉是亦傷勇也此失之過者也要之不揆之以義之所當然鮮有能合于中道者人不可以不審所處也

○昔逢蒙學射於羿盡羿之道思天下惟羿爲愈己於是殺羿孟子斷之曰逢蒙之罪固不容誅矣然羿以射教人而反以自斃是亦羿有罪焉昔公明儀嘗論之曰宜若無罪焉衣公明儀不直曰無罪而曰宜若無罪推其意不過曰較之蒙罪差薄乎云爾惡得竟謂無罪哉以子濯孺子觀之則可見矣昔鄭人使其將子濯孺子侵衛見勢不利而遂遁衛使其將庾公之斯追之子濯孺子曰今日適不幸而我疾

作不可以執弓吾死矣夫既而問其僕曰子追我者誰也其僕曰庾公之斯也曰吾生矣其僕曰庾公之斯衞之善射者也以疾作之時而遇善射之敵夫子曰吾生何謂也曰吾固知庾公之斯之善射也但庾公之斯學射於尹公之他而尹公之他實學射於我夫尹公之他端人也既爲端人則以類相從其取友亦必端矣焉有端人而肯背本以邀利者哉吾所以自料其必生也及庾公之斯至訝孺子之不我敵也曰夫子何爲不執弓乃孺子以實情告之曰今日我疾作不可以執弓使斯而非端人也固可以乘其疾而得志于孺子矣乃曰小人學射於尹公之他尹公之他學射於夫子是小人之射即夫子之道也我不忍以夫子之道反害夫子雖然今日之事君事也我不敢廢于是抽矢扣之于車輪去其金發乘矢而後反由此觀之孺子之免禍必之于取友之端則孺子之爲端人可知矣然則羿之見殺不在蒙反射之時而在教射之始羿之罪固在于知人之不明而先在于立己之不正也羿亦有罪

不較然哉

○孟子曰善惡亦何常哉顧人之自處何如耳西子之貌天下莫不知其美也苟蒙不潔之物則人皆掩鼻而過之蓋惟見其不潔而不見其爲美矣雖有至醜惡之人天下莫不病其貌也苟齊戒沐浴以致潔則可以祀上帝蓋惟鑒于其誠而不計其貌矣然則善惡轉移之機惟在人之自爲喪善者可以戒矣自新者可以興矣

○孟子曰天下之理原于性性原于天之自然事事物物無庸矯強而言之者何紛紛也蓋自其未發者則爲性自其已發者則爲故求性于未發則無形而難知求性于已發則有形而易見天下之言性也則但言其已然之故而已矣然其所謂故者又必以其出于天理之自然而順利者爲本一有人爲便不順利而非故矣夫天下之理既出于自然則人之處事亦順其自然可也乃所惡於智者正爲其不知順利之理而任術挾數以穿鑿之也如智者之處事若禹之行水也則智所以成事而非以擾事亦無惡於智矣禹之行水也知水性自然之故加以利導之功以水治水而不以我治水

行其所無事也○孟子於是稱大智焉如智者亦能就事應事順其理之自然而行其所無事則智亦大矣○鑿之則小順之則大信乎其不當鑿也禹之智固不當鑿況又不必鑿乎天之高也星辰之遠也○若未易窺測矣然天之運行有常度星辰之次舍有定位所謂故之自然者也苟治曆者欲得曆元以爲推算之祖而惟求其天與星辰已然之故推而上之則雖千歲以上之日至歲時日月皆爲甲子日月五星皆會于子以爲造曆之元者亦可坐而致也夫天道至難知求其故之自然則無不可得如此況事物之近而何必以穿鑿爲哉

○齊大夫公行子有人子之喪○孟子與齊之卿大夫皆承君命往弔而王驩右師亦往弔焉其一入門也有進右師于已位而與右師言者其既就位也有就右師之位而與右師言者若輩心目中惟知有右師也而孟子則巖巖自重絕不與右師言右師不悅曰諸君子皆與驩言孟子獨不與驩言是簡驩也孟子聞之曰今以君命來弔則君命所在即朝廷所在也禮朝廷不歷位而相與言不

踰階而相揖也今我與右師位不同矣階不同矣我欲行此不歷不踰之禮而子敖以我爲簡不亦異乎夫倖臣以爲簡而孟子以禮折之其不惡而嚴之意隱然見矣○

○孟子曰人知君子之異于人矣而不知君子之所以異於人者非他以其所以存心也其心之所存者何吾心本有是仁本有是禮而人不能以仁存心以禮存心○君子則以仁存心○以禮存心焉仁主于愛故仁者必愛人○禮主于敬故有禮者必敬人○此仁禮之施而非可妄托于存仁存禮也人同此仁故愛人者人恒愛之人同此禮故敬人者人恒敬之○此仁禮之驗又非可妄托于虛愛虛敬也然施報酬有常情而事變或出意外設有人於此○不惟不愛敬我也○其待我反以橫逆則君子必自反也曰我必不仁而失其所以愛也○必無禮而失其所以敬也○不然此橫逆之物奚宜至哉○其自反而仁矣自反而有禮矣我既不失愛敬宜乎人之可化矣其橫逆由是也○君子必自反也曰我之愛敬人者○必有所不盡其心而不忠也○殆至自反而忠矣○宜其人之不可化者而亦化矣○

其橫逆由是也君子人之所以爲人者以其同有此仁禮之心也而斯人之不可以仁禮感是其本心已失此亦妄人也已矣如此則與禽獸奚擇哉我於禽獸又何難焉厚于自責而寬于待人君子存心之功如此是故君子反之在己者有終身之憂而聽之在人者無一朝之患也乃若所憂則有之其心以爲舜人也我亦人也仁禮本同得也乃舜則所施所驗爲法於天下可傳於後世而我不能以仁禮化橫逆由未免爲鄉人也是則可憂也憂之如何如舜而已矣是以三自反而兢兢業業下終身也若夫君子所患則亡矣蓋天下惟不仁可以致憂而君子非仁無爲也惟無禮可以名侮而君子非禮無行也愛人敬人而人不我愛我敬橫逆之來妄人自有咎耳于我何損乎如有一朝之患則君子不以爲患矣有志于君子之存心者其于三自反加之意哉

○昔禹稷當唐虞治平之世一則平治水土一則教民稼穡至于三過其家門而不入此救民之事也孔子賢之顏子當春秋之亂世居於陋巷一簞食一瓢

飲人將不堪其憂而顏子不改其樂。此修己之事也。孔子亦嘗賢之。其異事而
同賢如此。孟子斷之曰、禹稷顏回。其出處不同矣。然聖賢之道，進則救民，退則修己。道當進而進，道當退而
退，蓋同道焉。彼三過不入，亦云急矣。試思禹稷之所處何如耶。禹任治水之職。思天下有溺者由
己溺之也。稷任播穀之職。思天下有飢者由己飢之也。是以如是其
急也。觀禹稷則知顏子矣。顏子無禹稷之任，何爲而不自樂于簞瓢陋巷之中乎。是故禹稷之不爲顏子者，地非顏子也。
顏子之不爲禹稷者，地非禹稷也。禹稷顏子易地則皆然。今設有同室之人鬭
者，義不容以坐視也。救之，宜急矣。雖被髮纓冠而救之可也。若禹稷是也。設鄉鄰
有鬭者，自有鄉鄰之同室在，而我亦被髮纓冠而往救之，則惑也。雖閉戶可
也。顏子是也。人能信禹稷之可爲，顏子而不能信顏子之可爲禹稷，由其道之所以同者有未明，而無尚論古人之識也。孟
子之意蓋隱然以顏子自況矣。
○公都子曰、孝者百行之先，而人之大節係焉。有匡章者，通國皆稱不孝焉。已任衆棄

之列矣夫子與之遊則已爲過又從而禮貌之豈人棄而夫子獨取乎敢問何也

孟子曰子以通國之稱謂遂當以絕章子哉夫世俗所謂不孝者五惰其四支不顧父母之養一不孝也博奕好飲酒不顧父母之養二不孝也好貨財私妻子不顧父母之養三不孝也從耳目之欲以爲父母戮四不孝也好勇鬬很以危父母五不孝也有一于是皆所當絕章子有一於是乎我非謂章子無罪也但章子自有章子之罪夫章子者子父責善而不相遇也責善本朋友之道也朋友以義勝父子以恩勝父子責善賊恩之大者父不可以傷其子子可以傷其父乎章子之得罪有由然矣要之較之世俗之所稱則固不同科者而況其自悔自責之心矣有甚可矜者焉夫章子豈不欲有夫妻子母之屬哉爲其身得罪於父不得近故出妻屏子終身不敢受其養焉若是者何也其設心以爲我既見逐于父罪難追矣苟不出妻屏子若是而晏然享妻子之奉是則罪之大者其自悔自責如此

是則章子已矣。以章子之罪還章子以章子之心原章子固未嘗從舍文何可深文幾我之不絕之也所以夫

○昔曾子嘗教于魯而居武城，有越寇。或告之曰：「寇至，盍去諸？」曾子乃告守者曰：「無寓人於我室，致毀傷其薪木。」於是遂行及聞寇退，又告守者曰：「脩我牆屋，我將反。」寇退，曾子反。左右曰：武城之大夫「待先生如此其忠且敬也，乃寇至則先去以為民望，寇退則反，厚施而薄報殆於不可乎。」沈猶行曰：「是必有義存焉非汝所知也。昔先生嘗舍于沈猶氏時沈猶氏有負芻者作亂之禍，當時從先生者七十人，非不足以禦傷也先生率之以去未有與焉。」者援昔可以証今矣是曾子之還害固一道也

子思仕衛而居於衛，有齊寇。或曰：「寇至，盍去諸？」子思曰：「伋之與君存亡與共者也如伋去，君誰與守？」是子思之死難又一道也孟子斷之曰：「兩賢之事迹若不同矣然去難者道當去也死難者道當守也曾子、子思蓋同道。焉何以言之曾子，師也，猶之父兄也；安有父兄而殉子弟之難者乎子思，臣也，分則微也。安有臣子而不

捍君父之難者乎。曾子子思易地則皆然。

○儲子謂孟子曰王使人瞯夫子果有以異於人乎孟子曰我何以異於人哉。即如堯舜。千古之聖人也，然形同理同，卒亦與人同耳。無兼于人之所同斯亦足矣。而求異乎人，天下寧有是人哉。

○孟子深鄙當時之求富貴利達者，而設言齊人以示戒也。曰齊人有一妻一妾而處室者。宜其潔身砥節，以取重于妻妾矣。乃其良人出則必饜酒肉而後反其妻問所與飲食者則盡富貴也。蓋謂妻妾之可歎而莫予覷矣。其妻告其妾曰良人出則必饜酒肉而後反。問其與飲食者盡富貴也。當必有富貴之顯者與之相往還。而竟未嘗有顯者來。是誠可疑矣。吾將瞯良人之所之也。于是蚤起施從良人之所之。則見其徧國中無與立談者。立談且不可得，其無富貴之交可知矣。然猶未悉其飲食所從來也。卒之東郭墦閒之祭者乞其餘不足又顧而之他此其爲饜足之道也。其妻歸，告其妾曰：良人者，所仰望而終身也，今若此。尚何望乎。遂與其妾訕其良人，而相泣於中庭。而良人未之知也。復施施然從外來，驕其妻妾。夫齊人之行見羞于妻妾者如此。假令今之求富貴利達者亦與之歎，及齊人未有不慚笑之者，殊不知由君子觀之，則人之所以求富貴利達者，彼亦一齊人，此亦一齊人，特不令妻妾見耳。倘一旦見之，其妻妾不羞也，而不相泣者，幾希矣。

四書襯孟子卷之五

聊城鄧東長
長洲彭芝庭　兩先生鑒定
吳興駱　培　坦軒著
慈谿林夢麒震孟
歸安潘　曙中建　參閱
受業吳知紛恭存
魏子甲鼎三
姪曾孫大宗寧旃
載揚尚賓
男　雲儀翔千仝校正

萬章章句上　凡七章

萬章問曰、虞書有云、舜往于田號泣于旻天何爲其號泣也孟子曰、

大凡人有所求而不遂則怨因不遂而益求則慕慕生怨怨生慕兩者交集于一心而不能解凡事類然而況天性之親家庭

之變如舜之不得父母之歡心者乎宜其號泣之不容自已也蓋怨慕也萬章曰、我聞之父母愛
之固當喜而不忘父母惡之亦且勞而不怨如夫子言然則舜怨父母乎曰、
舜之怨非怨父母也昔者長息問於公明高曰、舜往于田耕也則吾既得聞命
矣號泣于旻天于父母則吾不知也公明高曰是非爾所知也
夫曰非爾所知則公明高必知之矣人有不得于親而竟愁然置諸度外者惟不孝之人則然我推夫公明高之心
蓋以孝子之心爲不若是恝彼舜之心若曰我竭力耕田不過共爲子職
之常而已矣未可遂云孝也天下無不愛子之父母今父母之不我愛必我有不盡其道者苐不知
於我罪之何哉此其所以自怨自責而不能已也當是時也帝使其子九男二女百官
牛羊倉廩備以事舜於畎畝之中所居成聚成邑成都天下之士多就之
者帝將胥天下而遷之焉遭遇之隆無以復加矣乃爲不順於父母想其怨慕迫切
之甚直如窮人無所歸者然夫極人心之趨附而至天下之士悅之人之所欲

也而不足以解舜之憂好色人之所欲好色至于妻帝之二女而不足
以解舜之憂富人之所欲富至于有天下而不足以解舜之憂貴人之
所欲貴至于爲天子而不足以解舜之憂夫人悅之好色富貴有一于此
人之樂當何如而況兼備而交致之亦何憂之不可解而均無足以解舜之憂者然則如之何而後可以解
憂哉惟順於父母可以解憂我因之有感矣夫人情之變遷不常而愛親之時無幾惟人少時天
性未漓物欲未交則尚知慕父母耳未幾而知好色則移慕父母之心而慕少艾矣未幾而
有妻子則又移慕父母之心而慕妻子矣未幾而仕則又移慕父母之心而慕君甚至不得
於君則熱中却有不得于親者而其心之冷熱已判若冰炭矣間有自少而長而壯終其身慕父母者誰哉惟
大孝之人則終身慕父母耳而我未之見也惟夫自歷山號泣以至三十徵庸五十攝政時年已五
十而慕父母之心不少減于孩提之時者予於大舜見之矣夫五十而慕則其終身慕可知矣自
非聖人之盡性其孰能之

○萬章問曰、詩云娶妻如之何。必告父母。信斯言也。（則告而後娶者）宜莫如舜（乃）。舜之不告而娶何也。孟子曰、（詩之所云言禮之常也。若舜遭天倫之變、父母常欲害舜、若）告則（必）不得娶。（夫）男女居室、人之大倫也。如告（以至不得娶）則廢人之大倫、以懟（怨于）父母。是以（不拘小節而）不告也。萬章曰、舜之不告而娶（之故）、則吾既得聞命矣。（若）帝之妻舜而（亦）不告、何也。曰、帝亦知告焉（瞽瞍必不從。瞽瞍不從而帝強為之、是以天子而為人子脅其父、先無地以處舜、勢不容以不已）則（亦終）不得妻也。（不如不告而自妻之、如今之官府治民之私其子父子之間、固無傷也。）萬章曰、（嘗聞）父母使舜完廩、捐階。瞽瞍焚廩。（舜幸得不死、又）使浚井。（舜空旁）出（焉。瞍）從而揜之。（凡此皆象之計也。既揜之後）象（乃自謂）曰、謨蓋都君咸我績。（今都君已死。凡其所有皆我為政）牛羊（歸之）父母。倉廩（歸之）父母。（若夫）干戈（則）朕。琴朕。弤朕。二嫂使治朕棲。（處分已定）象（乃欣欣然）往入舜宮。（誰料）舜（則依然）在牀琴（焉）。象（斯時進退兩難）

乃忽然撰出無情之辭。曰自君入井之後弟實鬱陶思君爾。口雖如此說不禁中心達于面目但見其忸怩然。舜乃不但不怒且曰惟茲臣庶汝其于予治。夫以欲殺已之象而反使之治臣庶不識舜不知象之將殺已與曰奚而不知也。但聖人待弟之情與常人不同見象之憂則亦憂見象之喜則亦喜曰聖人亦人情耳謂舜不知之將殺已則太愚謂舜喜之欲殺已則又太深舜蓋謂象來而我毋拒之則象之謀我益疾而父母之聽象之讒也益甚不若陽喜而陰銜之以為苟全性命之計然則舜偽喜者與曰否昔者有饋生魚於鄭子產子產以其生也使校人畜之池乃校人則竟烹之反命曰始舍之其困未甦也則圉圉焉少則漸與水習洋洋焉方舒睇視之而已攸然而逝矣子產欣然曰得其所哉得其所哉校人出曰孰謂子產智予既烹而食之曰得其所哉得其所哉夫子產非不智也校人之狀魚誠工所謂欺以其方也故君子可欺以其方難罔以非其道今鬱陶思君之言愛兄之道固如是象雖非愛兄之人彼以愛兄之道來

舜方以前之欲殺己者一時之蔽而今之愛我者天性之真故誠信而喜之奚僞焉

○萬章問曰象日以殺舜爲事而舜無柰之何者以無其權也後乃立爲天子固不難于處象矣則僅僅放之何也孟子曰舜實封之也或謂傳之曰放焉萬章曰舜流共工於幽州放驩兜于崇山殺三苗于三危殛鯀于羽山四罪而天下咸服誅不仁也象于親兄而日欲殺之較諸四凶更爲至不仁矣其誅之宜與四凶同科而反封之有庳以如是殘賊之人則必至于虐民有庳之人奚罪焉舜爲恩流四海之仁人而固如是乎況刑賞爲天下之公理柰何在他人則誅之在弟則封之曰子以封象爲非仁不知是乃所以爲仁人也夫仁人之於弟也當其橫逆未嘗不怒然隨怒隨消不藏怒焉未嘗不怨然隨怨隨釋不宿怨焉想其心惟有親愛之而已矣親之則必欲其貴也愛之則必欲其富也封之有庳富貴之也向使身爲天子而弟爲匹夫可謂親愛之乎萬章又問如夫子之言實係封之矣敢問或

曰放者何謂也○曰是說亦有因也當日者象不得有爲於其國天子使吏治其國而但納其貢稅于象焉似安置之者然故謂之放○子謂有庳之人奚罪○今舜之善處如此象豈得暴彼民哉○以愛弟之心而兼以愛民可謂仁至而義盡者矣○雖然○舜之所以如此處象者究非專爲不得行暴而設也其意實欲常常而見之○故使之無國事牽繫則可源源而來○乃天性手足之愛不忍一日離者也故古書云不待及諸侯朝貢之期始以政事接見于有庳之君此正常常而見源源而來之謂也○

○咸丘蒙問曰語云○盛德之士君不得而臣之○父不得而子之○如舜盛德之士也○南面而立○堯君也帥諸侯北面而朝之○瞽瞍父也亦北面而朝之所謂不得而臣不得而子也○但舜于堯之朝則戄然受之○而見瞽瞍之朝心實不安故其容有蹙○孔子嘗論之曰於斯時也○人倫乖亂○天下殆哉岌岌乎○古語如是不識此語誠然乎哉○孟子曰否此非君子之言○齊東野人之語也○當堯

之時舜未嘗爲天子乃堯老而舜不過攝其事也堯何由北面而朝乎堯典曰舜攝位二十有八載放勳乃徂落百姓如喪考妣三年四海遏密八音則是堯未徂落之前方自爲天子乃徂落之後舜猶然執臣禮帥天下諸侯爲堯三年喪也孔子嘗有言曰天無二日民無二王若如所云舜既爲天子以受堯之帥諸侯而朝矣及堯崩之後舜又帥天下諸侯以爲堯三年喪是二天子矣有是理乎咸丘蒙曰舜之不臣堯則吾既得聞命矣詩云普天之下莫非王土率土之濱莫非王臣而舜既爲天子矣則瞽瞍雖父難逃率土之義敢問瞽瞍之非臣如何曰是詩也非是臣父之謂也蓋大夫行役不均勞於王事而不得養父母故作是詩也詩人之意若曰此莫非王事凡在位者宜共任之何我獨以爲賢而勞之也故說詩者不可以一字之文而害一句之辭不可以一句之辭而害全詩之志當以己意逆而逆之以取作者之志是爲得之如徒以辭而已矣

則拘牽文義觸處難通豈獨北山之詩哉即如雲漢之詩曰周餘黎民靡有孑遺不過憂旱
而爲此已甚之辭也若信斯言也是周眞無遺民也且子萬無臣父之理夫子貴乎孝而孝
子之至莫大乎尊親尊必有養而尊親之至莫大乎以天下養舜爲天子
則瞽瞍爲天子之父尊之至也因以天下之奉養瞽瞍養之至也詩曰
永言孝思孝思維則蓋言周武王也而舜之孝思可則者正如此此即尊親養親之至之謂
也向使舜而臣父則反以天子之勢而凌其父所謂尊養者安在所謂孝思可則者父安在哉然而父不得而子之說則固
別有取爾也書曰舜祗載見瞽瞍其敬謹恐懼之貌則夔夔齊栗以此孝思感格故瞽
瞍亦終至于允若書言如此是瞽瞍不能以不善及其子而反見化于其子是乃所爲父不得而
子也而豈如北面而朝之說哉
○萬章曰堯以天下與舜有諸孟子曰否天下者天下之天下非一人之私有也
天子不能以天下與人萬章曰然則舜有天下也孰與之曰天與

四書襯　孟子　卷五　五　且言堂

之萬章曰天與之者諄諄然命之乎曰否天不言以行之于身之行與

措之天下之事示之以與之之意而已矣曰以行與事示之者如之何曰

天子但能薦人於天不能使天必與之天下猶之諸侯但能薦人

於天子不能使天子必與之諸侯大夫但能薦人於諸侯不能

使諸侯必與之大夫昔者堯薦舜於天而天受之因而暴之於民

而民受之故曰天不言以行與事示之而已矣曰敢問薦之於

天而天受之暴之於民而民受之如何曰使之主祭而百神享

之是天受之使之主事而事治百姓安之是民受之也天受是天

與之民受是人與之若是乎天子不遏順天命人心耳故曰天子不能以天下與

人夫天與人與豈偶然之故哉昔者舜相堯二十有八載其所以如是之久者非人之所

能為也天也是以德澤入人之深至堯崩之後三年之喪畢舜本避堯之子

於南河之南也乃人心慕舜不忘天下諸侯朝覲者不之堯之子而之舜訟獄者不之堯之子而之舜謳歌者不謳歌堯之子而謳歌舜舜欲避而人心之歸戴有不得而辭者故曰天也夫然後之中國踐天子位焉而使堯崩之日即居堯之宮逼近堯之子于是而得天下是篡也非天與也由是觀之民歸即天與之徵故周書泰誓曰天視自我民視天聽自我民聽此即人與為天與之謂也

○萬章問曰人有言堯舜之德盛矣至於禹而德衰蓋堯舜之天下不傳子而傳賢而禹則不傳於賢而傳於子公私判如也其言如此有諸孟子曰否不然也曆數之歸皆天命存焉天與賢則與賢天與子則與子帝王不得有私意于其間也昔者舜薦禹於天十有七年舜崩三年之喪畢禹避舜之子於陽城天下之民從之若堯崩之後不從堯之子而從舜也至于益則不然禹

薦益於天（僅有）七年禹崩三年之喪畢益避禹之子於箕山之陰（但見）朝覲訟獄者不之益而之啟曰吾君之子也謳歌者不謳歌益而謳歌啟曰吾君之子也（總而論之堯之子丹朱也）丹朱之不肖（舜之子商均也）舜之子亦不肖舜之相堯禹之相舜也（一則二十有八載一則十有七年）歷年多施澤於民久（禹之子啟也）啟賢能敬承繼禹之道益之相禹也（七年）歷年少施澤於民未久（夫）舜禹益（之為相）相去久遠其子之賢不肖（而人心之係屬與否遂從此分）皆天也非人之所能為也（大凡天下之事以理言之謂之天自人言之謂之命天在即命在故）莫之為而為者天也莫之致而至者命也（舜禹之有天下益之不有天下豈傳子傳賢所得自主哉且舜禹之宜有天下而卒不有天下者豈獨益哉夫有天下者有二有匹夫而有天下者有繼世以有天下者）匹夫而有天下者德必若舜禹而又有（如堯舜之）天子薦之者故仲尼（之德不下舜禹而無天子之薦因以）不有天下（若夫）繼世以有天

下。到得天之所廢必若桀紂之惡者也。夫有廢而後有興。今繼世之君，雖非賢聖之至，但能嗣守先業，則天亦不廢之。故益伊尹周公有德有薦矣，而亦不有天下。試言伊尹不有天下之事。伊尹相湯以王於天下。湯崩，太丁未立而死，其弟外丙立二年而死，仲壬立四年而又死，于是立太丁之子太甲。其初立時，顛覆湯之典刑，伊尹爲師保，放之於湯墓桐宮。三年之內，太甲悔過自怨已往，自艾將來，於桐處仁遷義，三年以聽伊尹之訓己也。伊尹迎之，復歸于亳。然則太甲之改行易德，以爲繼世之主，而伊尹不有天下者，豈非天耶。至于周公之不有天下，以成王之賢，猶益之於夏有啟，伊尹之於殷有太甲也。總之天生民而立之君，原非不賢者所得傾，故與賢與子，皆與賢也。賢在子則與子，賢在賢則與賢，而與子之賢不必盡如舜禹之德，與賢之賢則必遇有不肖之子，天又似有不得已之苦心焉，而要非人之私心所得參也。夫君臣相傳則曰禪，父子相傳則曰繼，或禪或繼，皆由天命，則義也。孔子曰：唐虞禪，夏后殷周繼，其義一也。德衰之說，烏足爲定論哉。

○萬章問曰人有言伊尹為有莘氏媵臣而以割烹要湯以為有諸孟子曰否不然伊尹始則耕於有莘之野而樂堯舜之道焉惟其樂堯舜之道故非其義也非其道也雖祿之以天下弗顧也繫馬千駟弗視也非其義也非其道也雖一介不以妄與人一介不以妄取諸人無大無細一以道義而不苟何有于人爵之慕哉故其始也湯使人以幣聘之則尹囂囂然曰我何以湯之聘幣為哉我豈若處畎畝之中由是以樂堯舜之道哉其無欲自得若是及至湯三使往聘之然後為其誠意感動既而幡然改曰與我處畎畝之中由是以樂堯舜之道不過獨善其身而已吾豈若使是君為堯舜之君哉吾豈若使是民為堯舜之民哉吾豈若於吾身親見堯舜之道之行而不徒誦說嚮慕之哉且天之生此民也不能無先知後知先覺後覺之殊亦正惟使先知者以當然之理覺後知使先覺者以所以然之理覺後覺也今

予。幸而爲天民中之先覺者也。天固以覺民之責俾予。予將以斯道覺斯民也。非予覺之而誰也。其言如是。因而想其心。思天下之民匹夫匹婦有不被堯舜之澤者。若己推而內之溝中。其自任以天下之重如此。

故于三聘之後。就湯而說之以伐夏救民。其始終正大光明可歷歷得而指數者。且亦思伐夏救民。爲何如事乎。蓋所謂正天下者也。吾未聞枉己而正人者也。況辱己以正天下者乎。亦思天下曾有不潔身之聖人哉。

聖人之行。迹不同也。或遠而山林。或近而朝市。或去而隱遁。或不去而筮仕。總揆以道義之當然。以歸潔其身而已矣。若所云割烹要湯之說。潔身乎。辱己乎。當必有能辨之者。或者謂湯非堯舜之道不可以正天下。而其道則在尹。是尹本無所求于湯。而湯實不能無所求于尹。三聘之來。似有所要者。然則

吾聞其以堯舜之道要湯。未聞以割烹也。商書伊訓曰。天誅造攻自牧宮。朕載自亳。蓋尹自言始攻桀無道。由我始其事于亳也。此固足以證伐夏救民之事矣。以如是之人。而謂肯爲辱己之爲也哉。

萬章問曰或謂孔子於衛主癰疽於齊主侍人瘠環皆時君所近狎之人也
有諸乎孟子曰否不然也好事者為之也於衛實主顏讎
由衛之賢大夫也時有彌子瑕者倖臣也彌子之妻與子路之妻女兄弟也彌子
因謂子路曰孔子若主我我力能薦于衛君則衛卿可得也子路以告若以
他人得此方以為天假之緣矣而孔子曰道之行廢有命我焉用彌子為蓋孔子生平其進必
以禮不當進不輕進也其退則以義當退不難退也我守我禮義而已得之不得則曰有
命存焉而主癰疽與侍人瘠環是無義無命也孔子寧有是哉且夫在齊衛固無事
之時也乃孔子嘗不悅於魯去而之衛又不悅于衛去而之宋遭宋桓司馬雖將要
而殺之于是微服而過宋夫人情當無事之時可以從容審擇若當阨難之際則望門投止有急不暇擇
者矣乃是時孔子當阨而其所主者何人哉蓋主宋官司城謚貞子者于斯時為陳
侯周之臣云斯固宋之賢大夫也去宋仕陳孔子主之急難猶然而況在齊衛無事之時乎夫人以類從君子小人

不答強合吾聞觀近臣之賢否以其所爲主觀遠臣之賢否以其所主孔子君子也癰疽瘠環小人也若孔子爲遠臣而主癰疽與侍人瘠環何以爲孔子

○萬章問曰或曰百里奚自鬻於秦養牲者得五羊之皮爲之食牛因以要秦穆公信乎孟子曰否不然好事者爲之也我何以斷其不然哉于百里奚之始終而知其人之必無是事也夫百里奚虞人也當日晉人用詐以垂棘所出之璧與屈地所產之乘假道於虞以伐虢虢爲虞表虢亡則虞之勢孤晉之意併欲取虞也虞公貪而闇遂許假道賢臣宮之奇力諫不用因爲晉所滅是時百里奚竟不諫焉蓋知虞公之不可諫也知虞公之不可諫而遂去之秦斯時年已七十矣老成更事必有卓識曾不知以食牛干秦穆公之爲汙也可謂智乎據其語黙合宜不可諫而不諫可謂不智乎若其見幾明決知虞公之將亡而先去之不可謂不智也而且擇君而事時舉於秦知穆公之可與有行也而相之可

謂不智乎。以繆公之可與有行因相秦而顯其君於天下。可傳於後世。則不惟智也。而取賢焉。不賢而能之乎。既曰賢矣則自鬻以成其君。雖鄉黨自好者不爲。而謂賢者爲之乎。我以是觀之。以智若彼。以賢若此。揆之情理。必不然矣。必不然矣。

萬章章句下 凡九章

孟子曰、伯夷目不視惡色。耳不聽惡聲。非其意中所可事之君不事。非其意中所可使之民不使。世治則進。世亂則退。凡橫政之所出。橫民之所止。不忍居也。推其心思與鄉人處。非若橫政橫民也亦如以朝衣朝冠坐於塗炭也。是故當紂之時。居北海之濱。以待天下之清也。其爲人如此。故聞伯夷之風者。頑夫廉。懦夫有立志。有伊尹者則曰、凡君可事何所事之非君。凡民可使何所使之非民。是故治亦進。亂亦進。且曰、天之生斯民也。使先知覺後知。使先覺覺後覺。予、天民之先覺者也。予將以此道覺此民也推其心思天下之民匹夫匹婦有不與被堯舜之澤者若己推而內之溝中其自任以天下之重也有柳下惠者雖汙君亦事不羞汙君焉雖小官亦爲不辭小官焉我盡我事而已進不以汙君小官而隱其賢必以其道焉若夫遺佚而絕不怨甚至阨窮而絕不憫其與鄉人處由由然不忍去也若曰爾爲爾我爲我雖袒裼裸裎於我側爾焉能浼我哉其爲人如此故聞柳下惠之風者鄙夫寬薄夫敦至若我聞孔子之去齊接淅而行有不容稍緩者其去魯則曰遲遲吾行也蓋去父母國之道與夫齊不同也是以其去國而速也非有意于速也可以速而速其在國而久也非有意于久也可以久而久其處而不出也非有心于處也可以處而處其仕而在官也非有心于仕也可以仕而仕孔子也孟子既各序四聖人之生平因從而品斷之曰我觀伯夷而知其爲聖人中之清者也于伊尹而知其爲聖人中之任者也于柳下惠

而知其爲聖人中之和者也。若清若任若和。三子各成一德而不能相通。若孔子。則兼三子之所以聖者而時出之。殆聖之時者也。天有四時。春夏秋冬。迭運而不窮。四時元氣渾融而畢備。豈如三子之僅可以一德名哉。然則孔子合羣聖而爲一大聖。猶作樂之合衆小成而爲一大成。是孔子之謂集大成也。集大成也者。樂有金石絲竹匏土革木之八音。若獨奏一音。則一音自爲始終而爲一小成。今合而奏之。則于其未作。先擊鎛鐘以宣其聲。俟其既闋。則擊特磬以收其韻。是謂金以聲之。而玉以振收之也。金聲也者。始入音之條理也。玉振之也者。終入音之條理也。是所謂集大成也。今以之謂孔子。則始條理者。孔子知之所及無不盡。智之事也。終條理者。孔子德之所就無不全。聖之事也。若三子之所知偏于一。則其所就亦偏于一。聖之不同。非由于智有偏全之故哉。我試從而譬之。智譬則巧也。聖譬則力也。由射於百步之外也。巧與力固不可偏廢。而巧爲尤重。力不足。則不能至。是故其至則爾力也。巧不足。則雖至。而不能中。是故其中非爾力也。三聖人之力則皆至矣。而清任和之各執其偏而不中者。是職何故哉。宜我之服膺于時中之孔子也。

○北宮錡問曰周室班爵祿也其制如之何孟子曰其詳不可得
聞也○蓋後世諸侯兼并封域僭竊爵號若按舊制之籍而求之有大不便于其所爲者故惡其害己
也而皆去其籍○籍去則惡從而考其詳乎然而軻也嘗聞其略也夫爵曰天位祿曰天
祿故班爵祿之權雖自天子操之而班爵祿之理即天子亦在所班之首有不得而恣爲軒輊者吾以班爵之畧通于天下者
言之則天子一位公一位侯一位伯一位子男同一位凡五等也
若夫施于國中者則君一位卿一位大夫一位上士一位中士一位下士
一位凡六等以班祿之畧通于天下者言之則天子之制地方千里公侯皆方
百里伯七十里子男五十里凡四等其不能五十里而朝覲聘問不
能自達於天子因附於大國之諸侯以姓名通者曰附庸若夫祿之班于王國者則天
子之卿受地視侯蓋百里也大夫受地視伯七十里也元士受地視子男
五十里也其班祿于公侯之國則爲大國大國地方百里君十卿祿卿祿四大夫大

夫倍上士上士倍中士中士倍下士下士與庶人在官者同祿
祿足以代其耕也蓋君以下所食之祿皆助法之公田藉農夫之力以耕而收其租庶人在官者則但受祿
于官如百畝之田之入而已其班祿于伯國者則爲次國次國地方七十里君十卿祿卿祿厚故
可減卿祿三大夫大夫以下祿薄不可減故大夫倍上士上士倍中士中士倍
下士下士與庶人在官者同祿祿足以代其耕也其班祿于子男之國者則
爲小國小國地方五十里君十卿祿卿祿二大夫即倍也大夫倍上
士上士倍中士中士倍下士下士與庶人在官者同祿祿足以
代其耕也夫班祿之序雖自上以及下而班祿之數實自下以達上不觀諸耕者乎耕者之所獲一
夫百畝乃同此百畝而百畝之糞有不同其糞多而力勤者則爲上農夫所收可食九人
若夫用力不齊而爲上次則所收僅食八人中則僅食七人中次僅食六人下僅
食五人夫農有勤惰則收有厚薄食之不可齊也如是彼庶人本當受田而耕也今既爲在官者則不

得復從事于耕。故官給以百畝之入以爲祿。使代其耕。然人有勤惰。事有煩簡。固不可使功浮于食。亦不可使食浮于功。始亦如農有五等。則所食亦有五等。務使功食相稱。故**其祿以是爲差。**夫府史胥徒卑賤也。故其祿可差。稽下士以上。至于君。卿。至于天子。等而彌上。益尊且貴。其體統愈崇。故常祿不可差。然準之庶人在官者。受祿不誣之義。而爲人主者。可不知所警哉。

○**萬章問曰。敢問友。**之道何如。**孟子曰。不挾長。不挾貴。不挾兄弟而友。**夫**友也者。友其德也。**有挾則友德之心必不誠。故**不可以有挾也。**而三者之挾。則挾貴爲尤甚。我試舉不挾貴者爲之則乎。**孟獻子。百乘之家也。**可謂貴矣。而**有友五人焉。樂正裘。牧仲。其三人。**之姓名**則予忘之矣。**夫挾貴之人。必喜人之有我貴于意中。即有伴詡。于不挾貴。而心實挾貴者。往往觀于奔走承順之子。而疏于落落難合之人。乃**獻子之與此五人者友也。**何爲乎。爲其**無獻子之家**于意中**者也。**向使**此五人者亦**如奔走承順之子。而**有獻子之家。則**獻子方卑賤之而**不與之友矣。**然則觀于所友之人能忘人之勢。則獻子之能

志其勢不待詳而益明矣此不挾貴之一證也非惟百乘之家爲然也雖小國之君亦
有之費惠公曰吾於子思則師之矣吾於顏般則友之矣若夫王
順長息則事我者也夫國雖小君也而于賢者能師事友處如此此又不挾貴之一證也非惟小
國之君爲然也雖大國之君亦有之晉平公之於亥唐也唐入
云則平公入唐坐云則平公坐唐食云則平公食其所食者不必嘉旨也雖疏食
菜羹宜貴者之食不下嚥矣而未嘗不飽非旨于味也蓋物以人重薄其物是薄其人故不敢不
飽也此非又一不挾貴之證乎然惜其終於此而已矣夫平公者王公也其尊賢宜不與士之尊賢者
等可與之共天位治天職食天祿也今僅僅如此弗與共天位也弗與治天職也弗與
食天祿也是殆爲士之尊賢者也非王公之尊賢也故等而上之其惟堯之于
舜爲不挾貴而友德之僅則乎當日者舜尚見帝帝館甥于貳室亦饗舜迭爲賓
主夫堯天子也舜匹夫也今畧君臣而言甥舅并以甥舅而講賓主是天子而友匹夫也不挾貴至

此無以加矣夫上下固有定分而相敬亦有同情用下敬上謂之貴貴用上敬下謂之尊賢事得其宜之謂義人但知在下之當貴貴而不知在上之宜尊賢是以上日驕而下日諂豈知朋友為人倫之一所以輔仁極之天子友匹夫而不為諂匹夫友天子而不為僭有如是者乎貴貴尊賢其義一也而不挾長不挾兄弟可以類推矣

○萬章問曰敢問交際何心也孟子曰心有所重則將是物以行之所謂恭也曰彼可以交我亦可以卻乃有予交際之來而一再卻之卻之便以爲不恭者何哉曰尊者賜之物以人重不可先以不肖之心度人也乃竊計之曰是物也其所取之從來者義乎不義乎必其義也而後受之然則卻之卻之者明以爲不義而鄙棄之矣以是爲不恭故弗卻也曰辨其不義而拒之既無以處人不辨其不義而納之又何以處己則請有一說在無以顯然之辭卻之而以隱然之心卻之曰其取諸民之不義也而託以他辭無受是爲兩全而無傷不可乎曰是又何必然哉亦顧其交接何如耳有如無處而餽是交不以道辭命不

恭遜是接不以禮斯不當受耳若其交也以道。其接也以禮。斯孔子大聖亦嘗受之矣。如陽貨烝豚之類是也。萬章曰、如不問其所從來而但以其交以道饋以禮而受。則弟子之惑滋甚。今有禦人於國門之外而攫取其物者。其交也以道。其餽也以禮。斯可受禦得之物與。曰、是則不可。周書康誥曰、殺而顛越人于以取其貨。閔然不知畏死若此之人。凡民罔不譈怨之。觀書之言。是禦人者。固不待教而誅者也。殷受之于夏。周受之于殷。三代相繼。刑法不改。所不辭也。於今爲烈。如之何其受之。曰、如夫子言禦既不可受矣。今之諸侯其不義而取之於民也。猶禦也。苟善其禮際矣。斯君子受之。敢問何說也。曰、今之諸侯固多不義。然較諸禦人之盜。終有差等。蓋禦人之盜。不待教而誅。此。王者之法也。子以爲今有王者作。將比今之諸侯而即以治禦人者之法誅之乎。抑且待其教之不改而後誅之乎。夫謂非其有而取之者是亦盜也。此乃充其類至于義之盡而云然也。究竟禦人者乃爲眞盜。諸侯雖曰取非其有豈可遽以同于禦人之盜也哉昔者孔子之仕於魯也魯人以田獵相較奪取禽獸以祭孔子亦獵較不違禁之夫獵較猶可小同于俗而況受其禮際之賜乎曰我聞孔子之仕以行道為事也今如夫子言然則孔子之仕也非事道與曰事道也萬章曰事道宜乎變俗奚為從俗而獵較也曰孔子固有妙用于其間也魯人之所以獵較者以向來祭無常器器無常實故奪取難得之物以爭勝也孔子則先以簿書正其祭器使器有常數實有常品不以四方難繼之食物供簿正彼獵較者既無所用將久而自衰矣此委曲之苦心也曰人之貴乎行道者以令行禁止惟我欲為可徑行自遂耳今必如此委曲亦良苦矣奚不去而之他也曰當日者孔子道大莫容人皆以為迂闊難行若不小試其端而遽去之是終無行道之機矣故其所以不去者亦欲姑舉一二事為之小試其不激不隨之兆以示于人使知吾道之果可行也若其兆足以行矣而人卒不能遂行之而後不得已而必去蓋其去雖不輕而亦未嘗不決是以未嘗有所終三年淹留于一國也夫孔子汲汲行道之心不為過激之行者非獨于魯然也其生平之仕蓋有三焉有見行可

之仕。有際可之仕。有公養之仕。於季桓子。時攝行相事三月而魯大治則見行
可之仕也。是固不必疑矣至于於衛靈公。迎之致敬以有禮則際可之仕也。於衛孝
公。致粟六萬則公養之仕也。此即所謂受其交際問餽而不卻之一驗也雖其後均不免于去而當其時義
有可受則受之又何嘗斤斤焉咫尺自守以塞其交際之路哉
○孟子曰。人之學優而仕。本非為貧也。而有時乎家貧親老或道與時違不得已而
為貧。猶之娶妻以祈嗣續本非為養也。而有時乎中饋無人不能親操井臼而為養。
夫為貧而仕已非出處之正豈遂曰我以求富哉居尊則祿富居卑則祿貧而已仕之貧究不同于未仕之貧然則為貧
者。當辭尊以居卑。因之辭富以居貧耳。夫辭尊居卑。辭富居貧。惡乎
宜乎。若抱關擊柝者可也。蓋為貧者雖不主于行道而亦不可以苟祿若末吏小臣位卑祿薄其職易稱既
無掣肘之虞自同食力之義為所宜居也不觀諸孔子乎。孔子。大聖人也豈其不足于道而道與時違不得已為貧而仕
則嘗為委吏矣。曰。會計當而已矣。嘗為乘田矣。曰。牛羊茁壯長

而已矣。夫委吏乘田。賤官也。亦如抱關擊柝。辭尊富而居卑貧之類也。會計當牛羊茁壯長稱其職也而已矣。者不敢
爲出位之謀也若夫位卑者本無行道之責而所言者高固不免侵官越職之罪也至于內不度已
外不度人微然居尊居富立乎人之本朝矣而俯仰依人無所建白而道不行竊祿之恥其何
以自也此爲貧者之所以必辭尊富而居卑貧也
解
○萬章曰。士之不託寄諸侯以食祿何也。孟子曰。不敢也。諸侯失
國出奔而後託於諸侯食其廩餼謂之寄公禮也士無爵士不得比諸侯安可不仕而食祿故士
之託於諸侯非禮也。萬章曰。君若餽之粟則受之乎。曰。受之章曰
受之何義也。曰。士而未仕則亦氓也君之於氓也觀其空乏固周卹之。曰。周之
則受賜之祿則不受何也。曰。不敢也。曰。敢問其不敢何也。曰。周無
常數。君待民之禮。祿有常數。君待臣之禮有常職然後可食常祿卽下吏如抱關擊柝者亦皆有常
職以食於上。若無常職之士而受賜祿於上者。以爲不恭也。曰。君

饋之則受之不識可常繼乎曰亦視其君饋之之道何如耳昔魯繆公之於子

思也亟問亟饋鼎肉子思不悅於卒也摽使者出諸大門之外

北面稽首再拜而不受曰今而後知君之犬馬畜伋蓋自是繆公

愧悟臺賤官無復使來饋也夫悅賢者上之能舉次之能養今既不能舉又不能養

也可謂悅賢乎曰敢問國君欲養君子如何斯可謂養矣曰始

以君命將之再拜稽首而受其後但令廩人繼粟庖人繼肉不復

以君命將之則可以不拜而受此養君子之道也繆公亟問亟饋無不以君命來子思勢不得不亟拜是以子

思之不悅蓋以為鼎肉之微耳使己僕僕爾亟拜也殊非養君子之道

也然而能養究不若非能舉之爲得也堯之於舜也先使其子九男事之二女女

焉百官牛羊倉廩備以養舜於畎畝之中矣後復舉而加諸上

位故曰此乃王公之尊賢者也悅賢者可不以此爲法哉

○萬章曰、敢問士之不見諸侯、何義也。孟子曰、有士在國者曰市井
之臣。在野者。曰草莽之臣。雖統名之曰臣然皆謂之庶人。蓋傳質爲臣者方敢見于
諸侯。庶人不傳質爲臣。是未嘗有位故不敢見於諸侯、禮也。萬章曰、士既以庶
人自處有時庶人而召之役、則往役矣。乃君欲見之而召之、則反不往
見之、何也。曰、往役者庶人之職義也。不往見者士之禮故往見不義也。且試問君
之欲見之也、何爲也哉。曰、爲其多聞也、爲其賢也。曰、爲其多聞
也。宜以師禮相待矣則天子不召師、而況諸侯乎。爲其賢也、則吾未聞
欲見賢而召之也。昔齊繆公亟見於子思曰、古千乘之國以友士、
何如。彼意以爲友士、固已降心相從矣子思不悅曰、古之人有言曰、事之云乎
爾豈徒曰友之云乎哉夫子思之不悅也、豈不曰若以位言則子
君也、我臣也、何敢與君友也。若以德言則子固當事我者也。奚可

以與我友○然則千乘之君求與之友而且不可得也○而況可名與○
昔齊景公田○招虞人以旌○不至○將殺之○孔子贊之曰○志士不忘在溝
壑○勇士不忘喪其元○夫孔子奚取焉○取之虞人非其招不往也○曰○
敢問招虞人何以○曰○以皮冠○取其所有事也○若招庶人○則以旃○通帛無文○象庶人也○
招已仕之士○則以交龍之旂○象士之能變化也惟招大夫始以旌○析羽注干旌干之首象其文明
也今以大夫之招招虞人○虞人既寧死不敢往矣倘以士之招招庶人○
庶人又豈敢往哉○況乎以不賢人之招招賢人乎○蓋士而未仕○固庶人也○君
以士爲賢○則又賢人也○乃欲見而名之○是不賢人之招也○以士之招招庶人○則不敢往○以不賢人之招招賢人○則不可往矣○夫
欲見賢人而不以其道○猶欲其入而閉之門也○夫有門必有路義路
也○有路斯有門○禮門也○他人或多不由是路不出入是門、惟君子能由是路○出入是
門也○詩云○周道之平如底○其直則如矢○君子之所履也而爲小人之

所覸。所謂能由是路者如是而禮門之出入可知矣柰何以非禮非義待之哉。萬章曰。嘗聞孔子君命召不俟駕而行。今由夫子言之。然則孔子非與曰。我之所言者以未嘗仕而有官職者也若孔子當其仕時巳有官職而君以其官名召之也。豈可同類觀之哉要之易地則皆然耳。

○孟子謂萬章曰。人貴友善善之量無窮而友善之量亦無窮惟隨巳之高下以爲廣狹耳我之善蓋于一鄉爲一鄉之善士矣。斯可友一鄉之善士。我之善蓋于一國爲一國之善士矣。斯可友一國之善士。我之善蓋于天下爲天下之善士矣。斯可友天下之善士。夫至于友天下之善士亦云衆矣乃猶以友天下之善士爲未足又尚論古之人。夫生同斯世者始而接其話言既而知其心曲斯爲與友今古人去我巳遠而其詩書尚存。頌其詩。讀其書。如告語于一堂矣然未可謂即知其人也而不知其人可乎是以更論其當世行事之迹考其言行之相符否也。夫既觀其言又考其行即令古人生于今日而與我爲友亦不過是是我進而尚友（乎古之人。非徒為一世之士）也。（友善之量。寧有涯哉。人之自勵。當何如也。）

○齊宣王問卿。孟子曰。王何卿之問也。王曰。卿不同乎。曰。不同。有貴戚之卿。有異姓之卿。王曰。請問貴戚之卿。曰。（貴戚之卿與君有親親之恩。無可去之義。而以宗廟為重。故當）君有大過。（足以亡其國者。）則（必極）諫。（至）反覆之而不聽。則（不忍坐視其亡。不得已更立親戚之賢者以）易（其）位。（乃行權之道也。）王勃然變乎色。（孟子）曰。王勿（以臣言為）異也。王問臣。臣不敢不以正對。王色定。然後請問異姓之卿。曰。（君臣義合。不合則去。非必待大過也。凡）君有過。則（當）諫。反覆之而不聽。則（辭位而）去。（此守經之道也。）

四書襯 孟子卷之六

聊城鄧東長
長洲彭芝庭 兩先生鑒定

吳興駱埣坦軒著

海鹽陳光德輝山
象山邵 伯典三 參閱

受業茅學禮敬輿
徐允升吉初

姪曾孫智錫蒼培
男 雲儀翔千
孫 良嗣振宗仝校

告子章句上 凡二十章

告子曰。人有言性者。動以仁義實之。而不知其非也夫。性何似猶天生之杞柳也。義何似猶後成之桮棬也。謂桮棬非杞柳所爲。不可。謂杞柳即自成桮棬。亦不可。觀此可以知義。併可以知仁。人性初未嘗有仁義。

必待以人性為仁義而仁義出焉猶之杞柳初未嘗名桮棬必待以杞柳為桮棬而桮棬成焉是告子直以性為惡而仁義為性外物也孟子折之曰子言誤矣以人性為仁義順而為之者也以杞柳為桮棬戕賊而為之者也今以彼喻此我不知子能順杞柳之性而以為桮棬乎將戕賊杞柳而後以為桮棬也度其勢必不出于順而出于戕賊明矣然杞柳可戕賊而人性必不可戕賊如將戕賊杞柳而以為桮棬則亦將戕賊人以為仁義與夫性即仁義本所自有愛敬之發無假勉強今子謂仁義必由造作如桮棬之必成于矯揉天下之人聞之必將曰仁義非所以率性而反以害性禍莫大焉相戒而莫之肯為是率天下之人而禍及仁義者必子之言夫

○告子以杞柳言性屈于孟子乃復小變其說曰人之性善惡本無定體猶之湍水然瀠迴旋轉未有定向也決而引諸東方則東流決而引諸西方則西流人性之無分於善不善也顧人所習何如耳猶湍水之無分於東西也顧人所決何如耳告子此

言蓋混善惡而一之也。孟子曰：水信無分於東西矣，獨無分於上下乎？其決諸東而東者，必其東之下也；決諸西而西者，必其西之下也。人性之原于天者本粹然而至善也，猶水之流于地者本沛然而就下也。擧天下之人無有性之不善者，擧天下之水無有就之不下者。而或者以人之庸有不善、水之庸有不下，而因以爲性疑，而不知所以致此之故有由然也。今夫水搏而躍之，可使之過顙；激而倒行之，可使之在山。是豈水之性哉？其然則搏激之勢則使之然也。人之可使爲不善，其性爲物欲陷溺而然，亦猶是也。誰謂性無定體如于湍水之說哉？

○告子論性又變其說曰：性之爲性非他，凡生于天地間而有知覺能運動之謂性而已矣。殊不知生之謂氣，生之理之謂性。告子以氣爲性，則理氣不明而人物無辯矣。孟子先詰之曰：子謂生之謂性也，猶凡物之白者之同謂之白與？告子直答之曰：然。復詰之曰：天下之物號爲白者多矣，今比而同之，則白羽之白也，猶白雪之白；白雪之白，猶白玉之白與？曰：

彼蔽欲伸其白之謂白之說而不知生之為性之非固自此然而可鬪矣孟子遂折之曰子謂凡物之白者不問其質之異而同謂之白則是凡有生者亦問其人物之異而同謂之性矣然則犬牛與人皆有知覺皆能運動子將謂犬之性猶牛之性牛之性猶人之性與告子于此如謂其性之同是等人道于犬牛也如謂其性之異則又不得以生而謂性矣宜其理屈詞窮而不能對也

○告子以知覺運動為性乃復伸其說曰欲知生之為性驗之食色而可見矣口于食則甘之目于色則悅之嗜欲之所在即性之所在也由是而知仁主于愛而甘食悅色之心生于內是仁內也非外也若夫義者事之宜而事物之宜由于外則義外也非內也孟子曰何以謂仁內而義獨外也曰義主于敬即長長者是也彼有人焉其年長也而我從而長之非先有長彼之心存於我也猶彼有人焉其色白也而我因而白之惟是從其白於外也故謂之外也曰子以白喻長非其倫也夫人有白者馬亦有白者假如白此馬之白也誠無以異於白此人之白也若夫馬有長者人亦有長者不識長此馬之長也

亦無以異於長此人之長與我知白馬白與白人白與無敬與不敬之分而長馬長與長人長豈無敬與不敬之別其取喻固已謬矣且試問謂長者為義乎抑謂長之者為義乎如以長者為義則義誠在外矣若必以長之者為義則長之之心實由中出奈何而外之也曰吾非以長者為義但自其長之不同于愛者觀之則仁自在內而義自在外耳有如吾之弟親也而吾則愛之秦人之弟疏也而吾則不愛也是施愛于人惟以我之心為悅之而施者也故謂之內也若楚人之長當長也吾之長亦當長也雖有親疏之別而長楚人之長亦長吾之長是施敬于人惟以彼長為悅之而施者也故謂之外也告子之言終以長者為義不知長之者為義矣孟子即其甘食之明而通之曰長楚人之長亦長吾之長豈但長長有同然之情哉秦人有炙可嗜也吾有炙可嗜也乃耆秦人之炙無以異於耆吾炙夫物則亦有然者也今子謂以長為悅而為外然則人之耆炙亦以炙為悅而有外與吾知炙在外也而所以耆之則出于心長在外也而所以長之則出于心義不在外明矣子既明于甘食必明于耆炙矣胡不引而通之

〇孟季子問公都子曰、人多以義爲外矣不知夫子何以獨謂之義內也。曰、義主于敬者也。吾知其人之當敬而行吾心之敬以敬之。是敬由心生。故謂之內也。孟季子曰伯兄吾知其當敬矣。設若鄉人長於伯兄一歲。似亦在所當敬也。則將誰敬乎。曰、敬以親疎爲厚薄。而一歲之長。又無幾也。必當敬兄。又問曰、伯兄固當敬矣。若酌則將誰先乎。曰、酌以年齒爲先後。而鄉人又賓也。當先酌鄉人。曰、親親之際所敬既在此。當酌之時所長又在彼。則是所敬所長。因人以爲轉移。于彼于此。屢變而無定在。隨時制宜之權。不得自主。果在外。非由內也。公都子居于其措而不能答。以告孟子。孟子曰、子盍傚其誰敬之問而詰之曰。弟與叔父皆至親也。敬叔父乎。敬弟乎。彼必將曰。卑不敵尊其敬叔父矣。子又傚其酌則誰先之問而詰之曰。弟或爲尸。則誰敬。彼必將曰。尸以象神其敬弟矣。子因折之曰。既曰敬弟則于叔父不得伸其敬矣。惡在其敬叔父也。彼將曰。所以敬弟者弟在尸位故也。叔父雖尊不得不爲祖考屈矣。子亦曰。向所謂先酌鄉人者以鄉人在賓位故也。伯兄雖親不得不爲主道屈矣。

以此觀之則所敬在此者庸敬之在兄也亦猶敬叔父者其常耳所長在彼者斯須之敬在鄉人也亦猶敬弟者其暫耳因時制宜皆由中出可見義之在內矣季子聞之復執其說曰信如此言當敬叔父則敬叔父不出我所敬在此之謂也敬由叔父立也當敬弟則敬弟不出我所長在彼之謂也敬又由弟立也義果在外非由內也公都子即其易見者曉之曰敬之異施譬諸飲食然冬日宜飲湯則飲湯夏日宜飲水則飲水子以因人之敬為在外然則因時而飲食者亦在外也我恐叔父與弟外也而酌其當敬之宜者心也湯與水外也而酌其飲食之宜者心也義之在內觀飲食之宜蓋信矣而可謂其在外哉

〇公都子聞孟子性善之論而惑于衆說故問曰今之言性者不一也在告子則曰人之性知覺運動而已本無有善而不可以善名亦無有不善而不可以不善名也此一說也或者又曰性無定體可以習于善而為善可以習于不善而為不善是故文武興則民皆化之而好善是性可以為善也幽厲興則民皆化之而好暴是性可以為不善也此又一說也

或者又曰有性一定之善○有性一定之不善○而非習所能移也是故以堯之大聖為君○非不導民以善也而有象之傲○堯不得而化之也非有性不善者乎以瞽瞍之至頑為父○非不導子以不善也而乃有舜之聖○瞽瞍不得而移之也○以紂之至惡為兄之子○其情親矣且以為君○其分尊矣○親則易染○尊則易從○宜能化臣下以惡也○而有微子啓○王子比干○紂不得而移之也○非有性善者乎○此又一說也○今夫子獨曰性善○然則彼三說者皆非與○孟子曰我所謂性善者○豈無所驗哉○亦有驗于情耳○蓋性蘊于中○而難知○情發于外○而可見○乃若其情感物而動自然發見于外者○則但可以為善矣○即是情之發于外者善○而性之在于中者本善可知○乃我所謂性之善也○夫性之發為情○而性之能則為才○性善○才亦善矣○若夫有為不善者○乃物欲陷溺其心而然○非其才之罪也○則夫即情以驗性○我歷歷有以得夫人之心焉○人之感物而遇可傷可痛之事○則惻隱之心發焉○人皆有之也○遇可恥可憎之事○則羞惡之心發焉○人皆有之也○或交際往來○則恭敬之心發焉○人皆有之也○或辯別可否○則是非之心發焉○人皆有之也○是固所

謂情之善也由是而知其性之善矣夫惻隱之心非他即性之仁也羞惡之心非他即性之
義也恭敬之心非他即性之禮也是非之心非他即性之智也非性之本善而何夫
天下之物自外而至內者謂之鑠若夫仁義禮智非由外鑠我也我固有之也以固
有之性而達之于才宜無不可以爲善而有不善者特人陷溺于物欲自弗思耳矣故曰思而求則得
之不思而舍則失之得失懸殊或相去倍蓰而至于無算者皆由不思不求而善端之
發即爲私意所遏不能擴充之以盡其本然之才者也夫豈其才之罪哉且夫即情以知性善非我一
人之私言也大雅蒸民之詩曰天生蒸民有物有則民之秉夷好是懿德孔
子讀此詩而贊之曰爲此詩者其知生民之道乎蓋天之生人既與之氣以成形必賦之理以成
性故有是物必有是則如耳目物也必有聰明之則父子物也必有慈孝之則推之形形色色莫不皆
然物則相因在天爲定命在人爲常性惟民之秉執此夷常之性也故靜而存之于中自感而應之于外而
無不好是懿美之德使非同此秉彝之性何以同此懿德之好乎合詩與孔子之言觀之其所謂好德者即吾所謂

情之善也其所謂秉彝者即吾所謂性之善也而才之善亦從可知矣然則性善之言我固有所受之也而何惑于三說之紛紛耶

○孟子發明性善之意曰人性本無不善也乃觀于富歲之子弟往往多所倚賴而爲善凶歲之子弟往往無所依賴而多暴不知者幾疑天之降才殊矣而實非天之降才爾殊也蓋凶歲衣食不足其所以陷溺其良心者然也不觀諸物乎今夫麰麥播種而耰之其地同樹之時又同及其浡然而生以至於日至之時皆熟矣非其性之本同而若是乎雖所獲有多寡之不同則地有肥磽雨露之養人事之不齊也而非其性之殊也由麰麥而推之故凡天下之物同一所生之類者其性舉相似也何獨至於人而疑之雖人之中有聖人而聖亦人也同得天地之氣以成形即同得天地之理以成性而與我同類者則不必遠取諸物也即近取諸身有歷歷可證者故龍子曰業屨者不知人足之大小而爲之屨雖未必適中然我知其必似足形而不至于爲

賁也屨之相似天下之足同也豈惟足哉即如口之於味有同耆也善調味者惟易牙然易牙不過先得我口之所耆者也如使口之於味也其性與人殊若犬馬之與我不同類也則天下何耆皆從易牙之於味也至於味天下期於易牙是天下之口相似也非特口也惟耳亦然善審音者莫如師曠至於聲天下期於師曠是天下之耳相似也不特耳也惟目亦然古之言色美者必曰子都至於子都天下莫不知其姣也不知子都之姣者必其無目者也故曰口之於味也有同耆焉耳之於聲也有同聽焉目之於色也有同美焉口耳目之衆體特以形用者耳而耆味好音悅色且各有同然如此至於心爲衆體之主宰而以神用者也獨無以一人之心合衆人之心而所同以爲然者乎心之所同以爲然者何也謂其即物而存之理也其處物而宜之義也蓋心無定體以理爲體心無定用以義爲用試觀天下之人未有當于理義而不當于吾心者也聖人之心此理義吾人之心亦此理義

但聖人知則先知而于理義之所當然者由之無不至覺則先覺而于理義之所以然者察之無不精爲能先得我心之所同然耳而豈有加哉故理義之悅我心不獨聖人然人心無不然蓋根之于心同此秉彝之良則悅之于心同此懿德之好猶芻豢之悅我口有不期然而然者矣彼爲暴者良由陷溺其心而然豈降才之殊乎哉

○孟子曰天下後起之戕賊往往沒其本眞者豈少哉即以山木言之彼牛山之木向嘗美矣以其郊於大國也地近而人衆斧斤伐之可以爲美乎是其日夜之所息加以雨露之所潤非無萌蘗之生焉使于此而培植之猶可以復其美也柰何牛羊又從而牧之則生之者未幾而戕之者繼至是以若彼濯濯也人見其濯濯也不曰牛山嘗美也不曰牛山之有萌蘗也而直以爲未嘗有材焉夫山本以生本爲性今不詳其所以濯濯之故而以無材病山此豈山之性也哉不獨山木然也雖存乎人者豈無仁義之心哉斲削未加此心之惻隱羞惡常流不息猶之山木之嘗美也乃衆欲交攻其所以放失其仁義

之良心者亦猶斧斤之於木也旦旦而伐之可以爲美乎其自
日而夜向晦宴息時之所滋息非無乘平旦清明之氣未與物接之時而良心猶存發見者
但其好惡之正與人相近也者僅幾希耳則其旦晝之所爲又逐逐于
物欲併所謂幾希者隨而有梏亡之矣此何異山木既伐猶存萌蘖而牛羊又牧之也一日之夜所息而明日梏
之日日夜之所息而日日梏之梏之反覆無有窮已則其夜氣之生日以寖薄而不足以存
其仁義之良心夜氣不足以存則平旦之氣亦不能清而好惡拂人之性向之與人相近者至是而其
違禽獸不遠矣人見其所爲無異于禽獸也而以爲未嘗有天降之才
焉者不知人有是性即有是情有是情即有是才而其不能爲善者則梏亡之使也是豈人之情也哉
由是觀之山木人心皆繫于所養明矣故苟于幾希之天而得其所養培夜氣之清明防旦晝之梏亡如山
木之萌蘖不使其牧于牛羊也則山木固日以滋長而吾心仁義之良亦以復其初自無物之不長也苟
于幾希之天而失其所養旦晝爲之交攻梏亡爲之相繼如山木之萌而復牧于牛羊也則山木固失其美而吾心

仁義之良將無復存存者蓋無物之不消也然則人心可頃刻失其養乎孔子有言曰有物焉方其
操之則即此而存及其舍之則失去而亡其存也忽而入其亡也忽而出一出一入惟所
操舍初無定時也其入也忽在內其出也忽在外或內或外惟所操舍莫知其鄉也若此者惟心
之謂與蓋心之爲物至虛至靈而不囿乎形氣此所以存亡靡定而出入無常也由孔子之言觀之可見心之神明不
測得失之易而保守之難學者當無時無處而不施操存之功也
○孟子曰君德莫貴于智今王則不智矣然亦固所宜然無或乎王之不智也何也人若之心
惟在所養與君子居養之以善則舒與小人居養之以惡則發猶天之生物也暴之以陽則生寒之以陰則不生雖有
天下易生之物也使一日暴之而陽之舒者若是其少乃十日寒之而陰之慘者若
是其多則暴之所生不足以當其寒之所剝未有能生者也今吾見王之時亦罕矣仁義
之言無幾一以之暴耳吾退而寒之者至矣讒諂面諛之進以多不啻十以之寒焉故雖王心之善端
不無發見于一見之時而衆邪之交攻旋已戕賊于既退之後吾其如王之有萌焉何哉求其智也不可

得矣。夫王之聽信不專而不能成其德也。其譬諸學奕者乎。今夫奕之爲數。雖小數也。苟學之者不專心致志則不可得精也。彼奕秋者。通國中之善奕者也。設使奕秋誨二人奕。教則同矣。其一人專心致志惟奕秋之爲聽。一人雖聽之。一心以爲有鴻鵠將至。思援弓繳而射之。雖與之俱學。弗若之矣。爲是其生稟之智弗若與。曰非然也。然則吾之見王雖暫啓其一時之聽。而寒之者至。已不勝其鴻鵠之馳。王之不智宜乎不寤。

○孟子曰。魚我所欲也。熊掌亦我所欲也。然或勢有所限而二者不可得兼。寧舍魚而取熊掌者也。若夫生亦我所欲也。義亦我所欲也。然或勢遭其窮而二者不可得兼。寧舍生而取義者也。夫人情莫不好生而惡死。而此之舍生取義者何哉。蓋生亦我所欲。而本然之良以所欲有甚於生者。義全則身雖亡而不亡。故不爲苟得也。死亦我所惡。而本然之良以所惡有甚於死者。義士則身雖存而徒存。故患有所不辟也。如使無好義之良心而以人之所欲莫甚於生，則凡可以得生者何不用也。使無惡不義之良心而以人之所惡莫甚於死者，則凡可以辟患者何不為也。由其必有是好義之良心則可以得生而有不用也。由其必有是惡不義之良心則可以辟患而有不為也。是故所欲有甚於生者，所惡有甚於死者，非獨賢者有是心也，人皆有之。但衆人汨于利欲而忘之，惟賢者能存之而勿喪耳。所謂人皆有之者，一乎，何驗之哉。今夫簞食一豆羹，為物雖甚微，而得之則生，弗得則死。其為時則甚迫遽乎，不顧義之可否而受且屑之矣。然使嘑爾而與之，雖行道之人弗受。又使蹴爾而與之，雖乞人不屑也。夫以行乞之人而欲惡有甚于生死者若此，然則天下之人孰非有是心者哉。乃一旦而萬鍾至矣，其合禮義與否未可知也，則不辨禮義而受之。夫萬鍾特身外物耳，於我曾何加焉。而不辨而受之者，將為宮室之美，非此無以致其華；妻妾之奉，非此無以適其欲；所識窮乏者得我。非此無以市其恩與。夫萬鍾與簞豆一在危迫之際一在宴安之時乃鄉為身死而不受。今為宮室之美為之。鄉為身死而不受。今為妻妾之奉為之。鄉為身死而不受。今為所識窮乏者得我而為之。夫生死所繫甚重乃不可已者且已之而不受若是三者亦不可以已乎。可已不已至不辯禮義而受之有羞惡之本心者必不然也。此之謂失其本心。卽奈何以人皆有之之心而念能勿喪者惟賢者獨也。

〇孟子曰、仁義之心人皆有之而人未知其甚切于我也夫心為一身之主宰人知其為至切矣而不知仁卽人之心也。蓋其流動于方寸之中而生生不息所以酬酢乎萬變而不至于塊然無用者皆仁也路為一身之往來人知其為至切矣而不知義卽人之路也。蓋其發見于行事之際而平正通達為天下萬世之所共由者皆義也。夫仁為人心。則當操存。而不放。義為人路。則當率由。而不舍。胡世之人。冥行妄趨。舍其當行之路而弗由。狗欲志理。放其固有之心而不知求。豈不甚可哀哉。不觀諸雞犬乎。雞犬為物甚輕放而不求亦不足怪然人有雞犬放。則必知求之。心之視雞犬何如乃有放其心而不知求。

其亦弗思之甚矣。蓋亦未講于學問之道也。夫學問之事。如講習討論省察克治。罔非一端。而所以學問之道無他。惟在于辯理欲之幾。加克復之力。求其已放之心。反之而已矣。能求放心。則虛靈之內。萬理昭著。心存而仁存。仁存而義亦存矣。舍此豈復有他務哉。

○孟子曰。今有無名之指。人之一身。有體之輕者。有體之重者。養之者。不可不審也。本非切于用也。其屈而不信。人人皆然。非疾痛害事也。信之可。不信亦可。如有能治而信之者。則不遠秦楚之路。而求以信之。此何爲也。爲指之不若人也。人能信而我乃不能信。是指不若人。夫一指。至輕也。則知惡之。必求其信而後已。若心不若人。心爲一身之主。而萬變之酬酢繫之。本至重也。乃昏昧放逸。屈于物欲而不若人。則反不知惡。而不思靜存動察以求之。急于所輕而緩于所重。此之謂不知類也。

○孟子曰、拱把之桐梓。凡人之于物。愛之斯養之矣。如至小也。人苟愛其材之美。而欲生之。則必培植之。灌溉之。皆知所以養之者。至於身。綱常倫理之所繫。家國天下之所倚。其當養爲

何如乃不以理義養其心不以中和養其氣而不知所以養之者。豈愛身不若桐梓

哉。良由本心之明蔽于物欲故輕重之辯昧于反觀是弗思之甚也。誠一思之必有惺然而不容已者矣

○孟子曰人之於身也。百體具焉皆兼所愛。而不忍傷者也養所以成其愛也既兼所

愛。則必兼所養。而維持調護之也。無尺寸之膚不在愛之所愛中焉。則無尺寸

之膚。不在養之所養內也。然于無所不養之中有養得其道而為善者焉有養失其道而為不善者焉至問所

以考其善不善者。豈有他哉。於己取之而已矣。所謂于己取之者何也蓋人之

○體有主出令而爲存制之貴者有主聽令而爲役使之賤者有司一職而爲小者有兼衆職而爲大

者養之者無以小而之故害大。無以賤而之故害貴。而小者賤也大者貴也若專養其

小者則小必害大因而賤必害貴而所養之不善可考也豈不爲小人乎能專養其大者。則大不害

于其小因而貴不害于其賤而所養之善可考也豈不爲大人乎所謂于己取之者此而已矣遠譬諸物梧檟其貴

也。樲棘其賤也當舍當養場師是問今有場師。舍其梧檟。養其樲棘。則爲賤場師

焉。近譬諸身一指其小也肩背其大也。宐養不宐失惟人是問乃有養其一指而失其肩背而
不知也則為狼疾之人。而不能顧其周身者也。觀于此而貴賤大小之間可以罕譬而通矣乃今之
人。專養口腹而為飲食之人則人從而賤之矣。何也為其養小體之賤以失大
體之貴也。夫大可以兼小大體立則小體亦康小不能兼大顧口腹則害及心志必然之理向使飲食之人
而無有失也。則口腹之養軀命所關豈適為尺寸之膚而已哉。
○公都子問曰、鈞是人也。品宐無不同矣乃或為大人或為小人何也。
孟子曰、人之身有大體焉。有小體焉若小體從其大體而貴不聽命則進于高明而為大人矣如
大體反從其小體而任其轉移則溺於卑污而為小人矣。曰、鈞是人也、兼其此人然小
體。其運用宜無不同矣乃或從其大體或從其小體何也。曰、體有大小所職不同小體者何
耳目是也耳目之官。一司聽一司視而皆不能思。無以辯其邪正而蔽於聲色之外物。是以形用
而不以神用則耳目亦一物而已又以聲色之物交于耳目之物則耳隨於聲而馳目隨邪色而動而耳目之聰明

引之斯去而已矣。此耳目所以爲小體也若心之官則思。至虛至靈而以思爲職凡事物之來心得其職而能思。則于應接之理得之。而物不能蔽心失其職而不能思。則不得其應接之理而物來蔽之也。夫理之得與不得係于心之思與不思此心所以爲大體也而此耳目也心也皆稟受于有生之初固天之所與我者但必平日居敬窮理涵養淸明于事物未交之前先有以立乎其心體之大者。使之卓然有主則天君泰然百體從令事至物來是非瑩徹其耳目之小者雖有欲不能以奸聲亂色奪之也。所謂從其大體者如此此則稱之爲大人而已矣。

○孟子曰凡可貴者皆謂之爵而亦有不同者有自然之貴得之生初而爲天爵者。有使然之貴得之後起而爲人爵者天爵者何心之德愛之理自仁心之制事之宜曰義仁義存于心而無不盡之謂忠仁義見于事而無不實之謂信。此皆可欲之善而吾心自具之故自樂我善而不倦。此則本之固有不假勢而自尊不待人而後貴乃天爵也人爵者何公也卿也大夫也。此則馭之人主假勢而後尊待人而後榮乃人爵也。夫天爵不因人爵而有而人爵實爲天爵而設但古之人。有見于道德爲重惟反己自脩其天爵○初無心于人爵也○而學至君求○人爵自從之而至所謂無所爲而爲之者也○今之人○知人爵之貴必由天爵而得○于是陽脩其天爵○而陰以要求人爵○已非無所爲而爲之○其心○固○已惑○矣○及其既得人爵○遂以天爵爲無用○而棄其天爵則惑之甚者也○夫人爵可要徒以有此天爵耳○天爵既亡○則名實俱虧○操人爵之柄者○且得而奪之○終亦必倂其所得之人爵亡之而已矣、學者可不以今人爲鑒而以古人爲法哉○

○孟子曰、人情莫不好榮而惡辱○故見人爵之榮羨慕而欲貴者人之同心也○自我言之○人人、自有此天爵之尊而貴於己者○但心蔽于物欲○弗反而思之○是以惟見在人之貴爲可欲而不知在己之貴爲可欲耳○夫貴之在己者○良貴也○若吝其在己而求諸在人○是人之所貴者○非良貴也○今之能貴人者○必曰趙孟矣○而不見趙孟之所貴○趙孟即能賤之乎○一予一奪○操之在人○孰與夫良貴○之在己者○不從人予○而亦不爲人奪也○大雅既醉之詩有云○既醉以酒○既飽以德○夫不曰飽味而曰飽德者何哉○蓋言德莫美乎仁義○君子載仁而行○抱義而處○是仁義充足于心○猶之飽乎仁義也○仁○義○

充足則有悅心之妙而天下之至味在我矣彼人之所貴者膏粱之味耳于我何有焉**所以不願人之膏粱之味也**仁義充足于中則光輝發越于外由是**令聞**昭宣**廣譽**四達而**施於身**天下之至文在我矣彼人之所貴者文繡耳于我何加焉**所以不願人之文繡也**我望人之給其所不願而善用其所欲則一思之而良貴即在矣何趙孟之足云

〇孟子曰、仁理也不仁欲也天理人欲不容並立故此長則彼消此伸則彼屈**仁之勝不仁也猶水勝火**乃必然之理然仁之所以勝不仁者以道心之微而充之使常爲主斯人心之危而遏之使歸于滅耳**今之爲仁者**藉乎且相近之幾希旋轉于牿亡之反覆**猶以一杯水救一車薪之火也**其不熄也不待言矣人見火之**不熄**不日水之少**則**遂**謂之水不勝火**是不咎爲仁之不力而直謂仁不勝不仁此言一倡將不仁之人盡憚于爲仁而縱欲滅理無所不至張其焰而揚其燎**此又與於不仁之甚者也**且非但助人之不仁已也吾知此人之心必信之不專爲之益怠**亦終必**併其杯水之仁盡**亡**之**而已矣**爲仁不力之害如此有志于仁者可不戒哉〇孟子曰天下之物本于天而成于人當有以善全其美也即如五穀者天所生以養人人所資以爲食固種之美者也然所以謂之美者以其熟而可爲粒食之資耳苟爲不熟則以五穀之美而反不如荑稗之熟猶可食也夫仁爲天之尊爵爲人之安宅其爲美德不啻如五穀然爲之者以心爲用以仁爲種去其人欲如非種之必鋤培其天理如樹藝之必固由勉而利由利而安使理與心融心與理化亦在乎熟之而已矣不然是自喪其心德之美而與五穀之不熟者等耳豈不有愧于他道之有成也哉

〇孟子曰天下之事未有無法而可底于成者故善教者必有所據善學者必有所循不觀之曲藝乎天下稱善射者莫過于羿羿之教人射宜若有心得之巧矣乃其教之之法惟彎弓而滿必志於彀其學射于羿者亦惟彎弓而滿必志於彀蓋射之成法在彀不能舍彀而爲授受也天下稱良工者莫過于大匠大匠誨人宜若有獨運之智矣乃其誨之之法必以規矩其學于大匠者亦必以規矩蓋工之成法在規矩不能外規矩以爲授受也然則聖人之道知以開其端行以要其極亦射之彀匠之規矩也舍是其何以教且學哉

告子章句下凡十六章

○任人有問屋廬子曰。食者人所急而食之中有禮禮與食孰重乎。曰。禮所以節飲食之流禮固重于食也又問曰色者人所欲而色之中又有禮色與禮孰重乎。曰。禮所以別男女之嫌禮固重于色也任人乃設難曰。禮固重于食矣然使當飢餓之甚而必拘拘焉以禮而後食則飢而死。不以禮食則得食于斯時也必以禮乎。禮固重于色矣然使當貧乏之甚而必拘拘于親迎之禮則不得妻。不親迎則得妻于斯時也必親迎乎。我恐軀命所關倫常所繫未必禮之果重于食色也屋廬子心知其非而不能對明日之鄒以告孟子。孟子曰。於答是也何難之有。夫所謂禮重而食色輕者以大分言也如任人之論是不于其平而于其偏矣譬如物必有本末揣其本而後觀其末則高卑可判也若不揣其本而但齊其末則雖方寸之木。直可使高於岑樓。物質有輕重必多寡相等而後輕重可別也彼金重於羽者。豈謂以一鉤金之少與一輿羽之多而相較之謂哉。今禮食親迎禮之輕者也饑而死以滅其性不得妻而廢大倫食色之重者也取食之重者與禮之輕者而比之奚翅食重取色之重者與禮之輕者而比之奚翅色重是非寸木于岑樓而駕輿羽于鉤金也要惟兩垂相衡而禮之尤重者乃見往應之曰子以饑死爲滅性食固重矣然敬兄亦禮之重也如紾兄之臂而奪之食則得食不紾則不得食則將犯禮以紾之乎盍寧可以不得生而不可紾兄以苟生也是禮之重于食也明矣子以不娶爲廢倫色固重矣然以正相從尤禮之重也如踰東家牆而摟其處子則得妻不摟則不得妻則將犯禮以摟之乎盍寧可以不得妻而不可以摟人之處子也是禮之重于色也明矣此則本末相齊而多寡適均其大分固有較然者任人何所施其辯哉

○曹交問曰堯舜大聖人也若非人之所能爲矣乃有言曰人皆可以爲堯舜有諸乎孟子曰然堯舜雖聖與人同耳信可爲也交不知爲堯舜之道乃以形體言曰天下非常之人必有非常之表繼堯舜而起者湯文也交聞文王十尺湯九尺言其超絕唐流矣今交九尺四寸以長于交則不足于湯則有餘乃日度不過食粟而已有聖人之形而無得于聖人之道如之何則

可（以爲堯舜乎）曰奚有於是（形體之謂哉爲堯爲舜推之爲湯爲文）亦（在于）爲之而已矣（譬如）有人於此（退然自謙曰）力不能勝一匹雛則爲無力人矣今（一旦奮然）曰舉百鈞則爲有力人矣（有力無力之稱在舉與不舉耳）然則（能）舉（古力士）烏獲之任是亦爲烏獲而已矣（固不必形體之似烏獲也）夫人豈以（材質凡庸）不勝（任堯舜）爲患哉（特患志安于卑近畏其難而）弗爲耳（夫堯舜本不難爲也彼）徐行後長者（斯）謂之弟（以其知長幼之序也若）疾行先長者（即）謂之不弟（以其不知長幼之序也）夫徐行者（特在一舉足之間）豈人所不能哉所不爲也（觀于弟之易爲而孝可知矣夫孝弟者近之則爲吾人知能之良推之實爲聖人盡性之事故）堯舜之道（爲人倫之至亦不過盡此）孝弟而已矣（爲堯則堯不爲堯則爲桀于古善惡分途觀此兩人爲極）子（果）服堯之服誦堯之言行堯之行是堯而已矣子（倘）服桀之服誦桀之言行桀之行是桀而已矣（出此入彼在我之爲之而已交聞言而有感也）曰（交猶未見鄒君耳）交得見於鄒君（倘）可

以假館願留此而受業於門。夫必假館而受業則有挾貴求安之意矣孟子拒之曰子以道之難知而求師于我耶夫道具于性分之內著于日用之常乃天下古今所共由譬若大路然明白顯易豈難知哉人病無必爲之志而不求之耳子誠歸而求之事親敬長之間於吾所謂孝弟者身體而力行之則無往非道無往非師自有餘師矣不必留此而受業也此可見孝弟不待外求堯舜可學而至彼徒求之形體者陋矣

○公孫丑問曰高子曰小弁乃小人之詩也。仁人孝子之用心殆不如此孟子曰何以言之。曰高子以爲君子之詩溫厚和平者也小弁處父子之間但見其哀痛迫切而怨此所以謂之小人之詩也曰說詩者貴通而不貴執固哉高叟之爲詩也謂其詩爲怨則可因其怨而謂之小人則非矣何者小弁之怨乃怨所當怨者也譬如有人於此越人將關弓而射之則己惟談笑而道止以之無他越人與我利害不相關即道之以談笑非緩也因其疏而疏之也若其兄將關弓而射之則己必垂涕泣而道止以之無他兄與我利害與

共卽道之以涕泣非激也因其戚而戚之也今小弁之怨情關父子禍及宗社有不容談笑而道者乃所以親其親也親親者天理人情之至所謂仁也而乃以不怨之常例拘之執滯而不通固矣夫高叟之為詩也曰親過固當怨矣然凱風之過其母猶小弁之過其父也凱風何以不怨○凱風之不怨未必非則小弁之怨未必是矣曰凱風之母不能安其室其失在於一身親之過小者也小弁之父信讒而廢嫡其禍將及宗社親之過大者也親之過大而不怨則親既忍於廢我而我乃漠然不介諸懷父子之情益薄是愈疏也親之過小而怨則親方不幸而有過而我乃憤然繼之以怨如水之不容一激石是不可磯也愈疏則忘親固不孝也不可磯則不能怨親亦不孝也一怨一不怨各有攸當奈何舉彼例此哉孔子嘗言曰舜其至孝矣五十而慕夫舜稱大孝而不能無怨慕則小弁之怨固亦孝子之用情矣而可目之為小人之詩哉

○有說士宋牼者將之楚孟子遇於石丘曰先生將何之曰吾聞秦楚構兵兩相攻伐我將見楚王說而罷之使無西向以攻秦楚王悅我言則得矣

如不悅，我將見秦王說而罷之。（使無南向以攻楚。非秦即楚，非楚即秦。）二王我將有所遇焉。曰：（先生之說必有其詳，今塗遇倉卒。）軻也請無問其詳，願聞其大指。說之將何如？曰：（彼兵連禍結，民困財殫，非國之利。）我將言其不利也。曰：（當此戰爭擾攘之中，而遊說之士方且乘機搆禍，荼毒生靈，先生獨以罷兵息民為說，）先生之志則大矣。（但以不利為指，是以利為號也。）先生之號則不可。（蓋彼本以貪利而興兵，今以不利而罷兵，均之以利言也。）先生以利說秦楚之王，秦楚之王悅於利，以罷三軍之師，是三軍之士亦樂罷而悅於利也。（利聲一倡，而人心皆趨於利，由是）為人臣者懷利以事其君，為人子者懷利以事其父，為人弟者懷利以事其兄，（入乎利，則出乎仁義。為臣子弟者既以利而事其上，則為君父兄者亦以利而接其下。）是君臣、父子、兄弟終去仁義，懷利以相接，（將見利之所在，即害之所伏。陽為忠愛之名，而陰釀攘奪之禍。）然而不亡者，未之有也。先生（誠不以利為言，而）以仁義說秦楚之王，（曰殃民非仁也，違制非義也。由是）

秦楚之王悅於仁義而罷三軍之師。是三軍之士亦樂罷而悅於仁義也。仁義之聲一倡，而人心皆知有仁義。而為人臣者懷仁義以事其君，為人子者懷仁義以事其父，為人弟者懷仁義以事其兄。下倣以仁義事其上，上亦以仁義接其下。是君臣父子兄弟去利懷仁義以相接也。將見倫理明而風俗厚，人心戴而國勢張。然而不王者，未之有也。何必曰利？為得為失，是在先生一轉移之間而已。

○孟子居鄒，有任君之弟季任為任君處守其國，以幣至鄒交於孟子，受之而不報。處於齊之平陸，儲子為齊相，以幣至平陸交於孟子，亦受之而不報。其受幣同，其不報亦同。蓋來見則當報之，但以幣交則不必報，無以異也。他日孟子有事於任，由鄒之任，因而見季子；又有事於齊，由平陸之齊，則不見儲子，異矣。屋廬子喜曰：季子儲子之交同，而大于一見一不見，蓋必有義理存焉。連得其間隙而間之矣。問曰：夫子之任見

季子之齊不見儲子。得毋爲其但爲齊相。不若季子攝守君位之尊與。不然何交同而
答異曰。非也。亨上之道貴意。書洛誥之篇曰亨多儀。若儀意不及其所
也。不貴物故周書言何爲也。蓋儀者志也。多儀
亨
之物。則曰不亨惟不役志于亨。者用志于亨也。用志于亨謂之
成亨。書爲其不成亨也。明乎此。可以如我。屋廬子巳會其悅或
之所誥。不見儲子之故矣。故而
尚不問之屋廬子曰。季子爲君居守主政。在不得之鄒以見孟
解而巳。況鄒又在他國。子則以
幣交而禮。儲子爲齊相。主政在君。況得之平陸以見孟子而不
意巳備。平陸又在齊之境內。來見則雖以幣
交而禮意不及其物也。其不役志於
亨明矣。君子報施之道。豈有爽哉。
〇淳于髡曰。君子之於世也。出處兩途。而先乎名實者。是心乎
巳其有志在立功立名。而名實者。救民
爲人也。其有不急急於後乎名實者。是爲善自爲也。爲人則仁
聲譽事功。而其身及於人自
爲則仁存於巳。非此則後。夫子儼然在三卿之中。固以爲人者自
未有進退兩無所據者。今命矣。宜上而正
君下而澤民。以名實未加於上下而遂去之。爲人自爲
彰顯其名實。乃無一可者。仁者固

如此乎孟子曰、子安可以去就之迹論仁哉亦惟其心可耳昔有居下位不肯以賢事不肖者伯夷也有以湯聘而五就湯以湯進而五就桀者伊尹也有不惡汙君事而亦不辭小官爲而亦者柳下惠也三子者之出處去就不同道矣然而其心之所趨則一也一者何也曰仁也去者非絕俗就者非徇世有去有就者非無定宗要皆合乎天理之公無一毫之私者也然則君子之處世可就則就固非有意于爲人可去則去亦非有意于自爲亦惟其心之趨於仁而已矣何必形迹之同哉子執去就之迹而議我之非仁殆未識仁者之心矣曰仁爲心術之微可以假託而自文今我姑無論其仁不仁也但當世之自命爲賢者以爲有益於人國耳以我觀之殊不然昔魯繆公之時有公儀子爲政有子柳子思爲臣宜其寖昌而寖熾矣乃魯之削也滋甚若是乎賢者之無益於國也雖不去國亦安能有爲哉曰是大不然賢者何嘗無益顧用與不用不同耳今姑無甚高論即如百里奚者亦所稱賢者也虞不用百里奚而亡秦穆公用之而霸由此觀之不用賢則亡求其削何可得與然則爵之

不免於削者未盡用賢之道也而不至於亡者猶有賢在也曰我謂無益於國以其有賢之名而無其實耳昔者

王豹處於淇以善謳鳴而河西化而善謳綿駒處於高唐以善歌鳴而齊右

化而善歌華周杞梁之妻善哭其夫而變國俗為善哭夫謳歌未長涕泣柔情非擬

於學士有道仁人也而能移風易俗如此可知有諸內必形諸外苟抱負有素乃為其事而無

其功者髡未嘗覩之也是故當今之世無賢者也有則事立功成名實昭著髡

必識之矣豈徒以虛名炫哉曰賢者固不易得識賢亦不易也昔孔子為魯司寇時魯君相受齊

之女樂怠於政而不用可以行矣而未行從而郊祭當致膰於大夫乃膰肉不至於是不

及稅冕而行斯時之人不知孔子之心者以為為肉也即其自以為知孔子之心

者亦不過以為為無禮也其實知與不知皆非知孔子之心者也蓋魯為父母之邦以女樂故而去是顯

其君相之失既非所以處人而無故而去使去就之節不明又非所以處己乃孔子則不以女樂去而以膰肉去

是欲以微罪行不欲為苟去其見幾明決而用意忠厚如此此惟孔子自為之亦惟孔子自知之

耳。君子之所爲，衆人固不識也。以不識君子之衆人而以爲世無賢者，多見其不知量也。

○孟子曰：昔三王之典也，諸侯大夫各安其職，世之盛也。降而五霸者，孰不日尊攘之功偉哉，自我言之，在當時之天下不爲無功，在三王之世不爲無罪，乃三王之罪人也。又降而爲今之諸侯，孰不日富強之勢盛哉，自我言之，不惟不容於三王之世，而且不容於五霸之世，乃五霸之罪人也。至若今之大夫，孰不日功利之謀忠哉，自我言之，雖若有功於今之諸侯，而實有負於今之諸侯，乃今之諸侯之罪人也。何以云五霸爲三王之罪人耶？三王之世，天子以時而適諸侯之國，其名曰巡狩。諸侯以時而朝於天子，其名曰述職。時乎春也天子諸侯省民之耕而補其有不足者時乎。秋也天子諸侯省民之斂而助其有不給者。且其巡狩也，而賞罰之典行焉。入其疆，土地辟，田野治，養老尊賢，俊傑在位，是其國治矣，無忝於天子分土分民之寄者也。則有慶，賞之典焉。慶之以地，以示勸也。如入其疆，土地荒蕪，遺老失賢，掊克在位，是其國不治矣，有負於天子分土分民之寄者也。則有讓，威讓之命焉，以示懲也。是當巡狩之時，而王章於以益肅。

四書覌　孟子　卷六　十八　[illegible]言堂

矣且其述職也而征誅之法行焉一不朝者則貶其爵公降爲侯伯侯伯降爲子男所以警其始也至
於再不朝則削其地百里削而七十里七十里削而五十里所以懲其慢也至於三不朝則
命六師之衆誅其人而移之所以重怙終之刑也是當述職之時而王章於以更肅矣亦可見三王之世禮樂征
伐自天子出而諸侯無敢奸其間者是故天子但出令討罪而不親師伐國以損威重諸侯
但奉命伐罪而不出令討罪以侵大權著五霸者不用天子命而摟率與國之諸侯以伐
諸侯之叛己者也是違三王征討之典則違三王賞罰之典亦可知矣故曰五霸者三王之
罪人也何以云今之諸侯爲五霸之罪人耶五霸之中惟桓公爲盛觀其葵丘之會諸
侯也威信足以服人但束牲載置書於其上而不事歃血以要質鬼神其書命辭有五初
命曰誅不孝以嚴莫大之罪非有大故無得易既樹立之世子無以妾爲妻以亂
嫡庶之分再命曰賢者德之成才者德之用務尊賢育才以彰顯有德之人三命曰
敬老慈幼無忘賓客行旅四命曰士世祿而無世官恐求必賢官事無攝

不可闕人廢事取士必得務求眞才無專殺有罪之大夫必請命於天子五命曰無得曲爲隄防壅泉激水專小利而病鄰國無得閉遏乞糴助天災而失脩睦無得有專封國邑而不告於天子凡此五命者皆天子之禁也五命既終而又申固其盟曰凡我同盟之人既盟之後言歸于好當此之時周天子雖不能號令天下而桓公猶能挾天子以令諸侯諸侯不敢犯今之諸侯皆公然犯此五禁而毫無顧忌矣故曰今之諸侯五霸之罪人也至下今之大夫何云今之諸侯之罪人耶蓋今之諸侯其所以逆道悖德而陷於不義者夫固有所由來也大凡君有過不能諫反順之者是謂長君之惡其罪猶小若夫君之過未萌而先意導之者是謂逢君之惡其罪尤大今之大夫皆逢君之惡其始不過以之希寵而其後卒致於危亡故曰今之大夫今之諸侯之罪人也夫五霸得罪於三王今之諸侯得罪於五霸皆出於異世故得以逃其罪至于今之大夫宜得罪於今之諸侯則同時矣而諸侯反以爲良臣非惟莫之罪而反以爲功抑獨何哉

○魯欲使慎子爲將軍將伐齊以圖取南陽此雖魯君之意亦慎子有以引之也孟子知其故而

謂之曰教民斯可以即戎若不先教民使之有勇知於而遣用之以與師勢必至於敗亡是謂之
殃民殃民者不容於堯舜之世今聞子為將軍盡將伐齊以取南陽也無論勝敗得失不可必
即使一戰勝齊遂有南陽以我論之然且不可慎子勃然不悅曰戰勝大功
也又以一戰而舉之奇熟也夫子顧以為不可此則滑釐所不識也曰吾明告子以不可之
故先王之制天子之地方千里謂不千里不足以待諸侯朝覲聘問之禮諸
侯之地方百里謂不百里不足以守宗廟中所藏祭祀會同之典籍然則
地之所入者取足以供其用之所出而已常制之內既不可減常制之外又豈容增哉今天子無論已即以諸侯論且專以齊
魯論周公以叔父之親者夾輔之積報功之典宜加厚也乃周公之封於魯為方百里也地
非不足而儉於百里亦日足以守魯之宗廟典籍而已矣太公以尚父之尊奮鷹揚之烈報功之典亦宜
加厚也乃太公之封於齊也亦為方百里也地非不足也而儉於百
里亦日足以守齊之宗廟典籍而已矣然則齊周非有餘魯亦非不足各安其百里之常制可矣今之魯非即周公之魯乎

乃先王所畫定封先君以百里開國而今魯方百里者五○其踰制亦多矣子以為有王者作○而復分封之舊制則魯在所損乎在所益乎○吾恐已得之土地且在所損而未得之南陽尤不必圖矣由此言之雖使不興一兵不殺一民徒手而取諸彼以與此然且仁者以為非義而不為○況於殺不素教之民人以求之乎○吾所謂不可者以此夫越制而行非道也殃民而取非仁也○此豈獨魯君之過哉子亦與有責矣吾聞○君子之事君也○君不鄉道不志於仁為臣者務引其君以當道志於仁而已○今南陽之役道耶仁耶子之引之將何從耶

○孟子曰○古之所謂為良臣者引其君以鄉道志仁者也若今之事君者○每自負曰○我能為君辟土地充府庫○是以富國之術逢其君罔今之所謂良臣矣然暴征橫斂浚民膏血實古之所謂民賊也○蓋君方拂民從欲不能鄉道不志於仁○以黷貨為事與桀無異矣○而為臣者乃求○為之聚斂以富之是富桀也○國日富則民財日盡非民賊而何又有日我能為君約與國戰必克○是以強兵之術逢其君又今之所謂良臣矣○然興師動眾糜爛

其民實古之所謂民賊也。蓋君方好大喜功不能鄉道不志於仁。以黷武爲事。與桀無異矣。而爲臣者。乃求爲之強戰以輔之。是輔桀也。兵曰強。則民命日殘。非民賊而何。夫以民賊爲良臣。毋乃以此富強之術。謂可以取天下乎。殊不知由今所行之道。無變今所尚之俗。雖與之天下。而民心離怨。邦本不固。危亡之禍。可立而待。不能一朝居也。而世主方信任之。抑獨何哉。

○昔白圭以儉嗇致富。欲以其術施之國家。乃言曰。古之稅法。什而取一。以吾之意。更欲二十而取一。何如。孟子曰。什一之制。先王所以治中國之道。如子二十取一之道。乃貉道也。假如萬室之國。而止有一人陶。則可乎。曰。不可。器不足用也。曰。子既知一人之陶不足以給萬室之用。則知貉道之不可行於中國矣。夫貉地苦寒。五穀不生。惟黍生之。其物產本薄。無可多取。而其所居。無城郭宮室土木之費。與宗廟祭祀之禮。無諸侯幣帛饔飧交際聘問之事。無百官有司祿養之需。是所費之少。又不必多取。故二十取一而足也今居中國處冠裳文物之區有君臣祭祀交際之禮以綱紀人倫有百官有司之祿以任用君子而城郭宮室又無論矣如欲二十而取一勢必去人倫無君子胥中國而夷狄之如之何其可也夫子言器不足用是陶以寡且不可以爲國矣況無君子則綱常何以扶植政教何以推行又豈可以爲國乎知君子不可無則祿養不可廢而二十取一自不足用矣甚矣貉道之難行也且什一之法堯舜中正之道輕則貉重則桀今欲輕之於堯舜之道者彼爲大貉而我爲小貉也猶之欲重之於堯舜之道者彼爲大桀而我爲小桀也小桀不可爲矣小貉又可爲乎哉舍中正之道吾未見其能行也

○白圭自誇其能曰古稱善治水者則曰禹然必事四載之勞八年之久今丹之治水也隄防一築汎濫即除實愈於禹焉孟子斥之曰神禹之功萬世莫及子自負其能而欲加諸神禹之上其言亦過矣夫禹之治水因其自然之性而利導之以行所無事乃水之道也惟其以水之道治水是故水性就下而最下者莫如海乃水之所歸也禹則以四海爲壑分衆流而使之無所壅合衆流而使

之有所歸。此所以水無逆行。而民無昏墊也。**今吾子**曲爲隄防。壅而注之他國。是**以鄰國爲壑。**雖暫免在巳之害。而人之遭其陷溺者多矣。其視禹之治水。不亦異乎。蓋**水**性可順而不可逆。壅之則**逆行。**於是氾濫四出。洚洞無涯。**謂之洚水。洚水者。**即堯時之所謂**洪水也。仁人之所惡。**而急欲除其害者**也。**今**吾子**移其害於鄰國。其爲不仁甚矣。乃反以爲功。而曰愈於禹。誠**過矣。**

○**孟子曰。君子**於天下之事。灼然有定見而深信不疑者。謂之亮。確然有定守而特立不變者。謂之執。然必亮而先事有主宰。斯能執而臨事有成功也。苟於正理之所在。疑信相參。而心有**不亮。**則事至物來。將以爲可行。又以爲可止。**惡乎執。**持以成天下之事乎。然則欲有爲於天下者。可不以窮理立誠爲之本哉。

○**魯欲使樂正子爲政。孟子曰。吾聞之。喜而不寐。**乃吾道得行之兆也。**公孫丑**以當世之所尚者問。**曰。**惟強足以任事。**樂正子強乎。曰。否。**強非其所長也。曰有知慮足以圖謀。是果其**有知慮乎。曰。否。**知慮亦非其所長也。曰多聞識足以達變。是果其**多聞識乎。曰。否。**多聞識亦非其所長也。曰三者皆爲政之不可缺。而樂正子既無一於此。而見用于魯。未必其道之行矣。**然則奚爲**

喜而不寐、曰、其爲人也好善。曰好善特一念之公遂足以治國乎、曰、子丑以好善爲未足也直優於治天下而況一魯國乎何以言好善優於天下也蓋天下之士伏於四海者莫不欲其善之見用於世也惟患吾無以來之耳夫苟好善則意氣所孚風聲所感四海之內凡有善者皆將輕千里之遠而來告之以善由是合天下之見聞資天下之治理而強知多聞皆爲我用無所處而不當矣豈不優於天下乎夫苟自恃其才而不好善則人將曰斯人也訑訑然自足其智不嗜善言其於天下之事皆自謂予既已知之矣夫此訑訑之聲音顏色不惟使人緘口不言抑且望風遠去直距絕善人於千里之外君子小人迭爲消長士既止於千里之外則讒諂面諛之人至矣與讒諂面諛之人居將政事日非禍亂斯作國欲治可得乎觀不好善之失而益知好善之得吾之喜之職是故耳

○陳子見孟子之難仕故問曰、古之君子何如則仕孟子曰、君子之始仕也可以就則就而所就有三焉其不終於仕也可以去則去而所去亦有三焉有如國君迎之內致敬

（而外）以有禮（又）言將行其言也則就之（此見行可之仕也若夫）禮貌（雖）未衰（久之而）言（卒）弗行也則去之（此以道之行不行為去就去就之一也）其次雖未行其言也（而）迎之致敬以有禮（猶有尊賢之意）則就之（此際可之仕也迨其後而）禮貌（亦）衰（矣）則去之（此以禮之盡不盡為去就又去就之一也）其下（則寓於人國言之不行迎之無禮以致使賢者）朝不（得）食夕不（得）食飢餓不能出門戶（其困窮亦已甚矣）君聞之（而悔過）曰吾大者不能行其道（次之）又不能從其言也（甚至）使飢餓於我土地吾恥之（於是餽之粟以）周之（夫君之於氓固有周之之義而又有悔過之言且至于飢餓不能出門戶之日是）亦可受也（然受亦有節不過）免死而已矣（夫受其所周是亦就也所謂公養之意也而免死而已不久終亦去此以養之可受不可苟為去就又去就之一也要之君子之仕凡為行道計也而所遇之時有不同故有此三等言之將行是副其行道之本心矣禮貌未衰猶有行道之望至于周之而受亦留其身以有待耳觀其有就有去固以見君子行道之苦心而亦見君子守身之大節矣）

○孟子曰我嘗上下千古而有慨於困窮拂鬱之中往往多奇人傑士焉如膺曆數而陟元后者非舜乎乃其
發跡則始於歷山之耕而在畎畝之中矣降而爲王佐則有若傅說者築於傅巖武丁舉之是舉
於版築之間焉有若膠鬲者遭亂而鬻販魚鹽文王舉之於魚鹽之中○降而爲霸佐則
有管夷吾之相齊桓公也來自檻車之囚蓋舉於士官也孫叔敖之相楚莊王也其初隱於海濱
蓋舉於海也百里奚之相秦穆公也其始混迹市塵抜之牛口之下蓋舉於市也之數人者要
皆始乎微卒乎顯古來聖賢豪傑崛起儔伍之中大約如此蓋所謂任大任之人也而天之所以玉成之者豈偶然哉故
天將降大任於是人也必先苦其心志而不得舒勞其筋骨而不得逸餓
其體膚○而飲食不充空乏其身○而財用不足行拂亂其所爲○而願望不遂凡若此者何
也所以竦動其虛靈不昧之心○堅忍其氣稟食色之性○而且智識以之日開才猷以之日擴以曾
益其所不能○而後大任可降也夫天所以成就聖賢豪傑爲天下第一等人者固若是矣即以人情之常言之得
過本非幸事然人恆以自蹈於過然後能猛省而更改○假如不能謹於平日致得事勢窮蹙以至困苦

於心衡梗於慮而後奮發而思作不能燭於幾微到得事理暴著以至徵於人之色發於人之聲而後警悟而曉喻者比比皆是則大得過而改未始非不幸中之幸也至於保國之道亦何獨不然夫國之所以久安長治者以入則有法度之世臣輔弼之賢士爲之夾持匡正出則有侵陵之敵國蠢賊之外患因之惕慮操心而後國可存也不然而入則無法家拂士出則無敵國外患者國恆亡合而觀之憂患者人之所苦而不必苦也安樂者人之所甘而不足甘也從憂患中淬厲來者往往得生從安樂中沉溺來者往往得死然後知生於憂患而死於安樂也但人以處憂患之心處安樂則安樂何嘗不生人以處安樂之心處憂患則憂患卒歸於死是又存乎人之自爲之耳

○孟子曰君子緣道以設教孰不以爲有定術哉然學者受教之地不同而君子教之之術亦異其爲教亦多術矣故予之於來學有問則答有惑則解固教也乃亦有因其人之不善不以爲潔而拒絕之是不屑之教誨也者我固無所教而彼且無所聞矣然抑而拒之正所以引而進之推而遠之正所以激而成之使其人有所感激而退自修省焉則是亦教誨之而已矣觀於不教之教而教之多術不可知哉

四書襯孟子卷之七

聊城鄧東長
長洲彭芝庭 兩先生鑒定

吳興駱 培 坦軒著

慈谿張錫理小范
德清徐紹楨築巖 參閱

愛業周應龍翼飛
張 鵠 峙望
婿王士龍際雲
男 雲儀翔千
孫 艮彌振廷仝監鐫

盡心章句上 凡四十六章

孟子曰、心者人之神明所以具衆理而應萬事者也性則心所具之理而天又理之所從以出者也人有是心莫非全體然不窮理則有所蔽而無以盡乎此心之量故能極乎全體而無不盡其心者由其能窮夫理而無不知

其性也。既**知其性則知**其所從出之**天矣。**以大學之序言之知性則物格之謂盡心則知至之謂也然心非徒盡而已又當有以存之性非徒知而已又當有以養之惟是**存其心。**操而不舍焉**養其性**順而無害焉此心此性乃天之所與我者今奉承而不違若此如子之事父臣之事君小心兢業惟恐失墜蓋**所以事天也。**前之盡心知性而知天所以造其理茲之存心養性以事天所以履其事不知其理則不能履其事然徒造其理而不履其事則亦無以有諸已矣至于知天矣而或以殀壽貳其心非智之盡事天矣而或不能修身以俟死非仁之至尚非立命之道也惟知天而至于**殀壽不貳**事天而能**脩身以俟之**是全其天之所付不以人爲害之存順而沒寧**所以立命也。**智有不盡固不知所以爲仁然智而不仁則亦將流蕩不法而不足以爲智矣

〇**孟子曰**人物之生吉凶禍福**莫非**天所**命也。**然惟莫之致而至者乃爲正命君子當修身以俟之**順受其正**而已矣**是故知**正**命者。**必擇地而蹈**不立乎巖牆之下。**以取覆壓之禍彼夫**盡其道而死者。**所值之吉凶皆莫之致而至乃**正命也。**若夫**桎梏死者。**犯罪而死與立巖牆之下者同皆人自取**非**天之**正命也。**

○孟子曰我見人之皇皇焉各有所求也今姑無辨其當求不當求亦宜審其求之有益無益夫求者志在于得者也今有物于此求則得之舍則失之得失係于求不求是求有益於得也若是者何也以其所求乃在我者也若仁義禮智性之所固有者是也又有物于此求之有道而不可妄求得之有命而不可必得得與不得不係于求不求是求無益於得也若是者何也以其所求乃在外者也若富貴利達凡外物皆是也人奈何舍有益之求而營營于無益之求也哉

○孟子曰人之生也大則君臣父子小則事物細微其當然之理無一不具于性分之內蓋萬物皆備於我矣此理之本然也有是本然之理而不為氣拘物蔽反諸身而皆如惡惡臭好好色之實然而誠則其行之不待勉強而無不利矣其為樂莫有大于此者焉夫反身而誠則仁矣其有未誠則是猶有私意之隔而理未純也故當凡事勉強推己及人恕而行之庶幾心公理得而求仁之道莫近于此焉

○孟子曰人倫日用之間皆有道之所當然與其所以然貫乎知之明而著識之精而察是在乎行習之人也乃往往行之而于其所當然者茫然而不著焉習矣而于其所以然者昧然而不察焉夫不

行不習而不著不察猶有待也行且習矣而不著不察尚何望乎是以終身由之未嘗不行不習而不著不察不知其道者衆也

○孟子曰恥也者羞惡之良心也是故人不可以無恥人苟知無恥之爲可恥是能改行從善之人終身無復有恥辱之累矣

○孟子曰恥之於人大矣存之則進于聖賢失之則入于禽獸人可以不知恥哉乃有爲機械變詐之巧者其事皆人所深恥而彼方自以爲得計直無所用其愧恥之心焉夫羞惡之心人皆有之今無所用恥則卽不恥已。一事不若人將事事不若人矣何若人之有

○孟子曰爲君者當屈已以下賢爲士者貴不枉道而求利二者勢若相反而實則相成宜各盡其道者也我觀古之賢王往往好在士之善而忘已之勢卽古之賢士亦何獨不然大約樂其在已之道而忘人之勢士自重則君愈重士故王公不致敬盡禮則不得亟見之夫見且猶不得亟而況得而臣使之乎乃今之士實自輕也又何

怪乎君之慢士耶

○孟子謂宋句踐曰子好遊乎吾語子以遊之道大凡今之遊士皆有意于人之知者也殊不知知與不知在人我何預焉惟是我有自得其為我者而無所求于人也人知之亦囂囂人不知亦囂囂斯得其遊之道矣曰何如斯可以囂囂矣曰所得之善謂之德我尊我之德以自重所守之正謂之義我樂我之義以自安有以自重何慕乎人爵之榮有以自安豈徇乎外物之誘如此則可以囂囂矣惟其然故士而窮也不以貧賤而移不失義焉達也不以富貴而淫不離道焉此尊德樂義見于行事之實也義者所以砥節礪行于己也窮不失義故士得己焉道者所以興道致澤于民也達不離道故民不失望焉不觀古之人乎其得志也澤加於民所謂民不失望者是也其不得志也脩身見於世所謂士得己者是也是故窮則獨善其身達則兼善天下無入而不自得也又何不囂囂之有哉

○孟子曰人貴自立不貴因人古稱能作人者莫文王若矣然文王不世出如必待文王而後興

者。乃凡庸之民也。若夫豪傑之士。具上智之資。無物欲之蔽。無待于教而自能感發有為。倘與文王其人者並生一時。固相得而益彰。即不然。而拔起流俗之中。雖無文王猶興。蓋降衷秉彝。人所同得。而氣稟有不齊者。但任天者常少。而任人者常多。人苟以豪傑自命。則凡民也而豪傑矣。是又存乎立志何如耳。

○孟子曰。人之學問德器。存乎內者也。而往往于外之境遇徼之。設有人于此。一旦附益之以韓魏之家。鮮不侈然自足矣。而如其自視仍復欿然。則必其謙之內者深。而外物不足以為加損。其識量之過人遠矣。

○孟子曰。好佚而惡勞者。民情也。然以佚道使民。如播穀乘屋之類。則雖勞而不怨。喜生而惡死者。民情也。然以生道殺民。如除害去惡之類。則雖死不怨殺者。

○孟子曰。欲辨王術。但觀民情。霸者之民驩虞如也。其主上本欲邀結愚民。故民亦一時欣喜。然不能久也。王者之民皞皞如也。君心本非以干譽百姓。而民亦忘之。如萬物之熙然于化日之下。而不知天之德也。殺之往往得怨。王者因民之所惡而去之。非有心于殺之也。故殺之而不怨。焉利之往往以為功。

王者因民之所利而利之非有心于利之也故利之而不庸焉遷善則必知誰之所爲王者輔其性之自然使自得之非有强也故民日遷善而不知爲之者所謂皞皞如者如此然則王霸之相去遠矣夫君子所過者化身所經歷之處人無不化也所存者神心所存主之處便神妙不測莫知其然而然也是惟天地之化育萬物則然而君子直上下與天地同流擧一世而甄陶之豈曰如霸者之塞其罅漏而小補之哉

〇孟子曰君以仁厚之言加于民謂之仁言有仁愛之實而爲衆所稱道謂之仁聲皆足以感人然口惠之虛文何如實德之昭著故仁言不如仁聲之入人尤深也法度禁令謂之善政道德齊禮謂之善敎皆足以得民然政所以制其外敎所以格其心故善政不如善敎之得民也是以善政民畏之而不敢犯善敎民愛之而不恐違善政行則百姓足而君無不足故得民財善敎行則不遺親不後君而得民心求治者宜知所從事矣

〇孟子曰能必由于學人之所不待于學而能者其良能也知必由于慮所

不待于慮而知者其良知也彼夫孩提之童何學何慮然無不知愛其親也及其稍長也亦未嘗學慮然無不知敬其兄也所謂良知良能者此也乃人于孩提稍長之愛親敬兄而忽視之殊不知親親者仁也仁主乎愛而愛莫切于愛親敬長者義也義主乎敬而敬莫先于從兄所以云者無他以愛敬發于至性分之雖一人之私然人無異性性無異情達之天下而無不同也人誠知仁義不外于愛親敬長則由不學慮之知能而擴而充之以滿乎至孝至悌之量而仁義不可勝用矣

○孟子曰時有寂感心有動靜人之觀聖人者不能得之寂然不動之時而不得不驚異于感而遂通之際即以舜言之當舜之居深山之中與木石居與鹿豕遊其所以異於深山之野人者幾希耳豈知聖人之心至虛至明渾然之中萬理畢具特未有感觸耳及其聞一善言見一善行其應甚速而無所不通若決江河沛然莫之能禦也蓋其體甚裕故其用甚神寂感動靜之間豈有兩人哉

○孟子曰有所不為不欲者人皆有是心也至于私意一萌而不能以禮義制之則為所不為欲所不欲者多矣人

誠能明以察之健以決之無爲其所不爲無欲其所不欲則所謂擴充其羞惡之心而義不可勝用者皆于是乎在我所望于人者如此而已矣

○孟子曰人之存心必有德而德無慧則失之愚人之處事必有術而術無知則失之拙彼夫安常處順慧知不生徒爲庸福之人耳若人之有德之慧術之知者恆存乎疢疾災患之中動心忍性以增益其所不能者也即如人盡臣子也彼得君父之心者其爲忠孝亦易事耳安見出人頭地哉獨有孤遠之臣庶孽之子皆不得于君親而常有疢疾者也忠孝既難自致讒間因之易生其操心也常危其慮患也必深灰之而精誠畢貫串積識日增故于事理之間無微不達也有不期然不徹無幽不通其達而然者豈非德慧術知之恆存乎疢疾也哉

○孟子曰人品不同畧有四等有事君人者不過爲奉事人君之人其事是君也則惟以阿狥逢迎爲容悅者也此鄙夫之事妾婦之道不足言矣有安社稷臣者國家所賴以安社稷之臣彼絕不以富貴自利爲心惟以安社稷爲悅者也可謂忠矣然猶一國之士也有天民

者非比無位之凡民乃能全盡天理而爲天之民其窮也寧沒世不見知而不悔不肯小用其道以徇于人故其達也必其道可行於天下而後行之者也是則非一國之士矣然猶有意也有大人者德極其盛無意無必惟其所在而上下化之正己而物正者也易所謂見龍在田天下文明者非聖人其孰能之

○孟子曰人知人世之樂至王天下極矣豈知君子有性分中之三樂而王天下不與存焉即如父母兄弟天倫也彼夫有父母兄弟而不知其樂者無論已乃往往蓼莪誌痛唐棣興懷致傷于天倫之缺陷者亦無如何也若君子以純孝之思而幸際父母之俱存以友恭之誼而適當兄弟之無故一堂具慶至性藹然此一樂也若夫天畀我以所生之理人同我以秉彝之良而或私累日滋問心多疚其爲跼蹐也甚矣君子則仰以承天而不愧於天焉俯以接人而不怍於人焉心安理得動息自如此二樂也既得于己又思廣以及人使傳道無徒亦名教之憂也苟盡得天下之英才而教育之則斯道之傳得之者衆天下後世將無不被其澤矣樂有大于此者乎此三樂也君子有此三樂而可窮可達可塞可通彼

勢分之榮。何足與此。故曰君子有三樂。而王天下不與存焉。夫三樂之中。一係于天。一係于人。其可以自致者。惟不愧不怍而已。學為君子者。當知所從事哉。

○孟子曰。德性之與事功。相為體用者也。然事功其後起者也。因乎時位。德性其先定者也。本乎天成。吾于君子見之矣。彼君子之行道。以土地人民為之資也。如使得一國而君之。地闢而廣矣。民聚而眾矣。廣其土。則政教之所及者弘。眾其民。則德澤之所施者博。而吾道庶幾得以行矣。君子豈不欲之。然土雖廣。未盡乎土也。民雖眾。未盡乎民也。仁民之心無窮。而此之所及者有限。故所樂不存焉。若使土不但廣也。而且中天下而立。民不但眾也。而以定四海之民。控御六合。莫安兆姓。舉一世之民物。皆被其治教之澤。而吾道得以大行矣。君子豈不樂之。然此有待于時位之至。非其現在者也。若夫君子所性。得于天之全體。則又不存焉。蓋君子所性。雖得所欲所樂而大行也。吾性自如也。而不為之加焉。雖不得所欲所樂。而窮居也。吾性自如也。而不為之損焉。蓋凡物之不足者可加。有餘者可損。由其分數未定也。惟君子之性。自天賦之為定命。自我得之為定理。萬善咸備。本無不足也。何一毫可得而加。一物不容。本非有餘也。何一毫可得而損。分定故也然則君子所性之蘊可得而言矣仁義禮智人所同具之性也但人爲氣拘物蔽而失之耳惟君子氣禀清明物欲無累故是四德渾全而無所虧欠堅定而不可動搖已植根於心矣由是誠中形外其生色也惡可已乎但見其睟然見於面焉清和潤澤示人以可親一四德之光輝也盎於背焉豐厚盈溢示人以可象一四德之充滿也施於四體四體不言而喻焉動靜妙于從心舞蹈由于自得一四德之發越也蓋內之所積者極其盛則外之所發者不容掩君子所性之蘊如此其所得于天者本如是其全也豈窮達所能加損哉而所欲所樂信乎不足以語性矣

〇孟子曰王道以得人心爲本雖非以之邀結也而感應之理自有不爽者試以文王言之當時商紂無道播棄黎老有伯夷者辟紂而居北海之濱焉及聞文王作興曰盍歸乎來吾聞西伯善養老者有大公者辟紂而居東海之濱焉及聞文王作興曰盍歸乎來吾聞西伯善養老者夫伯夷太公天下之仁人也文王得仁人之歸者凡以其善養老耳然則今天下有善養老如文王者則天下之仁人如伯夷太公之儔必將以

爲己歸矣。夫文王養老之政何如觀其治岐者而可知矣匹婦不蠶無以衣老也則一夫授以五畝之宅而樹牆下以桑使匹婦蠶之則帛有所出而老者足以衣帛矣。畜養不時無以食老也則五母雞二母彘無失其孕字之時則肉有所出而老者足以無失肉矣。一夫不耕或授之飢又安得以事老也則授之以百畝之田使匹夫耕之于是粒食有所出不但供老者而八口之家可以無飢矣。此文王治岐之政也夫當時伯夷太公所謂西伯善養老者。豈有他哉亦因民自有之利而利之耳如五畝百畝不過制其田里也。耕桑雞彘不過敎之樹畜也是由導其妻子使即其田里樹畜之所得者以爲衣帛食肉之具以養其老爲足矣彼五十始衰非帛不煖七十既衰非肉不飽不煖不飽則不免于飢寒而謂之凍餒而文王之民無凍餒之老者正惟此因天下之利敎天下之民率天下之民養天下之老之謂也。豈家爲賜而人爲給哉此可見文王養民之政即養老之政惠而不費初無難行之事何今之君不舉而行之尚安有仁人之歸以繫天下之心哉

○孟子曰人君爲治必先厚民生而後可以正民德誠知民財之源不可不開也驅民以力農而易其田疇焉取民以什一而薄其稅斂焉則地利所獲甚豐而賦稅所供有限閭閻之間家給人足矣民可使富也又知民財之流不可不節也于是制爲法令食之以時而非時者禁焉定爲章程用之以禮而非禮者禁焉則富厚之資以撙節而益裕財不可勝用也若此者以爲養民之道耳而不止爲養民之道也夫民非水火不生活其爲用誠急宜夫人之所甚嗇矣乃昏暮叩人之門戶以求水火而無弗與者何哉可知水火之爲至足矣乃民非菽粟不生猶之水火而菽粟之足每不如水火之足者由上無以使之也聖人治天下開財之源節財之流使民之有菽粟亦如水火之至足焉矣菽粟不足則有無相軋慳吝殘賊無所不至其爲不仁實甚菽粟如水火則雖教化未興而相親相睦感化人心日趨于厚而民焉有不仁者乎足民之效如此爲治者當知所從事矣

○孟子曰言人之至者必曰聖人言聖人之至者必曰孔子以孔子所處地位而言在魯國則爲魯國一人其殆如登東山而小魯乎非魯果小也處東山之高則四封遠邇皆在指顧之內而魯失其爲大矣在天下則爲

天下一人其始如**登太山而小天下**乎。非天下果小也。處太山之高，則九州疆界皆在俯視之中，而天下失其爲大矣。道之在孔子者，其大如此。**故**自人之見聖道者而言，其殆如**觀於海者難爲水**乎。蓋海者水之會，未觀于海，則凡水皆水也；一觀于海，而凡水不足以動其視矣。其殆如**遊於聖人之門者難爲言**乎。蓋聖門言之宗也，未遊聖門，則凡言皆言也；一遊聖門，而凡言不足以竦其聽矣。道孰有大于孔子者哉。然聖道固大，豈無爲之本者乎。今夫水行于地，必源頭深遠，故湍急不息。欲**觀水**者**有術**焉，**必觀其瀾**，則知其源之有本矣。日月麗乎天，必體魄明朗，故無微不照。惟**日月**之**有明**，苟觀**容光**之**必照焉**，則知其明之有本矣。然則孔子之道，川流原于敦化，即水之由源而達委也；光輝根于篤實，即日月之由明而生光也。其大而有本，何以異此。然則欲學聖人者，豈一蹴所能至哉。今夫**流水之爲物也**，必足此而後逾彼，而**不盈科不行**。進必以漸，在水猶有然者，況**君子之志於道也**，而可無漸乎。必積累之功，至于成章之地，然後優而遊之，俟其自化，而聖道于我乎達矣。苟所積不厚而無得于文章之著，其何以盡其太，會其本而達于聖道也哉。**不成章不達**。有固然者，學者亦惟循序漸進焉而可矣。

○孟子曰舜爲古之大聖其善非止一端然有人于此自雞鳴而起卽孳孳然心向于公而爲善者是雖未必遽至于舜而幸此向善之心其爲善將何所不至乎是卽舜之徒也蹠爲古之大盜其惡非止一端然有人于此自雞鳴而起卽孳孳然心向于私而爲利者是雖未必遽至于蹠而克此狗利之心其爲利將何所不至乎是卽蹠之徒也夫舜之與蹠其善惡相去遠矣而爲舜則舜爲蹠則蹠皆從雞鳴時之一念始然則欲知舜與蹠之分無他故此心發動之初出于善卽入于利出于利卽入于善利與善之間不容以髮也而舜蹠之分實始此人可不惕然深省于謹獨之功也哉

○孟子曰道之所貴者中中之所貴者權何異端競起而其說之紛紛也有楊子者厭狗外之無實而僅取足于爲我克其爲我之心卽拔一毛之小而利天下之大彼亦較量于爾我之間而不爲也況所損有不止于一毛者而爲之乎其一于爲我如此有墨子者厭自私之無用而主于兼愛克其兼愛之心卽摩頂以放于踵而可以利天下之人彼亦毫無顧惜而爲之也況所損未至于頂踵而何不爲之乎其一于兼愛如此是二子者其爲執一而失中也固不待言矣又有子莫者知楊墨之失中也度于二者

之間。而**執**其**中**。其爲我不至如楊子之絕物，其兼愛不至如墨子之狗人，然則其**執中**也，比之楊墨似而**爲**與道**近之**。然道無定形，中無定在，必隨時變易，與世推移，乃所謂權也。今子莫**執**其介于楊墨者以爲**中**，而**無**能**權**衡之輕重以爲中，則楊氏執爲我之一，墨氏執兼愛之一，子莫執執中之一，**猶**之**執一也**。其爲可惡均矣。而**所惡**于**執一者**何哉？**爲其賊**吾仁義時中之**道也**。蓋仁義時中之道，千變萬化，不可勝窮，一在乎權以行之，而爲我害仁，兼愛害義，執中者害于時中，皆**舉一而廢百**者**也**。有衞道之責者，可不嚴爲之辨哉？

○**孟子曰**：飲食在人，本自有正味也。但**飢者甘**于**食**，不暇擇而食；**渴者甘**于**飲**，不暇擇而飲。**是**皆不甘而以爲甘，**未得**乎**飲食之正**味**也**。而所以失其正味者，則以**飢渴害之也**。然**豈惟口腹有飢渴之害**而失其正味哉？貧賤，人之所不堪，即人心之飢渴也；富貴，人之所欲得，即人心之飲食也。貧者甘富，賤者甘貴，是未得富貴之正理，貧賤害之也可知。**人心亦皆有害**。然則貧賤之害心，無異于飢渴之害口腹，以貧賤而動心，是以飢渴之害爲心害也。**人能**貧賤自安，而于非理之富貴審之而

不失其正無以飢渴之害口腹者爲心害則識見高明超然于流俗之外持守堅定挺然于豪傑之中而將與聖賢同歸其不及人不爲憂矣

○孟子曰魯有柳下惠者人知其爲和和者若慊于不介矣自我觀其所守遺佚阨窮可甘而已之賢必不可隱位至三黜可安而道之直必不可變克其心必不以三公易其介也其和而不流如此豈常情之和所可及哉

○孟子曰天下之事不貴于有爲而貴于有成有人于此心不安于暴棄志方勵于進修而奮然以有爲者辟若掘井然矣蓋有爲期于成猶掘井期于得泉也若掘井至于九軔之深已有及泉之漸矣而不及泉而遂止焉是力怠于垂成而井置之無用猶爲自棄其井也然則有爲者始勤而終怠進銳而退速其歸于無成也與棄井者何異哉

○孟子曰帝降而王王降而霸世道升降之機也而心術行事之間不能無辨焉吾觀堯舜之于道也生而知安而行渾然仁義而無待一毫之修習益純乎天而性之也湯武之于道也學而知利而行實踐乎仁義而

所性之本體以復蓋盡乎人而**身之也**夫性之者誠之至也身之者誠之存也是帝王之道也若夫**五霸**者外飾仁義之名以內濟其貪欲之私蓋**假之**而無其實者**也**始而假之猶自知其非眞有至于居之不疑**久假而不歸**則又**惡知其非**眞**有也**是其始也用心于飾詐之爲而以之欺人究也安意于功利之習而併以自欺此所以終不可入堯舜之道而爲三王之罪人也

○**公孫丑曰伊尹**當嗣王之不惠也嘗**曰予不**欲**狎**見**于**嗣君所爲之**不順**義理也乃**放太甲于桐**使親近成湯之墓以興起其善心而當時之**民大悅**蓋悅其能行權以匡君過也及**太甲**悔過處仁遷義而**賢**矣**又**自桐**反之**于亳而立以爲君而當時之**民**又**大悅**悅其能善君而生民有主也由伊尹之事觀之然則**賢者之爲人臣也**苟遇**其君**之**不賢則固可放**之而無傷于君臣之大分**與孟子曰**伊尹之放太甲上爲宗社下爲民生公天下以爲心而無一毫自私自利之念者也使爲臣者**有伊尹之志**不得已而爲伊尹之事**則**亦處變之權度乎其**可**耳若**無伊尹之志**而欲效伊尹之爲是專權自利**則篡也**惡可哉爲人臣者其無以聖賢不得已之事而爲篡君者藉口也

○公孫丑曰詩有曰不素餐兮信斯言也則君子必有功于人國斯可以食人之食也今君子不仕而無功于人國宜其耕而食矣乃晏然享國君之養是君子之不耕而食直無解于素餐矣敢問何說也孟子曰君子之功不必仕于人國而後見也即其居是國也其言論足以經邦其表儀足以範俗如其君用之而言得行于上歟則貽君以安矣而社稷固矣貽君以富矣而府庫充矣貽君以尊矣而主位崇矣貽君以榮矣而生民戴矣是治隆于上實君子之居國成之也其子弟從之而教得行于下歟則各親其親而入則孝矣各長其長而出則弟矣內有實心而存之忠矣外有實事而發之信矣是俗美于下亦若子之居國成之也夫上焉有功于君則食君之祿不爲糜下焉有功于民則享民之奉不爲泰所謂不素餐兮孰有大於是者哉子以爲不耕而食多見其不知君子也

○王子墊問曰天下之人上而公卿大夫則有常職下而農工商賈則有常業莫不各有所事也而士居其間不知其果何事也孟子曰士既未得行公卿大夫之道又不當爲農工商賈之業則高尚其志而不使所趨向者溺于卑污而已是士之爲士外若無所爲而中實非無所事也曰何謂尚志曰士之尚志

非志富貴也非志功名也亦在于仁義之道而巳矣仁主于好生而殺一無罪非仁也義嚴于取與而非其有而取之非義也今士心之所居惡在仁是也一民胞物與之度也士所由之路惡在義是也一天理裁制之宜也夫古來所稱大人者正以其能居仁由義耳今士之居仁由義如此是雖未得大人之位而大人所以仁育萬民義正天下之事其體用巳具備矣而可謂士之無事也哉

○孟子曰齊有陳仲子者我就其平日自以爲非義不食非義不居推之設若不義與之齊國而彼必弗受以是人皆信之而稱其爲賢特自我言之是舍簞食豆羹之義也蓋論人者必觀之于綱常倫紀之大端而後及其小節人之罪莫大焉者以其亡親戚君臣上下今仲子辟兄離母而親戚之情薄矣不食君祿而君臣上下之誼乖矣是其所廢者莫大之倫而其所負者莫大之罪也若乃以其廉潔之小者遂信其名義之大者而任其欺世而盜名也奚可哉

○桃應問曰天下事處常易處變難設使舜爲天子而操統馭之權皐陶爲士而司法官

之柄當其時而有瞽瞍殺人之事夫愛親者莫如舜然殺人者死國之經也而不可以私恩害天下之公執法者莫如皋陶然爲天子父尊之至也而不可以刑旣加天子之父情法兩難之間舜與皋陶則如之何孟子曰士師天下之平也瞽瞍殺人法所當執皋陶之心惟知執之而已矣不知有天子之父也桃應曰在皋陶惟知執法矣至爲天子而可以禁皋陶之執法者舜也然則舜寧不禁與曰夫舜惡得而禁之哉蓋皋陶之法原于天討而奉爲無私之命沿于先王而守爲不易之典夫有所受之也此固非皋陶之所敢私雖天子之命亦不得而廢之也桃應曰禁其執法勢旣不行聽其執法情必不忍然則舜如之何曰人之所代爲難處者徒以其有天下耳舜知有父而已其視棄天下之大猶棄敝蹝之輕也吾意于瞽瞍犯罪之後皋陶將執之先竊負其父而逃遠遵海濱而處將終其身訢然以天倫爲樂而忘天下然則爲士盡法固不必窮海濱于旣往爲子盡孝又未嘗撓國法于私恩天理人倫之極至有並行而不悖者而又何有難處之事哉

○孟子自范邑以之齊國適途中望見齊王之子其容貌氣象有異于人者不覺因之有所

感觸乃喟然歎曰信乎人之所居足以移人之氣未有居處尊崇而神氣不爲之發揚者人之所養足以移人之體未有奉養豊厚而體貌不因之克盛者然則大哉居遽之繫于人乎我目中所見者盡人之子也而氣體類不能若是夫王子者獨非盡人之子與彼王子之宮室雖崇廣究竟不離宮室車馬雖堅肥究竟不離車馬衣服雖華美究竟不離衣服多與人同也而王子之氣體若彼者特以其所居者備君之位而所養繫之有以使之然也大勢分之居猶足以移人如此況居天下之廣居而爲性分之居者乎吾知天地萬物之禮度常在吾胸中而溢爲睟面盎背之氣象者尤必有大異于人者矣夫居之能移人吾嘗徵諸魯君矣昔魯君之宋傳呼於宋垤澤之門守門者訝曰此非吾宋君也何其傳呼之聲之似我君也由守門者之言思之此無他以其爲兩國之君所居之相似故也然則君子居廣居而涵養德性變化氣質益可信其必然矣

○孟子曰人君之待賢貴于能愛而不貴于徒食苟徒知豢養以食之而情意之間弗愛焉是謂

豕交之也又貴乎能敬而不貴乎徒愛苟徒知護惜以**愛**之**而**禮貌之間**不敬**焉是謂**獸畜之也**然則待賢者當愛敬交至而敬非尤爲愛所從出哉獨是所謂**恭敬者**非幣帛之謂蓋**幣之未將**之時先有此恭敬之心**者也**有恭敬之心而後將之以幣帛是謂恭敬而有實若世之人君但以幣帛爲恭敬則是**恭敬而無實**矣夫君子之所以留人國者以其爲恭敬之實心所感動也若無實之恭敬直欲以虛文拘繫之耳以之處慕利之小人則可**君子**決**不可**以**虛拘**也然則人君尊禮賢士其必于敬加之意可矣

○**孟子曰**人之有生也凡具于身者如耳目手足不必同而同謂之形凡發于形者如視聽持行不必同而同謂之色是**形色**也非徒塊然一物而已有形者則必有形形之理有色者則必有色色之理如耳目視聽一聽明之理寓焉手足持行一恭重之理寓焉蓋卽**天性**所在**也**人惟不能盡其性是以不能踐其形耳**惟聖人**者氣質清明物欲無累**然後**盡其形之性而**可以踐形**如視遠惟明聽德惟聰則有以踐耳目之形而耳目爲不虛手容能恭足容能重則有以踐手足之形而手足爲不虛不然者形色雖具而天性已亡尚安得而有人哉學聖人者當知所從事矣

○**齊宣王欲短**三年之**喪**其恐心廢禮甚矣**公孫丑**乃附會其說**曰爲朞之喪**

猶愈於已而不爲者乎。是爲長君之惡矣。孟子聞而責之曰。子之事親。猶弟之事兄。親喪之不可短。猶兄臂之不可紾。今王欲短喪。而子謂朞猶愈于已。是猶或紾其兄之臂。而子謂之姑徐徐云爾。夫紾不可也。徐徐紾獨可乎。亦教之孝弟而已矣。知弟之道。則兄臂自不忍紾矣。知孝之道。則親喪自不忍短矣。丑因孟子之責。無以自解。適王子有其所生之母死者。壓于嫡母。而不得終喪。其傅爲之請。于王。欲使得行數月之喪。公孫丑乃舉以問。曰。若此者何如也。曰。是安得與齊王例論哉。蓋情爲分所制。欲終之而不可得也。則雖請之而得。加一日。亦愈於已。我前所譏者。謂夫莫之禁而自弗爲者也。王子欲伸其情于分之外。故雖數月。已爲孝。齊王欲殺其情于制之中。則雖朞年。猶爲恐也。明乎此。而是非必有分矣。

○孟子曰。君子教人之心則一。而學者之品有高下。時地有先後遠近。則教自不能一也。大約君子之所以教者。有五焉。第一等。有天資最高。學力已至于道。將有得。迎其欲達未達之機。一言指授。相悅以解。適當其可而速化焉。如時雨化之者。其次有天姿純粹。德器可成。因其德之所近。抑其過。引其不及。涵育熏陶以成其德者。其次有天資明敏。才識可達。因其材之所長。矯其偏使歸于正。疏通開豁以達其財者。又其次。有德無可成。材無可達。但隨其來意而答其所問。以啟其疑。去其蔽者。至于地不相接。時不相及。其人品之或高或下不同。而志切嚮慕。則又有私淑于君子之教以艾治其身者。凡此五者。雖各異其施。而同被其澤。皆君子之所以教也。世有君子。安得有棄人哉。

○公孫丑曰。夫子之道。則既峻極而高矣。且精粹而美矣。學者非不勉強求之也。乃向慕雖勤。從入無自。宜若登天之難者然。似終不可及也。夫子何不稍貶為卑近易行之法。使學者為可幾及而日孳孳焉以進于道也。孟子曰。道有一定之體。教有一定之法。不觀之曲藝乎。大匠教人必以繩墨。初不為拙工而改廢繩墨也。羿教人射必以彀率。初不為拙射而變其彀率也。然則君子教人。豈無所謂繩墨彀率哉。彼以彀率教人者。引弓已耳。而不發矢也。君子之教人也。引之以學之之法。而不告以得之之妙。殆亦如引而不發者。然以致知之法教人。而知之所以入于神者。未嘗輕示也。以力行之法教人。而行之所以入于化者。未嘗強聒也。然而得之之妙。即在于學之之法之中。其所不告者。已**躍如**而昭著于心目之間**也**。自其引而不發言之。斯道若隱而難知。而躍如之妙存焉。則其理實顯而易見。非難非易。無過不及。一揭**中道而立**其的以示人以可從矣。惟在**能者**不怨之以爲易。亦不沮之以爲難。由其所引之端以求其不發之妙。力到功深。自然心領神會以**從之**耳。倘不咎己之不能而望教者之俯而相就。亦爲不得其理矣。

○**孟子曰**、君子之身。與道爲體。故當**天下有道**之時。吾身可出矣。身出則道不容以或違。顯則俱顯。**以道殉身**焉。當**天下無道**之時。吾道不行矣。道屈則身不容以不退。隱則俱隱。**以身殉道**焉。然則君子之進退。無往不與道俱。吾之所聞也。若夫身顯而道不能行。道屈而身不能隱。枉道求合。希世取容。是以道殉乎人矣。吾固**未聞以道殉乎人者也**。

○**公都子曰**、**滕更之在**夫子之**門也**。以國君之弟而來學。**若在所**當加**禮而**乃有問。**不答何也**。**孟子曰**、君子有答問之教。以其問之誠也。若**挾**己之**貴而**來**問**。或**挾**己之**賢而**來**問**。或**挾**己之**長而**來**問**。或**挾**己之**有勳勞**于師**而**來**問**。或**挾**己之

有**故**舊于師**而**來**問**則總之求師之意不誠而受道之心不篤矣**皆所不答也**今**滕更**

有二焉夫所挾有一于此且弗答也況其二乎然則挾貴挾賢孟子早有以窺之矣

○孟子曰夫人于處事接物進爲之間不及不可太過亦不可也以處事言之急其所急則緩者亦不至于終廢若

於必**不可已**之事**而已**之**者**則將舉天下之事**無所不已**矣以待人言之厚其所厚則薄

者亦不至于終薄若**於所厚者**先**薄**則將舉天下之人**無所不薄也**此則其失之不及者也若

夫進爲有序欲速不達恒乃持久漸則有成今**其進**也妄意躐等思一躐而幾之如是之**銳者**吾見其氣易衰其力

難繼**其退**也必**速**矣此非又失之太過者乎而卒同歸于廢弛學者不可以不戒也

○孟子曰人之用情厚薄有差等先後有次序非可混于所施也故**君子之於物也**取之有時用之

有節**愛之**矣**而弗仁**以仁固有溢于愛之外者也其**於民也**所欲與聚所惡勿施**仁之**矣**而**

弗親以親又有溢于仁之外者也夫仁之而弗親非故薄于民也蓋以親視民親疏別矣君子隆一本之恩以**親**其

親而因推親親之念以**仁**其**民**自不得以待吾親者槩施之民也愛之而弗仁非故恐于物也蓋以民視物貴

賤分矣君子擴民胞之度以**仁**其**民而**因推仁民之心以**愛**乎**物**自不得以待吾民者與施之物也于恩無不施之中而不失輕重厚薄之等此君子之仁偏天下而無弊者與

○孟子曰人君之德智與仁而已智主于知**知者**于天下之事固**無不知也**然必事事而急之則不勝其勞而事亦有所不治惟于衆務之中有切于國家之利病而不容緩者先衆務而急圖之則由要以及其餘而事無不治其為智也大矣故**當務之為急**仁主于愛**仁者**于天下之人固**無不愛也**然必人人而親之則不勝其煩而愛亦有所不周惟于衆人之中有可以寄吾愛民之心而為賢者先衆人而獨親之則養賢以及民而恩無不洽其為仁也溥矣故**急親賢之為務**不觀諸堯舜乎若欽明若濬哲稱大智者必曰堯舜乃以**堯舜之知而不徧**察乎**物**惟曆象水土惇庸命討加意數大端而百工允釐地平天成**急先務也**曰如天曰好生稱至仁者莫如堯舜乃以**堯舜之仁**而**不徧愛人**惟以不得舜為己憂以不得禹皋陶為己憂為天下得人而命官敷治仁覆天下**急親賢也**何今之為仁智者獨不然乎譬如喪服之輕重易知也乃**不能三年之喪而緦**麻**小功之**是**察**不徹之大小易知也乃**放飯流歠**之不顧**而**

問無齒決。忘其至重而詳其至輕。忽其至大而究其至小。是之謂不知務。彼仁智而不知所務者。何以異此。

盡心章句下　凡三十八章

孟子曰。君德莫貴于仁。莫病于不仁。自今觀之。不仁哉梁惠王也。仁者主于愛人。以其所親愛者。推及其所不親愛者。無不被其恩也。不仁者偏于慘刻。以其所不親愛者。禍及其所親愛者。無不被其害也。公孫丑問曰。何謂也。曰爲人君者。以土地視民。蓋土地在所不愛。而民在所愛也。以民視子弟。則民固在所愛。而子弟尤在所愛也。今梁惠王以爭土地之故。驅民于鋒鏑之下。糜爛其民而戰之。大敗。將復之。恐不能勝。故又驅其所愛子弟以殉之。夫其始也。以土地之故。及其民。其終也。以民之故。及其子弟。是之謂以其所不愛及其所愛也。視夫仁者之親親而仁民。仁民而愛物者。何如耶。信乎惠王之不仁也。

○孟子曰。古之戰者。皆以義動。若春秋之經。所書諸侯戰伐之事。必書名以示貶。書人以示譏。無有義戰[其而許之者。但就中有假尊王之義以行之辭。無王之罪以擊之而爲]彼善於此[者。]則有之矣。[要之。皆非義戰也。蓋]征者上伐下[之謂]也。[諸侯有罪則天子討而正之。諸侯奉而伐之。是天地間之大義也。若均爲諸侯而稱]敵國[者。]不[可]相征也。[敵國相征。則無王矣。春秋之戰。皆不禀王命。其爲不義孰甚焉]

○孟子曰。[書以載事垂訓。本欲傳信于後世也。然或有事掩于詞。詞浮于事。而不可盡信者。如其]盡信書[之所云。或反有害于義。以滋人之惑。]則不如無書[之爲愈也。即如武成一書。乃武王伐紂歸而記事之書。固盛世之良史。宜可信矣。然]吾於武成。[但]取[其間]二三策。[如所謂奉天伐暴反攻施仁之法]而已矣。[其餘固不敢盡信也。即如所云血流漂杵之言。可例爲夫]仁人[之師應天順人。]無敵於天下。[今]以[武王之]至仁伐[紂之]至不仁[自當兵不血刃。而士民歸之矣。]而何[至爲商人所敵。武王殺之使]其血之流杵也。[由此推之。書不可盡信。不較然哉。]

○孟子曰。[戰陳者。不仁之事也。]有人[自負]曰。我善爲陳。我善爲戰。[下戕生民之命。上干天地之和。]大罪也。[夫]國君好仁[不嗜殺人而救民于水火。則]天下[皆樂于與歡順而]無敵

四書覌　孟子卷七　十六　且啓堂

焉又安用善陳善戰爲哉而不觀好仁之君如湯乎其十一征也南面而征北狄怨東面而征西夷怨曰奚爲後我夫湯師一出而有夏之民歸心如此敵之者誰也又不觀好仁之君如武王乎武王之伐殷也載輜重之革車三百兩而巳執射御之虎賁三千人而巳不仗兵威也且其入殷之初王謂商人曰無畏寧爾也非敵百姓也于是商人若崩厥角稽首夫王言一布而有商之民傾服如此敵之者又誰也由湯武之事觀之則知征之爲言正也以仗義之師而正虐民之罪則民被其虐者各欲仁者先來正巳之國如望湯師而有後我之怨望武王而有稽首之誠也焉用戰爲哉彼善陳善戰者不惟無所用而且罪不容誅矣

○孟子曰君子教人有可得而傳者有不可得而傳者即由藝如木工有梓匠車工有輪輿其教人之法但能與人以規矩使之循乎規以爲員循乎矩以爲方而巳至于得心應手而神其妙于規矩之中者則巧也是則存乎人之自得耳而不能使人巧焉然則下學可以言傳上達必由心悟君子之道何獨不然哉

○孟子曰常人之情遇貧賤則有慕于外遇富貴則有動于中內不足故也若舜豈其然乎方舜之飯糗

茹草也。貧賤極矣人將不堪而舜自視之若將終身焉。相忘于今日之貧賤而絕不冀後日之富貴也

及其為天子也被袗衣鼓琴二女果。富貴極矣人誰不盈而以舜自視若固有之。初不慶幸于今日之富貴亦不感念乎昔日之貧賤也蓋其所性分定而不以窮達為加損者如此非聖人而能若是乎

○孟子曰殺人之親于理固不可矣吾今而後更知殺人親之重也蓋出爾反爾者情也無怨不佹者勢也殺人之父往往人亦殺其父殺人之兄往往人亦殺其兄然則吾之父兄雖非自殺之也而我往彼來特假手于人之一閒耳念及此而可不惕然深省哉

○孟子曰事有在古為良法而在今為弊政者即一關可見焉古之為關也時啟閉而察非常將以禦暴而已未嘗征其稅而為暴也今之為關也譏察之意微而聚斂之法重商旅往來出入必征非以禦暴而將以為暴矣即此推之其可勝慨哉

○孟子曰道者理之當然君子所以行之身而可法令之人而可從者恃有此也苟身不行道而素行多

違則已不正焉能正人以其近而言且不行於妻子矣況其他乎若使人不以道而禁令悖出則已所不願焉能強人以其近而言且不能行於妻子矣又其他乎道之不可離也如是

〇孟子曰人之處世不患世道之不正患吾德之未修耳彼周于利者積儲素充而饑荒有備雖凶年不能殺人矣況周于德者擇之精而知德深守之定而執德固雖當淫辭詖行之邪世而此心不蕩此志不移不能亂之矣然則君子可不蓄德以厚其本哉

〇孟子曰讓美德也能讓美名也然而眞僞固有不容掩者世有好名之人矯情干譽往往卻厚利以博名高故能讓千乘之國者有之然苟非其眞能輕富貴之人則未免矯持于其大而敗露于其小雖簞食豆羹之微反不覺其見於色矣觀人者奈何不察其所安之實也

〇孟子曰人君爲國有三要焉仁賢者國所賴以輔佐者也倘不信仁賢或外親而內疎或始用而終疑將正君善俗者無所藉修政立事者無所託則雖有億兆之衆不足爲有無而國其空虛矣禮義者國所恃以綱維者也苟無禮義而縱肆弗檢將名分無以辨民志無以定則上替下僭而日入于亂矣政事者

國所恃以充務者也若無政事而廢墜不修全無經理之方則無以開源節流民貧國耗而財用不足矣要之三者皆爲國之要而仁賢其本也能信仁賢則禮義由以出政事由以立而王道其庶幾矣

○孟子曰不仁之人意謂吾可以竊一國之柄亦可以得天下之心也不知不仁之人逞其私智上以力而脅其君下以術而愚其民而盜得千乘之國者容或有之矣若以不仁而欲得天下則四海至廣兆民至衆安能盡以術愚之以力制之以成渾一之舉乎蓋未之有也然則欲得天下者必如三代之仁而後可

○孟子曰今之言至貴者惟君其次則社稷爲重至于民則輕甚矣殊不知天之立君以爲民也故民爲貴社稷亦爲民而立故社稷次之至于君雖爲神人之主而實隨二者爲存亡故君爲輕是故丘民雖微也得乎丘民之心則人歸即天與而可以爲天子若得乎天子之心不過命之爲諸侯已耳得乎諸侯之心不過命之爲大夫已耳夫以得尊貴者之心反不如得丘民之心民不誠貴矣乎若夫諸侯之立所以主社稷也苟淫佚無道將危社稷而不可保則天子必變置一賢君以爲社稷主

夫君位之存亡係乎社稷之安危是君輕于社稷也乃若社稷固重矣所望者以其能爲民禦災捍患也苟犧牲既成粢盛既潔祭祀以時宜其造福矣然而旱乾水溢有不免焉是地之不靈而神以不顯也則毀其壇壝而變置社稷之神于他處焉夫社稷之更置係于生民之利害是社稷雖重于君而實輕于民也爲人君者奈何輕視夫民也哉

○孟子曰行造其極之謂聖人聖人者不但一世之師實百世之師也若伯夷柳下惠是也惟其可師百世故聞伯夷之風者頑夫變而廉焉懦夫變而有立志焉以伯夷之清風足以廉頑而立懦也聞柳下惠之風者薄夫變而敦焉鄙夫變而寬焉以柳下惠之和風足以敦薄而寬鄙也夫夷惠奮起乎百世之上能使百世之下聞者莫不興起也非聖人而能若是乎而況於生當其時而親炙之者乎○信乎夷惠之爲聖人而可稱百世師也

○孟子曰人皆曰仁○而不知仁之所以爲仁○人皆曰道○而不知道之所以爲道○此所以自棄于仁○自離于道也○夫仁

非他有是人之身則有是仁之理有是仁而後成其所以爲人是故仁也者人也仁與人本相合而不可離由是合而言之仁性也合之于人則有以率乎性而不流于虛人形也合之于仁則有以率乎形而不滯于器仁依人以附麗人載仁以推行而仁敬孝慈親義序別爲天下古今所共由者即于此出焉是則所謂道也彼外人以求仁外人與仁以求道者豈不惑哉

○孟子曰聖惟其時乃爲至聖即去國之際可見焉昔孔子之去魯曰遲遲吾行也若有不忍遽去者此非濡滯也以去父母國之道當如是也及其去齊則接淅而行若有刻不容緩者此非急遽也去他國之道當如是也遲速不同而同歸于道此所以爲聖之時也

○孟子曰君子之居人國也知而用之其交在上知而薦之其交在下此其所以無尼也乃君子之尼於陳蔡之間亦已甚矣所以然者以上無禮賢下士之君下無推賢讓能之相無上下之交故也然此特上下之責耳于君子乎何損哉

○貉稽曰人之處世常以得衆口之譽而有所賴今稽每爲人所謗訕而大不理於口奈何○孟

子曰毀譽在人。修爲在己。固無傷也。人特患不爲士耳。果其爲士。往往德修謗興。行高毀來。此之凡民反憎茲多口矣。不觀諸孔子乎。固以士道師天下者。宜其免于多口矣。然當時畏天憫人。讒毀時有。詩所云憂心悄悄。慍于羣小者。雖非爲孔子咏。此即孔子之謂也。不又觀諸文王乎。固以士道君天下者。宜其免于多口矣。乃當時文明柔順以蒙大難。詩所云肆不殄厥慍。亦不隕厥問者。雖非爲文王咏。此即文王之謂也。然則人特患不爲孔子耳。而羣小之慍無傷也。患不爲文王耳。而慍之不殄無傷也。子自問果爲天下士乎。而何以不理于口爲病哉。

○孟子曰明德者。新民之本。此通古今之道也。然古之賢者。欲合天下而歸之明德。必先自明其明德。是以其昭昭。使人昭昭也。今之爲治者。己德且不明。而顧欲人之明其德。是以其昏昏使人昭昭也。宜其一則不令而行。一則雖令不從也哉。

○孟子謂高子曰甚哉。人心不可不養也。彼山徑之蹊間。雖亦人行之處。然徑甚小。未可以言路也。如使介然之間。人皆用之而遂成路矣。但路雖既成。不可間斷也。苟爲間不用則茅復從而塞之矣。夫通塞之機不在于久而在于頃刻之間如此而況于人心乎彼義理之心甚微猶之山徑之蹊也一念存養則此心開明一念少拋則此心隨塞不可不慎也今子本心未嘗不明向道亦非無路但學問不加工夫間斷而氣習物欲之為茅者塞子之心矣可不思所以亟治之哉

○高子曰夏禹周文皆古之盛王也聞樂知德所不敢言而以樂論樂則禹之聲若尚于文王之聲焉孟子曰何以言之曰樂之優劣視人用之多寡何如耳夫樂器中有鐘今觀文之鐘想用之者少故其紐尚全而禹之鐘想用之者獨多故其紐如蟲齧而欲絕吾之所以言其尚文之聲者無他蓋以其追之蠡也故曰是奚足以定聖樂之優劣哉禹先文王千餘年故鐘久而紐絕耳非以其樂之獨優而人專用之也即以軌論彼城中車可散行途容九軌故其轍迹淺城門惟容一車車皆由之故其轍迹深若據子之說例之然則城門之軌之獨深于城中者其為兩馬之力與蓋亦不達于理矣

○齊饑陳臻曰昔者齊國饑夫子嘗勸王發棠邑之粟以賑之今之又饑也國人皆以夫子將復為發棠由臻觀之人望雖殷而自處當審殆不可復請也孟子曰如其復請是為

馮婦也。晉人有馮婦者，善搏虎，其卒也改行而爲善士。宜其守之不變，爲士人之所深與矣。一日者則之野，適有衆逐虎，虎負嵎，據險。衆莫之敢攖。忽焉望見馮婦，遂趨而迎之。蓋以昔日之技望之，而未知其肯爲我改節否也。乃馮婦者見而心喜，竟攘臂下車。復從事于搏虎一時，衆皆悅之。而豈知其爲士者巳笑之哉。然則子所謂殆不可復者，吾固有以自裁矣。

○孟子曰：自性命之不明于天下也，欲之所在，則人皆言性而不言命矣。殊不知口之於味也，目之於色也，耳之於聲也，鼻之於臭也，四肢之於安佚也，雖皆氣稟之所有，合上智下愚而同之，性也。然貧賤也而不能如其願，富貴也而不得過其則，寔有命存焉。其以爲性也而縱之，可乎？君子但知命之所在，吾當安之，其不得也以理御氣，不強其得也；其得也以道制情，不縱其欲也。不謂之性也。理之所在，則人皆言命而不言性矣。殊不知仁之於父子也，義之於君臣也，禮之於賓主也，智之於賢者也，與否也，聖人之於天道也，雖有純有不純，有全有不全由所禀有厚薄清濁命也然帝降之衷渾然全具有生之理粹然各足本有性存焉其以爲命也而諉之可乎君子但知所性在我我當盡之所禀之厚而清也亦不敢自恃而益求其至所禀之薄而濁也亦不敢自諉而務反其同不謂之命也夫人所謂性者而君子不謂性則欲日寡人所謂命者而君子不謂命則理日純此所以能盡性而立命也歟

○浩生不害問曰夫子之門有樂正子者其所造果何如人也孟子曰據其今日之姿禀學力言之誠善人也亦信人也曰何謂善何謂信曰人情莫不欲善而惡惡惟其立心行已之間合天理當人心但見可欲而不見可惡之謂善由此而知之眞好之篤實有諸己而非若存若亡旋得旋失之謂信然人固以善信爲賢非以善信爲極也由信而進之力行不已使所有之善至于充滿積實而含章內足之謂美由美而進之使其善之充實于中者自然發越于外暢于四體睟面盎背發于事業天下文明而有光輝之謂大然是大也猶有迹也惟由大而化之有日新之盛德而無矜持之迹有富有之大業而無作爲之迹則不思不勉從容中道而非人力所能之謂聖未至于聖猶可

知。也。既至于聖。則至德純于不顯。大業溥于無外。無方無體。而不可知之之謂神。夫始于可欲。終于不可知。由勉而安。所進不同。而下學上達。其理則一矣。今樂正子者。于善則有餘。于信則未足。介在善信二者之中。猶在美大聖神四者之下也。使其不自足而益勉焉。其可量也哉。

○孟子曰。吾儒之于異端。闢之。不可不嚴。而待之。不可不恕。方今楊墨之徒。迷而不悟。固難望其以吾道爲歸矣。如使爲墨者厭其務外之爲。則將矯而爲徑約之術。故逃墨者勢必歸於楊。爲楊者知其太簡之失。則將反而爲就中之圖。故逃楊者勢必歸於儒。夫吾儒之所以惡楊墨者。以其害道也。今既以漸而來歸。則當憫其陷溺之久。而取其悔悟之新。墨而歸儒。墨即吾徒也。楊而歸儒。楊即吾徒也。斯受之而已矣。將爲之開導引翼以就吾之仁義。不復追其既往而與之辨也。此楊墨之所以安于反正而弗去者也。乃今之與楊墨辯者。不取其今日之歸而但咎其既往之失。曰是嘗從爲我兼愛之說者。而辨之不少置。如追放逸之豚者然。既入其苙。以受制矣。又從而招之。以羈其足。不已甚乎。安知彼之既歸者。不苦其嚴而思去。彼之欲歸者。且畏其嚴而不來耶。然則楊墨之不反于正者。未必非吾儒之咎也。有衛道之心者。可不善所以待之哉。

○孟子曰人君爲國不得不取之民亦資取之以時耳自古征賦之法有三自其宅之所出則有布縷之征○自其田之所出則有粟米之征○自其戶之所出則有力役之征○三者于分皆所應得然君子每于催科之中寓撫字之意如布縷取之于夏因其蠶績之成也粟米取之于秋因其禾稼之納也力役取之于冬因其農功之畢也大約用其一則必緩其二焉此民之所以相生相保而不爲病也苟一時並用其二而民有殍矣若一時並用其三而父子且離矣雖正之供尚不堪亟征如此而況無藝之誅求乎哉○

○孟子曰有國者知所當寶又知所不足寶斯可以爲國矣蓋諸侯之所當寶者有三焉土地也○人民也○政事也寶此三者則身安而國治矣若舍此不寶而寶珠玉者○內以嗜欲喪志外以征求剝民攘奪興而危亡至殃必及身矣有國者其慎之哉○

○盆成括仕於齊孟子預決之曰死矣盆成括○既而盆成括果見殺○門人奇而問之曰夫子何以知其將見殺○曰人非有才之難而聞道之難聞道則善用

其才。而利國保身。恒必由之。今其爲人也特小有才耳。初未嘗從事于學而聞君子之大道也。小有才。已不適于用。必至于恃。未聞道。又不善于用。則才妄作。適足以殺其軀而已矣。此吾以理必之。而知其將見殺也。

○孟子之滕。館於滕之上宮。時館人有方業未成之屨於牖上。偶然失去。館人求之弗得。出入于斯者。惟從者也。今求而弗得或問之曰。若是乎從者之廋而匿之也。曰子以是從者爲竊屨來與。曰固知從者殆非爲竊屨來也。但夫子之設科也。往者之不善不追。咎之來者之潔已。不拒。絕之苟以是從學之心至。斯受之而已矣。然則人之賢否。事之有無。本無足加損于夫子。而又何必爲之深辨也。或人之言便佞口給而其理則固有合于聖賢設教之旨云。

○孟子曰。仁義之心。良心也。而人每失其心。則以不能充之耳。今夫惻隱之心。誰則無之。故人皆有所不忍矣。此仁之端也。而氣拘物蔽。則有不忍。于此而或忍于彼者。必自其所不忍。達之於其所忍。使所

恐者亦皆不忍焉。則惻隱之心完具于我，而仁不外是也。羞惡之心，誰則無之。故人皆有所不爲
矣。此義之端也。而氣拘物蔽，則有不爲于此，而或爲于彼者，必自其所不爲。達之於其所爲。使所爲者亦皆
不爲焉，則羞惡之心完具于我，而義不外是也。達之。如何。如無欲害人之心，不忍之心也。人能充此無
欲害人之心。凡有類于害人者，皆所不忍，是謂能達之于所忍，則滿腔皆惻隱之心。而仁不可勝
用也。如無穿踰之心，不爲之心也。人能充此無穿踰之心。凡有類于穿踰者，皆所不爲，是謂能
達之于所爲，則滿腔皆羞惡之心。而義不可勝用也。然義之道甚廣，而其理最隱微，必如何而後爲能充
其類耶。如爾汝，人所輕賤之稱，其貪昧隱忍而甘受之者，非其實也；其中心慚忿而不肯受者，乃其實也。是即無穿踰之心而
不爲者也。人能充至于此無受爾汝之實。無或貪昧隱忍而甘受之焉，則凡一毫苟賤汚辱之事，足
以取輕于人者，皆所不爲，是無所往而不爲義也。而不特在人之稱謂所當審，至在吾之語默亦所當
嚴。人有心術不光明，而巧于探取人情者，若吾之飾物者然，謂之飾。即如士于應接之間時，未可以言也，而
故言，以挑之，以我之言致人之答，而其情遂輸于我，是所謂以言餂之也。若時可以言矣，而

四書觀　孟子　卷七

故不言以激之以我之嘿致人之問而其情亦輸于我是所謂以不言餂之也○夫以一語默之間而其用心詭譎如此雖非穿窬之事而有穿窬之心是皆穿窬之類也苟推類至此而悉去之然後爲能充無穿窬之心而義眞不可勝用矣此精義之學也充義如此則充仁不從可曉乎

○孟子曰垂訓立教必資于言言不近則玄虛而無實或言近矣又淺陋而無味非善言也惟所言者至近而易知而探其指趣所寓則至遠而不可測者斯善言也經世宰物必資于道守不約則泛濫而無歸或守約矣又拘泥而不庸非善道也惟所守者至約而可循而究其功用所施則至博而莫之禦者斯善道也求其能是二者惟君子乎君子之言也舉目前之近若不下于帶耳而天命人心之至理初不外是蓋道存焉夫言不下帶言何近也道以之存指何遠也信乎君子之善言也君子之守反躬實行修其身已耳而雍熙太平之盛治由是而成蓋天下平焉夫守在于身守何約也天下自平施何博也信乎君子之善道也夫治身之與治田一也必先治己身而後可以治人猶先自治其田而後可以治人之田也今人之所病者不務守約而務博施殆如舍其田而芸人之田者然則是厚望人以向化而薄責己

以樹德亦何矣。所求於人者重。而所以自任者輕。乎此善道所以必歸之君子而言可例見

○孟子曰。堯舜天性渾全不假修爲其性者之聖純乎天而不事于人者也。湯武修爲以復

其性。其反之之聖盡乎人以合乎天者也。以性之之德言之時乎動容而周旋無不中禮者。

非有意于中也。聖人盛德之至。禮由中出而自然合度。也。當其哭死而哀非有意于爲生

者之故也。乃其至情所發不期哀而自哀也。經當之德協于中正而不回邪。固得祿之道。然非以

干祿之故而有意于不回也。乃其率性而行。自然不回也。言語之發心口相孚而必信固順行之道。然

非以正行之故而有意于必信也。乃其有德之言自然無不信也。此性之之德也。以反之之事言之天理之當然

者法也。吾之所當盡也。吉凶禍福之所值者命也。吾之所不可必也。君子惟遵行乎法之所當行者盡其在我。

以順俟乎命之不可知者聽其在天而已矣。此反之之事也。要而論之性反不同而成功則一。舉堯舜

而生安者例此矣。舉湯武

而學利困勉者例此矣。

四書襯　孟子　卷七　吉

〇孟子曰。今世所稱巍巍者曰大人。而士之說之者每高視之。故志有所歉而言不得盡。以我言之。說大人
則藐之。勿視其巍巍然。所以然者何哉。蓋其堂高數仞。榱題數尺。巍巍之見于宮
室之美者如此。然而我得志弗爲也。食前方丈。侍妾數百人。巍巍之見于供御之盛者
如此。而我得志弗爲也。般樂飲酒。驅騁田獵。後車千乘。巍巍之見于宴遊之
後者如此而我得志弗爲也。然則在彼者皆我所不屑爲也。而在我者。
居廣居。立正位。行大道。皆古聖賢之法制也。我重而彼輕。我大而彼小。其巍巍者固不足道也。而吾何
畏彼哉。今士之弗能藐而視之者。亦以其所守之不足焉耳。
〇孟子曰。人之心。所以具衆理而應萬事者。不可不養也。而耳目口鼻四肢之欲。恒足以累其心。故人之欲養
其心。使清明純一之體常在于中而不外馳。莫善於使聲色臭味之交。節之不使其流。制之不使其逞。而不寡
欲焉如其爲人也。制乎情不得乎情而爲寡欲人焉。則靈明之體主于內而其心恒存。雖有不
存焉者寡矣。如其爲人也。感乎物常役乎物而爲多欲人焉。則靈明之體逐物而流。而其心

恆不存雖有存焉者寡矣。夫人心道心迭爲消長如此信乎養心莫善于寡欲也

○曾晳存日素嗜羊棗。而曾子于父沒之後遂不忍食羊棗。公孫丑感其事而問曰、膾炙與羊棗孰美。孟子曰、膾炙哉。公孫丑曰、膾炙既美于羊棗則曾晳必嗜羊棗而更嗜膾炙矣曾子不忍忘親宜併膾炙而不食也然則曾子何爲食膾炙而獨不食羊棗也。曰、膾炙人之嗜所同也。羊棗曾晳之嗜所獨也。惟其同嗜則以衆人視之食之不覺而不忍之心無所于激惟其獨嗜則以吾親視之有食必思而不忍之心激切于中此所以一食一不食也譬如諱名不諱姓。以姓爲一家所同也。以名爲一人所獨也。然則不食羊棗者豈以味之美不美爲取舍哉

○萬章問曰、昔孔子在陳曰、盍歸乎來。吾黨之士有狂簡者求望高遠。志進取矣。而不忘其初。其舊習未能改也吾所以欲歸而裁之也夫士而曰狂則亦非其上者。不知孔子在陳。何獨思魯之狂士耶。孟子曰、孔子嘗有言曰吾不得中道之人

而與之必也狂獧乎。孟以狂者尚其志可以進取。獧者尚其守有所不爲
也。孔子之言如此夫孔子豈不欲中道之人哉。不可必得。故思其次于中道者
惟狂以爲斯道之寄也。萬章曰敢問當時魯國之士若何如人者斯可謂狂矣。曰如琴
張曾晳牧皮者。孔子之所謂狂矣。萬章曰何以謂之狂也。曰其志
嘐嘐然。曰古之人。古之人。蓋其志大而言大如此及夷考其行。而不掩焉者
也。所謂進取不忘其初者正如此。雖其志果高而行不掩然得其人而裁抑之則俯而就中而以傳道也不難矣。狂者
又不可得。于是欲得不屑爲不潔之士而與之。所謂有所不爲者志雖不足而守則
有餘猶可激而勵之以仰企乎中是獧也。是又其中行之次也。萬章曰若狂與獧固孔子之所取矣。
乃孔子又嘗有言曰過我門而不入我室。我不憾焉者。其惟鄉原乎。
鄉原。德之賊也。夫人情毋喜其相親而惡其見疎。今反以不見爲幸而斥之爲賊。其必有大拂乎人者。曰
敢問何如斯可謂之鄉原矣。曰欲知鄉原之爲人亦自其所以識狂獧與其所自言者觀之而可知

矣。其譏狂者曰。何以是嘐嘐也。言不顧行。行不顧言。動輒則曰古之人。古之人。其譏獧者曰。行何為踽踽然獨行。涼涼然寡薄。因而自言人既生于斯世也。則不妨即為斯世之人也。何必剝古以自高。何必絕世以自潔。但令斯世之人無論智愚賢否皆以我為善斯可矣。于是不為狂者之嘐嘐。亦不為獧者之踽踽涼涼。惟閹然深自閉藏。與時俯仰以求親媚於世也者。是鄉原也。此孔子所以深惡之也。萬章曰。鄉評公論所出也。原者謹厚之稱也。今一鄉皆稱原人焉。則其為人將無所往而不為原人。亦可以為德矣。而孔子以為德之賊。何哉。曰。人之心術貴乎光明。行己貴乎正直。若鄉原之為人。欲從而非之。而掩覆甚周。無可舉也。欲從而刺之。而諱護甚密。無可刺也。惟是同乎流俗。合乎汙世。本非忠信也。而居之似忠信。本非廉潔也。而行之似廉潔。于是一鄉之衆誤認以為真忠信廉潔。而皆悅之。而彼亦遂自以為是。而終不可與入堯舜之道。所謂生斯世為斯世善斯可者。正如此自欺以欺人。附德而害德。非賊而何。故曰德之賊也。孔子嘗言曰。天下是非兩途。是者真是非者眞非，非無可惑也，而我之所最惡，則夫似是而非者。莠非苗而似苗。惡莠恐其亂苗也。佞非義而似義。惡佞恐其亂義也。利口非信而似信。惡利口恐其亂信也。鄭聲非雅樂而似雅樂。惡鄭聲恐其亂樂也。紫非朱而似朱。惡紫恐其亂朱也。至于鄉原非德而似德，其爲世道人心害者尤甚。惡鄉原恐其亂德也。觀于此言，而孔子以爲德之賊，不更較然哉。然鄉原雖足以亂德，而欲絕其弊，則有正本淸源之道在。蓋邪說之惑人，由于大經之不正；而似是之惑人，皆由眞是之未明也。故有德有位之君子，欲闢異端息邪說，亦惟見之躬行，施之政教者，皆本綱常倫理之懿，有以反復萬世不易之常經而已矣。大經既正，則化本端而觀感衆，庶民莫不興起矣。庶民興，則大道昭然，是非明白，彼似是而非者，非惟不足以惑人，亦且銷鑠而胥化。斯無邪慝矣。然則聖人之惡鄉原，惡其邪慝也；思中行不得而思狂獧，冀其反經也。其傳道之心，衞道之防，一而已矣。

〇孟子曰：道之在天下，必待聖人而後傳，而聖人之生不數，人率以五百年而一見。自精一執中發于堯舜，而道統之傳始于此。由堯舜至於湯，計其時，五百有餘歲。堯舜之道湯承之矣，然湯非能自得堯舜之道也。當堯舜時有若禹皐陶者，親承夫精一執中之訓，則見堯舜之道而知之。于是若湯者，則聞而知之。是湯之得統于堯舜，以禹皐陶爲之先也。由湯至於文王，計其時亦五百有餘歲。湯之道，文王承之矣。然文王未嘗親受于湯也。當其時有若伊尹萊朱者，躬逢建中之訓，則見而知之。于是若文王，則聞而知之。是文王之得統于湯，以伊尹萊朱爲之先也。由文王至於孔子，計其時亦五百有餘歲。文王之道，孔子承之矣。然孔子未嘗親受于文王也。當其時有若太公望散宜生者，躬逢敬止之盛，則見而知之。于是若孔子，則聞而知之。是孔子之得統于文王，以太公望散宜生爲之先也。由是觀之，必有同時之見知者，翼其統于前，方有後世之聞知者，傳其緒于後，此道統所以相傳而不絕也。乃由孔子而來至於今，不過百有餘歲，是去聖人之世，若此其未遠也。而且論其居，鄒魯相望，近聖人之居，又若此其甚也。宜其有得于見知之眞者矣。然而當今之世，于孔子之道已無有若禹皐陶之于堯舜，伊萊之于湯，呂散之于文王，而爲見而知之者乎爾。則五百餘歲之後，亦無有如湯之于堯舜，文王之于湯，孔子之于文，而爲聞而知之

者乎爾。而謂見知之人其可少乎哉然則孟子雖不以見知自任而實有不得而辭者凡以明其傳之有在而又以俟後聖于無窮也

求是齋四書釋要（孟子）二卷

清　趙希濂撰

清乾隆八年求是齋刻本

孟子批

每告學徒論語要想學庸要看孟子要讀故爲解論語錄學庸而孟子徒加批焉批之便於讀也老泉批孟子矣是殆曾柳歐王孟子也是正不如疑孟蔣師弱六安生之批孟子也發微言於一言指文法以數字初學未易窺其深奥茲評註頗詳庶幼子見而易曉非敢云能窺孟子於萬一也

孟子是惡不仁得力故其文奇特有勢焰

孟子便從用上來

孟子文如海潮之至大船小船無不浮汎只本源盛

孟子又多迴過一層。極奇警。束處又多縮退一步。極含蓄。

論語似易彖。孟子似六爻。

論語似刻成木板。孟子似印出紙字。

孟子是論語舟車。能運用得論語動。

細讀孟子。覺得論語字字如鉄釘子。不可移易。

細讀孟子。又覺得論語都活。

熟讀孟子。可以壯氣骨。

熟讀孟子。爲人胆上添個敢。

久讀孟子。令人眼界寬。心胸大。

久讀孟子。令人心正氣平。

久讀孟子○令人有斟酌○

久讀孟子○令人端方嚴正○

批式

眉眼字用△

着緊字用◉

着精神字句用、連一

着緊句用串○

郇陽趙希濂五不氏題

二

程子曰。孔子之時。周室雖微。天下猶知尊周之爲義。故春秋以尊周爲本。至孟子時。七國爭雄。天下不復知有周。而生民之塗炭已極。當是時。諸侯能行王道。則可以王矣。此孟子所以勸齊梁之君也。蓋王者。天下之義主也。聖賢亦何心哉。視天命之改與未改耳。

從利捜到害。趕歸仁義。卻

只驪珠一閃。原末便深言。

三節俱拗。已見遇合之難。

偏詳。破愚錮也。

孟子

梁惠王上（上下二十三章仁義裝頭壯而欲行之作線天字收結自察而齊而鄒而滕而魯天時人事已可概見而孟子始末亦已畢具愚謂此卷已自成一部其下六篇皆旁見側出而此一篇固已包納統攝之也）

孟子（冠一部包下仁義）見（幼學壯行）梁（借勢乘時）惠王（應禮）

王曰叟不遠千里而來亦將有以利（發脉）吾國乎

孟子對曰王（直駁）何（驚惕）必曰利（硬轉）亦有仁義而已矣

王頓曰（緩讀）何以利吾國（詞）大夫曰（急讀）何以利吾家士庶

人曰何以利吾身上下交征利（懸利吾國直）而國危矣萬乘

一

上孟

一氣直下。遺後弒奪之根。弒奪遺後之甚。

一經顛倒。机順局緊。

上章撥轉。此接引妙理含幾個虛字中。能字更警。

（下文勢健壯）之國弒其君者。必千乘之家。千乘之國弒其君者。必百乘之家。萬取千焉。千取百焉。不為不多（宕）（中含仁義）矣。苟為後義而先利。不奪不饜（到底悍健）（緊跟上節遙射利字）未有仁而遺其親者也。未有義而後其君者也（順接）王亦曰（亦曰帶勉）仁義而已矣。何必曰利（翻應結）

○孟子見梁惠王（襯惠王也）。王立於沼上。顧鴻鴈麋鹿曰。賢者亦樂此乎（△自△認△不△賢）。

孟子對曰。賢者而後樂此。不賢者雖有此不樂（反襯）也。

兩節一熱一冷。一婉一直。一邊令人流涎一邊令人寒戰。俱不說出根由含蓄耐思。

上章有收結得妙。此章無收結得妙此節原是反結。與他個盡心處所。

詩云、經始靈臺、經之營之、庶民攻之、不日成之、經始勿亟、庶民子來、王在靈囿、麀鹿攸伏、麀鹿濯濯、白鳥鶴鶴、王在靈沼、於牣魚躍、文王以民力為臺為沼、而民歡樂之、謂其臺曰靈臺、謂其沼曰靈沼、樂其有麋鹿魚鼈、古之人與民偕樂、故能樂也、

盛世圖　恰應王立　二申又　添色澤　回出偕字

湯誓曰、是日害喪、予及女偕亡、民欲與之偕亡、雖有臺池鳥獸、豈能獨樂哉、

字字毒　不字註

○梁惠王曰、寡人之於國也、盡心焉耳矣、河内

發脉

二

設喻令自判斷。下二節示以所當盡心。末節数落他全不經心。應加多作結。

兩節正襟危坐而言之。與

凶則移其民於河東移其粟於河內河東凶亦然察鄰國之政無如寡人之用心者鄰國之民不加少寡人之民不加多何也

孟子對曰王好戰（設喻亦中病根）請以戰喻填然鼓之兵刃既接棄甲曳兵而走（原無勝者）或百步而後止或五十步而後止以五十步笑百步則何如曰不可直不百步耳是亦走也（冷語鄙過）曰王如知此則無望民之多於鄰國也

不違農時（打照移字）穀不可勝食也數罟不入洿池魚鼈

首節針縫相對處。如泰山壓卵。

真無一人不得其所。才是盡心。

不可勝食也。斧斤以時入山林，材木不可勝用（盡心）也。穀與魚鼈不可勝食，材木不可勝用，（一總一叠，有味乎言之）是使民養生喪死無憾也（歲不能災）。養生喪死無憾，王道之始也（視加多鄰國何如）。五畝之宅，樹之以桑，五十者可以衣帛矣（打照移守）。雞豚狗彘之畜，無失其時，七十者可以食肉矣。百畝（湧出）之田，勿奪其時，數口之家可以無飢矣（字法）。謹庠序之教（教下二字無滲漏），申之以孝悌之義，頒白者不負戴於道路（歲不能災）矣（視加多）。七十者衣帛食肉，黎民不飢不寒，然而不王者（鄰國何如），未之有也。

三

就他凶字指出梁政。說出惠王全不經心。以無罪歲三字歸注中二節。機順爲緊。仁政已說了。此接安字以法語令除虐政。速解倒懸。正吃緊爲梁處。

狗彘食人食而不知檢塗有餓莩而不知發人（字字狠　兩不知打照盡心　移而已何）死則曰非我也歲也是何異於刺人而殺之曰（喻極狠極流利）非我也兵也王無罪歲斯天下之民至焉（注上二節應加多鄰國結　發明脉絡）

○梁惠王曰寡人願安承教（開口狠）

孟子對曰殺人以梃與刃有以異乎曰無以異也

以刃與政有以異乎曰無以異也（緊逼　直數落　從何處來　從何處去）

曰庖有肥肉廄有肥馬民有饑色野有餓莩此（較）率獸而食人也（食人食更狠）

上三節直下。二節曲。更狠。

原只王底一條路。仁底一道法。

獸相食且人惡之為民父母行政不免於率獸（順手翻出）（打動）

而食人惡在其為民父母也（愧之）

仲尼曰始作俑者其無後乎為其象人而用之（語更條）（更狠）（感之）

也如之何其使斯民饑而死也

○梁惠王曰晉國天下莫強焉叟之所知也及

寡人之身東敗於齊長子死焉西喪地於秦七

百里南辱於楚寡人恥之願比死者一洒之如（發脉）

之何則可

孟子對曰地方百里而可以王（偏○邁○過○一○步○○○○）

四

上孟

這邊憑空設個勝場。
那邊的實據個敗勢。
上兩節開。此節合。絕好関目。
入去説了一番。出來述了一番。白留了一段道理在末上。當日兩下全没交涉。

期其然

王如施仁政於民省刑罰薄稅斂深耕易耨壯者以暇日修其孝悌忠信入以事其父兄出以事其長上可使制梃以撻秦楚之堅甲利兵矣

暇哉　頸

洒字　照洒字　實然

彼奪其民時使不得耕耨以養其父母父母凍餓兄弟妻子離散

照洒字

彼陷溺其民王往而征之夫誰與王敵

故曰仁者無敵王請無疑

通章叙脉

○孟子見梁襄王

寫出失望

出語人曰望之不似人君就之而不見所畏焉

不嗜殺人四字奇警。尚不能發其一問動其一思天時人事概可知矣。故此章

卒然問曰天下惡乎定吾對曰定於一（一句）

孰能一之

對曰不嗜殺人者能一之（一句）

孰能與之（問飄去）

對曰天下莫不與也（又一句）王知夫苗乎七八月之間（一喻一正　平分兩偶）旱則苗槁矣天油然作雲沛然下雨則苗浡然興之矣其如是孰能禦之（用他字眼）今夫天下之人牧未有不嗜殺人者也（時政可知）如有不嗜殺人者則天下之民皆引領而望之矣（因問不及故運喚之）（字法）誠如是也民歸之由水之

為在梁結局。保民而王四字完却儘可接五畝節中間憑空結撰。先從心字鼓動再從欲字撥轉引入制産。却只完得保民二字。波浪洶湧章法緊密。

就下沛然誰能禦之

○齊宣王問曰齊桓晋文之事可得聞乎孟子對曰仲尼之徒無道桓文之事者是以後世無傳焉臣未之聞也無以則王乎

來頭正大

卸過桓文

轉得從容△

曰德何如則可以王矣曰保民而王莫之能禦也

德字虧他

曰若寡人者可以保民乎哉曰可曰何由知吾可也曰臣聞之胡齕曰王坐於堂上有牽牛而過堂下者王見之曰牛何之對曰將以釁鐘王

分明正泒却是奇峰

頭等詳敘。始將不忍字易字廝混在裏。一篇大文皆從此遞運而出。

指出心字。保民之本。隨分成二派。令其察識。分明郤過不忍牛。從易字翻入。

曰舍之吾不忍其觳觫若無罪而就死地對曰（仁字的派）然則廢釁鐘與曰何可廢也以羊易之不識有（術字的派）諸

曰有之曰是心足以王矣百姓皆以王為愛也（應可字。奇峯陡起）臣固知王之不忍也

王曰然誠有百姓者齊國雖褊小吾何愛一牛（不說愛不是）即不忍其觳觫若無罪而就死地故以羊易之也

曰王無異於百姓之以王為愛也以小易大彼（撇過百姓）

上孟

至此包是心二字。內為保民之本。是上半篇。

惡知之王若隱其無罪而就死地則牛羊何擇、、焉王笑曰是誠何心哉我非愛其財而易之以羊也宜乎百姓之謂我愛也

只問自已

無、得、好、

認了愛越不是

曰無傷也是乃仁術也見牛未見羊也君子之於禽獸也見其生不忍見其死聞其聲不忍食其肉是以君子遠庖廚也

印定易字

、點破、、、

完全易字

王說曰詩云他人有心予忖度之夫子之謂也夫我乃行之反而求之不得吾心夫子言之於我心有戚戚焉此心之所以合於王者何也

日中又一、數緩之筆

王問合於王者何也○此問不王者何與明擧大欲○

文勢一緩○

偏從不合處答玩復字

曰有復於王者曰吾力足以擧百鈞而不足以

更令上句無滲漏

擧一羽明足以察秋毫之末而不見輿薪則王

牛羊收縮感感是近勝

許之乎曰否今恩足以及禽獸而功不至於百

直擊欲字

含足字

姓者獨何與然則一羽之不擧為不用力焉輿

傾母

薪之不見為不用明焉百姓之不見保為不用

冷極何故等

恩焉故王之不王不為也非不能也

字慧

最善形

曰不為者與不能者之形何以異曰挾太山以

形

超北海語人曰我不能是誠不能也為長者折

枝語人曰我不能是不為也非不能也故王之

七

道理本順而王逆之○欲塞之也○

不王非挾太山以超北海之類也王之不王是折枝之類也

接上來俱是易詞直赶節末

老吾老以及人之老幼吾幼以及人之幼天下可運於掌詩云刑於寡妻至於兄弟以御於家邦言舉斯心加諸彼而已故推恩足以保四海不推恩無以保妻子古之人所以大過人者無他焉善推其所為而已矣今恩足以及禽獸而功不至於百姓者獨何與

再擊大

欲更緊

權然後知輕重度然後知長短物皆然心為甚

一快字反逼。無處朵閃。

三擊更緊

王請度之

抑王興甲兵危士臣構怨於諸侯然後快於心（四擊愈緊）

與。

王曰否吾何快於是將以求吾所大欲也（搜出病根）

曰王之所大欲可得聞與（卑覬之詞）王笑而不言曰為肥

甘不足於口與（略敘欲字襯大字）輕煖不足於體與抑為采色不（直中小曲）

足視於目與聲音不足聽於耳與便嬖不足使（欲中有如許色樣）

令於前與王之諸臣皆足以供之而王豈為是（罵盡齊臣）（可知上非）

哉（問詞）曰否吾不為是也曰然則王之所大欲可知

八

上孟

自有復於王至此只是不能保民爲有大欲。儘可直接蓋亦反其本矣。却又一緩勢愈蓄愈極。此下儘可接五畝之宅節。

故作麗句

已欲辟土地朝秦楚莅中國而撫四夷也以若所爲求若所欲猶緣木而求魚也

上却是轉下

王曰若是其甚與曰殆有甚焉緣木求魚雖不得魚無後災以若所爲求若所欲盡心力而爲之後必有災曰可得聞與曰鄒人與楚人戰則王以爲孰勝曰楚人勝曰然則小固不可以敵大寡固不可以敵衆弱固不可以敵彊海內之地方千里者九齊集有其一以一服八何以異於鄒敵楚哉蓋亦反其本矣

又邁過一層

姑淡其心悟

字衆肉

落得平

那又從王字說色。妙將許多欲字。安放那一面。覺王只空空欲。此果實實王引出請試

自是關起大欲。只惛字出自為私心。不如戚戚境真故終不濟事。

先言恒產所係之重。

細玩插此三節。為他强塡夢戚戚才可做末節事

今王發政施仁使天下仕者皆欲立於王之朝耕者皆欲耕於王之野商賈皆欲藏於王之市行旅皆欲出於王之塗天下之欲疾其君者皆（才無遺漏）欲赴愬於王其若是孰能禦之

王曰吾惛不能進於是矣願夫子輔吾志明以教我我雖不敏請嘗試之

曰無恒產而有恒心者惟士為能若民則無恒產因無恒心苟無恒心放辟邪侈無不為已及（打動戚戚本）陷於罪然後從而刑之是罔民也焉有仁人在

九

舉恒產之效以動之。

再申說無恒產一番以振之。

本字呼得下節起。

才出保民方料。此時自不

位罔民而可為也

是故明君制民之產必使仰足以事父母俯足以畜妻子樂歲終身飽凶年免於死亡然後驅而之善故民之從之也輕

今也制民之產仰不足以事父母俯不足以畜妻子樂歲終身苦凶年不免於死亡此惟救死而恐不贍奚暇治禮義哉

應嘗試

偏用早落

王欲行之則盍反其本矣

五畝之宅樹之以桑五十者可以衣帛矣雞豚

爲視

兩王字遥喝。末王字廻應。

筆法完密。

後樂忽出落。引之同。便是

也

狗彘之畜無失其時七十者可以食肉矣百畝之田勿奪其時八口之家可以無饑矣謹庠序之教申之以孝悌之義頒白者不負戴於道路反結〃勞〃如迴〃矣老者衣帛食肉黎民不饑不寒然而不王者〃瀾〃〃〃未之有也

梁惠王下

莊暴見孟子曰暴見於王王語暴以好樂暴未齊之有以對也良臣曰好樂何如孟子曰王之好樂甚則逍〃遥〃一步〃〃〃齊國其庶幾乎〃〃不可限量〃

從樂御到洛。引出衆字。同字躍然。通章關鍵。

[illegible]相形。全不染今古字。

他日見於王曰王嘗語莊子以好樂有諸王變（隱此章萎惡是足用為善處）乎色曰寡人非能好先王之樂也直好世俗之樂耳

曰王之好樂甚則齊其庶幾乎今之樂由古之（全不往）樂也（此）

曰可得聞與曰獨樂樂與人樂樂孰樂曰不若（襯起衆字）與人曰與少樂樂與衆樂樂孰樂曰不若與衆

臣請為王言樂（言洛也）

今王鼓樂於此百姓聞王鐘鼓之聲管籥之音（應）

可想由字。

一此字。寫出苦極

何以能。寫出快極。

頞字音色

舉疾首蹙頞而相告曰吾王之好鼓樂夫何使

反射甚字

我至於此極也父子不相見兄弟妻子離散今

違字又音務中事

王田獵於此百姓聞王車馬之音見羽旄之美

舉疾首蹙頞而相告曰吾王之好田獵夫何使

不甚作反觀

我至於此極也父子不相見兄弟妻子離散此

無他不與民同樂也

今王鼓樂於此百姓聞王鐘鼓之聲管籥之音

舉欣欣然有喜色而相告曰吾王庶幾無疾病

與何以能鼓樂也今王田獵於此百姓聞王車

十一

全不染樂字可悟此章神理。

便從閒接引。

一極淡事分出一仁一暴。

情真景真與民同之。却用旁見側出。合當入妙。

馬之音見羽旄之美舉欣欣然有喜色而相告曰吾王庶幾無疾病與何以能田獵也此無他與民同樂也今王與百姓同樂則王矣

○齊宣王問曰文王之囿方七十里有諸孟子對曰於傳有之曰若是其大乎曰民猶以為小也曰寡人之囿方四十里民猶以為大何也曰文王之囿方七十里芻蕘者往焉雉兔者往焉與民同之民以

仁智大勇自關合○但此章不用向根頭合究只宜向稍頭分想

不是民事為小不亦宜乎

風景森然

一層

臣始至於境問國之大禁然後敢入臣聞郊關

二層

之內有囿方四十里殺其麋鹿者如殺人之罪

三層

以三層鍊成二句

則是方四十里為阱於國中民以為大不亦宜乎

○齊宣王問曰交鄰國有道乎孟子對曰有惟仁者為能以大事小是故湯事葛文王事昆夷

不忍

惟知者為能以小事大故太王事獯鬻句踐事吳

不敢

十二

徹根徹稍。暢達言之。交鄰事。卑卑不道矣。

亦是舉半又交鄰七分事大。又樂天地位高。示个下手處。

齊王只見亊小事大明是匹夫之勇。孟子胸中只有个保天下。言大勇是保天下氣象。

以大事小者樂天者也以小事大者畏天者也（儘根說）

樂天者保天下畏天者保其國（儘稍說）

詩云畏天之威于時保之（避開仁智）

王曰大哉言矣寡人有疾寡人好勇（緊湊）

對曰王請無好小勇夫撫劍疾視曰彼惡敢當我哉此匹夫之勇敵一人者也王請大之（形聲俱肖）（此齊王之勇也）

詩云王赫斯怒爰整其旅以遏徂莒以篤周祜以對於天下此文王之勇也文王一怒而安天下之民（取出怒字）（一个式様）

兩節許多天下字宜着眼。

一樂字觸起胸中大道理。發出切時大議論。與上章樂天節一副神理。

書曰天降下民作之君作之師惟曰其助上帝寵之四方有罪無罪惟我在天下曷敢有越厥志一人衡行於天下武王恥之（添個恥字）此武王之勇也（又一式）

（標）而武王亦一怒而安天下之民（帶天下）

今王亦一怒而安天下之民（不染交鄰）民惟恐王之不好勇也

○齊宣王見孟子於雪宮王曰賢者亦有此樂乎（正答只是有字引出妙緒）孟子對曰有人不得則非其上矣（從非其上翻出作陪）不得而非其上者非也（從不得翻出是主）為民上而不與民同樂

十三

已成一篇完密文字。

下引景晏問答只取因論遊觀而君臣相悅遂成盛事。別無義意。

正答先王觀。

者亦非也

○陡○從○與○民○同○樂○高○吟○朗○誦○以○聳○動○之○

樂民之樂者民亦樂其樂憂民之憂者民亦憂其憂樂以天下憂以天下然而不王者未之有也

結　完

昔者齊景公問於晏子曰吾欲觀於轉附朝儛遵海而南放於琅邪吾何修而可以比於先王觀也

晏子對曰善哉問也天子適諸侯曰巡狩巡狩者巡所狩也諸侯朝於天子曰述職述職者述

反觀。

就四字中嘆一番。亦是深惡而切指之。

收歸先王。

述職也無非事者春省耕而補不足秋省斂而助不給夏諺曰吾王不遊吾何以休吾王不豫吾何以助一遊一豫為諸侯度

横插奇絕

才寫得先王出色

今也不然師行而糧食飢者弗食勞者弗息睊睊胥讒民乃作慝方命虐民飲食若流流連荒亡為諸侯憂

情形如画

從流下而忘反謂之流從流上而忘反謂之連從獸無厭謂之荒樂酒無厭謂之亡先王無流連之樂荒亡之行

趁便收結好君也三字。今章首都直轉。

便從明堂接引。

已成一篇嚴整文字。下三節包行王政三字也。

承王政來。

三昔者如三峯直豎。都自峯峯脉連。

惟君所行也（應問修結）

景公說大戒於國出舍於郊於是始興發補不（繼以寫景公是動齊王是引述本旨）

足召太師曰為我作君臣相說之樂蓋徵招角（收引述打動齊王）

招是也其詩曰畜君何尤畜君者好君也（便就樂上結）（冷得妙）

○齊宣王問曰人皆謂我毀明堂毀諸已乎（另起）

孟子對曰夫明堂者王者之堂也王欲行王政（明堂註疏）（高唱從聽）

則勿毀之矣

王曰王政可得聞與對曰昔者文王之治岐也（上半布政只大而詳）

耕者九一仕者世祿關市譏而不征澤梁勿禁

承上行宝。

罪人不孥老而無妻曰鰥老而無夫曰寡老而
無子曰獨幼而無父曰孤此四者天下之窮民
而無告者文王發政施仁必先斯四者詩云哿
矣富人哀此煢獨
王曰善哉言乎曰王如善之則何為不行王曰
寡人有疾寡人好貨對曰昔者公劉好貨詩云
乃積乃倉乃裹餱糧于橐于囊思戢用光弓矢
斯張干戈戚揚爰方啟行故居者有積倉行者
有裹糧也然後可以爰方啟行王如好貨與百

仍是治岐上半截道理。

仍是治岐下半截道理。

此是在齊結局。以下五章。皆失望後語。故國巨室二章。亦即一言之。故都無王字。

爭是這愛

姓同之於王何有

對疾字

王曰寡人有疾寡人好色對曰昔者大王好色

偏有辭教

周面

愛厥妃詩云古公亶父來朝走馬率西水滸至于岐下爰及姜女聿來胥宇當是時也内無怨女外無曠夫王如好色與百姓同之於王何有

是叙詠

發端不測

○孟子謂齊宣王曰王之臣有託其妻子於其友而之楚遊者比其反也則凍餒其妻子則如之何王曰棄之

不消硬證明寓横

欸

倒着他人勘問法 司明寓背政

曰士師不能治士則如之何王曰已之

末句令前五大篇冰冷。而天時人事亦慨可知。用人一大閑目特地拈出。亦覺厚齊熱腸。亦見憂世婆心寧他全不聽勿我言不盡。

取人以身。何足與語着重國人仍是同民道理。不為用人穩便法門。

曰四境之內不治則如之何王顧左右而言他

○孟子見齊宣王曰所謂故國者非謂有喬木之謂也有世臣之謂也王無親臣矣昔者所進今日不知其亡也

王曰吾何以識其不才而舍之

曰國君進賢如不得已將使卑踰尊疏踰戚可不慎與

左右皆曰賢未可也諸大夫皆曰賢未可也國人皆曰賢然後察之見賢焉然後用之左右皆

合兩段方完進賢事。
理可通故遂及之。
一事不問賢否便不可為民父母。
為湯武表心跡為萬世持綱常。

曰不可勿聽（直置之）諸大夫皆曰不可勿聽國人皆曰不可然後察之見不可焉然後去之左右皆曰可殺勿聽諸大夫皆曰可殺勿聽國人皆曰可殺然後察之見可殺焉然後殺之故曰國人殺之也如此然後（不副王）可以為民父母

○齊宣王問曰湯放桀武王伐紂有諸孟子對曰於傳有之

曰臣弒其君可乎

弑字誅字亦從仁義判別。

因他好臣所教作兩層提醒之。

必欲斲小小賢人者何意。

並不以爲國計。

欽案霜條

曰賊仁者謂之賊賊義者謂之殘殘賊之人謂之一夫聞誅一夫紂矣未聞弑君也

舉半

○孟子見齊宣王曰爲巨室則必使工師求大木工師得大木則王喜以爲能勝其任也匠人斲而小之則王怒以爲不勝其任矣夫人幼而學之壯而欲行之王曰姑舍汝所學而從我則何如今有璞玉於此雖萬鎰必使玉人雕琢之至於治國家則曰姑舍汝所學而從我則何以異於

求之　句

難得之不易　借陪

極着意　宜也

自幼匠人

翻進一層下教字由從我生

二十七

七

上云

明卿氷深火熱○運字猶定○

教玉人雕琢玉哉（教字商）

○齊人伐燕勝之（悅齊也）

宣王問曰或謂寡人勿取或謂寡人取之以萬乘之國伐萬乘之國五旬而擧之人力不至於此不取必有天殃取之何如（猶俚 去意）

孟子對曰取之而燕民悅則取之古之人有行之者武王是也取之而燕民不悅則勿取古之人有行之者文王是也（緊接 對天然 歷試之字 對 謂字）

以萬乘之國伐萬乘之國簞食壺漿以迎王師

將字速字猶字遲應。待字
與字遲應。
笑他玷辱了千里。恨他不
善用千里。憐他擔閣了千
里。
極力贊揚。

豈有他哉避水火也如水益深如火益熱亦運
而已矣

○齊人伐燕取之諸侯將謀救燕宣王曰諸侯
多謀伐寡人者何以待之孟子對曰臣聞七十
里為政於天下者湯是也未聞以千里畏人者
也

書曰湯一征自葛始天下信之東面而征西夷
怨南面而征北狄怨曰奚為後我民望之若大
旱之望雲霓也歸市者不止耕者不變誅其君

十八

上武

正答待字擬[illegible]亦本正

型造次顛沛必於是也

而弔其民若時雨降民大悅書曰徯我后后來其蘇

取時悅否

今燕虐其民王往而征之民以為將拯已於水火之中也簞食壺漿以迎王師若殺其父兄係累其子弟毀其宗廟遷其重器如之何其可也

便少信字尚望之

在數惡跡

天下固畏齊之強也今又倍地而不行仁政是動天下之兵也

畏字原在那邊

使聞之　掩殺者

王速出令反其旄倪止其重器謀於燕眾置君而後去之則猶可及止也

正

大穩貼　這救他來

勢小而君庸。其何能為。

疾視是狠筆描画。莫以告字。慢字。却用輕筆淡墨画出有司惡狀。通節俱責有司。正答畢。

責君是筆頭進步。

○鄒與魯鬨。如画。穆公問曰。吾有司死者三十三人。偏極愚極

而民莫之死也。他描出誅之則不可勝誅。不誅則疾視其長上之死而不救。如之何則可也。是問處民法

孟子對曰。凶年饑歲。君之民老弱轉乎溝壑。壯者散而之四方者幾千人矣。對三十三人而君之倉廩實。府庫充。有司莫以告。對吾有司疾視不救是上慢而殘下也。非快語是傷心曾子曰。戒之戒之。語出乎爾者。反乎爾者也。夫民今而後得反之也。君無尤焉。

君行仁政。斯民親其上。死其長矣。

十九

文公誠心受教者。雖然滕何能為。

理正詞約。可壯人氣骨。

彊為善三字。安放胸中自然志定神安。自然無恐非教之去。

○滕文公問曰滕小國也間於齊楚事齊乎事楚乎

孟子對曰是謀非吾所能及也無已則有一焉鑿斯池也築斯城也與民守之效死而民弗去則是可為也

○滕文公問曰齊人將築薛吾甚恐如之何則可

孟子對曰昔者大王居邠狄人侵之去之岐山之下居焉非擇而取之不得已也

上詳下畧。文勢自側。末句放活。正是討他主意。

苟為善後世子孫必有王者矣君子創業垂統為可繼也若夫成功則天也君如彼何哉彊為善而已矣撇過語

○滕文公問曰滕小國也竭力以事大國則不得免焉如之何則可孟子對曰昔者大王居邠狄人侵之事之以皮幣不得免焉事之以犬馬承竭力不得免焉事之以珠玉不得免焉乃屬其耆老而告之曰狄人之所欲者吾土地也吾聞之也仁人之言君子不以其所以養人者害人二三子何患乎

平公之昏而罷也○臧倉之譖而擅也○正子之牖而執也○孟子之達而定也○色色不似○

無君我將去之去邠踰梁山邑於岐山之下居

四字慘極

了上去字

焉邠人曰仁人也不可失也從之者如歸市

或曰世守也非身之所能為也效死勿去

亦帶傷心

君請擇於斯二者

○魯平公將出嬖人臧倉者請曰他日君出則必命有司所之今乘輿已駕矣有司未知所之敢請公曰將見孟子曰何哉君所為輕身以先於匹夫者以為賢乎禮義由賢者出而孟子之後喪踰前喪君無見焉公曰諾

傳神

一天字結完上下二篇。

樂正子入見曰君奚為不見孟軻也曰或告寡人曰孟子之後喪踰前喪是以不往見也曰何哉君所謂踰者前以士後以大夫前以三鼎而後以五鼎與曰否謂棺槨衣衾之美也曰非所謂踰也貧富不同也

討不出个諾字

樂正子見孟子曰克告於君君為來見也嬖人有臧倉者沮君君是以不果來也曰行或使之止或尼之行止非人所能也吾之不遇魯侯天也臧氏之子焉能使予不遇哉

極平、極淡、

好人誇口、不得。

前從霸引出王。後只[illegible]明一易字。

只不為管晏。翻出如許波瀾。為以齊王句蓄勢。

公孫丑上

公孫丑問曰夫子當路於齊管仲晏子之功可重孟子也復許乎

孟子曰子誠齊人也二齊放倒知管仲晏子而已矣或問乎曾西曰吾子與子路孰賢曾西蹵然曰吾先子之所畏也西出子路曰然則吾子與管仲孰賢曾西艴然不悅曰爾何曾比予於管仲罵完管仲管仲得君如彼其專也行乎國政如彼其久也功烈如彼其卑也爾何曾比予於是

剔顯襯王字。

全文摠會。

子文王案。暗伏時勢。

曰管仲曾西之所不為也而子為我願之乎

曰管仲以其君霸晏子以其君顯管仲晏子猶不足為與

曰以齊王由反手也（借出以字。）

曰若是則弟子之惑滋甚且以文王之德百年而後崩猶未洽於天下武王周公繼之然後大行今言王若易然則文王不足法與

曰文王何可當也由湯至於武丁賢聖之君六七作天下歸殷久矣久則難變也武丁朝諸侯

廿二

鎖上生下○大轉大落○

先從勢說時字德字一氣衝出骨林厚神旺○

有天下猶運之掌也紂之去武丁未久也其故家遺俗流風善政猶有存者又有微子微仲王子比干箕子膠鬲皆賢人也相與輔相之故久而後失之也尺地莫非其有也一民莫非其臣也然而文王猶方百里起是以難也

上說時難　言出勢

妙凑齊人

齊人有言曰雖有智慧不如乘勢雖有鎡基不如待時今時則易然也

下文可了此句

夏后殷周之盛地未有過千里者也而齊有其地矣雞鳴狗吠相聞而達乎四境而齊有其民

以字本領○

前半疎散後半精神○

仍只這個天理仍只精一○

矣地不改辟矣民不改聚矣行仁政而王莫之（重行字）

能禦也

且王者之不作未有疏於此時者也民之憔悴

於虐政未有甚於此時者也饑者易為食渴者（原易）

易為飲

孔子曰德之流行速於置郵而傳命（德一字補出）

當今之時萬乘之國行仁政民之悅之猶解倒（十二字包上三節勢如海潮）

懸也故事半古之人功必倍之惟此時為然（仍讓文王）

○公孫丑問曰夫子加齊之卿相得行道焉雖

十三

工夫只字句奇特。至八節是總會縮字是把握工夫不出自反告子作反照顧學孔子亦在當關夫子内統攝

因孟賁引出黝舍。

從黝舍引出子夏曾子從假尋真層層剥進。

由此霸王不異矣如此則動心否乎孟子曰否只△發△脉

我四十不動心是四十不惑借賁不論

曰若是則夫子過孟賁遠矣撤過孟賁舉出曰是不難告子先我不動心告子對敵

曰不動心有道乎曰有

北宮黝之養勇也自有工夫不膚撓不目逃是養思以一毫挫於人若撻之於市朝不受於褐寬博亦不受於養成以後萬乘之君視刺萬乘之君若刺褐夫無嚴諸侯惡聲至必反之

兩个剗著下工夫人分明

以志歸氣只少个縮字

從曾子帶出夫子已説完

全章孟舍養勇少了不縮

一層故無縮底一層

至此一段大概已盡

孟施舍之所養勇也曰視不勝猶勝也量敵而（那從養成後説）

後進慮勝而後會是畏三軍者也舍豈能為必

勝哉能無懼而已矣（剛説出來法）

孟施舍似曾子北宮黝似子夏夫二子之勇未

知其孰賢然而孟施舍守約也（從似中透出守約）

昔者曾子謂子襄曰子好勇乎吾嘗聞大勇於（收出直的）

夫子矣自反而不縮雖褐寬博吾不惴焉自反（數出語子了）

而縮雖千萬人吾往矣

孟施舍之守氣又不如曾子之守約也（剝去孟舍透出真守約）

上孟

驗清告子。照出這面。

是長處。從告子照出如此。

曰敢問夫子之不動心與告子之不動心可得聞與告子曰不得於言勿求於心不得於心勿求於氣不得於心勿求於氣可不得於言勿求於心不可夫志氣之帥也氣體之充也夫志至焉氣次焉故曰持其志無暴其氣

固守其心便是認不得心

可字是檢出指駁

拋去

既曰志至焉氣次焉又曰持其志無暴其氣者何也曰志壹則動氣氣壹則動志也今夫蹶者趨者是氣也而反動其心

再闢有關係

又極

平常越有關係

敢問夫子惡乎長曰我知言我善養吾浩然之

辟開兩分合來二套

氣本浩然。
養後浩然。
養法集是功生是候。
從集字翻進助長更害事。
故痛切言之。

氣

敢問何謂浩然之氣曰難言也 過來語
衡口而出從根說
其為氣也至大至剛以直養而無害則塞于天地之間
同聲異韵 向稍說
其為氣也配義與道無是餒也
是集義所生者非義襲而取之也行有不慊於心則餒矣我故曰告子未嘗知義以其外之也 再以告子反襯
先難後獲
必有事焉而勿正心勿忘勿助長也無若宋人然宋人有閔其苗之不長而揠之者芒芒然歸

對照告子。

至此九節。為一段。通章之腹。

至末為一段。從聖字迤邐而出。抬高孔子。此節過峽。

謂其人曰今日病矣予助苗長矣其子趨而往視之苗則槁矣天下之不助苗長者寡矣以為無益而舍之者不耘苗者也助之長者揠苗者也非徒無益而又害之

正喻

此病不止告子

打成二塊

告子可証

何謂知言曰詖辭知其所蔽淫辭知其所陷邪辭知其所離遁辭知其所窮生於其心害於其政發於其政害於其事聖人復起必從吾言矣

照得那邊的當只是這邊分明

下節聖字從此脫出

宰我子貢善為說辭冉牛閔子顏淵善言德行孔子兼之曰我於辭命則不能也然則夫子既

猶云無如夫子教我指示明白者註須變通

見辭命難故服其聖

程朱此處俱畧過。

是推聖字。是推尊孔子。

從孔子降下。引出門人。

又就門人升上去。俱就出

聖矣乎　一嘆服語　不敢安　衆上孔子來也舉子貢

曰惡是何言也昔者子貢問於孔子曰夫子聖矣乎孔子曰聖則吾不能我學不厭而教不倦也子貢曰學不厭智也教不倦仁也仁且智夫子既聖矣夫聖孔子不居是何言也　印定聖字

昔者竊聞之子夏子游子張皆有聖人之一體冉牛閔子顏淵則具體而微敢問所安

曰姑舍是　一撇下似正答却是引

曰伯夷伊尹何如曰不同道非其君不事非其

廿六

處說與章首關會。

是願學孔子。非遡家學淵源。

明應章首。

子也是不動心

民不使治則進亂則退伯夷也何事非君何使

非民治亦進亂亦進伊尹也可以仕則仕可以

心不動心　挽入　看是動

止則止可以久則久可以速則速孔子也皆古

放

聖人也吾未能有行焉乃所願則學孔子也

平　夷伊也實難能　拖出願字

伯夷伊尹於孔子若是班乎曰否自有生民以

蒙皆古聖人來

來未有孔子也

同字蒙班字生

曰然則有同與曰有得百里之地而君之皆能

自不動心

以朝諸侯有天下行一不義殺一不辜而得天

下皆不為也是則同

只贊贊孔子者。

只贊孔子通身俱靈。

並不翅顧章首却是不動心絕頂神氣自凝。

又拖出異字

曰敢問其所以異曰宰我子貢有若智足以知聖人汙不至阿其所好

宰我曰以予觀於夫子賢於堯舜遠矣以堯舜觀

子貢曰見其禮而知其政聞其樂而知其德由百世之後等百世之王莫之能違也自生民以來未有夫子也以百王觀

有若曰豈惟民哉麒麟之於走獸鳳凰之於飛鳥泰山之於丘垤河海之於行潦類也聖人之於民亦類也出於其類拔乎其萃自生民以來以聖人觀

兩截作兩偶。借照更分明。

從惡辱引入。歸着到。已堪動人聽。

及是前不能待後更無及

未有盛於孔子也

○孟子曰以力假仁者（極費力）霸霸必有大國以德行（極不）

（費力）仁者王王不待大湯以七十里文王以百里（偏證見歆慕）

以力服人者非心服也力不贍也以德服人者（以字服字各一色様）

中心悦而誠服也如七十子之服孔子也詩云（連）

自西自東自南自北無思不服此之謂也（從這而寫出應驗）

○孟子曰（裝頭）仁則榮不仁則辱今惡辱而居不仁（通篇發脉）

是猶惡濕而居下也（為令人指活路）

如惡之莫如貴德而尊士賢者在位能者在職（過下）

惟幾惟康處便是仁。
一唱三嘆。情深味旨。越添
上節精神。
疏居不仁揭之。
前莫如直指求處。却極含蓄。
前五節條陳明簡。舉不行

國家閒暇及是時明其政刑雖大國必畏之矣　仁字遵泒　戰國切心處
能字根據
詩云迨天之未陰雨徹彼桑土綢繆牖户今此
贊詩非釋詩衆
下民或敢侮予孔子曰為此詩者其知道乎能
迨字
治其國家誰敢侮之
偷來的
今國家閒暇及是時般樂怠敖是自求禍也
禍福無不自己求之者
詩云永言配命自求多福太甲曰天作孽猶可
違自作孽不可活此之謂也
憑空而下
胸有成竹定先此
○孟子曰尊賢使能俊傑在位則天下之士皆

二五　廿八

者。已行者。未儘力驅策。首項着眼
節另一色樣。
願從悅來。悅在感處。願在
應處。

悅而願立於其朝矣

市廛而不征法而不廛則天下之商皆悅而願藏於其市矣

關譏而不征則天下之旅皆悅而願出於其路矣

耕者助而不稅則天下之農皆悅而願耕於其野矣

廛無夫里之布則天下之民皆悅而願為之氓矣

此節合前五節分外精神。歐文深得此法。

是孟子全身本領。此安社稷功也。距異端特捍邊境功耳。

原委井井已完局。

此下三節申說首句。

（極力鼓動）（拈五顆字欲字）

信能行此五者則鄰國之民仰之若父母矣率其子弟攻其父母自生民以來未有能濟者也（只一王字翻出多少層折）如此則無敵於天下無敵於天下者天吏也然而不王者未之有也（揚天威可承天統）（發頭來）

孟子曰人皆有不忍人之心（聖功王道打成一塊）先王有不忍人之心斯有不忍人之政矣以不忍人之心行不忍人之政治天下可運之掌上（到底收）所以謂人皆有不忍人之心者今人乍見孺子（指点分明）將入於井皆有怵惕惻隱之心非所以內交于

此下申說次節。此從有字
逼充字可想斯有二字。

孺子之父母也，非所以要譽於鄉黨朋友也，非惡其聲而然也。反襯出不忍真切

由是觀之，無惻隱之心，非人也；無羞惡之心，非人也；無辭讓之心，非人也；無是非之心，非人也。無字醒有字，非人醒皆字，都從不忍發來

惻隱之心，仁之端也；羞惡之心，義之端也；辭讓之心，禮之端也；是非之心，智之端也。有字根苗

人之有是四端也，猶其有四體也。有是四端而自謂不能者，自賊者也；謂其君不能者，賊其君者也。次節字字擊動

一○充字次節以字政字治字二有字俱已銷綴明白事父母字着眼是起頭處○

從術指出仁○着落到反求諸己○

就不仁極言之○

凡有四端於我者，知皆擴而充之矣，若火之始（此有中具層次）然泉之始達，苟能充之，足以保四海，苟不充之（到治君子）不足以事父母（政從一句有）

○孟子曰：矢人豈不仁於函人哉，矢人惟恐不傷人，函人惟恐傷人，巫匠亦然，故術不可不慎也（莫不皆然，是引語，不是我語）

孔子曰：里仁為美，擇不處仁，焉得智（仁字從引語露出）夫仁，天之（○正意○通○）尊爵也，人之安宅也（○身○求○動○○○○○），莫之禦而不仁，是不智也（拖出不字從尊安來）不仁不智（二齊湧出），無禮無義，人役也，人役而恥為役，由（從尊安拖出恥字）

撥轉。

打破人己關。便鋪天徹地都是善。逐層而上。不重分低昂。才是上等。

再贊衆樂字。

弓人而耻為弓矢人而耻為矢也

如耻之莫如為仁

為仁工夫 喻中指出

仁者如射射者正己而後發發而不中不怨勝己者反求諸己而已矣

喜字 善形容畢竟人也兩分

○孟子曰子路人告之以有過則喜

俱從外投來

禹聞善言則拜

從中放出

大舜有大焉善與人同舍己從人樂取於人以為善

無別事若待勉強必有間斷

自耕稼陶漁以至為帝無非取於人者

再贊衆取於人。

清和是定評。不念舊惡。不易其介。搜出好處。隘不恭。檢出不好處。非隘不恭。便是孔子。豈尚可以清和目之。

從取字拖出與字。彼此。融洽。施受。渾忘。咸字
取諸人以為善是與人為善者也故君子莫大
盡量
乎與人為善

一步　立非事言非友　反　又進
○孟子曰伯夷非其君不事非其友不友不立
於惡人之朝不與惡人言立於惡人之朝與惡
足不字　又
人言如以朝衣朝冠坐於塗炭推惡惡之心思
進一步　不正非惡
與鄉人立其冠不正望望然去之若將浼焉是
故諸侯雖有善其辭命而至者不受也不受也
者是亦不屑就已
柳下惠不羞汙君不卑小官進不隱賢必以其
是他身分便

二十五

廿一

上孟

決無反背底道理。不屑就。不屑去。分明兩下作敵。孔夫子似個和事老人。

正要人由夷惠。

用兵也是這道理。覺得羽扇綸巾。輕裘緩帶只是个將帥。

註補持久。其實環攻以方

不似逢場作戲人

遺佚而不怨阨窮而不憫故曰爾為爾我為我雖袒裼裸裎於我側爾焉能浼我哉故由由然與之偕而不自失焉援而止之而止援而止之而止者是亦不屑去已

說出隘不恭來清和都好了

孟子曰伯夷隘柳下惠不恭隘與不恭君子不由也

公孫丑下

歸往人和後暢言之

孟子曰天時不如地利地利不如人和

是中辦兩不如是一路趕到人和

三里之城七里之郭環而攻之而不勝夫環而

位言。分明孤。一面。王一面。
相一面生一面。

兩節一氣直沖。寫人和滿
足。不如盡致。

是個君子。不是將帥。

攻之必有得天時者矣然而不勝者是天時不（頓宕委折不如躍然）
如地利也
城非不高也池非不深也兵革非不堅利也米
粟非不多也委而去之是地利不如人和也（又有幫襯）
故曰域民不以封疆之界固國不以山谿之險（和字來由）（反映）
威天下不以兵革之利得道者多助失道者寡（和字滿量）
助寡助之至親戚畔之多助之至天下順之（和字勢頭）
以天下之所順攻親戚之所畔故君子有不戰（才是決）
戰必勝矣（勝）

不得已而之景丑氏宿一章閑扯逼得孟子寫出心事。齊君臣諸弟子。天下後世別見天日。

怒之何不朝。

○孟子將朝王。王使人來曰。寡人如就見者也。有寒疾。不可以風。朝將視朝。不識可使寡人得見乎。對曰。不幸而有疾。不能造朝。明日出弔於東郭氏。公孫丑曰。昔者辭以病。今日弔。或者不可乎。曰。昔者疾。今日愈。如之何不弔。王使人問疾。醫來。孟仲子對曰。昔者有王命。有采薪之憂。不能造朝。今病小愈。趨造於朝。我不識能至否乎。使數人要於路。曰。請必無歸而造於朝。

婉曲行召

妙。只用來詞還答。

還他朝將視朝

夢中人

應有寒疾將視朝

或呆或譎皆妙。機會鄉又遇夢中人

越斡旋越蒙蔽。真令孟子不得已

指明敬字。在章内是高一
層道理。便是可尊樂處。

無法喻王也。活可用
不得已而之景丑氏宿焉景子曰内則父子外
則君臣人之大倫也父子主恩君臣主敬丑見
王之敬子也未見所以敬王也曰惡是何言也
借作反襯
齊人無以仁義與王言者豈以仁義為不美也
其心曰是何足與言仁義也云爾則不敬莫大
替仁義 敬也
乎是我非堯舜之道不敢以陳於王前故齊人
莫如我敬王也
景子曰否非此之謂也禮曰父召無諾君命召
求宿原為表此一句
不俟駕固將朝也聞王命而遂不果宜與夫禮

原不應輕慢着我。
也不至撍閒了他。要將慢
心換成尊樂非单文大架
子。

若不相似然

曰豈謂是與曾子曰晉楚之富不可及也彼以

對禮曰

其富我以吾仁彼以其爵我以吾義吾何慊乎

冷語含細味之深求

哉夫豈不義而曾子言之是或一道也天下有

之

再一申解字中有斟

達尊三爵一齒一德一朝廷莫如爵鄉黨莫如

齒輔世長民莫如德惡得有其一以慢其二哉

尊樂正

故將大有為之君必有所不召之臣欲有謀焉

而

心事道彼尊中合醒否王辭否

則就之其尊德樂道不如是不足與有為也

我意中人如此

故湯之於伊尹學焉而後臣之故不勞而王桓

不能學。何能臣。濟得甚事。

只是這貨有處便都是義理。無處便只是貨。以貨取。何能有為。

大家畀仰入亦如此

公之於管仲學焉而後臣之故不勞而霸

是今天下是齊王　　通病之語

今天下地醜德齊莫能相尚無他好臣其所教

道破

而不好臣其所受教

不召現成榜樣

湯之於伊尹桓公之於管仲則不敢召管仲且　是說

桓公　是乎齊王

猶不可召而況不為管仲者乎

○陳臻問曰前日於齊王餽兼金一百而不受於宋餽七十鎰而受於薛餽五十鎰而受前日之不受是則今日之受非也今日之受是則前日之不受非也夫子必居一於此矣

卌

於宋是。

於薛是。

於齊是。　先宋薛後齊天

然局障。

局外閑切當局氷冷白說

了一番。

孟子曰皆是也

當在宋也予將有遠行行者必以贐辭曰餽贐（辭前註明）

予何為不受

當在薛也予有戒心辭曰聞戒故為兵餽之予（辭後註明）

何為不受

若於齊則未有處也無處而餽之是貨之也焉（故無辭）（兩面俱不可）

有君子而可以貨取乎（見所不忍見）

○孟子之平陸謂其大夫曰子之持戟之士一

日而三失伍則去之否乎曰不待三

子之民。換作人之牛羊。越無朶閃處。

非為距心講分上。亦不止為平陸遞荒呈。竟自水炭不入。

然則子之失伍也亦多矣凶年饑歲子之民老（孟流語）羸轉於溝壑壯者散而之四方者幾千人矣曰此非距心之所得為也

曰今有受人之牛羊而為之牧之者則必為之（受故也）求牧與芻矣求牧與芻而不得則反諸其人乎抑亦立而視（得為者）其死與（一齊帶上）曰此則距心之罪也

他日見於王曰王之為都者臣知五人焉知其（落了這句）罪者惟恐距心為王（情形畢逞）誦之王曰此則寡人之罪也

二二

卅五

上五

兩截看自妥。前兩節作案。三節翻。末節作斷。更好。

齊人把孟子做齊臣看。自為與為王深心。如何知得。

他是合來比並。孟子却是分開比並。一有一無。原大反背。

○孟子謂蚳鼃曰子之辭靈丘而請士師似也為其可以言也今既數月矣未可以言與蚳鼃諫（當諫）於王而不用致為臣而去（當去）齊人曰所以為蚳鼃則善矣所以自為則吾不知也

公都子以告

曰吾聞之也有官守者不得其職則去有言責（為蚳鼃善）者不得其言則去我無官守我無言責也則吾（自為何嘗不善）進退豈不綽綽然有餘裕哉（齊人知之乎）

來勢沖猛。落得坦夷。

仰看高天。蕭然無雲。

只了木美二字。猶云無甚出奇耳。

○孟子為卿於齊出弔於滕王使蓋大夫王驩為輔行王驩朝暮見反齊滕之路未嘗與之言行事也

（聲勢）（驩何心）（好个孟子）（主何心）

公孫丑曰齊卿之位不為小矣齊滕之路不為近矣反之而未嘗與言行事何也曰夫既或治之予何言哉

（不染王）（驩）

○孟子自齊葬於魯反於齊止於嬴充虞請曰前日不知虞之不肖使虞敦匠事嚴虞不敢請今願竊有請也木若以美然

（好叙法）（嘗慕充虞總好氣度）（發脉）

廿六

上截了一可字下截了一末字。

就燕諭燕。

曰古者棺槨無度中古棺七寸槨稱之自天子（根據）

達於庶人非直為棺美也然後盡於人心（心術壞以此　制法者能絜矩）

不得不可以為悅無財不可以為悅得之為有（蒙自天子達於庶人來）

財古之人皆用之吾何為獨不然（亦猶人耳非獨美也）

且比化者無使土親膚於人心獨無恔乎（木自應美蒙盡於人心來）

吾聞之也君子不以天下儉其親（只是不肯不忍耳）

○沈同以其私問曰燕可伐與孟子曰可子噲（詭甚　鉄）

不得與人燕子之不得受燕於子噲有仕於此（案）

而子悅之不告於王而私與之吾子之祿爵夫（着眼　化板）

此節論齊洗勸字。齊只見別人不是。不看這一面。

宜字印定過字。且字下銷纖餘字。

二乙

為活

士也亦無王命而私受之於子則可乎何以異反映

於是

齊人伐燕或問曰勸齊伐燕有諸曰未也沈同

問燕可伐與吾應之曰可彼然而伐之也彼如彼自心粗伐

曰孰可以伐之則將應之曰為天吏則可以伐他進步凜然

之今有殺人者或問之曰人可殺與則將應之

曰可彼如曰孰可以殺之則將應之曰語妙

則可以殺之今以燕伐燕何為勸之哉

○燕人畔王曰吾甚慙於孟子

廿七

王非孟子。則不惑矣。賈即能解孟子何與焉。究無解於孟子。只擔誤了齊王。豈非恨事。

宜字清出周公。照出齊王。下節又進步。

陳賈曰王無患焉王自以爲與周公孰仁且智王曰惡是何言也曰周公使管叔監殷管叔以殷畔知而使之是不仁也不知而使之是不智也仁智周公未之盡也而況於王乎賈請見而解之（鄙過齊王案落陳賈）

見孟子問曰周公何人也曰古聖人也曰使管叔監殷管叔以殷畔也有諸曰然曰周公知其將畔而使之與（表周公與齊王）曰不知也（討此三字）然則聖人且有過與曰周公弟也管叔兄也周公之過不亦宜乎（精言不得）

承上來過後不應又增罪矣。

養弟子句公然貨取不欲富一層始字一層仍是全士即以全君心事。

他日即出盡心不謂王又

且古之君子過則改之今之君子過則順之古之君子其過也如日月之食民皆見之及其更也民皆仰之今之君子豈徒順之又從而爲之辭

（故作反照不粘周公）（再進一步勢赴辭字）（了他）（辭字）

〇孟子致爲臣而歸（堂正）

王就見孟子曰前日願見而不可得得侍同朝甚喜今又棄寡人而歸不識可以繼此而得見乎對曰不敢請耳固所願也

（能事）（畢矣）（兩面俱到）（明速之行）（遠之）

他日王謂時子曰我欲中國而授孟子室養弟

（語賤）

廿八

催行

予非欲富。豈可貨取。

承欲富極言之。寫出賤狀。

子以萬鍾使諸大夫國人皆有所矜式子盍為我言之

極　永不用可知　散漫　用　更散漫

時子因陳子而以告孟子陳子以時子之言告孟子

孟子曰然夫時子惡知其不可也如使予欲富辭十萬而受萬是為欲富乎

非貨中人

季孫曰異哉子叔疑使己為政不用則亦已矣又使其子弟為卿人亦孰不欲富貴而獨於富貴之中有私龍斷焉

射養弟子　可堪又在欲富人下　又同此　獨矣

君慢士。因士自慢。我豈令
君慢士。兩下都悞。

只說明待客應如此。
一臥因齊因天下不是英
雄落泒景況。

古之為市者以其所有易其所無者有司者治（妙通仕理）
之耳有賤丈夫焉必求龍斷而登之以左右望（人皆賤之）（我）
而罔市利人皆以為賤故從而征之征商自此（豈作此始）
賤丈夫始矣（自有深心）
○孟子去齊宿於晝（非王知心）（言自不堪）
有欲為王留行者坐而言不應隱几而臥（因臥字下）（自有深心）
客不悅曰弟子齊宿而後敢言夫子臥而不聽（客非）
請勿復敢見矣曰坐我明語子昔者魯繆公無（其人）（審是）
人乎子思之側則不能安子思泄柳申詳無人

廿九

上孟

絶字兩下開交。

前章不可中多少含蓄。都只鎖緻了萬鍾二字。上章一卧中。無限心事。都只打發得留行者。此章多少予字。寫出憂世深心。廻照處。俱高一層。

應上兩層。俱從這面說。重

乎繆公之側則不能安其身（非其人）子為長者慮而不及子思子絶長者乎長者絶子乎

○孟子去齊尹士語人曰不識王之不可以為湯武則是不明也（一層）識其不可然且至則是干澤也（二層）千里而見王不遇故去三宿而後出晝是何濡滯也（三層）士則茲不悅

高子以告（渾、駁、注、到予、字、）

曰夫尹士惡知予哉千里而見王是予所欲也（包、含、多少、）

看予字。
應三層仍虛合。
上俱虛含。從如字指明心事。令尹士心目一爽。
上勢注此予字。有千斤力。

不遇故去豈予所欲哉予不得已也（不是莫奈何）
予三宿而出晝於予心猶以為速王庶幾改之（搶過一層）
王如改諸則必反予
夫出晝而王不予追也予然後浩然有歸志予（轉翻）（望反心事）（又）
雖然豈舍王哉王由足用為善王如用予則豈（是予所欲也）
徒齊民安天下之民舉安王庶幾改之予日望
之
予豈若是小丈夫然哉諫於其君而不受則怒（反照）（䟽然字画出小）
悻悻然見於其面去則窮日之力而後宿哉

四十

反照出孟子。

不怨尤是全體。不豫是一節。看末節不豫只何為不豫中分派。分看各當合看。此一時。彼一時中之變。彼一時中之用。

憂世樂天。原一套事。

尹士聞之曰士誠小人也

○孟子去齊充虞路問曰夫子若有不豫色然（細心人）前日虞聞諸夫子曰君子不怨天不尤人（細心人）

（分合看）曰彼一時此一時也

（具此胸襟自然不豫）

五百年必有王者興其間必有名世者由周而來七百有餘歲矣以其數則過矣以其時考之則可矣（所以不豫）

夫天未欲平治天下也如欲平治天下當今之世舍我其誰也吾何為不豫哉（是全吾）

不欲變○不受祿來由○非忘而乂憂世深心○不為已甚傳頭○

上半原委了了○下半只是勉○

○孟子去齊居休公孫丑問曰仕而不受祿古之道乎

曰非也於崇吾得見王退而有去志不欲變故不受也

又申明不欲變

繼而有師命不可以請久於齊非我志也

滕文公上

滕文公為世子將之楚過宋而見孟子

指第二義　舉第一人

孟子道性善言必稱堯舜

未立得定亦見小心

世子自楚反復見孟子孟子曰世子疑吾言乎

上孟

連引見言無可疑。三段果可扶翌起人來。

叙。龢。窮抄云。上章是字板。此章是印紙。上半自盡二字是勉。下半是在世子更捆緊。

夫道一而已矣（再無别話）

成覸謂齊景公曰彼丈夫也我丈夫也吾何畏彼哉顏淵曰舜何人也予何人也有為者亦若是公明儀曰文王我師也（周公願力）周公豈欺我哉（公明儀願力）

今滕絶長補短將五十里也（時勢原難）猶可以為善國書曰若藥不瞑眩厥疾不瘳（在自努力）

○滕定公薨世子（好真摯世子）謂然友曰昔者孟子嘗與我言於宋於心終不忘今也不幸至於大故吾欲使子問於孟子然後行事

○一○詩○
然友之鄒問於孟子孟子曰不亦善乎親喪固
○각○醒○○
所自盡也曾子曰生事之以禮死葬之以禮祭
之以禮可謂孝矣諸侯之禮吾未之學也雖然
大綱定了
吾嘗聞之矣三年之喪齊疏之服飦粥之食自
諸侯在內
天子達於庶人三代共之
好文公
然友反命定為三年之喪父兄百官皆不欲曰
一壓　再壓　對三代共之
吾宗國魯先君莫之行吾先君亦莫之行也至
於子之身而反之不可且志曰喪祭從先祖曰
吾有所受之也

末四字壯人胆力。

本章應驗。上章証佐。

謂然友曰吾他日未嘗學問好馳馬試劍今也父兄百官不我足也恐其不能盡於大事子為（爲）我問孟子然友復之鄒問孟子孟子曰然不可（自盡添些氣力）以他求者也孔子曰君薨聽於冢宰歠粥面深墨即位而哭百官有司莫敢不哀先之也上有（句中有眼）好者下必有甚焉者矣君子之德風也小人之德草也草上之風必偃是在世子

然友反命世子曰然（好勇矣世子）是誠在我五月居廬未有（本國如此）命戒百官族人可謂曰知及至葬四方來觀之

只把富教運用出來。上半看其規模。下半看其詳密。

就民見出恒産重。從無照出當有。

世子圖四方如此

顔色之戚哭泣之哀弔者大悅

○滕文公問為國

○一○句○了○却○。○

孟子曰民事不可緩也詩云晝爾于茅宵爾索

惰民不自緩防

襯

綯亟其乘屋其始播百穀

恒産事重。、。。

民之為道也有恒産者有恒心無恒産者無恒

直

下見不可緩

心苟無恒心放辟邪侈無不為已及陷乎罪然

與答宣王另一色様

後從而刑之是罔民也焉有仁人在位罔民而

可為也

推。本。

是故賢君必恭儉禮下取於民有制

此下四節。崇有恒産。酌古準。今見當行助。

取民有制

陽虎曰為富不仁矣為仁不富矣

夏后氏五十而貢殷人七十而助周人百畝而徹其實皆什一也徹者徹也助者藉也

鄧過

又脱去徹

龍子曰治地莫善於助莫不善於貢貢者校數歲之中以為常樂歲粒米狼戾多取之而不為虐則寡取之凶年糞其田而不足則必取盈焉為民父母使民盻盻然將終歲勤動不得以養其父母又稱貸而益之使老稚轉乎溝壑惡在其為民父母也

病貢是要行助

四句四層

一句狼似

一句

明說何不行助。
偏不露行字只揚助。
嘗有恒心。王道全局。

想井田學校舉行。何等氣象新字從下潤澤會之。

作宕

夫世祿滕固行之矣 八字盛世景象

詩云雨我公田遂及我私惟助為有公田由此觀之雖周亦助也

設為庠序學校以教之庠者養也校者教也序者射也夏曰校殷曰序周曰庠學則三代共之皆所以明人倫也人倫明於上小民親於下 分註 釋教字 是何景象 無效也定當做 此節壓低說

有王者起必來取法是為王者師也 做時另有氣色 此節抬起說

詩云周雖舊邦其命維新文王之謂也子力行之亦以新子之國

從恒産細疏。體貌亦同上半。

五節上下古今胸有成竹。故冲口而出。語簡而達。常制外厚君子野人處都不得經界。

使畢戰問井地孟子曰子之君將行仁政選擇而使子子必勉之（着緊處）夫仁政必自經界始經界不正井地不均穀祿不平是故暴君汙吏必慢其經界（應前賢君）經界既正分田制祿可坐而定也（仁政行矣）

夫滕壤地褊小將為君子焉將為野人焉無君子莫治野人無野人莫養君子（子必勉之）

請野九一而助國中什一使自賦（平分百畝）

卿以下必有圭田圭田五十畝（四分百畝）

餘夫二十五畝

景象宛然。

形躰宛如見。兩節含教意。

收到章首。

本不齊。如何並。驗許揔是責相。

死徙無出鄉、鄉田同井、出入相友、守望相助、疾病相扶持、則百姓親睦、

方里而井、井九百畝、其中為公田、八家皆私百畝、同養公田、公事畢、然後敢治私事、所以別野人也

此其大畧也、原只畧。若夫潤澤之、則在君與子矣、屬望語、非卸肩語。

○有為神農之言者許行、自楚之滕、踵門而告文公曰、遠方之人、聞君行仁政、願受一廛而為氓、文公與之處、色色與寫許行。其徒數十人、皆衣褐、捆屨織席

四五

兩節自拘。

騈合得奇。

此下八節駁許。分兩層。厲字並字。

答處如逃犯怕公差。五許

以為食

陳良之徒陳相與其弟辛負耒耜而自宋之滕（是相本色）

曰聞君行聖人之政是亦聖人也願為聖人氓

陳相見許行而大悦盡棄其學而學焉陳相見（無公情無公識）

孟子道許行之言曰滕君則誠賢君也雖然未（明來作對）

聞道也賢者與民並耕而食饔飧而治今也滕（道出全腦通章發脈）（字狠）

有倉廩府庫則是厲民而以自養也惡得賢

孟子曰許子必種粟而後食乎曰然許子必織（只就許子窮究）

布而後衣乎曰否許子衣褐許子冠乎曰冠曰

二十五

子偏捉得緊。

此下六節駁並字。分兩層。

奚冠曰冠素曰自織之與曰否以粟易之曰許（已露破綻）
子奚為不自織曰害於耕（更露）曰許子以釜甑爨以（又換一層貼耕食難）
鐵耕乎曰然自為之與曰否以粟易之（倒）
以粟易械器者不為厲陶冶（直取易字）陶冶亦以其械器
易粟者豈為厲農夫哉（駁倒厲字）且許子何不為陶冶舍（折入並字）
皆取諸其宮中而用之何為紛紛然與百工交（三何字逼得緊）
易何許子之不憚煩曰百工之事固不可耕且（逼出此）
為也（句）
然則治天下獨可耕且為與有大人之事有小（二等駁倒）

山六

不暇不必此節總冐。

此兩節言不暇。

人之事且一人之身而百工之所為備如必自為而後用之是率天下而路也故曰或勞心或

分說合

說道理流亮

勞力勞心者治人勞力者治於人治於人者食人治人者食於人天下之通義也

易義也豈通

的當可據

當堯之時天下猶未平洪水橫流氾濫於天下草木暢茂禽獸繁殖五穀不登禽獸逼人獸蹄鳥跡之道交於中國堯獨憂之舉舜而敷治焉舜使益掌火益烈山澤而焚之禽獸逃匿禹疏九河瀹濟漯而注諸海決汝漢排淮泗而注之

三五

此三節言不必歸注大哉

歸注養

江然後中國可得而食也當是時也禹八年於

外三過其門而不入雖欲耕得乎（從禹結住）（迴轉遞耕）

后稷教民稼穡樹藝五穀五穀熟而民人育人

之有道也飽食煖衣逸居而無教則近於禽獸

聖人有憂之使契為司徒教以人倫父子有親（歸）

君臣有義夫婦有別長幼有序朋友有信放勲（注教）

曰勞之來之匡之直之輔之翼之使自得之又

從而振德之聖人之憂民如此而暇耕乎（又從放勲結住）（迴轉）

堯以不得舜為已憂舜以不得禹皐陶為已憂

百六

上孟

君哉。

此下五節責相分兩層倍

夫以百畝之不易為已憂者農夫也（各人各事）分人以財謂之惠教人以善謂之忠為天下得人者謂之仁是故以天下與人易為天下得人難（仍蒙上二節叠教意作陪襯）（好陪襯）（贊憂）（字）

孔子曰大哉堯之為君惟天為大惟堯則之蕩蕩乎民無能名焉君哉舜也巍巍乎有天下而不與焉堯舜之治天下豈無所用其心哉亦不用於耕耳（接難字極贊之）（包括）（点破）（另起一峯）

吾聞用夏變夷者未聞變於夷者也陳良楚産

陳從許。並下節責他倍師無情。

仍蒙周公仲尼。亦是小線索。

也悅周公仲尼之道北學於中國北方之學者未能或之先也彼所謂豪傑之士也子之兄弟事之數十年師死而遂倍之

昔者孔子沒（仍引仲尼）三年之外門人（寫門人）治任將歸入揖於子貢相向而哭皆失聲然後歸子貢（寫子貢）反築室於場獨居三年然後歸他日子夏子張子游以有（寫曾）若似聖人欲以所事孔子事之彊曾子（子）曾子曰不可江漢以濯之秋陽以暴之皜皜乎不可尚已

四七

此下三節。責他學許無識。氣脉相連。

已自落興。尋步好處。

今也南蠻鴃舌之人非先王之道子倍子之師而學之亦異於曾子矣

錯徵學字

吾聞出於幽谷遷於喬木者未聞下喬木而入於幽谷者

魯頌曰戎狄是膺荆舒是懲周公方且膺之子（仍引周公）是之學亦為不善變矣（應變字結）

從許子之道則市賈不貳國中無偽雖使五尺之童適市莫之或欺布帛長短同則賈相若麻縷絲絮輕重同則賈相若五穀多寡同則賈相

摠是這个道理人物一般。

是救夷。非正闢墨。只将葬其親厚作題目。

若屨大小同則賈相若（一句。駁倒。）

曰夫物之不齊物之情也或相倍蓰或相什伯或相千萬子比而同之（同使亂）是亂天下也巨屨小屨（借）同賈（他本業）人豈為之哉從許子之道（借他原句）相率而為偽者（替無字）也惡能治國家（治須本聖）

○墨者夷之因徐辟（歸儒）而求見孟子孟子（應有一撇）曰吾固願（受法）見今吾尚病病愈我且往見夷子不來

他日又求見（聾聽）孟子孟子曰吾今則可以見矣不直則道不見我且直之吾聞夷子墨者墨之治

拈个可入思議題目。

駁無差等。指出一本。妙將

二本硬坐夷子。

喪也以薄為其道也夷子思以易天下豈以為

非是而不貴也然而夷子葬其親厚則是以所

○可○教○處○通○章○要○害

賤事親也

徐子以告夷子夷子曰儒者之道古之人若保

援不去

赤子此言何謂也之則以為愛無差等施由親

附不來

始徐子以告孟子孟子曰夫夷子信以為人之

親其兄之子為若親其鄰之赤子乎彼有取爾

本天

也赤子匍匐將入井非赤子之罪也且天之生

空中一一捧

物也使之一本而夷子二本故也

搜厚蘊根。閒中打動。語語血淚刺心入骨。

墨者夷之。餘成孟門高弟。

問答各兩截。且字分明。何哉何也。对射宜若。正話只末一句。

蓋上世嘗有不葬其親者其親死則舉而委之（墨者答）於壑（身）他日過之狐狸食之蠅蚋姑嘬之（姑作狠語打動）其顙有泚睨（貌寫心）而不視夫泚也非為人泚中心達於面目（金副仁孝從心）蓋（至貌）歸反虆梩而掩之掩之誠是也（撥轉）則孝子仁人之掩其親亦必有道矣（道在是處自心而達）

徐子以告夷子夷子憮然為間曰命之矣（悔悟滿腔仁孝）

滕文公下

陳代曰不見諸侯宜若小然今一見之大則以王小則以霸（小大分此）且志曰枉尺而直尋宜若可為也（枉直合并）

四九

先駁見字。引虞人。引王良。借不甚人論不甚事。再駁下截。又分兩層。至末節何也駁枉字。末句又進一步。

孟子曰昔齊景公田招虞人以旌不至將殺之志士不忘在溝壑勇士不忘喪其元孔子奚取何分小大焉取非其招不往也如不待其招而往何哉見更甲惡且夫枉尺而直尋者以利言也還他兩層如以利則枉尋挾出病源言利所直尺而利亦可為與必至

昔者趙簡子使王良與嬖奚乘王良不為終日而不獲一十丘陵俱蒙尺尋禽嬖奚反命曰天下之賤工也或以告王良良非表自己要出小人本色曰請復之彊而後可一朝而獲十禽嬖奚反命曰天下之良工也簡子曰我使掌與女乘謂王

豈不誠。服得深焉。得為駁。得御此之謂。指得真。

戲筆寫儀衍。

良良不可曰吾為之範我馳驅終日不獲一為

見字替身

之詭遇一朝而獲十詩云不失其馳舍矢如破

决絕

我不貫與小人乘請辭

御者且羞與射者比比而得禽獸雖若丘陵弗

射

哥為 道不可枉

為也如枉道而從彼何也且子過矣枉已者未

○何○嘗○直○○○ ○○○又○

有能直人者也

先 贊公後會公

○景春曰公孫衍張儀豈不誠大丈夫哉一怒

而諸侯懼安居而天下熄

一是字早晚得妙

孟子曰是焉得為大丈夫乎子未學禮乎丈夫

五十

莊筆寫大丈夫。

以仕引出急。以急引出難。

兩層一串。古之人兩句。註明。

之冠也父命之女子之嫁也母命之往送之門戒之曰往之女家必敬必戒無違夫子以順為正者妾婦之道也（順是秘訣 並非丈夫）

居天下之廣居立天下之正位行天下之大道（本領）得志與民由之不得志獨行其道富貴不能淫（作用取得出 做得主 有邊幅）貧賤不能移威武不能屈此之謂大丈夫（極明快極直捷直蘊藉）

○周霄問曰古之君子仕乎孟子曰仕傳曰孔子三月無君則皇皇如也出疆必載質公明儀曰古之人三月無君則弔

從祭言○因弔字○又三月祭期○並不言濟時更到仁孝本源處說也

上截註明急字○

三月無君則弔不以急乎

曰士之失位也猶諸侯之失國家也禮曰諸侯耕助以供粢盛夫人蠶繅以為衣服犧牲不成粢盛不潔衣服不備不敢以祭惟士無田則亦不祭牲殺器皿衣服不備不敢以祭則不敢以宴亦不足弔乎

出疆必載質何也

曰士之仕也猶農夫之耕也農夫豈為出疆舍其耒耜哉

註明難字。

斛勢三層。却只一意。此非無事。彼應食功。道有分際。豈所云泰。

轉

[二]晉國亦仕國也未嘗聞仕如此其急仕如此其急也君子之難仕何也曰丈夫生而願為之有室女子生而願為之有家父母之心人皆有之不待父母之命媒妁之言鑽穴隙相窺踰牆相從則父母國人皆賤之古之人未嘗不欲仕也又惡不由其道不由其道而往者與鑽穴隙之類也

焉不由其道盡致

○包○上○截○ ○欲○惡○

○不○是○兩○急○急○難○其此一途 縮仕結極含蓄

○彭更問曰後車數十乘從者數百人以傳食於諸侯不以泰乎孟子曰非其道則一簞食

此道是下道字分派

駁泰字一層。

駁無事一層。

駁志字一層

可受於人如其道則舜受堯之天下不以為泰
子以為泰乎
曰否士無事而食不可也
曰子不通功易事以羨補不足則農有餘粟女
有餘布子如通之則梓匠輪輿皆得食於子於
此有人焉入則孝出則悌守先王之道以待後
之學者而不得食於子子何尊梓匠輪輿而輕
為仁義者哉
曰梓匠輪輿其志將以求食也君子之志於道

五十二

既食志一層。
藉口王政明是滅滕伐薛。敗齊楚魏等事。故只就伐字惡字。衍出不字。兩相照映。不與深言自帶勉意。

也其志亦將以求食與曰子何以其志為哉其（從）有功於子可食而食之矣且子食志乎食功乎（這邊說雖是如此）（從那邊說）

曰食志

曰有人於此毀瓦畫墁其志將以求食也則子食之乎曰否曰然則子非食志也食功也

○萬章問曰宋小國也今將行王政齊楚惡而伐之則如之何（行王政者）

孟子曰湯居亳與葛為鄰葛伯放而不祀湯使人問之曰何為不祀曰無以供犧牲也湯使遺

誰惡行王政者。

之牛羊葛伯食之又不以祀湯又使人問之曰
四層寫出王者
何為不祀曰無以供粢盛也湯使亳衆往為之
氣象與宋不同
耕老弱饋食葛伯率其民要其有酒食黍稻者
奪之不授者殺之有童子以黍肉餉殺而奪之
書曰葛伯仇餉此之謂也
誰惡王政
為其殺是童子而征之四海之內皆曰非富天
下也為匹夫匹婦復讎也
王者兵出只有伐人
湯始征自葛載十一征而無敵於天下東面而
反映惡字
征西夷怨南面而征北狄怨曰奚為後我民之

兩段話接連似一套事。

望之若大旱之望雨也歸市者弗止芸者不變

王政 幾曾惡

誅其君弔其民如時雨降民大悅書曰徯我后

后來其無罰

又一行王政者征不為臣者非因不為臣也

有攸不為臣東征綏厥士女匪厥玄黃紹我周

映想字

王見休惟臣附於大邑周其君子實玄黃于匪

王政

以迎其君子其小人簞食壺漿以迎其小人救

民於水火之中取其殘而已矣

一証更為上節添出精神

太誓曰我武惟揚侵于之疆則取于殘殺伐用

妙句

張于湯有光

前文疏散。一收通脉精神。指示便是屬望一字。恐放不到宋王心中。又怕落衆人眼中。獨字更覺孤單。

從上點出。只驗倒問語

不行王政云爾苟行王政四海之内皆舉首而望之欲以為君齊楚雖大何畏焉

有心

○孟子謂戴不勝曰子欲子之王之善與我明告子有楚大夫於此欲其子之齊語也則使齊人傅諸使楚人傅諸曰使齊人傅之曰一齊人傅之衆楚人咻之雖日撻而求其齊也不可得矣引而置之莊嶽之間數年雖日撻而求其楚亦不可得矣

宋庭可知

有識有權不得只此使了

子謂薛居州善士也使之居於王所在於王所

五四

一句正答。得下三節。才完
全無滲漏。
合下節看。不字原非死煞。

者長幼卑尊皆薛居州也王誰與為不善在王
所者長幼卑尊皆非薛居州也王誰與為善一
楚咻可畏
令他尋味
薛居州獨如宋王何
○公孫丑問曰不見諸侯何義孟子曰古者不
一語
為臣不見
不為臣不見者不見得却不是
段干木踰垣而辟之泄柳閉門而不內是皆已
甚迫斯可以見矣
陽貨欲見孔子而惡無禮大夫有賜於士不得
受於其家則往拜其門陽貨矙孔子之亡也而

不字原非猝辨。

待字擔閣不小。以速字反治之。

饋孔子蒸豚孔子亦瞷其亡也而往拜之當是不為臣而見見時陽貨先豈得不見得都是

見字醜態

曾子曰脅肩諂笑病於夏畦子路曰未同而言字來頭不、觀其色赧赧然非由之所知也由是觀之則君子之所養可知已矣

○戴盈之曰什一去關市之征今茲未能請輕之以待來年然後已何如什一外皆攘也

孟子曰今有人日攘其鄰之雞者或告之曰是非君子之道曰請損之月攘一雞以待來年然

大胸襟。大本領。大擔當。不是幾個聖賢。誰管閒事。一辨字。在孟子是明辨之。出說士口。便是舌鋒落到。學者。來由根本淺。到頭是長傲遂非。一路敘世系。各有所遭。各有事。到孟子自住不得。

後已

如知其非義斯速已矣何待來年

替他作力。今天下無難事

○公都子曰外人皆稱夫子好辨敢問何也孟子曰予豈好辨哉予不得已也

湯武豈好放伐。自住不得。

聖。賢。不。是。自。了。漢。

天下之生久矣一治一亂。當堯之時水逆行氾濫於中國蛇龍居之民無所定下者為巢上者為營窟書曰洚水警余洚水者洪水也使禹治之禹掘地而注之海驅蛇龍而放之菹

水由地中行江淮河漢是也險阻既遠鳥獸之害人者消然後人得平土而居之
堯舜既沒聖人之道衰暴君代作壞宮室以為汙池民無所安息棄田以為園囿使民不得衣食邪說暴行又作園囿汙池沛澤多而禽獸至
及紂之身天下又大亂
周公相武王誅紂伐奄三年討其君驅飛廉於海隅而戮之滅國者五十驅虎豹犀象而遠之天下大悅書曰丕顯哉文王謨丕承哉武王烈

一氣直趕。重擒臨身。言之漏切。

佑啟我後人咸以正無缺
世衰道微邪説暴行有作臣弑其君者有之子
弑其父者有之
孔子懼作春秋春秋天子之事也是故孔子曰
知我者其惟春秋乎罪我者其惟春秋乎
聖王不作諸侯放恣處士横議楊朱墨翟之言
盈天下天下之言不歸楊則歸墨楊氏為我是
等春秋時　更甚
無君也墨氏兼愛是無父也無父無君是禽獸
也公明儀曰庖有肥肉廐有肥馬民有飢色野

以上一起一伏。仍自各另。又總前文滸衍。如花簇潮湧。不得已才盡致。此境歟陽得之。

有餓莩此率獸而食人也楊墨之道不息孔子之道不著是邪說誣民充塞仁義也仁義充塞則率獸食人人將相食吾爲此懼閑先聖之道距楊墨放淫辭邪說者不得作作於其心害於其事作於其事害於其政聖人復起不易吾言矣

昔者禹抑洪水而天下平周公兼夷狄驅猛獸而百姓寧孔子成春秋而亂臣賊子懼

乘閑又作頻跌

詩云戎狄是膺荆舒是懲則莫我敢承無父無

必不能。何用又説不可。

君是周公所膺也

我亦欲正人心息邪説距詖行放淫辭以承三

聖者豈好辯哉予不得已也

能言距楊墨者聖人之徒也

又招後來

匡章曰陳仲子豈不誠廉士哉居於陵三日

兩个俱是枉自吃苦人

不食耳無聞目無見也井上有李螬食實者過

半矣匍匐往將食之三咽然後耳有聞目有見

笑倒齊國

孟子曰於齊國之士吾必以仲子為巨擘焉雖

斷定

從螬字出

然仲子惡能廉充仲子之操則蚓而後可者也

十五

室粟都成大累。

夫蚓上食槁壤下飲黃泉（上下字兼了居）仲子所居之室伯夷之所築與抑亦盜跖之所築與所食之粟伯夷之所樹與抑亦盜跖之所樹與是未可知也（能如蚓乎）曰是何傷哉彼身織屨妻辟纑以易之也曰仲子齊之世家也兄戴蓋祿萬鍾（以由私意）以兄之祿為不義之祿而不食也以兄之室為不義之室而不居也辟兄離母處於於陵他日歸則有饋其兄生鵝者已頻顣（面出痴頑堅癖）曰惡用是鶃鶃者為哉他日其母殺是鵝也與之食之其兄自外至曰是

五八

鶃鶃之肉也出而哇之

以母則不食以妻則食之以兄之室則弗居以

於陵則居之是尚為能充其類也乎若仲子者

惡能

蚓而後充其操者也

皆有不忍章從根說此儘稍說通章俱反擊呼世尤醒

援古以明其理。證今以實其事。齊宣梁惠都久五畝之宅一節。看十一不字。俱反擊。正面却只輕敲。

孟子卷四

離婁上

正喻平列亦見其事皆然一前一後輕重分

孟子曰離婁之明公輸子之巧不以規矩不能成方員師曠之聰不以六律不能正五音堯舜之道不以仁政不能平治天下（反擊）

今有仁心仁聞而民不被其澤不可法於後世者不行先王之道也

故曰徒善不足以為政徒法不能以自行

詩云不愆不忘率由舊章遵先王之法而過者（并。過。亦。）

從先王之法翻進。仍平列。越見立法之善。歷歷可據。不重遡所從來。是說原自現現成成。

必因不因生動之極。因字代遵字更見省力。

首句懸舉。包上四節。下是實指。不是反足。

無末之有也

聖人既竭目力焉（竭繼緊連）繼之以規矩準繩以為方員平直不可勝用也既竭耳力焉繼之以六律正五音不可勝用也既竭心思焉繼之以不忍人之政而仁覆天下矣

故曰為高必因丘陵為下必因川澤為政不因先王之道（陡接）可謂智乎

是以惟仁者宜在高位不仁而在高位（反對仁）是播其惡於衆也（覆）

寫播其惡盡致。

不是以沓沓申解泄泄是以泄泄指証。沓沓。只狠寫沓沓不用再說無然

上無道揆也下無法守也朝不信道工不信度道字五見三色

君子犯義小人犯刑國之所存者幸也接上句未了之意

故曰城郭不完兵甲不多非國之災也田野不辟貨財不聚非國之害也上無禮下無學賊民興喪無日矣氣直而意換。。。

詩曰天之方蹶無然泄泄。意中先有沓沓

泄泄猶沓沓也三句納入沓沓內不一是沓沓註解

事君無義進退無禮言則非先王之道者猶沓沓也

惟至故法。亦惟至可法。道二原是道一。法鑒原非並舉。

一分作二。成匹耦。作對敬。二更可畏。故只法一。接不仁說到賊其民落底。逼出鑒字。倒足法字。

故曰責難於君謂之恭（立个榜樣）陳善閉邪謂之敬吾君（画）（盡）不能謂之賊

○孟子曰規規方圓之至也（繚得來放得去。故曰至）聖人人倫之至也（通。章。揔。會。）欲為君盡君道欲為臣盡臣道二者皆法堯舜而已矣不以舜之所以事堯事君不敬其君者（反足）也不以堯之所以治民治民賊其民者也

孔子曰道二仁與不仁而已矣

暴其民甚則身弒國亡不甚則身危國削名之曰幽厲雖孝子慈孫百世不能改也

只一法字。前用至字引出。後用鑒字捆緊。

前平列。後從不仁邊恐嚇。樂字画出當時諸侯心迹。

入不字悍健。姑將諸侯混裡。從無不然越見必然。

自反是工夫。配命是把握。仁智敬量合天下。天下統攝其中。接物不是外務。

詩云殷鑒不遠在夏后之世此之謂也

（明明有驗歷歷可驗）

〇孟子曰三代之得天下也以仁其失天下也以不仁

國之所以廢興存亡者亦然

（注意處）

天子不仁不保四海諸侯不仁不保社稷卿大夫不仁不保宗廟士庶人不仁不保四體

（連及）

（摠無在不仁中討出活計者）

今惡死亡而樂不仁是猶惡醉而強酒

（樂處原不自然）

（有些子只管趲上去）

〇孟子曰愛人不親反其仁治人不治反其智禮人不答反其敬

只有事天。
從恒言觸起大道理。可知
道理熟後有多少受用
不得罪是自反工夫。慕是
天下歸之道理。江河大流
卷石何能當之。
天只一理順無二法。師文
王則天下自我有道。

行有不得者皆反求諸己其身正而天下歸之（縮廻來說）
詩云永言配命自求多福（別無工夫）
○孟子曰人有恒言皆曰天下國家天下之本（討出个本宗）
在國國之本在家家之本在身（歸到身）
○孟子曰為政不難不得罪於巨室巨室之所（這面不得罪那面便是慕）
慕一國慕之一國之所慕天下慕之故沛然德
教溢乎四海（太平圖）
○孟子曰天下有道小德役大德小賢役大賢（意想如此）
天下無道小役大弱役强斯二者天也順天者（眼見如此）（始平以蓄勢）

從順字作側勢。

就小國言面面皆見。非放鬆強大。

已自了了。偏又拖出下兩節氣體愈豊厚。

從為政天下設色。揭出仁字。是師文王工課。是天命着落。

存逆天者亡

齊景公曰既不能令又不受命是絕物也涕出而女於吳

是見役可恥樣子不是順天

病根

今也小國師大國而恥受命焉是猶弟子而恥受命於先師也

即從師取辟

○飛○轉○句○力○千○斤○

如恥之莫若師文王師文王大國五年小國七年必為政於天下矣

強大

詩云商之孫子其麗不億上帝既命侯於周服侯服於周天命靡常殷士膚敏祼將於京孔子

四

丁丑

見役勢知剥膚執濯一條生路潤觧火烈仁壓勢焰一副道理

言之不可應知活自故間言之長言之以不言言之

曰仁不可為衆也夫國君好仁天下無敵（皆受役矣）今也欲無敵於天下而不以仁是猶執熱而不以濯也（從耻受命升出）（先有詩詞）詩云誰能執熱逝不以濯

孟子曰不仁者可與言哉安其危而利其菑（聳之聽也）樂其所以亡者不仁而可與言則何亡國敗家之有（三項只是不仁）（反足）

有孺子歌曰滄浪之水清兮可以濯我纓滄浪之水濁兮可以濯我足（不仁聽之）（從歌詞味出）

孔子曰小子聽之清斯濯纓濁斯濯足矣自取

寬閒耐思。孟子文結束多類此。

從失悟得。事本相反。以得收失。事又一順。五節極力襯筆。末節一眼覷定。

之。也。

夫人必自侮（從自取指出）然後人侮之家必自毀（自敗之）而後人毀之國必自伐（自亡之）而後人伐之

太甲曰天作孽猶可違自作孽（自取落場）不可活此之謂也

○孟子曰（從失說起）桀紂之失天下也失其民也失其民者失其心也（從失悟出）得天下有道得其民斯得天下矣得其民有道得其心（撫拓仁心仁政）斯得民矣得其心有道所欲與之聚之所惡勿施爾也

五

得邊一層。

得字又一層。

懸想一番。

激勵一番。

究竟泰何能淑。猶然及溺。

民之歸仁也猶水之就下獸之走壙也 本可以●得

又有人赶來

故為淵敺魚者獺也為叢敺爵者鸇也為湯武

敺民者桀與紂也●●

皆失者

今天下之君有好仁者則。諸侯皆為之敺矣雖 ○民○失○所○情○景○可○憐

欲無王不可得已 原也難

今之欲王者猶七年之病求三年之艾也苟為 何以三年擔誤終身 不得則失之

不畜終身不得苟不志於仁終身憂辱以陷於 直到底

死亡 眼見甘為人敺

詩云其何能淑載胥及溺此之謂也

多少人被暴棄二字統得完指得盡着一自字推諉不得朶閃不得不是本有名目自仁自義自暴自棄指示一番悲憫一番救護不得割捨不得令賢知人迴頭一直冲出其勢健壯

仍是入條目道理與中□異者彼明素定此歸太□字着力思字可作授受把

孟子曰自暴者不可與有言也自棄者不可與有為也言非禮義謂之自暴也吾身不能居仁由義謂之自棄也

（字狠　刻令開口　輔仁　畫出个暴　可悟　畫出个棄　自仁自義）

仁人之安宅也義人之正路也曠安宅而弗居舍正路而不由哀哉

（自暴自棄）

孟子曰道在邇而求諸遠事在易而求諸難

（直指　姑作倒裝　即事見道在字意足）

人人親其親長其長而天下平

（反起　從平天下儘稍說起）

孟子曰居下位而不獲於上民不可得而治也獲於上有道不信於友弗獲於上矣信於友

（可想治國道理）

丁豆

握。

統了一部中庸。

統了一部大學。

從那頭說來。一歸字中翻

出多少層折。是一幅二老

歸周圖便是八百年天下

券。

有道事親弗悅弗信於友矣悅親有道反身不（齊家道理）（包心）

誠不悅於親矣誠身有道不明乎善不誠其身（意）（先格致）

矣

是故誠者天之道也思誠者人之道也（思●字●吃力）

至誠而不動者未之有也不誠未有能動者也（●歎●思誠動●字統新民）（應首節反收）

○孟子曰伯夷辟紂居北海之濱聞文王作興（遠際發端）（襯歸字）（含政字）

曰盍歸乎來吾聞西伯善養老者太公辟紂居（然認養老便痴）（又一个寫出）

東海之濱聞文王作興曰盍歸乎來吾聞西伯（文王之政）（畫出商末）

善養老者（周初世界）

從老字胥出大字。生出父字。拖出子字。從歸字嚼出汁漿。分明先有此節。才演出上二節。

當時功首。原是罪魁。特特破例判斷。前作陪襯。甚警。戰也後連刑之。為同惡也

二老者天下之大老也而歸之是天下之父歸之也天下之父歸之其子焉往 轉有力 歸字全

諸侯有行文王之政者七年之內必為政於天下矣 應歸字

○孟子曰求也為季氏宰無能改於其德而賦粟倍他日孔子曰求非我徒也小子鳴鼓而攻之可也 援成案作例 放過君

由此觀之君不行仁政而富之皆棄於孔子者也況於為之强戰爭地以戰殺人盈野爭城以 妙作襯 極力指出是功是罪

七

下孟

為知言添一籌。特識創論。

真恭儉。真侮奪。真侮奪的

戰殺人盈城此所謂率土地而食人肉罪不容於死（直下悍健可舒憤悶）故善戰者服上刑連諸侯者次之辟草萊任土地者次之

○孟子曰存乎人者莫良於眸子（含言字）眸子不能掩（逐層申解）其惡（二則字寫出不能）胸中正則眸子瞭焉胸中不正則眸子眊焉聽其言也觀其眸子（連下）人焉廋哉（單句決絕）（借真照假）

○孟子曰恭者不侮人儉者不奪人侮奪人之

假恭儉色色畢現。問甚曲。答甚直。是論援。非論權。以道二字都照見。三答。皆不與深論。却極了當。上二句詰明援字。末句銷繳不字。了何也一問。次節丁不字正面。三節四

君惟恐不順焉惡得為恭儉恭儉豈可以聲音笑貌為哉

真侮奪必不恭儉　偏要為却不可

○淳于髡曰男女授受不親禮與孟子曰禮也。。曰嫂溺則援之以手乎曰嫂溺不援是豺狼也。

情理透亮

男女授受不親禮也嫂溺援之以手者權也。

正。言。之

曰今天下溺矣夫子之不援何也

泰。山。壓。卵。

曰天下溺援之以道嫂溺援之以手子欲手援天下乎

仍、用、也、語、

○公孫丑曰君子之不教子何也

下孟

節搜出不字神髓。示父亦令子知之。正答畢。

從子字翻入。上不字才完全。不是餘文。仍是次節道理此却在易字内。首節兩截。下分註。

孟子曰勢不行也教者必以正以正不行繼之以怒繼之以怒則反夷矣夫子教我以正夫子未出於正也則是父子相夷也父子相夷則惡矣

不字的解以下五跌只了首句

必字怒字夷字相字惡字如貫珠

古者易子而教之

豈廢教

故易之也

父子之間不責善責善則離離則不祥莫大焉

平舉分明兩件

○孟子曰事孰為大事親為大守孰為大守身為大不失其身而能事其親者吾聞之矣失其身而能事其親者吾未之聞也

側串又以一件

反足

進大字一步。了首四句。

蒙吾聞來了首節下四句。

此才是可也只是可。

洞見本源一沖而出勢如黃流。

孰不為事事親事之本也孰不為守守身守之本也

（之意）（中嘆出本字）（了大字未盡）

曾子養曾晳必有酒肉將徹必請所與問有餘必曰有曾晳死曾元養曾子必有酒肉將徹不請所與問有餘曰亡矣將以復進也此所謂養口體者也若曾子則可謂養志也

（包个守　隨舉事中一節）（一襯便見上必字都有意思非貶曾元）（襯出）（養志　見出全身）

事親若曾子者可也

（替養志）

○孟子曰人不足與適也政不足間也惟大人為能格君心之非君仁莫不仁君義莫不義君

（真趕）（在大）（處做）

九

丁孟

兩有字說得雪淡。

以前倖免。究要逢着。只不

知責後又如何。

無因而好。空落個患。

意有在。故口頭。緊以口頭

緊寫出意有在

正莫不正一正君而國定矣

○孟子曰有不虞之譽有求全之毀

原非今才有我獨有

○孟子曰人之易其言也無責耳矣

○孟子曰人之患在好為人師

都也無味

○樂正子從於子敖之齊

書法△△△

樂正子見孟子孟子曰子亦來見我乎曰先生

何為出此言也曰子來幾日矣曰昔者曰昔者

因大差見出小差

則我出此言也不亦宜乎曰舍館未定曰子聞

之也舍館定然後求見長者乎

以上勢頭如何住得偏住。寫出孟子怒容。餔啜學古之道徒字以字。個個奇狠。

告以口告以心猶也無告之迹全告之理猶也不是君子孰能以為。兩節兩截上經下緯本體工夫原委井井上節指明仁義此節由智及樂明指功候不是令人認智禮樂。

（善信人物）曰克有罪

○孟子謂樂正子曰子之從於子敖來徒餔啜（、衆、罪、字、來、、、直指、別、無、解、）也我不意子學古之道而以餔啜也（、說、偏、撞、高、、以、字、罪、死、）

○孟子曰不孝有三無後為大（故孝大）舜不告而娶為無後也君子以為猶告也（在、大、處　故不　不底好、、）

○孟子曰仁之實事親是也義之實從兄是也（指點明切）智之實知斯二者弗去是也禮之實節文斯二者是也（知原在先　行樂之）樂之實樂斯二者樂則生矣生則惡可已也（樂之境界　連下急下無層次）惡可已則不知足之蹈之手之舞之（便是成於樂道理）

丁孟

極力寫大孝。盡事親之道。

只是洗刷得個捴字淨盡。

○孟子曰天下大悅而將歸己（膀空、來、論、第二、入、故、設、第一境）視天下悅而歸己猶草芥也惟舜為然（接寫舜視字來頭）不得乎親不可以為人不順乎親不可以為子

○○○○○○○○○舜盡事親之道而瞽瞍厎豫瞽瞍厎豫而天下（○章首八字漸覺○小○）

○了化瞽瞍厎豫而天下之為父子者定此之謂大孝（俱包盡字中○逼○出○大○字○）

揆字指出聖人心理融洽之妙孟子最得力處

兩節平鋪。姑開另。

通節一氣直赶。

以解為結局法渾緊。

為别王伯。故特翻案。

離婁下

舜文隨舉原是兩位自在聖人

孟子曰舜生於諸馮遷於負夏卒於鳴條東夷之人也

文王生於岐周卒於畢郢西夷之人也

作勢

地之相去也千有餘里世之相後也千有餘歲

崇上兩末句 崇舜文

得志行乎中國若合符節

舉其大 仍作勢

先聖後聖其揆一也

點睛

○子產聽鄭國之政以其乘輿濟人於溱洧

何等勢頭 小樣醜態

孟子曰惠而不知為政

鐵筆

十一

合下節。㨾政字。駁濟字。
濟是苗。悅是根。故民雖虞。
寇讎字奇闢。通章眼目。孟
子不令齊土芥不肯寇讎
齊也。
如此君臣。故從何有故字
說好。去又不是大約。以自

政之一節

歲十一月徒杠成，十二月輿梁成，民未病涉也。（不涉濟）
（為政全身）君子平其政，行辟人可也，焉得人人而濟之？（不必濟）故為政者，每人而悅之，日亦不足矣。（不能濟）
○孟子告齊宣王曰：（單責宣王）「君之視臣如手足，則臣視君如腹心；君之視臣如犬馬，則臣視君如國人；君之視臣如土芥，則臣視君如寇讎。」（正理特甚其詞）
王曰：（扯到臣意㨾寇讎）「禮為舊君有服，何如斯可為服矣？」（明良圖）
曰：「諫行言聽，膏澤下於民；有故而去，則君使人導之出疆，又先於其所往；去三年不反，然後收疏明寇讎。放到君邉。
仍是個亂邦不居。詞意更警。
拈出二句。又一道理。
要人認禮義。非㟪表大人。
養原於慈。欠得一分養。便

其田里此之謂三有禮焉如此則為之服矣（再一總答問詞）
今也為臣諫則不行言則不聽膏澤不下於民（宣王圖亦列國諸侯圖）
有故而去則君搏執之又極之於其所往去之
日遂收其田里此之謂寇讎寇讎何服之有（答問意）
○孟子曰無罪而殺士則大夫可以去無罪而（原說與不待臨身與其類）
戮民則士可以徙
○孟子曰君仁莫不仁君義莫不義（又戒責君）
○孟子曰非禮之禮非義之義大人弗為（務見出非心小人自大）（苦心生出善道）
○孟子曰中也養不中才也養不才故人樂有

下孟

是一分棄戕性。逆天。中才都是餘末。

胡亂做事人聽之。

不消論理。且防後患。

時中註疏。

兩必字襯得好。末句形容得盡。

純一無偽。放出去。是甚規模氣象。

原是儘頂一件。

賢父兄也。如中也棄不中。才也棄不才。則賢不肖之相去。其間不能以寸。

不易

恐事原於忍心。

為父

○孟子曰。人有不為也。而後可以有為。

重上半句

○孟子曰。言人之不善。當如後患何。

有成癖者慎之

○孟子曰。仲尼不為已甚者。

一篇聖人贊

○孟子曰。大人者。言不必信。行不必果。惟義所在。

本深用熟

○孟子曰。大人者。不失其赤子之心者也。

從拗見合。

○孟子曰。養生者不足以當大事。惟送死可以

也自大被更大壓了

强探力取。如何得有此中機趣。

博儘稍是約。說到約。才詳。十二字說知字盡分。借伯襯出養字。渾渾底個王道。

鑠金不消多口。

當大事

○孟子曰君子深造之以道欲其自得之也自得之則居之安居之安則資之深資之深則取之左右逢其原故君子欲其自得之也

功候　理心身融成一片　供給我用　其　原已在自得中　故深造之以道

○孟子曰博學而詳說之將以反說約也

一層　一層　接約禮去

○孟子曰以善服人者未有能服人者也以善養人然後能服天下天下不心服而王者未之有也

由　自外取向外用寫出假　中出　換人字　反足養字

○孟子曰言無實不祥不祥之實蔽賢者當之

心毒故曰毒

十三

就水設色。實學登峰造極。僞才得時落泒色色肖似

前君子只各做各事。到孔孟才着意去存

舜是渾底。精一筆也。

○徐子曰仲尼亟稱於水曰水哉水哉何取於水也

伏本 一層 二層 三層 四層

孟子曰原泉混混不舍晝夜盈科而後進放乎四海有本者如是是之取爾

點破

苟爲無本七八月之間雨集溝澮皆盈其涸也可立而待也故聲聞過情君子恥之

字字反對 集字無因猝辦假湊寫務名

盡分 恥取同心

○孟子曰人之所以異於禽獸者幾希庶民去之君子存之

凛然 悻不得辭不得

光在物先 極力寫妄行 反襯

舜明於庶物察於人倫由仁義行非行仁義也

似五峯平峙。到周公煞一
揔恰好接孔子。

周公為三王孔孟過峽。自
舜至公。已自一步緊一步
邁過周公。直接王者。一相
一師。後先輝映。又見愈下
愈難。

○孟子曰禹惡旨酒而好善言（批：●危微精一都在裏許）
●湯執中立賢無方（批：舒細妥）
●●文王視民如傷望道而未之見（批：心愈虛愈切）
●●武王不泄邇不忘遠（批：是謂敬勝）
●周公思兼三王以施四事其有不合者仰而思
之夜以繼日幸而得之坐以待旦（批：勤勞家相圖）（批：來頭大見作字有關係）
○孟子曰王者之迹熄而詩亡詩亡然後春秋
作。（批：疏春秋）
晉之乘楚之檮杌魯之春秋一也

十四

緊頂孔子。承當了以上多少

。心細理才精。從可中看出無才是可。

罪羿只因比蒙。孺子借作對照羿篡夏。斯背君。俱不宜染。

其事則齊桓晉文其文則史孔子曰其義則丘竊取之矣〔疏作字〕

○孟子曰君子之澤五世而斬小人之澤五世而斬〔澤遠故泒真〕

予未得為孔子徒也予私淑諸人也

○孟子曰可以取可以無取取傷廉可以與可以無與與傷惠可以死可以無死死傷勇〔皮面　深入　慎之〕

○逢蒙學射於羿盡羿之道思天下惟羿為愈己於是殺羿孟子曰是亦羿有罪焉公明儀曰〔極力寫蒙思字遥映不忍　從蒙歸羿〕

另舉一事。恰好對照。多少人只重孺子。多少話只摘端人二句。

宜若無罪焉曰薄乎云爾惡得無罪（斟酌的當）

鄭人使子濯孺子侵衛衛使庾公之斯追之（也見鄭曲衛直）子濯孺子曰今日我疾作不可以執弓吾死矣夫（姑寫出水窮山盡）問其僕曰追我者誰也其僕曰庾公之斯也曰（何等聲勢）吾生矣（勢致）其僕曰庾公之斯衛之善射者也夫子曰吾生何謂也曰庾公之斯學射於尹公之他（令羿。朶。閔一不得。）尹公之他學射於我夫尹公之他端人也其取友必端矣庾公之斯至曰夫子何為不執弓曰（直告兩下皆端）今日我疾作不可以執弓曰小人學射於尹公

十五

自來自去。越散漫。越緊嚴。似春秋。
幾句粗淺話。首節令人怕死。次節令人憤發。
利鑿相反。從故分派。順去是利。着已見。費思索。强牽扯。是鑿。
性是本然。故是已然。利是自然。是一套事。鑿是尋個不利底故。生事費事。

之他尹公之他學射於夫子我不忍以夫子之道反害夫子雖然今日之事君事也我不敢廢抽矢扣輪去其金發乘矢而後反

端字小註　越為難越見情至　迴映殺羿有情

○孟子曰西子蒙不潔則人皆掩鼻而過之雖有惡人齊戒沐浴則可以祀上帝

姑用很字　姑與大事

○孟子曰天下之言性也則故而已矣故者以利為本

惡鑿發源　○○從已然○認○本○然○從○自○然○　○認○已○然

所惡於智者為其鑿也如智者若禹之行水也則無惡於智矣禹之行水也行其所無事也如

原不惡智　智原有用

上節惡利之反此示故之便。

是立於禮影像。

不是壓倒他。只是立定我。

却極平和。

智者亦行其所無事則智亦大矣 便見到的當處

天之高也星辰之遠也苟求其故千歲之日至可坐而致也

○公行子有子之喪右師往弔入門有進而與右師言者有就右師之位而與右師言者 有聲勢、 兩有字、者字、字也、是撒也、是想傳神肖似、

孟子不與右師言右師不悅曰諸君子皆與驩言孟子獨不與驩言是簡驩也 從、衆、形、出、 貴、尊、

孟子聞之曰禮朝廷不歷位而相與言不踰階而相揖也我欲行禮子敖以我為簡不亦異乎 聞·曰 有憑頭 淡○淡○一○話只會一夥小人 面面、相、覷、

到末節仍是自反。

三節逐層吐出。

節逐層剝進。

○孟子曰（集同不得）君子所以異於人者以其存心也（主●腦●）君子以仁存心以禮存心（仁、禮、是、物、料、）仁者愛人有禮者敬人（從這、頭、起）愛人者人恒愛之敬人者人恒敬之（到、那、頭、住、）有人於此其待我以橫逆（又、從、那、邊、來）則君子必自反也（把●柄●）我必不仁也必無禮也此物奚宜至哉（以恒愛敬北照）其自反而仁矣（要緊●着）自反而有禮矣其橫逆由是也（搜尋救處）君子必自反也我必不忠自反而忠矣其橫逆由是也（從恒愛恒敬）君子曰此亦妄人平鋪看。有此無彼。一直看。

有則自無。終身不間一朝

拗處見同。道非死物。

也已矣如此則與禽獸奚擇哉於禽獸又何難（我自做我事耳）焉

是故君子有終身之憂無一朝之患也（憂向內用，患向外用）乃若所（有自）憂則有之（憂生）（是從憂患中來者）舜人也我亦人也舜為法於天下可傳於後世我由未免為鄉人也是則可憂也憂之如何（直與終身）如舜而已矣若夫君子所患則亡矣非仁無為也非禮無行也如有一朝之患則君子（有亦不患，無字究是）不患矣

○禹稷當平世（兩個管事的好）三過其門而不入孔子賢之

十七

評

兩案平列。故作拗勢。

斷。

只註明三過不入。顏子一面。不用再贅。

妙又是個易地則不然。

顏子當亂世居於陋巷一簞食一瓢飲人不堪 一個不管事的又好 只寫安居

其憂顏子不改其樂孔子賢之 而樂

孟子曰禹稷顏回同道

禹思天下有溺者由己溺之也稷思天下有饑 舉半照全

者由己饑之也是以如此其急也 惡見不急

禹稷顏子易地則皆然 註明同道

今有同室之人鬬者救之雖被髮纓冠而救之

可也

鄉鄰有鬬者被髮纓冠而往救之則惑也雖閉

匡章陳仲一般枉吃苦人。孟子憐他不是取他不虧着孝不枉了章。章自迫出通國之上先駁倒問詞首句下三節寫章子禮貌之故自明。

舉章之事原從善遷差去。

戶可也

○公都子曰匡章（一骸無目人）通國皆稱不孝焉夫子與之遊又從而禮貌之（緊通國來）敢問何也

孟子曰世俗所謂不孝者五惰其四肢（一味懶）不顧父母之養一不孝也博弈好飲酒（尚未至私）不顧父母之養二不孝也好貨財私妻子（尚未至戮）不顧父母之養三不孝也從耳目之欲（尚未至危）以為父母戮四不孝也好勇鬭很以危父母五不孝也章子有一於是乎（駁倒通國）

夫章子子父責善而不相遇也

十八

不得為孝原自賊恩。
從事原心原非不孝。
禹稷章是孟子心切救世。却不代庖道理。此是孟子不受祿不應召道理。同異異同先後一脈。却論古。不是解嘲。

責善朋友之道也父子責善賊恩之大者（此理他原認不得）夫章子豈不欲有夫妻子母之屬哉（言之惻然）為得罪於父不得近（以身替父）出妻屛子終身不養焉（無私心却）其設心以為不若是（未當理）是則罪之大者是則章子已矣（恰得其平）

○曾子居武城（兩案又拗）有越寇或曰寇至盍去諸曰無寓人於我室（恁不關心）毀傷其薪木寇退則曰修我墻屋我將反寇退曾子反左右曰（似是解人）待先生如此其忠且敬也寇至則先去以為民望寇退則反殆於（以斷作案）不可沈猶行曰是非汝所知也昔沈猶有負芻

上節先生此君字已伏就

前章從一面映照，此則兩面各開。前篇玲瓏，此篇莊嚴。

他道個異，自非同中人與說個同，又作異觀矣。

姑作奚落快論，打動羞惡良心。足令行者迴頭，望者却步。一片救迷婆心，不是

之禍，從先生者七十人，未有與焉（是个痴漢）。子思居於衛，有齊寇。或曰：「寇至，盍去諸？」子思曰：「如伋去，君誰與守？」（恁、關、心）孟子曰：「曾子、子思同道（點破、體解）。曾子，師也，父兄也；子思，臣也，微也（足、同、道）。曾子、子思易地則皆然。」

○儲子曰：「王使人瞯夫子（詭、秘），果有以異於人乎？」（有因、異、字、詭）孟子曰：「何以異於人哉？堯舜與人同耳。」（語淺、理微）

○齊人有一妻一妾而處室者（注意、妻妾便入乞途，非累之也），其良人出，則必饜酒肉而後反。其妻問所與飲食者，則盡富貴（假、話、真）

十九

舌鋒唇劍。

乞人自為妻妾。妻妾自惡乞人。不是妻妾尚存氣骨。越見乞人全無身分。人疑措求為乞。其詞太甚。愚謂今乞為求。尚恐不屑。

驕諂原一套事。

求字分頭差去。所以處人對門之對得妻妾便見得

、情

也其妻告其妾曰良人出則必饜酒肉而後反（妻妾已卑俗再可堪訕泣）問其與飲食者盡富貴也而未嘗有顯者來吾將瞯良人之所之也蚤起施從良人之所之徧（、不、在、人、類、、句、道、盡）國中無與立談者卒之東郭墦間之祭者乞其（獨得）餘不足又顧而之他（龍、斷、衣、鉢）此其為饜足之道也其妻歸告其妾曰良人者所仰望而終身也今若此與其妾訕其良人而相泣於中庭（如聞喝道之聲）而良人未之知也施施從外來驕其妻妾（千仞崗頭）（說、不、出 不是說不盡）

由君子觀之則人之所以求富貴利達者其妻

君子。

不怨便是恝。不恝便是慕。舜終身不染恝字。一納頭做去。何嘗知是變知是孝

於我何哉。一覺罪過深重。難自識認。一是密搜細檢。恐有留餘。所謂不若是恝。

妻不羞也而不相泣者幾希矣

萬章上

萬章問曰舜往于田號泣（註。明。號。泣）于旻天何為其號泣也孟子曰怨慕也

萬章曰父母愛之喜而不忘父母惡之勞而不怨然則舜怨乎（下註怨慕）曰長息問於公明高曰舜往于田則吾既得聞命矣號泣于旻天于父母則吾不知也公明高曰是非爾所知也（非薄息是舜高）夫公明高以孝子之心為不若是恝我竭力耕田共為子職

（以。反。爲。正。）

下孟　二十

直是放不下。無了休。

以舜事襯得怨慕切。

就上節細加咀嚼。姑作頓宕合兩節看舜終身別無事。

而已矣父母之不我愛於我何哉

帝使其子九男二女百官牛羊倉廩備以事舜

於畎畝之中天下之士多就之者帝將胥天下

喻映本節。

而遷之焉為不順於父母如窮人無所歸

從怨慕脫出憂字

天下之士悅之人之所欲也而不足以解憂好

色人之所欲妻帝之二女而不足以解憂富人

數憂字。寫出天理流行

之所欲富有天下而不足以解憂貴人之所欲

一揔越有勢

貴為天子而不足以解憂人悅之好色富貴無

寫出慕字。

足以解憂者惟順於父母可以解憂

借他人襯得慕字真。
大孝者。不失其赤子之心者也。
四節兩截。兩事一心。上半應當不告下半應當喜聖人只平平應去。人只向瞍。象上看舜只向自身上看只覺不盡分。
帝亦平平處之。不令由瞍。不令由舜上節餘波

人少則慕父母、、、、知好色則慕少艾有妻子則慕妻子仕則慕君不得於君則熱中大孝終身慕（上慕字私了）（不。若。是。）父母五十而慕者予於大舜見之矣（恝。）

○萬章問曰詩云娶妻如之何必告父母信斯（從、）言也宜莫如舜舜之不告而娶何也孟子曰告（、告翻進、）（又從不得娶翻進）則不得娶男女居室人之大倫也如告則廢人之大倫以懟父母是以不告也（註明不字、）

萬章曰舜之不告而娶則吾既得聞命矣帝之妻舜而不告何也曰帝亦知告焉則不得妻也（、故、以、君、治之、、影、出、舜、）

章只管援事。孟子却只論舜章胸中放不過殺字。舜胸中只一個弟字。

象自僞。舜自誠。章見是象舜見是弟。

萬章曰父母使舜完廩捐階瞽瞍焚廩使浚井出從而揜之象曰謨蓋都君咸我績牛羊父母倉廩父母干戈朕琴朕弤朕二嫂使治朕棲象往入舜宮舜在牀琴象曰鬱陶思君爾忸怩舜

却似个舜

曰惟茲臣庶汝其于予治不識舜不知象之將殺己與

舜心瑩靜。。。天理人情。。。

曰奚而不知也象憂亦憂象喜亦喜

從喜字翻進

曰然則舜僞喜者與曰否昔者有饋生魚於鄭子產子產使校人畜之池校人烹之反命曰始舍之圉圉焉少則洋洋焉攸然而逝子產曰得

愛弟是主愛有庳旁及不。是衡有會周全底聖人原。是從無相反背底道理。

其所哉得其所哉校人出曰孰謂子産智予既烹而食之曰得其所哉得其所哉故君子可欺○天○理○人○情○○○○天○以其方難罔以非其道彼以愛兄之道來故誠○理○人○情○丶完否丶字信而喜之奚偽焉

○萬章問曰象日以殺舜為事立為天子則放之何也孟子曰封之也或曰放焉邁○過○以○去丶丶丶

萬章曰舜流共工于幽州放驩兜于崇山殺三苗于三危殛鯀于羽山四罪而天下咸服誅不仁也象至不仁封之有庳有庳之人奚罪焉仁

二十二

孟

渻了封字。

放字從或來。不從事來。

句倒、裝甚、不平

人固如是乎在他人則誅之在弟則封之曰仁

只、認、得弟　封、字、根、源、

人之於弟也不藏怒焉不宿怨焉親愛之而已

、顧赶出封字　極平、

矣親之欲其貴也愛之欲其富也封之有庳富

、常、事、反足

貴之也身為天子弟為匹夫可謂親愛之乎

敢問或曰放者何謂也曰象不得有為於其國

平平處置　正、答、放、字

天子使吏治其國而納其貢稅焉故謂之放豈

兼全有庳　申明、使、吏、歐、倒、或、曰歸併親愛

得暴彼民哉雖然欲常常而見之故源源而來

較或可信

不及貢以政接于有庳此之謂也

○咸丘蒙問曰語云盛德之士君不得而臣父

只明堯在舜未為天子而民無二王一語大義凜然

不得而子舜南面而立堯帥諸侯北面而朝之瞽瞍亦北面而朝之舜見瞽瞍其容有蹙孔子曰於斯時也天下殆哉岌岌乎不識此語誠然乎哉孟子曰否此非君子之言齊東野人之語

○指○明○事○理○對語云

也堯老而舜攝也堯典曰二十有八載放勳乃徂落百姓如喪考妣三年四海遏密八音孔子

對

孔子曰 反言以見必無

曰天無二日民無二王舜既為天子矣又帥天下諸侯以為堯三年喪是二天子矣

咸丘蒙曰舜之不臣堯則吾既得聞命矣詩云

蒙

非臣之問。原無可置。辨。只
與説詩。說孝。說舜事瞍。末
句一點。別見天日。

陡入天大議論。不用再說
無朝瞍事。

普天之下莫非王土率土之濱莫非王臣而舜
上語云
既為天子矣敢問瞽瞍之非臣如何曰是詩也
先
解詩
非是之謂也勞於王事而不得養父母也曰此
莫非王事我獨賢勞也故說詩者不以文害辭
示學法
以者自痴
不以辭害志以意逆志是為得之如以辭而已
矣雲漢之詩曰周餘黎民靡有孑遺信斯言也
非辭之病
是周無遺民也
指明个孝
孝子之至莫大乎尊親尊親之至莫大乎以天
從既為天子另開生面
下養為天子父尊之至也以天下養養之至也

因糧於敵野言忽成雋語。
只明與字屬與乎天驗天乎人。
明白曉亮　兩章天字作
理便説不去堯舜禹各循
其理之天而與賢與子一
聽氣數之天而毫無容心
盖天兼理氣氣有盛衰而
理亦因之氣盛則理亦盛
故只見理氣衰則理衰便
只見氣堯舜循理而行堯

詩曰永言孝思孝思維則此之謂也
書曰祇載見瞽瞍夔夔齊栗瞽瞍亦允若是爲（只説舜事瞍）（黙一行）
父不得而子也（成一句）
○萬章曰堯以天下與舜有諸孟子曰否天子（理正句）
不能以天下與人
然則舜有天下也孰與之曰天與之（逐層剥進）（句又奇）
天與之者諄諄然命之乎
曰否天不言以行與事示之而已矣（越説越平實）
曰以行與事示之者如之何曰天子能薦人於

舜如此。天亦如此。渾合無間到禹氣稍衰了。禹依着理如此。天便有些拘到孟子時。竟是勢了。直與理作對。所以邵子分出皇帝王伯。

只是付他事。看天命如何。百神享只是陰陽和風雨時。

與字理明。儘可結局。

天不能使天與之天下諸侯能薦人於天子不（兩陪更顯）能使天子與之諸侯大夫能薦人於諸侯不能（君臣合一 隨薦便與天人合一）使諸侯與之大夫昔者堯薦舜於天而天受之（理亦如此）暴之於民而民受之故曰天不言以行與事示（添个民更平實）之而已矣

曰敢問薦之於天而天受之暴之於民而民受之如何曰使之主祭而百神享之是天受之使（辭受字平寔）之主事而事治百姓安之是民受之也天與之人與之故曰天子不能以天下與人

又從受遏証與。

是証上節。是結通章。

表禹。妙不沾禹。從益說。從

●就丶舜丶遏說是與字後識

舜相堯二十有八載非人之所能為也天也堯崩三年之喪畢舜避堯之子於南河之南天下諸侯朝覲者不之堯之子而之舜訟獄者不之堯之子而之舜謳歌者不謳歌堯之子而謳歌舜故曰天也夫然後之中國踐天子位焉而居堯之宮逼堯之子是篡也非天與也

音 擊 與丶字丶歸丶結丶 反

要知民在天中

泰誓曰天視自我民視天聽自我民聽此之謂也

○萬章問曰人有言至於禹而德衰不傳於賢

啓說通前徹後說指明天。自見不干禹事。結出義一。可想禹自循理樂天。行所無事

只自了了。亦明益之不有。

而傳於子有諸孟子曰否不然也天與賢則與（非禹也 ○案○如○山○立○）

○妙○不○卑○舉○ ○ ○ 、為、禹、援、例、

賢天與子則與子昔者舜薦禹於天十有七年（、不、干、）

舜崩三年之喪畢禹避舜之子於陽城天下之（、舜、事、）

民從之若堯崩之後不從堯之子而從舜也禹（、禹、事、已、畢）

薦益於天七年禹崩三年之喪畢益避禹之子（、何、干、禹、事、）

於箕山之陰朝覲訟獄者不之益而之啓曰吾

君之子也謳歌者不謳歌益而謳歌啓曰吾君

之子也（故作停頓）（賢一面）

丹朱之不肖舜之子亦不肖舜之相堯禹之相

自見非禹之不傳。

舜也歷年多施澤於民久啓賢能敬承繼禹之

子一面

道益之相禹也歷年少施澤於民未久舜禹益

好傳 頻 再

○相去久遠其子之賢不肖皆天也非人之所能

一總○ 才○下○斷○ ○ ○ 節○遇○禹○

為也莫之為而為者天也莫之致而至者命也

匹夫而有天下者德必若舜禹而又有天子薦

之者故仲尼不有天下

繼世以有天下天之所廢必若桀紂者也故益

賓主、

伊尹周公不有天下

、姑、混、、、、、

、接、疏 伊尹

伊尹相湯以王於天下湯崩太丁未立外丙二

原只各依各理。各做各事。不管禪與繼。不問一不一。俚而背不足辨只極力寫伊尹。從耕時寫伊尹一層。具大本領見大操持。

年仲壬四年太甲顛覆湯之典刑伊尹放之於桐三年太甲悔過自怨自艾於桐處仁遷義三年以聽伊尹之訓己也復歸於亳

周公又不細既　賓主越混越分明

周公之不有天下猶益之於夏伊尹之於殷也

蒙他至於二字

孔子曰唐虞禪夏后殷周繼其義一也

○萬章問曰人有言伊尹以割烹要湯有諸

從頭寫伊尹　二生受

孟子曰否不然伊尹耕於有莘之野而樂堯舜

用　射要

之道焉非其義也非其道也祿之以天下弗顧

字　射割

也繫馬千駟弗視也非其義也非其道也一介

從聘時寫伊尹一層是學成自在相。

從應聘寫伊尹一層舉而措之具大作用。

述其言是渾伊尹。

不以與人一介不以取諸人

湯使人以幣聘之囂囂然曰我何以湯之幣聘為哉我豈若處畎畝之中由是以樂堯舜之道哉

湯三使往聘之既而幡然改曰與我處畎畝之中由是以樂堯舜之道吾豈若使是君為堯舜之君哉吾豈若使是民為堯舜之民哉吾豈若於吾身親見之哉

樂字層樓

洞見本源

天之生此民也使先知覺後知使先覺覺後覺

二十七

推其心。是眞伊尹。此節固是一總。細看空中盤旋。絶妙停頓。

枉字引出辱字。歸到潔字。明射割烹。妙偏不粘伊尹。

也。予天民之先覺者也。予將以斯道覺斯民也。非予覺之。而誰也。

直趕節末。通節是个大停頓。

思天下之民。匹夫匹婦有不被堯舜之澤者。若

姤作停頓

己推而內之溝中。其自任以天下之重如此。故就湯而說之。以伐夏救民。

分明下斷。妙似閑中立論。

吾未聞枉己而正人者也。況辱己以正天下者

不止伊尹。越信得伊尹。

射。

乎。聖人之行不同也。或遠或近。或去或不去。歸

要湯。

潔其身而已矣。

以諸語析理詞

吾聞其以堯舜之道要湯。未聞以割烹也。

往公山佛肹。救時熱腸。主癰疽瘠環類割烹食牛矣。只從主字翻剝。叱從孔子下斷。

爲孔子。不重主字。

就主字寫孔子。

番伊尹非不割烹便了伊尹丶丶

伊訓曰天誅造攻自牧宮朕載自亳

○萬章問曰或謂孔子於衛主癰疽於齊主侍人瘠環有諸乎孟子曰否不然也好事者爲之也

虛駁

便。就衛主顏讎由證

於衛主顏讎由彌子之妻與子路之妻兄弟也彌子謂子路曰孔子主我衛卿可得也子路以告孔子孔子曰有命

不重主由原爲討取有命二字

丶丶丶丶丶。○固○是○難○進○易○退○亦○見○孔○子。○全○身○

孔子進以禮退以義得之不得曰有命而主癰疽與侍人瘠環是無義無命也

丶不丶似丶孔丶子丶丶

孔子不悅於魯衛遭宋桓司馬將要而殺之微

就他源句駁之。

事不足信。却無憑據。妙只証明賢智可謂善斷無影

憑空立案。在虞只有不諫二字。

服而過宋是時孔子當阨主司城貞子為陳侯周臣

（對於衛於齊悉處見）（慎）

吾聞觀近臣以其所為主觀遠臣以其所主若孔子主癰疽與侍人瘠環何以為孔子

（陪）（重擧主字）（重到孔子）

萬章問曰或曰百里奚自鬻於秦養牲者五羊之皮食牛以要秦穆公信乎孟子曰否不然好事者為之也

百里奚虞人也晉人以垂棘之璧與屈產之乘假道於虞以伐虢宮之奇諫百里奚不諫

（妙與問無涉）

憑空下斷。只是個賢知不為於無証佐中。說得確然可據。

各一字。見全身。集字函盡

蒙不諫來通節都從此句取出

知虞公之不可諫而去之秦年已七十矣曾不知以食牛干秦穆公之為汙也可謂知乎不可

不

諫一証

諫而不諫可謂不知乎知虞公之將亡而先去

知亡

一証

之不可謂不智也時舉於秦知穆公之可與有

知與一証

即蒙相字拖出賢字

行也而相之可謂不知乎相秦而顯其君於天

又是憑頭

下可傳於後世不賢而能之乎自鬻以成其君鄉黨自好者不為而謂賢者為之乎

萬章下

從自身說起

漸開

孟子曰伯夷目不視惡色耳不聽惡聲非其君

下孟

孔子邊界。知字覷破孔子機關。

去

不事非其民不使治則進亂則退橫政之所出橫民之所止不忍居也思與鄉人處如以朝衣（又細入）朝冠坐於塗炭也（清）當紂之時居北海之濱以待天下之清也（字旁見●）故聞伯夷之風者頑夫廉（不干頑）懦夫有（懦）立志

、、開口便有擔當肯作為

伊尹曰何事非君何使非民治亦進亂亦進曰天之生斯民也使先知覺後知使先覺覺後覺予天民之先覺者也予將以此道覺此民也思（孔孟周流另一色）天下之民匹夫匹婦有不與被堯舜之澤者若

巳推而内之溝中其自任以天下之重也　任字正見邦吃力
丶丶丶　本領
柳下惠不羞汚君不辭小官進不隱賢必以其
道遺佚而不怨阨窮而不憫與鄉人處由由然不
是曠達
不忍去也爾為爾我為我雖袒裼裸裎於我側
爾焉能浼我哉故聞柳下惠之風者鄙夫寬薄
夫敦
丶丶丶丶引二小事便用丶意丶
孔子之去齊接淅而行去魯曰遲遲吾行也去　二句從上二事看出　二句
父母國之道也可以速而速可以久而久可以
從上拖出　何丶等丶鄭丶重
處而處可以仕而仕孔子也

廿

下孟

斷仍平似一總紮非煞語好停頓

單摘孔子集大成較賢於堯舜生民未有等更確實

又就智聖二字細味之結偏不露智字可想孔子可想三子通體玲瓏

道理熟經綸大故能脫口簡明不必定與周禮王制較異同

孟子曰伯夷聖之清者也伊尹聖之任者也柳下惠聖之和者也孔子聖之時者也（各到絕頂各到自然）（時字註孔子原包三聖）孔子之謂集大成集大成也者金聲而玉振之也金聲也者始條理也玉振之也者終條理也（聲振始終俱活字條理似）始條理者智之事也終條理者聖之事也（三聖一路赶出智聖）智譬則巧也聖譬則力也由射於百步之外也其至爾力也其中非爾力也（一齊照見）

○北宮錡問曰周室班爵祿也如之何

孟子曰其詳不可得聞也（探不可得已見欲）諸侯惡其害己也而

爵自天班。祿自耕班。

三天子名分禀然。

無班

皆去其籍然而輙也嘗聞其畧也

頒爵者統天下

天子一位公一位侯一位伯一位子男同一位

統一國

凡五等也君一位卿一位大夫一位上士一位

中士一位下士一位凡六等

天子統君故十之

天子之制地方千里公侯皆方百里伯七十里

子男五十里凡四等不能五十里不達於天子

附於諸侯曰附庸

以天子故

天子之卿受地視侯大夫受地視伯元士受地

視子男

量地班祿。君已有差。

君統國故十之

大國地方百里君十卿祿卿祿四大夫大夫倍上士上士倍中士中士倍下士下士與庶人在官者同祿祿足以代其耕也

次國地方七十里君十卿祿卿祿三大夫大夫倍上士上士倍中士中士倍下士下士與庶人在官者同祿祿足以代其耕也

小國地方五十里君十卿祿卿祿二大夫大夫倍上士上士倍中士中士倍下士下士與庶人在官者同祿祿足以代其耕也

祿自耕出。仍自耕班。註明上三衆句。上至天子。亦只代耕。不用繳還。

友德是主腦。天子友匹夫。是絕頂。妙多階級入舜才不唐突。不同泛常引証。

不挾、、德。兩面俱見。

耕者之所獲一夫百畝百畝之糞上農夫食九人上次食八人中食七人中次食六人下食五人庶人在官者其祿以是為差

（註明耕）（註明代）

○萬章問曰敢問友孟子曰不挾長不挾貴不挾兄弟而友友也者友其德也不可以有挾也

（根）（先除挾字病）（一○語了○了）（再一足）（单抽挾貴說去）

孟獻子百乘之家也有友五人焉樂正裘牧仲其三人則予忘之矣獻子之與此五人者友也無獻子之家者也此五人者亦有獻子之家則不與之友矣

友字直通天徹地。

□行龍。至此結穴。亦饗

漸升上去

非惟百乘之家為然也雖小國之君亦有之費

重讀、、、

惠公曰吾於子思則師之矣吾於顏般則友之

陪襯

矣王順長息則事我者也

重讀、、、、、

絶好層次

非惟小國之君為然也雖大國之君亦有之晉

平公之於亥唐也入云則入坐云則坐食云則

接食字

一解上面俱精神

食雖疏食菜羹未嘗不飽蓋不敢不飽也然終

駁平公束上便起下

於此而已矣弗與共天位也弗與治天職也弗

尊賢代友德

與食天祿也士之尊賢者也非王公之尊賢也

遞升至此不覺險峻

取出友字、

舜尚見帝帝館甥於貳室亦饗舜迭為賓主是

舜七字究如朋友往來。
結出義一一般平常。
道是主腦。兆是因應。是不為門。甚傳頭是解倒懸婆心。
恭便可受。

天子而友匹夫也（友、德、絕、頂、）
用下敬上謂之貴貴用上敬下謂之尊賢貴貴（貴貴正指高尊賢一）
尊賢其義一也（字勢側）
○萬章問曰敢問交際何心也孟子曰恭也（惡其取故擬其心）
曰卻之卻之為不恭何哉曰尊者賜之曰其所（從這面問因惡其取）（畫出）
取之者義乎不義乎而後受之以是為不恭故（不恭）
弗卻也
（委曲全卻惡其取也）
曰請無以辭卻之以心卻之曰其取諸民之不（又不至不恭）（卻之根）
義也而以他辭無受不可乎曰其交也以道其（只論當下）

卌三

丁孟

桀自不可受○

接也以禮斯孔子受之矣（引孔子）

萬章曰今有禦人於國門之外者其交也以道其餽也以禮斯可受禦與曰不可康誥曰殺越人於貨閔不畏死凡民罔不譈是不待教而誅者也殷受夏周受殷所不辭也於今為烈如之何其受之

（宕出受底式樣）

（主見道出過章發脉）

曰今之諸侯取之於民也猶禦也苟善其禮際矣斯君子受之敢問何說也曰子以為有王者作將比今之諸侯而誅之乎其教之不改而後

（法理一套）

賜自可受。

一兆字既明受字。

說孔子有不消再說不必卻。

豈是真盜

誅之乎夫謂非其有而取之者盜也克類至義之盡也孔子之仕於魯也（三引孔子）魯人獵較孔子亦獵較獵較猶可而況受其賜乎

曰然則孔子之仕也非事道與曰事道也（大主腦）事道奚獵較也（擎法本道）曰孔子先簿正祭器（大運用）不以四方之食供簿正（去齊數章）曰奚不去也（求頭）曰為之兆也（事道也）兆足以行矣而不行而後去是以未嘗有所終三年淹也

孔子有見行可之仕（三引孔子三幅神理）有際可之仕有公養之仕於季桓子見行可之仕也（又証有字）於衛靈公際可之仕

孟

重宜字。從仕字擧出最下一派。郡自斟酌妥當。甚事可輕易過去。

斟酌取宜。非度才量力。不其本心也。

宜字躍然。餘光遠到。

也於衛孝公公養之仕也 恰應交際

○孟子曰仕非為貧也而有時乎為貧娶妻非 指丶高仕丶丶丶丶丶低丶落丶

為養也而有時乎為養

為貧者辭尊居卑辭富居貧 丶丶指丶斟酌

辭尊居卑辭富居貧惡乎宜乎抱關擊柝 ●

丶丶式樣

孔子嘗為委吏矣曰會計當而已矣嘗為乘田 也要當也要長

矣曰牛羊茁壯長而已矣 不犯此丶罪丶

位卑而言高罪也立乎人之本朝而道不行恥 不蒙此丶

也 恥丶

養是回頭繳足篇際。託不敢。餽可受君命不可繼。指辭極明。却俱不着緊一路。遞到繳字為一章結穴。

援諸侯。又援氓。不敢比君。

又不敢比臣。

○萬章曰士之不託諸侯何也孟子曰不敢也諸侯失國而後託於諸侯禮也士之託於諸侯非禮也

萬章曰君餽之粟則受之乎曰受之受之何義也曰君之於氓也固周之

曰周之則受賜之則不受何也曰不敢也曰敢問其不敢何也曰抱關擊柝者皆有常職以食於上無常職而賜於上者以為不恭也

曰君餽之則受之不識可常繼乎曰繆公之於

注明不悅。歷倒養字。

復趙比堯只完王公事

子思也亟問亟餽鼎肉子思不悅於卒也摽使（直射節末）
者出諸大門之外北面稽首再拜而不受曰今
而後知君之犬馬畜伋蓋自是臺無餽也悅賢（只此便了）（繼）（中無可又不能常）
不能舉又不能養也可謂悅賢乎
曰敢問國君欲養君子如何斯可謂養矣曰以
君命將之再拜稽首而受其後廩人繼粟庖人
繼肉不以君命將之子思以為鼎肉使已僕僕（道字拖下）
爾亟拜也非養君子之道也（言援道字）
堯之於舜也使其子九男事之二女女焉百官

是悅賢規式。非為賢高聲價。

見由士。召由君。分出不敢不可不見。覺兩面俱要

合上節就士邊說駁倒見字。

此五節就諸侯邊說駁倒召字。

牛羊倉廩備以養舜於畎畝之中後舉而加諸上位故曰王公之尊賢者也

○萬章曰敢問不見諸侯何義也孟子曰在國曰市井之臣在野曰草莽之臣皆謂庶人庶人不傳質為臣不敢見於諸侯禮也

以禮自處

萬章曰庶人召之役則往役君欲見之召之則不往見之何也曰往役義也往見不義也

直據庶人

說得義真

且君之欲見之也何為也哉曰為其多聞也為其賢也曰為其多聞也則天子不召師而況諸

以友字映出不可召。

侯乎為其賢也則吾未聞欲見賢而召之也
繆公亟見於子思曰古千乘之國以友士何如
子思不悅曰古之人有言曰事之云乎豈曰友
之云乎子思之不悅也豈不曰以位則子君也
我臣也何敢與君友也以德則子事我者也奚
可以與我友千乘之君求與之友而不可得也
而況可召與
齊景公田招虞人以旌不至將殺之志士不忘
在溝壑勇士不忘喪其元孔子奚取焉取非其

從諸侯歸到士現出賢字身分。

招不往也 姑作停頓 其中無士

曰敢問招虞人何以曰以皮冠庶人以旃士以

旂大夫以旌

以大夫之招招虞人虞人死不敢往以士之招 招便是不賢待之

招庶人庶人豈敢往哉況乎以不賢人之招招

賢人乎

欲見賢人而不以其道猶欲其入而閉之門也 ●蒙門●字●來 ○不○見○本○領○不○見○把○柄○ ● ●

○夫義路也禮門也惟君子能由是路出入是門 諸侯視蔑者耳

也詩云周道如底其直如矢君子所履小人所

臨去秋波。
是從下來務到此非向上
去要到彼一氣直冲友字
直無邊際從尚論想友
字各有工夫。
論其世是誦讀實際。

觀
萬章曰孔子君命召不俟駕而行然則孔子非
蒙上孔子來
與曰孔子當仕有官職而以其官召之也
註明孔子却自廻映前文
○孟子謂萬章曰一鄉之善士斯友一鄉之善
源發尚友
士一國之善士斯友一國之善士天下之善士
斯友天下之善士
何事着得足字非自空一世
以友天下之善士為未足又尚論古之人頌其
一套事分兩層繙尚論是出尚友
詩讀其書不知其人可乎是以論其世也是尚
友也

只有個正以正爲異故道不行任他異我只正見聖賢本領操持。

宣王圖七雄圖。

仍是警不止慰。

言畢兩下全没交涉。

○齊宣王問卿孟子曰王何卿之問也王曰卿不同乎曰不同有貴戚之卿有異姓之卿王曰請問貴戚之卿曰君有大過則諫反覆之而不聽則易位

王勃然變乎色

曰王無異也王問臣臣不敢不以正對

王色定然後請問異姓之卿曰君有過則諫反覆之而不聽則去

告子上

他自勿求於心。故只駁倒他。不正說道理。也自照見

此章只駁倒以字。為字。原是順杞柳之性而以為桮棬。他却不能。

他原認不得水。故只消指明水。

四章多少猶字。告子個個本心。孟子個個本天

告子曰性猶杞柳也義猶桮棬也以人性為仁（字△病）義猶以杞柳為桮棬

孟子曰子能順杞柳之性而以為桮棬乎將戕（從為字味出）賊杞柳而後以為桮棬也如將戕賊杞柳而以為桮棬則亦將戕賊人以為仁義與率天下之人而禍仁義者必子之言夫（為字落底）

○告子曰性猶湍水也決諸東方則東流決諸西方則西流人性之（字△病）無分於善不善也猶水之無分於東西也

撥他無分。

從有不善說。使字破他決字。

告子不知性。並不知生。故只駁他生字。並不正指生字。

猶字牽强。他然字也欠自

孟子曰水信無分於東西無分於上下乎人性之善也猶水之就下也人無有不善水無有不下

（使從水來）（原無分）

今夫水搏而躍之可使過顙激而行之可使在山是豈水之性哉其勢則然也人之可使為不善其性亦猶是也

（俱蒙決字）（勢字不自然）（豈性哉）（病源）

○告子曰生之謂性

（直摘他心中生字）

孟子曰生之謂性也猶白之謂白與曰然白羽之白也猶白雪之白白雪之白猶白玉之白與

（看之字生原不同）

廿九

原缺第三十九葉下至第四〇葉上

然。

折倒他之謂性三字。

長在外。長之在内。多不是。

義嗜處是義。他原借仁作

陪。孟子也並不說仁。

曰然

然則犬之性猶牛之性牛之性猶人之性與（犬牛人抵他生字）

○告子曰食色性也仁内也非外也義外也非（已作仁字註解故下只言義）

内也

孟子曰何以謂仁内義外也（真是不解）曰彼長而我長之

非有長於我也猶彼白而我白之從其白於外

也故謂之外也

曰異於白馬之白也無以異於白人之白也不（破他猶字）（此際大有裁制豈可云猶）

識長馬之長也無以異於長人之長與且謂長

只言明性善彼非不用細
敘從情驗性拖出才字添
出思字求字結出好字一
齊貫法

性是水之源情是水之流
才是流之能下好字又效
情而運才者總此一派

○公都子曰告子曰性無善無不善也（竟是為惡不妨）
（二說頗知分善惡却少上一層認賊作子）
或曰性可以為善可以為不善是故文武興則
民好善幽厲興則民好暴
或曰有性善有性不善是故以堯為君而有象（尊）
以瞽瞍為父而有舜以紂為兄之子且以為君（親）（兼之）
而有微子啓王子比干
今曰性善然則彼皆非與（故、而、已、矣）
孟子曰乃若其情則可以為善矣乃所謂善也（應、白、性、善）
（反勘）（才字為字）
若夫為不善非才之罪也

此節上二節註疏

只固有二字前兩無字兩
可以兩有字個個皆謬

舉情四個人皆有之寫其字對他皆
惻隱之心人皆有之羞惡之心人皆有之恭敬
字　指出性
之心人皆有之是非之心人皆有之惻隱之心
仁也羞惡之心義也恭敬之心禮也是非之心
三
智也仁義禮智非由外鑠我也我固有之也弗
說俱倒
思耳矣故曰求則得之舍則失之或相倍蓰而
無算者不能盡其才者也
並孔子曰歷他引述
詩曰天生蒸民有物有則民之秉夷好是懿德
幾個歷字以成孔子文章非釋詩
孔子曰為此詩者其知道乎故有物必有則民
之秉夷也故好是懿德

拈一同字。從轉引人入聖。

從凡落到人人聖類同。

從人証同。

心中故同字偏從不同說起

。孟子曰富歲子弟多賴凶歲子弟多暴非天

原同

之降才爾殊也其所以陷溺其心者然也

今夫麰麥播種而耰之其地同樹之時又同浡

從不同說同

稟　遇

然而生至於日至之時皆熟矣雖有不同則地

人力

有肥磽雨露之養人事之不齊也

故凡同類者舉相似也何獨至於人而疑之聖

人與我同類者

故龍子曰不知足而為屨我知其不為蕢也屨

之相似天下之足同也

四二

丁孟

耆字為下然字伏根。從口
耳目引出心。漸漸剝出同
字是第一義。着眼易牙。師
曠子都。要入從同期聖。

漸漸深去　味聖　聖本同人
口之於味有同耆也易牙先得我口之所耆者
姑作曲折
也如使口之於味也其性與人殊若犬馬之與
我不同類也則天下何耆皆從易牙之於味也
外勢向上　內勢向下
至於味天下期於易牙是天下之口相似也
不勝校舉　聲聖
惟耳亦然至於聲天下期於師曠是天下之耳
相似也
足　色聖　友
惟目亦然至於子都天下莫不知其姣也不知
外勢亦向下
子都之姣者無目者也
一總三節勢皆向下
故曰口之於味也有同耆焉耳之於聲也有同

從人落到心。味期易牙。理義何不期聖人。原是同來。儘可同去。只要人不失其心。（正喻）並峙兩相映發日夜之息可想天地化机。人物生理不同泛常設喻。生机便是生理。此際正須微會。

聽焉、目之於色也有同美焉、至於心獨無所同然乎、心之所同然者何也謂理也義也聖人先得我心之所同然耳（然字拖。出。悅字引入。當銜。）故理義之悅我心猶芻豢之悅我口。

。孟子曰牛山之木（合濯濯）嘗美矣以其郊於大國也（私欲勢頭）斧斤（欲鋒可畏）伐之可以為美乎是其日夜之所息（理）雨露之所潤（氣）非無萌蘖之生焉（曲）（層層剝削種種殘害）牛羊又從而牧之是（山）以若彼濯濯也（點醒）人見其濯濯也以為未嘗有材焉（水材性俱死字）此豈山之性也哉息是良心。平旦是氣。用此清氣。可養良心。不是教人養夜氣。心存則氣常清。正意却只是固有而自失之。

操養皆兼動靜。明令趁夜

含禽獸

雖存乎人者豈無仁義之心哉其所以放其良

心者亦猶斧斤之於木也旦旦而伐之可以為

理　氣　本體未息

美乎其日夜之所息平旦之氣其好惡與人相

極熟極敏　層次

近也者幾希則其旦晝之所為有梏亡之矣梏

多叢衆　暢寫愉

之反覆則其夜氣不足以存夜氣不足以存則

中來及

其違禽獸不遠矣人見其禽獸也而以為未嘗

心字才字情字俱活字

有才焉者是豈人之情也哉

兼來伐牧已伐牧兩層

故苟得其養無物不長苟失其養無物不消

操字統完　重舉心

孔子曰操則存舍則亡出入無時莫知其鄉惟

下孟

氣操養。

若果專心致志。寒、何由至。

而諂諛蒙君。罪自難恕。故

作兩層。

宵小為害至此。

畢竟王也自誤。

字

心之謂與

○孟子曰無或乎王之不智也（双、縮、、、、、、、）

雖有天下易生之物也一日暴之十日寒之未

有能生者也吾見亦罕矣吾退而寒之者至矣（宵、小、竊、窺、情、景、宛、）然

吾如有萌焉何哉

今夫奕之為數小數也不專心致志則不得也（極、力、二、擊、）

奕秋通國之善奕者也使奕秋誨二人奕其一（極）

人專心致志惟奕秋之為聽一人雖聽之一心（力描寫）（此喻原惟君所欲）

以為有鴻鵠將至思援弓繳而射之雖與之俱

四四

七節則字。通章轉開。前六節只是本心皆有七節則字扭轉直逼失字。末句結明。是受字來由。是受字結果。

從生味出甚字。有字源於本心。

運下節一反一正。上兩有

學弗若之矣爲是其智弗若與曰非然也（冷然而止）

○孟子曰魚我所欲也（借情欲陪引）熊掌亦我所欲也二者不可得兼舍魚而取熊掌者也（自然如此）生亦我所欲也義亦我所欲也二者不可得兼舍生而取義者也（極平常原是本心）

生亦我所欲（蒙舍生來）所欲有甚於生者故不爲苟得也死亦我所惡（死字從舍字出）所惡有甚於死者故患有所不辟也

如使人之所欲莫甚於生則凡可以得生者何（偏去）

字的實。

從有字綻出皆字。

說到行乞才是皆有。下接

則字才有力

則字有千斤力。受字無

問他

不用也使人之所惡莫甚於死者則凡可以辟

患者何不為也

人人會舍生莫解其故至此當大覺悟

由是則生而有不用也由是則可以辟患而有

不為也

以甚于生甚于死代義字妙極

是故所欲有甚於生者所惡有甚於死者非獨

賢者有是心也人皆有之賢者能勿喪耳

不脫生死二字

一簞食一豆羹得之則生弗得則死嘑爾而與

居然舍生取義

之行道之人弗受蹴爾而與之乞人不屑也

萬鍾則不辨禮義而受之萬鍾於我何加焉為

丁謂
毫味。
絶妙跌蕩。三為之代受字。
寫出多少違心昧己。隱忍遷就情態
受萬鍾者。當自笑無謂。
指明仁義一層。示人學問把握一層。
言放心後大有事在。

宮室之美妻妾之奉所識窮乏者得我與（分明不如行乞）鄉為身死而不受今為宮室之美為之（妙是多抓開連喚）鄉為身死而不受今為妻妾之奉為之鄉為身死而不受今為所識窮乏者得我而為之（闇冷得）是亦不可以已乎（妙）此之謂失其本心

○孟子曰仁人心也（向內看）義人路也（向外看）舍其路而弗由（承義顛下便已歸併心字）放其心而不知求哀哉人有雞犬放則知求之（知求便不放不比雞犬要須求）有放心而不知求學問之道無他求其放心而已矣（學問總會處）

仍人有雞犬放節意以惡字提醒。

心一伸。多少愛用屈時真個不若人。

仍上意以愛字提醒。

衆上愛字斟進。分出大小。

○孟子曰今有無名之指屈而不信非疾痛害（頻跌）事也如有能信之者則不遠秦楚之路為指之（頻）不若人也（跌）指不若人則知惡之心不若人則不知惡此之（丶輕丶語丶奚落）謂不知類也

○孟子曰拱把之桐梓人苟欲生之皆知所以（欲生便知丶養丶）丶丶養之者至於身而不知所以養之者豈愛身不（不知養如何見得生撫丶）若桐梓哉弗思甚也（丶丶丶丶丶思丶便知丶）

○孟子曰人之於身也兼所愛兼所愛則兼所（在丶聖賢是丶合丶當丶在庸丶愚是昏蔽丶丶丶）

丁孟

別出聖凡。

體是身之分派。有字無字

養字皆於己取之。

疾字現出飲食之人情態。

養也無尺寸之膚不愛焉則無尺寸之膚不養（承兼字不是不教養小）（渾含耐想）

也所以考其善不善者豈有他哉於己取之而

已矣

體有貴賤有小大無以小害大無以賤害貴養（分明指出）（失）

其小者為小人養其大者為大人（大）（原不害小）

今有場師舍其梧檟養其樲棘則為賤場師焉（遠取諸物）（字狠）

養其一指而失其肩背而不知也則為狼疾人（近取諸身）（更狠）

也

飲食之人則人賤之矣為其養小以失大也（不算愛身）

上只寫養小一面。此又只寫養大一面。先立其大。便是所以養之。

飲食之人無有失也則口腹豈適爲尺寸之膚（便是養大）哉○公都子問曰鈞是人也或爲大人或爲小人何也孟子曰從其大體爲大人從其小體爲小人（○從○是○全○力○盡○性○）曰鈞是人也或從其大體或從其小體何也曰耳目之官不思而蔽於物物交物則引之而已（不思故小）（管着耳目）矣心之官則思思則得之不思則不得也此天之所與我者先立乎其大者則其小者不能奪（○○從○字○杜○脚○ ○從○思○令○卽○順○天○）

四七

孟下

要爵欲貴，總是養小一輩。

上下文意原相蒙。一套事截作兩段。古人占了上截。有體有用。今人只占下截，落個掃興。

從爵指出天，從貴指出良。總為迷人開路。昔從欲指出貴下一淡一濃。令人尋味。

能奪也。此為大人而已矣。（命。說。而。）

〇孟子曰：有天爵者，有人爵者。仁義忠信，樂善（從爵翻到天，從天降到人。兩有字發。）

不倦，此天爵也；公卿大夫，此人爵也。（源。明〇新〇原〇〇套〇事〇〇〇〇）

古之人修其天爵，而人爵從之。（一要字，修棄都只一路。）

今之人修其天爵，以要人爵；既得人爵，而棄其（醒之。又淡之。人欲肆。）

天爵，則惑之甚者也，終亦必亡而已矣。

〇孟子曰：欲貴者，人之同心也。人人有貴於己（向熱鬧場中一喚。貴字翻進。）

者，弗思耳。

人之所貴者，非良貴也。趙孟之所貴，趙孟能賤（蒙己字壓低貴字。更令那邊一氣無奇欲。）

借詩引出仁義充足可樂。
言飽句非釋詩。一收一放。
寫貴於己盡致。

仁據勝勢。爲仁要操全勝。
爲善不終。作惡罔極矣。若
不仁勝仁。却又當不得一
杯水。

上激此勉。從美字襯出熟。

之、、、、（言之有味妙爲衣食人說）、、
詩云既醉以酒既飽以德言飽乎仁義也所以
不願人之膏粱之味也令聞廣譽施於身所以（去貴字又加个人之真可發喔）
不願人之文繡也
。孟子曰人之勝不仁也猶水勝火今之爲仁（然、、、寫出明從勢焰）（理自如此、事却不）
者猶以一杯水救一車薪之火也不熄則謂之
水不勝火此又與於不仁之甚者也（爲火添薪、、、、）
亦終必亡而已矣（杯水終涸、、）
。孟子曰五穀者種之美者也苟爲不熟不如

四八

字之字統完工夫。
説裡甘苦。向後層級。須自尋討。不是到此便了。只是務從此來。
輕重異等。輕重又各異等。原是天則。不得任私顛倒。故只消揣那輕重便自了然。

莫稗夫仁亦在乎熟之而已矣

○孟子曰羿之教人射必至於彀學者亦必至於彀不成章不達

大匠誨人必以規矩學者亦必以規矩起手處 總會處

告子下

任人有問屋廬子曰禮與食孰重曰禮重引起

色與禮孰重

曰禮重曰以禮食則饑而死不以禮食則得食翻進

必以禮乎親迎則不得妻不親迎則得妻必親

食色可重。

禮重豈謂此。

淸他語病。兩取比全是私意。

不用安立意見平平各取重處比之。

迎乎

屋廬子不能對明日之鄒以告孟子孟子曰於答是也何有

不揣其本而齊其末方寸之木可使高於岑樓從食色說來

金重於羽者豈謂一鉤金與一輿羽之謂哉從禮說去

取食之重者與禮之輕者而比之奚翅食重取色之重者與禮之輕者而比之奚翅色重偏讓過重字

往應之曰紾兄之臂而奪之食則得食不紾則不得食則將紾之乎踰東家牆而摟其處子則

識致凡下。挾貴求安。仍
自親切指示道理八面圓
通工夫首尾畢該。
出交口為字毫無精神。孟
子只振刷个為字。勝字力
字舉字俱蒙為字。
一徐字。有原有委。便是滿

得妻不摟則不得妻則將摟之乎
則、將、對、射、必字
○曹交問曰人皆可以為堯舜有諸孟子曰然
佳句△出△庸△口△都△無△味
交聞文王十尺湯九尺今交九尺四寸以長食
粗惡狀
粟而已如何則可
抹倒次節 從、開口、一句、撿、出為字
曰奚有於是亦為之而已矣有人於此力不能
、、、便、勇決
勝一匹雛則為無力人矣今曰舉百鈞則為有
力人矣然則舉烏獲之任是亦為烏獲而已矣
只喚、為、字、
夫人豈以不勝為患哉弗為耳
親切指示 反覯
徐行後長者謂之弟疾行先長者謂之不弟夫

腔惻隱之心。便是宇宙恭和氣發。從疾字反照之。

上節指明堯舜可為。此節只是為便皆可。

上半章歸併為字。末歸併子字求字添為字精神。

世俗一層匡章一層小弁一層舜踞絕頂。舜是仁至。小弁分其一麟。尚是性匡章只是心世俗憒憒。

下五

徐行者豈人所不能哉所、不為也、堯舜之道孝、弟而已矣、何、難、為、

子服堯之服誦堯之言行堯之行是堯而已矣、從人跌入子從為見出頭！

子服桀之服誦桀之言行桀之行是桀而已矣、反逼可堯可桀不堯即桀

膏粱氣可厭

曰交得見於鄒君可以假館願留而受業於門、知字業受業來

曰夫道若大路然豈難知哉人病不求耳子歸、也、推也、細、

而求之有餘師

○公孫丑問曰高子曰小弁小人之詩也孟子

曰何以言之曰怨△

五十

一之

通章只疏明怨字。自難比舜，卻帶步慕。小弁分怨一枝。小弁之怨分親親一枝。小弁親親分仁一枝。是從稍倒寫直說，小弁仁也，便不得。

小弁比凱風更難。小弁不避磯。凱風不至疏，比來怨在上步。

小弁之怨。在慕字界內。

曰固哉高叟之為詩也（是見淺）有人於此越人關弓而射之則已談笑而道之無他疏之也（陪襯）其兄關弓而射之則已垂涕泣而道之無他戚之也（以淺形深）小弁之怨親親也親親仁也固矣夫高叟之為詩也

曰凱風何以不怨（借形好）

曰凱風親之過小者也小弁親之過大者也（反）親之過大而不怨是愈疏也（面看）親之過小而怨是不可磯也（愈字蒙過字）愈疏不孝也不可磯亦不孝也（反照）

孔子曰舜其至孝矣五十而慕（舉舜照小弁之怨尚不悖）

從遇後。分出一亡一王。末句一擊。令另換家當。

不利二字順口道出。一駁果然毫厘千里。

以利是直接。

○宋牼將之楚孟子遇於石丘（孟子有心）

曰先生將何之（原高秦儀）

曰吾聞秦楚構兵我將見楚王說而罷之楚王不悅我將見秦王說而罷之二王我將有所遇焉（他有成算故特指）（撥）

曰軻也請無問其詳願聞其指說之將何如（直搜病源）

曰我將言其不利也曰先生之志則大矣先生之號則不可（號發自志言更辭張）

言不利便是以利說

先生以利說秦楚之王秦楚之王悅於利以罷（牽強）

分明去仁義因懷利。去利因懷仁義。句却倒裝俱頂言其不利也。以仁義是大轉意轉詞平。兩節俱歸併先生以三字中。上無也字十分危險。此加也字十分安貼。

三軍之師是三軍之士樂罷而悦於利也（語滯驚怕）為人臣者懷利以事其君為人子者懷利以事其父（加）為人弟者懷利以事其兄是君臣父子兄弟終（終字重到仁義）去仁義懷利（偏際）以相接然而不亡者未之有也

先生以仁義說秦楚之王秦楚之王悦於仁義（自）而（然）罷三軍之師是三軍之士樂罷而悦於仁義（語帶欣幸）也為人臣者懷仁義以事其君為人子者懷仁義以事其父為人弟者懷仁義以事其兄是君臣父子兄弟（無終字重到仁義）去利懷仁義（偏緩）以相接也然而不王

只消末二句便了。中間閒閑引書釋書道理自屋廬傳出。極吞吐掩映之妙。

只舉為相。兩下俱照。省文之妙皆然。

應言其不利

者末之有也何必曰利

下原案各另　伏

○孟子居鄒季任為任處守以幣交受之而不

伏

報處於平陸儲子為相以幣交受之而不報

兩案拗

他日由鄒之任見季子由平陸之齊不見儲子

細心人

屋廬子喜曰連得間矣

問曰夫子之任見季子之齊不見儲子為其為

禮重辨

分

相與

撇過

似下句僻上句實上句引下句

曰非也書曰享多儀儀不及物曰不享惟不役

志于享

五二

點睛結。

一邉滑稽尖毒。三問層層逼來一邉冷峻氣象。三答高出天上末二句兩邉高下判然。令髡無可答曰。首問只嘲不能為人。閑舉幾個不同古人另出個仁字。不干去事。不消説他不識仁太陽行空限曲具照。

為其不成享也（應他為字）屋廬子悦（妙出屋廬子口）或問之屋廬子曰季子不得之鄒儲子得之平陸（更妙入屋廬子心）

○淳于髡曰先名實者為人也（主句先出）後名實者自為也（客句裝後）（救過自為）夫子在三卿之中名實未加於上下而去之仁者固如此乎

孟子曰居下位不以賢事不肖者伯夷也五就湯五就桀者伊尹也不惡汙君不辭小官者柳下惠也（夷去惠不去尹介去不去之間）三子者不同道其趨一也一者何也曰（不同處二處俱難識）（這處）

進一步。嘲不去亦無益。

還他個古人。駁倒他無益。

又進一步。舉步不堪古人。

譏笑並無賢者。

○覓仁、我自仁、、不與深言、

仁也君子亦仁而已矣何必同

也引起古人

曰魯繆公之時公儀子為政子柳子思為臣魯

之削也滋甚若是乎賢者之無益於國也

曰虞不用百里奚而亡秦繆公用之而霸不用

擔過一步

賢則亡削何可得與

曰昔者王豹處於淇而河西善謳緜駒處於高

唐而齊右善歌華周杞梁之妻善哭其夫而變

國俗有諸内必形諸外為其事而無其功者髡

未嘗覩之也是故無賢者也有則髡必識之

舉個絕頂古人。又掩映出去中多少層折十分精細。髠自不識固字並不嗔怪。

立綱分應。平直中自具勢焰。

從罪字逐層遞下。世運人事歷歷如見。以正人心。以維世道。是一部敘春秋。

曰孔子為魯司寇不用從而祭燔肉不至不稅冕而行不知者以為為肉也一班衆人其知者以為為無禮也又一班也是衆人乃孔子則欲以微罪行此際髠識否不欲為苟去君子由來如此自然如此之所為衆人固不識也

。孟子曰五霸者三王之罪人也明白指出大有關係今之諸侯五霸之罪人也今之大夫今之諸侯之罪人也天子適諸侯曰巡狩景晏處重適字此重天子諸侯朝於天子曰述職連及亦是職守重大事春省耕而補不足秋省斂而助不給入其疆何等景況土地辟田野治養老尊賢俊傑在位則有慶慶以地

其疆土地荒蕪遺老失賢掊克在位則有讓

一不朝則貶其爵再不朝則削其地三不朝則

六師移之是故天子討而不伐諸侯伐而不討（順承跌下）

五霸者摟諸侯以伐諸侯者也故曰五霸者三（假敢擅二句統完）

王之罪人也

五霸桓公為盛葵丘之會諸侯束牲載書而不（舉其盛者）

歃血初命曰誅不孝無易樹子無以妾為妻再（五命事自正只落了機權）

命曰尊賢育才以彰有德三命曰敬老慈幼無

忘賓旅四命曰士無世官官事無攝取士必得

五四

五霸竊。令之諸侯强。令之

大夫竊。其罪一路科去。

長惡自會逢。逢惡逢惡自能

長惡。一套事。截斷分出大

小。

務心。是順去。此先道後仁。

是逆來。又為事君便路要。

訣。

門層一套事。知不可。自不

無專殺大夫五命曰無曲防無遏糴無有封而不告曰凡我同盟之人既盟之後言歸於好今是不許犯之諸侯皆犯此五禁故曰今之諸侯五霸之罪人也

長君之惡其罪小原不小逢君之惡其罪大才是大今之大夫各有容皆逢君之惡訣一个傳頭故曰今之大夫今之諸侯諸侯原一不罪他之罪人也

○

魯欲使慎子為將軍仁猷道用兩節仍順去。

孟子曰不教民而用之謂之殃民殃民者不容

不至殃民。從殃民落到不可從不可挽合殃民末節看引字。由用全體。

不可來由。

不可證據只提弄百里字。

於堯舜之世

兩節從殃民落到不可似兩開

一戰勝齊遂有南陽然且不可

慎子勃然不悅曰此則滑釐所不識也

曰吾明告子天子之地方千里不千里不足以

大來頭 反足見不可增

待諸侯諸侯之地方百里不百里不足以守宗

減 原須百里

廟之典籍

周公之封於魯為方百里也地非不足而儉於

即魯作證妙 只可百里

百里太公之封於齊也亦為方百里也地非不

又妙以相持之國作證

足也而儉於百里

五五

不可正面。

駁倒那邊。

指以正路。

君已桀可令吏桀。當時能手。謂可與之天下耳。末節抹倒臣。喚醒君。

已往現前不道不仁

今魯方百里者五子以為有王者作則魯在所損乎在所益乎

富桀輔桀　從不可挽合殃民仍兩開

徒取諸彼以與此然且仁者不為況於殺人以求之乎

前用○全○體○以○可○化○殃○○○○○

君子之事君也務引其君以當道志於仁而已

情形肖似

○孟子曰今之事君者曰我能為君辟土地充府庫今之所謂良臣古之所謂民賊也君不鄉

明●

●示他●變法●　抹倒富國能手

道不志於仁而求富之是富桀也

我能為君約與國戰必克今之所謂良臣古之

喚醒沉睡。冷淡熱腸。

貉似勝桀。避桀入貉。然可貉便可桀可知道理走作不得。事事任心不得。討出不足之字。一路駁去。之三節駁之十取一。

所謂民賊也。君不鄉道，不志於仁，而求爲之强（抹倒）戰，是輔桀也。（强兵能手）由今之道（所行），無變今之俗（所尚），雖與之天下，不能一朝居也。

。白圭曰：「吾欲二十而取一，何如？」（吾欲作準不得）

孟子曰：「子之道，貉道也。（項吾欲）萬室之國，一人陶，則可乎？」（拗接）曰：「不可，器不足用也。」

曰：「夫貉，五穀不生，惟黍生之；（當輕）無城郭、宮室、宗廟、（可輕）祭祀之禮，（也自）無諸侯幣帛饔飧，無百官有司，故二

五六

末節駁吾欲。

自誇功過禹。却是害同洪。

師心自用。孟子只見个道。

禹治洪水。圭開洪水。一惡

、足、故可、、

十取一而足也

今居中國去人倫無君子 文省只六字 如之何其可也

陶以寡且不可以為國況無君子乎 只三字

欲輕之於堯舜之道者大貉小貉也欲重之於 揔是貉

堯舜之道者大桀小桀也 貉勝桀之間耳

○白圭曰丹之治水也愈於禹

孟子曰子過矣禹之治水■水之道也 兩以字天理人欲判然

是故禹以四海為壑今吾子以鄰國為壑 叢壑逼出惡字

水逆行謂之洚水洚水者洪水也仁人之所惡

字令他索然
明從貞而不諒斷進。
好善二字作題目。前跌中。
串後足章法易見。
跌出好善。

也吾子過矣
且、從、亮、來、、
○孟子曰君子不亮惡乎執
○魯欲使樂正子為政孟子曰吾聞之喜而不
豈、因正
寐
于
公孫丑曰樂正子强乎曰否有智慮乎曰否多
是跌也是襯
聞識乎曰否
然則奚為喜而不寐
曰其為人也好善
好善足乎

五七

申好善。

申優於天下。

反足。

合去就看君子。原非難仕。聖賢原自和平。

曰好善優於天下而況魯國乎

蒙足字　不是得人輔治之說

夫苟好善則四海之內皆將輕千里而來告之以善

夫苟不好善則人將曰訑訑予既已知之矣訑訑之聲音顏色距人於千里之外士止於千里之外則讒謟面諛之人至矣與讒謟面諛之人居國欲治可得乎

極力寫去　落底

○陳子曰古之君子何如則仕孟子曰所就三所去三

難詞　執　不

間間鋪叙。而樂天憂世。秉禮度義。守經達權。件件適可。處處精密。和盤托出。

一

人須磨練。要耐得憂患。得此章魂安愧定可覓生路。

迎之致敬以有禮言將行其言也則就之禮貌未衰言弗行也則去之其次雖未行其言也迎之致敬以有禮則就之禮貌衰則去之其下朝不食夕不食饑（事至此）餓不能出門戶君（君又）聞之曰（若此）吾大者不能行其道又不能從其言也使饑餓於我土地吾恥之周之亦可受也（義有取）（仍有分寸）免死而已矣

○孟子曰舜發（字法）於畎畝之中傅說舉於版築之

五八

丁孟

歷舉幾個受過窮苦古人發端。

天字莫說壞只是個理原如此。張子見得到所以說庸玉汝于成。

上節指明天理如此。又以恒人驗之。

又以國驗之。

人須憂患若把憂患供安樂使又死于憂患矣

問膠鬲舉於魚鹽之中管夷吾舉於士孫叔敖舉於海百里奚舉於市（不是市上）

故天將降大任於是人也必先苦其心志勞其筋骨餓其體膚空乏其身行拂亂其所為所以（大家知否）動心忍性曾益其所不能（任舉證動忍曾益）

人恒過然後能改困於心衡於慮而後作徵於色發於聲而後喻（那件不如此）

入則無法家拂士出則無敵國外患者國恒亡（自具生意　原是死機）

然後知生於憂患而死於安樂也

苦心才出妙方。只舉最下一條。便都該了。

蔣師批。合五章看。令令合七章看。語氣似向上去說道理。都是落下來。各節俱無剩義。知收入性中。行收入心性中。立命收入不貳修身中。接上命字。落底說來。指出正字。示以順受立字全理。註正字。趕入盡其道。

下二五

○孟子曰教亦多術矣予不屑之教誨也者是亦教誨之而已矣

曰術故云多

淨鄉 單拂 故

盡心上

孟子曰盡其心者知其性也知其性則知天矣

、指、以近、 是盡字

、即、存、即、養、即、事 即心●即性 即天

存其心養其性所以事天也

立命、到、頂、也、只知此

殀壽不貳修身以俟之所以立命也

立命、註疏、○包修俟

○孟子曰莫非命也順受其正

淺淺指明順受

是故知命者不立乎巖牆之下

●正●在●盡道 不在死、

盡其道而死者正命也

五九

盡道桎梏死。仍是盡其道。不盡道。不桎梏死。仍是桎梏死。

崇知字事字立字順受字。舉出求字平分兩種。令人領會是上下關𢭏。

崇上指明我字。舉出求字方料。

上指明理。此落到人。

仁字統道理求字了工夫。

恕行更添恕字精神。

此處之振作之。舉出知字。

桎梏死者非正命也（備、非、形、正、）

○孟子曰求則得之舍則失之是求有益於得也求在我者也（、、大家、認識、）（、引、歸、這、邊、）

求之有道得之有命是求無益於得也求在外者也（、冷、淡、那、邊、）（、、大家、小、）（心）

○孟子曰萬物皆備於我矣（是、真、我）

反身而誠樂莫大焉（求字、式、樣）

彊恕而行求仁莫近焉（求字、要、訣）

○孟子曰行之而不著焉習矣而不察焉終身（直、隻、不、當、事、）

是下手處。是的當處。又以無恥激發之。是無恥不可不是恥不可無。単舉恥字提醒之處處用着用處都好故大

道理原一順。孟子成士以成君故發此論。士聽之君聽之。

不得臣。才能臣。光武子陵只是無忌憚。

由之而不知其道者衆也

○孟子曰人不可以無恥（衆聽之）無恥之恥無恥矣

○孟子曰恥之於人大矣（衆惡之）

為機變之巧者無所用恥焉（人中最下）

不恥不若人何若人有

○孟子曰古之賢王好善而忘勢（成處）（源自臣之）古之賢士何（相）

獨不然樂其道而忘人之勢（想其德）（想其品）故王公不致敬盡（兩面各止其所）

禮則不得亟見之見且猶不得亟而況得而臣

之乎（字輕慢）

六十

只寫囂囂二字有根有稍。末舉古人令遊人都步而引領。上知不知。蒙遊字來[illegible]達字得志不得志字知不知。不惟不闇心頭。并不攝口頭矣。

待最害事。令興字無力。

○孟子謂宋句踐曰子好遊乎吾語子遊 遊亦有真
丶風丶雨丶燕丶至丶莫丶知丶來丶際丶丶
人知之亦囂囂人不知亦囂囂 ●體●用●都●全
曰何如斯可以囂囂矣曰尊德樂義則可以囂囂矣故士窮不失義達不離道 囂囂前截
窮不失義故士得己焉達不離道故民不失望焉 囂囂後截
丶泥丶滂丶中丶人丶試抬頭看丶丶縮丶廻丶見丶體足
古之人得志澤加於民不得志修身見於世窮 丶丶丶順丶展丶見丶用丶裕丶丶丶丶
則獨善其身達則兼善天下

○孟子曰待文王而後興者凡[illegible] 激之

過人從欿然見。欿然從自視來。不在世情中便入學問中。只是不得已而為所當為。極平常話。成極生造句。是贊王者。不是比並首尾。俱是形襯。

之士雖（鼓之）無文王猶興（字妙是作益底）

○孟子曰附之以韓魏之家如其自視欿然則（想像形容入妙）過人遠矣

○孟子曰以佚道使民雖勞不怨以生道殺民雖死不怨殺者

○孟子曰霸者之民（以霸作襯）驩虞如也王者之民皞皞（寫民）如也

殺之（寫皞皞）而不怨利之而不庸民日遷善而不知為之者

六一

政教之善俱本於仁。到得民心。又是必世後仁仁字。

從不學慮。指出良能知。

從良能知。指出愛敬。

寫王者

夫君子所過者化所存者神上下與天地同流

廻應純

豈曰小補之哉

作引已所以教

即政刑德禮意政字高步

○孟子曰仁言不如仁聲之入人深也

入民不同

善政不如善教之得民也

得民不同

善政民畏之善教民愛之善政得民財善教得民心

○孟子曰人之所不學而能者其良能也所不慮而知者其良知也

孩提之童無不知愛其親也及其長也無不知

從愛敬指出仁義。

善與人同章。就善邊看。飯糗章就過邊看。此是渾舜善邊盡分並無一點善底渣滓。

直恁易。

作易者其有憂患乎。學者須把心放在危處。

敬其兄也。

親親仁也。敬長義也。無他達之天下也（應八字無不字）

○孟子曰舜之居深山之中與木石居與鹿豕（寂然不動萬理畢具）遊其所以異於深山之野人者幾希及其聞一（感而遂通）善言見一善行若決江河沛然莫之能禦也（天下雷行物與無妄）

○孟子曰無為其所不為無欲其所不欲如此（不為欲初念為欲是念無非初念上達起）而已矣（步）

○孟子曰人之有德慧術知者恒存乎疢疾（字字生造）

獨孤臣孼子其操心也危其慮患也深故達（獨字從恒中指出）

四項平列。却又逐層高去。
可作熖妖鏡量天尺

三樂王天下。無兩幅道理。
分數三樂。天然位次。二是
第三。承一二。首尾三字是
共三。綂一二
一般。總果然別有天地。

○孟子曰有事君人者事是君則為容悅者也（特提名目）（寫盡小人）

有安社稷臣者以安社稷為悅者也（句造）（十分用意）

有天民者達可行於天下而後行之者也（字奇）（還有个可字行字後字）

有大人者正己而物正者也（無為而天下歸之）

（有字懸擬）

○孟子曰君子有三樂而王天下不與存焉（極力襯樂字）

父母俱存兄弟無故一樂也（是家慶日又須樂斯二者）

仰不愧於天俯不怍於人二樂也（憂勤處皆實際受用）

得天下英才而教育之三樂也（機達意融理公量足）

君子有三樂而王天下不與存焉（有字着實）（足有字）

濃處成淡。淡處轉濃。從外面逐層剥進。從裏面一直放出。却只到暢於四肢住。不說到發於事業。與前文環映有情。

只註明西伯善養老。通篇精神俱攝入天下有善養老

○孟子曰廣土衆民君子欲之（欲從幼學壯行來）所樂不存焉中天下而立定四海之民君子樂之（聖賢意量）所性不存焉

君子所性雖大行不加焉雖窮居不損焉分定故也（虛舉是甚家當獨善兼善俱是演出骨來）

君子所性仁義禮智根於心其生色也睟然見於面盎於背施於四體四體不言而喻（理中第一義人中第一乘）（一種聖人氣）（說亂說治豈果腹人）

○孟子曰伯夷辟紂居北海之濱聞文王作興（自非任耳）曰盍歸乎來吾聞西伯善養老者太公辟紂居（双舉印定歸）

老二句中。

養字規模。

善字妙用。

字

東海之濱聞文王作興曰盍歸乎來吾聞西伯

善養老者天下有善養老則仁人以為已歸矣

○○○○○勢○呑○通○章○　○已○字○妙○

王政

五畝之宅樹牆下以桑匹夫蠶之則老者足以

衣帛矣五畝雞二母彘無失其時老者足以無

能怡志二足穀食三可導使

失肉矣百畝之田匹夫耕之八口之家可以無

饑矣

重跌令上節都活動

所謂西伯善養老者制其田里教之樹畜導其

都只行所無事

反足

妻子使養其老五十非帛不煖七十非肉不飽

總見當養

即猶病意

不煖不飽謂之凍餒文王之民無凍餒之老者

富教打成一塊。頭緒井然。
仁非好行其德

求無弗與。乍見皆有。一个
來頭

三層兩截。到達字住。未便
許到孔子地位也

此之謂也

○孟子曰易其田疇薄其稅斂民可使富也（一意分兩層）（足之）
（兩層化二偶）食之以時用之以禮財不可勝用也（至足）
（間中蕩漾）民非水火不生活昏暮叩人之門戶求水火無（中含）
弗與者至足矣聖人治天下使有菽粟如水火（仁字）（一層）
菽粟如水火而民焉有不仁者乎（一層）
○孟子曰孔子登東山而小魯登泰山而小天（正面形容）
下故觀於海者難為水遊於聖人之門者難為（旁面形容）
言

盈科成章。最善名狀。

起後便難住手。指出閒字。危極便極。

執一確註。賊道定評。一惡字。可想聖道四通八達。千變萬化之妙。

以喻為轉　逆捜　順出

觀水有術必觀其瀾日月有明容光必照焉

從喻換步

流水之為物也不盈科不行君子之志於道也

奇造

不成章不達

〇孟子曰雞鳴而起孳孳為善者舜之徒也

從熟處來向順處去　兩下各分

雞鳴而起孳孳為利者蹠之徒也

張開眼看

欲知舜與蹠之分無他利與善之閒也

細著心想

一〇孟子曰楊子取為我拔一毛而利天下不為

以心取

寫盡楊子是个鄙

也

兩□　寫□□子是一

墨子兼愛摩頂放踵利天下為之

以饑渴之害為心害。寫盡迷境。乞墦登壠，揔因狗甘失正。

看出介是和字骨子。可作柳下補傳。

務到了懈不得。

和事老人又添一賊

子莫執中，執中為近之，執中無權，猶執一也。（一齊抹倒）（可想這邊風景）（揔點）

所惡執一者，為其賊道也，舉一而廢百也。

○孟子曰：饑者甘食，渴者甘飲，是未得飲食之正也，饑渴害之也。（點破）豈惟口腹有饑渴之害？人心亦皆有害。（點破）

人能無以饑渴之害為心害，（最足醒迷）則不及人不為憂矣。（可知一向不及人）

○孟子曰：柳下惠不以三公易其介。（新面目真精神）（為自這頭起却到那頭看）

○孟子曰：有為者辟若掘井，掘井九軔而不及

下孟

借眞形假。仍喚假還眞。

志是任字根據外襲不得。

說居是國。尚非全身固自

泉猶為棄井也（自棄也）

○孟子曰堯舜性之也湯武身之也五霸假之（各只一字）

也

久假而不歸惡知其非有也（憐之喚之）

○公孫丑曰伊尹曰予不狎于不順放太甲于

桐民大悅太甲賢又反之民大悅

賢者之為人臣也其君不賢則固可放與

孟子曰有伊尹之志則可無伊尹之志則簒也（有字根深　名分凜然）

○公孫丑曰詩曰不素餐兮君子之不耕而食

大樣

只了尚志二字。體用都包。

須備全備兼之。

仲子自高好名一格。人莫

何也孟子曰君子居是國也其君用之則安富（緒餘耳、覺代擅詩人寒）

尊榮其子弟從之則孝弟忠信不素餐兮孰大（儉小樣）

於是

○王子墊問曰士何事

孟子曰尚志

曰何謂尚志曰仁義而已矣殺一無罪非仁也（無以尚之。從非指是）

非其有而取之非義也居惡在仁是也路惡在（見真守定。居路分體用）

義是也居仁由義大人之事備矣（此外無事。句寫完仲子）

○孟子曰仲子不義與之齊國而弗受人皆信

大焉四字別開天日。

只了瞽瞍殺人一句。

以上了殺人二字。舜處得好。

以下了瞽瞍二字。舜處得更好。

之是舍簞食豆羹之義也（清他分兩）人莫大焉亡親戚君（明鏡高懸）

臣上下以其小者信其大者奚可哉（斷）

○桃應問曰舜為天子（好難題頭）皋陶為士瞽瞍殺人則（歸公法）

如之何

孟子曰執之而已矣（是為皋陶）

然則舜不禁與（是為天子）

曰夫舜惡得而禁之夫有所受之也

然則舜如之何（非輕天下想視字）

曰舜視棄天下猶棄敝蹝也竊負而逃遵海濱（曰竊全父如真）

口中意中。兩副神理出沒。隱見最耐尋味。

以虛拘尚濟得甚事。

下孟

有之 真樂

而處終身訢然樂而忘天下

○孟子自范之齊望見齊王之子喟然歎曰居 川上孔子

移氣養移體大哉居乎夫非盡人之子與 上論明為王子

孟子曰

王子宮室車馬衣服多與人同而王子若彼者 王子又是

其居使之然也況居天下之廣居者乎 借客 驪珠 三問

魯君之宋呼於垤澤之門守者曰此非吾君也 偏又證王子

何其聲之似我君也此無他居相似也 千聖百王原無兩樣

直斥當時交際 妙從豕獸尋出 分別

○孟子曰食而弗愛豕交之也愛而不敬獸畜

六七

千萬言不能盡。二語了了。

莫禁弗為。教亦奚益。宣王

王子。人禽判然。

之也

恭敬者幣之未將者也（照妖鏡）

恭敬而無實君子不可虛拘

○孟子曰形色天性也（本體）惟聖人然後可以踐形（工夫）

已乎

○齊宣王欲短喪（欲自何來）公孫丑曰為朞之喪猶愈於（此際調停不得）

孟子曰是猶或紾其兄之臂子謂之姑徐徐云（從弟遞指引）（別無法）

爾亦教之孝弟而已矣（恰湊）

王子有其母死者（寫出王子）其傅為之請數月之喪（調停却好）公孫

不加一日。亦愈於已。欲終之矣。

本道分析。因人成就。教五心一。

丑曰若此者何如也

曰是欲終之而不可得也雖加一日愈於已謂（欲有由來　如見其心）

夫莫之禁而弗為者也

○孟子曰君子之所以教者五（從教分作五）

有如時雨化之者

有成德者有達財者

有答問者

有私淑艾者（以五合成教）

此五者君子之所以教也

送君者自堐而返。君自此遠矣。躍如指出教中機竅。是便拙妙方。

殉字寫出循理　樂天骨力。

修要人何所以。何能殉。

換便另一肚腸。便與道膠。

○公孫丑曰道則高矣美矣宜若登天然似不可及也何不使彼為可幾及而日孳孳也（字奇）

孟子曰大匠不為拙工改廢繩墨羿不為拙射變其彀率（只寫書數）

君子引而不發躍如也中道而立能者從之（從亦自能）

○孟子曰天下有道以道殉身天下無道以身殉道

（是愛道語以道自不殉人）

未聞以道殉乎人者也

○公都子曰滕更之在門也若在所禮而不答

點不上

三項統盡時病。一翻身便都無病。

逆來順去。差等次第了然。

朱子云。放得大水下來。如

何也

孟子曰挾貴而問（只踈不答終不說明令自尋病處）挾賢而問挾長而問挾有勳勞而問挾故而問皆所不答也滕更有二焉

○孟子曰於不可已而已者（惰人）無所不已於所厚（薄人）者薄無所不薄也

其進銳者其退速（躁人）

○孟子曰君子之於物也愛之而弗仁於民也（各止其所）仁之而弗親親親而仁民仁民而愛物（先渾擧另摘）

○孟子曰知者無不知也當務之為急仁者無

海潮之至大船小船莫不浮沉

四章皆惡兵但各有面目

此斥梁惠儆當時

不愛也急親賢之為務堯舜之知而不徧物急先務也堯舜之仁不徧愛人急親賢也

信手拈來涉筆成趣

不能三年之喪而緦小功之察放飯流歠而問無齒決是之謂不知務

盡心下

病因好戰

孟子曰不仁哉梁惠王也仁者以其所愛及其所不愛不仁者以其所不愛及其所愛

大道理作照妖鏡

所不愛　寫不

公孫丑曰何謂也梁惠王以土地之故糜爛其民而戰之大敗將復之恐不能勝故驅其所愛

仁分作兩層寫及字

聖人不許。

不得借口成書。

戰本無用爲國君言非譏

善戰者。

子弟以殉之是之謂以其所不愛及其所愛也

○孟子曰春秋無義戰彼善於此則有之矣（批倒）（以有証無）

征者上伐下也敵國不相征也（義也）（原不義）

○孟子曰盡信書則不如無書（才是讀書）

吾於武城取二三策而已矣

仁人無敵於天下以至仁伐至不仁而何其血（可信乎）

之流杵也

○孟子曰有人曰我善爲陳我善爲戰大罪也（從仁科出）

（戰字上游）

國君好仁天下無敵焉

七十

丁孟子

援古非証無敵。是寫焉用。

鞭進學者。非自脫身。

似兩副安仁圖。却是一軸

循理樂天圖。

反轉來。便自不敢慢惡于

南面而征北狄怨，東面而征西夷怨，曰：奚為後

我。

武王之伐殷也，革車三百兩，虎賁三千人。

王曰：無畏，寧爾也，非敵百姓也。若崩厥角稽首。

此以仁往　彼不作敵觀

征之為言正也，名欲正己也，焉用戰。

○孟子曰：梓匠輪輿能與人規矩，不能使人巧。

須自努力

○孟子曰：舜之飯糗茹草也，若將終身焉；及其

姑裝點句

似入其中

為天子也，被袗衣，鼓琴，二女果，若固有之。

又似出其外

殺人及人親机自何來

○孟子曰：吾今而後知殺人親之重也。殺人之

人。

何止一關。

道原是逆。

周字較論語更大更全。

如何假得。受萬鍾外。又是

父人亦殺其父殺人之兄人亦殺其兄然則非（偏不白丶非）

（丶人丶殺丶之。令丶人丶間丶自）

自殺之也一間耳

○孟子曰古之為關也將以禦暴（為字根深）

（為由關起）

今之為關也將以為暴

（渾舉　抽出）

○孟子曰身不行道不行於妻子使人不以道

不能行於妻子

（年統利中世統德中才是周）

○孟子曰周于利者凶年不能殺周於德者邪

世不能亂

（錯了好因枉了能原從貪吝發脚）

○孟子曰好名之人能讓千乘之國苟非其人

七

丁丑

這班人○各重却相因○反轉是甚規模○

須是仁○

極平常理○却作奇話聳聽○

簞食豆羹見於色

○孟子曰不信仁賢則國空虛

無禮義則上下亂

無政事則財用不足

偏寬一步作跌

○孟子曰不仁而得國者有之矣不仁而得天下未之有也

榜張或翁惟不服請下閱卷

○孟子曰民為貴社稷次之君為輕

一語○註○明○通○身○眼○目○ ○ 又一較量民果

是故得乎丘民而為天子得乎天子為諸侯得乎諸侯為大夫

貴

末項次舉。次項末舉。歸重首句。

聞風興起便神似一奮字。寫出他骨力神彩。宋人畫落花歸去馬蹄香。只在馬尾後畫蝴蝶數枚。故云踐形

也因民起

諸侯危社稷則變置

犧牲既成粢盛既潔祭祀以時然而旱乾水溢

社稷

亦為民

則變置社稷

的是夷惠贊語移用孔子不得

○孟子曰聖人百世之師也伯夷柳下惠是也

最善形容

夷廉立之

故聞伯夷之風者頑夫廉懦夫有立志聞柳下惠之風者薄夫敦鄙夫寬奮乎百世之上向百世之下聞者莫不興起也非聖人而能若是乎

補寫興字

再補師字

而況於親炙之者乎

從人向內看

從仁向外看

○孟子曰仁也者人也合而言之道也

兩事兩番道理拗處見合。
自成一篇挺特文字。
多少惋惜。
只是勿恤人言骨梗氣壯。
强入个孔子文王越見多。
越覺痰。
明新道理。今成棄物。

○孟子曰孔子之去魯曰遲遲吾行也去父母國之道也去齊接淅而行去他國之道也

○孟子曰君子之戹於陳蔡之間無上下之交也

流淚眼觀流淚眼

○貉稽曰稽大不理於口

孟子曰無傷也士憎茲多口

倒成本分

詩云憂心悄悄慍於羣小孔子也肆不殄厥慍亦不隕厥問文王也

○孟子曰賢者以其昭昭使人昭昭今以其昏

以字使字相去天淵

藥高子。亦官方。

俱就禹過說。尚字自荒唐。

悅衆便可笑。極寫復字自見不可。

唇使人昭昭

○孟子謂高子曰山徑之蹊間句介然用之而成路句為間不用則茅塞之矣今茅塞子之心語可汗背矣

○高子曰禹之聲尚文王之聲

孟子曰何以言之曰以追蠡

曰是奚足哉城門之軌兩馬之力與

○齊饑陳臻曰國人皆以夫子將復為發棠殆不可復

從性提出命。從命指出性。才光湛兩不謂阻住那邊。立定脚跟。

孟子曰是為馮婦也晉人有馮婦者善搏虎卒為善士則之野有衆逐虎虎負嵎莫之敢攖望見馮婦趨而迎之馮婦攘臂下車衆皆悅之其為士者笑之

名、奇、便、見、反復無常

射齊

復、字、影、狀

○孟子曰口之於味也目之於色也耳之於聲也鼻之於臭也四肢之於安佚也性也有命焉君子不謂性也

可

不能、不

俱兼所稟所值

仁之於父子也義之於君臣也禮之於賓主也智之於賢者也聖人之於天道也命也有性焉

把柄

一步一步趕上去。一層一層續出來。前途可循而至。現前可據而赴。

下四節。只是有字滿量。

君子不謂命也

○浩生不害問曰。樂正子何人也。孟子曰。善人也。信人也。

何謂善。何謂信。

人從善影出

曰可欲之謂善

層須亦有

有諸己之謂信

充是有字向前開展。實是有字向裡填積

充實之謂美

光是內面發越。輝是外面照耀

充實而有光輝之謂大

張子化而後能有其大

大而化之之謂聖

說是挽欲歸理。要換去人。另還个大。惟藐發出変置易位議論做出不受祿不應召事業。

賊除。自然寧靜。

君子行法以俟命而已矣（完字却是工夫）

○孟子曰說大人則藐之勿視其巍巍然堂高數仞（巍處原藐）榱題數尺我得志弗為也食前方丈侍妾數百人我得志弗為也般樂飲酒驅騁田獵後車千乘我得志弗為也在彼者皆我所不為也在我者皆古之制也吾何畏彼哉

○孟子曰養心莫善於寡欲（着力）其為人也寡欲雖（對多字）有不存焉者寡矣（反驗）其為人也多欲雖有存焉者寡矣

一向爱寶不識寶。指與現成至寶。說明錯認非寶。

不從道出。不向道用。便是小才道是大憑頭。甚事不因小才壞。

極不堪人。極不堪事。忽得孟子設科小賛。

又妙一面兩面。一面俗人

○孟子曰諸侯之寶三土地人民政事寶珠玉者殃必及身

○盆成括仕於齊（分明齊亦有分邾只言括）孟子曰死矣盆成括盆成括見殺門人問曰夫子何以知其將見殺曰其為人也小有才未聞君子之大道也則足以殺其軀而已矣

（行行高山天上）

叙與後文全無関照字法

○孟子之滕館於上宮有業屨於牖上館人求之弗得

或問之曰若是乎從者之廋也曰子以是為竊

下孟

逃自墨楊迴頭也從性善
發脚盈既可惧歸自宜受
何堪招苙彼既難堪此亦
太甚

取中寓愛不貉不禁

人不能知聖亦不自知
聖而不可知之之謂神
即評即勉
樂正子二之中四之下也

○孟子曰逃墨必歸於楊逃楊必歸於儒歸斯受之而已矣
聖人之徒也須努力向上
今之與楊墨辯者如追放豚既入其苙又從而招之

原自當有
○孟子曰有布縷之征粟米之征力役之征君
斟酌恰好 明縷字尤足醒世
子用其一緩其二用其二而民有殍用其三而父子離

舉兩大款。行更重更難。故提出自任。

另分節。

舉重非舉半。

前照出假。此引出行法。神[illegible]

理全注末句。

極贊性者。人與法一。已與[illegible]

天一。法由此立。

○孟子曰：言近而指遠者，善言也；守約而施博者，善道也。君子之言也，不下帶而道存焉；君子之守，修其身而天下平。人病舍其田而芸人之田，所求於人者重，而所以自任者輕。

○孟子曰：堯舜，性者也；湯武，反之也。動容周旋中禮者，盛德之至也。哭死而哀，非為生者也。經德不回，非以干祿也。言語必信，非以正行也。

玩者字之字

任舉皆是自

話。一面聖賢心。

淺淡語。指出精細工夫。直看層層剥進。橫看信手拈來。分分明明。有可下手處。在在處處。都是下手處。五人字喚得醒。

㑳來與曰殆非也夫子之設科也往者不追來（出俗腸）（可惜佳句仍）
者不拒苟以是心至斯受之而已矣
。孟子曰人皆有所不忍達之於其所忍仁也（明白指示）（只管不便是達）
人皆有所不為達之於其所為義也（從所忍所為舉出）（只管無便是充）
人能充無欲害人之心而仁不可勝用也人能
充無穿窬之心而義不可勝用也（仁義滿量）（充字意足）
人能充無受爾汝之實無所往而不為義也（穿窬精細）
士未可以言而言是以言餂之也可以言而不（偏縮住）
言是以不言餂之也是皆穿窬之類也

[illegible]尤不忍結聚處使之。本是使獨也。

思狂。惡鄉原。總為道。

答思狂為道。

下二五

狂致故獨

○曾晳嗜羊棗而曾子不忍食羊棗

公孫丑問曰膾炙與羊棗孰美孟子曰膾炙哉

公孫丑曰然則曾子何為食膾炙而不食羊棗

曰膾炙所同也羊棗所獨也諱名不諱姓姓所

同也名所獨也

○萬章問曰孔子在陳曰盍歸乎來吾黨之士

狂簡進取不忘其初孔子在陳何思魯之狂士 帯出

孟子曰孔子不得中道而與之必也狂獧乎狂

者進取獧者有所不為也孔子豈不欲中道哉

七七

再疏狂。

真面目。真材料。

因狂思狷。只完思狂。

不可必得故思其次也（欲中道也）

敢問何如斯可謂狂矣

曰如琴張曾皙牧皮者孔子之所謂狂矣

何以謂之狂也

曰其志嘐嘐然曰古之人古之人（進取註疏）夷考其行而

不掩焉者也

狂者又不可得欲得不屑不潔之士而與之是

獧也是又其次也

孔子曰過我門而不入我室我不憾焉者其惟（映前思字）

先清鄉原。妙引訑狂獧語。與前文自然聯合。

盜為德之賊

鄉原乎鄉原德之賊也曰何如斯可謂之鄉原矣

曰何以是嘐嘐也言不顧行行不顧言則曰古之人古之人行何為踽踽涼涼生斯世也為斯世也善斯可矣閹然媚於世也者是鄉原也

不堪　胸有世字便　酸骨手

萬章曰一鄉皆稱原人焉無所往而不為原人孔子以為德之賊何哉

曰非之無舉也刺之無刺也同乎流俗合乎汙世居之似忠信行之似廉潔衆皆悅之自以為

多少彌縫　多少揣摸　多少裝扮

似故亂。他原靠德做高主。本非賊德。做了德之賊。

只結惡鄉原。反經。欲中道。自聯合。

三個五百有餘歲。逼出百有餘歲。分明自任。且望後來。重知字。勿從見聞索解。

是而不可與入堯舜之道故曰德之賊也

孔子曰（一語道破）惡似而非者惡莠恐其亂苗也惡佞恐（巧的）其亂義也惡利口（快的）恐其亂信也惡鄭聲恐其亂（陪襯也見花攢錦簇參差）樂也（緊煞）惡紫恐其亂朱也惡鄉原恐其亂德也君子反經而已矣經正則庶民興庶民興斯無邪慝矣

○孟子曰由（起）堯舜至於湯五百有餘歲若禹皋陶則見而知之若湯（落到湯）則聞而知之由湯至於文王五百有餘歲若伊尹萊朱則見

而知之若文王則聞而知之（落到文王）
由文王至於孔子五百有餘歲若太公望散宜
生則見而知之若孔子則聞而知之（落到孔子）
由孔子而來至於今百有餘歲（豈無着落）去聖人之世若
此其未遠也近聖人之居若此其甚也然而無（舍我其）
有乎爾則亦無有乎爾（誰）（來者勉之）

蔣師原此論語末章亦言知可見傳道以知爲主并可見徹始
徹終只成就一個知但不比異端憑空頓悟全不顧躬行耳
按孟子旁頭從用上來臨末歸到知合知辟則巧章參之他原

七九

願學孔子。真個會學孔子。得其機要。

蔣師總評。讀南華之文。使人之心惝恍無所歸。若孟子固傳道之文。其於立體致用。較諸經尤顯快。善增人膽識。

按孟子文。開卷便令人心目開闢。中間讀着處處有特識。令人見地別。覺有把握。終其卷。不由人自然心細。　養心是他基址。行法是力量。更得力個撰字。故堯舜周孔都對得過。